普通高等教育精品教材

普通高等教育"十一五"国家级规划教材

高等师范院校专业基础课教材

U0733368

教育心理学

全国十二所重点师范大学联合编写　　莫 雷　主编

教育科学出版社

·北 京·

责任编辑　祖　晶
版式设计　郝晓红
责任校对　徐　虹
责任印制　叶小峰

图书在版编目（CIP）数据

教育心理学/莫雷主编；全国十二所重点师范大学联合
编写．—北京：教育科学出版社，2007.8（2024.3 重印）
普通高等教育"十一五"国家级规划教材
高等师范院校专业基础课教材
ISBN 978-7-5041-3979-5

Ⅰ．教…　Ⅱ．全…　Ⅲ．教育心理学-师范大学-教材
Ⅳ．G44

中国版本图书馆 CIP 数据核字（2007）第 113556 号

教育心理学
JIAOYU XINLIXUE

出版发行	**教育科学出版社**				
社　址	北京·朝阳区安慧北里安园甲 9 号	市场部电话	010-64989009		
邮　编	100101	编辑部电话	010-64989438		
传　真	010-64891796	网　址	http://www.esph.com.cn		
经　销	各地新华书店				
制　作	北京鑫华印前科技有限公司				
印　刷	保定市中画美凯印刷有限公司	版　次	2007 年 8 月第 1 版		
开　本	720 毫米×1020 毫米　1/16	印　次	2024 年 3 月第 26 次印刷		
印　张	25.5	印　数	276 001—281 000 册		
字　数	530 千	定　价	38.00 元		

如有印装质量问题，请到所购图书销售部门联系调换。

编 委 会

编 写 说 明

BIANXIE SHUOMING

　　教育心理学自诞生至今已有近百年的历史，在近百年的发展历程中，教育心理学工作者进行了大量卓有成效的理论探讨和实验研究工作，使教育心理学在经历经验主义和行为主义取向后向认知主义取向转化，并逐步向建构主义迈进，呈现出整合的趋势。对研究成果进行概括和总结，使研究内容系统化、研究方法科学化和学科体系规范化是教育心理学工作者的一项重要工作。近年来，由于教学改革的推动，教材建设取得了丰硕的成果。我国心理学工作者近年来所编著的多种教育心理学教材，从不同的角度介绍了教育心理学的基本内容，结构安排各有特色，理论阐述各有所长，在一定程度上适应了高等教育教学改革的需要。随着教育科学和心理科学以及现代科学技术的发展，教育心理学的研究领域不断扩大，出现了大量新成果。因此，教育心理学教材的内容和范围就有必要扩充和调整，以便及时反映这些新的内容，适应教育实践发展和高等教育改革的新需要。正是基于这种考虑，我们编写了这部《教育心理学》教科书。该书在保留教育心理学传统的经典理论和实验的基础上，力图吸纳教育心理学研究的最新成果，并对教育心理学的内容乃至结构体系进行调整，力求体现以下三方面的特色：

　　第一，科学性。首先，注重运用经典的、权威的心理学研究来阐明原理与观点，重视科学研究的事实的阐述论证作用，纠正以往的教材中用日常经验、生活事实来阐明原理的倾向，删去缺乏实验研究证据、在理论体系中也没有重要意义的内容。其次，力求处理好学科的科学性与教材的科学性的关系，注重根据学生掌握知识的规律来组织教材，注重以学科的基本结构组成教材内容，以利于学生把握教育心理学的学科基本结构。

　　第二，创新性。力图不受原有教材条条框框的限制，敢于从实际出发进行创新是本教材的另一特色。教育心理学发展至今，原有的体系在局部上甚至总体上已不大适合目前的研究状况了，在这种情况下，就应该实事求是，从实际状况出发，敢于打破旧框框，对教育心理学原有教材的体系及框架进行改动，在体系的构思、材料的组织、分析问题角度的选择、观点的提炼等方面大胆创新。当然，我们所做的创新都持之有据，并且能使教材的原理更清晰。

　　第三，实用性。实用性是学科发展的基本要求之一。注重心理学的实用性，是当前我国心理学发展的迫切要求，本教材的编写顺应这一要求，并做出了初步的尝试，通过精心设计，本教材鲜明地体现出实用性。首先，在体系的确立、材料的组织安排上，在保证能充分地反映学科的研究状况的前提下，注重与实际应用接轨，使学生在学习掌握知识的同时知道如何运用。因此，在编写过程中选用与实际教学最接近的分析角度来组织教材。其次，在阐述基本原理时注重对原理的应用做出指导，尤其注重介绍国内外关于该原理应用方面的研究。

概而言之，本教材编写的宗旨是，力图为学生掌握教育心理学领域的基本原理及各种理论流派的观点提供一本权威的学习参考书，以帮助学生深化对教育心理学基本知识与原理的理解，领悟教育心理学有关原理的研究思路与方法技术，提高教育心理学研究能力和将教育心理学的基本原理运用到教育实践中的能力。

本教材由华南师范大学莫雷教授组织编写，莫雷教授负责全书的结构和章节设定，并对全书进行修改审定。全书共13章，第一章"绪论"（由莫雷教授撰写）；第二章"学习与学习理论"（由北京师范大学刘儒德教授撰写）；第三章"知识的学习"（由山东师范大学司继伟教授撰写）；第四章"学习策略的学习"（由西南大学张大均教授和胥兴春副教授共同撰写）；第五章"智力与创造力的培养"（由陕西师范大学赵微教授撰写）；第六章"动作技能的学习"（由华南师范大学何先友教授撰写）；第七章"学习的迁移"（由西北师范大学孙继民副教授撰写）；第八章"品德的形成"（由华中师范大学刘华山教授撰写）；第九章"影响学习的动机因素"（由原首都师范大学、现中国人民大学雷雳教授撰写）；第十章"影响学习的认知与人格因素"（由南京师范大学谭顶良教授撰写）；第十一章"教学设计"（由东北师范大学路海东教授撰写）；第十二章"课堂管理"（由华东师范大学庞维国教授撰写）；第十三章"教师心理"（由福建师范大学连榕教授撰写）。

每一章的写作体例为：【内容摘要】、【学习目标】、【关键词】、【正文】、【主要结论与应用】、【学习评价】、【学术动态】、【背景资料】、【注释】和【参考文献】。其中，【内容摘要】旨在让学生对本章内容有概观了解，并与之前所学内容相衔接。【学习目标】旨在说明本章学习所要达到的基本要求。【关键词】旨在提炼出反映本章写作脉络的重要词语。【正文】确保内容的科学性、语言的通俗性。另外，正文注重引用国内外一些最新的研究成果，以体现教材的时代性。除文字形式外，还注重征引一些相关的数据、图表等，以增加教材的可读性。【主要结论与应用】旨在概括出本章的精华，强化学生对重点内容的掌握，学会学以致用。【学习评价】旨在帮助学生消化理解本章的主要内容，明确不同教学目标的教学要求，确定重点。【学术动态】旨在提出本领域内正在研究的热点问题及现状，体现研究性学习的特点，以培养学生自主学习的意识和主动探究的能力。【背景资料】旨在用框图以专栏的形式介绍相关拓展资料，如人物简介、事件简介等。【注释】采用脚注的形式，注释的内容体现了经典性。【参考文献】分为中文和外文两部分，列出了经典性、权威性和影响较大的重要文献。

本教材的基本定位是高等师范院校心理学专业、教育学专业本科生教育心理学教材；同时，本教材也可作为各级师资培训和研修班的教材或广大教育工作者的自学用书。

2008年1月，本书被确定为"普通高等教育'十一五'国家级规划教材"。
2009年11月，本书被确定为"普通高等教育精品教材"。

编　者

目 录

MU LU

第三篇　影响学习的因素

第四篇 教学心理

第一篇

总　论

第 一 章

绪 论

【内容摘要】

作为绪论，本章从四个方面对教育心理学进行了总体性介绍。这四个方面分别是：第一节着重介绍了教育心理学的研究对象与内容及其与邻近学科的关系。第二节详细阐述了教育心理学的性质与意义。通过第一、第二节的学习，使读者能够对教育心理学这门学科形成概要认识。第三节全面地介绍了教育心理学的起源与发展以及未来的理论建设和发展方向，使读者能够在纵深方向上把握教育心理学的整体发展脉络。第四节深入探讨了教育心理学研究必须遵循的基本原则和常用的研究方法等内容。本章旨在帮助读者建立对教育心理学的整体印象，了解其发展的主要脉络，促进读者对教育心理学的深入思考。

【学习目标】

1. 记住教育心理学的研究对象。
2. 熟悉教育心理学的研究内容。
3. 举例说明教育心理学与邻近学科的关系。
4. 描述教育心理学的起源与发展并记住科学教育心理学的创建标志。
5. 理解教育心理学的性质和意义。
6. 明确教育心理学研究的基本原则。
7. 举例说明教育心理学常用的研究方法并能比较各种方法之间的优缺点。

【关键词】

教育心理学　教育过程中的心理现象与规律　桑代克　客观性原则
教育性原则　理论联系实际原则　系统性原则　相关研究　因果研究　实验法

教育心理学作为一门独立的心理学分支学科，诞生于 20 世纪初，至今只有百余年的历史，但教育心理学的许多思想，早在流传了数千年的教育哲学思想中就得到孕育。在两千多年前，我国教育家和思想家孔子就论及过教育心理学的问题，如孔子在《论语·为政》中说："温故而知新，可以为师矣。"在西方，古希腊的柏拉图、亚里士多德等人的著述中也蕴含着丰富的教育心理学思想，如柏拉图重视个别差异，提倡体育与智慧并重，主张针对不同年龄阶段，实施不同的教育内容等。19 世纪的政治、经济和教育的发展，心理科学本身的发展，实验心理学的产生和心理测量运动的兴起，特别是"教育心理学化"运动，对推动教育心理学成为一门独立的学科产生了重要的影响，可以说是心理科学与教育科学的结合促成了教育心理学的正式诞生。那么，作为心理科学与教育科学交叉产物的教育心理学，它的研究对象究竟是什么？学科体系和内容结构是怎样的？学科性质如何？研究的主要方法有哪些？经历了怎样的历史发展过程？研究的现状与发展趋势如何？这些都是本章将要探讨的问题。

第一节 教育心理学的研究对象与内容

一、教育心理学的研究对象

教育是一种永恒的社会现象，它是根据一定社会的要求和受教育者身心发展的规律，由教育者对受教育者施与有目的、有计划、有系统的影响，使受教育者发生预期变化的活动。任何人在社会生产和社会生活中都在不断地受教育。关于教育的重要作用，我国古代教育家早在两千多年前就有了比较深刻的认识，集儒家教育思想之大成的《礼记·学记》，开篇就指出："玉不琢，不成器；人不学，不知道。是故古之王者，建国君民，教学为先。"捷克大教育家夸美纽斯（J. A. Comenius）也一针见血地指出："假如要形成一个人，就必须由教育去形成。""只有受过恰当教育之后，人才能成为一个人。"

按照马克思主义的观点，教育起源于社会的生产劳动，是人类社会所特有的现象。人一方面作为劳动者是生产力的重要因素，另一方面在某种意义上又是社会关系的总和。从出生开始，人便进入反映一定的生产力和生产关系发展水平的社会之中，接受社会的影响，任何社会都要求其成员必须具有与生产力和生产关系相适应的体能，必须具有与同时代生产力发展水平相适应的知识和能力，必须具有与同时代生产关系相适应的思想观点与道德品质。新生一代只有具备这些条件才能适应社会生活，才能在此基础上进一步推动社会历史前进，而他们的体能的发展、

夸美纽斯
（J. A. Comenius，1592—1670）

知识与能力的获得、思想观点和道德品质的形成，主要是通过教育来实现的。人要想成为真正意义上的人，成为具有社会价值的人，就必须从小接受教育。

学校教育是一种有目的、有计划、有组织地培养人的工作，学校是专门培养人的

机构，它可以有效地帮助年轻一代在较短的时间内迅速成长。在学校里，教育者根据社会的要求，采取一定的措施去影响受教育者，受教育者作为一个有血有肉、有思想、有情感、有意识的人，也要通过自己的积极活动，主动获得知识与技能，养成社会所要求的个性品质与道德行为，成为全面发展的人。在这个过程中，教育和教学工作只有符合受教育者的生理、心理发展规律，才有可能取得良好的效果，教育心理学正是在这种客观需要的推动下孕育并发展起来的。

任何一门学科都有其特定的研究对象，并以此作为一门独立学科的重要标志之一。那么，教育心理学的研究对象是什么呢？

当今世界上教育心理学教科书林林总总，近年来我国出版的教育心理学教科书就达十多种。由于各国的社会和文化背景不同，作者对教育所持的观点各异，因此，各教科书对教育心理学的对象的看法也不尽相同。

我们首先来看国外教科书对教育心理学的研究对象的界定，如美国 1971 年出版的《教育百科全书》认为："教育心理学是对教育过程中的行为的科学研究，实际上教育心理学通常被定义为主要涉及学校情境的学生的学与教的科学。" 1973 年美国安德森（R. C. Anderson）和福斯特（G. W. Faust）所著的《教育心理学》一书的副标题是"教与学的科学"。美国林格伦（H. C. Lindgren）著的《教育心理学》认为教育心理学是研究教学和教育的心理学规律的科学。美国索里（J. M. Sawrey）和特尔福德（C. W. Telford）合著的《教育心理学》认为教育心理学是心理学在教育领域中的应用，是一门应用学科，是一个知识的体系，而不是一门具有独特内容的学科。苏联彼得罗夫斯基 1972 年主编的《年龄与教育心理学》认为教育心理学的对象是研究教学和教育的心理学规律。

我国心理学工作者对教育心理学的研究对象也提出了自己的看法，如 1980 年潘菽主编的《教育心理学》认为："教育心理学的对象就是教育过程中的种种心理现象及其变化。" 1999 年出版的普及本《中国大百科全书·心理学》认为："教育心理学研究教育和教学过程中的种种心理现象及其变化，揭示在教育、教学影响下，受教育者学习和掌握知识、技能、发展智力和个性的心理规律；研究形成道德品质的心理特点，以及教育和心理发展的相互关系等。"

综上所述，教育心理学的研究对象是教育过程中的心理现象与规律，包括受教育者的各种心理现象及其变化和发展规律，以及教育者如何通过这些规律对受教育者进行有效的教育。这是一门介于教育科学和心理科学之间的交叉学科。

我们可以从以下几个方面来理解教育心理学的研究对象。

首先，教育是人类培养新生一代的社会实践活动，它除了学校教育还包括家庭教育和社会教育。虽然这三种教育存在着一些共同的基本规律，但又各自的特殊性。学生的绝大多数时间是在学校度过的，学校教育承担着培养学生的主要责任，狭义的教育心理学不是研究一切教育领域中的心理现象，而是主要研究学校教育过程中的心理现象及其规律。

其次，从学习过程与教学过程的相互关系来看，学与教事实上是对同一过程不同角度的理解。学习过程侧重于学生内部的心理变化发展过程，而教学过程侧重于教师的教，表现为一种物质活动的外部过程，外部过程必须以内部过程为基础，又要促进内部过程的不断发展。要研究教师该怎么教，首先就要了解学生是如何学的，因此，学习心理是教育心理学的核心，教育心理学的研究对象首先必须是受教育者在教育条件下，思想品德、知识技能、智力与个性的习得与发展规律，在此基础上才能更好地组织教学内容或科学信息的传输，使教育手段的实施达到预先的目的，提高教育效率。

再次，教育过程包括师生双方的活动，学生既是教育的客体，又是教育的主体，教师的主导作用在于充分发挥客体的主观能动性。而在整个教育过程中，学生主观能动性的发挥又自始至终受到各种认知或非认知因素的影响。因此，教育心理学也要研究各种影响学生学习的因素，探讨它们形成、变化和发展的规律，以更好地帮助学生进行有效的学习，提高其学习积极性。

最后，学校教育中的学生的学习不同于人类的一般学习，它是人类学习的一种特殊形式。学校情境中的教育过程是教育者和受教育者互动的过程，既有学生的学，又有教师的教。师生双方为了实现教育目标而彼此接触，相互影响，相互制约，产生交互作用，引起双方心理活动和行为的改变。这种师生间的互动关系，也是教育心理学研究的一个方面。

二、教育心理学研究的内容与本教材的体系

基于上述对教育心理学研究对象的理解，结合教育心理学学科研究的最新成果与发展趋势，联系当前我国教育实践的特点和深化教学改革的客观需要，教育心理学研究内容应主要包括以下四个方面。

第一方面：学习的本质。主要探讨学习的实质、学习过程与一般的学习规律。

第二方面：学习的过程。主要探讨各类学习的过程与规律，包括学生知识技能的学习，学生学习策略的学习，学生智力与创造力的学习，学生品德规范的学习等问题。

第三方面：影响学习的因素。主要探讨影响学生学习的各种因素，如动机因素、认知因素与人格因素等对学习的影响。

第四方面：教学与管理。主要探讨如何根据学生的心理特点与发展规律进行教学设计、课堂管理等，同时研究作为组织者和管理者的教师的心理特点及其对学生的影响。

按照上面对教育心理学研究内容的分析，我们把本教材的基本体系确定为四篇，共13章：

第一篇是总论（第一至第二章）。其中，第一章绪论，主要阐述教育心理学学科性质、对象、任务、研究方法、发展历史等。第二章学习与学习理论，主要介绍学习的一般概念和国内外主要的学习理论。

第二篇是认知领域与行为领域的学习过程（第三至第八章）。其中，第三至第七章是认知领域的学习，分别阐述知识的学习、学习策略的学习、智力与创造力的学习、动作技能的学习和学习迁移的基本理论及其教学促进策略。第八章是行为规范领

域的学习，主要阐述品德的学习及其培养。

第三篇是影响学习的因素（第九至第十章）。其中，第九章主要阐述影响学生学习过程的动机因素，第十章主要阐述影响学生学习的认知与人格因素。

第四篇是教学心理（第十一至第十三章）。其中，第十一章主要阐述如何根据学生学习的规律有效地进行教学设计，第十二章主要阐述如何根据学生的心理特点有效地进行课堂教学，第十三章主要阐述作为教学与管理的指导者的教师的心理特点及其对学生的影响。

三、教育心理学与邻近学科的关系

教育心理学是心理科学的一门独立分支，具有自己独特的研究对象和内容。但任何一门学科的存在又必然不是孤立的，而总是与多门学科相互交叉与渗透。教育心理学作为一门由教育科学和心理科学交叉而产生的边缘学科，从其研究对象和性质来看，与邻近学科的关系主要有两类：教育心理学与教育学学科的关系；教育心理学与其他心理学学科（特别是普通心理学、儿童发展心理学等）的关系。

（一）教育心理学与教育学的关系

教育心理学与教育学有密不可分的关系，正是科学心理学与教育学的结合，才使得教育心理学在 20 世纪初正式诞生。从研究内容上看，教育学研究的是以教育事实为基础的教育中的一般问题，诸如教育性质、教育目的、教育制度、教育原则、教育内容、教育方法和组织形式、学校领导与管理等方面的问题，其目的在于探索和揭示教育活动的规律，服务于教育实践。教育心理学则主要研究教育过程中的心理学问题，并利用这些研究所得到的心理学规律来指导教育。因此，尽管教育学与教育心理学涉及的都是教育领域，但两者研究的对象与任务是不同的。例如，教育学家根据一个国家所处的社会制度及一定的理论依据确定学校的教育目的，而教育心理学家则系统研究使教育目的得以实现的条件，并提供进一步完善教育目的的建议。在这个过程中，教育学家要经常利用教育心理学家的研究成果，不断修正教育原则和实施方法，使之更具有科学性。因此，教育心理学是教育学的基础学科之一。

教育心理学与教育学共同关心的课题包括教学的要素、教育与认知的关系、教育与发展的关系、师生在教学中的作用与地位，以及教学方法、教学评估等方面的问题，但两者研究的侧重点是各不相同的，比如教育学研究教学方法，重在指出教学方法和效果间的关系，而教育心理学则着重揭示在具体的教学方法下，学生心理变化的过程。教育学与教育心理学在这些方面的研究中既有互相重叠的地方，也互有区别。因此，教育心理学的研究者，必须具有一定的教育学知识；同时，教育心理学不仅是教育工作者必须掌握的一门专业基础学科，而且也是教育学研究者必须具备的专业理论基础之一。

（二）教育心理学与其他心理学学科的关系

整个心理学科研究的是普遍的心理现象与心理规律。近百年来心理科学已经高度分化，形成了一百多个分支学科。

如果把心理学整个学科形象地比喻为一棵大树，那么，这棵大树由一个主干与两个分支组成。主干是研究一般的心理现象与心理规律的基础性心理学分科系列，它研究的是各个领域、各类主体所共有的、最一般的心理现象与规律，是其他系列心理学分科的基础，包括普通心理学的各个分科，如认知心理学（或者再细分为感觉心理学、记忆心理学、思维心理学等）、情绪心理学、人格心理学等；同时包括心理学研究方法的各个分科，如心理统计、心理测量、实验心理学等。。

两个分支，又称两个支干是：研究不同领域的心理现象与心理规律的心理学分科系列，包括教育心理学、运动心理学、商业心理学、工业心理学、司法心理学、社会心理学、医学心理学、咨询心理学等，它们分别研究各个不同的实践领域所特有的心理现象与规律。研究不同主体的心理现象与心理规律的心理学分科系列，作为主体的"人"，可以按不同的维度分为不同类型，例如，按照性别可以分为男和女，按照年龄可以分为老年、中年、青年、儿童等，还有一些特殊群体，这样就构成了心理学科研究的第二个支干，包括儿童心理学、青少年心理学、老年心理学、妇女心理学、罪犯心理学、教师心理学，等等。

心理学科各分科状况见图1-1。

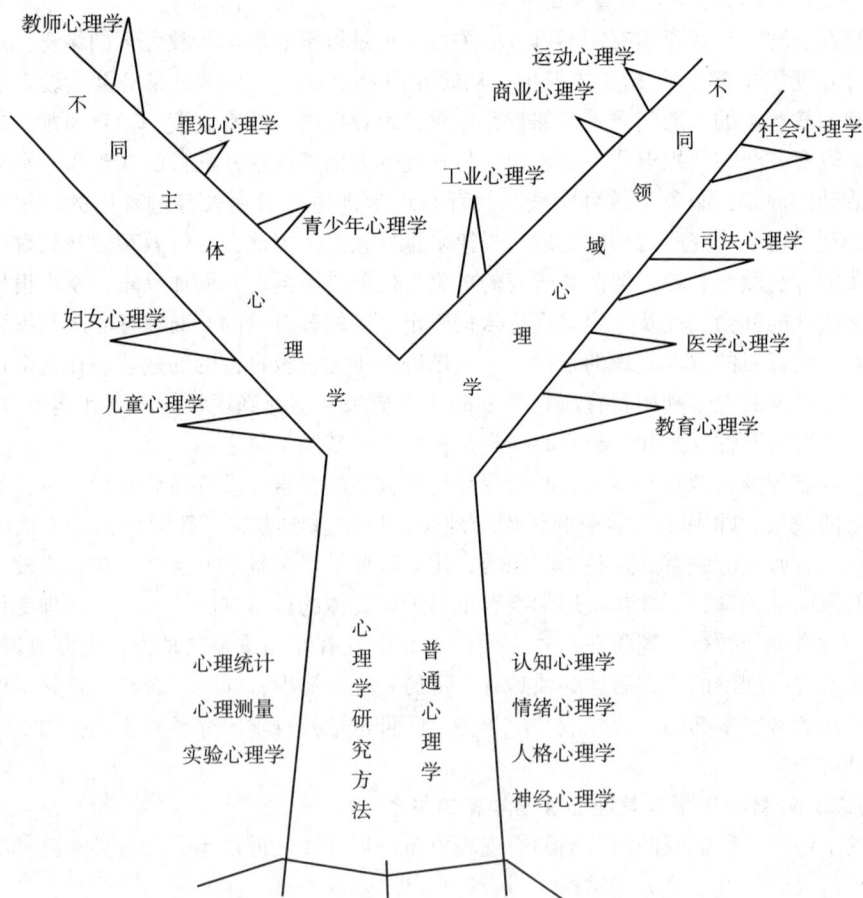

图 1-1　心理学学科分支图

在整个心理学学科体系中，与教育心理学联系较为紧密的主要有普通心理学与儿童发展心理学，下面重点谈谈教育心理学与普通心理学、教育心理学与儿童发展心理学的关系。

1. 教育心理学与普通心理学的关系

教育心理学与普通心理学的关系，从它们各自的研究对象及方法论的角度来看，可以认为是个性与共性的关系，普通心理学是教育心理学的基础，教育心理学是普通心理学原理原则在教育这一特定领域的体现。

普通心理学研究一般人在日常生活中的心理现象，包括认知、情感、意志等心理过程的表现和发展规律。教育心理学则对教育工作更具针对性，与教育实践的联系更为密切，它研究的是学生的心理现象在教育过程中的表现和发展规律，并用以指导教育和教学，从而提高教学工作的效率。例如，普通心理学研究动机，主要是研究动机的一般特征、结构及其在日常生活中的表现等方面的问题，而教育心理学主要研究在学习过程中不同动机对学生的学习效果的影响，并阐述如何培养和激发学习动机。又如，在概念形成问题上，普通心理学研究概念形成的一般特征，教育心理学则着重研究如何将概念形成的一般规律运用于不同课程的教学上，如何促使学生更快更好地形成概念。可见，尽管普通心理学的研究也要联系社会实践，对社会实践各个方面心理现象的共同规律进行总结，但它并不直接为某一特定的社会实践领域服务。教育心理学则不同，其研究成果具有特殊性，研究目的就是为教育实践服务。同时，教育心理学也以教育领域中特有的心理规律等知识来补充和丰富普通心理学的内容。因此，那种认为教育心理学仅仅是普通心理学原理原则在教育领域的应用，是一门应用的、缺乏特殊性与独立性的学科的观点是不恰当的。

2. 教育心理学与儿童发展心理学的关系

教育与儿童心理发展存在着比较复杂的相互交叉、相互依赖的关系。首先，教育不能脱离儿童心理的发展状况，必须以儿童心理发展的水平为依据。其次，教育是促进儿童心理发展的一个重要因素，在某种程度上教育对儿童心理发展起着决定性的作用。因此，教育心理学与儿童发展心理学的关系甚为密切。

儿童发展心理学揭示儿童心理发展过程的特征与动态，它不仅研究儿童各年龄阶段的发展特征，也研究心理发展的动力以及遗传、环境等因素对心理发展的影响，从儿童生活的各个方面去总结儿童心理发展的理论。由于儿童发展心理学的研究对象大都处在教育的环境下，因而儿童发展心理学也要研究教育对发展的影响。但是在儿童发展心理学中，教育仅作为一个重要的影响因素，儿童发展心理学研究教育的重点并不在教育本身，而是通过对教育的研究探讨儿童心理现象的发展变化特点。因此，儿童发展心理学的研究并不局限于教育范围，不局限于联系教育实际，它研究教育的着眼点是在于了解儿童的发展。

从另一方面来看，教育并非一个被动的过程，学生对教育的接受情况受制于学生原有的心理发展水平，因此，教育心理学的研究要利用儿童发展心理学的许多研究成果，如儿童的敏感期或关键期、儿童从一个年龄阶段发展到更高年龄阶段的总体规律等都成为教育心理学研究中要考虑的重要因素，并据此确定教育的可能性，但教育心理学还需要更深入地研究在不同的教育活动中，教育措施的安排怎样适应学生的特点，怎样最大限度地促进学生的心理发展等问题，从而直接为教育实践服务。

可见，教育心理学与儿童发展心理学是互相交叉、相互补充的，它们分别利用对方的有关理论探讨本领域的课题，发展自己的理论，同时也从自己方面丰富对方的内容，促进对方的发展。

第二节　教育心理学的性质与意义

一、教育心理学的性质

对于教育心理学的性质，从其创建起初就一直存在争议。有些研究者认为教育心理学仅仅只是把心理学中获得的知识简单地运用到教学活动中；有些研究者则认为教育心理学是用心理学研究的方法来研究教育活动。实际上，任何一门学科的性质都是与其研究对象密不可分的，研究对象规定学科的体系并决定这门学科的性质。如前所述，教育心理学研究的对象是教育过程中学生的各种心理现象及其变化规律，并根据这些规律研究如何有效地学与教。从这个定义出发，教育心理学是一门基础研究和应用研究并重的学科。教育心理学作为心理学的分支学科具有较强的理论性，作为指导教育实践活动的学科又具有极为鲜明的实践性与应用性。

早在教育心理学创建之初，许多研究者将教育心理学定义为是心理学在教育领域中的应用，目前仍有许多研究者把教育心理学当作一门纯应用学科，强调教育心理学的应用性研究。教育心理学这门学科具有应用性是确切无疑的。然而，由于历来偏重应用研究而忽略对学科理论体系的探索，教育心理学缺乏个性，或者附属于心理学，或者附属于教育学，致使学科的发展陷入困境、体系凌乱、内容庞杂，只能等待基础心理学理论或其他学科研究的最新成果。

随着教育心理学的发展，越来越多的研究者认识到教育心理学是一门独立的学科，有自己独特的研究对象、理论体系、研究方法和研究范式。研究者开始从实际教学情境中搜集现实资料，设计教学情境中的实验研究，以此探讨学生如何有效学习以及教师如何实施有效教学等教育心理学的重要课题。这种实验研究与普通心理学原理原则在教学实际中应用的结合，使得教育心理学的理论体系正日趋完善。

事实上，目前涉及教育领域的许多研究已经很难准确区分是基础研究还是应用研究，许多研究既有助于实际应用，又有助于发展基础理论。例如，有关人的知识习得和智力技能形成的研究，不但有助于从理解和改进教学实践的尝试中进行理论总结，促进学习理论的发展，同时又是面向教育实际问题的研究。可见，在教育心理学中，基础研究与应用研究是密不可分的，基础理论研究对应用研究有很大的促进作用，而在进行各种应用研究过程中更要注意对其研究结果进行总结，概括出一些基本原理并使之上升为教育心理学的基本理论。只有基础理论研究与应用研究并重，并通过教学等多种媒介和桥梁使理论和应用之间不断接触，教育心理学才能建立起较为稳定的体系，促使自身不断地发展。

二、教育心理学的意义

从教育心理学的定义来看，教育心理学的所有研究基本围绕两个问题：学生学的基本规律，侧重于理论探索；教师如何有效地教的基本规律，侧重于实践的应用。教育心理学研究的意义，从这两个方面都可以得到体现。

（一）教育心理学的研究有助于促进整个心理科学的发展

教育心理学揭示的心理学规律充实了普通心理学的一般理论。直至今日，心理学还没有形成一个成熟的完整的体系，存在着大量的未知领域有待研究。教育心理学可以从教育过程这个角度，对一些普遍的心理规律和心理现象进行探索，从中提出一些与心理学的一般理论相关的问题，或者试图从教育心理学的角度去回答这些问题，从而为心理学理论的发展做出贡献。教育心理学研究的成果解释了在教育或教学情境下，学习者的学习、记忆、保持、迁移、问题解决以及学习者在这些过程中所表现出来的行为特征，实际上为心理科学的发展和完善提供了丰富的材料和确凿的证据，是对心理科学理论的极大丰富。同时，教育心理学在研究解决教育实践中的心理学问题的过程中，也不断促进心理科学走向应用。教育心理学的研究对于心理科学的发展起到重要的促进作用。

（二）教育心理学对教育实践有重要的指导意义

1. 有助于帮助教育者更新教育观念，提高自我教育的能力

我国将五育即德、智、体、美、劳列为学校教育的目的，旨在使学生全面发展，但从教育工作的实际状况来看，现行的中小学教育普遍面临三大难题：第一，统一的教学模式及教育的普及造成班级人数的增加，教师难以实施因材施教，致使学习困难的学生增加；第二，受社会各种不良风气的污染、冲击，学校难以保持教育环境的纯洁性；第三，片面追求升学率，导致学生在心理发展上兴趣与性格的狭窄化。为了解决这些问题，深化素质教育，我国大力推进课程改革。在这种形势下，学校教育向教师提出了更高的要求。

在教师教育观念的更新上，教育心理学的研究成果可以提供有力的支持。随着教育改革的不断深化，教师自身的能力也需要不断提高。一个称职的教师至少应具备三个条件，包括有任教某门学科的专业知识、有了解学生个体发展的心理需求及学习原理等心理学专长、有将学科知识结合学生的心理特征灵活运用于教学之中的修养。教育心理学能帮助教师提高这几方面的能力，并为教师提供一些新的观点去分析或解决教育教学中的问题，使教育改革收到真正的实效。同时，教育者根据教育心理学的理论和研究成果，可以正确地评价自己，加强自我教育、自我修养，使自己成为一名优秀的人民教师。

2. 有助于提高教育教学工作的质量与效率

教学是教师的首要任务，不断提高教学质量始终是教师努力的方向，也是学校教育的根本目标。教育心理学研究并揭示了教育实践过程中学生的学以及教师的教的各种心理现象及其规律性，比如学生道德品质与良好性格形成的心理规律，学生年龄特征和个别差异，学生学习掌握知识、技能，发展智力的心理规律等，阐明了

学生心理特点和各种教育措施对学生心理发展的不同影响和作用，从而揭示出学生心理发展与教育的独特关系，使整个学校教育工作建立在心理学科学理论的基础上，使教育和教学工作的开展有据可依，能够提高教学工作的前瞻性，有助于提高工作质量。

学生的学习以掌握间接经验为主。随着现代科学技术的发展与知识的更新，学生在有限的时间内需要学习的间接经验越来越多，如何引导学生进行有效的学习和知识迁移成为现代教育的热点问题。教育心理学中有关学习规律的研究以探讨学生学习过程中的信息加工活动为核心，揭示了学生学习的实质和过程，为合理组织教学提供了心理学依据。因此，掌握了教育心理学的基本原理和方法，有助于广大教师正确组织教学工作，合理安排教学的各个环节，选择有效的教学方法，采用现代化的教学手段与途径，从而有效地提高教学质量与效率。

第三节　教育心理学的起源与发展

一、教育心理学诞生之前的教育心理学思想

教育心理学的发展史，就是心理学与教育学结合并逐步成为一个独立分支的历史。教育心理学正式成为一门学科以 1913—1914 年桑代克（E. L. Thorndike）三卷本《教育心理学》的出版为标志，至今只有近百年。在这短暂的历史中，教育心理学历经周折，逐步发展成为一门体系较完整、内容较充实、研究领域较稳定和研究方法较成熟的心理学分支学科。

虽然教育心理学的历史不长，但教育心理学的思想由来已久。在人类历史发展过程中，许多哲学家、教育家和思想家在思考教育问题时，提出了一些教育心理学的思想和观点，至今对我们的教育和教学仍有重要的启发意义。

我国历代学者的著作中蕴含着丰富的教育心理学思想。早在两千多年前，我国教育家和思想家，如孔子、孟子、荀子等在论述教育问题时，就已经具有一定的教育心理学思想。集儒家思想之大成的《礼记·学记》提出的许多教学原理，如"道而弗牵、强而弗抑、开而弗达"，"教学相长"等都闪耀着光辉的教育心理学思想。

孔子是我国古代一位伟大的教育家，他在长期的教育教学实践中，形成了关于教育教学过程中的认识、情感、意志和个性等方面丰富的教育心理学思想。例如，在认知方面，孔子重视探讨思维的启发，他指出"不愤不启、不悱不发，举一隅不以三隅反则不复也"（《论语·述而》），还提出

孔子
（公元前 551—前 479）

"叩其两端而竭焉"（《论语·子罕》）的启发方法，认为要从正反两个方面提问，激发思考；在情感方面，孔子提倡好学、乐学的情境，他强调"知之者不如好之者，好之者不如乐之者"（《论语·雍也》）；他还强调立志，教

导学生"三军可夺帅也，匹夫不可夺志"（《论语·子罕》）；他对学生的性格、才能、志趣都有深刻的了解，针对学生不同的性格特点，采用不同的教育方法，如他在《论语·先进》中说："求也退，故进之；由也兼人，故退之。"这些思想在今天仍有较大的启发意义。孟子继承孔子的思想，重视学习的主动性和积极性，他说"君子深造之以道，欲其自得之也，自得之，则居之安；居之安，则资之深，资之深，则取之左右逢其原，故君子欲其自得之也。"（《孟子·离娄下》）。荀子则在《荀子·劝学》中较为全面地论述了学习作用、学习方式等有关学习心理的一些问题，如"学不可以已。青，取之于蓝，而青于蓝；冰，水为之，而寒于水"，说明学习的意义在于能够提高自己，改变自己；"锲而舍之，朽木不折；锲而不舍，金石可镂"，说明学习只有坚持不懈，才能取得良好效果。

柏拉图
（Plato，公元前427—前347）

西方从古希腊开始，许多学者的论述中也出现了许多涉及教育心理学的思想。柏拉图（Plato）所主张的教学方法就十分重视个别差异及教育目标，即谋求身心的均衡发展；亚里士多德（Aristotle）所主张的顺应本性、培养习惯、启发心智等教育原则，都成为现代教育心理学的重要理念。

18世纪后期到19世纪末期心理科学诞生之前，近代资产阶级教育思想家，如捷克的夸美纽斯（J. A. Comenius）、瑞士的裴斯泰洛齐（J. H. Pestalozzi）、德国的赫尔巴特（J. F. Herbert）、俄国的乌申斯基（Я. Д. Ушинский）等，都非常重视在教育中运用心理学，并把心理学作为教育理论基础。夸美纽斯指出"只有通过教育才能成为人"，第一次明确提出教育必须遵循自然的思想。裴斯泰洛齐第一次提出"教学心理学化"思想，主张从教育实践中探讨和研究儿童心理特点和规律，并和教育工作的具体改革结合起来，提倡因能力施教。赫尔巴特是近代第一个提出把教学理论的研究建立在科学基础上的人，并认为这个科学基础就是心理学；他把教学过程分为明了、联想、系统、方法四个阶段，这便是以后五段教学法的基础。实际上，赫尔巴特已把教育学和心理学结合成一个不可分割的统一体了。此后，在教育工作中最早尝试系统应用心理学知识的是俄国著名教育家乌申斯基。他明确提出"心理学就其对教育学的作用和对教育学者的必要性方面来说，当然站在一切科学的首位"，号召教育工作者必须研究教育过程中心理现象的规律，必须考虑这些规律及其在教育工作中的应用。

亚里士多德
（Aristotle，公元前384—前322）

乌申斯基
（К. Д. Ушинский，1824—1870）

专栏 1-1

乌申斯基生平简介

乌申斯基（1824—1870）是19世纪后期著名的民主主义教育家，俄国国民学校和教育科学的奠基人，一生追求真理，热爱人民；认真实践，大胆总结；自强不息，成就斐然，被称为"俄国教师的教师"。他的教育心理学著作《人是教育的对象（教育人类学）》等被视为教育工作者的必读书。乌申斯基的教育思想在俄国影响极深。他所编写的教科书《儿童世界》（1861）、《祖国语言》等使用了将近50年之久。他的思想中的许多精辟见解对十月革命后的苏联教育也有很大影响。

[资料来源] http://jpkc.snnu.edu.cn/fed/files/FED/Course1.htm

二、教育心理学的创建

1877年俄国教育家兼心理学家卡普捷列夫撰写的《教育心理学》是第一部正式以教育心理学来命名的著作。此后，在其他各国中陆续出现了把心理学知识运用于教育实际的类似著作。但在1879年德国著名心理学家冯特（W. Wundt）建立第一个心理学实验室之前，心理学刚从哲学中脱胎出来，还处于内省和经验主义的水平，在今天看来，那时的心理学还不是一门非常严格的科学。

20世纪初，心理学由于采用了自然科学的客观方法，研究工作取得了重大进展，对于教育心理学学科的建立起到关键作用的是冯特的心理学，尽管冯特并没有直接研究教育心理学，但他的实验室实验对教育心理学家据此创建教育心理学的研究方法有很大影响。冯特的许多门徒，如德国的莫依曼，瑞士的克拉巴莱德，美国的霍尔、卡特尔等都对教育心理学做出了自己的贡献。莫依曼（E. Meuman）倡导的"实验教育学运动"已具有教育应根据儿童的发展阶段来实施的思想。莫依曼重视对儿童身心发展与改进教育方法的实验研究思想，对教育心理学中测验与实验的运用、儿童身心的发展，起到了极大的推动作用。

冯特
(W. Wundt, 1832—1920)

在美国，作为机能心理学的奠基人的詹姆斯（W. James），尤其强调心理学与教育学的结合，试图将心理学的实验研究与课堂教学融为一体。詹姆斯在为教师讲授心理学观点的著作《与教师的谈话》（*Talks to Teacher*, 1899）中，强调通过观察提问以及与学生交换意见可获得有关学生诸如观念、兴趣情感和价值观等方面的知识，并能以此改进学校的教学质量。这种观点为促进心理学原理转化为教学原理发挥了相当重要的作用。美国著名的教育家、哲学家杜威（J. Dewey），极力将心理学的研究应用于教育问题，几乎花费了毕生精力

詹姆斯
(W. James, 1842—1910)

去构思和宣传他对教育的看法，倡导了儿童中心运动，使教育工作者认识到心理学对教育的意义。这些人虽然都不是教育心理学家，但他们的思想都直接或间接地促进了美国教育心理学的发展。

真正使教育心理学成为一门独立学科的人是桑代克（E. L. Thorndike），他是美国教育心理学的奠基人。从1896年起，他开始从事动物的学习实验研究，后来又研究了人类的学习和测量，依据这些研究材料，他在1903年著成《教育心理学》一书，后又在1913—1914年扩充为三卷本的《教育心理学》，内容包括《人的本性》（*Educational Psychology*: Vol. 1, *The Original Nature of Man*, 1913)、《学习心理》（*Educational Psychology*: Vol. 2, *The Psychology of Learning*, 1913)、《工作疲劳，个性差异及其原因》（*Educational Psychology*: Vol. 3, *Mental Work and Fatigue and Individual Differ-*

桑代克
(E. L. Thorndike, 1874—1949)

ences and Their Causes, 1914)，这是世界上公认的最早的、比较科学而又系统的教育心理学专著。西方教育心理学的名称和体系由此而开始确立。桑代克认为教育心理学是因教育需要而产生，其研究是以了解人性及改变人性从而实现教育目的为取向的。20世纪20年代，美国所兴起的教育科学运动，其理论基础就是受桑代克的思想。桑代克的教育心理学思想，虽有机械化和简单化的倾向，但与单纯用内省和思辨方法去解决教育心理学问题的惯常做法相比，已有了本质的区别。桑代克对美国教育心理学的贡献不仅在于他用自己的学习理论来改进教育和编制了一系列的有助于测量学生学习结果的量表，从而为美国教育心理学的发生、发展奠定了基石，更重要的是他创建了一个教育心理学的完整体系，从而使教育心理学正式作为一门独立的学科，从普通心理学、儿童心理学与教育学中脱离出来。

三、教育心理学的发展

从20世纪20年代到50年代末是教育心理学的发展时期。20年代到30年代，西方教育心理学吸收了儿童心理学和心理测验方面的成果，并把学科心理学作为自己的组成部分，大大扩充了自身的内容。以后，教育心理学则转入各种不同学派学习理论之间的论争。其中，行为主义、联结主义和格式塔心理学的理论占有优势地位。到40年代，弗洛伊德（S. Freud）的精神分析学派使教育心理学开始重视潜意识和意识问题的研究，重视情感在教育教学过程中的作用，使得儿童的个性与社会适应，以及生理卫生问题进入教育心理学领域。但在第二次世界大战期间，心理学家由于客观现实的需要而转向注重实际应用，战后才重新开始从事有关教育的心理学研究。50年代，程序教学和教学机器开始兴起，同时信息论的思想为许多心理学家所接受，这些成果也都影响和改变了教育心理学的内容。

这一时期，学习理论一直是最主要的研究领域。20年代以后，行为主义研究范式占主导优势，强调心理学的客观性，重视实验研究，但各理论派别之间存在严重的分歧。尽管如此，学习理论的研究也取得了重大的成果，不但有桑代克的联结主义学习理论，斯金纳（B. F. Skinner）的操作行为主义学习理论和强化理论，托尔曼（E. C. Tolman）的符号学习理论，还有格式塔的心理组织原则和顿悟学习理论，以及皮亚杰（J. Piaget）的认知建构与发展理论。

20世纪20—30年代，西方儿童心理学和教育心理学的一些著作被介绍到苏联之后，引起苏联心理学家们特别是维果斯基、聂恰耶夫、鲁宾斯坦、布隆斯基等人对教育心理学对象、任务与研究方法等问题的热烈讨论。例如，维果斯基（Л. С. Выготский）极力主张把教育心理学作为一门独立学科进行研究，反对把普通心理学的成果移入教育心理学，强调儿童发展中教育与教学的主导作用，并由此提出了"文化发展论"和"内化说"。聂恰耶夫提倡用实验心理学的方法研究和解决教育问题。鲁宾斯坦则主张在儿童具体活动中去研究心理现象。这些思想为苏联教育心理学的发展奠定了理论基础。但客观地说，20—30年代，苏联的教育心理学研究进展相对迟缓，局限于用现成的心理学知识去解释各种教育原理。从40年代至50年代末，苏联教育心理学才有了长足的发展，开始重视结合教学和教育实际进行综合研究，并采用自然实验法和教师的经验总结，着重探讨如何依据科学心理学组织教学过程及在儿童活动中和教育条件下研究心理变化和发展的规律，最终在学科心理知识掌握方面取得了大量的研究成果。这一时期，苏联教育心理学家把马列主义哲学作为指导教育心理学的理论基础，反对西方机械地将动物学习理论应用到人类的教育中来，对西方教育心理学理论和学习理论采取了简单的全面否定的态度，其中包括对心理测量的否定，这是失之偏颇的。

我国教育心理学的研究工作起步较晚，中华人民共和国成立以前主要工作是翻译西方的著作，介绍西方有关的学说和研究方法，也做了一些学科心理学方面的研究，但这些研究在观点和方法上大都因袭西方，关于语言心理的研究倒是具有我国的特色。我国出版的第一本教育心理学著作是1908年由房东岳译、日本小原又一著的《教育实用心理学》。1924年，廖世承编写了我国第一本《教育心理学》教科书。中华人民共和国建立之初，我国研究者进行的工作主要是根据马列主义原理对旧教育心理学进行改造，同时，结合教育改革，对一些与入学年龄、学科教改、学前教育相关的心理学问题做了一定的研究工作，这些都对我国教育事业和教育心理学的发展起了一定的作用。

20世纪20年代到50年代末期，教育心理学的发展有以下特点。

（一）与心理学研究路线的分离，导致教育心理学缺乏独立的理论体系

早期的许多心理学家提出应当建立一门独立的有助于教育实践的学科——教育心理学。然而，由于心理学本身的初创，心理学界普遍迫切希望心理学成为像物理、化学、生物一样的自然科学，以便使自己跻身于经验科学。为此，众多的心理学家纷纷走进实验室，以实验范式的技术路线建构心理学的理论体系。同时，教育心理学家更多面临教学实践的挑战。因此，教育心理学只能从现有的学习理论或者发展理论中抽取一般的原理，经过适当的课堂实验及个案研究验证后，作为普遍指导的原理提供给教育界，很少去考虑自身的理论体系的建构。这一特点，充分地表现在这一时期的教育心理学专著中，比如多数专著并未针对教育心理学的特征标示出它的角色功能，也未强调教育心理学与学校教育目的之间的关系，有许多教育心理学专著仅仅定位在"心理学原理在教育上的应用"上。

（二）内容庞杂，但是教育心理学的核心内容已经显现

由于教育心理学缺乏独立的理论体系，20 世纪二三十年代以来，各类有关教育心理学的书籍内容十分庞杂。仅以美国为例，每年出版的教育心理学教材和教育心理学文选之类的书籍有上百种之多，有人曾经列出美国 50 年代流行的 21 本教育心理学书籍中的重要主题，发现其中的内容很不一致。这些教育心理学书籍的内容主要取自普通心理学、儿童心理学、比较心理学、人格心理学、心理卫生、心理统计与测量等学科。教育心理学广泛吸取其他学科的知识，虽然充实了本学科的内涵，但由于其他学科的心理学知识是在理论纷争、方法殊异的情境中获得的，并且多数已逐渐发展成为独立分支心理学的学科，因而，教育心理学难免不与这些学科重复。同时由于教育心理学本身没有严格的理论体系，当自身的内容扩充时，便显得非常庞杂。然而，这些专著中，并不是没有研究者较为一致关注的内容。研究者对于教育心理学的讨论，自始至终都对学习心理保持了普遍的关注和长期的兴趣。由此可以看出，学习心理作为教育心理学的核心在这一时期已经显现。

（三）缺乏对人类高级心理活动的研究，对教育实践的指导作用不大

20 世纪 30 年代至 50 年代末的一段时间，行为主义心理学盛行，以斯金纳为代表的行为主义心理学派强调心理学的客观研究，根据动物实验获得的学习理论，将人类一切复杂行为简化为 S—R 关系的联结来解释，并在教学上强调外在环境控制及机械式的后效强化原则。尽管行为主义的研究在揭示动物心理、人的低级心理以及发展研究技术方面做出了贡献，但由于回避研究人的高级认知过程，忽视教育过程中人教人、人感化人的情感因素，结果对教学实践的指导作用并不大。另外，尽管这个时期的教育心理学已广泛运用心理测量和统计以揭示学生的个别差异和学习结果，但由于忽视了对个别差异和学习结果成因的探究，难以有效地指导教学实践。

四、教育心理学的理论建设与发展趋向

20 世纪 60 年代至 70 年代，是教育心理学的理论建设时期。60 年代初，随着认知心理学的兴起，教育心理学的研究范式由行为范式转向认知范式。西方教育心理学逐渐注重结合教育实际，为学校教育服务。由布鲁纳（J. S. Bruner）发起的课程改革运动将面向教育实际的研究推向高潮。自此，美国教育心理学逐渐重视探讨教育过程和学生心理，重视教材、教法和教学手段的改进。70 年代，奥苏贝尔（D. P. Ausubel）在批判行为主义将人类的学习简单化的倾向之后，以认知心理学的观点系统阐述了有意义学习的条件、意义的获得与保持的进程；而加涅（R. Gagné）则系统总结了已有的学习研究成果，对人类的学习进行系统分类，并阐明了不同类型学习的内部与外部条件。这两种学习理论为建立系统的教育心理学理论奠定了重要的基础。同时，随着人本主义心理学的逐步兴起，美国教育心理学开始重视研究教学中的社会心理因素。罗杰斯（C. Rogers）提出了"以学生为中心的"主张，不少教育心理学家开始把学校和课堂看作是社会情境，研究教学中的社会心理因素。60 年代以来信息科学技术的发展，

特别是计算机的普及，计算机辅助教学（CAI）越来越受到人们的重视，这方面的研究呈现欣欣向荣的局面。

苏联的教育心理学20世纪50年代末也开始出现了一些重大的变化。首先，教育心理学问题的探讨同学校教学相结合，促进了苏联教育的改革，比较著名的是赞可夫改革传统小学教学体制的"教学与发展"实验研究。其次，在理论思想上也较先前活跃，对于学习活动的结构、学习的类型、学习动机、迁移和智力活动等理论问题探讨较多，发展了不同于西方的学习理论，如巴甫洛夫的联想—反射理论和列昂节夫、加里培林的学习活动理论。再次，对西方尤其是美国教育心理学的态度也有明显的变化，对智力测验和心理诊断学的意义作了重新估价，并把儿童心理学和教育心理学两门学科有机结合起来。

我国于1962年成立中国心理学会教育心理学专业委员会，具体领导教育心理学的研究工作。1963年由我国著名心理学家潘菽主编的《教育心理学》讨论稿出版，全国各师范院校相继开设《教育心理学》课程。"文化大革命"期间，我国的心理学研究工作几乎中断，1976年粉碎"四人帮"后，才得以恢复和发展。目前，我国教育心理学研究队伍不断扩大，研究课题日趋丰富，如学习心理问题、教育心理学基本理论问题、品德心理学问题、学科心理学问题、教师心理问题以及课堂教学心理等方面都取得了若干成就。但同一些欧美国家相比，当前我国教育心理学仍存在着一定差距，主要表现在专业队伍较小、设备条件较差，对教育实践中的心理学问题缺乏大规模的系统研究，取得的成果不多，研究经费不足等问题，这一切都对我国的教育心理学研究者提出了更高的要求和更严峻的挑战。

潘菽（1897—1988）

专栏1-2

20世纪80年代以后我国教育心理学的发展趋势

1. 扩大了教育心理学研究的范围；

2. 重视有关教育实践的研究和实验，对于填平与教育实践之间鸿沟的研究显示出极大兴趣，不再过分关注理论争论问题和心理学史问题；

3. 把最新的社会心理学成果吸收到教育心理学体系中来的比例呈上升趋势；

4. 注意和重视师生之间的关系，更加重视教师在教学指导中的作用和职能；

5. 教育心理学研究队伍的素质有很大的提高，在研究方法上更加严谨、科学，采用量表和实验研究方法更严密，数理统计更科学化；

6. 借鉴国外研究成果的同时，开始提出了自己理论的设想，比如：品德研究中的"环形定型结构"、教学模型的构想等，而且还出现了许多新课题的研究，如学习策略的研究、自控能力的研究、民族心理及跨文化的研究等。

[**资料来源**] 崔景贵. 当代教育心理学现状与发展研究 [J]. 云南师范大学学报，2002（3）：1.

20世纪60年代以来，教育心理学处于快速发展时期，总体而言，教育心理学发展呈现如下趋向。

（一）内容趋于集中，学科体系基本形成

20 世纪 60 年代后，尽管每年出版的教育心理学教材仍旧多种多样，林林总总不下百种，但其内容日趋集中，主要围绕有效的学和有效的教来组织，区别在于对两个方面各有侧重，有的以教为主线，有的以学为主线，也有两者并重的。有几个方面的问题是公认必须研究的，如教育与心理发展的关系；教与学的心理，包括学习理论、学习动机、个别差异，智力测验，成绩评定，课堂管理与纪律；教育中的社会因素；教师心理等。从这些问题来看，教育心理学中与教和学直接有关的内容日趋丰富，而关系不大的内容则逐渐被删除，教育心理学作为一门具有独立的理论体系的学科正在形成。

（二）各学派的分歧日趋缩小

教育心理学的理论派别，基本上可以分为行为派、认知派和人本主义学派。随着研究的逐步加深，越来越多的研究者认识到，多种理论和假说的并存是一门科学发展的必然。不同研究者由于处于不同的地域、时代，有不同的文化传统、理论修养，采用不同的观察手段和研究方法，会从不同的角度观察，从不同层次剖析极其复杂的心理现象，这必然会造成认识上的差异，形成不同的理论和假说。以教育心理学中认知派与行为派的理论为例，尽管两种学习理论从表面看分歧很大，然而如果从学习的简繁等级的观点来衡量，两派的理论并非对立，而是阶梯的两端：行为派的联结主义是学习阶梯的低级一端，而认知发展说则是学习阶梯的高级一端。目前，教育心理学的理论派别都在互相吸取对方合理的东西，力图填补理论和实践的鸿沟。

（三）注重学校教育实践

20 世纪 60 年代以后，教育心理学的发展趋势是越来越注重为学校教育实践服务，教育心理学家们越来越多地研究环境、社会阶级、文化背景、师生关系、集体等因素对人的学习的影响，并力图把研究同教育教学的实际问题联系起来。例如，布鲁纳的"发现教学法"、赞可夫的"教学论三原则"，乃至各种现代化教学技术运用到心理学问题的研究都在教育实践中产生了很大的影响。

近 20 年来，教育心理学的研究重点日益转移到教学实际中的各种问题上，特别是为教学方案设计和计算机辅助教学的程序设计提供了心理学原则和依据。此外，有关认知策略、元认知和知识最优化等基础研究课题，也与学生阅读理解、学科心理、技能培养、教学设计、教育评价等应用性研究课题结合起来，在应用研究上呈现出异常广阔的前景。

第四节 教育心理学研究的基本原则与方法

一、教育心理学研究的指导思想和基本原则

作为一种科学研究工作，教育心理学的研究从设计、材料收集、数据处理到做出结论都必须有正确的指导思想，遵循科学研究的基本原则，并采取科学的方法和态度。只有这样，才能保证研究的科学性，结论的可靠性。

教育心理学研究的指导思想与其他心理学分支学科一样，都是辩证唯物主义。辩

证唯物主义中关于普遍联系、动态发展、矛盾统一等基本观点对开展教育心理学的研究都起重要的指导作用。

针对教育心理学研究对象的特殊性，在进行研究时尤其应遵循、贯彻下列原则：

（一）客观性原则

客观性是任何科学及其研究都必须遵循的原则。教育心理学的研究工作和其他科学研究工作一样必须具有严肃性和严密性，必须遵循客观性原则。所谓客观性原则是指研究者对待客观事实要采取实事求是的态度，从客观事实出发，如实地反映心理现象的本来面目，既不能歪曲事实，也不能主观臆测。教育心理学的研究过程，尤其在实验设计、材料收集上要注意尊重客观事实，坚持实事求是的科学态度，如实地记录外部刺激以及被试的肌体反应、行为表现和口语报告等，从心理现象所依存的客观条件和外部活动表现去揭示规律；从客观事实到研究结论的推导也要建立在逻辑规则上，要注意全面分析，不可任意取舍，凭一时一事来下结论。

（二）系统性原则

系统性原则，就是要坚持整体系统的观点，多层次、多侧面进行研究，不能孤立、片面、割裂地看问题。系统性原则是教育心理学研究应遵循的重要原则之一，它要求研究者不仅要将研究对象放在有组织的系统中进行考察，而且要运用系统的方法，从系统的不同层次、不同侧面来分析研究对象与各系统、要素的关系，对各种心理现象及其形成的因素之间相互作用的关系进行整合的研究。另外，把事物分解为要素和把事物间相互关联的要素组成系统的统一整体，是任何科学深入认识事物本质的有力手段，没有分析就没有综合，没有综合也就无从揭示心理现象形成和发展的规律，在教育心理学研究中坚持系统性原则，也必须注意做到分析与综合相结合，从而准确地揭示研究对象的本质与规律。

（三）理论联系实际的原则

与心理学其他分支学科一样，在教育心理学的研究中，理论与实践是辩证的统一关系。实践是理论的源泉，也是检验理论正确与否的唯一标准；而理论指导实践，服务于实践，并在实践中不断发展。这种理论来源于实践，又在实践中得到发展的原则对教育心理学尤其有重要意义。教育心理学的任务是揭示儿童和青少年形成心理特性和道德品质，掌握知识和技能，以及发展智力和体力的心理活动规律，为提高教育教学质量提供心理学依据，其研究课题从教育实践中来，研究成果要服务于教育实践，如果一种教育心理学的理论不能应用于教育实践、不能指导教育，这种理论就没有生命力。教育心理学的理论只有在实践应用中才能得到检验、修正和发展。因此，教育心理学研究必须和教育实践密切结合，保证研究工作的实际效用。

（四）教育性原则

教育心理学的研究应注意贯彻教育性原则，也就是说，研究者进行研究要符合学生身心发展规律，具有教育意义，有利于学生的正常发展，一切不利于学生身心健康的研究都是不允许的，这是进行教育心理学研究不容违背的原则。教育心理学的首要任务是为教育实践服务，研究学生的心理是为更好地教育学生提供理论依据，而不是为了研究而研究，因此，在进行研究时不仅要考虑课题实际的教育意义，使其结果有助于教育教学质量的提高，有助于学生良好道德品质的培养和知识与技能的形成，而且整个研究方案的实施过程也要考虑对学生是否有良好的教育影响，决不能做有害学生身心健康的研究，不能给学生留下难以弥合的心理创伤。

二、教育心理学研究的主要方法

研究方法的重要性是不言而喻的，正如巴甫洛夫所说"科学随着方法论上所获得的成就而不断地跃进着。方法论每前进一步，我们便仿佛上升了一级阶梯。于是，我们就展开更广阔的眼界，看见从未见过的事物"。整个自然科学和心理学的发展历史都证明，人类对自然界奥秘的认识，是随着方法的进步而越来越深刻的。近百年来心理学的研究方法有几次重大的发展：冯特时代建立心理实验室，提倡实验法，代替了千年来用哲学思辨的方法研究心理学问题的历史；其后，各种研究方法陆续涌现，如测量法、问卷法、投射法、临床谈话法等。这些研究方法有利于从各种角度揭示心理现象。如把数理统计方法引入心理学，为心理研究提供了定量分析的工具，从数量上对心理现象进行描绘和统计有助于心理研究走向科学化；现代科技在心理学研究中的应用，如电子计算机、脑电图、脑磁图、核磁共振仪、眼动仪、皮电仪等仪器，增加了研究的深度和精确性，有利于深入到内部心理过程的探索。

以上心理学的研究方法基本上也都适用于教育心理学。由于教育心理学在研究时特别注意使研究情境与教育实际情况相符合，并根据教育实践综合考虑其中各方面的心理现象，因此，某些实验方法如自然实验法，在教育心理学中应用较广；而另一些方法诸如实验室实验等方法，则多与其他方法结合，以便相互补充、相互验证。

总的来说，教育心理学的研究就是要通过证据材料来证明某观点或设想，因此，通过什么类型的证据材料、运用何种方法来获得证据材料，这就构成了教育心理学研究方法的核心。根据获得材料的性质与获得材料的方法，总体上可以将教育心理学研究的方法分为两大类：一类是教育心理学的实证研究方法，一类是教育心理学的描述研究方法。前者要获得证明观点的材料是数量化的材料，也就是自然科学研究方法所要获得的材料；后者要获得的材料是质的材料，是事实、现象等。

（一）教育心理学的实证研究方法

教育心理学的实证研究方法就是通过量化的方式来探讨研究变量之间的关系，从而揭示教育心理活动的特点和规律。变量与变量间的关系有两种，一种是相关关系，另一种是因果关系。因此，教育心理学的实证研究方法就可以相应的分为相关研究和因果研究。

1. 相关研究

相关研究主要用于探讨变量之间的相关关系，并根据这种关系就研究对象的特征和行为做出解释和预测。相关研究的基本程序是，在两个或多个变量上测量每个被试的数值，然后以计算相关系数的方式来确定这些变量之间的相关程度。这种研究在教育心理学中具有重要价值，适用范围很广。例如，可以运用相关研究来分析学生的学习兴趣与学习成绩之间的关系；分析学生的个性特征与心理健康的关系；考察教师期望与学生动机之间的关系等。一般来说，在研究初期多采用相关研究，以便发现和了解有关变量之间的基本关系，进而开展更深入、更严格的研究。

做相关研究时应该特别注意的是，相关系数不能提供因果关系的证据。例如，许多心理学研究证明，学习成绩的满意感和学习成绩之间存在较高的正相关，可是究竟是学习成绩满意感引起好的学习成绩，还是由于好的学习成绩产生了满意感呢？这就不能只靠相关研究来解决。于是人们又进行了因果研究，证明当奖励和成绩的关系较紧密时，高工作成绩往往导致了高的工作满意感。又如，有一项研究发现，头围与词语回忆成绩之间的相关系数为 $r=0.70$，那是不是能够说明头围大，记忆的词语就多呢？进一步的研究表明，头围大并不一定是记忆能力高的原因，一些其他的因素实际上在起作用，其中比较重要的变量是年龄，儿童的头围随着年龄的增长而加大，记忆能力也随着年龄的增大而改进。年龄作为第三个变量是头围与词语记忆能力之间高相关的原因。可见，其他因素的干扰使得相关研究的解释更为困难。因此，进行相关研究时，应特别注意其他变量的影响和作用，要避免被表面的高相关所迷惑。

相关研究中最常用的方法是测验法，测验法又称心理测验，是运用测量工具衡量心理、行为特征的方法。科学心理学的特征之一就是能对个体的行为进行量化研究，心理测验就是个体行为量化的工具之一，它们是经过一系列严格的选择和加工的科学程序即标准化过程编制而成的。心理测验主要有智力测验、成就测验、人格测验等多种。智力测验的主要目的是了解不同年龄的被试的智力发展水平。成就测验的主要目的是了解被试已经具有的知识与技能。人格测验的主要目的是了解被试的各种心理特征和行为特点的综合表现。用于心理测验的测量工具称为量表，比如韦氏成人智力量表、明尼苏达多相人格量表等。一个标准的量表只有具有较高的信度和效度、标准计分法和可供比较的常模，才能用于实际研究。采用测验法来研究教育心理学问题，有两种方式：一是可以采用测验法来研究个体行为的某一层面的个别差异；二是可以采用测验法来研究被试两种或多种行为之间的关系。无论采用哪一种方式，测验的内容必须预先进行实验来确定其适用性和科学性。由于测验法是个体行为量化研究的工具，因此，这种方法的应用日益扩大。心理测验法的主要优点是能对心理进行定量化的分析，可以同时分析多个变量之间的相关程度，但缺点是难以从中推出因果性的结论。如我们采用智力测验和人格测验同时对某些学生进行测量时，发现学生智力与其好奇心、上进心、幸福感等人格特征呈正相关，但我们不能做出好奇心、上进心和幸福感等人格特征是智力高的原因的结论，因为其因果关系可能恰恰相反。

2. 因果研究

因果研究主要用于探讨变量之间的因果关系。教育心理学研究的目的是描述、解释和预测教育过程中学生的心理特征和心理活动的规律，其中心任务就是确定各种变量之间的因果关系。因此，因果研究是教育心理学中最重要的研究方法。

在教育心理学研究中，因果关系的探讨一般都通过实验研究来实现。在实验研究中，研究者通过有计划地操纵一个或一些因素（自变量），然后观察和测量某一感兴趣的变量（因变量）的变化，揭示二者是否存在稳定的共变关系，从而确定是否为因果关系。如果被操纵的因素有规律地引起了一种行为的特定变化，我们就把这些因素看作是产生这种行为变化的原因。需要注意的是，因果关系始终是一种超出目前收集到的证据的推论，需要不断地完善和验证。支持因果关系的最有力的证据是，被操纵的变量变化在先，结果变量的变化在后，并且它们单独存在时结果变量的变化不会发生。

因果研究一般有两种形式：实验室实验和自然实验。实验室实验是在实验室内借助于各种专门仪器设备进行教育心理实验的方法。教育心理学许多课题都可以在实验室进行研究，尤其是对教育心理过程和教育心理的生理机制方面的研究，通过实验室严格的人为条件的控制，可以获得较精确的实验结果，并可对实验的结果进行反复验证。实验室实验的缺点是，由于学生意识到正在接受实验，容易产生被试效应而干扰实验结果的客观性。自然实验也叫现场实验，是在自然情境下，由实验者创设或改变一些条件，以引起学生某些心理活动的变化进行研究的方法。这种方法既可在由实验者控制和改变某些条件下进行，又可在实验过程中保持着正常活动的自然条件，可使学生消除紧张情绪而处于自然状态中。因此，自然实验的研究结果比较切合实际。自然实验的不足之处是实验情境不易控制，因而难以得到精密的实验结果。

图 1-2　实验室实验（1）

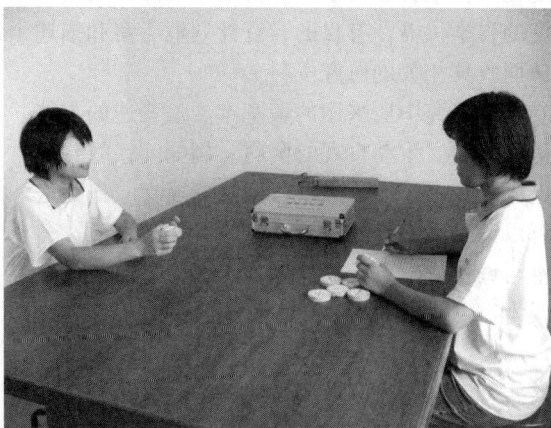

图 1-3　实验室实验（2）

　　教育心理学研究中，经常以因果关系分析的水平作为衡量研究质量的标准。一般来说，如果一项研究的变量及其因果关系明确，就认为该研究具有较高的内部效度，研究水平也较高。相反，如果一项研究中变量定义不明确、变量之间的因果关系含糊不清，就表明该研究的质量和效果较差。因果关系的分析与实验的控制程度有密切关系。这里的"控制"包含三种含义：一是对外部因素和实验情境的控制，如用隔音室消除无关噪音的影响。各种教育心理学研究都不同程度地包括这种类型的控制。二是对自变量的控制，如在特定时间改变自变量的水平，观察其反应。三是对研究设计过程的控制，即通过研究设计的总体安排、研究程序的规范化以及测量指标的标准化，排除影响因果关系推论的各种因素。可见，教育心理学研究从设计到实施的各个环节，共同决定了其控制的程度和因果关系分析的水平。

　　因果研究的主要优点是对某行为为什么产生，或某心理现象为什么会出现的问题，给予科学的解释和预测。因果研究的局限性则是对变量有较严格的要求，而且有些课题出于伦理和现实的考虑，无法采用因果研究。因果研究一般需要投入较大的人力、物力，比相关研究要复杂得多。

（二）教育心理学的描述研究方法

　　任何一项科学事业要做的第一件事，就是回答"是什么"的问题，因此科学研究的初始点就是描述。描述研究在教育心理学领域具有悠久的历史和独立的研究传统。日常生活中，我们都在观察和描述自我或他人，经常形成对表现出何种行为的预感。职业心理学家所做的事，基本上也是如此，只是这种科学的描述更为客观和系统，也更具有丰富的表现力罢了。然而，科学的描述并不像想象的那样简单。甚至可以说，在某些方面，我们对于想要了解的主客观世界描述得还很不够。教育心理学的描述研究方法主要包括观察法、调查法。

　1. 观察法

　　观察是任何科学研究的基础，是收集反映人的各种心理活动及其规律变化的诸多事实、材料的基本途径。在教育心理学中，所谓观察法，是指在教育过程中研究者通过感官或借助于一定的科学仪器，有目的、有计划地考察和描述个体某种心理活动的表现或行为变化，从而收集相关的研究资料。

　　观察法是教育心理学研究中所采用的最基本、最普遍的方法。在教育过程中观察学生的行为可以获得多方面、生动直观的资料。例如，在教育教学过程中，研究者可以通过学生在课堂上的表现，了解学生学习困难之所在，作为进一步分析产生学习困难的原因的基础；可以通过观察教师提问及学生的回答情况，分析师生相互作用的模式，并作为辅导学生与调整教学方案的参考。

　　为了使观察更为客观、准确，研究者在实施观察法时要着重注意三个方面的问题：

　　第一，在观察前要有明确的目的和周详的计划。这是观察前的设计工作，具体包括三个步骤：其一是确定观察内容。例如，要研究小学生课堂注意的特点，就需要考虑选择什么样的学校、哪个年级、什么类型的课等问题。其二是选择观察方式。如前所述，观察法有许多类型，应根据观察目的和观察条件，选择最适宜的方式进行观察，以便获得最可靠的观察数据。其三是制作观察记录表。观察记录表直接影响观察数据的获得，观察前应制定详细的记录表。

第二，观察中的记录要详细、准确客观，尽量避免掺杂观察者自己的希望与偏见，这常常需要一定的专门训练。此外，对同一类的行为，要尽可能做多次重复观察，尽量减少偶然因素的影响。

第三，观察后要及时对观察情况进行总结，将观察结果明晰化，避免由于时间关系而遗忘某些重要的观察细节，丢失宝贵的观察数据。

观察法的主要优点是保持了人的心理活动的自然性和客观性，获得的资料比较真实，具有逼真性。因为在自然条件下，被观察者一般不会有意掩盖自己内心真实的心理活动。但是，观察法也有不足之处，那就是观察者往往处于被动的地位，带有被动性。这是因为它是在自然（非人为）的条件下进行的，要获得足以说明某些心理现象的表现材料往往需要长期的等待；加上心理现象的多因性与条件难以控制，如果没有一定的分析经验与技能，要做出精确的判断是相当不易的。另外，观察法得到的结果有时可能是一种表面现象，不能据此精确地确定心理活动产生和变化的原因，不能达到解释"为什么"的目的，只能说明现象"是什么"。但它是掌握原始资料的必要方法，通过观察现象发现问题，可以为进一步的研究开路，因此有人把观察法比喻为科学研究的前门。

目前，随着科学技术的发展，观察法吸取了情报学、控制论、系统论等现代科学思想，采用录像、录音、摄影、电子计算机等现代技术手段，观察技术和策略不断提高，从而使观察法收集的资料比较客观、全面而准确。但是，由于观察材料的质量在很大程度上受观察者本人的能力水平、心理因素的影响，主观性相对较强，并且应用观察法只能了解某些心理活动的外部表现，因此观察法的应用要注意与其他实验方法结合进行，以增强其科学性。

2. 调查法

观察法收集到的资料通常是观察对象的外显行为表现，要进一步了解这些行为的心理原因以及内部心理过程就需要结合其他的方法。对于教育心理学研究，调查法是常用的方法，通过它收集到的数据既有一般的事实资料，又有所需的心理资料。

调查法是通过各种途径，间接了解被试心理活动的一种研究方法。调查法总体上易于进行，但在调查的过程中往往会因为被调查者记忆不够准确等原因使调查结果的可靠性受到影响。调查的可能方法与途径是多种多样的，在教育心理学的研究中，最常用的调查方法主要有问卷法、访谈法、个案法与教育经验总结法等几种，下面一一作简要的介绍。

（1）问卷法

问卷法是采用书面问答的方式，要求被试回答研究者提出的问题，以获得被试心理和行为表现的资料的方法。

问卷法也有许多种类，根据被试的数量，可以分为集体问卷法和个别问卷法；根据问卷内容是否有统一的设计和一定的结构，可以分为结构问卷法和非结构问卷法；根据问题的回答方式，可以分为开放式问卷法和封闭式问卷法；根据问卷的回收形式，可以分为当面问卷法和通讯问卷法，等等。

（2）访谈法

访谈法是通过与研究对象或与研究对象有关的人进行口头交谈的方式来收集研究资料的一种方法。

访谈法可以根据不同的标准划分为不同的种类。根据访谈时是否借助一定的中介物，可以分为直接访谈法和间接访谈法；根据访谈内容和过程有无统一的设计要求和结构，可以分为结构访谈法和非结构访谈法；根据访谈对象的特点，可以分为一般访谈法和特殊访谈法。在教育心理学中访谈法的实施可能是多种多样的，如可以采取家访的方式了解学生平时在家中的情况；可由研究者提出与研究课题有关的问题，要求教育工作者、家长、学生本人或其他人口头回答。与观察法、问卷法不同，在整个访谈过程中，访谈者不仅通过提问方式作用于被访谈者，被访谈者也会通过回答等方式反作用于访谈者，因此，在访谈法中，访谈者应努力掌握访谈过程的主动权，积极影响被访谈者，尽可能使他们按预定计划回答问题。

访谈法适用于一切具有口头表达能力的不同文化程度的访谈对象，适用范围广，能灵活地有针对性地开展资料收集工作，可以较详尽、真实、确凿地了解被试心理发展的具体表现和有关细节，有经验的访谈者还可根据一些非言语信息判断对象回答问题的可靠性，或根据对象的知识水平灵活变换提问方式，及时控制谈话方向，这是其他方法难以做到的。但访谈法费时费力费财，结果的准确可靠性很大程度受研究者素质的影响，还可能受到环境、时间和访谈对象特点的限制，研究资料也难以量化，因此应多与其他方法相结合使用。

（3）个案法

个案法是一种比较古老的方法，它是由医疗实践中的问诊方法发展而来的。个案法要求对某个人进行深入而详尽的观察与研究，收集其相关资料，分析其心理特征，以便发现影响某种行为和心理现象的原因。例如，通过个案分析，可以了解不同教师对个体行为的影响，也可以了解家庭对儿童心理发展的影响等。收集的个案资料通常包括个人的背景资料、生活史、家庭关系、生活环境、人际关系以及心理特征等。根据需要，研究者也常对学生做智力测验和人格测验，从熟悉学生的亲近者了解情况，或从学生的书信、日记、自传或他人为学生所写的资料（如传记、病历）等方面进行分析。有时可以与追踪研究相结合，系统记录超常学生、低能学生、学障学生等特殊学生的心理发展特点，具体分析形成的过程及其原因。个案研究的对象可以是单个被试，也可以是由个人组成的团体。

个案法的优点是能够加深对特定个人的了解。缺点是所收集的资料往往缺乏可靠性。例如，个人所写的日记、自传，往往因为自我防卫而缺乏真实性。此外，由于个案法限于使用少数案例，研究的结果可能只适合于个别情况，因此，在推广运用这些结果或做出更概括的结论时，必须持谨慎的态度。一般来说，个案法常用于提出理论或假说，要进一步检验理论或假说，则有赖于其他方法的帮助。

（4）教育经验总结法

教育经验总结法是教育心理学一个重要的研究方法，它是指教育工作者从心理学的角度对自己或他人的工作经验进行总结。

教育工作者尤其是广大教师们在教学实践中常常会提供和创新教学方法，用新教材做试验，在这个过程中，他们积累了丰富的教学经验，并且提出一些值得研究的教育心理学问题。尽管教师在日常工作中并非有意识地运用心理学规律，然而很多富有创新精神的教学方法，往往被证实为有着坚实的心理学依据，通过心理学工作者与教育工作者对教育经验的共同总结，并在教育实践中加以推广，常常能产生良好的教学效果。运用教育经验总结法，研究者在收集教学经验时的要求和上述问卷法和访谈法相似。这种方法的使用效果与教师自身的理论修养水平关系密切。教师的理论修养水平越高，就越有可能总结出教育心理学的规律；教师的理论修养水平不高，就可能就现象谈现象，不能上升到一定的理论高度，超越不了日常经验，只是一家之言，不能在教育实践中推广。

教育心理学的研究方法还有许多，但以上方法是较常用的。目前，注重提高教育心理学研究成果的应用性和普及性，进行跨学科、多分支和跨文化研究，综合应用多种研究方法，采用多变量设计，引进现代化科学技术手段，扩展科学研究的领域，是国际上教育心理学研究方法的重要发展趋势。

三、教育心理学研究方法的综合化趋势

教育心理学的研究方法多种多样，但它们之间并非相互独立。在进行研究时，目前更强调研究方法的整合，这种综合化的趋势，主要表现在以下几个方面。

1. 注意采用多种方法研究和探讨课题。从上面对研究方法的具体阐述可看出，每一种研究方法都有其优点、局限或不足，若仅采用单一方法，往往难以做出全面、准确的结论。在一项具体研究中，应该根据研究的问题特点及其不同的研究阶段，综合采用观察、调查、实验等方法，对不同方法获得的结果进行相互比较、验证，往往可以提高研究结果的可靠性。

2. 强调并大量采用多变量设计。随着统计方法和技术的进步，近十年来，教育心理学的研究越来越多地采用多变量设计。一方面是由于实际教学活动中影响学生心理活动的因素极其复杂，采用多变量设计的研究显然与现实生活更为接近，有利于更好地揭示教育教学活动中影响学生心理现象的各个方面的相互联系和相互作用；另一方面，随着研究的深入，研究中必须考虑越来越多的影响因素，才能保证实验研究的效度。

3. 注意将定性分析和定量分析相结合。定性分析方法从被研究者的角度出发，描述和分析人们的行为，强调对研究的社会背景做全面而整体的了解，强调随着资料的积累动态地调整研究问题和资料收集的方法，采取灵活而可重复的研究策略。定性分析方法的研究通常在教室等自然情境中进行。早期的心理学研究偏重于定性分析和经验描述，但随着实证主义和实验法的引入，近年来，越来越多的研究者认为对心理学发展史上现象学与实证主义的方法论应持一种辩证的态度，应注重将定性分析与定量分析结合起来。比如在教育心理学研究中，可以运用各种定性方法如上述的调查法、观察法对教育过程中的心理活动进行充分的观察、了解，对其性质、意义做出定

性分析，然后再运用实证方法对定性分析的结果进行量化分析，这样容易获得较为全面的客观数据，挖掘出研究材料的深层意义。

【主要结论与应用】

1. 教育心理学的研究对象是教育过程中的心理现象与规律，包括受教育者的各种心理现象及其变化和发展规律，以及教育者如何通过这些规律对受教育者进行有效的教育。教育心理学是一门介于教育科学和心理科学之间的交叉学科。教育心理学的研究内容应主要包括学习的本质、学习的过程、影响学习的因素和教学与管理四个方面。

2. 教育心理学是教育学的基础学科之一。普通心理学是教育心理学的基础，教育心理学是普通心理学原理原则在教育这一特定领域的体现。教育心理学与儿童心理发展存在着比较复杂的相互交叉、相互依赖的关系。教育心理学是一门基础研究和应用研究并重的学科。教育心理学的研究有助于促进整个心理科学的发展，对教育实践也有重要的指导意义。

3. 桑代克是美国教育心理学的奠基人。从20世纪20年代到50年代末期，教育心理学的发展表现出与心理学研究路线分离、内容庞杂和缺乏对人类高级心理活动研究等特点。20世纪60年代以来是教育心理学快速发展时期，其发展表现出内容趋于集中、各派分歧日趋缩小、注重学校教育实践等特点。近20年来，教育心理学的研究重点日益转移到教学实际中遇到的各种问题上面。

4. 教育心理学研究需要遵循的基本原则有客观性原则、系统性原则、理论联系实际原则和教育性原则。教育心理学的研究方法总体上分为实证研究方法和描述性研究方法两种。其中实证研究方法又包括相关研究和因果研究两种；描述研究方法包括观察法、调查法，调查法又包括问卷法、访谈法、个案法和教育经验总结法等。

【学习评价】

1. 什么是教育心理学的研究对象？教育心理学的研究对象与邻近学科的研究对象有什么异同？
2. 教育心理学的研究内容有哪些？
3. 简述教育心理学的起源与发展。
4. 结合教学实际简述教育心理学的意义。
5. 教育心理学研究应遵循的基本原则有哪些？
6. 简述教育心理学的研究方法及其适用条件。

【学术动态】

● 21世纪以来，国内外教育心理学领域研究表现出以下趋势：

（1）在研究方法方面，越来越多地运用认知神经科学的方法与自然实验的方法对教育心理学的问题进行探讨，促进了教育心理学研究科学性与生态性的提高。运用认知神经科学方法探讨教育心理学领域的问题，提升了传统的行为实验研究的科学性，并且拓展了教育心理学研究领域。而采用自然实验结合自然观察的方法，能够在真实的教育情境中对学生的动机与社会认知、个性差异与学习策略、学科学习与教学等问题进行研究，使研究更具生态性，能够直接为教育实践服务。

（2）在研究内容方面，注重对接教育实践发展的需求。当前教育界高度关注的学生素养培养的问题，包括学生创造能力与培养、心理潜能开发、人格教育、心理健康教育等，越来越为研究者所重视；教育信息化时期的教与学的策略包括学习策略、教学策略、能力与技能训练策略等，已成为研究的热点；学生学习障碍、弱势特殊儿童的教育等问题的研究，正逐步深入。

【参考文献】

1. 潘菽. 教育心理学［M］. 北京：人民教育出版社，1983.

2. 邵瑞珍. 教育心理学［M］. 上海：上海教育出版社，1991.

3. 韩进之. 教育心理学纲要［M］. 北京：人民教育出版社，1990.

4. 张春兴，林清山. 教育心理学［M］. 台北：东华书局，1994.

5. 皮连生. 学与教的心理学［M］. 上海：华东师范大学出版社，1997.

6. 陈琦，刘儒德. 当代教育心理学［M］. 北京：北京师范大学出版社，1997.

7. 莫雷. 教育心理学［M］. 广州：广东高等教育出版社，2005.

8. 莫雷. 心理学［M］. 广州：广东高等教育出版社，2006.

9. Chen, Z., Mo, L., & Honomichl, R. *Having the Memory of an Elephant：Long-Term Retrieval and the Use of Analogues in Problem Solving*［J］. Journal of Experimental Psychology：General. 2004，133（3）：415-433.

10. Cui, X., Cheng, Q., Lin, W., Lin, J., & Mo, L. (2019). *Different influences of facial attractiveness on judgments of moral beauty and moral goodness*［J］. Scientific Reports. 2019，9（1）：12152.

第 二 章

学习与学习理论

【内容摘要】

本章是教育心理学的核心部分之一。首先对学习进行了概述，然后根据时间发展的顺序分别介绍了关于行为主义、认知派、建构主义、人本主义等派别的学习理论的建立过程，以及各理论学派对于学习实质的看法，包括什么是学习过程、学习将导致什么结果和学习需要什么条件与具备什么规律等；同时还探讨了各学习理论关于教学的观点及其对教学的影响。最后对各派理论进行了简要评述。本章旨在帮助读者建立对学习以及学习理论的整体印象，了解其发展的主要脉络和未来方向，促进读者对学习实质的思考。

【学习目标】

1. 说出学习的界定和通常的分类。
2. 了解桑代克对学习的实质的看法以及他总结的三条主要的学习规律。
3. 比较经典性条件作用和操作性条件作用的区别。
4. 熟悉观察学习的过程以及影响每个过程的因素。
5. 描述苛勒关于顿悟的实验研究。
6. 了解发现学习、接受学习和有意义学习之间的关系。
7. 用自己的话说明认知派学习理论比行为主义学习理论相对进步的地方。
8. 叙述同化、顺应、平衡、最近发展区等概念的意义。
9. 区分建构主义教学理论与传统教学观在知识观、学生观、教学观等方面的差异。
10. 简要描述人本主义的基本教学模式。

【关键词】

学习　学习理论　试误　经典性条件作用　操作性条件作用　社会学习　顿悟
发现学习　接受学习　有意义学习　发生认识论　建构主义学习观　人本主义学习观

第一节　学习概述

"学习"一向是心理学研究中比较核心的课题。当提及学习一词时，大部分人首先想到的是学校中的各种学习活动，比如说学校开设的各门课程：数学、语文、化学等。但是学习决不仅限于学校生活，实际上，我们每天都在不断学习。小朋友学习如何堆积木，青少年关注流行乐坛的形形色色的新闻，中年人关心如何改变自己的不健康的饮食和生活习惯。甚至，每过几年，我们所有的人都会惊奇地发现：如今流行的服饰还有其他很多的生活方式都和以往大不一样。可见，学习甚至可以是无意识的，不论你愿不愿意，它都会发生在你的身上。

一、什么是学习

长期以来，心理学中对学习的定义有种种界说。教育学家杜威认为，学习即经验改造和改组的历程。行为主义心理学家往往把学习定义为有机体由于经验的结果而发生的比较稳定的行为变化。但目前最为广泛接受的是："学习是个体在特定情境下由于练习或反复经验而产生的行为或行为潜能的比较持久的变化。"① 在理解学习这个范畴时，需要把握以下三点：

第一，学习是人与动物共有的普遍现象，无论低级动物或高级动物乃至人类，在其整个生活中都贯穿着学习。

第二，学习是有机体后天习得经验的过程。有机体有两类行为，一类是先天遗传的经验，另一类是后天的、习得的经验。随着有机体所处的进化序列位置的不同，两类经验在其生存中的重要性也不同。低等动物主要凭借种群的遗传经验来生存，习得经验对其生存的意义不大，因此，学习对其生活不是十分重要。而动物的等级越高，其遗传行为越少，学习在其生活中就越重要。图2-1可说明学习在不同发展水平的动物的个体生活中所起的不同作用。

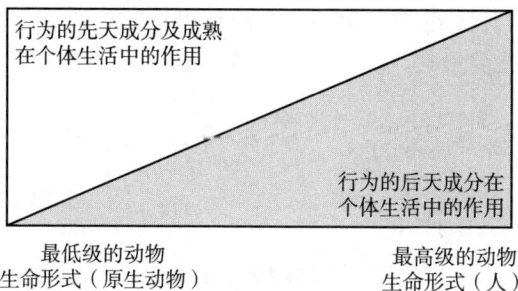

图 2-1　行为成分与动物发展水平之间的相互关系

第三，学习表现为个体行为由于经验而发生的较稳定的变化。这种变化，有时是直接见诸于行为，有时则可能要经过很长时间才能反映于行为，因此，有的心理学家

---

① ［美］G. H. 鲍尔 & E. R. 希尔加德. 学习论［M］. 邵瑞珍，等译. 上海：上海教育出版社，1987：198.

把它视为行为潜能的变化。然而，认知学习理论家则认为，由于学习的发生引起了内部心理结构的变化，故被视为思维的变化。当然，无论是思维或行为的变化，都是比较持久的。但这并不意味着凡是行为的变化都意味着学习的存在。有机体的行为变化也可以由本能、疲劳、适应和成熟等引起，如醉酒或药物导致的神志不清等，这些行为的变化不能称为学习。

二、学习的类别

学习作为一种极为复杂的现象，有着多种形式，涵盖广泛的范围。心理学界一般从两个不同维度对学习进行分类。

（一）按学习结果划分

心理学家加涅（R. Gagné，1999）认为，根据人类学习的结果，人的学习结果可分以下五种：（1）言语信息（verbal information）的学习，指有关事物的名称、时间、地点、定义以及特征等方面的事实性信息的学习。例如，中华人民共和国于 1949 年成立。（2）智力技能（intelligential skills）的学习，指运用符号或概念与环境交互作用的能力的学习。例如，把分数转换成小数。（3）认知策略（cognitive strategies）的学习，指调控自己注意、学习、记忆和思维等内部心理过程的技能的学习。例如，画出组织结构图。（4）态度（attitude）的学习，指影响个人对人、事和物采取行动的内部状态。例如，周末在家听古典音乐。（5）动作技能（motor skills）的学习，指通过身体动作的质量（如敏捷、准确、有力和连贯等）的不断改善而形成的整体动作模式的学习。例如，游泳、滑旱冰。

我国的心理学工作者常常将学习分为：知识的学习，策略的学习，技能的学习以及道德品质的学习。

（二）按学习活动的性质划分

奥苏贝尔（D. P. Ausubel）则根据学习的实现方式将学习分为接受学习和发现学习，同时考虑学习材料与学习者原有知识的关系，将其分为机械学习和有意义学习。这两个维度互不依赖，彼此独立，其具体的组合可见图 2-2。他强调有意义的接受学习应该是学生学习的主要形式。

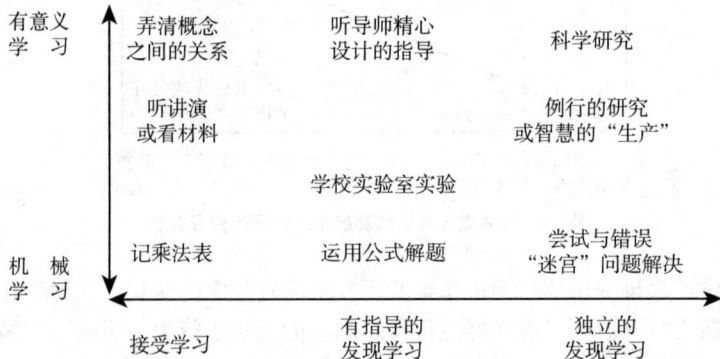

图 2-2　分布于有意义学习—机械学习，发现学习—接受学习之间的学习举例

第二节　行为主义学习理论

学习的行为主义理论主要代表人物是桑代克、华生、巴甫洛夫和斯金纳等。该学习理论的核心观点认为，学习过程是有机体在一定条件下形成刺激与反应的联系从而获得新的经验的过程。由于行为主义强调刺激—反应的联结，故而属于联结派学习理论。从桑代克的试误说到巴甫洛夫的经典性条件作用原理再到斯金纳的操作性条件作用学说，从通过情境刺激、反应与强化直接形成联结获得经验的条件作用理论，到通过观察间接形成联结获得经验的观察学习理论，行为主义学习理论的发展逐步完善。

一、桑代克的试误—联结学习理论

桑代克（E. L. Thorndike，1874—1949），美国哥伦比亚大学师范学院的教授，一生著述颇丰，研究领域十分广泛，他的学习理论在随后的近半个世纪里一直支配着美国该领域的研究。

桑代克认为学习是情境与反应之间的联结。桑代克的联结理论是根据其对动物的实验结果提出的，其中最著名的是饿猫开迷箱的实验（如图2-3）。

一只饿猫被关在他专门设计的一个实验迷箱里，箱门紧闭，箱子附近放着一条鲜鱼，箱内有一个开门的旋钮，碰到这个旋钮，门便会启开。开始饿猫无法走出箱子，只是在里面乱碰乱撞，偶然一次碰到旋钮打开门，便得以逃出吃到鱼。经多次尝试错误，猫学会了碰旋钮去开箱门的行为。

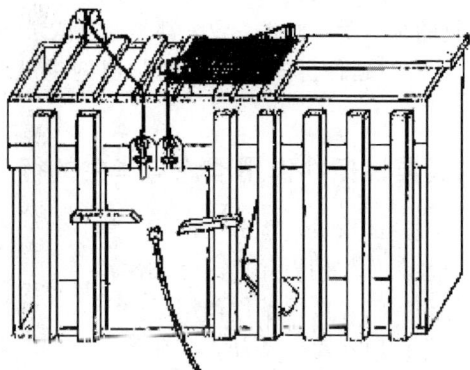

图2-3　桑代克迷箱

他的博士论文《动物的智慧：动物联想过程的实验研究》对动物实验的结果进行了总结，并揭出了著名的学习的联结理论。桑代克认为，学习的实质是经过试误在刺激与反应之间形成联结，即形成 S—R 之间的联结。他说："学习即联结，心即人的联结系统。"他认为，联结指的是情境和反应之间的联结，而不是联想主义的观念之间的联想或联结，联结的形成无须观念为媒介，人生来就具有许多联结的"原本趋向"；所谓学习，就是在一定情境的影响下，唤起"原本联结"中的一种联结倾向，并使之加强。

桑代克认为，学习遵循三条重要的学习原则：

①准备律（law of readiness）：指学习者在学习开始时的预备定势。学习者有准备而又给以活动就感到满意，有准备而不活动则感到烦恼，学习者无准备而强制以活动也感到烦恼。

②练习律（law of exercise）：指联结的强度决定于使用联结的频次，即 S—R 联结受到练习和使用的频次越多，则联结得越强；反之，则变得越弱。在桑代克后来的著作中，他修改了这一规律，因为，他发现没有奖励的练习是无效的。联结只有通过有奖励的练习才能得以增强。

③效果律（law of effect）：桑代克的效果律表明，如果一个动作跟随的是情境中一个满意的变化，那么，在类似的情境中这个动作重复的可能性将增加；反之，如果跟随的是一个不满意的变化，那么，这个行为重复的可能性将减少。这样我们就能看到一个人当前行为的后果对决定他未来的行为起着关键的作用。"在刺激与反应之间形成可改变的联结，给以满意的后果，联结就增强；给以不满意的后果，联结就减弱。"奖励是影响学习的主要因素。奖励就是感到愉快的或可能进行强化的物品、刺激或后果。在桑代克后来的著作中，他取消了效果律中消极的或令人烦恼的部分。因为他发现惩罚并不一定削弱联结，其效果并非与奖励相对立。

桑代克的学习理论指导了大量的教育实践。效果律指导人们使用一些具体奖励，如金星、口头表扬等。练习律指导人们对所有学生进行大量的重复，如练习和操练。他对教师的总的劝告是"集中并练习那些应结合的联结，并且奖励所想要的联结"。如不停地重复乘法表，并且总是提供奖励，形成了刺激（7×8＝）和反应（56）的联结。但是他认为人和动物的基本学习方式一致，都是通过试误学习，只是复杂程度不同，这是达尔文生物进化论的延伸，抹杀了人的学习的主观能动性这一最突出的特点。

二、巴甫洛夫的经典性条件作用理论与华生的行为主义学习理论

经典性条件作用学习理论的形成过程分为两步：第一步是巴甫洛夫发现经典性条件作用，并提出经典性条件作用的原理；第二步是华生将经典性条件作用运用于学习领域，将经典性条件作用原理发展成为学习理论。

巴甫洛夫（Н. П. Павлов，1849—1936）在研究狗的进食行为时发现，当铃声和喂食反复配对后，只给狗听铃声，不呈现食物，狗也会分泌唾液。如图 2-4 所示。即一个原是中性的刺激与一个原来就能引起某种反应的刺激相结合，而使动物学会对那个中性刺激做出反应。其中食物被称为无条件刺激（UCS），由食物引起唾液

巴甫洛夫
（Н. П. Павлов，1849—1936）

分泌称为无条件作用（UCR），铃声原来是一种中性刺激，和食物在时间上多次结合后，成了条件刺激（CS），铃声和唾液分泌之间就建立了一种新的联系，称之为条件

作用（CR）。这就是经典性条件作用原理的基本内容。这个过程也是强化的过程，强化的次数越多，条件作用就越巩固。在此基础上，巴甫洛夫进一步通过一系列实验对经典性条件作用的消退、分化、抑制问题以及条件作用的神经活动机制问题等进行了研究，提出了关于经典性条件作用的理论。

图 2-4　巴甫洛夫研究经典性条件作用的实验装置

华生（J. B. Watson，1878—1958）是行为主义心理学的奠基者和捍卫者。

华生相信，巴甫洛夫的条件作用模式适于用来建立人类行为的科学，如果将这种模式加以扩展，可以解释各种类型的学习和个性特征。他认为，学习就是以一种刺激替代另一种刺激建立条件作用的过程。人类出生时只有几个反射（如打喷嚏、膝跳反射）和情绪反应（如惧、爱、怒等），所有其他行为都是通过条件作用建立新刺激—反应（S—R）联结而形成的。华生根据经典性条件作用原理做了一个著名的恐惧形成的实验。

华生
(J. B. Watson，1878—1958)

实验被试是一名叫艾波特的出生只有 11 个月的婴儿，首先让艾波特接触一个中性刺激小白兔，艾波特毫无害怕的表现，似乎想用手去触摸它。然后兔子出现后，紧接着就出现用铁锤敲击一段钢轨发出的使婴儿害怕的响声（无条件刺激）。小白兔出现和钢轨敲击声经过 3 次结合，单独出现小白兔也会引起艾波特的害怕与防御的行为反应；6 次结合后，被试的反应更加强烈，随后泛化到相似的刺激，艾波特对任何有毛的东西都感到害怕，如老鼠、制成标本的动物，甚至有胡子的人。如图 2-5 所示。

根据这个婴儿通过经典性条件作用获得经验的实验，华生提出了经典性条件作用学习理论关于学习的实质的基本观点：有机体的学习就是通过经典性条件作用的建立，形成刺激与反应之间联结的过程。

（1）　　　　　　　　　　　（2）

（3）　　　　　　　　　　　（4）

图 2-5　华生的恐惧习得的实验研究

经典性条件作用的学习律包括学习的消退律和学习的泛化和分化律。经典性条件作用形成后，如果反复呈现条件刺激，却不呈现无条件刺激，条件反应的强度逐渐减弱，条件反应甚至消失，这种现象被称为消退（extinction）现象。经过一段时间后，如果再次呈现条件刺激，条件反应又重新出现，这种现象被称为自然恢复（spontane-ous recovery）。经典性条件作用一旦形成，机体对与条件刺激相似的刺激做出条件反应，这被称为条件作用的泛化（generalization）。例如，狗对节拍器每分钟发出 70 次的滴答声建立条件作用后，有时当节拍器变快或变慢，甚至钟表发出滴答声，狗也会产生条件反应。如果只强化条件刺激，而不强化与其相似的其他刺激，就可以导致条件作用的分化（discrimination）。当狗学会只对条件刺激（每分钟 70 次的滴答声）做出条件反应，而对其他相似的刺激不作出条件反应，就出现了条件作用的分化。

经典条件作用对教学很有意义，因为在经典条件作用下，个体可以获得对各种情境的情绪和态度，比如教师不断给予学生关心和鼓励，学生就将其和学习时间联结起来，从而喜欢学习，热爱学校。同时，学生的情绪和行为也可以由泛化、消退等方式形成。比如学生在课堂上有强烈的发言愿望，但是老师总不满足，他们发言的积极性就被打消。

华生作为行为主义心理学的创立者，强调心理学研究的客观性、科学性，但是经典的条件作用的前提是有机物先天存在的无条件作用，对于复杂的、高级的认知过程的学习，如果用此来解释，就只会犯简单化和机械论的错误。

三、斯金纳的操作性条件作用学习理论

斯金纳（B. F. Skinner 1904—1990）是操作性条件作用理论的创立人，并使之对教育实践产生了巨大作用。

（一）操作性条件作用

斯金纳认为，行为可分为应答性行为和操作性行为。应答性行为是由已知的刺激引起的。无条件反应是由无条件刺激所引起的，是一种应答性行为。例如，人咀嚼食物时分泌唾液；遇到强光，眼睛就会马上收缩等。操作性行为并不是由已知刺激引发

的，而是有机体在一定情境中自然产生并由于结果的强化而固定下来的。例如，小孩子学会自己穿衣服，上课举手发言等。日常生活中大部分行为属于操作性行为。操作性行为并不取决于其事先的刺激，而是由其结果控制的。根据这两种行为，斯金纳区分出了两种条件作用：应答性条件作用（与经典性条件作用相对应，又称刺激性条件作用或 S 型条件作用 respondent conditioning）和反应性条件作用（又称操作性条件作用或 R 型条件作用，operant conditioning）。前者强调刺激对引起所期望的反应的重要性，后者强调行为反应及其后果。斯金纳的工作主要集中在行为反应与其后果之间的关系上。

1. 操作性条件作用的过程

操作性条件作用是根据斯金纳自己发明的一种学习装置"斯金纳箱"做的经典实验而提出。

斯金纳箱内装有一操纵杆，操纵杆与另一提供食丸的装置连接，如图 2-6 所示。实验时把饥饿的白鼠置于箱内，白鼠在箱内自由活动，偶然踏上操纵杆，供丸装置就会自动落下一粒食丸，经过几次尝试，它会不断按压杠杆，直到吃饱为止。

图 2-6　斯金纳利用斯金纳箱进行实验

专栏2-1

斯金纳生平简介

斯金纳，1904 年 3 月 20 日出生在美国宾夕法尼亚州的一个铁路小镇——萨斯奎汉纳镇上，他的父亲是当地的律师。在儿童时期，他就有制作复杂小玩意儿的癖好。在中学和大学期间，他曾立志要做一名作家。因此像许多心理学先驱者一样，斯金纳在 1922 年进汉密尔顿学院读书时，并未打算成为一名心理学家，而是专修英文，以便实现作家梦。在毕业后的两年内，他从事写作，大部分时间是在格林尼治村度过的。尽管他仔细观察了周围千奇百怪的人类行为，可过了一阵子后他发现自己对看到的一切并没有什么好说的。极度灰心之后，斯金纳决定放弃写作，开始攻读生物学。在这个过程中，他读了华生和巴甫洛夫的著作，从而开始对人类和动物的行为感兴趣，并进入哈佛大学攻读心理学。1930 年他获得心理学硕士学位，1931 年获哲学博士学位，接着留校从事研究工作。1936 年至 1944 年他在明尼苏达大学任讲师和副教授。在第二次世界大战期间他曾参与美军秘密作战计划，采用操作性条件反射的方法训练鸽子，用以控制飞弹与鱼雷。1945 年斯金纳任印第安纳大学心理系教授和系主任，1948 年返回哈佛大学任心理学教授，直到 1974 年退休。在这期间，他于 1958 年获美国心理学会授予的杰出科学奖；1968 年获美国政府颁发的最高科学奖——国家科学奖；1971 年获美国心理学会基金会颁发的金质奖章。1990 年在波士顿去世，享年 86 岁。

这时我们可以说，白鼠学会了按压杠杆以取得食物的反应，按压杠杆变成了取得食物的手段或者工具。所以，操作条件作用又称为工具条件作用。在操作条件作用中的学习，也就是刺激情境（操纵杆 S）与压杆反应 R 之间形成固定的联系。

斯金纳认为，操作性条件作用与两个基本原则相联系：第一，任何反应如果紧随强化刺激，该反应具有重复出现的趋向；第二，任何能够提高操作反应率的刺激都是强化刺激。根据这两个原则，与经典性条件作用的S—R过程相比，操作性条件作用是（S）—R—S的过程。这一过程中，重要的是跟随反应之后的刺激。

比较桑代克的猫的迷箱实验与斯金纳的白鼠实验可见，桑代克的发现实际上就是一种操作性条件作用，只不过他的实验中猫的行为必须是由箱外的鱼引发的，这样，有机体的行为的学习就必须以能引发该行为的刺激物为前提，而斯金纳箱的小白鼠的行为是自发产生的。操作性条件作用尽管接近于桑代克的理论，但却不同于桑代克对学习的解释，桑代克认为奖励能加强存在于刺激和反应之间的联结，而斯金纳则认为，反应加强的不是S—R联结而是相同行为再发生的频率。

如果当行为发生后不给予任何强化，则行为可能消退（extinction），如学生屡次举手但总不被老师提问发言，久而久之，他将不愿意再举手发言。

操作性条件作用一旦形成，为了永久保持所获得的行为，或者称作维持 maintenance 行为，应当逐渐减少强化的频次，或者使强化变得不可预测。事实上，学生的生活世界里充满了许多自然的强化，可以维持他们在学校中学到的大多数技能和行为。例如，学生最初可能要求老师经常强化他们的数学行为，一旦他们发现数学中各种推理的奥妙，他们将很乐意进行各种演算。

2. 操作性条件作用的泛化和分化

在操作性条件作用中，行为的后果强烈影响行为，先前刺激也起着重要的作用。前因（antecedents）是发生在行为之前的事件，它能提供一种信息：哪些行为将导致积极后果，哪些行为则可能导致消极后果。鸽子在灯亮而不是灯灭的时候啄圆盘，是因为鸽子学会使用前因（灯光）作为线索以辨别啄圆盘的后果。在日常生活中，每个人都学会辨别不同情境，比如在老板高兴的时候和老板商量请假的事，而不是在公司周转不灵时提出加薪的要求。个体有时可能没有意识到前因可能影响行为的后果，而给予线索（cueing）就是发生在特定行为之前，提供前因性刺激的行为，它可以引导个体阶段性地进行反应。比如在课堂上，对于学生一时回答不上问题来时，老师常常给予特定的提示以促使学生给出满意回答。

如果孩子已经学会在家尊重老人，他们是否也能在其他场合尊重老人，比如在公交车上给老人让座？这就涉及操作性条件作用的泛化问题了。泛化（generalization）是指将所习得的行为、技能或概念从一个情境移到另一个情境中。泛化最容易在相似的情境中发生，一个新的行为从语文课上更容易泛化到常识课，而不是课余或家庭情境。值得注意的是，教师不要因为学生能在一种情境下作出某些行为，就想当然地以为他们在其他情境下也能做出这些行为。一般来说，学生并不会自动地将某一情境下的行为泛化到另一情境中。学生可能不会识别这两种情境相似的线索，或者虽能识别这些线索却没有动力做出反应。有时候，学生还应该学会对不同环境的分化。所谓分化（discrimination）就是知觉到先前刺激的差异并对这种差异做出不同反应。比如在动物园看到老虎无须害怕，而如果在森林里遇到老虎可就应该准备着如何逃命。

（二）强化

1. 强化的类型

行为的后果（consequence）在某种程度决定人们是否将重复该特定行为，后果的类型及出现时间的选择能加强或减弱此行为。凡是能增强反应频率的刺激或事件叫作强化物（reinforcer）。正强化（positive reinforcement）是通过呈现想要的愉快刺激来增强反应频率，负强化（negative reinforcement）是通过消除或中止厌恶、不愉快刺激来增强反应频率。反之，凡是能够减弱行为或者降低反应频率的刺激或事件叫作惩罚（punishment）。其中，Ⅰ型惩罚（type Ⅰ punishment）是通过呈现厌恶刺激来降低反应频率；Ⅱ型惩罚（type Ⅱ punishment）是通过消除愉快刺激来降低反应频率。

强化还可划分为一级强化和二级强化两类。一级强化（primary reinforcement）满足人和动物的基本生理需要，如食物、水、安全、温暖与性等。二级强化（secondary reinforcement）是指任何一个中性刺激与一级强化反复结合后，自身获得强化效力，可分为社会强化（拥抱、微笑）、信物（如钱、奖品等）和活动（玩游戏、听音乐等）。同一物体对不同人而言，强化的效果会不同，甚至有可能截然相反。如两个学生在课堂上开小差结果回答问题风马牛不相及，导致其他同学哄堂大笑，对学生甲而言，他可能认为这很丢脸，是一种严重的惩罚，从此以后认真听讲；而对学生乙，他却可能觉得自己很了不起，得到全班人的关注，这一后果成了强化物。在选择强化物时，可以遵循普雷马克原则（Premack principle），又称祖母的法则（Grandma's rule），即用高频的活动作为低频活动的有效强化物，通俗讲就是：首先做我要你做的事情，然后才可以做你想做的事情。如：学生必须写完作业才能看动画片。

2. 强化程序

强化程序（reinforcement schedules）指强化出现的时机和频率。强化程序可以分为连续强化程序和断续强化程序两种类型。如果在每一个适当反应之后呈现一个强化，这叫连续强化程序（continuous reinforcement schedule）。如果只在有些而非所有反应之后呈现强化，这叫作断续强化程序（intermittent reinforcement schedule）。断续强化程序又可分为间隔程序和比率程序。间隔程序（interval schedule）是根据历次强化之间的时间间隔而安排强化。比率程序（ratio schedule）是根据历次强化之间学习者做出适当反应的数量而安排强化。间隔程序和比率程序既可以是固定的（fixed）（可预测的），也可以是变化的（variable）（不可预测的）。

习得行为的持续性依赖强化的可预测性，为鼓励行为的持续性，变化的强化程序最为合适。但在实际教育中，也可能因为教师无意间对学生的不良行为进行了变化比率强化，一次侥幸使学生永远记住这个行为。所以老师作为强化的操作者，应当选择合适的强化物以及恰当的强化方式的组合，以塑造学生良好的行为。

（三）操作性条件作用学习理论的运用

1. 行为塑造

斯金纳认为"教育就是塑造行为"。复杂的行为可以通过塑造而获得。塑造（shaping）是指通过小步强化达成最终目标。也就是将目标行为分解成一个个小步子，每完成一小步就给以强化，直到获得最终的目标行为，这种方法也叫作连续接近

（successive approximation）。

以训练老鼠压杠杆为例，一只饥饿的未经训练的老鼠刚被放到斯金纳箱中时，不容易自发地做出按杠杆的行为，它可能会在里面来回走动，嗅一嗅等，当这老鼠转向食物杯时，实验者操作一个手工盒子，送食物到食物杯中。食物的滚动声会吸引老鼠的注意，老鼠会靠近杯子去吃食物。每当老鼠接近杯子时，实验者就送一粒食物。很快这只老鼠就会花大部分时间靠近杯子。因为杠杆是靠近杯子的，老鼠很容易会碰到杠杆，当它出现了第一个压杠杆动作时，立即给予强化，从这时起，实验者就只在老鼠碰到杠杆时才给食物强化。最终，老鼠学会了压杠杆获得食物。

驯兽师们对于行为塑造非常熟悉，诸如训练狗握手、猫站立之类都通过塑造达成。人类行为亦然。要想教会孩子一首儿歌，应先要求孩子读出第一句，然后读连续的二三句，最后才是整段儿歌。

2. 程序教学

所谓程序教学，是指将各门学科的知识按其中的内在逻辑联系分解为一系列的知识项目，这些知识项目之间前后衔接，逐渐加深，然后让学生按照知识项目的顺序逐个学习每一项知识，伴随每个知识项目的学习，及时给予反馈和强化，使学生最终能够掌握所学的知识，达到预定的教学目的。可见，精心设置知识项目序列和强化程序是程序教学能否成功的关键所在。

斯金纳的程序教学最先设计的是直线式程序。在直线式程序中，通过许多极小的步骤循序渐进地进行，所有的学生都是以同样的顺序学习同样的学习内容。通常利用教学机器或程序教材每次给学生少量的信息（框面），然后就这点信息提问，由学生回答。在下一个框面中，向学生提供正确答案。在学生接受正确答案后，不管其回答是否正确，继续下一步的学习，除此之外，不给学生提供任何额外的信息。学生在学习时可以自己控制速度，因此它能满足不同速度的学习者的需要。后来格罗德对斯金纳的程序进行了修正，发展了分支式程序。分支式程序的每一步骤都给出几种可选答案，只有选择了正确答案才能继续下一步的学习，选择了其他答案则转向能纠正这种错误的学习步骤，待错误得到纠正后，再进入下一步的学习。斯金纳认为，程序教学可以利用教学机器进行。计算机辅助教学（CAI）的方法和基本思想其实是以斯金纳的程序教学为基础的。

斯金纳对学习理论领域的研究做出了重大贡献，他通过严格的实验对操作条件作用进行了深入细致的研究，提出了操作性条件作用学说，并以此为基础建立了操作性条件的学习理论，从新的高度上扩展了联结派的眼界，将联结派学习理论推向了一个新的高度。他对强化的精细的研究加深了人们对行为习得机制的理解，使人们能成功地预测和控制行为，也为行为塑造矫正提供了一种可信的理论基础。斯金纳提出的程序教学理论，在实际的教学活动中独具魅力，对学校教育产生了极为深刻的影响，成为计算机辅助教学技术的理论基础之一，为CAI技术的发展提供了基本的原则和思路。

然而，斯金纳的操作性条件作用学习理论也受到种种批评，最主要的批评是他试图以操作性条件作用原理解释人类的一切学习行为，显然是过于偏狭，同时他根据对动物的强化研究得来的结论不加区分地运用于人的学习，忽略了人与动物的本质的区别，这也是错误的。作为行为主义学习理论之一，斯金纳显然摆脱不了行为主义观念的局限，没有对学习过程尤其是学生的知识学习过程的机制和内部过程进行研究，只是集中研究学习的一些外部条件，如强化与惩罚等方面，不注重人的知识学习的内部机制。他创立的程序教学理论，不注意人的学习的内部过程和内部机制，把人的学习与动物的学习几乎等同起来，把人看成了学习机器。不少教育学家与心理学家认为，根据这种方法培养的学生，知识技能很扎实，但对整个知识的统摄能力较差，创造性较差，综合分析的能力较弱。

四、班杜拉的社会学习理论

班杜拉（A. Bandura，1925—　）原本信奉新行为主义，面临认知主义和人本主义的挑战，自 20 世纪 60 年代后，在大量研究的基础上，他逐渐从传统的行为研究中脱离出来，提出了一系列新的思想，逐渐从偏重于外部因素作用的行为主义者向强调外在与内在因素两者并重转化，建立起一套最为综合并且广为接受的模仿学习理论，这一理论最初被称为社会学习理论（social learning theory），现在被看作是社会认知理论（social cognitive theory）。

班杜拉

（A. Bandura，1925—　）

专栏2-2

班杜拉生平简介

　　1925 年 12 月 4 日，班杜拉出生于加拿大北部阿尔伯塔省北部的一个叫蒙代尔的偏远山村。班杜拉在镇上唯一的学校度过了他的小学和中学时期。由于教师和教学资源严重缺乏，学习要完全依靠学生自学。对班杜拉来说，当时所学的"大多数课本中的内容后来都过时了，唯独期间养成的自我主导性一直都发挥着重要的作用"。高中毕业后，班杜拉考入了位于加拿大西海岸温哥华市的不列颠哥伦比亚大学。刚上大学时，他并没有选择心理学，而是打算在生物科学中选择专业，能够踏入心理学殿堂纯属偶然。当时为了节省开支，他和几个同学租住在离校较远的郊区，每天都要和那些要早起的同学一道乘车往返于学校和住处，因而总是早到学校。恰巧，学校正好在这段时间里开设了一门介绍心理学的课程，为了不浪费这段时间，他就漫不经心地选修了这门课程。这一"无心插柳"之举让他逐渐迷上了心理学，特别是临床心理学。这次偶然的选择改变了他一生的道路，决定了他终生的职业生涯。

　　大学毕业之后，班杜拉决定接受研究生教育，攻读临床心理学专业。班杜拉在他所信任的一位本科生老师的建议下，来到美国艾奥瓦大学，师从著名心理病理学家阿瑟·本顿（A·L. Benton，1909—　）教授，攻读临床心理学。本顿的研究工作对班杜拉具有深刻的影响，使他后来离开临床心理学而转向有关社会学习问题研究时，与其他行为主义心理学家不同，他十分重视学习过程中神经生理因素的作用，并热衷于将有关社会学习的理论与实验研究结果应用到人类健康与福利事业之中。在本顿的指导下，班杜拉通过自己的努力，先后于 1951 年和 1952 年获得硕士和博士学位。1953 年，班杜拉来到维奇塔辅导中心，开始了为期一年的博士实习训练。1953 年入斯坦福大学从事教学和研究工作，历任助教、讲师、副教授，至 1964 年晋升教授。1974 年当选美国心理学会主席，1976 年任斯坦福大学心理系主任。目前，班杜拉仍以荣誉教授的身份任职于斯坦福大学心理学系。

（一）社会认知理论

1. 三元交互作用论

班杜拉认为个体（信念，期望，态度，知识）、环境（资源，行动结果，他人和物理条件）和行为（个体行为、选择和言语表述）三者之间是相互作用，互为因果的关系。如图 2-7 所示。

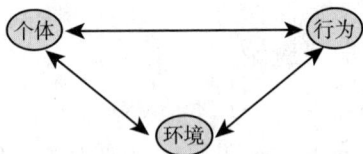

图 2-7　个人、行为与环境之间的交互决定关系

自我效能感（self-efficacy）是个体对自己能够有效处理特定任务的主观评价，它与学习行为之间存在相互作用：自我效能感的高低直接影响个体的努力程度，从而导致成绩的好坏，而成绩的好坏反过来影响个体的自我效能感。同样，环境和自我效能感也存在交互作用，教师的鼓励能提高学生的自信心，而学生的优越表现更促进了教师的积极教学行为。

2. 参与性学习和替代性学习

社会认知理论把学习分为参与性学习和替代性学习（Bandura，1986）。参与性学习（enactive learning）是通过实做并体验行动后果而进行的学习，实际上就是做中学，也是通常意义上的直接经验的学习。试误学习、条件作用学习均属于该类学习。替代性学习（vicarious learning）是通过观察别人而进行的学习。在学习过程中学习者没有外显的行为。人类的大部分学习是替代性学习，因为个体在多数情况下不可能通过亲手做并体验行为结果来进行学习，替代性学习则可以大大提高学习的速度。替代性学习还可以避免人去经历有负面影响的行为后果，如我们可以通过听他人讲述、看书以及看电影等来了解面临火灾时的逃生办法。

（二）观察学习

班杜拉以儿童的社会行为的习得为研究对象，进行了一系列重要的实验研究，系统地形成了他关于学习的基本思路，即观察学习是人的学习的最重要的形式。

在他的一项经典性的实验中，让儿童分别观察现实的、电影的与卡通片中成人对玩偶的攻击行为，然后给儿童提供类似的情境。结果表明，观察过这三类成人榜样的儿童都发生了类似的攻击性行为。接下来，班杜拉进行了另一项实验。在实验中将4—6 岁的儿童分成两组，两组被试都观看成人攻击玩偶的电影，但其中一组被试所看的电影结局是，这个发出攻击行为的成人受到别人的奖励；而另一组被试所看的电影结局是，这个发出攻击行为的成人受到惩罚。然后将两组被试带到有类似情境的地方，结果表明，在自发的情况下，观察到成人攻击性行为受奖励的被试比观察到成人攻击性行为受惩罚的被试，更多地表现出攻击性行为。

班杜拉认为，这并不是因为前者比后者学习得更好。因为，如果鼓励儿童模仿出电影中的成人的攻击行为时，两组被试在正确性方面并没有差异。这说明，在成人榜样受到惩罚的情况下，儿童也学会了这种行为反应，只不过没有同样地表现出来罢了。可见成人攻击行为所得到的不同结果，只是影响了儿童对这种行为的表现，而对这种行为的学习没有影响。

在此基础上，班杜拉详细描述了观察学习的具体过程，他认为观察学习（observational learning）包括注意、保持、复制和动机四个子过程。

在注意（attention）过程中，观察者注意并知觉榜样情境的各个方面。榜样和观察者的几个特征决定了观察学习的程度：观察者比较容易观察那些与他们自身相似的或者被认为是优秀的、热门的和有力的榜样。

在保持（retention）过程中，观察者记住从榜样情境了解的行为，以表象和言语形式将它们在记忆中进行表征、编码以及存储。

在复制（reproduction）过程中，观察者将头脑中有关榜样情境的表象和符号概念转为外显的行为。观察者需要选择和组织榜样情境中的反应要素，进行模仿（modeling）和练习，并在信息反馈的基础上精炼自己的反应。

在动机（motivation）过程中，观察者因表现所观察到的行为而受到激励。社会学习理论对行为的习得（acquisition）和表现（performance）作了区分，认为习得的行为不一定都表现出来，学习者是否会表现出已习得的行为，会受强化的影响。强化包括：①直接强化（direct reinforcement）指观察者因表现出观察行为而受到强化。②替代强化（vicarious reinforcement），指观察者因看到榜样受强化而受到的强化。③自我强化（self-reinforcement），当个体的行为表现符合甚至超过这一标准时，他就对自己的行为进行自我奖励。

概而言之，班杜拉的社会学习理论关于学习的实质问题的基本看法就是，学习是指个体通过对他人的行为及其强化性结果的观察，从而获得某些新的行为反应，或已有的行为反应得到修正的过程。

（三）观察学习的教学应用

学校课堂中存在着大量的观察学习。教师需要明确意识到它们的存在，并按照观察学习的过程来指导学生的观察学习。在观察学习过程中，观察所学习的对象称为示范，示范有多种多样的形式，班杜拉对示范区分出以下几种基本类型：真实的示范（现实生活中观察者接触到的具体的人）、象征性示范（通过语言或影视的图像而呈现的示范）、创造性示范（提供多种榜样的行为模式，使观察者形成带有创新性的行为模式）。

示范过程包括以下三个子过程。

（1）在教学情境中确认适当的榜样。班杜拉对最能引起儿童模仿的榜样的特点进行过研究，发现：①儿童喜欢模仿他心目中最重要的人物。家庭中的父母与学校中的教师，一向被视为儿童模仿的榜样人物。②儿童喜欢模仿与他同性别的人。③儿童喜欢模仿曾获得荣誉、出身于高层社会及富有家庭的儿童的行为。④同级团体里，有独特行为甚至曾受到惩罚的人，一般不是儿童喜欢模仿的对象。⑤同年龄同社会阶层出身的儿童彼此间较喜欢相互模仿。

（2）建立行为的机能价值。在教学中建立教学事件的机能价值，对这种行为价值的预期可增强学生对工作的注意，并且还使学生能积极地预测未来工作完成后的结果。示范行为的机能价值可通过下面两个途径建立：直接强化所示范的行为表现；预期强化的认知情境。

（3）引导学习者的认知和动作再造过程。在认知性和动作性技能教学中，教师要向学生提供下列机会：把观察到的行为编成视觉意象或文字符号；在内心演练示范行为。

社会学习理论从 20 世纪 70 年代在西方崛起，提出了有机体尤其是人的行为习得的观察学习的途径，注重观察学习中的认知中介因素，将认知过程引进自己的理论体系，因而超越了行为主义的范畴，融合了行为主义和认知派学习理论的思想，形成了一种认知—联结主义的模式，对学习理论的发展起了重要的促进作用。班杜拉揭示了观察学习的基本规律及社会因素对个体行为形成的作用，该理论关于环境、个体与行为三元交互决定的观点，关于强化与自我效能感的见解，对我们从整体上认识人的行为的学习过程具有重要的启示。而且班杜拉的社会学习理论建立于设计严密的实验研究基础上，并主要是以人作为被试进行，因此，他的理论对人的学习的解释更具说服力。班杜拉的示范教学过程及其步骤，揭示了通过示范进行教学的一般规律和注意事项，具有一定的理论意义和实践意义。

但他的研究成果缺乏对教育情境中的实际观察学习，且其对教学中运用示范问题并没有进行专门的深入研究，因此，他的示范教学观还不够成熟。综合地看，班杜拉的社会学习理论在很多地方具有开创性的意义，但它仍是一种尚不完善的理论，需要从理论和实践上得到发展。

第三节　认知派学习理论

与行为主义对立的是认知派的学习理论，这一学习理论的主要代表有苛勒、托尔曼、布鲁纳、奥苏贝尔、加涅等。该派学习理论的基本观点是：学习过程不是简单地在强化条件下形成刺激与反应的联结，而是有机体积极主动地形成新的完形或认知结构。因此，该派别认为，有机体获得经验的过程，是通过积极主动的内部信息加工活动形成新的认知结构的过程。纵观认知派学习理论的发展过程，从注重有机体学习全域的格式塔的"组织—完形"学习理论到托尔曼的符号学习理论，到着重讨论学生学习的布鲁纳的"认知—发现"学习理论、奥苏贝尔的"认知—同化"学习理论，从布鲁纳、奥苏贝尔强调相同的认知过程形成相同的层级认知结构的传统认知主义，到强调个人独特的认知过程建构不同的网状知识结构的建构主义，认知派学习理论的发展也经历了一个逐步完善、逐步清晰的过程。下面我们将逐一介绍。

一、格式塔的顿悟—完形学习理论

20 世纪初格式塔心理学产生于德国，主要代表人物是韦特默（M. Wertheimer）、苛勒（W. Köhler）和考夫卡（K. Koffka）等。该学派以现象学为理论基础，在对知觉进行开创性研究的过程中，提出了整个心理学理论体系。他们认为心理现象的基本

特征是在意识经验中所显现的结构性或整体性，反对构造心
理学的元素主义与行为主义的刺激—反应公式。

学习理论是格式塔心理学理论的重要组成部分。其关于
学习实质的看法，建立于对黑猩猩学习现象的观察基础上。

苛勒于1913年至1917年用黑猩猩做了一系列试验：

〔情境一〕在黑猩猩的笼子外放有香蕉，笼子里面放有两
根短竹棒，用其中的任何一根都够不着笼子外面的香蕉。然
而，黑猩猩思考一会儿，突然将两根棒子像钓鱼竿一样接起
来，够着了香蕉，把香蕉拨过来。黑猩猩一旦领悟棒子接起
来与远处香蕉的关系时，就一次又一次把一根棒子插进另一
根棒子的末端，以便能获得远处的香蕉。

苛勒
(W. Köhler, 1887—1967)

〔情境二〕在房间中央的天花板上吊一串香蕉，猩猩站在地板上而不能拿到，房
间的四周放了一些箱子。面对这样一个情境，猩猩开始采取跳跃的方式获取香蕉，但
是没有达到目的。于是它不再跳，而是走来走去。突然它站在箱子前面不动，过一会
儿，它很快把箱子挪到香蕉下面，爬上箱子，取到了香蕉。有时一个箱子不够，还能
把两个或几个箱子叠起来（图2-8所示）。这便是苛勒所说的对问题情境的"顿悟"，
即只有对问题的情境进行改组，才能使问题得到解决。

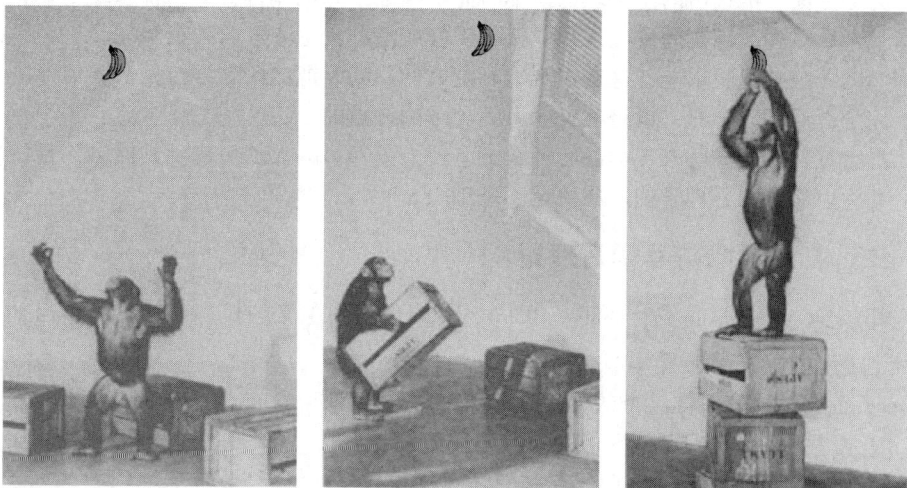

图2-8　黑猩猩解决问题

对于黑猩猩的这些行为，苛勒的解释是，在遇到问题时，动物可能审视相关的条
件，也许考虑一定行动成功的可能性，当突然看出两根棒子接起来与远处香蕉的关系
时，它便产生了顿悟，从而解决了这个问题。

根据这类研究所观察的事实，格式塔关于学习本质的观点是：

第一，从学习的结果来看，学习并不是形成刺激-反应的联结，而是形成了新的
完形。苛勒指出："学习在于发生一种完形的组织，并非各部分的联结。"该完形与新
情境相对应，反映了情境中各事物的联系与关系。

第二，从学习的过程来看，首先，学习不是简单地形成由此到彼的神经路的联结活动，而是头脑里主动积极地对情境进行组织的过程；其次，学习过程这种知觉的重新组织，不是渐进的尝试错误的过程，而是突然的顿悟。因此，学习不是一种盲目的尝试，而是由于对情境顿悟而获得成功。所谓顿悟（insight），就是领会到自己的动作和情境，特别是和目的物之间的关系。之所以产生顿悟，一方面是由于分析当前问题情境的整体结构，另一方面是由于大脑能利用过去经验，具有组织力的作用，能够填补缺口或缺陷，因此服从于知觉的组织律。

格式塔学派的学习理论有重要的贡献，它强调学习过程是有机体内部进行复杂的认知活动（组织活动）从而实现顿悟的过程，而不是通过试误而形成的联结活动，主张从问题情境的整体出发去知觉、学习、记忆，反对刺激-反应学习；它的知觉组织原则对学习和记忆问题有很大的作用；它提出的顿悟学习，不同于桑代克的尝试错误学习，并且对桑代克的学习理论加以批判。

顿悟学习理论受到了美国教育家们的欢迎。在杜威领导下的进步团体承认个人有更多的提出问题和解决问题的能力，儿童应当通过理解问题的结构，而不是对不理解的公式进行机械重复学习。在学习情境中，受试者构造和"领会"问题情境的方式非常重要，如果他们能利用过去的经验，确实正确"看清了"情境，他们就会产生顿悟。

另一方面，格式塔的学习理论把学习完全归之于有机体自身的一种组织活动，从根本上否认对客观现实的反应过程，把认识看成是脑自生的东西，把知觉经验组织的作用归因于脑的先验本能，这是主观唯心主义的。同时把试误学习与顿悟学习对立起来，完全否认试误学习，也是不符合人类学习的特点的。

毋庸置疑，格式塔心理学在心理学史上留下了不可磨灭的痕迹。它向旧的传统挑战，并为以后认知心理学的发展奠定了基础。

二、托尔曼的符号学习理论

托尔曼（E. C. Tolman，1886—1959），美国新行为主义的代表人物之一，但他不像其他行为主义者那样只关心一个个动作（movement），而是注重有机体整个的行动（act）。

托尔曼把行为区分为分子行为和整体行为，认为声、光等刺激所引起的肌肉收缩和腺体分泌反应是分子行为，而动物在复杂实验情境中的走迷津，以及儿童上学、打球等活动则是整体行为。人们生活中的绝大多数行为都是整体行为。他常用动物的动机、认识、预期、意向和目的来描述动物的行为。他的理论被称为目的行为主义、整体性行为主义、符号—完形说或预期说。他利用白鼠学习方位的迷宫实验（如图2-9所示）证明了他的理论。因此，他常戏称自己是"白鼠心理学家"。

图2-9　实验中的托尔曼

（一）托尔曼关于学习问题的经典实验

1. 位置学习实验

为了考察有机体学习结果的实质，托尔曼进行了一系列位置学习的实验。其中一个典型的实验是训练小白鼠走迷宫到达食物箱，这个迷宫如图 2-10 所示。

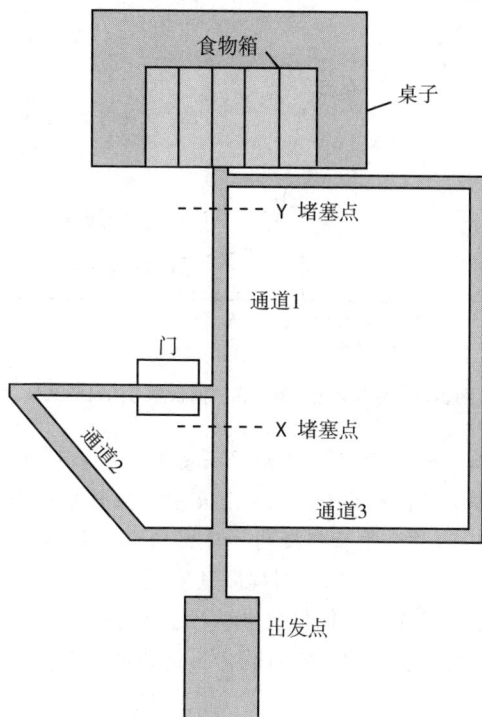

图 2-10 托尔曼用于验证白鼠学习方位的迷宫

该迷宫由一个出发点、一个食物箱和三条长度不等的从出发点到达食物箱的通道组成。实验开始时，将白鼠置于出发点，让它们自由地在迷宫内探索。一段时间后，检验它们的学习结果。检验时，仍将它们置于出发点，只是对各通道做一些处理，观察它们的行为。结果发现，若三条通道畅通，白鼠选择第一条通道到达食物箱；若 X 处堵塞，白鼠选择第二条通道；若 Y 处堵塞，白鼠选择第三条通道。

根据这一实验以及许多类似的实验，托尔曼认为：白鼠之所以能选择最接近于食物的路线，是因为白鼠学会的不是简单的、机械的反应动作，而是学习达到目的的符号及其所代表的意义，建立一个完整的"符号—完形"模式，即"认知地图"。学习不是简单的机械的运动反应，而是学习"达到目的的符号"及其所代表的意义。

2. 潜伏学习实验

1930 年，托尔曼设计了潜伏学习的经典实验，研究白鼠走迷宫过程中食物（外在强化）对学习的作用。

托尔曼把白鼠分成 3 组，训练它们走出一个复杂的迷宫，A 组是强化组，从第一天到最后一天，白鼠每次跑到目的箱都给予食物奖励；B 组是非强化组，该组白鼠始终没有给予食物强化；而 C 组白鼠在开始 10 天不给强化，从第 11 天开始，白鼠每次跑到终点都给予强化。结果见图 2-11。

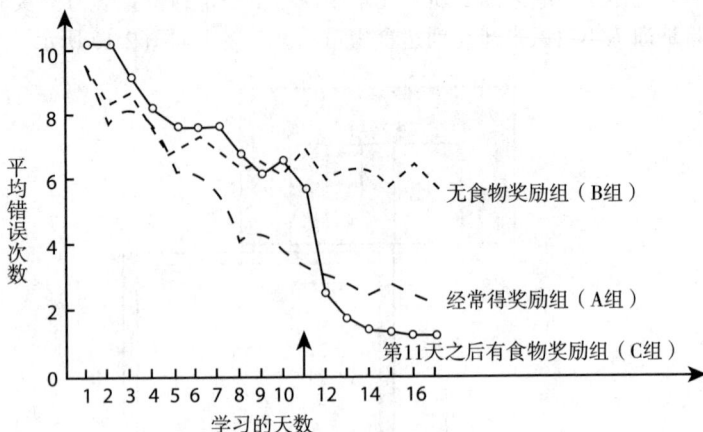

图 2-11　托尔曼用于验证白鼠潜伏学习的研究结果

由图 2-14 可以看到，A 组白鼠操作水平一直在提高，B 组白鼠操作水平一直较低，但是，C 组白鼠在没有得到强化的前 10 天中，操作水平与 B 组差不多，然而，从第 11 天给予强化后，操作水平骤然提高，与 A 组白鼠差不多，甚至还超出 A 组。

据此，托尔曼认为，3 组白鼠的学习程度其实是相同的，没有得到强化的白鼠实际上也在学习，它们在获得外在强化之前也学习了迷宫的空间关系，领会了符号的意义，形成了认知地图，当到达目的箱没有获得强化的情况下，其学习结果没有显示出来，因此是"潜在学习"。

3. 奖励预期实验

托尔曼认为，个体的行为由对目标的期待来引导。该观点被廷克波（Tinkle-paugh, 1928）的实验所验证。

该实验以猴子做被试，训练其完成一项辨别任务。实验者首先当着猴子的面把它们喜欢吃的香蕉放入两个带盖子的容器中的某一个，然后用一块木板挡住猴子的视线。过后，让猴子在两者中进行选择，结果发现，猴子具有良好的辨别能力，能准确地从装有香蕉的容器中取得食物。然后，实验者在当着猴子的面把香蕉放入后，又在挡板后面把香蕉取出，换成猴子不喜欢吃的莴苣叶子，并要求猴子取食。结果发现，当猴子从容器中取出莴苣叶子而不是香蕉时，猴子显露惊讶的表情，似乎有"大吃一惊"的挫败感，它拒绝吃莴苣叶子，并会四周搜索，寻找期望中的香蕉，寻找失败后，甚至非常沮丧地向实验者高声尖叫，大发脾气。

由此，托尔曼认为动物和人类的行为不是受它（他）们行为的直接结果影响，而是受到它（他）们预期行为将会带来什么结果支配，学习是期望的获得，而不是习惯的形成。有机体对特定食物的预期在学习中的重要性，在托尔曼的实验室里也得到了证实。

爱略特（Elliot, 1928）训练两组白鼠走迷宫。甲组白鼠到达目的箱后得到的是葵花籽；乙组白鼠得到的是麦芽糖。看来，麦芽糖比葵花籽更受欢迎，因为乙组白鼠跑得比甲组更快些。但训练 10 天后，实验者把两组白鼠的食物对换了一下，即现在甲组获得的是麦芽糖，而乙组获得的是葵花籽。结果出现的情况如图 2-12 所示。

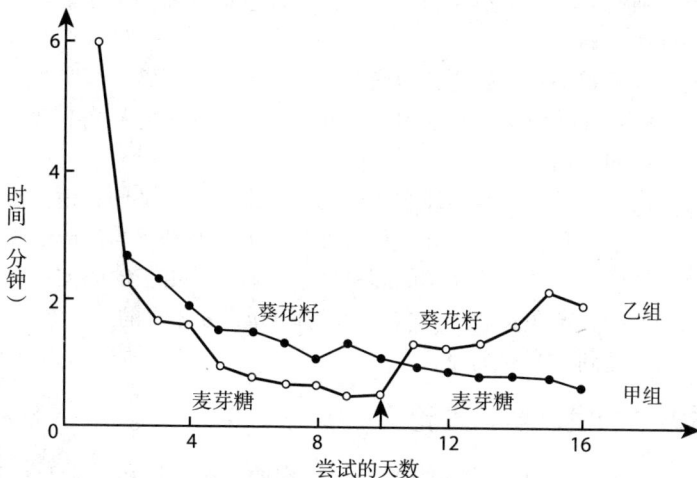

图 2-12　奖励预期实验

图上显示出一种明显的对比效应（contrast effect），即原来吃得好、现在吃得差的乙组比原来跑得慢了；而原来吃得差、现在吃得好的甲组比原来跑得更快了。这表明，在有机体的预期没有实现的情况下，即奖励物不如预期的奖励物时，不仅不能保持原有的操作水平，而且还会降低操作水平。

（二）认知—目的说的基本内容

1. 学习是有目的的，是期望的获得

托尔曼认为，"指向一定的目的"是行为的首要特征，有机体的行为总是设法获得某些事物和避免某些事物。对行为最重要的描述在于说明有机体正在做什么，目的是什么和指向何处。例如，猫正在企图从迷笼中逃出来，木工正在建造一座房屋……托尔曼认为动物和人的学习不是盲目的，而是有目的的。尽管需要有刺激的存在才能使个体的行为指向目的，但是只有目的才使行为达到完整和获得意义。期望是托尔曼学习理论的核心概念，它指个体依据已有经验建立的一种内部的准备状态，是通过学习而形成的关于目标的认知观念。

2. 学习是对完形的认知，是形成认知地图

白鼠在学习方位迷宫图时，并非学习一连串的刺激与反应，而是在头脑中形成一幅"认知地图"，即"目标—对象　手段"三者联系在一起的认知结构。在外部刺激（S）和行为反应（R）之间存在中介变量（O）。托尔曼主张将行为主义 S—R 公式改为 S—O—R 公式，O 代表机体的内部变化。中介变量就是在有机体内正在进行的东西，包括需求变量和认知变量。需求变量本质上就是动机，包括性欲、饥饿和面临险境时安全的需要，长时间持续活动后休息的需要等。认知变量包括对客体的知觉、对探究过的地点的再认，如动作、技能等。中介变量是不能被直接观察到的，但它同可

以观察到的周围事件和行为表现相关联，并从这些事件和表现中推断出来。

托尔曼的符号学习理论把认知主义的观点引进行为主义的学习联结理论，改变了学习联结理论把学习看成是盲目的、机械的错误观点。他重视学习的中介过程，即认知过程的研究，强调学习的认知性和目的性，这些思想对现代认知学习理论的产生和发展产生了深远的影响。

托尔曼的最大贡献是富有创造性地设计了各种严密的实验，用实验的方式对行为主义学习理论进行批评并引申出对学习的认知解释，这种研究范式对现代认知心理学的诞生起到了先行的作用。

然而，总的来说，托尔曼的心理学整体观点还是行为主义的，他提出的目的、认知、期待等中介变量本身很难用精确的程度维系于可测的刺激与反应变量，所以他的学说没有最终发展成为一种十分完整的理论体系。而且，由于他的实验研究是建立在白鼠学习基础之上的，难免忽视了人类学习与动物学习之间的本质差异，因而也遭到人们的批评。

三、布鲁纳的发现学习理论

布鲁纳（J. S. Bruner，1915—2016）是一位在西方教育界和心理学界都享有盛誉的学者，布鲁纳反对以 S—R 联结和对动物的行为习得的研究结果来解释人类的学习活动，而是把研究的重点放在学生获得知识的内部认知过程和教师如何组织课堂教学以促进学生"发现"知识的问题上，他的认知—发现理论是当代认知派学习与教学理论的主要流派之一。

布鲁纳
(J. S. Bruner，1915—2016)

专栏2-3

布鲁纳生平简介

布鲁纳于 1915 年 10 月 1 日出生于美国纽约的一个中产阶级家庭。1937 年毕业于杜克大学。1941 年他获得哈佛大学心理学博士学位。第二次世界大战爆发后，布鲁纳在美国情报部队进行心理战术研究和宣传以及公共舆论的分析工作。1945 年战争结束后，布鲁纳回到哈佛大学任教，并从事人的感知觉研究。此后，在瑞士心理学家皮亚杰的认知心理学影响下，他开始研究思维过程以及概念形成过程。1952 年起布鲁纳任哈佛大学教授。1960 年，他与心理学家米勒（G. Miller）一起创办了"哈佛大学认知研究中心"，并担任该中心主任（1961—1972），形成了以认知心理学研究为基础的教育思想。布鲁纳于 1959 年担任了美国科学院教育委员会主席。同年年底，美国科学院在伍兹霍尔召开讨论中小学数理学科教育改革会议，布鲁纳担任会议主席。会后，他在题为《教育过程》的小册子中综合了与会者的意见，阐述了结构主义教育思想。1972—1978 年，布鲁纳任英国牛津大学心理学教授。1978 年退休回国。

（一）布鲁纳的学习理论

总的来说，布鲁纳认为，学生学习知识，主要是通过类别化的信息加工活动，积极主动地形成认知结构或知识的类目编码系统的过程。

1. 认知结构

认知结构（cognitive structure）就是人关于现实世界的内在的编码系统（coding system），是一系列相互关联的、非具体性的类目，它是人用以感知外界的分类模式，是新信息借以加工的依据，也是人的推理活动的参照框架。构成认知结构的核心乃是一套类别以及类别编码系统。布鲁纳所讲的类别有两部分内容：一是指有相似属性的对象或事物，比如苹果、香蕉、橘子都属于水果这一类别。二是指确定某事物属于该类别的规则，即归类的依据。根据类别与类别之间的联系，可以对类别做出层次和关系的结构化安排，即对类别进行编码。经过编码的许多类别构成类别编码系统。在一个编码系统中，越是较高级的类别，它越能超越较低级类别的具体性，而具有更大的普遍适用性。

2. 学习是类目化过程

客观世界是由大量不可辨别的物体、事件和人物组成，人类认识客观世界时，不是去发现各类事件的分类方式，而是创建分类方式，借此以简化认识过程，适应复杂的环境。当然，类别的确立并不是随心所欲的，它必须建立规则，并符合客观世界的实际情况。

人们与周围世界的所有相互作用都涉及对与现有类别有关的刺激输入进行分类，如果刺激输入与人们知识结构中已有类别全然无关，那么它是很难被加工的，如远古人类遇到月食无法解释，只能认为是"天狗吃月亮"。因此，人们是根据自己已有的类目编码系统与环境相互作用，或者是借助已有的类别来处理外来信息，或者是由外来信息形成新的类别，这种将事物置于类目编码系统之中的活动，称为类目化活动。比如，到动物园见到一种从未见过的动物，根据它有羽毛、会飞行等特征将其归类为鸟的一种。

学习者通过类目化活动对学习材料所揭示的规则、现象、事物正确地进行类目化（概括化），把输入的刺激归为某一类别，并根据这一类别及其他相关的类别做出推理，以便在具体知识的基础上形成一般编码系统。一旦形成了一般编码系统，信息纳入了一种有组织有层次的结构中，学习知识的问题就不再是学习具体的类别，而是掌握编码系统的问题。这时候每一类别及各类别之间的相互关联使人能够超越给定的信息，举一反三，触类旁通，经过组织的结构化知识也更利于保持和提取。如当我们参观自然博物馆，看到一种长有羽毛和翅膀的动物标本时，我们尽管没有见过这种动物，但我们判断它应该是一种鸟，进而推断它会飞，会产卵，会鸣唱等。

布鲁纳进一步提出，这种类目化过程应该是自下而上的，从具体的、特殊的、包摄水平低的类目，到一般的、概括的、包摄水平高的类目，类目编码系统的形成应该是从低层次的类目到高层次的类目。因此，为了促进学生有效地进行类目化活动以形成类目编码系统，应该向他们提供较低层次的类目或事物，让学生"发现"高层的类目编码。这也是布鲁纳提倡的"发现法"学习的缘由。

（二）布鲁纳的教学理论

根据自己的学习理论，布鲁纳提出了很有影响的结构—发现教学理论。他认为，教学活动应该能最大限度地促进学生主动地形成认知结构，其教学思想最重要的是结构教学观和发现法教学模式。

1. 结构教学观

布鲁纳强调学习的主动性和认知结构的重要性，认为教学的最终目的是促进"对学科结构的一般理解"。"不论我们选教什么学科，务必使学生理解该学科的基本结构"（Bruner，1989）。学科的基本结构是指一个学科围绕其基本概念、基本原理以及基本态度和方法而形成的整体知识框架和思维框架。比如物理中的牛顿三定律，数学中的代数交换律、分配律和结合律等，这些基本内容能够帮助学习者形成良好的认知结构，为获得新的知识、解决新问题提供非常有价值的思维框架。而所谓"掌握事物的结构，就是使用许多别的东西与它有意义地联系起来的方式去理解它"。简单地说，学习知识结构就是学习事物间是怎样相互关联的。故布鲁纳提倡将学科的基本结构放在编写教材和设计课程的中心地位。他还认为，好的学科结构可使"任何科目都能按照某种正确的方式教给任何年龄阶段的任何儿童"。布鲁纳认为编排教材的最佳方式是以"螺旋式上升"的形式呈现学科的基本结构，这样，一方面便于儿童尽早学习学科的重要知识和基本结构，避免浪费年轻一代宝贵的学习时间；另一方面，也有利于学生认知结构形成的连续性、渐进性。

2. 发现法教学模式

布鲁纳认为："发现是教育儿童的主要手段"，学生掌握学科的基本结构的最好方法是发现法。所谓发现，当然不只限于发现人类尚未知晓的事物的行动，而且还包括用自己头脑亲自获得知识的一切形式。例如，他根据儿童踩跷跷板的经验，设计了一个天平，让儿童调节砝码的数量和砝码离支点的距离，以此让儿童发现学习乘法的交换律，如 $3×6=6×3$。他先让儿童动手，然后使用想象，最后用数字来表示。发现法教学模式，是指教师要为学生提供一定的材料，创设问题情境，引导学生独立地发现解决问题的方法，从中发现事物之间的联系和规律，获得相应的知识，形成或改造认知结构的过程。它的特点是：第一，教学围绕一个问题情境而不是某一个知识项目展开。第二，教学中以学生的"发现"活动为主，教师起引导作用。第三，没有固定的组织形式，能最大限度地发挥学生在学习中的主体性和创造性。

布鲁纳在 1966 年出版的《教学论》中指出发现学习有以下四点作用：

①提高智力的潜力，学习者自己提出解决问题的探索模型，学习如何对信息进行转换和组织，使他能超越这些信息。

②使外部奖赏向内部动机转移。布鲁纳认为通过发现例子之间的关系而学习一个概念或原则，比起给予学习者这一概念或原则的分析性的描述来，更能促使学生从学习过程中得到较大的满足。

③学会将来做出发现的最优方法和策略。如果某人具有有效发现过程的实践能力，他就能最好地学到如何去发现新的信息。

④帮助信息的保持和检索。布鲁纳认为按照一个人自己的兴趣和认知结构组织起来的材料就是最有希望在记忆中"自由出入"的材料。

（三）对布鲁纳学习与教学理论的评价

布鲁纳是推动美国的认知运动，特别是以认知—结构学习理论为指导改革教学的运动中极重要的人物，在心理学为教育教学服务方面做出了显著的贡献。但他的学习与教学理论也有一些偏颇的地方，他的学习与教学理论完全放弃知识的系统讲授，而以发现法教学来代替，夸大了学生的学习能力，他认为"任何科目都能按某种正确的方式教给任何年龄阶段的任何儿童"，这其实是不可能的。

四、奥苏贝尔的认知—接受学习理论

奥苏贝尔（D. P. Ausubel, 1918—2008），美国当代著名的认知派教育心理学家。奥苏贝尔有句名言："如果我不得不把全部教育心理学还原为一条原理的话，我将会说，影响学习的唯一的最重要的因素是学习者已经知道了什么"，并且指出要"根据学生原有知识进行教学"。他认为布鲁纳的理论过分强调发现式、跳跃式学习，轻视知识的系统性、循序渐进性，从而忽视系统知识的传授，会造成学生基础薄弱、教育质量滑坡的不良后果。他主张曾被贬为"旧教育传统的残余"的接受学习法，提倡循序渐进，使学生按照有意义接受的方式获得系统的知识，形成良好的认知结构。

奥苏贝尔
（D. P. Ausubel, 1918—2008）

（一）有意义学习

有意义学习（meaningful learning）是针对机械学习而言的。它是指在学习知识过程中，符号所代表的新知识与学习者认知结构中已有的适当观念建立实质性和非人为的联系的过程。所谓实质性（substantive）联系，是指新符号或符号所代表的新知识观念能与学习者认知结构中已有的表象、有意义的符号、概念或命题建立内在联系，而不仅仅是字面上的联系。例如，学习"矩形是有一个直角的平行四边形"这一新概念时，学生会在头脑中已有的"平行四边形"的概念或表象的基础上，对之加以改造，从而产生对矩形的表象或概念。这样，新知识"矩形"就与原有认知结构中的平行四边形之间建立了实质性联系。学生就能借助已有平行四边形的属性特征来理解"矩形"的特征，知道矩形的两组对边平行且相等。由于新旧知识间建立的是实质性联系，而不是字面上的联系，新学习的知识就有可能摆脱字面的表述形式的限制。比如"矩形"，既可以被描述成"有一个直角的平行四边形"，也可以被说成"对角线相等的平行四边形"。因此，在教学中教师常常把学生能否用不同的文字或符号表述出新知识的含义，作为判断学习者对新知识是否正在进行有意义学习的一种重要指标。非人为（nonarbitrary）的联系，是指符号所代表的新知识与认知结构中的有关观念表象建立的是符合人们所理解的逻辑关系上的联系，而不是一种任意附加上去的联系。例如，"矩形"与"平行四边形"之间的联系就不是任意的，它符合逻辑上特殊与一般的联系。相反，有时为更好地记忆圆周率，常把3.14159，记成"山一寺，一壶酒"就是人为的关系。

1. 有意义学习的条件

有意义学习的外部条件是有意义学习的材料本身，必须合乎这种非人为的和实质性的标准，也就是说，学习材料必须具有逻辑意义。这种逻辑意义指的是材料本身与人类学习能力范围内的有关观念可以建立非人为的和实质性的联系。比如，"马克思于 1883 年出生"这一历史知识，这就没有什么逻辑意义。因为马克思究竟哪年出生只是个事实性的问题。

有意义学习的内部条件则包括：（1）学习者必须具有有意义学习的心向。（2）学习者认知结构中必须具有适当的知识，以便与新知识进行联系。（3）学习者必须积极主动地使这种具有潜在意义的新知识与其认知结构中有关的旧知识发生相互作用。结果，旧知识得到改造，新知识就获得实际意义，即心理意义。

2. 有意义学习的类型

有意义学习可分为三种类型：表征学习、概念学习和命题学习。此外还有发现学习，涉及知识运用、问题解决和创造三个层次。

表征学习（representational learning）：是指学习单个符号或一组符号的意义，或者说学习它们代表什么。表征学习的主要内容是词汇学习（vocabulary learning），即学习单词代表什么。表征学习的心理机制，是符号和它们所代表的事物或观念在学习者认知结构中建立了相应的等值关系。如将"鸟"这一个符号和鸟这种动物关联。

概念学习（concept learning）：实质上是指掌握同类事物的共同的本质属性和关键特征。例如学习"三角形"这一概念，就是掌握三角形有三个角和三条相连接的边这样两个共同的关键特征，而与它的大小、形状、颜色等特征无关。

命题学习（proposition learning）：是指"学习以命题的形式表达观念的新意义"。根据新学习的命题与已有概念或命题之间的关系，可以分为三种类型的命题学习：下位学习（subordinate learning）、上位学习（superordinate learning）、组合学习（coordinate learning），详见第三章。

（二）接受教学

奥苏贝尔关于学习的观点恰好与布鲁纳的发现法相反，认为学习应该是通过接受而发生，而不是通过发现。教师应该给学生提供的材料是经过仔细考虑的、有组织的、有序列的、完整的形式，因此学生接受的是最有用的材料，他把这种强调接受学习的方法叫作接受教学。这种学习主要是适于年龄较大、有丰富知识和经验的人。学习者学习知识的心理过程为：首先在认知结构中找到能同化新知识的相关观念，然后找到新知识与起固着点作用的观念的相同点，最后找新旧知识的不同，使两者能清晰划分，于积极的思维活动中融会贯通。即先求同，后求异。奥苏贝尔认为，传统教学使得学生对教材进行机械学习的主要原因之一，是由于在学生还没有具备起固定作用的先前知识时，教师就要求他们学习某种新内容。由于学生认知结构中还没有可以与新教材建立联系的有关观念，因而使得教材内容失去了意义。因此，在进行某个具体的教学活动之前，教师应该分析学生是否已具备学习该内容所需要的先前知识。当学生缺少有关的先前知识背景时，教师可以在正式教学之前先向学生呈现准备性的、引导性的学习材料。奥苏贝尔把这种先于某个学习任务本身呈现的引导性学习材料称为先行组织者（advanced organizer），它的抽象、概括和综合水平高于学习任务，并与认知结构中原有的观念和新的学习任务相关联。教科书一般总是包括这个先行组织者的，如一开始的综述，或章节的大纲和标题。先行组织者可以在学习者已有知识与需要学习的新内容之间架设起一座桥梁，使学生能更有效地同化、理解新学习内容。

（三）对奥苏贝尔认知—接受学习理论的评价

奥苏贝尔的认知—接受学习理论注重有意义的接受学习，突出了学生的认知结构和有意义学习在知识获得中的重要作用，对有意义接受学习的实质、条件、机制、类型等作了精细的分析，澄清了长期以来对传统讲授教学和接受学习的偏见，以及对发现学习和接受学习与意义学习和机械学习之间关系的混淆。他提出的先行组织者策略对改进课堂教学设计、提高教学效果有重要的实用价值。

但他偏重学生对知识的掌握，对学生能力的培养尤其是创造能力的培养不够重视，且过于强调接受学习与讲授方法，没有给予发现学习应有的重视。实际上，许多人都认为，在学生学习知识的活动中，有意义的接受学习和有意义的发现学习各具特色，各有所长，都是重要的学习方式，两者是相辅相成、互相补充的。

五、加涅的信息加工学习理论

1974 年，加涅（R. Gagné）根据现代信息加工理论提出了学习过程的基本模式（图 2-13），这一模式展示了学习过程中的信息流程。

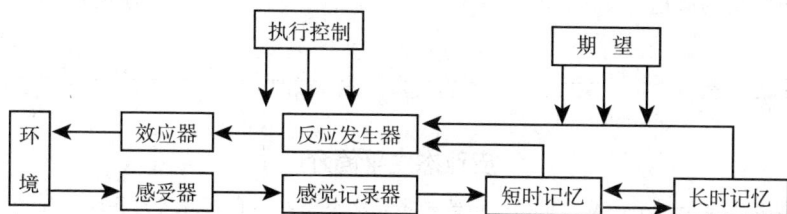

图 2-13　加涅的信息加工学习过程模式

这一模式表示，来自学习者的环境中的刺激作用于他的感受器，并通过感觉登记器（记录器）进入神经系统。信息最初以映像的形式保持在感觉登记器中。当信息进入短时记忆后再次被编码，这里的信息以语义的形式储存下来。信息经过复述、精细加工和组织编码还可以被转移到长时记忆中进行储存，以备日后的回忆。从短时记忆或长时记忆中检索出来的信息通过反应发生器。反应发生器具有信息转换或动作的功能，让这一结构中的神经传导信息使效应器（肌肉）活动起来，产生一个影响环境的操作行为。从这种操作使外部的观察者了解原先的刺激发生了作用——信息得到了加工，也就是说学习者确实学了点儿什么。

在这个信息加工过程中，一组很重要的结构就是图上的"执行控制"和"期望"这两个部分。"执行控制"即已有的经验对现在学习过程的影响，"期望"即动机系统对学习过程的影响，整个学习过程都是在这两个结构的作用下进行的。

加涅的信息加工学习理论是在吸取行为派和认知派学习过程优点的基础上提出的，它注意了人类学习的特点，是当前比较有代表性的学习理论。

第四节　建构主义与人本主义学习理论

教育心理学理论从行为主义到认知主义再到建构主义的这一贯穿 20 世纪的理论发展脉络，从总体上反映了心理学理论在 20 世纪的整个发展过程，即从科学心理学兴起初期的学派林立、各执一端的形势，发展到近代当代的逐渐克服片面极端性、相互吸收融合的趋势。建构主义是如何发展起来的？它的基本观点是什么？与以往的学习理论有什么不同？本节就来回答这些问题。

一、皮亚杰的认知建构主义

皮亚杰（J. Piaget，1896—1980）是当代最著名的心理学家之一，发生认识论的创始人，被誉为心理学史上的一位"巨人"。他把生物学、数理逻辑、心理学、哲学、科学史等方面的研究综合起来，吸收各派心理学的特点，综合成较为完整的体系，建立了自己的建构主义的儿童心理学，是当代认知建构主义的鼻祖。

皮亚杰
（J. Piaget，1896—1980）

专栏2-4

皮亚杰生平简介

皮亚杰生于瑞士的纳沙特尔，自幼喜欢观察小动物。青年时代对科学研究产生了浓厚的兴趣，1915 年获得学士学位，1918 年获得科学博士学位。1919 年到法国巴黎大学学习变态心理学、认识论、逻辑学和科学史等课程。

1920 年，在比奈实验室任西蒙的助手，并在苏黎世、巴黎等地相继从事实验心理研究、精神病诊治和儿童心理测试工作。1921 年，获得法国国家科学博士学位，被指派到日内瓦卢梭学院工作。1924 年，担任日内瓦大学教授。1929 年被任命为卢梭学院的研究主任，同时担任日内瓦国际教育局局长的职务。

1941 年，任日内瓦大学教育学院院长，兼实验心理学和心理实验室主任，组成了以他为代表的"日内瓦学派"。1954 年，当选为第十四届国际心理学会主席。1956 年，组织了"发生认识论国际中心"，任主任。由于他杰出的科学贡献和学术成就，曾多次获得许多学术机构的奖励，并获著名的哈佛大学、巴黎大学、布鲁塞尔大学的荣誉称号。

（一）认知发展

1. 图式、同化和顺应

皮亚杰认为，认知发展是一种建构的过程，是个体在与环境不断的相互作用中实现的。我们的心理不是以心理复制的方式被动地记录现实。人的大脑不是复制景物的镜子，而是具有创造性手法的艺术家，它能根据自己原有的经验生动地解释现实，并建立它的表象。我们头脑里储存的不是一个个镜像，而是一幅幅个性化的精彩的图画。人们需要亲身探索和经历事物的机会。例如，儿童往地上扔玩具这种成人眼中认为的顽皮行为，很可能是他们在体验物体的重力现象和自由落体的过程。

在阐述认知发展的过程时，皮亚杰还提出了若干相关概念，包括图式、适应、组织、同化和顺应等，它们的关系可以用图 2-14 表示。

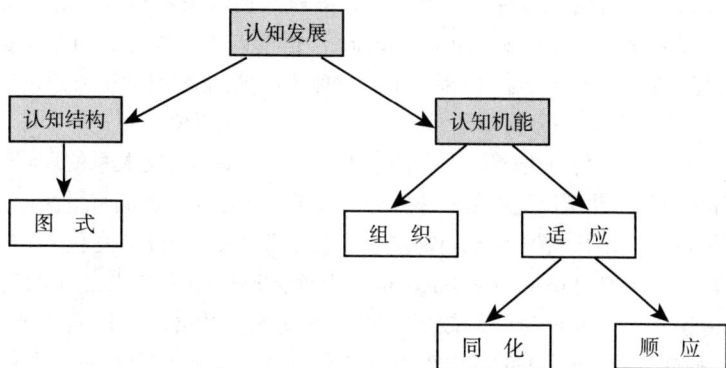

图 2-14　皮亚杰关于认知发展的重要概念的关系图

皮亚杰通常将认知结构称作图式。图式（scheme）是指"S 动作的组织和结构，这些动作在相同或类似的环境中由于重复而引起迁移或概括"。或者说图式是经过组织而形成的思维以及行为的方式，它表征着行动和经验的某种固定的形式，以帮助我们适应外在的环境。人最初的图式来源于先天的遗传，表现为一些简单的反射，如抓握反射、吸吮反射等。为了应付周围的世界，个体逐渐地丰富和完善自己的认知结构，形成了一系列的图式。以吮吸反射图式为例，在婴儿刚出生时，婴儿通常不加分辨地吮吸塞到他嘴里的任何东西——乳头，奶嘴，手指等。这表明分化还未出现，只有单一的、笼统的吮吸图式存在。在出生后不久，婴儿学会了区分，他发展出两种吮吸图式，一种与有奶汁的刺激物相对应，另一种则与其他刺激物相联系。饥饿的时候，他只接纳有奶汁的刺激物。

皮亚杰认为认知机能可进一步区分为组织和适应，组织代表认知机能的内部方面，适应代表外部方面。而皮亚杰所说的适应又包括同化（assimilation）和顺应（accommodation）两个过程。皮亚杰认为，"同化就是把外界元素整合到一个正在形成或已经形成的结构中"。例如，许多孩子第一次看见鸟，他们称作"鸡"。他们试图将新的经验与已经存在的图式匹配去识别动物。顺应则是"同化性的结构受到所同化的元素的影响而发生的改变"。例如，儿童识别鸟与鸡的不同，从而建立鸟的图式。同化导致增长（量的变化），顺应导致发展（质的变化）。顺应一旦发生，孩子会再次尝试着去同化刺激。例如，将麻雀、大雁、喜鹊等都纳入鸟的图式中。也就是说，顺应是为了同化。不过，这时的同化是在新的基础上的更高一层的同化。在皮亚杰看来，心理发展就是个体通过同化和顺应日益复杂的环境而达到平衡（equilibrium）的过程，个体也正是在平衡与不平衡的交替中不断建构和完善其认知结构，实现认知发展的。

2. 影响认知发展的因素

皮亚杰认为，影响认知发展的因素有四类：成熟、练习与经验、社会性经验和平衡化。

首先，成熟（maturation）指机体的成长，特别是神经系统和内分泌系统的成熟，为儿童形成新的行为模式和思维方式提供了生理基础。例如，只有当孩子骨骼成熟到具备支持自身重量的时候，他才可能建立"站"的图式，但是成熟只是某些行为模式出现的必要条件，如何使可能性成为现实性，有赖于通过练习和习得的经验。

其次，练习与经验（practice and experience）指个体对物体施加动作过程中的练习和习得的经验。例如，孩子通过调整天平两端的物体的重量和离天平支点的距离来感受平衡过程。皮亚杰将经验划分为物理经验和数理逻辑经验两种。前者指个体作用于物体获得物体的特性，如重量、质地等。后者是个体对动作和动作之间关系的理解，它源于动作而不是物体。例如，儿童反复地改变橡皮泥的样子，但是橡皮泥的重量保持不变，通过对捏橡皮泥的动作关系的理解，他明白物体的重量与其形状改变没有关系。

再次，社会性经验（social transmission）指社会环境中人与人之间的相互作用和社会文化的传递，主要表现为人们彼此间观念的交流。社会环境因素主要涉及教育、学习和语言等方面。它在儿童的社会约定知识的建构过程中具有特别重要的意义。社会约定知识是人类自己发展起来的知识，它包括规则、法律、道德、价值、伦理和语言系统等方面的知识。儿童可以在一种相对脱离他人的情形下形成树的图式，但却无法在脱离他人的情形下建构起一种可被社会接受的"美"的概念。事实上，中国往往认为皮肤白皙是美女的特征之一，但是对于非洲人而言，这点却被排除于美女的评定标准之外。

最后，具有自我调节作用的平衡化（equilibration）过程在认知发展中起关键作用。其具体历程是：当个体已有图式或认知结构能够同化新的知识经验时，个体心理上处于暂时的平衡状态。反之就会在心理上感到失衡。心理失衡的结果促使个体产生一种自我调节的内驱力，引导个体改变调整已有图式或认知结构，容纳新的知识经验，经过调整、吸收新的知识经验，从而达到新的平衡。个体每经过一次由失衡到新的平衡，其认知结构就会产生一次新的改变。个体认知结构的改变使之能够吸收容纳更多的新的知识经验，促使智力水平得到发展和提高。因此，皮亚杰认为，具有自我调节作用的平衡过程是智力发展的内在动力。例如，儿童最初接触的分数都是例如1/2、1/3、1/4之类的，这使得他可能会同化出分数一定比自然数小的错误概念；但当进一步学习带分数时，他将对分数的概念有进一步的扩展，从而顺应出关于分数的更为正确的概念，达到新平衡。

3. 认知发展阶段论

皮亚杰提出，个体从出生到成熟的发展历程中，认知结构在与环境的相互作用中不断重构，表现出具有不同质的不同阶段。由此，他把个体的认知发展分成了四个阶段。

（1）感知运动阶段（The Sensorimotor Stage，0—2岁）

这一阶段，儿童主要通过感知与动作来探索外部环境，手的抓取和嘴的吸吮是他们探索周围世界的主要手段。在感知运动活动中，儿童形成了一些低级的行为图式，其认知能力也逐渐得到发展。这个阶段儿童在认知发展上的第一个成就是发展客体永恒性（object permanence），即当某一客体从儿童视野中消失时，儿童知道该客体并非不存在了。大约9—12月的儿童获得客体永恒性，而在此之前，儿童往往认为不在眼前的事物就不存在了并且不再去寻找。如图2-15所示。客体永恒性是以后认知活动的基础。目标定向行为（goal-directed actions）是感知运动阶段的第二个成就。早期婴儿把一切食物的运动都看成是自己动作或欲望的延伸，即自己的动作是一切事物运动的唯一原因，后来他逐渐对动作和动作的结果进行区分，从而运用一系列协调的动作实现某一个目的，如儿童拉动面前的毯子从而取得毯子另一端的玩具。

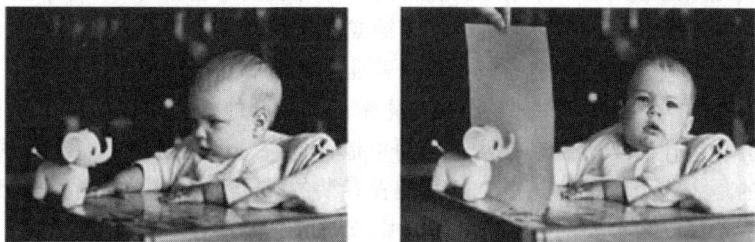

图 2-15　关于客体永恒性的实验研究

（2）前运算阶段（The Preoperational Stage，2—7岁）

运算（operations）是指内部的智力或操作。儿童在感知运动阶段获得的感觉运动行为模式已经内化为表象或形象模式，开始运用语言或较为抽象的符号来代表他们经历过的事物。这一阶段，儿童能从事很多象征性游戏，如唐诗有云：“郎骑竹马来，绕床弄青梅。”两小无猜的幼年时代，一根竹竿就是一匹骏马。但是处于这个阶段的儿童用表征形式认知客体的能力发展仍然在一定程度上受到单一方向思维的限制，即不可逆性（irreversibility）。儿童在注意事物的某一方面时往往忽略其他的方面，即思维具有刻板性。与思维的不可逆性和刻板性等特点相联系，儿童尚未获得物体守恒（conservation）的概念。守恒是指物体即使在排列和外观上发生了改变，其物质的量也保持相同。同时处于前运算阶段的儿童是自我中心主义的（egocentric）；他们趋向按照他们自己的观点了解世界和他人的经验。例如，他们认为月亮走，是因为月亮在跟着他走。

（3）具体运算阶段（The Concrete-Operational Stage，7—11岁）

这一阶段儿童的认知结构已发生了重组和改善，思维具有一定的弹性，可以逆转。按照皮亚杰的观点，一个儿童解决守恒问题的能力依赖于三个基本原因的理解：同一性、补偿性和可逆性。随着对同一性（identity）的完全的掌握，儿童知道，假如没有东西被增加或取走，物质是相同的。随着对补偿性（compensation）的理解，儿童知道一个方向外观上的变化能够在另一个方向的变化来补偿。也就是说，假如玻璃杯里面的液体要增高，玻璃杯必须要狭窄一些。随着对可逆性（reversibility）的理解，儿童能在心智上抵偿发生的变化。例如儿童知道自己有个哥哥，那他就是自己哥哥的弟弟。这一阶段的儿童能掌握以上三方面，逐渐形成守恒概念。而且，他们可以根据客体较为抽象的特征来分类，比如是否能食用。而前运算阶段的儿童只能在客体的物体特征，如大小、颜色的基础上分类。再次，他们能够按照逻辑的顺序给客体排序，并进行递推性思维。如A>B且B>C，则A>C。

随着守恒、分类（classification）和顺序排列（seriation）运算能力的掌握，处于具体运算阶段的学生最终发展出完整的、逻辑性的思维体系。但这一阶段儿童的思维仍需要具体事物的支持。儿童还不能进行抽象思维。他们虽然能理解原则和规则，但在实际生活中只能刻板地遵守规则，不敢改变。

（4）形式运算阶段（Formal Operational Stage，11 岁至成年）

所谓形式运算，就是使形式从内容中解脱出来。这时，儿童的思维超越了对具体的内容或可感知的事物的依赖，而朝着非直接感知或未来的事物的方向发展。

本阶段儿童的思维是以命题形式进行的，并能发现命题之间的关系；进入形式运算阶段时期的儿童能够根据逻辑推理、归纳或演绎的方式来解决问题；能理解符号的意义、隐喻和直喻，能做一定的概括，其思维发展水平已接近成人的水平。比如，他们可以对未来 20 年的世界将发生什么变化做出推论，他们亦可以想象如果世界上有两个太阳会导致什么样的后果，而不是简单地否认——世界上不可能出现两个太阳。需要注意的是，这个阶段的儿童，尤其是青春期的孩子，他们不再刻板地恪守规则，并且常常由于规则与事实的不符而违反规则或违抗师长。所以，教师和家长不宜采用过多的命令和强制性的教育，而应鼓励和指导他们自己做决定，同时对他们考虑不周全的地方提出建议和改进。

（二）对皮亚杰认知建构主义理论的评价

皮亚杰从发生认知论（genetic epistemology）的观点出发，研究了人类个体的心理起源和心理发展，并采用临床法（clinical method）对其学说进行了大量的研究和验证工作，做出了开创性的贡献。首先，皮亚杰通过一些经典的概念，描述了儿童认知发展的整个过程，揭示了个体心理发展的某些规律，也证实了儿童心智发展的主动性和内发性。其次，皮亚杰关于认知发展阶段的划分不是按照个体的实际年龄，而是按照其认知发展的差异，因此，在实际教学应用中具有了普遍意义。再次，根据皮亚杰的认知发展理论，不同认知发展阶段的儿童年龄差异较大，即使处于同一认知发展阶段内的儿童年龄差异也可能很大，这为教育教学实践中的因材施教原则提供了理论依据。

但是皮亚杰只重视个体对周围事物的建构以及发展阶段本身的探讨，没有对人类认知过程如何受到社会文化环境的影响和实践活动的影响进行深入的探讨。而且强调发展先于教育，教育只是成熟的收割，缺乏积极的教育意义。他所设计的一些实验方法也低估了儿童的综合能力。实际上当幼儿遇到困难任务的时候，他们的认知表现与年长儿童或成人的接近程度比皮亚杰估计的要高。

二、维果斯基的社会建构主义

维果斯基（Л. С. ВЫГОТСКИЙ，1896—1934）是苏联杰出的心理学家，在其短暂的学习生涯中，他以马克思主义哲学为指导，创立了著名的社会文化历史学派，并被公认为当今学习理论中社会建构主义和情境学习理论的先驱。维果斯基毕生研究心理发展问题，重点是人的高级心理机能的发生和发展。他强调人类社会文化对人的心理发展的重要作用，认为人的高级心理机能是在人的活动中形成和发展起来并借助语言实现

维果斯基
（Л. С. ВЫГОТСКИЙ，
1896—1934）

的，维果斯基与 A. H. 列昂节夫和 A. P. 鲁利亚等人由此形成了一个极有影响的文化历史学派——"维列鲁学派"。

专栏 2-5

维果斯基生平简介

维果斯基出生于莫斯科，与许多著名的科学家一样，他也是一位犹太人。维果斯基的父亲是银行管理人员，母亲则是老师。

1917 年，维果斯基毕业于莫斯科大学法律系和沙尼亚夫斯基大学历史—哲学系，他对心理学有浓厚的兴趣，读了很多心理学、语言学及其他社会科学的著作。1924 年 6 月，彼得格勒关于意识心理学的生动讲学吸引了在座的许多年轻的心理学家，其中有一位，即鲁利亚（维果斯基后来的学生）建议维果斯基到莫斯科心理学院任教。在此学院的第一年，维果斯基获得了博士学位。维果斯基先后工作于莫斯科实验心理学研究所、缺陷研究所、莫斯科心理学研究所，并在莫斯科、彼得格勒、哈尔科夫等城市的许多高等学校讲授心理学。1934 年因患肺病去世，终年只有 38 岁。

（一）文化历史发展及心理发展理论

维果斯基从种系和个体发展的角度分析了心理发展实质，提出了文化历史发展理论，以此来说明人的高级心理机能的社会历史发生问题。

维果斯基区分了两种心理机能：一种是靠动物进化而获得的低级心理机能，它是个体早期以直接的方式与外界相互作用时表现出来的特征，如基本的知觉加工和自动化过程；另一种则是由历史发展而获得的高级心理机能，即以符号系统为中介的心理机能，如记忆的精细加工、随意注意、意志等。高级心理机能，使人类心理在本质上区别于动物。人的心理与动物比较，不仅是量上的增加，而首先是结构的变化，形成了具有新质的意识系统。在个体心理发展的过程中，这两种机能是融合在一起的。高级心理机能受到社会历史发展规律的制约。因此，研究儿童心理发展，必须从社会环境中去考察儿童高级心理机能的发展过程，尤其是其中的结构的变化。

他还提出了著名的"两种工具"说，即物质生产的工具和精神生产的工具——语言符号系统。物质生产工具指向外部，引起客体的变化；语言符号系统则指向内部，影响人的心理结构和行为。由于工具的使用，引起人类新的适应方式，即不再和动物一样是以身体的直接方式来适应自然，而是采用物质生产的间接方式。而且在人的工具生产中凝结着人类的间接经验，即社会文化知识经验，这就使人类的心理发展规律不再受生物进化规律所制约，而是受社会历史发展规律的制约。

维果斯基认为，心理发展就是指个体心理在环境和教育的影响下，在低级心理机能的基础上，逐渐向高级心理机能转化的过程。高级心理机能具有一系列不同于低级心理机能的特征：它们是随意、主动的；其反应水平以概括和抽象为特征，具有以符号或词为中介的间接结构特点；它们是社会文化历史发展的产物；心理活动具有个性化，个性的形成是高级心理机能发展的重要标志。对于儿童心理发展的原因，他强调三点：首先，心理机能的发展是起源于社会文化历史的发展，受社会规律的制约。其次，从个体发展来看，儿童在与成人交往过程中通过掌握高级心理机能的工具——语言符号系统，从而在低级的心理机能的基础上形成了各种新质的心理机能。再次，高级心理机能是外部活动不断内化的结果。

（二）思维与语言

语言是维果斯基认知发展理论的核心。他认为，语言能力高度发达的人，可以完成那些文盲所不能完成的复杂任务。因为人们在学习语言时，不仅仅是学习独立的词语，而且在学习与这些语词相联系的思想。语言是发展的媒介，是思维的工具，语言使得人们可以向其他人学习，可以获得历史的、他人的经验，同时提供了分享观念、精炼思想的机会。

语言还是社会交往和活动的工具，由于社会交往，文化得以分享并传递。所以维果斯基强调成年人对儿童的指导和交流，同时也强调儿童与同伴在游戏和课堂情境中，通过对话进行合作。

语言还是对自己的思维进行反思与调控的工具。维果斯基认为，那种"自言自语式"的仿佛没有目标的"咕哝"，其实是个体内部言语的开端，它将逐渐地被内化，进而成为复杂认知技能的基础，而这些技能包括保持注意（"看起来这个很重要，我得多加小心"）、记忆新信息（"多重复几遍，我能记住这个电话号码"）和问题解决（"我该怎么做的，首先让我先把题目再好好地读一遍"）。所以，应鼓励学生在解决问题时使用出声思维。

（三）最近发展区

关于教学和发展的关系，维果斯基提出了最近发展区（zone of proximal development）的概念。他认为，教学要想取得效果，必须考虑儿童已有的水平，并要走在儿童发展的前面。所以，教师在教学时，必须考虑儿童的两种发展水平：一种是儿童现有的发展水平；另一种是在他人尤其是成人指导的情况下可以达到的较高的解决问题的水平。这两者之间的差距就叫作最近发展区。最近发展区为学生提供了发展的可能性，也为教师提供了教学的现实性，教和学的相互作用促进了发展。最近发展区存在个体差异和情境差异。不同的个体间，不同的情境中，会有不同的最近发展区。

为了让教学促进发展，在维果斯基看来，教师可以采用教学支架（teaching scaffolding），即在儿童试图解决超出他们当前知识水平的问题时给予支持和指导，帮助学生顺利通过最近发展区，使之最终能够独立完成任务。支架式教学可采用的方式有：把学生要学习的内容分割成许多便于掌握的片段，向学生示范要掌握的技能，提供有提示的练习。需要注意的是，教师提供的支持和帮助要合适，帮助过多，学生独立思考和操作能力就不能充分发展，帮助不够，学生亦可能因失败而泄气。

（四）对维果斯基的社会建构主义的评价

有关儿童心理发展问题，维果斯基运用历史唯物主义的观点较为全面地阐述了教育与发展的辩证关系，即教育不等于发展，但不受限于发展，在一定范围内教育可以促进发展。该理论重视社会历史背景对儿童心理发展的作用，对语言以及高级思维发展的阐述，最近发展区概念的提出和阐述，与成人、同伴的相互作用在儿童学习发展中的重要作用等思想已经为越来越多的研究者和教育人员接受和重视。

三、当代建构主义概述

自 20 世纪 80 年代中期以来，建构主义作为一种新的认识论和学习理论在教育研究领域产生了非常深刻的影响。行为主义学习理论是以客观主义（objectivism）的哲学传统为基础的，即把知识和意义看成是存在于个体之外的东西，是完全由客观事物本身决定的，而学习就是要把外在的、客观的内容转移到学习者身上。认知派的信息加工论改变了行为主义不谈内部过程的做法，把研究的中心放在认知活动的信息流程上，它看到了人对信息的主动选择、编码和存储等。但是，信息加工论假定，信息或知识是以某种先在的形式存在的，个体必须首先接受它们才能进行认知加工，那些更复杂的认知活动也才能得以进行。即便它看到了已有的知识在新知识获得中的作用，也基本不是把它看成是新旧经验间的反复的、双向的相互作用过程。所以，与行为主义一样，信息加工的学习理论基本上也是与客观主义传统相一致的。

建构主义（constructivism）则是与客观主义相对立的，它强调，意义不是独立于我们而存在的，个体的知识是由人建构起来的，对事物的理解不是简单由事物本身决定的，人在以原有的知识经验为基础来建构自己对现实世界的解释和理解。不同的人由于原有经验的不同，对同一种事物会有不同的理解。学习是积极主动的意义建构和社会互动过程。教学并不是把知识经验从外部装到学生的头脑中，而是要引导学生从原有的经验出发，生长（建构）起新的经验，而这一认知建构过程常常是通过参与共同体的社会互动而完成的。

通常所说的建构主义，并非一家之言，也不是一种特定的教学策略或方法，甚至仅仅把它看作是教育学领域中的一种新兴思潮都是不恰当或是不全面的。事实上，建构主义作为当代在欧美国家兴起的一种庞杂的社会科学理论，其思想来源颇杂，流派纷呈，对西方国家社会生活的方方面面都产生了巨大而广泛的影响。被称为继"日心说、进化论、潜意识"之后对人类心理的第四次重大冲击。很多研究者都把自己的理论称为"建构主义"的理论，但其实在具体观点上却有很大的差异。为了帮助大家理解建构主义的核心观点，下面将对建构主义的基本理念做简要的概括。

（一）知识观

1. 知识并不是对现实的准确表征，它只是一种解释、一种假设，它并不是问题的最终答案，相反，它会随着人类的进步而不断地被"革命"掉，并随之出现新的假设，如"地心说"被"日心说"取代。

2. 知识并不能精确地概括世界的法则，在具体问题中，我们并不是拿来使用，一用就灵，而是需要针对具体情境进行再创造。例如，中国人喜欢劝酒，认为是热情好客的表现，但是对于外国人而言，硬逼着喝酒会让他感觉很不愉快。

3. 知识不可能以实体的形式存在于具体个体之外，尽管我们通过语言符号赋予了知识一定的外在形式，甚至这些命题还得到了较普遍的认可，但这并不意味着学习者会对这些命题有同样的理解，因为这些理解只能由个体学习者基于自己的经验背景而建构起来，这取决于特定情境下的学习历程。比如同为"月亮"，诗人想到的可能是"月有阴晴圆缺"，恋人想到的可能是"花前月下"的浪漫，天文学家想到的则有可能是第二天的天气状况。

（二）学生观

建构主义者强调，学习者在日常生活和先前的学习中，已经形成了丰富的经验，小到身边的衣食住行，大到宇宙、星体的运行，从自然现象到社会生活，他们几乎都有自己的一些看法。而且有些问题即使他们还没有接触过，没有现成的经验，但当问题一旦呈现在面前时，他们往往也可以基于相关的经验，依靠他们的认知能力（理智），形成对问题的某种解释，这并不都是胡乱猜测的，而是从他们的经验背景出发而推出的合乎逻辑的假设。比如有这么一个故事：

有一天，一个小女孩询问母亲自己是从哪里来的，她的母亲回答说："是从妈妈的肚子里出来的。"然后女孩接着问："那妈妈是从哪出来的啊？"妈妈继续回答说："是妈妈的妈妈把我给生下来的。"女孩若有所思，她又问："那最早的那个妈妈是怎么来的呢。"突然女孩恍然大悟说："我知道了，是从石头里出来的，孙悟空就是从石头里蹦出来的。"

从这个故事我们就可以看到，即使是很小的孩子他们也能根据自己的经验合理地形成对问题的假设和推理。所以，教学不能无视学生的这些经验，另起炉灶，从外部装进新知识，而是要把儿童现有的知识经验作为新知识的生长点，引导儿童从原有的知识经验中"生长"出新的知识经验。

教学不是知识的传递，而是知识的处理和转换。教师不简单是知识的呈现者，他应该重视学生自己对各种现象的理解，倾听他们现在的看法，洞察他们这些想法的由来，以此为根据，引导学生丰富或调整自己的理解。这不是简单的"告诉"就能奏效的，而是需要与学生共同针对某些问题进行探索，并在此过程中相互交流和质疑，了解彼此的想法，彼此做出某些调整。由于经验背景的差异，学习者对问题的理解常常各异。

比如在幼儿园中，有个孩子每次画鸡都画很多条腿，虽然老师一再纠正仍然无效，老师不禁问孩子，为什么给鸡画那么多条腿，孩子的回答是，他最爱吃麦当劳的鸡腿，所以他想让鸡多长几条腿，这样就有更多的鸡腿吃了。

其实在学习者的共同体中，这些差异本身构成了一种宝贵的学习资源。它充分揭示了看问题的各种角度。当然，在个体的自我发展和外部引导两者之间，尽管建构主义着力研究的是前者，但它并不否认后者，它并不是取消教师的影响，而是说不能径直地教。

（三）学习观

与以往的学习理论相比，建构主义在学习观上强调学习的主动建构性、社会互动性和情境性三个方面。

1. 学习的主动建构性

建构主义认为，学习不是由教师向学生的传递知识的过程，而是学生建构自己的知识的过程；学习者不是被动的信息吸收者，而是主动的信息建构者——学习者综合、重组、转换、改造头脑中已有的知识经验，来解释新信息、新事物、新现象，或者解决新问题，最终生成个人的意义。假如教师告诉学生"精英"就是"精通英文的人"，然后再询问他们"精华"是什么意思，他们也许会说，"精华"是"精通华文的人"。虽然这两者都是对语词本身含义的曲解，但是从逻辑上而言，学生正是在创造性地使用教师教会给他们的方式来回答问题的。

2. 学习的社会互动性

学习不是每个学生单独在头脑中进行的活动，学习者也并非是一个孤立的自然的探究者，而是一个社会的人。学习者的学习总是在一定的社会文化环境下进行的，即使学习者表面上是一个人在学习，但他所用的书本、纸笔，或者电脑、书桌都是人类文化的产物，积淀着人类社会的智慧和经验。

建构主义强调，学习是通过对某种社会文化的参与而内化相关的知识和技能、掌握有关的工具的过程，这一过程常常需要通过一个学习共同体的合作互动来完成。所谓学习共同体（learning community）是由学习者及其助学者（包括教师、专家、辅导者等）共同构成的团体，他们彼此之间经常在学习过程中进行沟通交流，分享各种学习资源，共同完成一定的学习任务，因而在成员之间形成了相互影响、相互促进的人际联系，形成了一定的规范和文化（张建伟，孙燕青，2005）。在大学里，一个研究生导师及其课题组就是一个学习共同体或者实践共同体。刚成为研究生的学生处在这个共同体的边缘，对这个学习共同体的知识、活动、方式、规则等都比较陌生，做的事情也比较低层次。随着年级的升高，这些学生对这一共同体的知识、活动、方式、规则越来越熟练，发言的机会越来越多了，承担的任务也越来越重要、完整，最后成为共同体的骨干，掌握了共同体的所有知识、活动、方式等。这一过程就是所谓的合法的边缘参与。

3. 学习的情境性

建构主义者提出了情境性认知（situated cognition）的观点，强调学习、知识和智慧的情境性（situativity），认为知识是不可能脱离活动情境而抽象地存在的，学习应该与情境化的社会实践活动结合起来。知识是生存在具体的、情境性的、可感知的活动之中的。知识不是一套独立于情境的知识符号（如名词术语等），它只有通过实际应用活动才能真正被人所理解（Brown，Collins & Duguid，1989）。人的学习应该与情境化的社会实践活动联系在一起，就如同手工作坊中师父带徒弟一样。学习者（如同"徒弟"）通过对某种社会实践的参与而逐渐掌握有关的社会规则、工具、活动程序等，形成相应的知识。

四、人本主义学习理论

促进学生的全面发展，关注学生的情感、态度和价值观，俨然成为当今教育改革的最强音。其实，早在20世纪中叶，就有心理学家认识到当时的行为主义心理学过于关注"严格"的实验方法，而没有恰当地讨论人类的思维能力、情感体验和主宰自己命运的能力，忽视了人之所以为人的最实质的东西。到了60年代，这些心理学家的观点形成一种学派，成为一种有别于行为主义与精神分析理论的号称"第三势力"的心理学思潮——人本主义心理学（humanistic psychology）。

（一）对学习的看法

人本主义的学习理论以人本主义心理学的基本理论框架为基础。人本主义深信，学习是人固有能量的自我实现过程，强调人的尊严和价值，强调无条件积极关注在个体成长过程中的重要作用。

学习的目的和结果是使学生成为一个完善的人，一个充分起作用的人，也就是使学生整体人格得到发展。或者说要让学生成为"能从事自发的活动，并对这些活动负责的人；能理智地选择和自定方向的人；是批判性的学习者，能评价他人所做贡献的人；获得有关解决问题知识的人；更重要的，能灵活地和理智地适应新的问题情境的人；在自由地和创造性地运用经验时，融会贯通某种灵活处理问题方式的人；能在各种活动中有效地与他人合作的人；不是为他人赞许，而是按照他们自己的社会化目标工作的人"。

罗杰斯
人本主义心理学代表人物
（C. R. Rogers，1902—1987）

根据学习对学习者的个人意义，可以将学习分为无意义学习与有意义学习两大类。所谓无意义学习（insignificant learning），是指学习没有个人意义的材料，类似于心理学上的无意义音节，不涉及感情或个人意义，仅仅涉及经验累积与知识增长，与完整的人（具有情感和理智的人）无关，学得吃力，而且容易遗忘。而有意义学习（significant learning），是指一种涉及学习者完整的人，使个体的行为、态度、个性以及在未来选择行动方针时发生重大变化的学习，是一种与学习者各种经验融合在一起的、使个体全身心地投入其中的学习。

马斯洛
人本主义心理学代表人物
（A. H. Maslow，1908—1970）

如让一个学生取一杯冰水，他就可以学到"冷"这个词的意义，并知道冰加热能融化，而在夏天，装冰水的杯子外面会有水滴等。

（二）对教育的看法

人本主义认为教育与教学过程就是要促进学生个性的发展，发挥学生的潜能，培养学生学习的积极性与主动性。在罗杰斯看来，教师的任务不是教学生学知识（这是行为主义所强调的），也不是教学生怎样学（这是认知学派所关注的），而是要为学生提供学习的手段和条件，促进个体自由地成长，即教师要营造一种自由、民主、和谐融洽的充满着关爱与真诚的学习氛围。罗杰斯提出了以学生为中心（student centered）的教学思想，强调将学生视为教育的中心，学校为学生而设，教师为学生而教。他还将其非指导咨询理论中的三个基本条件引进教育领域，即真诚一致（congruence），即在师生关系中，教师应该是一个表里如一、真诚、完整而真实的人；无条件积极关注（unconditional positive regard），即对一个人表示看重、认可、欣赏其价值，而且这种感受并不以对方的某个特点、某个品质或者整体的价值为取舍、为依据；同理心（empathy），即设身处地，感同身受。因此，学生中心模式（student-centered model）又称为非指导教学模式（non-directed teaching model）。在这个模式中，

教师最富有意义的角色不是权威，而是"助产士"与"催化剂"。

（三）人本主义的基本教学模式

1. 以题目为中心的课堂讨论模式

这是把精神分析学家、群体心理治疗专家科恩（R. C. Cohn）1969 年创建的以题目为中心的相互作用的心理治疗方法应用于学校教育而形成的一种人本主义心理学的教育模式。

科恩在群体心理治疗的实践中发现，围绕一个题目进行群体讨论，病员之间相互作用，这对解决大量共同的个体冲突问题是十分有效的，进而科恩把这种促进人际沟通的个体或者群体技术用于帮助改善大型组织，诸如工业、政府机关以及学校组织内部的人际沟通。这种模式运用到教育教学实践中，允许学生任何时候讨论，允许学生讨论时离题，并允许学生表达可能一直在扰乱他们的强烈情感。

这种模式的原则是：首先，强调学生用情感与思想，全身心地投入到课堂的群体讨论中。其次，强调学生在课堂群体讨论中的个别性与独特性。它的一个新异特征是鼓励学生在讨论中发觉并表现自身与众不同的差异。教师通过对每个学习者的特质发生兴趣，力图使课堂情境对每个学生都富有个性的意义，从而将"太死的学习"转变为"活的学习"。主张每个人都应用"我的感受"与"我确信"这种措辞参与讨论。最后，不要持续集中于某一个题目的讨论，以免产生超饱和的状态与疲劳。如果允许学生适当地离题，则讨论的参与能较好地注意讨论的题目。

2. 开放课堂模式

这是由韦伯（S. J. Weber）1971 年提出的使用于 5 岁到 7 岁年幼儿童的一种人本主义教育心理学的理论模式。开放课堂的典型特点是无拘束、不拘形式的。在实施开放课堂的学校里，学生并不需要把自己限制在某个课堂或中心区域，他走进学校以后可以做他想做的事，学他想学的科目，如绘画、编织、写作、阅读。上课铃并不是一个活动的分界线，即使在铃响过之后，大多数学生仍然继续他们的活动。在开放的课堂内，学生自由地从事能激发他们兴趣的活动。教师的作用是鼓励和引导学生的活动。尽管这一模式的倡导者认为教师的作用是重要的，但他们认为即使没有教师的监督，学生也可以从活动中获取信息。但在教育过程中，教师的作用并不是放任自流的，尽管开放课堂的教师并不要求某个儿童去从事某项特殊的活动，但是他们愿意对活动提出建议，以及在邻近上午或下午上课时间结束时，要求某个儿童终止他的特别活动。教师的首要任务是在适当的时间促进儿童与学习的真正材料发生接触。为了完成这个任务，教师必须进行精确的观察，建立每个儿童的档案，推荐有利于儿童的活动。而且他们还必须准备如何给儿童鼓励与支持，以及在儿童决定的关键时刻，教师给予儿童认知的输入。当这种认知的输入是催化性的时候，且确实符合教学法的规律时，则教师的介入有助于学生获得更多的知识。

3. 自由学习的教学模式

这是一种较为自由的模式。教师注重的是决定课堂中完成什么以及怎样使用由师生共同安排的课堂时间。罗杰斯坚信，教师与学生应该享有最大的自治权与选择权。罗杰斯认为该模式比较适合于大学的教学。其主要做法是：

（1）学生有责任根据他们希望授课的形式，安排部分的上课时间。教师也一样，他们可以考虑课堂讨论时间，或正规的讲授形式的上课时间。双方的希望用亮牌的形式进行交流。上讲授课，教师可以选择一个讲授的主题，或者根据学生的需要做出调整。此外，一个教师对讲授材料的选择应出于参与者的自发的兴趣。

（2）学生的学习可采用不同的方式和从不同的信息源来获取学习的内容。学生可以通过郊游，也可以向专家咨询或通过与学者的交流而获得有益的启示。现代科技的发展给学习者提供了许多自学的工具，学生可以依据自己的意愿选择从哪种信息源获得信息。

（3）它鼓励学生与老师达成一个口头或者书面的契约，指明学生在这一个学期所要做的工作种类和数量，以及圆满地完成这些工作所能够得到的分数。

（4）主张安排不同类型的课堂结构，甚至同一种类型的课堂结构也应做出不同的安排，以吸引不同兴趣的学生自由参与，达到意义学习和快乐学习的目的。

（5）由学生进行学习的评定。教师与学生应预先理解什么样的操作水平将会得到什么样的分数，然后由学生自己评定分数，如对写作水平的评分中，要求学生根据自己的写作基础与自己工作的详细评价进行评分。由学生决定是否喜欢接受评分的指导者。当教师对一个学生的工作评价明显不同于这个学生自我评定时，便举行会议共同解决这个问题。

（四）对人本主义学习理论的简要评价

人本主义教育观是对传统教育观的变革，它丰富了人类学习理论的内涵，并推动了当代教育改革的进程，它强调学习是人格的发展，使学校教育目标有了根本的变化。它认为人的本质是积极向上、能自我实现的，学习是人固有潜能的自我实现过程，因此，强调学习过程是学习者通过自我指导，实现自我发展的过程，主张以学习者为中心，激发学生的学习积极性，让学生自我指导学习、自由学习。这种观点有力地冲击了行为主义与精神分析等学派对教育心理理论与实践的消极影响，促进了教育革新，为学习与教学的研究与实践提供了富有启发意义的新观点和新思路。

但它片面地强调学生的天赋潜能而无视人的本质的社会性，过度强调学生的中心地位，使得教学不恰当地拘泥于学生个人自发的兴趣和爱好，忽视了教师和教学的效能，忽视教学内容的系统逻辑性和教师在学科教学中的主导性，这势必影响教育和教学的质量。

【主要结论与应用】

1. 学习是个体在特定情境下由于练习或反复经验而产生的行为或行为潜能的比较持久的变化。如果按学习内容划分，学习可分为言语信息的学习、智力技能的学习、认知策略的学习、态度的学习、动作技能的学习等。同时还可以把学习分成发现学习和接受学习，有意义学习和无意义学习等。

2. 学习理论的基本情况总览。

学派名称与年代	主要人物	基本研究及观点
行为主义 1913—	桑代克	迷笼中的猫的试误行为 学习是情境和反应的联结，学习遵循准备律、练习律、效果律等
	巴甫洛夫	狗的唾液分泌实验 经典性条件作用的提出者；学习具有泛化、辨别和消退等规律
	华生	行为主义的奠基者和捍卫者，S—R模式的提出者 提出情绪习得的研究
	斯金纳	斯金纳箱，白鼠和鸽子的操作性条件作用实验 操作性条件作用的提出者 提出强化、惩罚、程序性教学等理论
	班杜拉	提出观察学习、社会学习理论、示范教学
认知派 1950—	苛勒	黑猩猩的顿悟实验 认为学习是形成新的完形
	托尔曼	白鼠的迷宫实验，预期实验 提出中介变量；认为学习是在头脑中形成认知地图
	布鲁纳	认为学习是积极主动地形成认知结构或知识的类目编码系统的过程 提出结构教学观和发现学习
	奥苏贝尔	提出有意义的学习、接受教学
人本主义 1950—	罗杰斯 马斯洛	认为学习是人固有能量的自我实现过程。强调人的尊严和价值；强调无条件积极关注在个体成长过程中的重要作用
建构主义 1980—	皮亚杰	提出发生认知论。强调认知冲突 提出同化、顺应、平衡、发展的四阶段论
	维果斯基	提出社会文化理论 提出最近发展区、支架式教学

【学习评价】

1. 什么是学习？通常对学习的分类有哪几种？

2. 评价桑代克的试误学习理论。

3. 比较经典性条件作用和操作性条件作用的区别。分别列举两种条件作用的学习实例。

4. 观察学习由几个子过程组成？在每个子过程中都有哪些影响因素？

5. 描述苛勒关于顿悟的实验研究。

6. 比较发现学习、接受学习以及和有意义学习之间的关系，讨论其各自的优点和缺点。

7. 用自己的话解释认知派的学习理论相对行为主义的学习理论的进步的地方。

8. 最近发展区对教学有什么启示？

9. 比较建构主义教学理论与传统教学观在知识观、学生观、教学观上的差异，以及其对现代课程改革的影响。

【学术动态】

● 关于认知与学习机制的研究正逐渐与脑科学研究结合在一起，形成了认知神经科学，关注大脑的结构、活动与人的学习、行为经验之间的相互影响，在教育领域相应地出现了将大脑科学应用于学习和行为的教育神经学的研究领域。

● 对真实社会文化情境中的复杂的认知、学习和人际互动过程的研究成为学习理论研究的重要趋势，形成了一些社会文化理论与其他情境理论，这些理论关注社会和文化创造是如何增强人的认知的；关注心理工具（如技术）与社会支持系统是如何增强人的学习和表现的；关注社会成人是如何向儿童传递人类积累的智慧的。

● 近年来出现了一个研究学习与教学的跨学科领域——学习科学。它涉及认知科学、教育心理学、计算机科学、人类学、社会学、信息科学、神经科学、教育、设计研究、教学设计等领域与学科。这些领域的研究者们旨在从不同的学科视角理解有效学习的认知与社会过程。

● 近年来一些新的学术思潮（如具身认知等）对传统认知科学提出的一些挑战，催生了"第二次认知科学革命"。这些思潮的核心观点是：认知过程和认知活动可以发生在大脑之中，也可以部分地发生在大脑之外的身体之中、身体之外的环境之中。在学习研究领域也相应地出现了具身学习、具身教育等概念。

● 对基于信息技术的学习过程、人工智能与机器学习的研究成为学习理论研究的一个组成部分。

【参考文献】

1. ［瑞士］J. 皮亚杰，B. 英海尔德. 儿童心理学［M］. 吴福元，译. 北京：商务印书馆，1980.

2. ［美］R. J. 斯腾伯格. 教育心理学［M］. 张厚粲，译. 北京：中国轻工业出版社，2003.

3. ［美］罗伯特·E. 斯莱文. 教育心理学：理论与实践［M］. 姚梅林，译. 北京：人民邮电出版社，2004.

4. ［美］R. M. 加涅. 学习的条件与教学论［M］. 皮连生，王映学，郑葳，译. 上海：华东师范大学出版社，1999.

5. ［美］戴尔·H. 申克. 学习理论：教育的视角［M］. 韦小满，译. 南京：江苏教育出版社，2003.

6. 邵瑞珍. 教育心理学［M］. 上海：上海教育出版社，1997.

7. 吴庆麟. 教育心理学：献给教师的书［M］. 上海：华东师范大学出版社，2003.

8. 施良方. 学习论——学习心理学的理论与原理［M］. 北京：人民教育出版社，1994.

9. 冯忠良，等. 教育心理学［M］. 北京：人民教育出版社，2000.

10. 陈琦，刘儒德. 教育心理学［M］. 北京：高等教育出版社，2005.

11. 陈琦，刘儒德. 当代教育心理学（第二版）［M］. 北京：北京师范大学出版社，2007.

12. 奥苏贝尔. 教育心理学——认知观点［M］. 余星南，译. 北京：人民教育出版社，1994.

13. 张建伟，孙燕青. 建构性学习:学习科学的整合性探索[M].上海:上海教育出版社,2005.

14. Woolfolk, A. *Educational psychology*［M］. 9th ed. New Jersey：Pearson Education，Inc. 2004.

第二篇

认知领域与行为领域的学习过程

第 三 章

知识的学习

【内容摘要】

掌握知识是学生学习的主要任务，也是学校智育的核心内容之一。知识的学习与教学历来是教育心理学研究的一个中心问题，也是本书的重点内容。本章第一节先着重介绍了知识的定义、分类及知识的不同表征方式，阐述了知识学习的标准和信息加工过程。根据知识的构成关系，传统知识学习理论把知识分为概念学习、原理学习和问题解决。而现代认知心理学依据知识的不同表征方式和作用，将知识分为陈述性知识、程序性知识和策略性知识。本章第二节对知识学习的传统观点进行了全面的介绍；第三、四节分别详细阐述了陈述性知识和程序性知识的一般掌握过程、掌握方式以及各自的教学策略。

【学习目标】

1. 理解知识的含义，能够对知识进行分类。

2. 理解知识表征的含义，能举例说明陈述性知识和程序性知识的表征形式。

3. 记住知识学习的含义及标准。

4. 能理解知识的信息加工过程及解释日常知识学习现象。

5. 记住三种记忆类型的概念及特点。

6. 能解释遗忘的含义、进程以及影响遗忘的因素。

7. 理解元认知的含义及结构。

8. 了解概念学习和原理学习的概念及结构、获得方式和影响因素。

9. 能理解问题的定义及类型，掌握问题解决的基本阶段以及专家与新手之间的差异。

10. 记住陈述性知识和程序性知识的一般掌握过程，并能够用实例说明其掌握方式。

11. 能够灵活运用陈述性知识和程序性知识的几种教学策略。

【关键词】

知识表征　信息加工　问题解决　陈述性知识　程序性知识

第一节　知识学习概述

一、知识与知识分类

（一）知识的含义

从心理学的观点看，知识是个体头脑中的一种内部状态，它有广义和狭义之分。狭义的知识一般仅指存在于语言文字符号或言语活动中的信息，如各门学科中的基本事实、概念、共识、原理等。广义的知识则是指主体通过与其环境相互作用而获得的信息及其组织①。它既包括个体从自身生活实践和人类社会实践中获得的各种信息（狭义知识），也包括在获得和使用这些信息过程中所形成的各种技能和能力。这种知识既以语言文字、音像制品等媒体形式存在于个体之外，也以概念、命题、表象或图式等形式存在于个体头脑内部。

（二）知识的分类

由于对知识的概念有不同理解，人们对知识的分类角度也各不相同。

在学校教育中，一般把知识分为语文知识、数学知识等学科知识。心理学主要从知识学习过程的心理实质或特点等角度对知识进行分类。奥苏贝尔将知识分为表征、概念、命题、问题解决及创造五类。加涅将知识分为连锁、辨别、具体概念、抽象概念、规则及高级规则六类。这些心理学家力图根据知识获得过程的性质对知识进行分类，使知识的类型能反映出学习的不同心理过程。但他们对知识获得的信息加工过程缺乏深入研究，因此对知识类型的划分还带有较多的思辨色彩。

现代认知心理学一般依据知识的不同表征方式和作用，将知识划分为陈述性知识、程序性知识和策略性知识。

陈述性知识（declarative knowledge）也叫描述性知识，是关于事物及其关系的知识，主要用于区别和辨别事物。它是个人有意识地提取线索，因而能直接陈述的知识。这类知识主要用来回答世界是什么的问题，如"第二次世界大战的原因是什么？"，它包括事实、规则、个人态度、信仰等等。

程序性知识（procedural knowledge），即操作性知识，是关于怎样做的知识，是一种经过学习自动化了的关于行为步骤的知识，表现为在信息转换活动中进行具体操作。它是个人没有有意识地提取线索，只能借助某种作业形式间接推测其存在的知识，实际上是传统意义上的技能。它主要用来解决怎么办的问题，如"如何在图书馆中查找鲁迅的杂文集《朝花夕拾》？"。

策略性知识（strategic knowledge）是关于如何学习和如何思维的知识，即个体运用陈述性知识和程序性知识去学习、记忆、解决问题的一般方法和技巧。如知道如何写好作文。从本质上看，策略性知识也是程序性知识，但和一般的程序性知识有所不同。一般的程序性知识是完成某种具体任务的操作步骤，而策略性知识则是学习者

---

① 皮连生. 教育心理学［M］. 上海：上海教育出版社，2004：90.

用来调控学习和认识活动本身的，其目标是更有效地获取新知识和运用已有知识来解决问题。只有在策略性知识的指导下，陈述性知识和一般程序性知识才能被有效地加以应用。

二、知识的表征

知识表征是指信息在人脑中的储存和呈现方式，它是个体知识学习的关键。人们在学习过程中，都是根据自己对知识的不同表征而选择相应的学习方法和应用方式。现代心理学研究表明，不同知识类型在头脑中具有不同的表征方式。

（一）陈述性知识的表征

心理学家普遍认为，陈述性知识主要是以命题和命题网络的形式进行表征。另外，表象和图式也是表征陈述性知识的重要形式。

1. 命题

命题是信息的基本单位，是陈述性知识的一种基本表征形式。它比句子更为抽象。它是将句子表征为一组符号。一个命题大致相当于一个观念。有些句子如"我十三岁了"表达一个观念，仅包含一个命题。但也有些句子表达多个观念，包含有多个命题。如"一年级的女孩在唱歌"，表达的就是两个观念，包含两个命题，分别是"女孩在唱歌"和"她是一年级的"。

命题一般由两个成分构成：关系和论题。论题多由名词、代词表示。如"小狗过马路"中的论题是"小狗"和"马路"。"那个皮包坏了"中的论题是"皮包"。命题中的关系多以动词表示，有时也用形容词和副词表示。关系对论题起限制作用。如"张三在喝水"这个命题中"喝"表示关系，显著地限制了有关"张三"的信息的范围。

现代认知心理学认为，词、短语或句子是交流思想的工具，它们是思维的物质外壳或载体。但人的思想在头脑中不是以词语而是以命题来表征和记录的。人思考的对象不是词语而是命题。命题是思想和观念的单元。心理学家们用许多实验验证了这一观点。温拿（Wanner，1968）曾向被试呈现如下四个句子①：

（1）当你给自己的结果打分时，不要更正你的答案，只要仔细地划出你的错误答案；

（2）当你给自己的结果打分时，不要更正你的答案，只要细致地划出你的错误答案；

（3）当你给自己的结果打分时，不要改你的正确答案，只要仔细地划出你的错误答案；

（4）当你给自己的结果打分时，不要改你的正确答案，只要细致地划出你的错误答案。

其中第1句和第2句、第3句和第4句意义相同，但用词稍有差异；第1句和第3句、第2句和第4句意义不同，用词也稍有不同。

---

① 皮连生. 智育心理学 ［M］. 北京：人民教育出版社，1996：44.

实验是全体被试先听其中的一个句子，然后第一组被提醒按原句回忆刚才听到的句子，第二组不做提醒。然后两组被试都判断另外两个句子是否听过，其中一个是刚才听过的那个句子，另一个没有听过。这个没听过的句子可能与原句意义相同但表述稍有不同，也可能是与原句意义不同且表述稍有不同。实验结果表明，未受到提醒的被试判断字面稍有不同但意思相同的句子的正确率为50%，处于随机猜测水平；判断字面稍有不同且意义不同的句子的正确率为100%。受到提醒的被试对意义相同句子的判断正确率也显著地低于对意义不同句子的判断正确率。这说明，人们倾向于储存句子的意义（命题），而不是特殊的词句。

2. 命题网络

命题网络是基于语义网络提出来的，它是指任何两个命题，如果它们具有共同成分，则可以通过这种共同成分而彼此联系起来。许多彼此联系的命题组成命题网络。

命题网络的基本表示方法是用一组由关系联结的节点所构成的有向结构来表示。节点表示记忆中的概念，而关系就构成了节点间的联系。这种语义网络具有激活扩散的特性。科林斯和奎林（Collins & Quillian, 1969）的一个经典实验支持了知识以命题网络储存的观点。他们认为如动物、鸟、鱼等分类的知识以图3-1的层次结构储存。

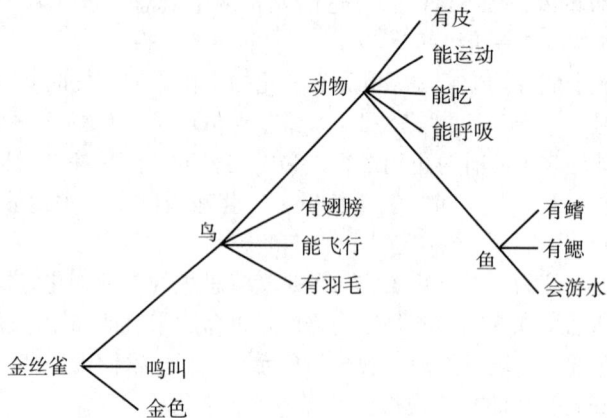

图3-1 命题网络模型

不同的动物知识的概括水平不同。在这一概括水平上储存了可以用来区分其他水平的物体的属性。例如，"有皮"是所有动物的属性，储存在最高水平。用这一属性可以把动物和矿石（没有皮）等区分开。又如，"有羽毛"是所有鸟的属性，储存在比"动物"低一级水平上，可以被用来区分鸟与非鸟的动物（如鱼、狗等没有羽毛）。科林斯进一步假定，由于储存在知识网络中的事实的距离不同，提取它们的反应时间也将不同。研究表明，随着问题的级别提高，被试判断问题真伪的反应时间越长。

（二）程序性知识的表征

程序性知识主要以产生式和产生式系统进行表征。

1. 产生式

产生式这个术语来自计算机科学。信息加工心理学的创始人纽厄尔和西蒙

（Newell & Simon，1972）首先提出用产生式表征人脑中储存的技能。他们认为，人脑和计算机一样都是"物理符号系统"，其功能都是操作符号。人脑之所以能进行计算、推理和解决问题等各种复杂活动，是由于人经过学习，其头脑中储存了一系列的以"如果……那么……"形式表征的规则，同计算机程序本质一样。这种规则被称为产生式。产生式是所谓条件-动作（condition-action）规则（简作 C—A 规则）。一个产生式就是一个"如果……那么……"规则。当条件得到满足时，动作就得以执行。如面对"27+15+19+30＝?"这道连加题，我们在具体计算时先读 27，将 27 保持在短时记忆中，再读 15，记住 15，然后将 27 与 15 相加，得到和 42，记住 42，再读 19，记住 19，将 42 与 19 相加……最后得到和 91。这里的每一步就是一个产生式，从条件得出结果，这个结果被保存在短时记忆中，又成为下一步运算的条件。

2. 产生式系统

简单的产生式只能完成单一的活动。有些任务需要完成一连串的活动，因此需要许多简单的产生式。经过练习简单的产生式可以组合成复杂的产生式系统。这种产生式系统被认为是复杂技能的心理机制。如果说，若干命题通过他们的共同的观念而形成命题网络，那么产生式则是通过控制流而相互形成联系。当一个产生式的活动为另一个产生式的运行创造了所需要的条件时，则控制流从一个产生式流入另一个产生式。产生式系统通过许多子目标，控制产生式的流向。产生式系统并不需要一个外在的监督系统，它的监控蕴藏于运行之中。

（三）大的知识单元的表征

许多心理学家认为，一个大的知识单元中既有陈述性知识，也有程序性知识，二者相互交织在一起。许多心理学家用图式（scheme）一词来描述这种大块的知识的表征。例如"去餐馆吃饭"就是一个图式，它包括了各种信息，例如到桌边就座、看菜谱、点菜、服务员上菜、就餐、付账等。教学中常见的图式有实验程序、学习和理解故事等。

从现代认知心理学的知识分类观来看，图式中不仅含有命题的或概念的网络结构，也含有解决问题的方法步骤，即程序性知识。一般的看法，图式能运用于范围广泛的情境，作为理解输入的信息的框架；从知识来看，在记忆中存在的图式就像是人所知道的东西；从结构来看，图式是围绕某个主题组织的；从理解来看，图式中含有许多空位，它们可以被某些具体的信息填补。①

三、知识学习的标准

当代心理学研究非常强调知识的重要性。个体解决问题能力的高低取决于个人所获得的有关知识的多少及其性质和组织结构。学生对知识的学习只有实现概念化、条件化、结构化、自动化和策略化之后才能真正促进问题的解决②。

（一）概念化

所谓概念化，是指学生在学习时能将媒体传递的信息在头脑中真正建立起的科学

---

① R. E. Mayer：*Educational psychology：A cognitive approach* ［M］. New York：Little Brown，1987：282.
② 张庆林，杨东. 高效率教学 ［M］. 北京：人民教育出版社，2002：20-29.

的概念。有时候，学生虽然从形式上记住了书面语句，但不一定表示他就真正理解了知识，也不一定就形成了科学的概念。例如，学生记住了"平行四边形的面积等于底乘以高"，并不等于真正掌握了这一面积计算的科学概念。促进概念化的根本措施是训练学生在学习时将新学的内容与头脑中已经存在的有关经验建立起内在的科学的联系，只有这样，才能形成真正的理解。

（二）条件化

所谓条件化，是指不仅学会所学的知识，而且知道所学知识在什么情境下有用，即把知识的运用方法和运用条件结合起来储存，在头脑中形成一个"如果……那么……"的认知结构。现代学者认为，当人面临问题时，能否及时在大脑中检索、提取和应用与任务有关的知识，既是衡量智力发展水平的重要标志，也是检验知识掌握程度的重要指标。而学生往往不知道在学科学习中获得的各种知识可以在什么情况下使用，如此，知识也就变成了僵化的知识。他们只能在一个有限的背景中才能提取出来，虽然所学知识可以应用到更广泛的场合。例如，许多大学生会计算微积分，却不知道如何将微积分运用到实际工作中，只会在数学课堂上使用。为了避免知识的僵化，有必要使学生在大脑中储存知识时，将所学知识与该知识的使用条件结合起来，形成条件化知识。所学的知识只有做到了条件化，才能在遇到恰当条件时被有效地提取出来并加以运用。

（三）结构化

所谓结构化，是指将逐渐积累起来的知识加以归纳和整理，使之条理化、纲领化，做到纲举目张。知识是逐渐积累的，但在头脑中不应该是堆积的。心理学研究已发现，优生和差生的知识组织存在明显差异。优生头脑中的知识是有组织、有系统的，知识点按层次排列，而且知识点之间有内在联系，具有结构层次性。而差生头脑中的知识则水平排列，是零散和孤立的。结构化对知识学习具有重要作用，因为当知识以一种层次网络结构的方式进行储存时，可以大大提高知识应用时的检索效率。

（四）自动化

所谓自动化，是指对最基本的知识达到熟练掌握的程度，能够在运用该知识时不假思索，脱口而出，达到自动化程度。大量研究发现，如果某类或某方面知识的各部分经过练习而紧密地结合在一起，并达到自动化的程度时，那么这类知识就会以知识组块的形式储存头脑中，运用时在个体工作记忆中所占据的空间较少，从而节省出更多的空间用于考虑问题的其他方面。否则很可能出现顾此失彼的"粗心"现象。研究表明，优生和差生的解题能力的差异在很大程度上是由知识熟练程度的差异导致的。

（五）策略化

所谓策略化，是指学习者在学习学科知识时，必须运用关于学习策略和思维策略的有关知识指导自己高效地学习。策略化意味着学生学习时不仅要注意所学习的知识、所解的习题，而且要注意自己是如何学习知识、解答习题的。大脑意识要在知识学习和方法调节这两者之间来回变换。有的学生在解答习题时，自己百思不得其解，去问别人时，经别人一讲，恍然大悟。这样的学生通常具备解决问题的知识和具体方法，却不能有效地加以运用，主要在于缺乏分析问题、解决问题的一般思维策略。国内外大量研究表明，对这样的学生进行分析问题、解决问题的思维策略训练，能在短时间内使这些学生解决问题的成功率显著提高。

四、知识学习的信息加工过程

现代认知心理学认为，学习就是一个信息加工过程。人脑接受外界输入的信息，经过头脑的加工处理，转换成内在的心理活动，进而支配人的行为。作为信息加工的结果，个体获得了知识并储存在记忆中。美国心理学家加涅等人（Gagné, Yekovich & Yekovich, 1993）提出的一个信息加工模型，代表着认知心理学家对信息加工过程的一般观点①。

该模型包括三个主要成分：

第一个成分是信息储存库。这是一些资料库，用来保存信息，相当于用来储存信息的计算机磁盘。信息加工模型中的信息储存库包括感觉记忆、短时记忆和长时记忆。

加涅
（R. Gagné，1916—2002）

第二个成分是认知加工过程。即将信息从一个储存库转换到另一个储存库的内部的处理活动，相当于计算机中用来发布指令、转换信息的各种程序。在信息加工模型中的认知加工，包括注意、知觉、复述、组织编码和检索等。

第三个成分是元认知。元认知是对认知过程的认知，包括个体拥有的有关认知过程的知识和对认知过程的控制。元认知控制并协调着将信息从一个储存库转移到另一个储存库的各种认知加工过程。

具体来说，该模型认为个体完成学习任务时其信息加工流程主要表现为以下五个阶段，参见图3-2。

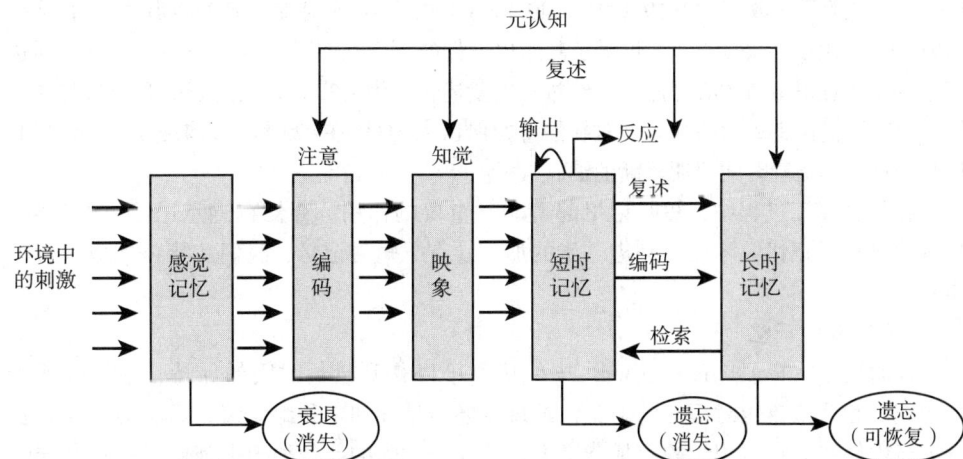

图3-2 加涅等人有关知识学习的信息加工模型

---

① 路海东. 学校教育心理学 [M]. 长春：东北师范大学出版社，2000：14.

（一）感觉记忆

外界信息首先存储于感觉记忆（sensory memory）。学习的信息加工过程也是从这时开始的。感觉记忆是第一个信息储存库，信息以它在外部世界中的相同的形式存在，是一种"未被加工"的状态。感觉记忆的容量几乎是无限的，但如果加工过程不立即开始，记忆痕迹将迅速衰退。视觉信息在1秒之内，听觉信息在两秒之内就会从感觉记忆中消失。

感觉记忆的存在意味着人们要想记住一些信息，就必须对这些信息加以注意；要使瞬间看到的所有信息都进入意识状态，就需要花费一定的时间对其进行进一步的信息加工，这对于感觉记忆中的信息转换到短时记忆中去是至关重要的。

（二）短时记忆

短时记忆（short-term memory）是记忆信息加工的第二个信息储存库，又称工作记忆（working memory）。它将有限的信息保持约几秒钟。短时记忆是一个储存人们正在思考的信息的记忆系统，在任何时候，我们所意识到的观念实际上都被保留在短时记忆中。一旦我们停止思考，这些观念将从短时记忆中消失。如图3-2所示，信息从感觉记忆进入短时记忆，也可能从长时记忆进入短时记忆中。这两种情况一般会同时发生。当我们看到一只狗时，它的表象从感觉记忆进入短时记忆中；同时还会从长时记忆中搜索关于狗的信息，判断它属于哪一种。在这个认知过程中，有关狗的一系列信息，从长时记忆中被提取到了短时记忆中。

一般认为短时记忆的容量十分有限，大约只有5—9个独立的信息单元。这样，它就成了"信息加工的瓶颈"（Gagné et al.，1993）。但就特定信息单元来说，它可以包含大量信息。影响短时记忆容量的一个主要因素是背景知识，一个人掌握的知识越多，越能更好地组织和吸收新信息。另外，还有一些其他因素（如各种记忆策略的使用）也可以影响短时记忆的容量。人们一般通过组块化和自动化来突破这个"瓶颈"。例要在5秒钟内记住下列数字"1919 1921 1949 1966 1997"比较困难。但若将其做如下排列"1919 1921 1949 1966 1997"，再赋予其历史事件的含义，就可以容易记住。也可以通过将这些需要意识参与的心理操作，经过多次复述转化为无需意识或需较少意识参与的操作。短时记忆保持的时间很短，对新信息的保留大约是10—20秒。如果超过这个时间，这些信息可能随着时间流逝逐渐消退。

在信息加工过程中，短时记忆起着非常重要的作用。存储在感觉记忆中的信息，只有通过短时记忆，才能得到进一步的加工。有了短时记忆，我们才能正常地进行工作和学习。

（三）长时记忆

长时记忆（long-term memory）中的信息可以得到较长时间的保持，甚至永远不会忘记。有些来自短时记忆的信息，经过复述、精细加工和组织编码后，会进入到长时记忆中储存。长时记忆的容量非常大，甚至是无限的。各种知识都储存在长时记忆中。长时记忆里的大量信息通常处于未被激活状态，只有当需要这些信息时，这些信息才可能被激活。这时，这些信息从长时记忆中返回到短时记忆中，并从短时记忆中输出有关的反应。

心理学家一般把长时记忆分为三个部分：情景记忆、语义记忆和程序记忆（Squire et al.，1993）。情景记忆（episodic memory）是关于个体经历的记忆，是对我们看到或听到的事情的心理再现。它储存着我们所经历事件的各种表象，这些表象按照事件发生的时间、地点等组织起来。例如回忆你在 18 岁生日那天是如何度过的。语义记忆（semantic memory）是由相互联系的概念或图式组织起来的网络结构。它包括环境中可得到的、不与特定背景联系在一起的一般信息和概念。例如水的化学分子式"H_2O"属于这种记忆。在学校中学到的知识、技能和概念大多是语义记忆。程序记忆（procedural memory）是关于事情操作步骤的记忆，它主要是以一系列的刺激-反应配对的方式储存的。例如如何驾驶汽车。最近有关大脑的研究表明（Solso，2001），这三种长时记忆类型的脑部定位是不同的。情景记忆和语义记忆储存于大脑皮层，而程序记忆则储存于小脑中。

（四）遗忘与记忆

信息进入长时记忆后会发生遗忘现象。遗忘（forgetting）是指记忆信息的消失或无法找到信息。大部分的遗忘是由于短时记忆中的信息未能转入长时记忆中造成的，但有时也可能是由于不能回忆出储存在长时记忆中的信息。对于如何解释记忆的遗忘，目前主要有三种理论：消退理论、干扰理论和提取失败理论。

消退理论（decay theory）认为，随着时间的消逝，记忆痕迹也逐渐消失，这样就发生了遗忘。尽管有一些研究确实证明了消退的存在，但是这种观点无法解释像人们能回忆起多年不见的老师的名字这类现象。

干扰理论（interference theory）认为，遗忘是由干扰造成的，由于信息相互竞争导致无法提取。研究发现主要有下面两种干扰。**倒摄干扰**（retroactive interference）是指后来学习内容对先前学习内容的干扰。倒摄干扰可能是导致遗忘的最重要原因。**前摄干扰**（proactive interference）是指先前学习内容对后来学习内容的干扰，即旧知识干扰新知识。这两种干扰的出现直接导致了信息记忆的系列位置曲线。

人们学习完了一系列材料后立即进行记忆测验，结果显示：开始的几个项目和最后的几个项目学习效果最好，中间部分的学习效果最差。对首先呈现的部分学习得好，这种现象叫作**首因效应**（primacy effect）；对最后的部分学习得好，这种现象叫作**近因效应**（recency effect）。首因效应和近因效应的结合构成了系列位置曲线。

提取失败理论认为，遗忘和提取失败有关。许多研究者认为，当遗忘发生时，学习者并非真的失去了信息，而是学习者没有找到合适的提取线索，无法提取。有时人们可以意识到自己的长时记忆中存储了一些内容，但就是说不出来。这种现象就叫作"舌尖现象"。例如，面对着一个很熟悉的同学，你可能就是叫不出他的名字。

（五）元认知

20 世纪 70 年代，美国心理学家弗拉维尔（J. H. Flavell）等人通过对儿童记忆、理解和交流方面的研究，使信息加工的元认知成分受到广泛关注。目前关于元认知的定义尚无定论。一般认为，元认知是对认知的认知，具体地说，是个人认知过程的知识和调节这些过程的能力，也就是对思维和学习活动的认识和控制（Flavell，1979）。元认知的定义包括两方面：对自己的认识、加工以及认知和情感状态的认识；有意识、有目的地监测和调节自己的知识、加工以及认知和情感状态。

相应的，元认知的核心成分也就包括元认知知识、元认知调控两方面。元认知知识又包括两部分：关于自身思维的知识和意识；关于何时何地使用所掌握策略的知识①。前者包括个体关于自身能力优势与缺陷以及学习任务难度上升时的觉察意识的信息；而后者则包括特殊的具体目标策略适用于何种任务和情境的信息。例如，学生有时意识不到对自己缺乏背景知识的复杂课文在阅读方式上要区别于熟悉主题的课文。这些学生缺乏的就是关于阅读的元认知知识。学生仅仅掌握那些适用具

弗拉维尔
(J. H. Flavell, 1928—)

体目标的特殊策略是不够的，例如，写概要、画线、做笔记。也有人认为关于计划和目标的知识也属于元认知知识范畴（Alexander，Schallert & Hare，1991）。例如，学生有时相信阅读的目的就是正确地读出字的发音，或者会阅读就是能够一字不落地回忆起材料内容。显然，这些学生缺乏关于阅读目的的元认知知识。

元认知调控主要包括三部分：计划、评估和监督。计划包括设置目标、激活有关资源（包括规划时间）和选择恰当策略。评估主要涉及判定自己的理解水平。监督则包括检查个人进展以及初始策略效果不佳时选择恰当的弥补策略。例如，阅读时从课文中获得意义就涉及评估和监督（一般被称为理解监督）。

元认知成分在学习过程中发挥着不可替代的重要作用。首先，可以提高认知活动的效率。它可以使学生更好地做到事前计划、优选方法，及时发现认知过程中存在的问题，并做出相应的调节，从而大大加强认知活动的目的性、自觉性和灵活性。其次，能够促进智力发展。在现代智力理论中，人们已经把元认知列入智力范畴，并被认为是智力的一个核心部分（如斯腾伯格的三元智力理论）。最后，有助于主体性的发展。学生主体性的发展与其认知发展是紧密相连的。加强学生的主体性，就是要他们自觉管理、控制自己的学习，这就需要增加元认知知识，提高元认知调控能力。现代教师在教学中要特别注意学生元认知能力的培养。

第二节　传统观点的知识学习

一、概念学习

（一）概念的定义和种类

传统上认为，人们对世界的认识，是由各种概念及其关系构成的。概念就是具有共同特征（关键属性）的物体、符号或事件的标记系统，它是对类别的心理表征。它可以使个体能够识别某一类别的实例和非实例（Howard，1987）。例如"教师"就是

---

① Pressley，M. & McCormick，C. B. *Advanced educational psychology for educators*，*researchers and policy maker* ［M］. New York：Harper Collins，1995：2.

一个概念，因为这个词表示许多具有某些共同特性的人——所有讲授课程的人，从而和其他不教课的人区别开来。不同概念的内涵和外延各有差异。有些概念内涵小、外延大，即概念成员仅拥有少量的共同属性，但包括大量成员，如动物、植物等；有些概念内涵大、外延小，即概念成员拥有大量的共同属性，但仅包括少量成员，如菊花、课本等。此外，概念是有层次的，概念之间相互联系。例如，沙皮狗是指某一种狗，而狗又是哺乳动物的一种，哺乳动物又是动物的一个具体例子。必须注意，在现实世界里只存在概念的具体例子，并不存在概念。

加涅根据概念的抽象水平，把概念分为两类：具体概念和定义性概念。具体概念是指可以通过观察直接获得的概念。定义性概念则只能通过概念定义来获得，学生的大部分定义性概念是由教师在教学中讲授的。

维果斯基把概念分为日常概念和科学概念。日常概念是指没经过专门的教学，而在日常生活中通过辨别学习、积累经验而掌握的概念。比如仙人掌是植物，狗不是植物。科学概念则是在教学过程中通过揭示概念的内涵而形成的概念。比如，仙人掌系多年生植物，茎多呈长椭圆形，稍扁平，像手掌，肉质，有刺，花黄赤色，果实椭圆形，肉质；狗系哺乳动物，种类很多，嗅觉和听觉都很灵敏，毛有黄、白、黑等颜色。

（二）概念的结构

概念的结构主要包括概念名称、概念定义、概念属性、概念例证。[①]

1. 概念名称

概念名称指人们用某个符号或词汇来代表某些具有共同属性的事物。例如，"狗"一词代表了各种各样的狗，它是这一类别范畴的概念名称。一个词可以作为不同的概念名称，如"网"既可以指实际的网，如渔网等，也可以指虚拟网络。而不同的词也可以代表同一概念，如"船"和"舟"都可以指同一种事物。

2. 概念定义

概念定义是指对同类事物共同的本质特性的概括。在概念定义的描述中，要明确界定该概念的范畴与特征。当然，并不是所有概念都有明确定义的，特别是在心理学中，许多概念难以下定义，对于这些概念的界定只能借助于具体的情境。

3. 概念属性

概念属性是指概念的具体例子所具有的共同属性，即通常所指的概念的内涵。正是由于这些属性，人们才能区分各种不同的概念。一些概念可能还有别的属性，但如果是非本质的属性，那就与概念的界定无关。

4. 概念例证

概念例证是指概念所包括的一些具体例子。凡符合某个概念的定义特征的例子，无论其他特征如何，都属于该概念的实例。例如，菊花、蜡梅、杜鹃都属于花这一类别。

（三）概念的获得

概念的获得，就是指要理解一类事物共同的本质属性。一般来讲，学生获得概念

① 丁家永. 现代教育心理学 [M]. 广州：广东高等教育出版社，2004：66.

有两种基本形式：一种是呈现给学生反映概念关键特征的典型例子；例如对"鸟"这样一个概念，它的特征有"有羽毛""两条腿""有喙""会飞"等。虽然并非提炼出的每个特征都适用于这个类别的所有个体。另一种是从某一类物体的两个或更多的实际例子中提炼出该物体的特征。例如先让学生了解燕子、麻雀等，然后得出鸟的概念。

加涅曾经提出过一个概念获得的传统观点（Gagné，1985）。他认为概念学习是一个多层次的序列。首先，作为某一概念的实例要和非实例一起呈现给学生。这时学生要确定自己是否具备了辨别实例和非实例的能力。其次，学生要识别实例和非实例。再次，将刺激的特征加以变化，仍和非实例同时呈现。最后，要求学生识别某一类别的几个实例（必须是在前面学习中没有使用过的刺激）来检验学生是否真正掌握了概念。

克劳斯迈耶（Klausmeier，1992）提出了另一种概念获得模式。该模式假定了概念学习有四种水平：具体、识别、分类和规范水平。每种水平的能力都是下一水平能力获得的基础。

1. 具体水平

在具体水平上，学生能够辨认出在情境或空间位置相同的同一个项目。这一水平要求学生注意该项目，根据一个或多个关键特征将其和周围事物分开，在长时记忆中以视觉表象的形式来储存它，并能从长时记忆中提取出来，与一个新的表象进行对比，确定它们是否为同一项目。例如，在这个水平上，学生能学会辨认一个等边三角形，并把它与直角三角形和等腰三角形区别开来。

2. 识别水平

在识别水平上，当以往碰到的项目以不同角度或形式呈现时，学生仍能认出该项目。这一阶段包含了与具体水平相同的加工活动和一个概括活动。因此，虽然等边三角形的方位不同，或者在纸上出现的位置也不同，学生仍能认出是等边三角形。

3. 分类水平

分类水平要求学生至少能认出两个同等的项目，同时做出一定的概括。在上面等边三角形的例子中，分类水平涉及再认一个更小的或更大的等边三角形，并将其视为同等的项目。这一加工活动将一直持续下去，直到学生能认出概念的实例和非实例。但是在这种水平上，学生仍不能理解分类的基础（如边相等、角相等）。因此，此时还没有必要给概念命名。

4. 规范水平

规范水平要求学生能够识别概念的实例和非实例，给概念命名和确定概念的关键特征，给概念下定义，具体说明区分这个概念与其他相关概念的特征（如三条边和三个角相等）。要达到这一水平，学生必须完成分类的所有认知加工，包括提出假设、评价和推理等高级思维活动。

这一模式对于处于不同发展阶段的学生来说都具有实际意义。因此，同一概念的教学可以在不同年级周期性地进行，但要求的水平可以越来越高。如年幼儿童最初只通过观察像"把不属于自己的东西交还"等具体例子来掌握"诚实"概念，随着年龄的增长，就可以通过讨论诚实的作用来理解诚实的概念。

（四）概念的教学

为了帮助学生有效地掌握概念，教师在教学时应注意以下几点。

1. 以准确的语言明确揭示概念的本质特征

好的概念定义取决于两方面因素：一是新概念所属的上位概念；二是新概念的定义特征。界定准确的概念不仅能促进学生形成正确的概念关系和概念体系，还有利于区别概念的有关和无关特征。

2. 突出有关特征，控制好无关特征的数量和强度

在概念教学中采用突出有关特征、控制无关特征的方法有利于促进教学。但不能只呈现有关特征，否则学生在面对无关特征较多的实际问题时会不知所措，或注意不到事物之间的细微差异。教师在教学开始时，必须注意强调有关特征，弱化无关特征，以使学生顺利把握概念的实质，然后逐渐增加无关特征，指导学生对无关特征和有关特征进行辨别和区分，使其获得的概念更加准确。

3. 提供概念范例，适当运用例证和比较

范例是学生获取概念的重要条件和基础。范例从外部提供反馈信息，有助于学生掌握概念的主要特征。范例提供的方式多种多样，通常情况下可以向学生展示实物、模型、图像或做实验演示等。变式是概念的正例在无关或非本质属性方面的变化。例如，为形成"果实"这一概念，给学生提供各种肯定例证时，除了具有种子这一关键特征外，还应呈现一些无关特征，如能否食用、形状、颜色、味道等。研究表明，在知识教学中提供充分、全面的变式，有利于学生从事物的不同方面来理解概念的本质属性。

概念的正例向学生传递了概括的关键信息，反例则给学生掌握概念传递了最有利于比较的辨别信息。在概念教学中，教师所用的正例和反例都必须是充分和典型的。例如，在教"鸟"这一概念时，"喜鹊""大雁""啄木鸟"等都可作为正例，而鸵鸟则作为反例呈现，这说明"会飞"不是鸟这一概念的关键特征，而是它的无关特征。如果正反例不典型、不充分，学生就会忽视概念的某些必要条件。在提供例证的同时引导学生进行比较也是必要的。比较是将概念的正例和反例匹配呈现，让学生辨别、比较，从而弄清楚概念的有关和无关特征，以利于概念的学习。

4. 形成概念网络

概念教学的目标是让学生正确地掌握所学概念是什么，以及把新学概念和长时记忆中原有概念联系起来，形成一个相互联系的概念网络。利用学生已有概念组成一个"概念地图"，来表示概念与概念之间的关系。这样概念就被赋予了更多含义，有利于学生通过已知的概念来掌握新概念。概念网络可以由教师事先画好呈现给学生，也可以由教师用语言引导学生自己形成相应的想象。最好是让学生掌握概念网络的构成方法，形成能自主支配的独立知识体系。图 3-3 就是一个典型的关于"平面几何图形"概念网络形成的例子。

5. 在实践中运用概念

概念一旦被理解就要运用于实践中，这样学生就会感到更加亲切，掌握概念的积极性就会提高。运用概念于实践，实际上是概念具体化的过程，而概念的每一次具体化都可能使学生遇到一些新的情境，发现自己在概念学习时存在的错误和不足，这都有利于概念的进一步丰富和深化。

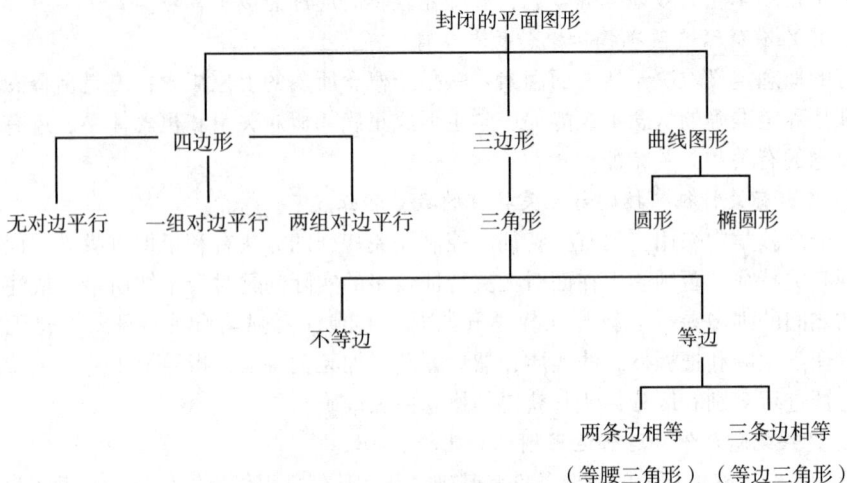

图 3-3　有关平面几何图形的概念网络

二、原理学习

（一）原理及其种类

原理（又称为规则）是对概念之间关系的言语说明。人们在认识世界、发现各种事物的内在联系的基础上得出的计算公式、法则、原理、定律都叫作规则，或统称为原理。如："功=力×距离"这一规则就是对功与力、距离之间关系的说明。但并非所有言语说明都是原理和原理所阐释的。概念之间的关系应当是相对持久不变的。原理不是对某个特殊刺激所做出的某种特定反应的描述，而是对一类刺激所做出的规律性反应。

加涅认为定义性概念也是一种特殊的规则。因为通过定义性概念揭示的关系，能使人在面对一类事物的某个实例时对它做出分类，而通过规则揭示的关系，其作用则在于使人面对同一类情境时，都能使用此条规则确定的关系去办事。[①] 加涅认为，规则是支配人的行为并使人能够证明某种关系的内在状态。要判定学生是学会了规则还是仅仅获得了规则的言语表述，需要遵循两条标准：（1）学生是否能鉴别其中包含的各个概念；（2）学生能否揭示构成这些概念之间的关系，做出这种理解的方法各种各样，但归根到底是看学生有能证明这种关系的举动。[②]

原理有很多种，其内容和形式多种多样。在不同学科里原理的表现形式也不同，有的学科可能以定义性概念表现出来；有的学科表现为使个人在特定情境中根据各种关系做出规律性反应的能力；有的学科是以科学公式的方式表现出来。

（二）原理学习的方式

原理的学习是通过接受式学习和发现式学习两种方式来进行的。所谓接受式的原

---

① 吴庆麟. 教育心理学 ［M］. 北京：人民教育出版社，1999：61.
② 同①：62.

理学习，即指教师从原理的正确表述入手，利用大量典型例子体现出原理所反映的概念间的规律性联系。这种学习一般又被称为**原理—例证学习**。例如，在初中英语语法教学中，一般现在时动词词形的变化有一个基本规则：当句子的主语是第三人称单数时，动词后面要加"s"；当句子的主语是第一、第二人称或第三人称复数时，动词后面不要加"s"。在具体教学中，教师往往先向学生明确提出这一规则，然后再通过一些能较好反映这一规则的典型例句，使学生真正掌握这一规则。在各学科教学中，学生对各种原理的学习大都是按照这种方式进行的。

发现式的原理学习是教师先从原理例子入手，引导学生对这些例证进行观察、对比、分析、抽象、概括，找出共同规律，归纳出原理的内容，并让学生尝试用准确的语言进行表达的过程。这种学习一般被称为**例证—原理学习**。例如，在几个连续奇数和的计算中，学生常常会看到下面有一定规律的有趣现象：

$$1 = 1^2$$
$$1+3 = 4 = 2^2$$
$$1+3+5 = 9 = 3^2$$
$$1+3+5+7 = 16 = 4^2$$
$$1+3+5+7+9 = 25 = 5^2$$
$$\cdots\cdots \quad \cdots\cdots \quad \cdots\cdots \quad \cdots\cdots \quad \cdots\cdots$$

在反复看了以上这些算式后，学生发现几个连续奇数的和与奇数的个数有关，他们就会形成一个假设：几个连续奇数的和等于奇数个数 n 的平方，当用能想到的所有例子检验这一个假设，并都得到同样的结果后，学生就会接受这一假设，这一规则就被理解和获得了。

原理—例证学习和例证—原理学习都有一定的适用条件，也各有优缺点，在实际教学中可综合运用。对原理的掌握非一次课、一次练习就能完成的，对新学习的原理往往要在以后的反复运用中逐渐加深理解，并且运用的精熟程度也会得以提高。

（三）原理学习的影响因素

要使学生既能理解原理意义，又能用所学原理来解决问题，主要取决于内部和外部两方面条件。

1. 原理学习的内部条件

（1）对原理所涉及概念的学习和理解。原理是对概念之间关系的语言表述，如果作为前提条件的概念掌握得不清楚，就无法正确理解原理。从对过去经验的要求看，原理学习要比概念学习复杂得多。例如，刚上初中的学生由于受到小学知识经验的限制，总认为 2+A 大于 2，A 只限于代表一个正数；而不能习惯 A 也可以代表一切小于 0 的有理数。

（2）学习者的认知发展水平。原理的学习涉及对概念之间联系和关系的叙述，这就需要有一定的认知发展水平。年龄越低的学生，所掌握的事物之间的联系越低级，因此，所掌握的原理也就相对简单。越是抽象的原理，要求的概括水平就越高，对低年级学生学习的限制性就越大。

（3）学习者的语言表达能力。语言是一种抽象的符号，它能表达事物之间内在本质的联系。原理学习涉及对概念关系的言语表述，学生能否正确表达原理本身的内容，能否表达自己对原理的理解程度，都会影响对这一原理的正确理解。

2. 原理学习的外部条件

原理学习的外部条件主要体现在教师的言语指令中。原理教学的每一个环节几乎都是在教师的言语指令的引导下进行的。教师的言语指令设置得是否合理，很大程度上影响着学生对原理学习的效果。

（四）原理的教学

原理学习是极为复杂的。为了使学生更好地掌握原理，教师在进行原理教学时，必须要注意以下几个问题。

1. 了解学生对概念的理解和掌握的水平

原理学习是在概念学习的基础上进行的，学生对有关概念的理解和掌握的水平直接影响着原理学习的效果。因此，在原理教学中，首要的问题是要了解学生对原理所涉及的各种概念的理解和掌握水平。这种了解可以在课前进行，也可以通过课堂提问的形式进行。在学生的认识结果中存在着各种各样的观念，学生原有的不正确观念直接影响着他们对一些抽象原理意义的掌握。因此，在教学中教师要引导学生对外界的客观现象进行正确的认知，防止在建构意义的过程中因为提取了不正确的信息而影响自己对所学原理的理解。

2. 创设原理学习的问题情境

为了激发学生对原理学习的内在兴趣，教师可采取多种创设问题情境的方法，如在正式授课前给学生呈现与某原理有关的现实生活现象或向学生提出与其学习、生活密切相关的问题。另外，教师也可以先向学生提出几个具体问题并明确要求学习结束后用所学原理来解决这些问题。这些措施在很大程度上都可以激发学生学习的内在动力，使学生形成主动探索知识的心向。

3. 设置言语指令，唤起对相关概念的回忆

学生对新知识的学习是在已有知识经验的基础上进行的，只有当新学的知识和认知结构中相关的内容建立起一定联系时，学生才能理解所学原理的具体意义。因此，在原理学习过程中，教师有必要运用课前预习、课堂提问等形式唤起学生对各种相关概念的回忆，使这些内容从长时记忆中提取出来并处于激活状态。

根据原理学习的条件，加涅提出了原理教学的言语指令设置的步骤[①]：（1）让学习者知道人们期望他在学习结束时能懂得用该原理来干什么；（2）用提问的方式，要求学习者重新陈述或回忆已经学会的组成该原理的那些概念；（3）用言语提示的方式，引导学习者将组成原理的那些概念，按适当的次序放在一起形成一个新的原理；（4）提出一个问题，要求学习者列举这个原理的一个或几个具体实例，并在每次做出正确回答时给其提供积极反馈；（5）通过一个合适的问题，要求学习者对这个原理做一个言语的陈述；（6）在学过原理一天或几天后，教师要提供一个"间隔复习"的机会，呈现一些新的实例，使学生回忆并说明这个原理，以便刚学的原理得以保持。

---

① 莫雷. 教育心理学 [M]. 广州：广东高等教育出版社，2002：183.

4. 强调原理运用，促进对原理的理解

在教学过程中，原理的理解是原理运用的前提，原理的应用既是教学的具体目标，又是促进学生对原理进一步理解的有效手段。原理的运用形式多种多样，可以要求学生用原理回答课堂提问，用以解释事实和现象；也可以运用原理解决日常生活或科学研究中的实际问题。在教学中教师应该避免抽象地讲解原理，而应该把要讲述的原理和实例作具体说明。对原理的理解不能仅仅停留在言语表述上，原理只有在运用中才能真正体现出它作为行为反应的内、外部调控依据的作用，只有这样才能使学生养成将课堂上的原理学习同实践中的解决问题联系起来的思维习惯。

三、问题解决

（一）问题的定义及类型

当你阅读教科书的一段内容后尝试去做后面的练习题，却没有任何解题线索时，就出现了"问题"。按照现代认知心理学的解释，问题是在给定的信息和目标状态之间有某些障碍需要加以克服的情境。虽然目前心理学家对问题的界定不尽一致，但有三个基本成分是得到公认的：（1）给定（givens），即问题的初始状态，包括元素及其关系、构成问题最初形式的条件或限定因素；（2）目标（goals），即问题的目标状态，包括问题所要求的结果或答案；（3）可用算子（allowable operators），即能在给定和目标之间进行转换的步骤或程序。

现实生活中的问题各种各样，可以从不同的角度进行分类。根据使用的分类标准不同，问题的类型主要有以下几种：

（1）根据问题状态的清晰程度即问题结构的完整性，可分为结构良好（well-structured）的问题与结构不良（ill-structured）的问题。在结构良好问题中，给定、目标和可用算子都是明确的。例如像"2.69×0.078＝?"这样的计算题就属于结构良好问题。相反，在结构不良问题中，给定、目标和可用算子对于问题解决者来说不是非常明确。比如，学校要求学生写出一个计算机程序以取代教师的成绩册。尽管学校课堂上非常重视结构良好问题，但现实生活中的多数问题却属于结构不良问题。

（2）根据问题解决者对问题的熟悉程度，也可分为常规（routine）问题与非常规（non-routine）问题。常规问题是那些个体以前解决过且只需要对答案直接进行提取的问题。例如对于中学生来说，解方程 $5x+7=32$ 就是一个常规问题。非常规问题则是个体没有解决过类似问题且不能产生一个已存在答案的问题。例如，要求中学生编写一段计算机程序来求出一个样本数据的平均数和标准差。这就是一个非常规问题，它需要中学生挖掘自己的学习潜力。

（3）根据解决问题所需的算子质量，可分为一般领域（domain-general）问题与专门领域（domain-specific）问题。一般领域的问题是指解决问题所需要的特定领域的专业知识相对较少，又称为知识贫乏领域问题。例如以往研究常用的传教士与野人过河问题等，都属于一般领域问题。专门领域问题则包含大量特定领域的专业知识，因此又称作知识丰富领域问题。个体要解决这类问题所受到的限制很多，但如果是知识丰富、训练有素的人，则有更多有效的算子可以利用。例如，政府应采取什么措施来减少犯罪？这可能需要许多有关犯罪诱因方面的知识才能解决。

传教士与野人过河问题

有一天，三个传教士来到一个野蛮人居住的地方进行传教。传说这个部落是吃人的氏族。在一条小河前，他们遇到了三个野人同时也要过河，六个人虎视眈眈，而河中只有一只仅容纳两人的小船。如果在渡过小河的过程中，野人数目多于传教士，那么势单力薄的传教士就要被吃掉，而传教士又不能伤害野人。请你想个办法让六个人都安全过河。

（二）问题解决的早期研究

20世纪70年代，一些研究者开始致力于通用问题解决者、启发式策略和问题解决过程的早期研究。在这些研究中，问题解决被看作是运用一定操作程序实现初始状态向目标状态转换的过程。

1. 通用问题解决者（GPS）

从类似于河内塔问题的研究任务中发展起来的通用问题解决者表明，问题解决包括三个主要步骤。第一，对问题、给定和合理的算子进行表征。第二，形成目标和子目标并着手从子目标开始解决。第三，运用手段—目的分析来评价进展情况，如通过分析确定是否需要修订子目标。手段—目的分析包括评价当前状态和目标状态的差异，搜索恰当的算子以减少差异，评估结果。

通用问题解决者尤其适于那些子目标能清楚界定并以一系列步骤进行解决的结构良好问题。但是很多问题并不属于这类问题。另外，绝大多数问题需要具体领域信息来解决。但是个体却往往不能从一般的解题方法中形成具体领域策略。

河内塔问题

河内塔问题是印度的一个古老的传说。开天辟地的神勃拉玛在一个庙里留下了三根金刚石的棒，第一根上面套着64个圆的金片，最大的一个在底下，其余的一个比一个小，依次叠上去，庙里的众僧不倦地把它们从这根棒搬到另一个棒上，规定可利用中间的一根棒作为帮助，但每次只能搬一个，而且大的不能放在小的上面。

后来这个传说就演变为河内塔游戏：

1. 有三根杆子A，B，C。A杆上有若干碟子。
2. 每次动一块碟子，小的只能叠在大的上面。
3. 把所有碟子从A杆全部移动到C杆上。

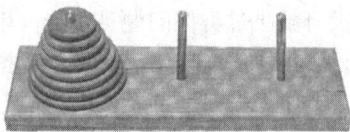

2. 启发式策略

早期对结构良好问题的关注使研究者热衷于讨论启发式策略。它一般是指能减少问题不确定性的简捷规则。研究发现人们常用的启发式策略主要有：产生—检验策略、手段—目的分析、类推和头脑风暴等（Resnick，1985）。

（1）产生—检验策略（generate-testing）

如果要考察的问题解决方案有限，那么产生—检验策略是很有用的。这种策略最适合这种问题：它的解决方案可以按照可能性大小来排列，而且至少有一种方案能把问题正确处理。例如，当你进入一个房间用手去开电灯开关，却发现灯没有亮。这时可能的原因有：a. 灯泡坏了；b. 停电了；c. 开关坏了；d. 插座坏了；e. 保险丝断了；f. 电线短路了。你可能会产生并检验最可能的方案（换个灯泡）；如果这样不奏效，你可能会产生并检验另一个可能方案，直至问题解决。尽管你可能不需要非常熟悉这些内容，但要有效使用这些方法，仍然需要一些知识。已有知识可能会影响方案产生检验的优先顺序。

（2）手段—目的分析（means-ends analysis）

当人们正确识别了问题的子目标，手段—目的分析是最可能使问题得到解决的方法。要使用这种方法，个体应把现有条件和目标进行比较以确认两者之间的差异。然后要建立子目标来减少这种差异，个体进而要执行各种操作来达到子目标。该策略的明显缺点是：当面对复杂问题时会使工作记忆负担加重，遗忘任何子目标都会阻碍问题解决方案的执行。

手段—目的分析，既可以按从目标到初始状态（逆向工作）的顺序进行，也可以按从初始状态到目标（顺向工作）的顺序进行。逆向工作常用于几何定理的证明之中。

下面就是一个几何问题的例子。这个问题从∠m开始解决，然后逆向工作，学生要意识到他们有必要确定∠n，因为∠m = 180° - ∠n。因为这两对平行线相交，所以直线 q 上相应的∠d = ∠n。利用已掌握几何知识，学生可以确定∠d = ∠a，即为 30°。因此∠n = 30°，从而∠m = 180° - 30° = 150°。

已知：p∥q，r∥s，∠a = 30°

求：∠m = ？

顺向工作又称爬山法（Mayer，1992），它需要问题解决者从现有情况出发，并且对其做一些改变，以期待它与目标更为接近。尽管每一步都代表一个尝试去达到一个子目标，但个体很容易偏离目标或达到一个无用的终点。例如实验室的容器中装有各种物质，学生任务是给容器里的物质贴上标签。要完成这个任务，他们要对这些物质做一系列测试。如果操作正确，问题就会一步步得到解决。因为每个测试都使学生距离他们的目标——给物质分类更近了。

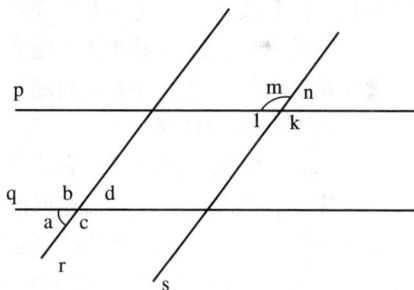

（3）类推法（analogy）

这种策略是在问题情境（目标）和个体熟悉的情境之间做出类推。从信息加工角度看，类推涉及进入长时记忆中熟悉领域的网络，并且把它联系到工作记忆的问题情境中（Halpern，Hansen & Riefer，1990）。要成功进行类推，必须保证熟悉情境和问题情境在结构上相似，虽然它们在表面特征上可以不同。学生常用类推法来解决课本上的问题。

基克和霍利亚克（Gick & Holyoak，1983）曾运用邓克尔设计的肿瘤问题考察了个体对类比推理策略的使用。他们要求被试在阅读了一个简短的相似问题（将军进攻小镇）后解决这个治疗问题。但是结果显示，仅出现一种类比情境，被试不能有效解决靶问题。只有当给他们提供两个启动性故事、要求概括地写出故事大意并明确表述出解决原理后，大多数被试（62%）才表现出自发迁移。

（4）头脑风暴（brainstorming）

头脑风暴也是一种常用的启发式策略，它对于产生问题解决的可能方案是十分有用的。头脑风暴的具体操作步骤如下：首先，界定问题；其次，尽可能多地产生解决方案，而不必评价它们；再次，确定一些标准以判断答案的可能性；最后，使用这些标准，从而选择出一个最佳方案。成功的头脑风暴要求参与者不要对方法做出批判，直到所有的方法都产生出来。而且头脑风暴的加工过程常常产生许多相互依赖的方法，因此任何异想天开的方法都应该受到鼓励。

例如，新来的校长发现本校教师士气低落，而所有教师都需要更好的沟通。于是各年级组长和校领导开会得出以下可能解决方案：每周召开一次教师、领导座谈会；每周出一次公告；每周开一次领导会议；通过电子信箱发送情况简介。尽管这些都很花费时间，但教师的士气却大有改观。

启发式策略实施的困难在于绝大多数问题都需要运用具体领域知识来解决。再就是启发式策略不一定是解决该问题所需要的关键性思维加工。

3. 问题解决的过程

当代心理学家对问题解决大都持阶段论的思想，相信问题解决可以划分成几个阶段。尽管目前已出现了许多描述问题解决一般心理过程的理论模式，但绝大多数模式都非常类似。表 3-1 中显示了问题解决的四个常见子过程，一般被称为表征问题、拟订计划、克服障碍和执行计划（Mayer & Wittrock，1996；Davidson & Sternberg，1998）。它们都需要元认知的参与。

（1）表征问题

尽管这一阶段对成功解决结构良好问题和开放式问题都是极为重要的，但仍然经常被学生忽视。例如，国外学者在研究中曾使用过这样一道问题：轮船上有 26 只绵羊和 10 只山羊。请问船长的年龄有多大？令人吃惊的是有 75% 的二年级学生回答是36 岁。显然这些学生不能理解问题。学生长时记忆中的有关信息有助于确认问题的关键特征和理解问题的结构关系。它们主要包括领域内的非正式的直觉知识（又被称为内隐知识，Alexander，Schallert & Hare，1991）、内容知识、关于问题类型的元认知知识和相似问题的解题策略等。

表 3-1	问题解决的子过程和元认知技能的作用
子过程	**元认知技能的作用**
表征问题（确认最有关的特征并形成问题组成成分的心理地图）	1. 协助从长时记忆中提取对确认问题成分有用的相关信息 2. 协助形成给定与目标和限制条件之间关系的心理表征 3. 必要时协助进行选择性重新编码、组合和比较
拟订计划	1. 回顾和选择解题计划和策略，可能也参与结构探索 2. 必要时再执行上一阶段的第一种活动
克服障碍	1. 协助在长时记忆中搜索新信息 2. 执行第一阶段的第三种活动
执行计划	1. 监督进度和必要时修正计划 2. 必要时重新回到上一阶段

确认了问题的关键性信息后，能否形成关于问题关系的心理表征就非常重要了。学者认为，这一过程有助于个体组织问题的条件、决定合适的解题步骤和对解题进程时刻保持意识（Davidson & Sternberg，1998）。构建问题关系的心理表征时，可能需要像选择性重新编码、选择性组合和选择性比较这样的加工活动。选择性重新编码是审视原来没有注意到的元素，选择性组合是将问题元素以新的方式集中在一起。其结果就是形成对问题和目标的新的心理表征。选择性比较是发现问题元素和已有信息的新关系。

（2）拟订计划

有效的解题者通常在实施某些策略和战术之前先进行评价。这一步骤的重要性在于帮助解题者对具体方法的应用结果形成预期并避免无谓的错误（Holyoak，1995）。确定一个可行策略，执行受挫后就需要学习者对问题关系的心理表征进行评价和重组（上表中的第一阶段）。

此阶段实际上是对问题的表征进行操纵，寻找出一条线路以顺利达到目标的过程。对问题的表征不同，所确定的解决计划也不同。假如一个问题相对简单，在长时记忆中已经储存该类型问题的图式，那么经过模式再认，就可直接提取适当的解决方法。但若问题比较复杂，解决方法不能直接提取或个为问题解决者所知，就要使用前面提到的更为复杂的启发式策略。

（3）克服障碍

拟订计划中可能发生的主要障碍就是被称为刻板印象的状态（Davidson & Sternberg，1998），主要由问题心向和功能固着组成。另外就是不能形成任何计划或程序，这在直觉型问题中经常发生。在长时记忆中搜索模式、类比物和比喻物的一种常用策略，就是给问题提供一个新视角。另一种是暂时放弃问题以便于大脑进行酝酿。

（4）执行计划

学生之所以经常不能正确地解决问题，是因为他们没有监督自己对所选策略的执行。监督对于追踪已采取的步骤和要完成的行动是相当重要的。它也可以防止在策略中将常用步骤用错。例如，研究人员（Vye，1997）发现，六年级学生在解决一个复杂的多步应用题时，不恰当地使用资料和计算错误分别占总错误量的13%和2%。德克罗斯和哈灵顿（Declos & Harrington，1991）发现，只有当中学生在解决计算机问题时学会使用监督策略，才能降低错误和减少解题时间。

（三）专家型与新手型问题解决者的差异

自20世纪60年代人工智能兴起以来，人们逐渐对专门知识的个体差异产生了浓厚兴趣。随后的研究已确定了专家表现的几个关键特征。首先，专门知识是在一个具体领域内经过相当长时间才形成的。研究显示大约需要5年时间或大致1万个小时的练习时间（Hayes，1988）。其次，专家和新手在所掌握的知识和策略上都有差异。在这些研究中，专家被界定为对某一具体领域相对熟悉的个体，新手则是刚刚接触某一领域的个体。

1. 知识差异

专家与新手在知识上的差异是相当明显的。人们已经发现两者既在知识数量上存在差异，也在知识的组织和可提取性上存在差异。具体来说，新手的知识结构是围绕着一个领域内的主要现象组织起来的，而专家的知识结构则将这种现象在一个领域内表征为基本原理（参见专栏3-3）。

专家拥有的领域知识或学科知识组织可以有效应用于问题解决活动。专家在科学中运用不同于新手的问题图式对问题进行编码和表征。也就是说，由于有丰富的专业经验，专家已形成了经过编码的解决相关问题的程序及其应用条件，它们同对基本原理的表征是一致的。随着时间的推移，问题和答案在问题图式中结合得越来越紧密，最后解题策略的出现越来越自动化。这样，对专家来说，策略已成为知识基础的组成成分之一。

知识差异也对专家有效地运用短时记忆和长时记忆产生了影响。由于他们的回忆已实现了组块化从而在搜索答案时更为有效（Bruning, Shraw & Ronning, 1995）[①]。例如在早期的国际象棋研究中，人们给专家和新手呈现几个实战棋局，几秒钟后要求重复摆出这些棋局。象棋大师能够正确摆出80%到90%的棋子位置，但新手只能正确摆出极少数棋子。对此，人们认为象棋大师在长时记忆中已储存了五万个棋局，新信息是以这些已储存棋局的方式来编码的。而新手则依赖于对个别棋子位置的死记硬背（Chase & Simon，1973）。

个体知识基础的范围也会影响到他以大组块的方式加工言语信息的能力。例如，代数式$(a+b)^2$对数学老师来说可能是一个组块，但对一个刚学代数的学生来说就是几个组块。类似地，物理学领域的专家能回忆的也是以某种简单形式同具体物理原理相联系的方程。这样尽管专家的短时记忆容量并不比其他个体更大，但对信息的组块化却导致能有效地运用短时记忆。

---

① Bruning, R. H., Schraw, G. J. & Ronning, R. R. *Cognitive psychology and instruction* [M]. New Jersey：Merrill/ Prentice Hall, 1995：353.

专栏 3-3

物理学专家与新手知识结构的差异

齐等人根据被试的口语报告曾经发现，物理学的博士生（专家）和刚学过大学物理课的本科生（新手）在关于斜面问题的知识结构上存在明显差异（Chi, Glaser & Rees, 1982）。前者将斜面问题同牛顿力学原理密切结合，而后者则仅对问题进行了描述。下面分别是他们的知识结构图。

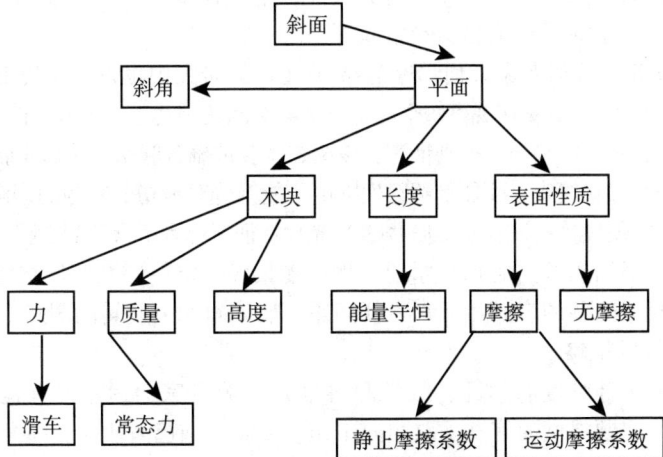

新手有关斜面问题的知识结构

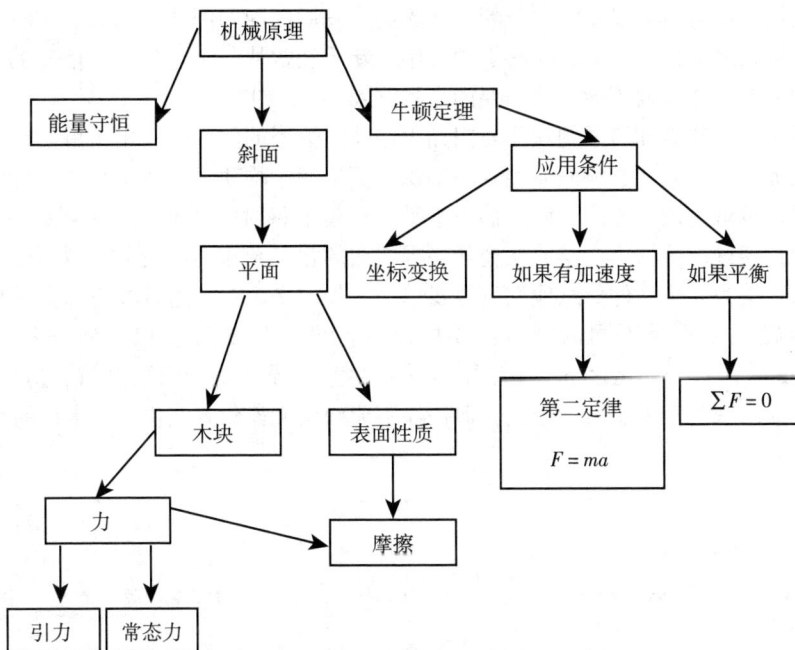

专家有关斜面问题的知识结构

[**资料来源**] 路海东. 学校教育心理学 [M]. 长春：东北师范大学出版社，2000：66.

2. 策略差异

在问题解决中，专家和新手的策略差异主要表现为三个方面：问题表征策略、具体解题策略和元认知策略。具体情况参见表 3-2 对专家型和新手型解题者的对比①。

（1）问题表征策略

研究发现，面对难题或模糊的问题时，数学和科学领域的专家经常花费时间用于构建问题表征（Rohrer & Thomas，1989）。福斯提到当法拉第试图解决电磁感应问题时曾用了相当长时间来形成对这个问题的表征，结果提出了两个可能的答案②。然后对这两个答案进行了演绎推论和实验室验证。

人们在一项关于放射专家如何诊断复杂 X 光片的研究中也发现了类似的加工活动（Lesgold et al.，1988）。专家在观察每个片子时都会对问题构建起一个假想性心理表征，然后接着检验这个图式。如果没有得到证实，该图式就会被搁置起来。然后重新检查 X 光片为另一个问题表征寻找线索。而住院部医生则更可能循着对最初的问题的理解继续寻找线索。他们也会试图硬性地将应该有异常信号的 X 光片特征解释为正常解剖学图式。

另外专家会根据领域内的基本原理（例如能量守恒定律）在深层结构上来表征问题。而新手则根据问题的表面特征来表征问题，比如斜面上旋转的圆盘等。

（2）具体解题策略

对于容易或中等难度的问题，数学和科学领域的专家会运用发展良好的问题图式。他们也根据问题提供的信息采取顺向工作。专家以前已解决了许多相同或类似问题，因此毫不费力地就能将答案回忆出来。新手则一般运用逆向工作策略，有时也进行尝试错误。已有研究显示，由于新手缺乏高度发展的问题图式，他们必须将问题作为全新的题目来对待。例如，在科学领域中，新手经常从一个包含未知信息的方程出发并采用逆向工作以发现他们所需要的变量（Anazai，1991）。

一般来说，数学和科学领域的专门知识涉及将恰当的问题图式用于解决结构良好问题的任务中，而人文学科领域的专门知识则更依赖于构建一个适于具体事件的具体情境图式。也就是说，专门知识在抽象水平上构建解释时需要搜寻知识模式③。在一项研究中，经过训练的历史学家在处理一批零散的相互矛盾的历史文件时，经常采取如下办法：①为评价文件信息他们先寻找单个文件的来源；②通过检查和交叉检查文件来仔细确认和驳斥不同的细节；③构建事件的顺序和场景以核实证据的作用（Wineburg，1991）。相比之下，新手则试图不注意差异和很少回顾以前的历史文件。他们也想提出一些有说服力的想法，但往往不能确认文件作者或构建出事件的顺序。

---

① ［美］M. E. Gredler. 学习与教学——从理论到实践（第五版）［M］. 影印版. 北京：中国轻工业出版社，2004：250.

② Voss, J. A. *Problem solving and the educational process*. In A. Lesgold & R. Glaser. *Foundations for a psychology of education*［M］. Mahwah：Erlbaum，1989：274.

③ Spoehr, K. T. *Enhancing the acquisition of conceptual structures through hypermedia. Classroom lessons：Integrating cognitive theory and classroom practice*［M］. Cambridge, MA：MIT Press，1994：79.

表3-2	专家型与新手型解题者的对比
新 手	**专 家**
1. 知识的结构是围绕一个领域内的主要现象组织起来的	1. 知识结构表征的是某领域内的现象同基本原理的关系 2. 知识是以包括解题程序在内的问题图式形式组织起来的
2. 由于知识常被储存为缺乏联系的项目，不能有效地运用短时记忆和长时记忆	3. 由于回忆以相关信息组块的方式进行，因而能有效利用短时记忆和长时记忆 4. 在问题策略指引下解题步骤的执行顺序已自动化
3. 很少或没有时间构建问题表征；以表层或肤浅的方式来表征问题	5. 相当多时间用于构建问题表征；在深层结构水平上表征问题
4. 依赖于逆向工作策略，有时也尝试错误	6. 从问题已知信息出发顺向工作
5. 通常对错误和检查答案的需要失察	7. 运用包括检验答案和校正答案在内的有效自我监控技能

（3）元认知策略

专家和新手在元认知策略上也存在显著区别。首先专家会花费更多的时间用于拟订解题计划，会经常监督自己的决定。如前面所述，诊断专家会一直检验和校正自己的假想性诊断直到某 X 光片的所有特征都得到解释（Lesgold et al.，1988）。而新手则较少检验和监督自己的结论，而且往往不能觉察到自己所犯的错误。

这个研究中尤其让人感兴趣的是，有三四年任职时间的住院部医生一般不仅比专家的诊断准确性差，而且也比只有一两年任职时间的住院部医生差。这被称为中间者效应（The intermediate effect）。对这种现象的一种解释是："真正"新手的图式同知觉信息紧密联系在一起，而专家则严格检验任何可能的图式。但任职三四年的住院部医生则开始用认知推理来取代知觉性决策，但处于这一加工的早期，不可能进行严格检验。该研究显示，特定复杂解题技能的发展并不是线性的。

（四）问题解决教学

20 世纪 80 年代后期，问题解决在课程教学中的作用开始受到人们空前的重视。

1. 传统教学方式

人们在课堂上经常用不同观点来描述问题解决，其中包括教会学生创造性地思维和为竞争做好准备，为未来的教师提供一些启发式策略指导等。但让人费解的是旨在普遍促进智能发展的思维技能训练课程并没有在一般迁移上获得令人信服的证据[1]。

在中小学教育中，问题传统上被看作常规练习。如在数学中，教师为某种讲授的特殊数学技巧提供练习机会。在给定了明确表述的目标和合乎需要的数字后，学生的唯一任务就是将一个合适的计算公式应用于这种情境。问题经常被设计用来介绍某种技巧，它通常由教师或课本来规定，更多的问题是供学生做练习用。研究者认为，这种传统的问题解决教学方式损害了学生反思性思维的成长[2]。

———————————

[1] Mayer，R. E. & Wittrock，M. *Problem solving transfer*. In D. C. Berliner & R. C. *Handbook of educational psychology* ［M］. New York：Macmillan，1996：51.

[2] Pressley，M. & McCormick，C. B. *Advanced educational psychology for educators*，*researchers and policy makers* ［M］. New York：Harper Collins，1995：415.

在科学领域，问题经常是以实验室练习的方式出现。默根道勒等人的分析表明有三种形式的练习问题（Mergandoller, et al., 1987）：外显性练习包括一个问题、规定好的解题程序和指定要获得的答案；内隐性练习包括问题和规定好的解题方法；综合性练习只包括问题。但是，人们发现中小学中的实验室练习根本就没有综合性练习。教师安排的练习中45%属于外显性练习、55%属于内隐性练习。另外84%的作业题和82%的考试题只需要死记硬背。

传统问题解决教学关注的是学科内容的传授。人们希望学生按照一种事先安排好的顺序来掌握大量事实和程序。重点自然就放在获得问题的正确答案上。

2. 当代问题解决教学建议

从专门知识角度看，有效的问题解决教学是使学生从不会解题到会解题。由于专家与新手在问题解决上的差异根源在于他们的知识结构、策略和元认知技能。为使信息在记忆中相互联系，问题解决的教学最好与学科内容相结合，而不应试图单纯传授一般策略。安德烈根据现有研究提出了以下教学建议，这些教学建议对于训练学生掌握必要的问题解决技能是非常有用的（Andre, 1986）：（1）为学生提供比喻性的表征；（2）让学生在解决问题的过程中进行口头描述；（3）利用提问的方法；（4）提供实际例子；（5）整理观念；（6）运用发现学习；（7）给予口头描述；（8）传授学习策略；（9）利用小组学习；（10）保持积极的心态。

专栏3-4

学校能传授问题解决技能吗?

人们对于学校教育应该给学生传授核心知识还是问题解决技能已经争论很久了。有些教育者认为必须让学生学会如何解决问题，另外一些教育者则认为学生并不能从教学中获得实际的问题解决能力。那么问题解决技能到底能否在学校中传授呢？

赞成观点：问题解决技能能够也应该传授给学生。学生如何才能学会解决问题呢？有些教育者提出通过广泛地运用诸如工具丰富教程或CoRT教程等技术可以直接传授问题解决技能。也有些研究者认为通过学习像LOGO这样的计算机编程语言能够教会学生如何按照逻辑顺序思考问题。例如帕派特就相信当学生学会通过使用LOGO语言给计算机发出指令后，可以极大地促使他们的智慧技能得到发展①。最后，由于很多研究发现优生能自动地运用特定的元认知策略，许多学者建议直接向差生传授如何运用这些策略，而且已经形成了一些成功的教学技术，例如交互教学法（reciprocal teaching approach）。

反对观点：问题解决技能不能很好地迁移。有些批评者对采用直接教学形式传授问题解决技能持反对态度。例如对于CoRT教程，有学者报告经过十年的广泛运用后并没有充分证据表明该教程有效。另外梅耶和威特罗克也指出，有关现实情境中问题解决的现场研究表明，人们常常不会将他们在学校中学过的问题解决方法运用到所遇到的实际问题上。尽管在元认知策略的教学上人们取得了一些成功，但批评者也提醒这种教学有时可能会对学生的学习产生阻碍作用。例如西格勒有研究表

---

① Papert, S. Mindstorms: *children, computers, and powerful ideas* [M]. New York: Basic Books, 1980: 60.

明①，向差生直接传授自我监督策略会对学生自适应策略的发展造成一定阻碍。因为要求学生使用那些专家策略可能会给学生的工作记忆造成过重压力。学生在努力运用一种不熟悉的策略时可能会忽略掉问题的意义或内容。

［资料来源］ Woolfolk, A. E. *Educational psychology*. 7th ed. Boston：Allyn and Bacon，1998：316.

第三节　陈述性知识的学习

一、陈述性知识学习的一般过程

当代认知心理学认为，陈述性知识的掌握过程一般分为三个阶段：第一阶段，新信息进入短时记忆，与长时记忆中被激活的相关知识建立联系，从而出现新的意义构建；第二阶段，新构建的意义储存于长时记忆中，如果没有复习或新的学习，这些意义会随着时间的延长而出现遗忘；第三阶段，意义的提取和运用。陈述性知识的掌握过程，主要是个体新构建的意义能够长时间地储存在记忆中，而且在运用时能迅速提取。

皮连生根据奥苏贝尔的同化理论和安德森的激活理论，提出了陈述性知识的学与教的模型（见图 3-4），把陈述性知识的掌握过程分成六个阶段②。

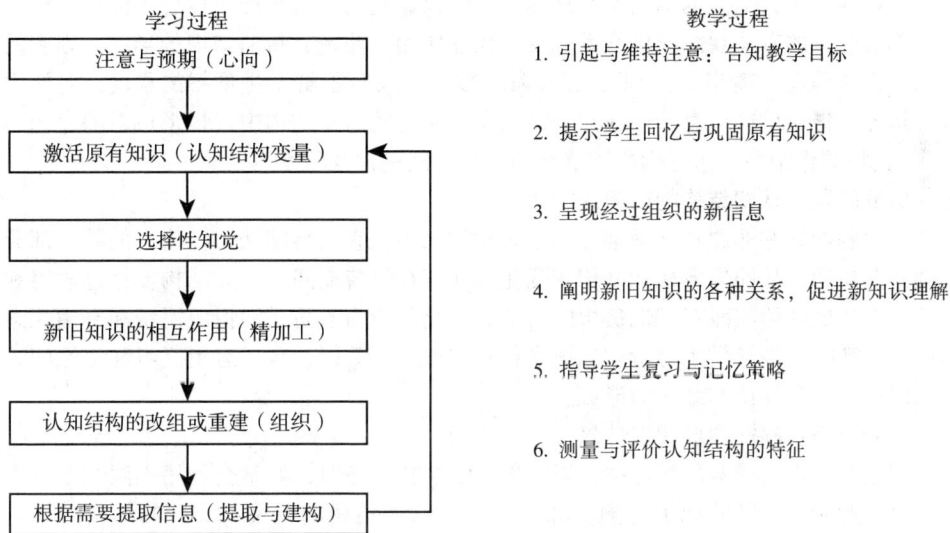

图 3-4　陈述性知识的学与教的模型

---

① Siegler，R. S. *Adaptive and non-adaptive characteristics of low-income children's mathematical strategy use. The challenge in mathematics and science education：Psychology's response* ［J］. Washington，DC：American Psychological Association. 1993：341-366.

② 皮连生. 智育心理学 ［M］. 北京：人民教育出版社，1996：123.

第一阶段：注意与预期（心向）

任何有目的的学习都以学习者有意识的注意为先决条件。当学习者处于注意状态时，他的注意指向学习目标。在这一阶段，教师应灵活应用变化的或情绪性刺激特征来唤起和维持学生的无意注意，也可通过其他有趣实验或问题激发学生的兴趣而引发有意注意。教师也可以告知教学目标，以激起学生对学习任务的预期。学生对新知识的积极关注常常来源于对知识本身的兴趣、良好的学习习惯和教师的有效提示。

第二阶段：激活原有知识（认知结构变量）

根据同化论和激活论的观点，为使新知识获得意义，并达到预期的学习结果，学生需要在原有认知结构中找到适当的原有知识，并使之处于激活状态。有的学生在学习新知识时，尽管在认知结构中存在一些可用来同化新知识的原有知识，但却不会合理利用，这时教师的外部提示和帮助很有必要。教师在讲授新知识前，可采取适当的教学策略，先让学生复习和巩固有关的原有知识，这样就能使学生的知识结构得到补充和完善。

第三阶段：选择性知觉

学生不论是通过阅读教科书还是听教师讲课，都是在适当的背景下有选择地进行的。如果缺乏适当的背景知识，学生即使听了、读了也不知所云。为了使教学内容成为学生选择性知觉的对象，教师提供的新信息必须以学生容易理解的方式呈现。如把语言文字的描述与直观形象材料的呈现相结合，理性思维与感性经验相结合。

第四阶段：新旧知识的相互作用

选择性知觉新信息的结果是在认知结构中以命题的方式表征新信息。但这种信息如果不与原有的有关观念产生联系且发生相互作用，并区分新旧知识的异同，则新的信息会很快消失（遗忘）。因此，在此阶段教师应及时了解学生理解的程度，对学生进行指导，提供反馈信息，使新知识进入学生原有的认知结构中（即形成新的命题网络）。教师的作用在于指导学生理清新旧知识之间的内在联系。

第五阶段：认知结构的改组或重建

新命题网络并非原封不动地储存于长时记忆中，它们会同认知结构中的其他部分继续相互作用，从而导致认知结构的变化。知识在保持期间，认知结构要经过改组和重建，以达到简约与减轻记忆负担的目的。在此阶段为了防止知识的混淆和有用观念的遗忘，教师应指导学生对所学知识进行归纳整理，掌握并合理运用复习和记忆的策略，促进学生良好认知结构的形成。

第六阶段：根据需要提取信息

即在日常生活或新的学习中，当学生面临各种任务时，要学会利用不同线索提供的信息。此阶段教师的职责是测量和评价学生认知结构的特征，如认知结构是否形成；认知结构中是否有适当的观念可以利用；新习得的知识与原有知识系统的可辨别程度等等。测量与评价的重点在于判断学生的知识网络结构是否形成，而不是过于强调机械记忆。

二、陈述性知识的掌握方式

奥苏贝尔根据其研究提出了三类有意义学习的方式：表征学习、概念学习和命题学习（Ausubel，1963）。下面就这三种方式做一介绍。

（一）表征学习

表征学习又称符号学习（representational learning），是指学习单个符号或一组符号的意义。个体开始时不知道某个词代表什么，它的意义如何，他必须学会这些符号代表什么东西。表征学习的心理机制是符号和它们所代表的事物或观念在学习者认知结构中建立相应的等值关系。例如，"狗"这个符号，对初生儿来说是完全没有意义的，在家长或其他人多次指着狗（实物）说狗以及儿童与狗多次打交道的过程中，他们逐渐学会用"狗"（语言）代表他们实际看到的狗。那么"狗"这个声音符号对于儿童来说获得了意义，即"狗"这个声音符号引起的认知内容与实际的狗引起的认知内容是大体一致的，同为狗的表象（如图3-5所示）。

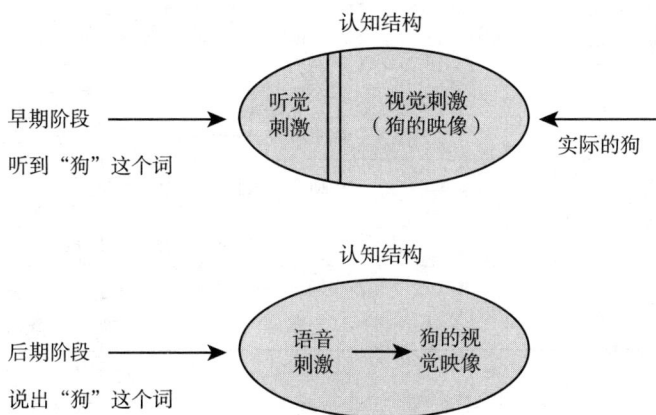

图 3-5　表征学习阶段

由于在任何语言中，词汇所代表的事物和观念是约定俗成的，所以个体在获得陈述性知识时，首先要掌握符号所代表的意义。当然，符号不限于语言符号（词），也包括非语言符号（如实物、图像、图表、图形等）。因此，对各种数学图表、花草树木、各种机床的认识等也属于表征学习。同时，表征学习还包括事实性知识的学习。

（二）概念学习

有意义学习另一类较高级的形式是概念学习（concept learning）。概念学习是指掌握概念的一般意义，其实质是掌握一类事物的共同的本质属性和关键特征。例如，学习"正方形"这一概念，就是要掌握正方形的关键特征，即有四条相等的边，各内角都是九十度。如果"正方形"这个符号对学习者来说已经具有了意义，那么这一概念就变成代表概念的名词。同类事物的关键特征既可由学习者从大量同类事物的不同例证中独立发现，也可以用下定义的方式直接向学习者呈现，让他们利用已掌握概念来理解。前者称为概念形成（concept formation），后者称为概念同化（concept assimilation）。它们的具体掌握机制和更复杂的命题学习在本质上是相同的。

（三）命题学习

命题学习（proposition learning）是指获得由几个概念构成的命题的复合意义，实际上是学习表示若干概念之间关系的判断。命题是知识的最小单元，它既可以陈述简单的事实，也可以陈述一般规则、原理、定律、公式等，因此它被看成是陈述性知识掌握的高级形式。它旨在反映事物之间的联系和关系，是一种更加复杂的学习。奥苏贝尔根据新知识与原有认知结构的关系，将概念学习和命题学习分为下位学习、上位学习和并列结合学习三种不同的意义获得模式（见表3-3）。

表 3-3	概念和命题意义的获得模式
1. 下位学习（类属学习） 　A. 派生类属学习 　B. 相关类属学习	原有的概念 A 新的内容 ⟶ a_5 a_1 a_2 a_3 a_4 原有的概念 X 新的内容 ⟶ Y U V W
2. 上位学习（总括学习）	新学习的概念A ⟶ A 原有的概念 a_1 a_2 a_3
3. 并列结合学习	新学习的概念 A ⟶ B — C — D 原有的概念

1. 下位学习

下位学习又称类属学习（subordinate learning）。认知心理学假定，人的认知结构是在观念的抽象、概括和包容程度上按层次组织的。当学生原有的观念在概括和抽象的水平上高于新学习的观念时，新学习的观念归属于旧知识而得到理解，新旧知识所构成的从属关系就是下位学习。例如作为原有概念的"花"和新概念"百合花"之间就是下位关系，在学习时只需把"百合花"纳入"花"的概念之中，这样既扩充了花的概念，又理解和掌握了百合花这个新概念。

下位学习又分为派生类属学习（derivative subsumption）和相关类属学习（correlative subsumption）。派生类属学习是在新的学习材料作为原先获得的命题的特例，或作为原先获得的命题的证据或例证而加以理解时产生的。这类学习中，新知识只是旧知识的派生物。这种学习比较简单，只需经过具体化过程即可完成。例如，学生在学习正方形、长方形、正三角形时已形成了轴对称图形概念，在学习圆时，将"圆也是轴对称图形"这一命题纳入原有轴对称图形概念中，这样新命题很快就获得了意义，学生立即能发现圆具有轴对称图形的一切特征。这种类属作用，不仅使新的知识获得了意义，而且使原有概念或命题得到了充实或证实。当新知识扩展、修饰或限定学生已有的旧知识，并使其精确化时，便产生了相关类属学习。这种学习比较复杂，必须仔细比较上位概念和下位概念，经过复杂的概括活动才能牢固掌握。例如，学生在认知结构中已有"挂国旗是爱国行动"的命题，现在如果学习新命题"保护能源是爱国行动"，这个新命题类属于原先的"爱国行动"中，新命题获得了意义，原有概念的内涵就被加深或扩展了。

派生类属学习和相关类属学习的主要区别在于学习之后原有观念是否发生本质属性的改变。前者是新的观念纳入原有观念中，原有观念的本质属性不发生改变；而后者是新知识与原有观念有一定的联系，新知识的学习同时也引起原有观念的扩展、深化、精确化和修改。（见表3-3的第一部分）

2. 上位学习

上位学习（superordinate learning）又称总括学习，是在学生掌握一个比认知结构中原有概念的概括和包容程度更高的概念或命题时产生的。对某些材料进行归纳组织或把部分综合成整体需要进行总括学习。上位学习遵循从具体到一般的归纳概括过程。例如，在学习小学数学里有关面积的概念时，教师让学生比较桌面、地面、墙面、操场的面积大小，最后概括出"面积就是平面图形或物体表面的大小"这样的定义，这就是上位学习。在一般面积概念形成以后，再学习具体图形，如三角形、圆形等的面积概念，这时，上位学习就又转化为下位学习。（见表3-3的第二部分）

上位学习进行的条件是和学生原有知识相比，新知识为更为概括、更为一般的内容。学生通过这种学习使自己的知识更为系统、完整和概括，从而易于把握事物的本质属性和共同规律。

3. 并列结合学习

并列结合学习（combinatorial learning）是在新命题与认知结构中特有的命题既非下位关系又非上位关系，而是一种并列的关系时产生的。它比上述两种学习要复杂得多，而且学习起来比较困难，只能利用一般的有关内容起固定作用，且必须在直观的基础上对新旧知识的联系和区别认真地进行比较后才能掌握。因此，教师应在教学中注意培养学生对这类观念的掌握能力。例如，学习质量与能量、遗传与变异、需求与价格等概念之间的关系就属于并列结合学习。假定质量与能量、遗传与变异为已知的关系，现在要学习需求与价格的关系，这个新学习的关系虽不能类属于原有的关系之中，也不能概括原有的关系，但它们之间仍然具有某些共同的关键特征。例如，后一变量随前一变量而变化等。根据这种共同特征，通过新关系与已知关系并列结合，新关系就具有了意义。（见表3-3中的第三部分）

这种学习进行的条件是新旧知识处于同一个层次，学生可以通过自己已经掌握的规律理解新知识，使自己的知识得到广泛的迁移。

三、陈述性知识的教学策略

（一）动机激发策略

陈述性知识的学习首先是学习者从外界选择性地知觉新信息，然后进行主动的建构并生成意义。学习者的学习动机的激发直接影响其对原有知识激活的程度及新意义主动建构的水平。

首先，充分利用学习目标的激励作用。弗罗姆提出过一个著名的行为激励公式：激励力量＝效价×期望。效价是指个体所认为的目标价值的大小，期望是指个体认为目标实现的可能性有多大。在教学过程中，教师在提示教学目标时首先要说明学习新知识的价值，运用各种手段去激发学生的学习动机，使他们真正认识到陈述性知识的学习同学习目标的关系，并将它内化为自身认知的需要，产生远景性的、积极的学习动机。

其次，要及时修整学生的动机归因。教师要努力使学生相信在陈述性知识建构意义及其与记忆的关系方面下功夫的话，就能有效、充分地理解学习的知识，以促成学生自愿生成意义的习惯。

再次，使新知识和预期同时呈现。在学习新知识前，教师最好告知学生所学知识技能的应用价值，以唤起学生的关注和重视。教师也可以在课堂教学中用组织学生注意的策略来调动他们的学习动机，如新颖变化的实物、模型、挂图、幻灯片等教具，教师生动形象的比喻和讲述，合适的手势等都是容易引起注意的刺激。

最后，教师还应给学生提供成功产生动机的机会，以适当的方式给学生呈现新信息。新信息要能引起学生的注意并难度适当，既要源于学生的知识背景，又要高于学生的知识背景，这样有利于激活原有知识，积极生成意义，使学生及时获得积极的信息反馈，从而引导学生体验成功学习的自我效能感。

（二）注意策略

注意策略是指学习者在学习情境中激活与维持学习心理状态，将注意力集中于有关学习信息或重要信息上，对学习材料保持高度的觉醒或警觉状态的学习策略。从某种意义上讲又可称为选择性知觉策略。

学生对陈述性知识的学习主要是通过视觉和听觉两个渠道获取信息的，但无论采用何种渠道传输信息，要使信息便于学生接受就必须精心加以组织和设计。从视觉渠道来看，教师可以采用以下方法：（1）在教科书中采用符号标志技术。如把重要的概念用黑体字印出，把课文中要阐明的观点用小标题列出，把说明的逻辑层次用第一、第二等列出。这样，材料的概念结构和组织得到了强调，变得更为清晰，从而为读者选择适当的信息并将这些信息组成为一个彼此相关的整体提供了一个概念框架。（2）精心设计板书和直观材料的呈现方式。好的板书可以突出新授知识的组织结构，有利于弥补学生从听觉渠道获得信息的缺陷，如短时记忆容量的限制。直观材料的呈现要突现新知识的关键特征。从听觉渠道看，主要是教师口头呈现的材料。教师的讲课策略应与板书、多媒体等直观材料的呈现相结合，这样能更好地促进学生的选择性知觉。

（三）精加工策略

精加工策略是指对要学习的材料作精细的加工活动，也就是说，通过对要记忆的材料补充细节、举出例子、做出推论或使之与其他观念形成联想等，为知识的提取提供新的途径，为知识的建构提供额外信息。精加工是有效掌握陈述性知识的必要条件，大多数有意义的陈述性知识都需要进行充分的精加工处理才能获得好的理解和掌握。对简单的陈述性知识来说，精加工策略是非常有效的。记忆术就是典型利用精加工的技术。对复杂的陈述性知识来说，精加工策略包括释义、写概要、创造类比、用自己的话写出注释、解释、自问自答等具体技术。笔记技术是运用较多的一种精加工技术。它包括摘抄、评注、加标题、写概括语和结构提纲等活动。研究表明，笔记不但有助于学生控制自己的注意，而且有利于发现知识的内在联系，以帮助学生建立新旧知识之间的联系。

（四）组织者策略

组织者策略是将分散的、孤立的知识组织成一个整体并表示出它们之间的关系的方法。在学习新知识时，学生可能不会恰当利用认知结构中的某些可以用来同化新知识的原有知识，而导致意义理解的困难。这时可以利用"先行组织者"（advanced organizer）给学生补充一些过渡性的学习材料。根据奥苏贝尔的观点，先行组织者是新旧知识发生联系的桥梁，是先于学习材料呈现的一个概括与包容水平较高的引导性材料。

后来研究者还提出了两种具体的先行组织者类型，即说明性组织者和比较性组织者。前者是以概括性的语言对要学习的新知识进行介绍的组织者。它适用的情境是：学习者学习新材料时，其认知结构中缺乏适当的、包括范围较广的上位概念，设计一个说明性组织者为其同化新的下位概念提供一个认知框架。后者是指对新旧知识进行类比的组织者。它适用于学生原有认知结构中已有了同化新知识的某些概念，但原有概念不清晰或不巩固，学生难以应用，或学生对新旧知识的关系辨别不清。因此，在学习中，学生对新学习的内容产生一种既熟悉又陌生的感觉，这样就容易引起新旧知识的混淆。在这种情况下，教师便可运用比较性组织者帮助学生区分新旧知识之间的异同，从而既有利于学生准确地发现和建立新旧知识之间的联系，也有利于新知识的组织和系统化。

（五）认知结构优化策略

根据维特罗克（M. C. Wittrock，1983）的生成学习模式，新的陈述性知识是否获得意义，有赖于学生已有的认知结构能否为新知识的获得提供认知框架。奥苏贝尔也曾指出，影响学习的最重要因素就是学生已经知道了什么。可见认知结构在学生知识习得过程中的重要性。教师在教授新知识前，必须帮助学生优化认知结构，利用现代化教学手段设置有趣的教学情境，增加学生的知识储备，激发学习者利用已有的知识来获得新知识。

第四节　程序性知识的学习

一、程序性知识学习的一般过程

程序性知识的学习实质是掌握做事的规则，也就是传统意义上的技能获得。根据现代认知心理学家的分析，一般掌握这类知识的过程包括以下二个阶段。

（一）陈述性知识阶段

该阶段是掌握程序性知识的前提，是对以陈述性知识形态存在的程序性知识的学习。学习者首先要理解有关的概念、规则、事实和行动步骤等的含义，并以命题网络的形式把它们纳入个体的知识结构中。例如，英语学习中，学习"将'We go to school yesterday.'改成合适的时态"就是一种典型的程序性知识的学习。在教学过程中学生习得的程序性知识就是它的陈述性形式，其掌握过程与陈述性知识的掌握是一致的。学生通过这类陈述性知识形态的学习和理解获得该程序性知识的有关命题，但此时的程序性知识尚未在实际操作中转化为行为。

（二）转化阶段

该阶段是学生通过各种规则的变式练习，将程序性知识从规则的陈述性形式转化为可以表现到实际操作中的程序性形式。也就是说，该阶段是产生式系统的形成过程。在这一转化中问题解决是一条有效途径，并且通过大量的练习，使这一转化在准确性和速度上均有所提高，直到成为高度灵活的纯熟的技能、技巧、技艺。例如，学生通过教师的讲解或阅读教材，了解了英语动词的一般现在时态改为一般过去时态的规则，并能陈述这些规则，在经过大量的练习之后，当他们看到 yesterday、many years ago 等表示过去的词或短语时，就能立即根据规则将句中的动词改为适当的过去式。这就说明规则开始转化为支配行为的程序性知识。当然，在这一转化阶段中，并非所有的陈述性知识都能转化为程序性知识，只有那些作为程序性知识前身的陈述性知识才能转化为程序性知识。

（三）自动化阶段

该阶段是程序性知识掌握和发展的最高阶段。在此阶段，人的行为在无意识状态下完全由规则支配，技能也相对达到自动化。如熟练掌握英语的人，不用有意识地去考虑就能随口说出符合时态规则的英语句子。在教学过程中，需要学生自觉地在日常学习生活中运用所学习的程序性知识，使技能得以自动化。

二、程序性知识的掌握方式

按照安德森（J. R. Anderson，1982）的观点，程序性知识学习包括两种类型：模式识别学习和动作步骤学习。它们都存在不同的掌握机制。

（一）模式识别（**pattern recognition**）学习

模式是由若干元素集合在一起、按照一定关系组成的结构，它们构成了模式识别的先决条件。模式识别学习是指学会对特定的内部或外部刺激模式进行辨认和判断。通过模式识别，我们才能对事物加以分类和判断，回答"如何确定某物是什么或不是什么"的问题。模式识别代表的是个体对事物归类的能力。解释这类任务的行为表现的程序性知识被称为模式识别程序。模式识别程序的学习的主要任务是学会把握产生式的条件项，这通常要经过概括化和分化两种心理机制。

1. 概括化（generalization）

对不同的刺激或同类刺激做出相同或相似反应的机制叫作概括化。例如，学生根据哺乳动物的两个关键特征，即胎生和哺乳，判断猫、狗、猪、羊等动物为哺乳动物。概括化实质上是在同类刺激中抽取出共同的特征，经由概括而形成模式识别的产生式，被概括的同刺激的所有的条件项均不可缺少。概括化是产生式的变化，两个产生式条件部分中的共同部分构成一个新的产生式的条件部分，新的产生式的结果部分与以前产生式的结果相同，概括化之后的新产生式适应范围更广。它不但可以通过经验进行，还可以通过学习进行。表3-4呈现了一个概括化的例子。

表 3-4	模式识别程序概括化的例子	
（1）如果　图形为平面的 　　　　且各边等长 　　　　且边数少于 8 　　那么　该图形将被归类为正多边形		（2）如果　图形为平面的 　　　　且各边等长 　　　　且边数多于或等于 8 　　那么　该图形将被归类为正多边形
（3）如果　图形为平面的 　　　　且各边等长 　　那么　该图形将归类为正多边形		

2. 分化（discrimination）

分化与概括化相对，是指个体对不同类别的刺激做出不同的反应。按照安德森的理论，分化的结果导致增加产生式的条件，使产生式的使用范围缩小。例如教师教"鱼"的概念时，要求学生判断一些图片中的动物是否是"鱼"，学生通常只注意"鱼生活在水中，有鳞和鳍"这一条件，但当教师指向鲸鱼图片时，许多学生才意识到判断"鱼"必须加上"用鳃呼吸"这一必需条件。鲸鱼虽然也生活在水中，但其主要特征是胎生和哺乳，因而鲸鱼应归类为哺乳动物。可见，分化是在原先的概括不能适用时出现的。

（二）动作步骤（action sequence）学习

动作步骤学习是指学习者学会顺利执行某一活动的一系列操作步骤。它是在试误与重复的过程中形成的。对动作步骤的掌握主要是对产生式的行为项的学习。这实际上代表了个体对做事、运算或活动的规则或顺序的实际运用能力。动作步骤学习以模式识别为基础，主要是通过程序化和程序的合成两个机制来完成。

1. 程序化（procedurization）

程序化是指动作步骤从陈述性知识的表征转换为程序性知识的表征，不再依赖于陈述性知识而独立完成动作步骤的过程。这一过程主要通过两步来实现，第一步是要建立规则和步骤的命题表征，将通过阅读、听讲或观察他人行为所获得的行为步骤以命题的方式储存起来，以供学习者执行这些行为步骤时按照顺序加以激活，并将其作为行为的指导和提示。第二步是将行为操作步骤的陈述性知识转化为程序性知识的产生式表征，并在执行过程中逐渐脱离陈述性命题的检索、提取和监控。动作步骤的程序化的全过程可以从小学生学习运算技能中体现出来。如教师在分数加法的例题示范中，常常带领学生对照演算步骤逐一进行演算，或让学生回答"下一步该做什么"，以帮助学生将命题转化为产生式表征，学生看过几个示范后，模仿教师的演算，经过反复练习后，不再依赖教师或自己的逐步提示，顺利地依次自动执行每个操作步骤，熟练地完成分数加法。

促进程序化的基本条件是练习和反馈。在程序化的最初阶段，动作步骤的每一步都是以陈述性知识的形式来表征的，经过练习后前一个产生式的行为项成为下一个产生式的条件项，这时第一个产生式的条件项会激活一系列的动作，使人依次展开动作的各个步骤。当动作步骤从陈述性知识的表征转化成程序性知识的表征后，动作进行的速度加快。阻碍程序化实现的主要因素是工作记忆容量的限制和必备知识的缺乏。

促进程序性知识的程序化，最有效的方法是扩大产生式表征的范畴。另外应注意个体是否具备充分的实现程序化的基础知识。如有缺漏应先弥补基本知识，这是程序化的前提。

2. 程序的合成（procedure combination）

程序的合成是指在练习的过程中，把若干个产生式合成一个产生式，把简单的产生式转变成复杂的产生式。程序合成发生的基本条件是有关联的两个产生式同时进入工作记忆，前一个产生式的行为项构成了后一个产生式的条件项，这时前一个产生式的条件项就会保留，两个产生式的行为项按顺序合并起来成为一个复杂的行为项，并通过大量的练习，就形成了一个新的巩固的产生式。例如学生刚开始学习分数加法时，头脑中可能会形成这样两个产生式：

产生式 1

如果　我的目标是将分数相加，

　　　且有两个分数，

那么　求出他们的最小公分母。

产生式 2

如果　目标是要将分数相加，

　　　且现在有两个分数，

　　　且两个分数的最小公分母已知，

那么　用最小公分母除以第一个分数的分母。

经过一定时间的练习，学生就可能将这两个产生式合并成为下面这个产生式：

产生式 3

如果　我的目标是将分数相加，

　　　且有两个分数，

那么　求出它们的最小公分母，

　　　然后用最小公分母除以第一个分数的分母。

程序的合成一方面因减少了产生式的数量而缩短了激活时间，另一方面也能减少工作记忆的负担，使行为操作变得更加流畅快捷。但也会使人形成定势，特别是在程序形成后会使人固守这些程序，而不去获取新的程序，把所习惯的程序看成是最好的程序。因此，不是所有的程序都需要达到合成的程度，只有当某些程序很少改变且需要大量快速地使用它时，才有必要进行程序的合成。基于此，认真思考哪些技能需要达到熟练程度是很有必要的。对于那些只在解决特殊问题时才需要合成在一起的动作步骤，使它们保持一定的独立性，将更有利于灵活地拆分和合成，增加其运用这些技能的灵活性和变通性。

程序的合成过程同样也需要借助大量的练习和反馈才能得以实现。

三、程序性知识的教学策略

（一）课题选择与设计策略

在教学过程中，教师根据程序性知识的不同特点，为学生选择和设计学习课题来促进程序性知识的理解和获得，是教师指导作用的一个重要方面。

按加涅的学习层级说，教师在选择和设计学习课题时，首先应鉴别该学科在教学中所要达到的一系列的终极目标，然后针对每一个目标，通过询问"要学习这一任务，学生必须做什么"来鉴别各个子目标。最后将这些目标由低级到高级排列成最佳迁移结构，以保证在教材中将较低级的目标放在前面，较高的目标放在后面，以便在进行下一步学习前，每个子目标都已完全达到，具有必备的技能。

（二）示范与讲解策略

对于任何技能的学习，学生都应该首先理解有关的概念和规则，理解学习任务，明确"做什么"和"怎么做"，形成目标意向和目标期望。因此，教师在程序性知识教学过程中以示范和讲解的方式对学生加以指导是不可缺少的。

示范的有效性首先取决于示范者的身份。研究发现，当观察熟练的教师的示范操作时，学生的学习效果最好；而学生在观察不熟练的同伴的示范时，学习效果要优于观察不熟练的教师的示范的学习效果。其次，示范的准确性是影响操作技能学习的直接决定因素。在程序性知识的教学过程中，教师必须重视向学生准确、完整地演示程序操作和阶段性操作，帮助学生明确各种技能的操作步骤和程序。为了保证示范的有效性，教师可以借助录像、幻灯、影片、计算机模拟等现代化技术手段，使信息呈现得更准确、更方便、更易于接受。再次，何时给予示范也是一个影响因素。一些实验表明，在实际进行技能操作之前让学习者观察示范动作，能促进学生形成操作的定向映像。当然，除了在技能学习的最初阶段提供示范外，在技能学习的其他阶段也应根据需要来给予必要的示范，以进一步充实、矫正学习者的动作表象。此外，在示范过程中应当注重对程序性知识执行过程的分析与评价。

言语讲解在技能形成过程中同样起到重要的作用。在教学过程中通过讲解，可以突出动作要领，提高学生对动作的认识水平。教师在讲解时要注意言语的简洁、概括与形象化。不仅要讲解动作的结构和具体要求，还要讲解动作所包含的基本原理；不仅要讲解动作的物理特性，还要指导学生注意、体验执行动作时的运动知觉。在进行言语讲解时，教师也应鼓励学生应用外部出声的言语或内部言语来描述动作，以充分发挥言语对动作表象所起的支持和调节作用。

在程序性知识的掌握中，根据具体的学习阶段和动作特点，将示范与讲解有效地结合起来更有利于学习者形成正确的动作概念和准确稳定的动作表象。

（三）变式练习与比较策略

变式是促进概括化最有效的方法。变式练习是学习以产生式表征的程序性知识的必要条件，它是指在其他教学条件不变的情况下，变化概念和规则的例证。在教学中，教师精心设计的变式练习，对于避免大量的重复练习，消除题海战术，减轻学生的学业负担，提高学生对实际问题的解决能力有重要的意义。当然，教师最好采用连续呈现多个变式的方法，以便使所提供的变式同时储存于学生的工作记忆中。

对于不同类型的程序性知识，教师应该安排不同的变式练习，如概念的变式练习、规则的变式练习以及操作过程的变式练习。在进行变式练习的过程中，不但要求使产生式的条件与行动联系起来，而且要使这种联系达到自动化，使意识的作用降到最低的程度。

比较是指在呈现例证或感性材料时，与正例相匹配呈现一些学生容易混淆的典型反例，以促进分化的顺利实现，并提高其准确性。反例的选择应尽可能关注那些与正例具有较多共同的非本质特征的例子、仅有少数本质特征不同的例子，或者能直接矫正学生日常生活中已经形成的带有普遍性误解的例子。如对于学习"鱼类"而言，"鲸"这个反例就比"老虎""鸽子"等反例要好。与变式策略一样，教师在使用比较策略时，也应该连续提供多个正、反例子。

（四）练习与反馈策略

程序性知识的获得要从陈述性阶段过渡到程序性阶段，必须经过大量的练习。它是形成各种操作技能不可缺少的关键环节。

采取何种练习方式直接影响着程序性知识的学习。从练习时间安排来看，练习的方式有集中练习和分散练习。集中练习是指长时间地连续练习直到掌握为止，而分散练习是将练习的时间分为多次进行。已有研究表明，分散练习的效果要优于集中练习，特别是对于较复杂技能的学习，需要多次练习。教师在设计练习形式时应注意形式的多样并合理地安排这些形式。开始时，练习的速度要比较缓慢，一次练习时间不应过长，采取分散练习较为合适。待学生对技能的掌握已完全程序化后，再加大练习量来加深，提高学生的掌握程度，这时练习形式要逐渐多样化，逐渐加大难度，以提高程序性知识的灵活性和熟练性。从是否把动作步骤加以分解进行练习来看，有整体练习和部分练习。整体练习是通过一次一次完整的动作序列的练习，直到学会为止。部分练习则是指把完整的动作序列分解成各个部分，分别进行练习。这两种练习方式各有优劣，对它们的选择应根据程序性知识的性质、学生的年龄、能力等多方面因素来综合确定。

给学习者提供适当的反馈信息也是提高练习效果的有效方法。通过反馈学生能辨别动作的正误，知晓自己动作是否达到要求。一般来说，反馈有内部反馈和外部反馈、及时反馈与延时反馈之分。内部反馈是个体通过自身的视觉、听觉、触觉、动觉等获取反馈信息；外部反馈是教师、教练、示范者、录像和计算机等外部信息源对学习者的操作结果及其操作过程的反馈，它可以由学习者通过观察获得，也可以由指导者告知。内部反馈在技能形成中具有巨大的作用，而且随着练习的进行，学习者会越来越多地运用内部反馈来控制自己的行为。但是有效的内部反馈必须建立在正确的外部反馈的基础上。如果是连续的任务（如开车、滑冰），及时的外部反馈非常重要；如果是非连续的任务（如掷铅球），延时的外部反馈不会影响完成任务的效果。教师要根据具体情况，在学生的练习过程中或练习之后，提供不同形式的反馈信息。当然，反馈信息应侧重对行为操作过程的细节的详细解剖和分析，应该使学生明白错的原因是由于对条件项的判断失误，还是因为操作步骤重复、错漏或者运算出现了问题。

（五）条件化策略

要使所学知识在需要时能迅速、顺利、准确地提取和执行，就必须使所学的知识在头脑中建立一个"触发条件"，使之随时处于良好的备用状态。教师应注意经常提醒和帮助学生进行这种将知识"条件化"的工作，即明确程序性知识的条件项。不少研究发现，许多教师在教学中常常有一种不言自明的观念：学生只要理解了规则的意义，学会了执行动作步骤，在需要的时候他就能顺理成章地知道拿出来运用。他们恰恰忽视了即使是程序性知识也可能变成僵化的知识，只能在非常有限的背景中才能提取出来。这种观念带来的后果是一部分学生面临问题时，不能或者错误地运用程序性知识。因此，较有效的做法是教师应在学生练习使用之前，明确提醒学生所学技能的适用场合。

（六）分解性策略

在程序性知识的教学中，教师还应注意将完成某类程序操作的完整过程分解为几个阶段，总结每个阶段上的最佳运算方式和可能的运算方式，同时对学生进行训练，使之掌握这些运算方式，再将它们连贯起来。这种分解式的训练比笼统的综合式训练对学生学会建立子目标的策略有更大的促进作用，从而增强学生解决问题的能力并防止不适当的程序组合的产生。

值得指出的是，程序性知识的教学策略和陈述性知识的教学策略并不是各自独立的，而是有很多的相通之处，有些策略是可以通用的。程序性知识同样需要经常做一些组织和系统化的工作。

专栏 3-5

学生还需要机械记忆吗？

本章大部分内容显示，学生更容易掌握有意义的内容。那么学生是否还需要机械记忆呢？

第一种观点认为，机械记忆是无用的。许多教育家都说没有必要让学生进行机械学习，即使那些可以通过机械学习获得的典型知识也可以学得更有意义。有研究者认为机械记忆的知识是惰性的，永远不能被充分利用。意义性学习方法支持者也声称，学生更喜欢这种方法。它能避免学生厌烦学习和其他一些潜在问题。

第二种观点认为，机械记忆是有效的。有些教育家相信，尽管机械学习现在不流行，但也是一种有价值的学习技巧。他们相信通过重复获得的某些信息也是十分有效的，如母语和外语中的词汇记忆。努力记忆的知识更不容易忘掉。机械式学习的支持者也声称，以记住的信息为基础，有助于学生更好地发展高级思维和问题解决能力。

第三种观点认为，教师应发挥机械学习（如重复、练习）和意义学习的长处，把这两种方法结合。高年级老师还可以直接告诉学生两种方式的利弊，让他们自己选择适合特定材料的方法。学生会发现对自己学习和记忆过程的意识（元认知）的提高有助于自己的学习。

[资料来源] [美] R. J. 斯腾伯格. 教育心理学 [M]. 张厚粲，译. 北京：中国轻工业出版社，2003：246-247.

【主要结论与应用】

1. 知识是主体通过与环境相互作用而获得的信息及其组织。现代认知心理学一般依据知识的不同表征方式和作用，将知识划分为陈述性知识、程序性知识和策略性知识。陈述性知识主要是以命题和命题网络的形式进行表征。程序性知识主要以产生式和产生式系统进行表征。对知识的学习只有实现概念化、条件化、结构化、自动化和策略化之后才能真正促进问题的解决。感觉记忆、短时记忆和长时记忆共同组成了人类信息储存系统。元认知是个体认识和调节自身认知过程的能力。

2. 传统的知识学习观点把学习分为概念学习、原理学习和问题解决。概念主要包括概念名称、概念定义、概念属性、概念例证。学生获得概念时主要有具体、识别、分类和规范四种水平。原理是对概念之间关系的言语说明，可以通过发现式学习和接受式学习获得。问题解决中人们常用的启发式解题策略主要有产生—检验策略、手段—目的分析、类推和头脑风暴。问题解决的四个子过程（表征问题、拟订计划、克服障碍和执行计划）都需要元认知的参与。人们发现专家和新手在知识与策略方面都存在巨大差异，问题解决教学必须注意到这些差异。

3. 国内学者提出的陈述性知识的学与教的模型，把陈述性知识的掌握过程分成六个阶段：注意与预期、激活原有知识、选择性知觉、新旧知识的相互作用、认知结构的改组或重建、根据需要提取信息。陈述性知识的掌握方式主要有表征学习、概念学习和命题学习三种方式。根据陈述性知识的掌握过程及方式，教师在教学阶段中可以采用动机激发策略、注意策略、精加工策略、组织者策略、认知结构优化策略等来促进学生对陈述性知识的学习。

4. 程序性知识的实质是掌握做事的规则。现代认知心理学家认为程序性知识的掌握过程包括陈述性知识阶段、转化阶段和自动化阶段三个阶段。按照安德森的观点，程序性知识的掌握方式主要分为模式识别和动作步骤学习两类。程序性知识的教学策略主要有课题选择与设计策略、示范与讲解策略、变式练习与比较策略、练习与反馈策略、条件化策略和分解性策略等。

【学习评价】

1. 什么是知识？知识可以分为哪几类？

2. 举例说明什么是陈述性知识、程序性知识和策略性知识？

3. 什么是知识的表征？举例说明陈述性知识和程序性知识各自的表征方式。

4. 什么是知识学习？试说明知识学习的标准。

5. 画出加涅有关知识学习的信息加工模型。

6. 什么是感觉记忆、短时记忆、长时记忆、元认知以及各自的特征？

7. 什么是概念学习及它的结构？它是如何获得的？

8. 什么是原理学习？可分为哪几类？影响它的因素有哪些？

9. 什么是问题？问题解决的基本阶段有哪些？举例说明问题解决的常用策略。

10. 专家、新手在问题解决上有怎样的具体差异？

11. 简述陈述性知识掌握的几个阶段。

12. 举例说明陈述性知识的三种掌握方式。

13. 论述陈述性知识的教学策略。

14. 简述程序性知识的一般掌握过程。

15. 简述程序性知识的两种掌握方式。

16. 论述程序性知识的几种教学策略。

【学术动态】

● 关于知识的信息加工过程，学界新近提出了神经网络联结主义模型，该模型侧重于关注知识学习中认知加工和记忆过程的大脑功能和神经连接。

● 陈述性知识和程序性知识的掌握有助于个体以有意义的方式使用客体。当前研究聚焦于客体的功能、目标和手段在客体使用中的关系等方面。

● 新兴起的教育神经科学非常强调与记忆、注意、知觉和奖励相关的多个脑区系统的相互作用在灵活的问题解决和概念学习机制中的作用。

● 自我调节学习研究将元认知、认知加工、动机情感等独立开展的学习研究领域整合起来，构成了未来学习研究的主流方向之一。

● 2016 年教育部正式发布《中国学生发展核心素养》，在"学会学习"和"实践创新"两大核心素养中深刻突显了知识灵活运用的关键作用。

【参考文献】

1. 陈琦，刘儒德. 当代教育心理学 ［M］. 北京：北京师范大学出版社，1997.

2. 丁家永. 现代教育心理学 ［M］. 广州：广东高等教育出版社，2004.

3. 路海东. 学校教育心理学 ［M］. 长春：东北师范大学出版社，2000.

4. 莫雷. 教育心理学 ［M］. 广州：广东高等教育出版社，2002.

5. 皮连生. 智育心理学 ［M］. 北京：人民教育出版社，1996.

6. 皮连生. 学与教的心理学（修订本）［M］. 2 版. 上海：华东师范大学出版社，1997.

7. 皮连生. 教育心理学 ［M］. 上海：上海教育出版社，2004.

8. 吴庆麟. 教育心理学 ［M］. 北京：人民教育出版社，2001.

9. 吴庆麟，胡谊. 教育心理学：献给教师的书 ［M］. 上海：华东师范大学出版社，2003.

10. 邵瑞珍. 教育心理学（修订本）［M］. 上海：上海教育出版社，1997.

11. 张承芬. 教育心理学 ［M］. 济南：山东教育出版社，2000.

12. 张大均. 教育心理学 ［M］. 2 版. 北京：人民教育出版社，2004.

13. 张庆林，杨东. 高效率教学 ［M］. 北京：人民教育出版社，2002.

14. 冯忠良，等. 教育心理学 ［M］. 北京：人民教育出版社，2000.

15. ［美］M. E. Gredler. 学习与教学——从理论到实践（第五版）［M］. 影印版. 北京：中国轻工业出版社，2004.

16. ［美］罗伯特·E. 斯莱文. 教育心理学：理论与实践（第 7 版）［M］. 姚梅林，等译. 北京：人民邮电出版社，2004.

17. ［美］R. J. 斯腾伯格. 教育心理学 ［M］. 张厚粲，译. 北京：中国轻工业出版社，2003.

18. ［美］S. 罗伯逊. 问题解决心理学 ［M］. 张奇，等译. 北京：中国轻工业出版社，2004.

19. Anderson, J. R. *Acquisition of cognitive skill* ［J］. Psychological Review. 1982（89）：369-406.

20. Bruning, R. H., Schraw, G. I. & Ronning, R. R. *Cognitive psychology and instruction*

[M]. New Jersey: Merrill/ Prentice Hall, 1995.

21. Declos, V. R. & Harrington, C. *Effects of strategy monitoring and proactive instruction on children's problem-solving performance* [J]. Journal of Educational Psychology. 1991 (83): 35-42.

22. Flavell, J. H. *Metacognition and cognitive monitoring: A new area of cognitive development inquiry* [J]. American Psychologist. 1979 (34): 906-911.

23. Gick, M. L. & Holyoak, K. J. *Schema induction and analogical transfer* [J]. Cognitive Psychology. 1983 (15): 1-38.

24. Halpern, D. F., Hansen, C. & Riefer, D. *Analogies as an aid to understanding and memory* [J]. Journal of Educational Psychology. 1990 (82): 298-305.

25. Howard, R. W. *Concepts and schemata: An introduction* [M]. Abingdon: Taylor and Francis, 1987.

26. Klausmeier, H. J. *Concept learning and concept teaching* [J]. Educational Psychologist. 1992 (27): 267-286.

27. Lesgold, A., et al. *Expertise in a complex skill: Diagnosing X-ray pictures.* In M. Chi, R. Glaser & M. Farr, *The nature of expertise.* Mahwah: Erlbaum, 1988: 311-342.

28. Mayer, R. E. Thinking, *problem solving, cognition* [M]. 2nd ed. New York: Freeman, 1992.

29. Mergandoller, J., et al. *The demands and accountability in middle-grade science classes* [J]. The Elementary School Journal. 1987 (3): 251-265.

30. Newell, A. & Simon, H. A. *Human problem solving* [M]. New Jersey: Merrill/Prentice-Hall, 1972.

31. Pressley, M. & McCormick, C. B. *Advanced educational psychology for educators, researchers and policy maker* [M]. New York: Harper Collins, 1995.

32. Solso, R. L. *Cognitive psychology* [M]. Boston: Allyn & Bacon, 2001.

33. Squire, L. R., Knowlton, B & Musen, G. *The structure and organization of memory* [J]. Annual Review of Psychology. 1993 (44): 453-495.

34. Vye, N. J., et al. *Complex mathematical problem solving by individuals and dyads* [J]. Cognition and Instruction. 1997, 15 (4): 435-484.

35. Wineburg, S. *Historical problem solving: A study of the cognitive processes used in the evaluation of documentary and pictorial evidence* [J]. Journal of Educational Psychology. 1991, 81 (1): 73-87.

第 四 章

学习策略的学习

【内容摘要】

本章主要探讨学习策略及其学习问题。根据教育心理学有关学习策略研究的新成果，对学习策略的概念及其主要特征、学习策略的分类、学习策略的发展差异、掌握学习策略的意义等进行了分析；探讨了学习的主要认知策略和监控策略的含义及其应用，最后对学习策略的获得与教学做了重点阐述，对学习策略的教学原则、影响因素、教学模式以及教学技术等做了比较详细的分析。通过本章的学习，能够帮助读者对教育心理学体系中的学习策略及其学习有一个较全面的认知和了解。

【学习目标】

1. 说出学习策略、认知策略及监控策略的定义及特点。
2. 叙述学习策略的不同分类及发展的差异。
3. 区分学习策略与认知策略。
4. 举例说明精加工策略、组织策略和复述策略的应用。
5. 举例说明计划策略、监视策略的应用。
6. 叙述学习策略教学的主要模式和教学技术。

【关键词】

学习策略　认知策略　监控策略　元认知　策略教学

有效教学的实施不仅要求教师教给学生知识，更重要的是要在教学的过程中教学生学会学习，即学会运用一系列的学习策略，解决实际问题。因此，学习策略的获得与知识的获得和技能的形成一样也是教学的重要目标。

第一节　学习策略概述

一、学习策略的概念及其特征

（一）学习策略的概念

关于学习策略的概念，目前学术界尚未统一界定。人们从不同的研究角度对学习策略进行了界定，归纳起来大致可分为三类。

第一类，把学习策略看作是学习过程中信息加工的程序、方法或者规则，即学习策略就是学习方法。里格尼（Rigney，1978）[1] 认为，学习策略是学生用于获取、保存与提取知识和作业的各种操作的程序；都费（Duffy，1982）[2] 认为，"学习策略是内隐的学习规则系统"；梅耶（Mayer，1988）[3]认为，"学习策略是学习者有目的地影响自我信息加工的活动"，"是在学习活动中用以提高学习效率的任何活动"，这些活动包括记忆术、划线、做笔记、概述等方法的使用。琼斯（Jones，1985）等[4]认为学习策略是被用于编码、分析和提取信息的智力活动或思维步骤。

第二类，把学习策略看作是对学习过程中的信息加工进行调节和控制的技能。加涅（Gagné，1985）[5]认为，学习策略是学习者从内部进行组织起来的用来调节自己注意、记忆、思维等过程的一般技能，学习策略脱离了具体的学习材料和学习内容，其功能在于学习者反省自己的认知活动。即在学习活动中有两个相互联系的过程：信息加工过程和控制信息加工的过程，其中对信息加工的控制和调节才是学习策略。如让小学生做 $8+5-2×6=$ ？这道题，假如学生第一步做 $8+5=13$，第二步则用 $13-2=11$，最后用 11 乘以 6 得出错误的结论 66。此间的信息是通过加、减、乘的运算规则以及数字和等号表达的，直接对此信息进行编码、转换等过程就是信息加工。与此同时，学生发现自己加工信息的过程出了偏差，并发现症结在于对先乘除后加减的法则不清楚，于是予以更正。这种对信息加工的调节与控制才是学习策略。

第三类，把学习策略看作是学习过程中信息加工的方法与调控技能的结合。如斯腾伯格（Sternberg，1983）[6] 指出，学习中的策略（他称为"智力技能"）是由执行的技能（executive skills）和非执行的技能（non-executive skills）整合而成，其中前者指学习的调控技能，后者指一般的学法技能。他认为，要达到高质量的学习活动，

---

① ③ ④ ⑤　史耀芳. 二十世纪国内外学习策略研究概述 ［J］. 心理科学，2001，24（5）：586-590.

② 　Duffy G. Fighting off the alligators：*What research in real classroom has to say about reading instruction* ［J］. Journal of Reading Behavior，1982，14（4）：357-373.

⑥ 　Sternberg R. J. *Criteria for intellectual skills training* ［J］. Educational Research，1983（12）:6-12.

这两种技能都是必不可少的。丹瑟洛（Dansereau，1985）① 认为学习策略包括两个相互联系的策略：基本策略和辅助策略。基本策略是一种操纵策略，用来帮助学习者发现合适的信息加工的方式和方法，以便直接操纵信息。辅助策略则是一种调控策略，用来帮助学习者维持一种合适的内部心理定向，以保证基本策略实施的有效性。他强调在高质量的学习活动中，两者缺一不可。

综合前人的研究，我们认为，学习策略应该是学习过程中信息加工的方式、方法和调控技能的综合。前者是指在认知加工过程中，学习者编码、分析、保持、提取信息的一系列方式或方法，后者则是学习者在学习过程中使用的控制和调节信息加工行为的方式或方法。因此学习策略是指在学习过程中，学习者为了达到有效学习的目的而采用的规则、方法、技巧及其调控方法的总和，它能够根据学习情境的各种变量、变量间的关系及其变化，对学习活动和学习方法的选择与使用进行调控。其中，学习过程中用来进行信息加工的学习策略被称为学习的认知策略；用来调节控制学习过程，保障信息加工过程有效进行的学习策略则被称为学习的监控策略。

（二）学习策略的特点

1. 操作性和监控性的有机统一。操作性和监控性是学习策略最基本的特性。学习策略实际上是由规则系统构成的程序性知识，学生可以通过对学习过程的不断调控，使学习策略得以建构和内化。规则系统一旦自动化之后，就能够自动为学习者提供相应的方法与技能，从而供学习者在学习过程中加以选择和调控。学习策略的操作性体现在学生认知过程的各阶段，它能够为有效认知提供各种方法和技能。监控性则体现在内隐的认知操作之中，从先前的学习经验得来的学习策略在不同的学习情境下的适用性并不相同，因此学习者需要在整个学习过程中对它进行有效的监控和及时的调整。

2. 外显性和内隐性的有机统一。首先从学习者的学习活动和认知过程的可观察性来看，在学生实际的学习中，我们可以直接观察到学习者在使用哪种或哪些外部的学习操作，并对此做出适当的监控，由此可见它的外显性特点。同时，对学习策略来说，它对学习的调控是在头脑中借助内部语言进行的内部意向活动，它支配和调节着外部操作，因而它又具有内隐性的特点。其次从学习过程的意识性来看，学习者在学习过程中对学习策略的运用和对整个学习过程的监控在某些时候是能够意识得到的，但在某些情况下，却不能够直接意识得到，只有当学习活动出现明显的无效或者错误时才能够意识到，然后对学习过程进行调控。因此从意识性上，学习策略也就有外显性和内隐性的特点。

3. 主动性和迁移性的有机统一。学习策略的主动性是指学习策略可以根据学习材料和学习情境的特点以及学习的变化，进行自我调整。在某种程度上，学习策略是学习者对学习活动的能动把握，是对自我学习活动的一种调整和监控。其调控的方式可以有两种：一是利用学习策略直接干预认知方式，达到学习目标；二是对学习过程

① Dansereau D. F. *Learning strategy research*. //Segal J. W.，Chipman S. F. & Glaser eds. *Thinking and learning skills*：*Relating instruction to research* ［M］. Mahwah：Erlbaum，1985：210，272，218–224.

进行监控和调节，达到提高学习效率的目的。学习策略的迁移性则是指学习策略作为一套规则系统，它是学习者从具体的学习活动和过程中抽象出来的，能够适用于不同的学习情境和环境，即从某种学习情境中获得的学习策略，能够有效地迁移到类似的或不同的学习情境中去。

二、学习策略的分类

尽管研究者们自20世纪50年代就开始关注学习策略的研究，但由于研究者对学习策略本质的看法存在差异，因此有关学习策略的结构和层次也就存在着很大的争议。可以说，有多少种学习策略的定义，就有多少种关于学习策略的分类的观点。目前主要有以下观点。

（一）麦基奇的分类

麦基奇等人（Mckeachie et al.，1990）[1] 对学习策略的成分进行了总结。他们认为，学习策略包括认知策略、元认知策略和资源管理策略三部分（图4-1）。认知策略是信息加工的策略，元认知策略是对信息加工过程进行调控的策略，资源管理策略（Resource Management Strategies）则是辅助学生管理可用的环境和资源的策略，对学生的动机具有重要的作用。成功的学生使用这些策略帮助自己适应、调节环境，从而使之适合自己的需要。

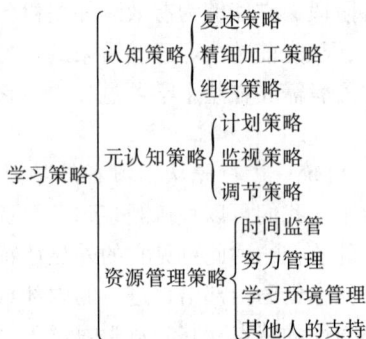

图4-1 麦基奇等人的分类

（二）丹瑟洛的分类

丹瑟洛（Dansereau，1985）[2] 等人认为，学习活动是一个由多种内容紧密关联的活动构成的复杂的活动系统。在学习过程中，认知活动无疑扮演着最为关键的角色，但与此同时，还需要适宜的认知气氛来支持认知活动的进行，使之更为有效。基于这种假设和认识，丹瑟洛及其同事提出了MURDER学习策略。其中，M代表情绪的调

---

① Mckeachie. *Teaching and learning in college classroom：A review of the research literature* ［M］. Ann Arbor：University of Michigan，1990.

② Dansereau D. F. *Learning Strategy Research.* In：Segal J. W.，Chipman S. F. & Glaser eds. *Thinking and learning skills：Relating instruction to research* ［M］. Mahwah：Erlbaum，1985：210，272，218-224.

整（Mood-setting）和维持（Maintenance），U 代表理解（Understand），R 代表回忆（Recall），D 代表消化（Digest）和细述（Detail），E 代表扩展（Expand），最后一个 R 代表复习和检查（Review）。这些策略又可分为两类，其一为主策略系统（Primary strategies），其二为辅策略系统（Support strategies）（图 4-2）。主策略系统直接用于学生的认知活动，是学生学习过程中赖以应用的主导性策略。辅策略系统则是帮助学生在学习过程中形成适宜的认知气氛，维持一种合适的内部心理定向，使已有的学习活动得以顺利进行以保证主策略有效地起作用。

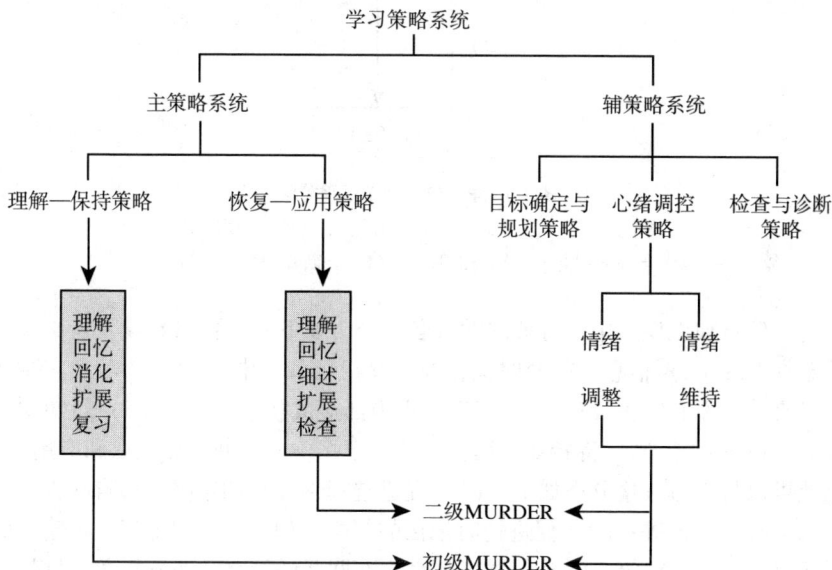

图 4-2　丹瑟洛的学习策略分类

（三）沃克斯福德的分类

沃克斯福德（Oxford，1989）[①] 认为学习策略包含下列五个层面：

1. 元认知策略（metacognitive）：用来帮助学生计划、管理以及评估学习过程的策略。

2. 情感策略（affective）：用来提高学习兴趣和态度的策略。例如多给正面鼓励和反馈。

3. 社会策略（social）：用来促进学生之间的合作的策略。一来可提高学习兴趣，二来可通过合作学习增进理解能力。

4. 记忆与认知策略（memory & cognitive）：用来增强记忆与思考能力的策略。

5. 补偿性策略（compensatory）：用来与学习者沟通，帮助学生克服知识上的不足的策略。

---

① Oxford，R. and Crookall，D. *Research on language learning strategies*：*Methods*，*findings*，*and instructional issues* ［J］. Modern Language Journal. 1989（73）：404-419.

（四）皮连生的分类

皮连生[1]认为学习策略可依据学习的信息加工模型进行分类，学习的信息加工过程可以用如图 4-3 所示的简单模型表示：

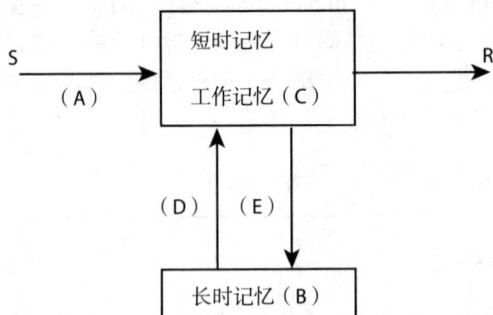

图 4-3　学习信息加工过程简图

图中：（A）＝注意，（B）＝原有知识，（C）＝新知识，
（D）＝新知识与原有知识的联系，（E）＝新知识存入长时记忆

在这个信息加工模型中，有效的学习必须经历如下阶段：（1）学习者必须注意外界的信息（A）；（2）信息必须暂时保存在短时记忆系统中；（3）学习者应主动激活与新信息有关的原有知识（B）；（4）新知识内部形成联系（C）；（5）新知识与原有知识建立联系（D）；（6）将新知识储存于长时记忆中，以便日后提取和应用（E）。

据此可以将学习策略分类如下：（1）促进选择性注意的策略，如自我提问、做读书笔记、记听课笔记等；（2）促进短时记忆的策略，如复述、记笔记、将输入的信息形成组块（Chunking）等；（3）促进新信息内在联系的策略：如分析学习材料的内在逻辑结构和组织结构，多问几个为什么等；（4）促进新旧知识联系的策略，如列表比较新旧知识的异同，把新知识应用于解释新的例子等；（5）促进新知识长期保存的策略，如记忆术、双重编码、提高加工水平等。

（五）张大均的分类

张大均根据学校学习的不同环节（时段）将学习策略分为学习准备的策略、课堂学习的策略和课后巩固的策略三类。学习准备的策略具体包括制定学习计划的策略、学习心理准备的策略、课前预习的策略；课堂学习的策略具体包括陈述性知识学习的策略、程序性知识学习的策略和听课的策略；课后巩固的策略具体包括课后复习的策略和运用与反思的策略。每一种具体策略又包括一些下位的策略，如"听课的策略"又包括选择性注意策略、自我调控策略和学习资源管理策略等。[2]

根据上面有关学习策略的分类大体可以看出四种趋向：（1）偏重于学习活动中有关信息加工的分类，如皮连生的分类；（2）偏重于调控方法的分类，如加涅的分类；（3）偏重于按学习不同时段的学习要求的分类，如张大均的分类；（4）综合性的分

① 皮连生. 智育心理学 ［M］. 北京：人民教育出版社，1996：167.

② 张大均. 教与学的策略 ［M］. 北京：人民教育出版社，2003：4-36.

类，即将学习策略主要分为与信息加工有关的学习认知策略和监控、保证学习的有效性的调控策略。

三、学习策略的发展差异研究

学习策略作为学习者在学习过程中所运用的手段、方法和调控技能，在不同的学习者和不同年龄阶段的儿童身上有不同的发展水平和特点，呈现出较为明显的发展上的差异。这种差异主要体现在学习策略发展的年龄差异和不同学习者身上表现出来的水平差异两个方面。

（一）学习策略发展的年龄差异

研究发现，在年幼儿童身上存在明显的策略生成和策略运用缺陷。米勒（Miller，1994）[①] 认为，策略运用缺陷现象是普遍存在的，是儿童策略发展过程中的必要一环。策略的发展可以分为四个阶段：第一阶段为不能使用策略阶段，即儿童根本不会使用策略。它包括两种情形：一是自发使用策略，二是在他人要求或暗示下使用某一策略。第二阶段为部分使用或使用策略的某一变式，即有些场合儿童会使用策略，有些场合儿童又不会。第三阶段为完全使用但不受益阶段，这一阶段儿童能够在各种场合使用某一策略，但策略的使用并没有提高成绩，这一阶段的典型特点是出现策略运用缺陷现象。第四阶段为使用且受益阶段，该阶段儿童能够使用策略，并且这一策略的使用还会导致成绩和策略有效性的提高。

席格勒（R. S. Siegler，1986，1987）[②] 的研究发现，在获得策略的早期阶段，儿童多使用单一的策略；当儿童的作业从非技能性向技能性过渡时，策略运用的多重性就表现得特别明显了。例如，儿童初学一位数加法时，均以数手指的策略解决问题；当对问题完全熟悉时，会采用"记忆恢复"的策略，直接从长时记忆中提取答案；在其间的过渡阶段，儿童可能采用数手指、记忆恢复、从较大加数起数数、将问题分解为小问题等多种策略。

我国学者在对认知策略和元记忆发展的探讨中同样发现了明显的年龄特征。左梦兰（1994）[③] 等对5—13岁儿童的记忆策略、元记忆和解决问题策略进行了一系列的研究，发现儿童的记忆策略、元记忆和解决问题策略水平随着年龄的增长而不断提高。其中小学和中学是两个转折点。元记忆各部分的发展速度不均衡，元记忆知识中对记忆目的的认识发展先于对记忆材料性质的认识；记忆监控能力中对记忆效果的评价能力的发展先于对记忆策略的自我认识。何进军（1994）[④] 等对10—14岁儿童认知策略的结构及发展的研究，也发现儿童的认知策略具有随年龄增长而发展的趋势，其中从小学升入初中是认知策略发展较为迅速的时期。这说明教育对学习策略的发展具有促进作用。庞虹（1991）对儿童记忆组织策略和记忆监控的一系列研究，发现儿童记忆组织策略的发展经历了从产生性缺损到成熟运用的过程，一年级儿童不能自发地运用组织策略，五年级儿童已能自发地使用策略。导致一年级儿童产生性缺损的原

①③　田学红，方格. 儿童记忆策略研究的近期动向［J］. 心理学动态，1998（2）：3-5.

②　李雅林. 席格勒策略选择认知发展理论［J］. 心理学动态，1996（3）：19-23，29.

④　何进军. 西方心理学关于学习策略研究的进展［J］. 教育研究与实验，1994（1）：19-23.

因主要是对记忆任务和记忆策略缺乏元认知的了解，这表明儿童策略的发展和元认知的发展是密不可分的。

（二）学习策略发展的水平差异

不同能力水平的学生在拥有和使用学习策略上也存在巨大差异。表现在：（1）学习困难的儿童缺乏策略，他们不能抑制不必要的信息输入，不能有效地选择线索，不能适当地利用编码策略，也不能自发地产生解决问题的策略和评价使用策略的效果。（2）低水平的学习者由于缺少丰富的相关经验，难以获得及使用高级的、复杂的策略，中或高水平的学习者则容易获得并从高水平的策略受益。

研究发现，不同水平的学习者不仅在学习策略使用的数量与频率上有差异，而且在质量上也有差异。研究者对数学成绩优、中、差学生解决数学问题的策略和元认知监控策略进行探讨时发现，优、中、差学生的差异主要表现在元认知监控方面，成绩好的学生更善于评价和选择，即对自己的理解过程更善于进行监控，更能选择有效的策略。比较研究的结果表明元认知能力是学生有效运用学习策略的基础。鲁（Lu, 1997）[1]在比较不同水平外语学习者的英语阅读策略时发现，不同水平的学生使用的阅读策略在数量和质量上均有差异。他们在使用策略上的根本差异在于使用策略的适当程度不同，即善学者懂得何时何地完成何种任务，使用何种策略最合适。

四、掌握学习策略的意义

尽管学术界对学习策略是不是学习的内容、学习策略是不是可以自觉习得尚有不同的看法，但学习策略对学习的重要性已不证自明，这也从一个侧面反映了掌握学习策略的重要性。

（一）学习策略的掌握是学会学习的必然要求

联合国教科文组织教育发展委员会的埃德加·富尔在《学会生存》一书中说："未来的文盲不再是不识字的人，而是没有学会怎样学习的人。"学会学习是现代社会对每个社会成员的必然要求，随着社会变革的加剧，个体面临的社会环境也日趋复杂，终身学习的压力越来越大，学会学习成为社会对学习者的必然要求，相应的，我们的教学也应该将策略的教学作为重要的目标，以达到"教是为了不教"的目的。

（二）学习策略的掌握是开展主体性学习的要求

在教学活动中，学生的主体性主要表现在发展的主体性和学习的主体性两个方面。从发展的角度来讲，学生是教学目的的体现者，要使教学目标得以实现，学生必须要知识到位和学会学习。从学习的过程来讲，学生是学习活动的主人，他们的学习积极性是保证学习目标实现的基础。只有学生能够主动地学习，主动地对学习内容进行认识，主动地接受教师的指导和帮助，才能实现自己的发展。由此我们可以看出，在学生的主体性中，无论是发展的主体性，还是学习过程的主体性，都涉及学生对学习策略的掌握。

---

[1] Cohen, A. D. *Strategies in learning and using a second language* [M]. Harlow: Longman, 1998: 14–23.

（三）学习策略的掌握能够有效提高学习的质量

在众多影响学习质量的因素中，学习策略是其中最重要的因素之一。学习活动和认知活动都涉及相应的效率问题，而学习策略能够使得学习的效率提高，从而提高学习者的学习效果。尽管从掌握学习的理论上说，每个学习者都能够对学习材料达到掌握的程度，但这种掌握的效率却受到学生学习策略的影响。因此掌握学习策略，能够提高学习效率，使学生从沉重的课业负担中解放出来。

第二节　学习的认知策略

一、认知策略及其与学习策略的区别

认知策略这个术语最初由布鲁纳（Bruner，1956）在其著名的人工概念的研究中提出，随后心理学家纽厄尔（Newell，1958）等利用计算机有效地模仿了人类的问题解决策略，从而形成"学习策略"（Learning Strategy）概念，引起心理学家，尤其是教育心理学家的极大兴趣。但同时也造成了人们对认知策略与学习策略两个概念的困惑。

首先来看什么是认知策略。里格尼（Rigney，1978）[1] 认为，"认知策略就是学生用于获得、保存和提取知识和作业的各种操作的程序"；柯比（Kirby，1984）[2] 提出，"认知策略是指与认知运算的控制过程有关的过程"。

美国心理学家加涅（Gagné，1985）对认知策略进行了系统研究，他认为，认知主要是指人脑对信息的加工过程，如对信息的编码、转换、储存。而认知策略则是学习者用来调节自己内部注意、记忆、思维等过程的技能，其功能在于使学习者不断反省自己的认知活动，"调节与控制概念和规则的使用"。加涅通过信息加工的流程理论，将认知策略分成了注意、检索、编码和思维等几种。

加涅认为，认知是人脑对信息进行加工的过程，而认知策略则是如何对信息进行认知加工。比如，记忆一篇诗歌，可以机械记忆，也可以理解后再记忆；可以采用过度学习的方法，即在记住的基础上多学习几遍，把它记熟，也可以把这些时间分成几个时间段来进行记忆。又比如要练习英语听力，可以采取泛听的方法（即听大量不同的英语材料），也可采用精听的形式（即在听某个材料的时候能够做到把它记下来或者默写下来）等。从信息加工的角度出发，人们的学习过程，实质上是信息的解码、编码、识记、保持、提取等一系列过程。而认知策略也就是学习过程中对信息进行加工的方式方法。这种加工的方法，既可以从信息加工的流程（如信息的选择、信息的获得、信息的构建、信息的综合等）来进行分类，将认知策略分为复述策略、精心制作策略和组织策略三类；还可以从学习的具体任务出发，将认知策略分为阅读策略、写作策略、做笔记策略、解题策略、考试策略、复习策略等等。

---

① 史耀芳. 二十世纪国内外学习策略研究概述 ［J］. 心理科学，2001，24（5）：586-590.

② Nisbet J. & Shuckmith J. *Learning strategies* ［M］. Abingdon：Routledge & Kegan Paul PLC，1986：24-34.

认知策略与学习策略虽然密切相关但不等同，学习策略包含范围更广。学习策略针对学习活动的整个过程，尽管学习活动离不开对客观事物的认识，但认知只是学习活动的一个部分或方面，学习的过程除了信息加工外，还有许多与信息加工有关的学习者自身生理的、情绪的、社会性的影响因素，学习策略也包括对这些因素进行处理和控制的方法。因此，把认知策略等同于学习策略无疑缩小了学习策略的外延。然而，从另一方面来看，学习活动中的主要活动是对信息进行加工和处理，因此在学习活动中的认知策略实质上是学习策略的主要构成部分。

二、学习中主要的认知策略

认知策略是学习者在信息加工时所采用的方法，我们可以从诸如信息加工、学习中的主要活动和任务、不同学科的学习等角度来建构不同的认知策略。下面我们将从信息加工的过程来探讨学习活动中主要的认知策略。

学习活动中的信息加工过程主要包括对信息进行编码、存储和提取等几个步骤，相应的认知策略则有深入理解、精加工、合理组织和建构、高效练习和保持记忆等。下面逐一阐述主要的认知策略。

（一）精加工策略

前面讲过，精加工策略是指把新信息与头脑中的旧信息联系起来，寻求字面意义背后的深层次意义，或者增加新信息的意义，从而帮助学习者将新信息储存到长时记忆中去的学习策略。因此，人们常描述说它是一种理解记忆的策略，其要旨在于建立信息间的联系。联系越多，能回忆出信息原貌的途径就越多，即提取的线索就越多。精加工越深入越细致，回忆就越容易。

根据学习材料自身意义性的强弱，可以将精加工策略分为两大类：对意义性不强的信息进行精加工的策略称之为人为联想策略，而对意义性较强的信息进行的精加工策略则称作内在联系策略。

1. 人为联想策略

人为联想策略通常也被称为记忆术。它通过把那些枯燥无味但又必须记住的信息"牵强附会"地赋予意义，使记忆过程变得生动有趣，从而提高学习记忆的效果。人为联想策略对于那些必须记住的学科基础知识材料，如外语单词、物理化学符号、植物的名称和效用等信息非常有用。常用的人为联想策略主要有：

（1）形象联想法。这种方法是通过人为联想，使无意义的难记的材料和头脑中的鲜明奇特的形象（视觉表象）相结合，从而提高记忆效果。例如，要记住"飞机、大树、信封、耳环"四个不相干的没有内在意义联系的词汇时，可以进行这样的联想：①天空飞着一架银色的飞机；②飞机突然撞到一棵顶天立地的大树上；③这棵大树很奇特，它的叶子形状像一个信封；④信封似的叶子上挂着一个个闪闪发光的耳环。想象的形象越鲜明越具体越好，形象越夸张越奇特越好，形象之间的逻辑联系越紧密越好。

（2）谐音联想法。这种方法是通过谐音线索，运用视觉表象，假借意义进行人为联想。例如，在英语单词学习中：Tiger 可联想为泰山上的一只虎；Battle 即"班头"

带我们去战斗。印度洋的面积约为 7 496 万平方千米，可以记成"旗子旧了"。化学学习中，金属元素的活动顺序是：钾、钙、钠、镁、铝、锌、铁、锡、铅、铜、汞、银、铂、金，有人把它们编成"加个那美丽新的锡铅，统共一百斤"。还有的人将圆周率 3.1415926535 编成顺口溜"山巅一寺一壶酒（3.14159），尔乐苦煞吾（26535）"等。

运用这一方法时应注意，关键的谐音词只起"检索"的作用，它不能代替对知识本身的精确感知，应该在谐音和需要学习的材料之间进行有效的转换。例如，记外语单词时，不能把谐音当作准确的读音，它只是帮助我们在准确发音及其所表达的中文意义之间建立的一种人为的联系。

（3）首字连词法。这种方法是利用每个词语的第一个字形成缩写，或者用一系列词描述某个过程的每个步骤，然后将这一系列词提取首字作为记忆的支撑点。在这种策略的应用中要注意，当需要记忆的是操作程序时，要按顺序记住材料，一般情况下可根据记忆的内容和方便来决定首字如何组合以形成记忆和提取的线索。

如记忆北美五大湖时，可以想象湖面上漂浮着几幢房屋（HOMES），即 Huron（休伦湖）、Ontario（安大略湖）、Michigan（密歇根湖）、Erie（伊利湖）、Superio（苏必利尔湖）。

还有《辛丑条约》的内容可用"钱禁兵馆"（谐音"前进宾馆"）帮助记忆：①要清政府赔款（钱）；②要清政府保证禁止人民反抗（禁）；③容许外国在中国驻兵（兵）；④划分租界，建领事馆（馆）。

隋朝大运河的有关情况可用序列来帮助记忆：①一条运河；②通南北两方；③运河流经三个重要城市：涿郡、洛阳、余杭；④运河分四段：永济渠、通济渠、邗沟、江南河；⑤连接五大江河：海河、淮河、长江、黄河、钱塘江；⑥流经六省：河北、山东、河南、安徽、江苏、浙江。

除了上面讲的这些人为联想策略外，还可利用歌谣、口诀等手段进行人为联想。

2. 内在联系策略

对于意义性较强的学习材料则可以通过新知识与旧知识之间的连接，用头脑中已有的图式使新信息合理化。正是由于它要求在头脑中主动形成一些思想之间的逻辑联系，所以也可以称其为"内在生成策略"。这种认知策略首先要求对新信息进行理解，其次强调新的学习材料与已有的知识进行衔接。

现代教育心理学充分证明，对新知识能掌握多少，很大程度上取决于学习者对与它有关的已有知识知道的多少。背景知识在学习中的作用通常表现在两个方面：一是它能够帮助学习者理解新材料；二是它可以作为新材料记忆保持的拐杖，因为新的学习材料是在已有背景知识之上的扩展和深化。要充分利用背景知识，需要注意以下几个方面：

（1）树立有意义学习的心向。即应该是在对新材料理解的基础上进行学习，而不是机械记忆式地学习。

（2）建立类比。例如，在学合并同类项时可用已有的生活常识来类比，把 a、b、c 比喻为鸡、鸭、鹅，合并同类项就像商贩算账一样，先分别计算卖鸡、鸭、鹅各自收入多少，然后再算总价。再比如，初学负数时也可以用生活中的经验来进行类比，一个人一分钱都没有，穷不穷？肯定穷，但如果还有另外一个人，他不仅身无分文，反而还欠别人很多钱，那么这个人就比刚才那个人更穷，他所拥有的钱财就不是没有（零），而是负数了。

在应用类比时要注意，类比有异同两种方式的比较，而且用来进行类比的事物应该是学生熟悉的、可以接受的。

（3）利用先行组织者。先行组织者是新材料学习之前所温习的、与新材料有关的已有的背景知识，它通常是教师在讲授新课之前所呈现出来的、用以同化新知识的熟悉的认知框架，它能有效地组织学生理解和记忆新知识。例如，在讲语文课的某一篇记叙文时，先回忆类似的叙述文体，接着介绍该类文章的常见框架，然后再让学生自己根据框架浓缩关键信息，并加以组织。这样，不仅能加深学生的理解和记忆，还会大大提高学生的阅读能力。

3. 生成策略

美国教育心理学家维特罗克（Wittrock，1974）[1] 强调"学习是一种生成过程"，提出"生成策略"。实验研究发现，当学习材料是学习者理解之后能够用自己的语言组织表达出来时，那么对它的学习效果要比单纯的记忆好得多。而认知策略中的生成策略强调的就是学习者对学习材料进行提炼和组织，具体而言有以下几种方式：

（1）画线、摘要与作注释。画线是指在学习过程中将比较重要的信息勾画出来，便于理解记忆。因此，区分重要与次要信息就成为画线的关键。学习的过程中，一般采用下面的程序：首先对新材料进行理解，在理解的过程中，需要对不熟悉的地方加以解决，如不知道的字词等；在理解的同时需要对一些比较重要的信息进行勾画，有时为了更多地提供思考材料的机会，还可以在画线、摘要旁边作注释。在画线、注释的过程中可以使用一些常用的简写符号，以提高效率。

（2）标题目、写提要。标题目、写提要与画线中的摘要不同，它是用自己的语言对材料的中心思想进行简短陈述。它们的目的都在于促进新信息的精细加工和整合，是对材料的中心思想重新进行心理加工。写提要的过程中要尽可能用自己的话对学习材料进行组织。

4. 记卡片策略

将要记录的内容写在卡片上，既有利于归类存放，又有利于存取、批注。它广泛应用于零散资料的收集，是非系统性自学最适宜的笔记形式。

做卡片笔记应做到：

（1）一卡一"题"，即记一个相对独立的内容，否则，几方面的内容混记在一张卡片上，分类就困难；

（2）在卡片的左或右上角，标明分类号、材料性质等；

（3）在卡片下方正中打孔，用线串卡成整，便于保存与查找。

---

① 北京教育学院心理系. 教师实用心理学 [M]. 北京：开明出版社，2000：62.

记卡片策略也可以用于学科知识的学习，使用这种方式提取知识要点时应注意：①同笔记法配合使用，在认真记好笔记的前提下将那些意义性不强的、容易遗忘而又重要的知识点记到卡片上；②要和复述策略配合使用，依据遗忘规律进行复习，具体方法建议如下：

将卡片分为左右两边，分别写上中文词和英文词，或者字母符号和字母符号的中文意义、公式名称和公式的字母符号表达式等。然后自制七个纸袋（或找七个信封），每袋内放置一周中某一天应复习的卡片。例如，某张卡片星期二复习以后，就放入星期四的袋子内，星期四复习后又放入星期天（或星期一、二）的袋子内，这样就能有规律地分配复习。复习时，用手遮住左边回忆右边，或反之，遮住右边回忆左边（或看正面回忆反面），进行自我测验。每复习一次，就在卡片左下角打一个小小的√，√越多，复习的间隔时间应越长。意义性不强的学习材料有了 5 个√（有意义的材料只需 3—4 个√），就可以收起来，等到一章结束时（或考前）再复习一遍。

一张卡片上如果记录了多个要记的知识点，在复习时，要对回忆失败的项目做上记号，下次主要复习做了记号的项目，未做记号的可复习也可不复习，以提高时间的利用效率。

5. 记笔记策略

记笔记策略是生成策略中使用较为普遍的精加工策略，所以将其单独列出来。俗话说：好记性不如烂笔头，心不及墨。记笔记不仅可以有效地控制自己的认知加工过程，还有助于概括新的知识和建立新旧知识之间的联系。研究发现，记笔记的主要作用包括：(1) 保持学习者的注意和兴趣；(2) 有效地组织材料。

记笔记的方法有很多种，其中流传较广的是康奈尔笔记技术，其操作步骤如下：

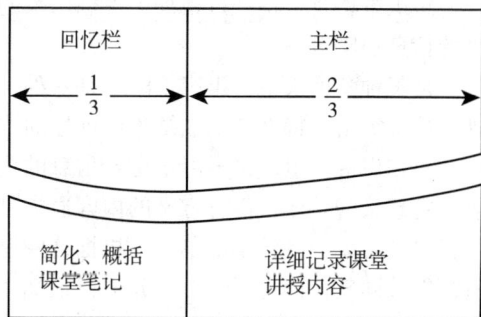

图 4-4 康奈尔笔记模式 1

第一步：听课前的准备工作。准备一个活页式的笔记本，笔记本要稍微大一点儿以便有足够的空间做记录和画图表。每一页上要有分类标志、编号和日期。如果可能最好做单面记录，这样便于拆分和归类。记笔记前，先将每一页分成两栏，比较宽的一栏为主栏，记录讲课；较窄的一栏为回忆栏，用关键词和短语将主栏的内容恰当概括，记录在回忆栏（见图4-4）。听课前，花几分钟复习前面的笔记，以便与新讲座内容建立联系。

第二步：听课中做笔记。尽量抓住重要观点，尽可能记下有意义的概念和要点，这比记下详细例子更重要。记录中可以使用一些缩写和自己明白的符号代码。

第三步：听课后整理。听课后尽早（最好不要拖延至第二天）整理笔记。首先通读笔记，修改潦草字迹使它更清楚，填补听课时有意留下的、来不及记录的空白，找出主要观点并标示出来。然后，在回忆栏写下关键词或短语（见图4-5）。用自己的话归纳出关键词，实际上是在头脑中对听课内容的组织和建构。

完成以上三步后，马上遮盖住主栏只留下回忆栏，以此作为线索，尽可能用自己的话对主栏内容包括观点和论据进行恰当的大声的复述，然后打开笔记，检查对照自己刚才所说是否正确。最后要对几天来的笔记进行整理复习，对一个单元的知识形成一个相对完整、清晰的认知结构。

	物质的类型
固体	1. 固体 （1）有一定的形状 （2）有一定的体积 （3）质地比较坚硬的物体
液体	2. 液体 （1）没有一定的形状 （2）有一定的体积 （3）可以流动的物体

图 4-5　康奈尔笔记模式举例

维特罗克（Weittrock，1978）等人以小学生为被试作了写概括语的研究。

实验者让优生和差生分别学习不同材料。优生学习的材料长 1 250 个词，学习 20 分钟。差生学习的材料长 372 个词，学习 8 分钟。然后将两类学生混合分成 4 组，对每组的学习做不同的要求：A 组学习时需给每节写一句概括语；B 组学习的每节材料上已经有两个词的标题；C 组的学习材料同 B 组，但需要同 A 组一样写概括语；D 组为控制组，单纯阅读。结果，无论是优生还是差生，A、B、C 三组的学习成绩显著高于控制组的成绩。而在 A、B、C 三组之间，又以 C 组的成绩最好，A、B 两组成绩无显著差异。

这说明，学生在学习过程中，材料中附加扼要的概括词，尤其是要求学生本人概括写出材料的要点促进了他们对材料的理解。

（二）组织策略

组织策略是指将经过精加工提炼出来的知识点加以构造，形成知识结构的更高水平的信息加工策略。

从某种角度来说，组织策略也是一种生成策略。认知心理学研究发现，知识的条理、层次等组织特性是认知结构清晰性的重要指标，也是判断学生学习成效的重要指标。对知识进行组织是学习记忆新信息的重要手段。一方面，组织是把信息组合成具有一定意义的整体，而有意义的内容通常是比较容易记住的。另一方面，组织是把学习材料分解成一些较小的单元，再把这些单元归在适当的类别之中，这样，每项信息就都能够同其他信息联系在一起进行记忆，这将大大有助于信息的提取。

组织策略主要有两种，一种是归类策略，用于概念、语词、规则等知识的归类整理；一种是纲要策略，主要用于对学习材料结构的把握。

1. 归类策略

归类是把材料分成小单元，再把这些单元归到适当的类别里。例如，要外出购买的东西很多：盐、葡萄、蒜、苹果、胡萝卜、橘子、胡椒、豌豆、辣椒粉、姜，可以将它们分别归在 "水果" "蔬菜" 与 "佐料" 等概念下，再分门别类地记忆。

研究表明，某一领域的专家的特征之一，就是在他们的长时记忆中拥有一个组织良好的、金字塔结构式的知识体。在记忆大量信息时，他们会迅速地识别和处理，将它们归成不同的 "组块"，安插在自己的知识体系里。在需要这些信息时，他们又会用各类别的标题作为提取的线索，从而很快地找到信息。总之，组织使记忆量大大减少，从而大大减少了识记与回忆的负担。

2. 纲要策略

"举一纲而万目张。"纲要策略也称提纲挈领，是掌握学习材料纲目的方法。学生学习教材的根本任务是抓住教材的中心思想和支持中心思想的重要细节，以及它们之间的联系。纲要策略不仅能够减轻短时记忆的负担，有助于阅读和记忆，而且还有助于提高创造性解决问题的能力。

纲要可以是用语词或句子表达的主题纲要，也可以是用符号、图式等形象表达的符号纲要。

（1）主题纲要法。试读下面这一段话：

"广场比街道更理想，跑动比走路为好，最好每个人都有很大的空间。虽然鸟类不会靠近它给它带来损坏，但雨水是它的大敌，因此不能选择雨天。"

这段话里没有生字，每个句子都很好懂，但我们读了以后，仍然不明白它说的是什么。如果我们知道它说的是"放风筝"，那么这段话立刻就可以理解了。"放风筝"这个短句在这里起到了提纲挈领的作用，促进了理解。

主题通常是学习材料的各级标题，当然有时也需要自己进行提炼。列提纲时要注意，以简要的词语写下主要与次要的观点，也就是以金字塔的形式呈现教材的要点，每一具体的细节都包含在高一级的类别中。

使用主题纲要可分为四个步骤：

第一，学习教材，判断教材学习的主要目标，理解基本思想；

第二，勾画或摘录出要点；

第三，考虑信息之间的关系，可用大小数码表达它们之间的层次结构（一、二、三……，1、2、3……）；

第四，记住提纲，使用提纲解答问题。

（2）符号纲要法。符号纲要法则是采用图解的方式体现知识的结构，即作关系图。它比主题纲要法更直观形象，但要求学习者对符号相当熟悉。

制作关系图，用以图解各种知识点是如何相互联系的，也就是先提炼知识点然后图解它们之间的关系。美国心理学家布鲁诺（Bruno，1966）认为，人类记忆的首要问题不是储存而是检索，而检索的关键在于组织。结构网络图就是一种最好的知识组织方式，制作结构网络图的过程就是组织材料、建立记忆检索框架的过程。

在做关系图时，应先识别主要知识点，然后识别这些知识点之间的关系，再用适当的图解来标明这些知识点之间的内在联系。结构网络图比列提纲更简明、更形象，更能体现上下层次之外的各种复杂关系（如因果关系等）。制作结构网络图通常按以下步骤进行：

第一，全面了解材料，识别主要知识点；

第二，把材料分成各个组成部分，找出每个部分的联系或关系；

第三，把各个部分按照它们的联系或关系联成一个统一的整体。

怎样将新的、零散的知识与原有知识整合构建一个意义结构呢？认知地图（Cognitive mapping）就是一种制作结构网络图的有效技术。作认知地图的另一个目的是，检查学习者已经知道什么。通过作认知地图，描画出概念的关键特征，将各个观点建起连线网络，可以让教育者和学习者本人了解知识的掌握情况。

符号纲要法主要有两种形式：一是层次网络法，它是由结点（观点）和连线（观点之间的关系）组成。结点的排列分层，似金字塔（如前所述），而连线具有不同的性质，来表达不同性质的关系。二是流程图，流程图着重说明某个过程之间的要素是如何联结的。它具有方向性和时间顺序，易于表达程序性知识的结构。

（三）复述策略

复述策略是指在工作记忆中为了保持信息而对信息进行反复重复的过程，它是短时记忆的信息进入长时记忆的关键。下面是一些主要的复述策略。

1. 复述的时间安排技巧

（1）及时复习。根据艾宾浩斯（H. Ebbinghaus）遗忘曲线，遗忘速度开始时最快，学习后的10小时内复习10分钟，比5—10天后复习1小时的效果好得多。所以要及时复习，特别是对那些意义性不强的学习材料，更是需要及时复习。

（2）分散复习。由于消退、干扰等各种原因，学习的材料会随着时间的推移而出现不同程度的遗忘。因此，还需要采用分散复习来保持对学习材料的记忆效果。例如，如果当天学习了20个生词，那么当晚复习1小时不如当晚复习30分钟、第二天复习15分钟、第四天复习10分钟、一星期后复习5分钟。一天中复习的时间安排也是如此，集中1小时不如将时间分摊于早、中、晚。

（3）限时记忆。限时记忆主要应用于临时需要记住大量材料的场合。当我们对学习记忆的时间加以限制时，随着限制时间的来临，大脑的兴奋度就会提高，它的机能因此而被调动起来，记忆效果就会提高。

2. 复述的次数安排——过度学习

过度学习是指在"记得""学会"的基础上，再增加一些学习时间，使得对学习材料的掌握达到更高的程度。一般来说，过度学习的次数保持在50%—100%最好。超过的次数少，达不到效果；超过的次数多，费时费力，效果却不会因此而提高。所以，过度学习要适当。过度学习最适用于那些必须准确回忆却没什么意义的操练性信息，例如，乘法口诀表、汉字书写和英语单词的拼写。

3. 复述的方法选用

（1）注意克服记忆效应。这里所指的记忆效应主要有两种：一是复述过程中不同材料的干扰。这种干扰既有先前学习的材料对后面要复述的材料的干扰，也有后面复述的材料对先前学习的材料的干扰。这就要求复述过的材料在头脑中应该尽量保持清晰的印记。二是首因效应和近因效应。复习刚开始时的材料和最后复习的材料容易记得牢，这被称为首因效应和近因效应。这就要求对复习中段的内容要加以特别的注意，或者将特别难于记忆的内容放在开始或者结尾的时候进行复述。

（2）运用多种感官协同记忆。运用多种感官协同记忆，可在大脑中留下多方面的回忆线索，从而提高记忆效果。例如，边听边看，边说边写，边听边做，边想边动手等。特瑞奇勒（Trechler）的研究结果表明，人们在信息获取中1%通过味觉，1.5%通过触觉，3.5%通过嗅觉，11%通过听觉，83%通过视觉。而且，人一般可记住自己阅读的10%，自己听到的20%，自己看到的30%，自己看到和听到的50%，交谈时自己所说的70%，这说明多种感官的参与能有效增强记忆。

（3）采用多种形式复习。采用多种复习形式会使复习更加持久专心，不单调，利于多角度地理解知识内容。例如，复习英语生词时，可采用朗读、抄写、默写、看中文回忆英文或相反、用单词造句、同学间互问互答等多种方式。

（4）保持积极的心向、态度和兴趣。心向、态度和兴趣也是影响记忆的一个重要因素。孔子说过，知之不如好之，好之不如乐之。如果我们对某事感兴趣，或者对它持积极态度，就会记得牢；反之，则容易忘。因此，我们若想保持良好的记忆，最好对要记背的材料持积极态度。

第三节　学习的监控策略

一、学习的监控策略概述

学习的监控策略，也即元认知监控策略，是指学生对自己整个学习过程的有效监视及控制的策略。美国心理学家弗拉维尔（J. H. Flavell）1976年在《认知发展》一书中首先提出了元认知的概念。

（一）元认知及其与学习策略的关系

元认知，又称反省认知、监控认知、超认知、反审认知等，是指人对自己的认知过程的认知。学习者可以通过元认知来了解、检验、评估和调整自己的认知活动。一般认为，元认知由元认知知识、元认知体验和元认知监控三部分组成。

元认知和认知是两个相辅相成的概念。首先，元认知不是一般的认知。这体现在两个方面：一是两者的作用对象不同，元认知的对象不是一般认知的对象，而是主体的认知活动本身；二是两者的发展速度不一样，个体的认知能力（如感知、判断、思维等能力）的发展在婴幼儿时期就已经开始了，而对这些认知过程进行调节、控制的元认知的发展则要晚得多。其次，两者关系密切。元认知指导和调节认知，对认知的发展有不可忽视的作用。而认知则是元认知的基础，没有认知，元认知便没有对象，同时元认知的发展也有赖于认知水平的提高。再次，认知策略和元认知策略有时是相通的。比如人们为了有效监控自己的认知过程、提高认知过程的效率，常采用提问的方式，如"这段文字到底讲的是什么？"，"我已经把它记住了吗？"，这些监控认知活动的提问策略，在认知过程中也常常被使用。

元认知通常被看作是学习策略的一种。关于元认知与学习策略之间的关系，我国学者陈琦认为，学习策略是存储在长时记忆中的元认知知识，它包括认知策略、元认知策略以及资源管理策略。[①] 元认知过程则是指在工作记忆中进行的、运用存储在长时记忆中的元认知知识（包括学习策略知识）来管理和控制认知活动的过程，它包含

---

① 陈琦，刘儒德. 当代教育心理学［M］. 北京：北京师范大学出版社，1997：185.

监视和调节的过程。元认知过程是使用学习策略的过程。元认知能力则是指执行这一控制过程的能力。这就是说，学习策略是有关学习的动态过程的静态知识，而元认知过程则是使用静态知识的动态过程。

（二）元认知监控

元认知监控是指个体在进行认知活动的全过程中，将自己正在进行的意识活动作为意识对象，不断对其进行积极的监视、控制和调节。可以说，元认知监控就是元认知，只不过它更强调监控而已。研究者一般从认知活动的阶段来研究元认知监控：在认知活动开始前，它决定认知目标，制定计划，挑选策略，想象各种解决问题的办法，并预测其有效性；在认知过程中，它根据认知目标及时评价认知活动，找出认知偏差，及时调整策略或修正目标；在认知活动结束时，它评价认知结果，若发现问题，则采取相应的补救措施，及时调整认知策略。

元认知监控通常包括以下四个步骤：

1. 制定计划。即在认知活动开始之前，根据认知任务的性质、特点，制定完成任务的实际步骤，考虑可选择的策略，并预计执行的结果等。

2. 执行控制。即在认知活动过程中，及时评价、反馈认知活动中的有关信息，若与认知目标相一致，则继续下去逐渐逼近目标；若与认知目标相背离，则应及时修正、调整认知策略。

3. 检查结果。即根据认知目标评价自己的认知结果，是完全达到、部分达到，还是根本没有达到。

4. 采取补救措施。即根据对认知结果的检查，对存在的问题，采取可行的补救措施。

（三）元认知监控发展水平的评定方法

评价元认知监控发展水平主要有自我报告法、出声思考法、作业评定法等几种方法。

1. 自我报告法

这是评定元认知监控发展水平最常用的方法。即提供某一任务，让被试报告他们在完成任务时的元认知活动。自我报告法有两种操作方式：一是让学习者实际完成某种认知任务，然后进行事后报告；另一种则不进行实际操作，而是要求学习者设想自己在操作时的可能情况，并做出报告。

2. 出声思考法

要求被试在进行任务操作时，将自己的思考过程用语言表达出来，从对学习者的思维活动的分析中推断其元认知发展水平。如亨道（Henshaw）[1]在一项研究中，先将被试出声思考的内容按下列项目归类：回顾已有信息、策略单元、解决方案单元、促进性中介、妨碍性中介、沉默；然后对被试的这六类言语进行 Markovian 链分析，观察被试完成整个任务过程中思考方式的一贯性，以此推断被试的元认知监控发展水平。

---

① 汪玲，方平，郭德俊. 元认知的性质、结构与评定方法［J］. 心理学动态，1999（1）：3-5.

3. 作业评定法

直接依据学习者的作业来评定元认知能力。如要求学习者解决某一问题，或对同伴进行指导，通过观察、分析被试的解题过程或对同伴的指导过程，来推断被试的元认知能力。

这些元认知评定方法各有利弊，在评判学习者的元认知水平时，最好能综合使用两种甚至两种以上的方法，取长补短，以获取更全面、更准确的资料。

二、学习中的主要监控策略

（一）计划策略

计划策略是指根据认知活动的特定目标，在认知活动开始之前计划完成目标所涉及的各种活动、预计结果、选择策略、设想解决问题的方法，并预估其有效性等。学习中的计划策略包括设置学习目标、浏览阅读材料、设置思考题以及分析如何完成学习任务。策略水平高的学生并不只是被动地听课、做笔记和等待教师布置作业，他们会预测完成作业需要多长时间，在写作前获取相关信息，在考试前复习笔记，在必要时组织学习小组，以及使用其他各种方法。

合理的学习计划是顺利完成学习活动和提高学习效率的重要内容，优秀的学习者应该能够根据学习内容的特点、自己的学习风格、学习环境等具体情况，制定科学合理的计划，选择有效的学习方法与策略，并对活动过程进行积极的监控，及时发现学习活动中的问题并进行相应的调整，减少学习活动的盲目性和不合理性。

学习计划的内容包括学习目标、任务、时间、措施等。一般而言，制定学习计划时应该考虑以下几个方面。

1. 学习目标的制定

学习目标的种类较多，可以从不同的角度对目标进行分类，如从学习的层次与类型上可将目标分为记忆的目标、理解的目标、简单应用的目标和综合应用的目标等；从时间上可以将目标分为长期目标、中期目标和短期目标。一般而言，长期目标与人的某个发展阶段有关系，比如中学阶段、大学阶段的发展目标，长期目标的制定有助于规划整个学习与发展进程。中期目标则是时间跨度稍短一些的目标，对于学生而言，主要是一个学期或者学年的目标。米斯（Meece，1994）[①] 认为这种中期的学习目标有两种类型，一是学习取向的目标；二是成绩取向的目标。前者指向知识的学习和能力的提高，持这种目标的学生对学习行为本身感兴趣，采用自我参照的标准来评价自己，更喜欢选择有一定难度的学习任务和学习材料；后者则对学习结果感兴趣，通常以"比别人做得更好"为成功的标准，即采用常模参照标准来评价自己。近期目标则是对自己一周、甚至一天的学习进行规划，或者对某些章节内容的学习进行规划。

目标的制定中应该注意以下几个方面：

（1）学习目标应具有可行性，即目标应该是自己的能力和时间范围内能够实现的。要做到目标的可行就需要做到两点：一是目标适宜，那些可望而不可即的目标与

---

① 北京教育学院心理系. 教师实用心理学 ［M］. 北京：开明出版社，2000：145.

毫不费力的目标均是不适宜的目标；二是目标分层次，只有将总目标分解为一步一步的具体的小目标，那么总目标才有可能实现，而且学习者也才能够从这些小目标的完成中获得成功的体验，增强总目标实现的可能性。

（2）在学习目标基础上制定的学习计划应有具体性。一般而言，一份好的学习计划应该包括三个"明确"，即目标明确、任务明确和时间明确。特别是对于短期目标而言，计划的具体性更为重要。制定一个好的短期学习目标，可以以一周为一个周期，首先看看有哪些学习内容和大的、比较费时的活动需要本周内完成，然后把自己的学习任务分成更小的单位，最后再来计算每天需要完成的学习任务并进行具体的时间安排。

（3）学习计划应该有一定的弹性。它是指在制定计划时不应该把时间安排得太满、太死，应该有一定的机动时间应付可能出现的临时任务与活动，这样才便于随时根据学习的具体情况进行适度的调整。

2. 学习时间的分配与管理

学习计划包含要完成的学习任务及其需要的时间，在学习时间的分配上，有以下几种策略：

（1）求实策略。求实策略就是要相对准确地确定自己每天的活动内容及其所需的时间，这样可以精确地获得能够用于学习活动的时间总量，然后就可以将其在学习任务中进行分配。对于时间的管理，可以对自己每天的活动进行分类，确定其所需的时间，然后再进行合理的分配。

（2）差异策略。它要求按各种学习任务的轻重缓急分配使用时间。表现为三个"优先"：重点任务优先于一般任务；急需任务优先于不急需的任务；见效快的任务优先于见效慢的任务。另外，要注意的就是对自己制定的长、中、短期学习目标应能够具体落实在自己每天的任务上。

（3）充分策略。在一定时间内，把使用时间集中在某个具体任务上，使它等于或多于所需时间。它的功能是突出主攻方向，确保某一个学习目标的实现。

（二）监视策略

监视策略是指在认知过程中，根据认知目标及时检测认知过程，寻找两者之间的差异，并对学习过程及时进行调整，以期顺利实现有效学习的策略。监视策略主要使学习者警觉自己在认知过程中注意和理解方面可能出现的问题，并及时加以调节，因而不同于对整个认知活动过程的监控。具体包括领会监控、集中注意及调节监控三个方面。

1. 领会监控

领会监控是指学习者在阅读过程中将自己的阅读领会过程作为监控意识对象，不断对其进行积极的监视和调整。领会是阅读过程中最重要的目标，领会监控则是不断监控自己是否达到了对学习材料的领会，它会指引学习者寻找重要的细节信息、获得对关键概念的理解、提取阅读材料的整体结构等，并在策略的执行过程中因为目标的达成而体验到一种满足感。如果没有找到达成理解的重要信息，或者没有能够理解关键概念，则会出现一种短暂的认知困惑，领会策略就会指导认知系统去采取一定补救措施，如重新浏览材料、仔细阅读理解有困难的地方或者学完整个材料之后再回头来看理解有困难的地方等。

领会监控策略能够使学习者警觉自己在注意和理解方面可能出现的问题，以便发现并及时进行补救。学习一份材料时，成功的学习者通常能够意识到自己哪里懂了，哪里还不懂，如果自己还不懂，问题出在哪里？是把握的信息不够，还是方法或策略不得当等。

SQ3R① 是最常见的帮助学生学习教材内容的阅读领会策略。

专栏4-1

SQ3R 阅读策略

Survey（浏览）：纵览全书大致了解阅读材料的主要内容。浏览范围包括：①看封面信息：书名、作者、出版商及出版日期；②查阅目录和内容提要，以确定哪一部分是你感兴趣的；③浏览前言和后记，以了解作者写作的背景和意图。这一步不要超过 1 分钟，而且通过纵览要抓住阅读材料的 3—6 个核心观点，这可以帮助学习者在后续阅读中组织观点。

Question（提问）：怎样提问？最简单的做法是将标题转换成疑问句。如标题是"教育心理学的研究对象"，可转换成问题"教育心理学的研究对象是什么？"。将标题转换成疑问句，可以激发学习者的好奇心，从而增强对文章的理解，因为将陈述句转换成疑问句实际上是确定了一个阅读目的，带着问题阅读会帮助学习者在阅读中筛选重要信息与次要信息，使重要的观点从细枝末节中突现出来，帮助学生更快地理解本章内容。

Read（阅读）：首先细读第一部分，回答上一步提出的问题，不要逐字逐句逐行地读，而要积极地寻找答案，抓住实质内容。

Recite（陈述）：读完第一部分后，合上书尝试简要回答上面提出的问题，最好能用自己的语言举例说明。如果不能清晰地陈述答案或者举例说明，那么就要再阅读再尝试陈述。进行这一步时，最好能结合使用记笔记法，摘记一些短语作为陈述的提示。完成第一部分的学习后，按照以上三个步骤（question，read，recite）学习后续的章节，直至完成整本书的阅读。

Review（复习）：按以上步骤通读全书后，查看笔记、鸟瞰全部观点以及它们之间的关系。然后合上笔记尝试回忆主要观点及每一主要观点之下的次级观点。

SQ3R 阅读策略的关键在于提问和回答促进了学习者对教材的意义加工和精致加工。罗宾逊（Robinson，1975）比较了提问和回答提问的效果。

他让若干对被试来学习一段课文，课文分作两半。让一对中的一个被试阅读课文的一半，并在学习过程中准备一些提问。再把这些提问给了一对中的另一被试，让他一面读这段课文，一面试着回答这些提问。这些被试在读另一半课文时，互换了作提问和答提问的任务。然后让全部被试来回答有关这段课文的一套最后测验题目。结果

---

① Francis P. Robinson. *Effective study* [M]. 4th ed. New York：Harper and Row. 1970：45-60.

发现：只阅读而既不提问也不答问的控制组答对最后测验题目为50%；阅读并提问的实验组，答对了与自己所作提问有关测验项目的70%，而在与之无关的测验项目上，则只答对52%；阅读并回答提问的实验组，在有关的测验项目上答对67%，在无关的测验项目上答对49%。

由此可见，提问和回答均有助于记忆，而且提问效果最好。

其后，理查兹（Richards，1976）进一步研究考察了不同类型的提问作为阅读的先行组织者的效果差异。他让被试学习一段关于一个叫作马拉的虚构的非洲国家的文章。这个实验是要来比较两种提问方式的效果。一种提问是理解式的，另一种是明记式的，即只要求被试记住特定的事实。结果发现，回答理解性提问的被试表现出较好的成绩。

为此，弗拉斯·罗宾逊指出，运用SQ3R阅读策略使学习者把学习活动转变成为一个积极主动、有意义的学习过程，它不仅可以帮助学生提高阅读速度，而且更有助于学习者抓住文章要点，促进长久保持和深刻理解。

2. 集中注意

心理学的研究发现，信息加工过程中，只有得到注意的信息才能够进入我们的工作记忆（又称短时记忆），得到进一步的加工，从而获得较好的学习效果。而没有加以注意的信息则会出现自然衰退和主动抑制，从而不为学习者所感知。因此，要提高学习的效果，就必须集中注意力。不过，注意力的资源是有限的，我们不可能对所有呈现给自己的信息都加以注意和记忆，所以在学习过程中必须对信息进行筛选，选择相对重要的信息加以注意。同时，注意理论告诉我们，人的注意分有意注意和无意注意两种，学习活动通常需要长时间的有意注意，这就要求学习者能够努力将自己的心理资源集中在学习内容上，不过这种长时间的有意注意，容易受到一些有吸引力的分心事物的干扰，特别是一些有意义的信息的干扰更强。如学生在背诵课文的时候，一般的噪音对学生产生的干扰非常有限。但如果旁边有人讲故事，或有人在玩游戏，学习者的注意力就容易被干扰。

柯诺（Corno，1987）发现，注意与学习者的自我管理能力有关。注意力差的学生很难计划和控制自己的学习。她认为，应该教给学生抑制分心的策略，以帮助他们进行自我管理和调节，如注意此刻正在做什么，避免接触分散注意的事物等。

在集中注意的过程中，可以采用明确当前学习目标的策略。知道并明确自己的学习任务能够使学习者保持学习的心向，随时提醒和监控自己是否完成了学习任务，如果还没有的话，那么它会让自己将注意力保持在学习材料中。也可以采用自我奖励的方法，如告诉自己，把这部分内容学习好之后，就可以好好玩一下，这样可能会使得自己的注意能够暂时集中。

3. 调节监控

调节监控是指在学习过程中根据对认知活动监视的结果，找出认知偏差，及时调整策略或修正目标；在学习活动结束时，评价认知结果，采取相应的补救措施，修正错误，总结经验教训等。例如，当学习者意识到他不理解学习材料的某一部分时，他就会退回去重新阅读困难的段落，在阅读困难或不熟的材料时放慢速度，复习他们不懂的课程材料，测验时跳过某个难题，先做简单的题目等。调节监控能帮助学生矫正他们的学习行为，使他们补救理解上的不足。

要能够有效进行学习活动中的调节监控，对学习活动进行及时评价是一种重要的策略。学习中的评价是指把学习进程或学习阶段性结果同既定目标加以比较，以确定学习的进展和质量，决定是否继续下一步的学习活动。学习中的评价能够使学习者及时获得信息反馈、有效分辨错误、及时强化学习成功感、激发学习者不断学习的积极性。

元认知监控策略的这几个方面总是相互联系在一起而发挥作用的。学习者在学习过程中一般要先认识自己的当前任务，然后使用一些标准来评价自己的理解、预计学习时间、选择有效的计划来学习或解决问题，其后是监视自己的进展情况，并根据监视的结果采取补救措施。

第四节　学习策略的学习与指导

一、学习策略教学的原则

学习策略是判断不同学习者差异的重要内容，教会学生学会学习的重要方法之一就是对学生进行有效的学习策略的训练。优秀教师不仅结合教学内容教给学生具体的学习策略，而且还教会学生积极地适时地选用有效的学习策略。

在学习策略的训练指导中，教师要遵循以下一些基本原则。

（一）**主体性原则**

主体性原则是指学习策略教学中应该发挥和促进学生的主体作用，它既是学习策略训练的目的，又是必要的方法和途径，任何学习策略的使用都依赖于学生主动性和能动性的充分发挥。如果学生在学习过程中处于被动状态，甚至连学习目标、过程、方法都要由他人来设计甚至监控和评价，那么也就无所谓学会学习了。因此，在学习策略教学中，教师要提高学生的主体参与性，不仅要向学生阐明策略学习的目的和原理，更要给他们充分运用学习策略的机会，并指导其分析和反思策略使用的过程与效果，以帮助其进行有效的监控。

（二）**内化性原则**

内化性原则是指在学习策略的学习过程中，学生能够不断实践各种学习策略，逐步将其内化成自己的学习能力，熟练掌握并达到自动化的水平，从而能够在新的情境中加以灵活应用。内化过程需要学生将所学的新策略与头脑中已有的相关策略知识整合在一起，形成新的认识和能力。

（三）**特定性原则**

特定性原则是指学习策略一定要适于学习目标和学生的类型。同样的策略，不同的学生使用起来的效果是不一样的。教师要针对学生的年龄、已有的知识水平以及学习动机类型，帮助学生选择学习策略或改善对其学习不利的学习策略。同时，还要考虑学习策略的层次，注意给学生大量的各种各样的策略，不仅有一般的策略，还要有非常具体的策略。

（四）生成性原则

生成性原则是指在学习过程中要利用学习策略对学习的材料重新进行加工，产生某种新的东西，这就要求学习者进行高度的心理加工。也就是说，学习者应该利用学习的策略对学习材料进行生成性加工，而不是简单利用别人已有的这些知识和经验。要想使一种学习策略有效，进行心理的内化加工是必不可少的。生成性程度高的策略有：写内容提要、向别人提问、将笔记列成提纲、图解要点之间的关系、向同伴讲授课的内容要求等。生成性程度低的策略有：不加区分的划线，不抓要点的记录，不抓重要信息的肤浅的提要等。

（五）有效监控原则

有效监控原则是指学生应该把注意力集中在学习结果和学习过程之间的关系上，监控自己使用每种学习策略所导致的学习结果，以便确定所选策略是否有效。经过这样的监控实践，学生就能够灵活把握何时、何地以及如何使用某种策略，甚至在这些策略运作时能将它描述出来。

（六）个人效能感原则

个人效能感原则是指学生在执行某一任务时对自己胜任能力的判断和自信程度，它是影响学习策略选择的一个重要的动机因素。那些能有效使用策略的人相信，只要自己使用某一策略就会对自己的成绩产生影响。这就要求教师一定要给学生创造机会使他们感觉到策略的效力。教师要不断地向学生提问和测查，并且根据这些评价给学生定成绩，如此促进学生使用各种学习策略，并感到使用学习策略，学习就会有所收获。

学习策略的作用在于学生在学习活动中的运用，如果学生知道何时以及如何使用策略，但却不愿意使用这些策略的话，那么他们的学习能力也将不会得到提高。这就要求教师应该让学生体会到学习策略的效力，在完成任务时有个人效能感。在学习策略训练中也应该包括动机训练，相信策略的运用能够提高完成任务的效率。

二、学习策略教学的条件

在学校，学生最重要的学习就是学会学习，学习策略的教学就成为教师有效教学的重要目标。从认知心理学的观点来看，策略的学习实质上是一种程序性知识的学习。它首先需要经过命题表征（陈述性知识），然后在相同情境和不同情境中的应用，转化为产生式表征（程序性知识），明确意识到一套操作步骤适用的条件，进而达到反省认知阶段，从而使策略具有广泛的迁移性。

研究发现①，策略的学习不同于一般知识的学习。首先，策略是对内调控的技能，其所涉及的概念和规则反映人类自身认识活动的规律。人类的认识活动潜藏于人的行为的内部，不能直接观察，因此，这类概念和规则难以通过直观演示的方法交给学生。其次，策略反映的是人类认识活动的规律性知识，一般带有很高的概括性，在

---

① 皮连生. 智育心理学［M］. 北京：人民教育出版社，1996：165.

应用时有很大的灵活性。因此，要使这样的规则支配学生的认知行为，提高自身的认知活动的效率，就需要经历一个长期而反复的练习和应用过程。再次，策略的学习和应用受个体心理发展水平的制约。例如，如果儿童对动、植物没有分类概念，就不可能教会他们应用分类记忆的策略去记忆动、植物。因此，个体的一般认知发展水平，会制约其习得与应用相应的学习策略。具体来说，有效的学习策略教学的条件主要表现为：

1. 原有知识背景。从信息加工过程的理论来看，策略对整个信息加工过程起调控作用。应用策略的目的是提高信息加工的效率。策略的应用总是随着个体对它所加工的信息不同而发生变化。如在记忆领域研究最多的复述策略、精加工策略和组织策略。这三种策略中的每一种策略都有它最适宜应用的范围。复述策略宜于在系列学习中应用。精加工策略宜于在配对联想中应用。外语单词的记忆实际上是一种配对联想学习形式，所以宜于采用精加工策略学习。组织策略宜于在自由回忆的学习中应用。在组织策略中，有一种对信息分类学习和记忆的策略。研究表明，如果用分类典型的项目让儿童记忆，儿童能应用分类组织策略识记和回忆；若项目不典型，儿童不熟悉，他们便不能采用分类学习与记忆的策略。这表明，策略的应用离不开被加工的信息本身。儿童在某一领域的知识越是丰富，他越能应用适当的加工策略。

2. 自我效能感。自我效能感属于学习的动机范畴。在策略训练中，首先要使学生体会到运用了好的学习策略，学习效率就能提高。也就是说，要使他将学习的改进归因于采取了较好的策略。这种认知反过来会推动他们去运用策略。一般来说，学习策略的低水平与自我效能感的低水平是并存的。教学要改变学生的低水平的学习策略，则要同时改变他们这种不良的归因倾向。

3. 元认知发展水平。一般来说，儿童先有认知发展，然后才有元认知的发展。由于儿童的自我意识发展水平较低，他们运用元认知监控和调节自己认知活动就比较困难。这在一定程度上限制和阻碍着儿童策略学习的效果。据都费（1986）等人的研究发现，儿童即使接受了有关阅读策略的训练，但其对所训练的策略仍然很难达到监控和调节的水平。

4. 练习情境的相似与变化。学习策略从陈述性知识向程序性知识转化，最重要的教学条件就是教师要精心设计相似情境和不同情境的练习。例如，学生要学习"抓住事物特点来描写"这一写作策略，从杨梅的"写具体"练习到皂荚树的"写具体"练习，是相似情境的练习。从写景物（树）的特点到写动物的特点，甚至在事情的发展过程中写动物的特点，则是不同情境的练习。练习必须有连续性，没有连续性，学习者将无所适从，认知图式不能形成。但练习必须有变化。只有经过在变化的情境中的练习，认知图式才能深化，策略才能灵活应用。

5. 有一套外显的可操作的技术。个人使用的学习策略是内在的，但它可以从他的认知行为中得到反映。反过来，如果我们有一套具体可操作的技术来控制学习者的认知行为，那么我们就有可能培养学生良好的认知或学习习惯，改变其不良的认知行为或习惯，进而培养他们的学习策略。例如，小学生在算术作业和测验中常会出现种种差错。这些差错往往是由于学生的不良学习策略或学习习惯导致的结果。如果我们有一套帮助学生矫正差错的技术和策略，学生就会养成良好的学习习惯，减少差错出现频率。

上海市宝山区教育学院开展了这方面的研究。

以四年级的四则运算为例，研究人员发现学生常犯的错误有四种类型：（1）疏忽；（2）不理解；（3）混淆；（4）错格和其他非智力型错误。在矫正时他们创造了一种可以操作的程序。这套操作程序被概括为：一找，即找到并用线画出差错在何处（找到错误部位）以及何因（分析差错原因）；二标，即用符号标出错误的类型，如疏忽型错误用"?"号标出，不理解型错误用"×"标出；三订正，即针对错误类型提出具体订正方法。

采用这套纠正差错的技术后，学生的错误行为被一套适当的程序所控制，既便于学生操作，也便于教师检查。实验证明，该套程序使实验班学生的计算差错率显著减少。

当然，在策略教学中，教师运用学习策略的水平、教师的策略教学经验和教学方法运用的恰当性等也会对学习策略的教学产生重要影响。

三、学习策略的训练模式

如何把学习策略教给学生，促使学生掌握有效的学习方法和技巧，已成为学习策略研究和实践的重要方向。目前，关于学习策略的教学主要有以下三种模式。

（一）课程式教学模式

即所谓的学习策略教学的课程化，它通过开设专门的学习策略课程，讲授教与学策略的有关常识，包括教与学的模式、方法、手段等。

这种策略训练的基础在于学习策略本身具有一定的概括性和抽象性，它能够从具体的学习内容和情境中脱离出来，形成独立于具体认知任务和学习任务的策略方法。如适合任何课程学习的复述策略、精读策略、组织策略等。

这种模式的优点在于能够让学习者形成较为科学和系统的学习策略，有助于提高学习效率。不足之处在于，尽管研究者已经总结和提炼出了很多有效的学习策略，但是还没有形成能够实际采用的教材，目前很多所谓的课程式教学往往是一种专题式或者讲座式的策略知识普及，与课程的要求相差较远。另外，这类训练模式因训练时不与专门知识相结合，容易与学生的学习实际或教学进度脱轨，不少学生难以主动在相关的学习活动中应用，导致对学生特定知识领域的学习帮助不很明显。

（二）学科渗透式教学模式

该模式是指将学习策略的训练与特定学科的学习内容相结合，在具体学科知识的学习过程中传授学科学习的方法与技巧。如专门传授语文或数学学科学习方法与技巧的阅读理解策略和应用题解题策略就属于这种教学模式。学科渗透式教学模式可以贯穿整个教学活动，它要求教师在教学前就应该具有教与学的策略观，以教学策略为指导，进行备课、讲课、评课和听课、作业等。

这种教学模式由于所学的学习策略与学科内容学习密切结合，因此对学习效果的影响可以说是立竿见影。其不足之处在于策略来源于具体学科内容，易使学习者在具体学习之后将这些策略淡忘，难以形成系统的策略观，也不便于学习者把学科学习策略迁移并应用到其他学科的学习中去。

（三）交叉学习式教学模式

这种教学模式是为了克服前面两种策略训练模式的不足而设立的，这种教学模式往往是先简短独立地教学习策略，包括学习策略的意义、适用范围、条件及具体操作程序等，然后将它与具体的学科内容结合起来，根据具体学习情境的差异，要求并帮助学生把所学的策略运用于具体的学习活动中。

这类训练模式吸收了上述两种模式的长处，舍弃了它们的短处，但它同样有自己的不足，如这类训练会减缓教学进度等。

四、学习策略的教学技术

尽管人们对学习策略的重要性已有深刻的认识，但目前学习策略在教学中并没有起到应有的作用。研究表明，学习策略的教学技术的不够完善，可能是导致教学过程中忽视学习策略教学的原因之一。加强学习策略的教学技术，应注意以下几点。

（一）注重元认知监控和调节训练

在加强学习策略教学的同时注重元认知监控和调节的教学是提高学习策略教学的有效技术。元认知能意识和体验学习情境中各种变量间的关系及其变化，并导致感情活动的形成，而成熟的学习的调节与控制则能根据上述体验来监视并控制学习方法的使用，使之自始至终伴随学习过程并适合于新的情境下的学习。

戴（Day，1981）分析了四种教学技术：①"自我管理"教学，仅让学生自己运用具体的学习方法（如如何写纲要）；②"规划"教学，明晰地告诉学生如何使用具体的方法并示范；③"规则"＋"自我管理"的教学，即把上述两种教学方法结合起来的教学；④"控制"＋"监视"教学，接受这种方法的被试不仅被告知如何使用学习方法（包括有关学习方法怎样使用和何时使用的知识），而且知道何时和如何检查学习策略的使用（包括有关学习的监视与控制的知识）。实验结果表明，在上述四种教学中，第四种教学效果最佳，第三种次之，第二种更次，而第一种则没有取得明显的效果。

那么，如何才能有效提高元认知训练的效果？研究发现，元认知监控策略的有效教学可采取以下技术：

1. 出声思考（thinking aloud）。教师可以通过展示思维过程的方法来教给学生这种出声思考的技术。当教师处在思考解决问题计划和解决问题方案时，通过语言将自己的思考过程大声地讲出来，展示给学生，以便学生能够模仿教师所展示出来的思维过程。帕里斯卡尔等（A. S. Palinscar，1986）提出的结伴问题解决法[1]，也是一种十分有效的训练策略。其方法是，一个学生对另一个学生讲述解决某个问题的过程，特别是详细地描述自己的思维过程，其间同伴认真地听，注意讲述者的思维过程，并向

---

[1] A. S. Palinscar, Ogle, D. S., Jones, B. F., Carr, E. G. & Ransom, K. *Teaching reading as thinking*. Alexandria［J］. VA：Association for Supervision and Curriculum Development. 1986：20-43.

他提出问题以使双方思维更明晰。同样在小组学习中，大家轮流扮演教师，对正在学习的材料进行阐述、提问及总结，也可以起到相同的效果。展示思维过程十分重要，因为学生需要一些用于思考的词汇表达自己的思维过程，模仿和讨论可以发展学生用于思维和陈述思维过程所需的词汇，使用这些词汇表达思维过程，可以促进学生思维技能的发展。

2. 写思考日志（keeping a thinking journal）。写思考日志是发展元认知能力的又一种方法，写日志的目的在于：（1）反思自己的学习和思维过程，理清思路，澄清混乱，思考并提出一些有价值的问题。（2）促使学生学会学习，自己教自己，并在此过程中产生重要的顿悟。（3）将学生的注意力从学校结构转移到自己的认知过程，有助于学生主动地控制自己的学习。思考日志的内容包括：（1）学习的主要及重要内容；（2）相关知识点和各知识点之间的联系；（3）对不明确的、有矛盾的问题的思考；（4）将一些容易混淆的概念列表对照、鉴别，并自己举例说明；（5）对自己处理某一件事情的评价。

3. 计划和自我调节（planning and self-regulation）。教学过程要增加学生对做学习计划和自我调节学习过程的责任感。如果学生的学习是由他人计划和监控的话，那么他就很难成为一位积极有效的自我定向的学习者。做学习计划包括：估计学习所需要的时间，组织材料，制定完成一项活动的具体的时间安排表等。在这个过程中，学生学会如何思考、如何向自己提问，这样能使学生逐步形成自我控制、自我检查、自我调节的能力。

4. 报告思维过程（reporting the thinking process）。让学生报告思维过程，发展他们的策略意识，有助于学习迁移的发生。报告思维过程可以采取以下步骤：（1）教师引导学生对学习活动进行回顾，自己报告完成学习任务的思维过程和在这一过程中的感觉；（2）将学生报告中提到的有关的思维方法进行分类，确认学生在学习中用到了哪些学习策略；（3）让学生自己评价他们的成功与失败，抛弃那些不合适的方法，确定哪些是有价值的学习策略并总结推广运用，同时积极寻找生成新的学习策略。

5. 自我评价（self-evaluation）。学生对自己的学习过程或质量进行检查和评价，可以提高元认知能力。学生的自我评价可以通过自我报告和回答一系列关注思维过程的问题单而逐步形成，直至养成自我评价习惯。当学生认识到不同学科的学习活动具有相似性时，他们就开始将学习策略迁移到新的学习情境了。

（二）有效运用教学反馈

传统的反馈研究已经证明，反馈能改进学习，提高学习的效果。学习策略的反馈研究也表明，如果降低训练的速度，增加反馈，使学生知道他们运用策略的不足之处，评价训练的有效性，理解学习策略的效应，或者体会到学习策略的确改善了他们的学习，学生就更有可能把学习策略运用于更为现实的学习情境中去。里格尼等人（1980）以一、三、五年级的学生为实验对象，发现当告诉他们学习的改进是得益于教给他们的记忆方法后，学生普遍保持了这种学习方法，改进了学习，并提高了在与原先的教学有些不同的条件下的学习效果。

（三）提供足够的教学时间

学习的调节与控制是否自动化、学习方法的使用是否熟练，是学习策略持续使用和迁移的条件之一。为此，提供给学生足够的策略训练的时间，使之达到自动化的程度也就非常有必要了。一些学者认为，只有当学生能够真正理解选择恰当学习方法的重要性的时候，他们才可能策略地学习。而要做到这一点，则必须提供足够的、长期的教学时间。

【主要结论与应用】

1. 学习策略的含义

学习策略已成为近年来教育心理学研究的一个热点课题，但人们对学习策略本质的看法存在差异。本书所讲的学习策略是指在学习过程中，学习者为了达到有效学习的目的而采用的规则、方法、技巧及其调控方法的总和，它能够根据学习情境的各种变量、变量间的关系及其变化，对学习活动和学习方法的选择与使用进行调控。根据人们对学习策略本质的不同看法，可将学习策略的分为不同的类型。

2. 学习的认知策略

学习过程中用来进行信息加工的方式方法被称为学习的认知策略，主要包括精加工策略、组织策略和复述策略三类。精加工策略是指把新信息与头脑中的旧信息联系起来，寻求字面意义背后的深层次意义，或者增加新信息的意义，从而帮助学习者将新信息储存到长时记忆中去的学习策略。精加工策略可分为人为联想策略和内在联系策略等。组织策略是指将经过精加工提炼出来的知识点加以构造，形成知识结构的更高水平的信息加工策略。组织策略主要有归类策略和纲要策略。复述策略是指在工作记忆中为了保持信息而对信息进行反复重复的过程，它是短时记忆的信息进入长时记忆的关键，主要涉及时间计划、次数安排和方法选用。

3. 学习的监控策略

个体在进行认知活动的全过程中，将自己正在进行的意识活动作为意识对象，不断对其进行积极的监视、控制和调节的方式被称为学习的监控策略。主要有计划策略和监视策略。计划策略是指根据认知活动的特定目标，在认知活动开始之前计划完成目标所涉及的各种活动、预计结果、选择策略、设想解决问题的方法，并预估其有效性等，合理的学习计划是顺利完成学习活动和提高学习效率的重要内容，具体包括目标制定和时间安排两方面；监视策略是指在认知过程中，根据认知目标及时检测认知过程，寻找两者之间的差异，并对学习过程及时进行调整，以期顺利实现有效学习的策略。监视策略主要使学习者警觉自己在认知过程中注意和理解方面可能出现的问题，并及时加以调节，具体包括领会监控、集中注意和调节监控三个方面。

4. 学习策略的教学

学习策略是判断不同学习者差异的重要内容，优秀教师不仅结合教学内容教给学生具体的学习策略，而且还积极对学生进行有效的学习策略的训练。

学习策略的学习成为学校教学活动中的重要内容。学习策略教学要遵循一些基本原则，包括主体性、内化性、特定性、生成性、有效监控和个人效能感原则等。有效的学习策略教学也需要一定的条件支持，包括学生原有背景知识、自我效能感、元认知发展水平、练习情境的相似与变化以及可操作技术等。学习策略的教学可通过课程式、学科渗透式和交叉学习式三种教学模式进行。在学习策略的教学中要重视包括元认知监控和调节的训练、有效运用教学反馈和提供足够的教学时间等教学技术。

【学习评价】

1. 什么是学习策略？人们对学习策略有哪些不同的看法？
2. 学习策略有哪些特点？
3. 学习策略有哪些不同的种类？
4. 研究学习策略有什么意义？
5. 学习策略与认知策略是什么关系？
6. 用自己的话说说精加工策略、组织策略和复述策略的含义，如何运用。
7. 什么是监控策略？什么是元认知？
8. 计划策略和监视策略的含义是什么？如何运用？
9. 策略教学的基本原则包括哪些？
10. 策略教学有哪些基本模式和技术？

【学术动态】

● 国内关于学习策略的研究以英语、数学等学科学习策略为主，自我调节、学习动机、合作学习及语言学习等成为重要的学习策略或研究主题。

● 国外关于学习策略的教学与训练方法，以及学习策略教程的研究逐步深入；具体问题情境下的复杂问题学习策略的选择与使用、学习策略的生成过程与机制等成为研究的重要方向。

【参考文献】

1. 张大均. 教与学的策略 [M]. 北京：人民教育出版社，2003.
2. 张大均. 教育心理学 [M]. 北京：人民教育出版社，1999.
3. 张承芬. 教育心理学 [M]. 济南：山东教育出版社，2000.
4. 史耀芳. 二十世纪国内外学习策略研究概述 [J]. 心理科学，2001，24（5）：586－590.
5. 陈琦，刘儒德. 当代教育心理学 [M]. 北京：北京师范大学出版社，1997.
6. 刘电芝. 学习策略研究 [M]. 北京：人民教育出版社，1999.
7. King, A. *Effects of training in strategic questioning on children's problem-solving* [J]. Journal of Educational Psychology. 1991 (3)：307－317.
8. Swanson, H. L. *Influence of metacognitive knowledge and aptitude on problem-solving* [J]. Journal of Educational Psychology. 1990 (2)：306－314.
9. Weinstien, C. E. *Helping students develop strategies for effective learning* [J]. Educational Leadership. 1989：17－19.
10. Dansereau, D. F. *Learning strategy research*, In Segal, J. W. Chipman, S. F. & Rlaser：*Thinking and Learning Skills* [M]. Mahwah：Erlbaum. 1985：209－239.

第五章

智力与创造力的培养

【内容摘要】

智力和创造力是个体差异和个性化的重要表现，也是影响学习的主要因素。对智力和创造力的认识是人类认识自身潜力，并在此基础上形成认识世界、改造世界的能力的基础。本章主要介绍了智力和创造力的概念、传统和现代智力理论的发展、智力和创造力的测量以及智力和创造力的培养。

【学习目标】

通过本章的学习，使读者掌握智力、创造力等基本概念，理解不同智力理论的内涵，了解智力和创造力测量的基本方法，并能结合实际进行智力开发和创造力的培养。具体目标如下：

1. 理解智力的含义，认识智力的复杂性；
2. 记住有关智力的主要理论；
3. 理解多元智力理论的主要观点；
4. 理解三元智力理论的主要观点；
5. 能简要分析传统智力理论与现代智力理论的区别及其对教育的现实意义；
6. 能简要分析影响智力发展的主要因素；
7. 能够有意识地灵活运用不同方法开发学生的智力；
8. 掌握创造力的内涵；
9. 理解创造力发展的特点；
10. 能够主动灵活运用不同的方法培养学生的创造力。

【关键词】

智力　智力理论　智力培养　创造力　创造力培养

　　智力和创造力是个体的重要素质之一，也是影响学生学习的重要因素。从个体发展的角度来看，智力与创造力并非天生的、一成不变的，它们伴随着个体的自然成熟、生活经验的积累和学校教育的影响而不断变化发展，对智力和创造力的培养是我们教育的重要目标。智力与创造力的个别差异也是影响学习的重要认知因素，它不仅影响着教学内容和教学方法的选择，同时还影响着教学中师生交互作用的方式。

　　什么是智力、创造力？人的智力和创造力为什么会有差异？影响智力和创造力发展的因素是什么？智力可以测量吗？智力和创造力发展有什么规律？如何培养？这是本章所要探讨的主要问题。

第一节　智力的发展与培养

一、对智力的认识

　　智力是一种极为复杂的心理机能。给智力下一个大家都认可的定义，是一件困难的事情。正如《中国大百科全书·心理学》①里关于"智力"条目的释文中指出的"智力一词的含义看起来好像是人人皆知的，实际上却很难提出一种令人满意的定义"。《心理学大词典》关于智力条目的释文中也指出："对于智力，心理学家有各种不同的解释，至今没有统一的定义。"虽然关于智力没有统一的定义，但是心理学家们努力从不同的角度对智力的含义进行诠释，使得人们对智力这一复杂问题的认识越来越清楚。

　　心理学家科尔文（S. S. Colvin, 1921）认为，智力是个人为了适应环境而进行学习的能力。心理学家比奈（A. Binet）认为，智力是一种判断力、创造力、适应环境的能力。心理学家韦克斯勒（D. Wechsler）认为，智力是有目的的行为、合理的思维以及有效适应环境的总能力。心理学家加德纳（H. Gardner, 1983）认为，智力是个体解决实际问题的能力，产生或创造出具有社会价值的有效产品的能力。心理学家斯腾伯格（R. J. Sternberg, 1985）认为，智力是从经验中学习和获益的能力，抽象思维和推理能力，适应不断变化、模糊多样的世界的能力，以及激励自己有效地完成应该完成的任务的能力。我国心理学家对智力也给予了不同的定义。例如，林传鼎教授认为："智力就是能力或者智能，即人们运用知识技能的能力。"吴天敏教授认为："智力是脑神经活动针对性、广扩性、深入性、灵活性在任何一项神经活动和由它引起并与它相互作用的意识性的心理活动的协调反应。"燕国材教授认为："智力是人们在认识客观事物的过程中所形成的认识方面的稳定的心理特点的综合，它足以保证人们有效地进行认识活动。包括观察力、记忆力、想象力、思维力和注意力五个基本因素。"朱智贤教授认为："智力是人的一种心理特性或者个性特点，是偏重于认识方面的特点，是和气质、性格不同的。"

　　1987年有人就智力的定义对教育和心理学领域的专家进行调查，结果发现各个学者之间观点分歧仍很大，但一般都同意智力包括下列三种能力：

---

　　① 潘菽，荆其诚. 中国大百科全书：心理学［M］. 北京：中国大百科全书出版社，1991：556.

1. 主要是处理抽象事物（观念、符号、关系、概念、原理）的能力而不是处理具体事物的能力；

2. 解决问题的能力即处理新颖情境的能力，而不是对熟悉情境做单纯的熟悉性反应的能力；

3. 学习能力，尤其是学习和运用涉及词或其他符号的抽象观念的能力。①

由上可以看出，学者们至少都认为：（1）智力是一种"能力"，它区别于兴趣、爱好等其他非认知领域的心理特性；（2）智力是指认知活动中最一般、最基本的能力；（3）它与个体的抽象思维能力密切相关。

智力概念的多样性恰恰说明了智力的复杂性，仅从表面上理解智力的含义是远远不够的。随着智力研究的不断发展，不同的智力理论被提出，人们对智力内涵的理解也将不断深入。

二、智力理论

（一）传统智力理论

20 世纪以来，心理学家从不同角度对人的智力进行了广泛的研究，提出了种种智力理论，使得人们对智力的理解不断深化和发展。了解这些智力理论的发展对于理解智力的本质和科学设计智力测量工具以及开发学生的智力有着重要的意义。下面概括介绍几种关于智力理论的观点。

1. 二因素论

该理论由英国心理学家斯皮尔曼（C. E. Spearman，1938）于 1904 年提出。他认为智力由两种因素组成：一个一般因素（g 因素）和一组特殊因素（s 因素），一般因素虽然只有一个，它被应用于许多不同的任务中，并会影响个体在所有智力活动中的表现。但特殊因素却可以有很多，比如在语文、数字、音乐等的学习中都各自相应有某一特殊因素 s_1、s_2、s_3……，这些 s 因素只会影响个体在某种特殊智力活动中的表现。任何一种智力活动都需要这两种因素共同作用，如完成一项语文作业是由 g 因素和 s_1 因素发生作用，完成一项算术作业则是由 g 因素和 s_2 因素发生作用，两种任务或两套测验的结果出现正相关，是因为它们均有一般因素 g。但它们又不完全相关，则是由于每种作业中又包含各不相同的 s 因素造成的。智力测验所要测量的就是这个一般的 g 因素。因此，g 因素是智力结构的关键和基础。

2. 组因素（group factor）论

美国心理学家瑟斯顿（L. Thurstone，1938）认为，基本能力不是一个，是一组。他采用因素分析法，通过对实际智力测验分数进行因素分析，提出了基本能力学说。他认为智力可以分为若干个基本能力因素，这些基本能力因素的不同组合，就构成了人的独特的智力面貌。于是，在批评二因素论的基础上，他于 1938 年提出了智力的组因素理论。

瑟斯顿认为，人类智力由七种主要因素（或称心理能力）组合而成。在此基础上

---

① 皮连生. 智育心理学 ［M］. 北京：人民教育出版社，1996：61.

瑟斯顿编制了一套智力测验，称为"基本心理能力测验"（Primary Mental Abilities Test，简称PMAT），至今仍被广泛使用。这七种因素包括：

（1）语词理解能力（W），通过词汇和一般知识的测验来测量；

（2）一般推理能力（R），通过类比和系列填充测验来测量；

（3）语言流畅性（W），通过给出一个特定的词，迅速联想出尽可能多的词来测量；

（4）计算能力（N），通过计算和解决简单的数学问题来测量；

（5）记忆能力（M），通过图片和词语的回忆测验来测量；

（6）空间关系（S），通过对舞台图像的心理旋转测验来测量；

（7）知觉速度（P），通过对图形、名称和数字之间的微小差异来测量。

3. 卡特尔关于智力的观点

1963年，斯皮尔曼的弟子，美国心理测验学家卡特尔（R. B. Cartell，1905— ）根据对智力测验结果的分析，将智力分为两类（Cartell，1963）：其一为流体智力（fluid intelligence），是指受先天遗传因素影响较大的智力。流体智力多半经由对空间关系的认知、机械式记忆、对事物判断反应的速度等方面表现出来。其二为晶体智力（或固定智力）（crystallized intelligence），是指受后天学习因素影响较大的智力。晶体智力表现为对语文词汇及数理知识的记忆。图5-1即表示两种智力发展的情形。

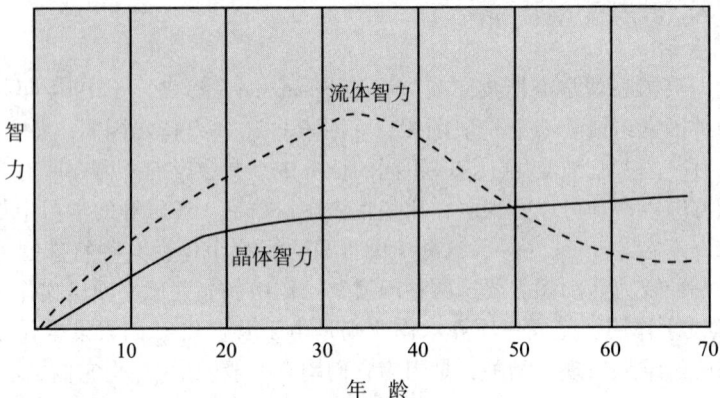

图 5-1　流体与晶体两种智力的发展

4. 智力的三维结构理论

吉尔福特（J. P. Guilford，1959）认为，由于任何一项智力活动都不过是对一定内容（对象）进行操作产生一定产品（结果）的过程，所以，对智力结构的分析应该从智力活动的内容、操作和产品三个维度来考虑。

从20世纪50年代开始，吉尔福特就一直以此为思路不断构建他的智力三维结构模型，试图尽量涵盖人类所有各种极为复杂的智力类型，到1988年，该理论最后修订为如图5-2所示的模型。

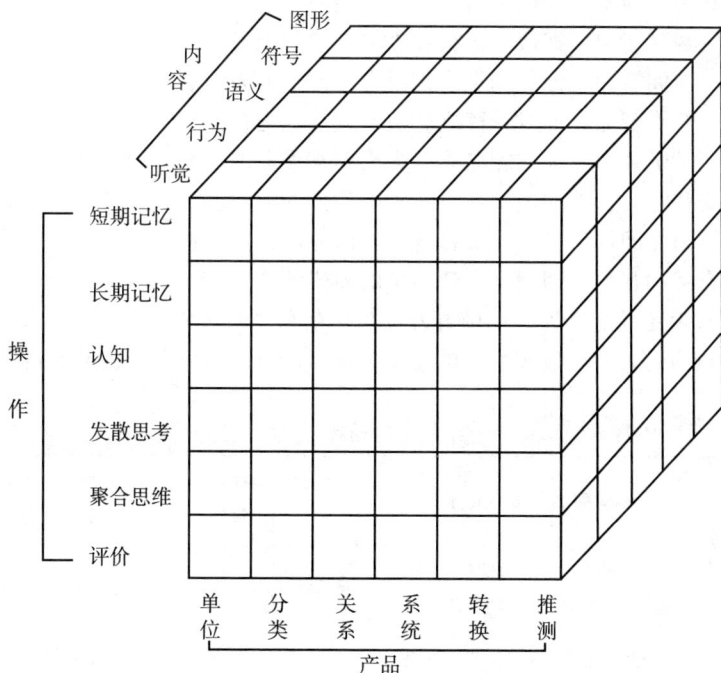

图 5-2 吉尔福特智力三维结构模型

由图可见，吉尔福特把"内容"分为 5 个项目：图形、符号、语义、行为和听觉；把"操作"分为 6 个项目：短期记忆、长期记忆、认知、发散思维、聚合思维和评价；把"产品"分为 6 个项目：单位、分类、关系、系统、转换和推测，从而他的三维智力结构模型共由 5×6×6 = 180 个小立方体组合而成，每一小立方体代表一种独特的智力。但目前尚未有一种智力测验可以评定该模型包含的所有智力层面及其因子。

（二）现代智力理论

上述的几种智力理论，是从结构论的观点解释智力，关注的是构成智力的成分和要素。而现代智力理论试图超越传统因素分析的做法和心理测量的取向，从更广泛的角度把智力视为一个复杂的系统，从更广阔的视野去探求人类智力的实质和结构。比较有代表性的是加德纳的多元智力理论和斯腾伯格的三元智力理论。

1. 多元智力理论

该理论由哈佛大学心理学家加德纳（H. Gardner）于 1983 年首先提出，并不断改进。加德纳认为，现代的智力测验，因偏重对知识的测量，事实上狭窄化，甚至曲解了人类的智力。他认为，智力应该是指在某种文化环境的价值标准之下，个体用以解决问题或生产创造时所需的能力。据此他提出了多元智力理论（Theory of multiple intelligence）。加德纳认为人类的智力应该至少包括以下八种不同的相对独立的智力类型，如表 5-1 所示。每一种类型都是一个独立的功能系统，但是各种系统可以相互作用，从而产生整体的智力活动。

- 言语智力，即学习和使用语言文字的能力；
- 逻辑—数学智力，即数学运算和逻辑推理的能力；
- 视觉—空间智力，即凭知觉识别距离，判定方向的能力；
- 音乐—节奏智力，即对音律之欣赏及表达能力；
- 肢体—动觉智力，即支配肢体以完成精密作业的能力；
- 人际交往智力，即与人交往且能和睦相处的能力；
- 内省智力，即认识自己并选择自己生活方向的能力；
- 关于自然的智力，即识别自然界中的模式的能力。①

加德纳认为还可能有另外一种智力：与存在有关的智力（existential intelligence）。这种智力比较高的人善于发现生命的意义，而且能够理解有关人的存在的基本问题。

表 5-1	加德纳的多元智力理论②		
智力类型	该智力的核心成分	经常使用这种智力的人举例	有助于发展这种智力的学校活动
1. 言语智力	对声音、韵律和词的意义敏感，理解语言的不同功能	诗人、记者	讨论修辞和象声词
2. 逻辑—数学智力	对识别逻辑或数学模式敏感，能够进行比较长的逻辑链条的推理	科学家、教育家	根据三角形的面积公式，计算建筑物两对角之间的距离
3. 视觉—空间关系智力	能够准确地感知视觉-空间世界，并能够进行知觉转换	航海家、雕刻家	借助于透视法来画图
4. 音乐—节奏智力	能够谱写和欣赏节奏、音调和节拍，鉴赏各种形式的音乐	作曲家、小提琴家	确定一首歌的旋律和节拍
5. 肢体—动觉智力	控制身体的运动和灵活操作物体的能力	舞蹈演员、运动员	玩老鹰捉小鸡的游戏，跳方形舞
6. 人际交往智力	对人的各种情绪、气质、动机和需要做出正确判断和反应的能力	治疗师、售货员	听同学之间的辩论
7. 内省智力	了解自己的情绪，能够辨别这些情绪，并能够根据这些情绪指导自己的行为；了解自己的长处、不足、动机和智力	演员、小说家	通过角色扮演来了解一个人的内心世界
8. 关于自然的智力	能够发现并理解自然界的模式	地理学家、探险家	到森林中观察动物的生活模式

---

① ［美］R. J. 斯腾伯格. 教育心理学 ［M］. 张厚粲，译. 北京：中国轻工业出版社，2003：117.
② 同①：118.

加德纳认为，每一种智力都是一种单独的智力，而不仅仅是一种单独的能力。与能力不同，不同的智力适用不同的符号系统。比如，言语智力将词进行不同的组合，逻辑—数学智力使用数字和逻辑符号，音乐—节奏智力使用各种形式的音符。而且，他还把每种智力看作一个模块，每一种智力都发源于特定的脑区。

加德纳的理论极大地拓展了传统智力概念的含义，这对差异性教育和教学有着重要的意义。

2. 三元智力理论

加德纳的多元智力理论强调了智力的一套相对独立的结构，而耶鲁大学的心理学家斯腾伯格（R. J. Sternberg）则从信息加工的角度提出了关于智力的三元理论，把智力看作是一套相互依存的加工过程。根据三元智力理论，智力有三个相互关联的方面——分析能力、创造能力和实践能力。每个方面都对应着不同的亚理论。其相互关系如图5-3所示。

● 成分亚理论（component sub-theory），指个体对初级信息进行加工的能力，包含有三个子成分。第一个是元成分，它是智力活动的高级管理成分，参与智力活动的计划、资源分配、评价、监控以及策略的选择等；第二个是操作成分，其功能是执行元成分的指令，进行各种具体的认知加工操作（编码、提取、应用、存贮等），并同时提供反馈信息；第三个是知识获得成分，它负责对新知识和新信息的获取。

斯腾伯格
（R. J. Sternberg, 1949—　）

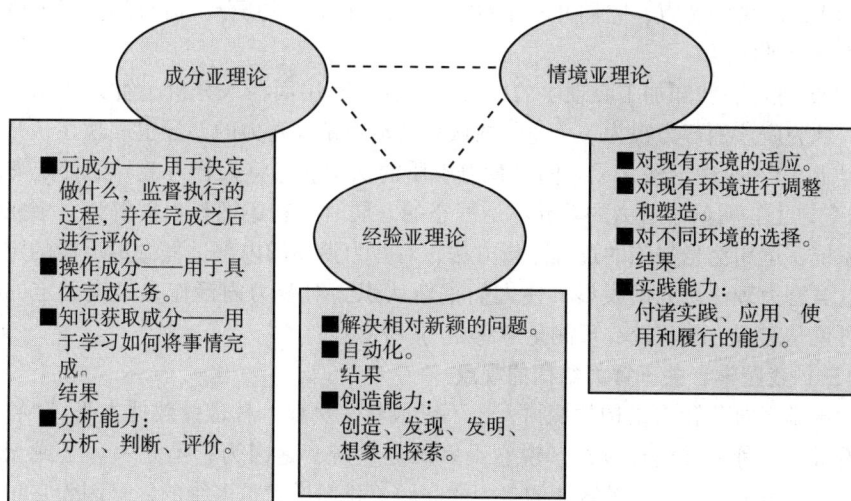

图 5-3　智力的三元理论①

● 经验亚理论（experienced sub-theory），指个体运用既有经验处理新问题时，统合不同观念而形成的顿悟或创造力。

---

① ［美］R. J. 斯腾伯格. 教育心理学 ［M］. 张厚粲，译. 北京：中国轻工业出版社，2003：121.

● 情境亚理论（context sub-theory），指个体在日常生活中，运用学得的知识经验处理其日常事务、适应环境的能力。

这一理论从人的内部世界、外部世界及经验与智力的关系三个方面来阐述智力的结构，并集中强调了元成分在智力结构中的核心作用，代表着当今智力研究的发展方向。最近，斯腾伯格又在自己早期智力理论的基础上提出了实用智力、成功智力。

3. 智力的 PASS 理论

在"必须把智力视为认知过程来重构智力概念"的思想指导下，加拿大心理学家戴斯（J. P. Das）等人以认知心理学和鲁利亚（A. R. Luria）关于大脑机能的神经心理学思想为基石，结合新近有关认知神经科学的研究成果，提出了研究认知活动的PASS 模型。

在他的理论中，"PASS"指的是"计划（plan）—注意（attention）—同时性加工（simutaneous process）—继时性加工（successive process）"三级认知功能系统的四个加工过程。当个体为如何解决问题、开展活动或叙述一件事而做出决策时，必然要求计划过程的参与。计划过程包含目标设定，对反馈的预期和监控。注意过程则允许个体选择性地注意某些刺激而忽略其他刺激，抑制干扰和保持警戒。同时性加工过程可将个别的刺激整合成有机整体。继时性加工过程则将刺激整合为一个特异性的序列。该模型认为智能活动是一个整体，因此，一切智能活动的运行依赖于注意系统、同时性加工—继时性加工系统和计划系统的协调合作。需要注意的是，PASS 模型与传统的智力"因素论"有着本质的区别，其三个机能联合区、四个加工过程体现着信息加工过程观的特点，它们并不是对智力整体进行新的切分，而只是为智力研究提供智力分析的维度。

PASS 理论在认知加工心理学的框架内，从动态层面深入分析了智力活动的内在过程，认为应该把智力视为一个完整的认知活动系统，智力的差异也表现在认知过程的差异上。PASS 理论深化了人们对智力本质的认识。它将人智力差异的评定奠基于"过程"之上，明确了智力的差异不是静态的。同时，它还把智力理解为一个完整的活动系统，运用信息加工的过程分析方法，对智力活动的内部过程做尽可能的定量描述。这类智力理论研究的发展，使人们重新认识到对智力内涵作多维度界定的必要性，可说是对智力的传统心理测量学观点的一种突破。

（三）我国学者关于智力结构的观点

我国学者对于智力结构的探讨，也不乏成就。例如，林传鼎教授主张："智力应该被看成为一种多维的连续统。说它是多维连续统，是因为它不是一种全或无的问题，不是智能的有无，而是智能的多少的问题。我们说它是多维的，是因为它包含着许多特殊的技能和能力。"他进一步提出了智力结构中包括的六种能力：（1）对各种模式进行分类的能力；（2）适宜地观察行为的能力，即学习能力；（3）归纳推理的能力，即概括能力；（4）演绎推理的能力；（5）形成概念模型并使用这种模型的能力；（6）理解能力。

林崇德教授认为，不能将智力和能力绝对分开。它们同属于个性的范畴，不论是智力还是能力，其核心成分是思维，基本特征是概括。智力应由思维、感知（观察）、记忆、想象、语言和操作技能组成。其中思维力（尤其是抽象思维能力）是智力的核心。

朱智贤教授认为，"智力的核心成分是思维。"他从矛盾的特殊性原理出发，深入探讨了思维的特点，提出了思维的概括性、间接性、目的性和问题性，层次性和产生性等特点。

总之，一般认为，智力是使人能顺利地从事某种活动所必需的一般性认知能力，由注意力、观察力、记忆力、思维力和想象力五种基本因素组成。但它又绝不是五种基本因素的简单相加，而是各种因素的有机结合，每一因素的水平都会影响着整个智力的水平以及其他诸因素作用的发挥。

三、智力的测量

现代很多关于智力的研究可以追溯到法国心理学家比奈（A. Binet，1857—1911）的研究。1904 年，法国公共教育部成立一个委员会，这个委员会希望找出一种方法能够将那些最不适应接受普通学校教育（能力相对低下）的学生筛选出来，为他们开设一些特殊的班，以便能最大限度地利用有限的教育资源。为了满足法国学校的需求，比奈和他的同事西蒙通过对儿童的大量研究，设计了世界上第一个智力测验（量表），它包括有难度依次递增的 30 个问题。比奈在量表中首先提出了智力年龄（智龄）的概念，用以表示个体智力水平的高低。

该量表于 1916 年经美国斯坦福大学心理学家推孟（L. M. Terman）加以修订并进一步标准化后引进美国，改名为斯坦福—比奈量表。修订后的斯坦福—比奈量表中，每一年龄组有 6 个项目，每一项目代表两个月。并采用智力商数（IQ）的概念，标明儿童的智力水平。该量表后来多次修订，成为当今世界最为流行的三大智力测验量表之一，适用年龄是 2.5—18 岁。

推孟
(L. M. Terman, 1877—1956)

1924 年，我国的陆志韦先生对 1916 年出版的斯坦福–比奈量表进行了修订，制成了《中国比奈西蒙智力测验》。后来，这一量表经过两次修订，在 1982 年以《中国比奈智力测验手册》名称正式出版。该测验包括 51 个项目，适用范围为 2—18 岁，在我国智力落后儿童的智力测验中广泛使用。

由于推孟采用了智力商数（intelligence quotient，简称 IQ）的概念，这极大地推动了智力测验事业的发展和推广，因为传统的智力年龄虽然也可以标明一个儿童智力水平的高低，但作为一个绝对数值，对不同年龄间儿童做比较时就有一定困难，而把智力年龄（mental age，简称 MA）与实足年龄（chronological age，简称 CA）的商数之比作为智力高低的反映，就很好地解决了这个问题。

$$IQ(智商) = MA(智力年龄)/CA(实足年龄) \times 100$$

比如，某 9 岁（实足年龄）儿童甲，如果他通过了 9 岁的全部项目，他的智力年龄也是 9 岁，那他的智商就是 $IQ = 9/9 \times 100 = 100$；而另一 9 岁儿童乙，如果除通过本年龄组的项目外，还完成了 10 岁组的三项，则其智力年龄为 9 岁 6 个月，从而智商

$IQ=9.5/9 \times 100=106$。

但上面的公式也有不科学的地方，因为它假定人的智力年龄必然随着实际年龄一起增长，但事实并非如此。儿童到达一定年龄后，其智力基本稳定在某一水平上，这时如仍用 MA/MC 来表示人的智力，就不一定能反映客观情况。因此，另一美国心理学家韦克斯勒（D. Wechsler）在此基础上又提出了离差智商的概念，把一个人与同年龄组正常人的智力平均数之比确定为智商：

$$IQ=100+15 \times (X-\bar{X})/SD$$

式中 X 为个人原始分数，$\bar{X}$ 为同年龄团体平均数，SD 为标准差。

这样，智商就只表示一个人的智力在同年龄组中的相对位置，更加不受年龄的影响。目前，国际上已普遍采取了这种智商概念。

与此同时，韦克斯勒（D. Wechsler, 1949, 1955, 1967）还发展了一整套新的智力测验，包括有韦克斯勒儿童智力量表（适用于 6—16 岁的儿童和少年）、韦克斯勒成人智力量表（适用于 16—74 岁的个体和成人）、韦克斯勒学前和学龄初期儿童智力量表（适用于 4—6.5 岁的幼儿），均分别从言语和操作两个方面评定个体的智力。韦克斯勒智力量表是当今国际上最为流行的智力量表。

比奈智力测验和韦氏智力测验都属于个别智力测验，需要由训练有素的专家给个人单独施测。此外，还有的智力测验是团体测验，例如瑞文标准推理测验。瑞文标准推理测验是由英

韦克斯勒
（D. Wechsler, 1896—1981）

国心理学家瑞文（J. C. Raven, 1938）编制的一套非文字的图形智力测验。该测验不受文化、种族与语言等条件的限制，它不仅适用于正常人，也适用于具有某些生理障碍的人如聋哑人及丧失语言机能的病人。该测验可采用团体施测，使用方便、省时，特别适合于大规模的智力测查。测验结果以百分等级解释，直观易懂。因此，瑞文标准推理测验在世界各国得到广泛使用。

四、影响智力发展的因素

人的智力发展受到哪些因素的影响？对这类问题的研究不仅有助于澄清智力发展的基本理论问题，也有助于我们从不同的角度促进个体智力的开发。

影响个体智力发展的因素既有主观因素，也有客观因素。主观因素主要是来自个体的遗传素质和成熟过程，客观因素主要有环境和教育的因素。人的智力实际上取决于遗传和环境两大因素的交互作用。

（一）遗传和生理成熟奠定了智力发展的基础

人的智力，在基本构架上是由先天遗传因素所决定的。遗传和生理的正常发展对人的智力奠定了生物学基础。生理学家、心理学家采用了不同的方法研究智力的遗传因素，得出了有说服力的结论。

20 世纪 50 年代对基因的研究成果，对于人们理解智力的遗传特征提供了科学的根据。科学家发现，在人类已经证明的单个基因的 1 876 个人类表现的目录中，有大

约150个与智力落后有关。英国科学家高尔顿运用家谱分析法调查了几百个名人的血缘关系，发现在名人亲属中成为名人的比例显著高于普通家庭。他还调查了30名艺术家的家庭，发现他们家庭中46%的子女也有艺术才能；而在150个普通人的家庭中，只有21%的子女有艺术才能。由此他得出了遗传决定论的观点。单纯的家谱分析法，混淆了遗传和环境的因素的关系，无法确切探讨遗传和环境对智力的影响。后来又有人从血缘关系上来分析智力与血缘的相关，以揭示遗传和智力之间的关系。研究发现有血缘关系的比无血缘关系的智力相关高；生父母与子女之间的相关比养父母与子女之间的智力相关高（Kimling & Jaevik，1963；A. R. Jenson，1969）。

为了进一步揭示人的智力与遗传的关系，科学家还用双生子为研究对象，进行比较研究。厄伦迈尔—基姆林（L. Erlenmeyer-Kimling，1963）等人对来自八个国家的52项关于智力与遗传关系的研究结果进行了系统分析，结果见表5-2。

表5-2	不同血缘关系者的智商相关[1]
关 系	相关系数
无血缘关系又生活在不同环境者	0.00
无血缘关系在同一环境长大者	0.20
养父母与养子女	0.30
亲生父母与亲生子女（生活在一起）	0.50
同胞兄弟姐妹在不同环境长大者	0.35
同胞兄弟姐妹在同一环境长大者	0.50
不同性别的异卵双生子在同一环境长大者	0.50
同性别的异卵双生子在同一环境长大者	0.60
同卵双生子在不同环境长大者	0.75
同卵双生子在相同环境长大者	0.88

该研究结果发现：不同性别的异卵双生子在同一环境下长大者，智力的相关系数平均为0.5；同卵双生子在同一环境下长大者，智力的相关系数最高。行为遗传学家（Boichard & McGue，1981）在对113 942名儿童、青少年或者成人的智力的家庭研究中，也得到了类似结果。见表5-3。

---

[1] 欧阳伦，王有智. 新编普通心理学［M］. 西安：陕西师范大学出版社，1998：430.

表 5-3	亲缘关系的家庭研究中智力测验分数的平均相关系数①		
亲缘关系（遗传关系）	在一起养育（相同家庭）	分开养育（不同家庭）	
没有关系的兄弟姐妹（亲缘关系 0.0）	+0.34	−0.1	
领养的子女（亲缘关系 0.0）	+0.19	—	
半兄弟姐妹（亲缘关系 0.5）	+0.31	—	
兄弟姐妹（亲缘关系 0.5）	+0.47	+0.24	
异卵双生子（亲缘关系 0.5）	+0.60	+0.52	
同卵双生子（亲缘关系 1.0）	+0.86	+0.72	

詹森的研究也得出了同样的结论。这些研究说明遗传关系越接近，智力相关越高。

（二）环境和教育影响着智力的发展

人们在研究遗传对智力发展的影响的同时，也关注到环境和教育对人智力的发展的影响。研究表明，早期环境和教育、环境的丰富程度、父母及其他家庭环境对人的智力的发展都会产生影响。

研究表明，早期环境的丰富与贫乏，对个体的智力有明显的影响。古德法布（J. C. Goldfarb）曾在 1943 年对生活在不同环境中的儿童的智力发展进行比较研究。结果发现：早期生活在慈善幼儿园、3 岁后进入寄养家庭的儿童与直接在寄养家庭生活的儿童的相比，表现出相应智力落后的分别为 37.5% 和 7%；在教育上显出困难的为 42.5% 和 15%。施皮茨（R. Spitz）1965 年对 134 名 1 岁以下生活在收容院的幼儿与 34 名在家庭中生活的幼儿进行了比较研究，发现开始时两组儿童发育状况良好，一年以后，试验组儿童的发育状况表现出惊人的恶化，发育商数从原来的 124 下降到 75，第二年又降低到 45。而对照组发育状况良好。

家庭环境对人的智力的发展也有明显的影响。首先，它可以通过家庭的气氛、家长的文化素质、职业情况、家庭教养方式等方面对孩子的智力产生影响。例如，埃尔斯（K. Eells）用韦克斯勒智力量表对父亲职业不同的子女的智商进行测量，结果发现专业人员子弟与工人子弟之间智商的差别是 16 分。国内也有人做过类似的研究，得出了类似的结论。有人从家庭结构角度去研究，发现了结构正常家庭的儿童比不正常家庭儿童的智力发展要好。而有关家庭教养方式对儿童智力发展的影响的研究，发现"过度保护或者过度替代"型、"专制或虐待"型教养方式的比例随着智商的降低而升高；"民主而严格"型的比例随着智商的降低而降低。其次，父母对教育的态度是否一致也影响了儿童的智力。在高智商组中，夫妻教育的一致性明显上升。再次，家庭关系的好坏也直接影响儿童的智力发展。这些结果从不同角度说明了家庭和环境对儿童智力发展的显著影响。

教育在人的发展中起决定因素，人的智力的发展也不例外。学校教育是一种有目

---

① ［美］David R. Shaffer. 发展心理学——儿童与青少年 ［M］. 邹泓，等译. 北京：中国轻工业出版社，2005：93.

的、有组织、有系统的教育，它在影响人的智力发展方面比家庭具有更重要的意义。正规的学校教育条件、教师的教在很大程度上决定着学生的智力潜能的开发和实现。无论是人们有关早期教育对人智力发展的影响，还是有关其他不同年龄阶段教育对智力发展促进作用的研究都证明了这一点。

五、智力培养与开发

智力的发展受到遗传、环境和教育的影响，而教育对人的智力发展起决定性作用。因此，心理学家通过各种方式研究探讨如何通过教育开发人的智力，获得了一些有价值的成果。

（一）横向思维智力开发方案

英国剑桥大学心理学家波诺（E. de Bono）提出了横向思维的智力开发训练方案。

波诺认为，智力的高低不是由学习的好坏来决定的。智力只是一种潜在能力，它必须加上头脑的思考能力，即思考技巧，才能充分发挥出来。思考的技巧其实就是横向思维。横向思维与人的创造力相关，与新观念的生成相联系，它既是一种态度也是一种使用信息的方法。波诺设计了一套智力开发方案，该方案包括 6 个部分，每部分均由 10 课组成，针对思维的某一方面。这 6 部分分别是：

1. 思维广度。该部分主要是帮助个体发展一些能用来广泛考察思维情境的工具和习惯。这包括思想的处理：对思想的优劣或有趣之处进行审慎思考，不要急于接受或拒绝；涉及的因素：尽可能广泛地了解情境涉及的因素，不要只考虑单方面的因素；规则：把思想的处理和涉及的因素结合起来；结果：考虑可供选择策略的即时、短期、中期和长期的效果；计划：把结果和目的结合起来；优先考虑：对许多不同的可能进行遴选，按顺序排列优先考虑权；可供选择者：考虑一些新的选择，不要限于感觉明显的方面；决策：把优先选择和可供选择者结合起来；观念：考虑情境所涉及的所有观念。

2. 思维组织。这一部分主要是教个体如何有组织有系统地处理思维情境。主要包括识别：为了能容易地理解和处理某个情境，对它进行认真的识别；分析：为了更有效地考虑某个情境，对它进行认真的计划；比较：用比较法加深对某个情境的理解，学会用系统比较方法；选择：从那些符合某人需要的不同选择物中进行慎重的挑选；找出其他途径：仔细找出考察某个情境的其他途径；起始：决定思考情境的第一步；组织：组织思考情境的所有步骤；巩固：了解思考情境已完成了什么，还有什么仍需加以完成；结局：得出一个明确的结论，包括判定不能得到明确的结论。

3. 相互关系。这一部分是关于有争议和引起讨论的情境的。主要包括检查：仔细检查争论的两方面意见，不要盲目支持某一方面；论据的类型：了解论点提出的论据类型，区别事实与舆论；论据结构：检查论据，看看它是具有独立性，还是与其他论据一致、不同、无关；检查论据是如何拼合起来的，使论据一致性增加，不同之处减少；确认正确一：了解两种正确方法；确认正确二：了解另外两种正确的方法；确认错误一：了解两种错误的方法；确认错误二：了解另外两种错误的方法；结论：了解争论到最后所达到的结果。

4. 创造力。这一部分主要是关于创造性思维的。主要包括是否和可能：暂停对观点的价值判断，对它们进行创造性的运用；直接前进：运用某些观点，把它们作为导致另一观点的阶石；随机输入：把随机、无关的观点作为一种刺激放到思维情境中，以便产生新的见解；概念质疑：对概念的唯一性进行检查，看有无其他途径可代替；优势的观点：检查情境中的优势观点，把它们推到一边考虑其他观点；说明问题：准确说明问题，使之易于解决；消除错误：用某些观点确定错误，并予以消除；融合：检查看起来无关的各种观点，以便对之做新的融合；需求：把某个情境的需求作为识别、复制此情境的新途径；评估：决定哪个观点最符合情境需要，并了解优缺点。

5. 信息和感觉。这部分是关于思维中信息和感觉的安置。主要包括信息：了解什么样的信息适于某个情境的思维，还需要什么样的补充信息；质疑：能够熟练地运用质疑，了解质疑与试探之间的区别；线索：用线索进行演绎，辨明含义，单独并综合地检查线索；反诘：避免错误的跳跃和错误的结论，对错误结论进行反诘；猜测：面对不完整的信息时进行猜测，估计猜对的可能性有多大；信条：区分支持某种信息的各种不同证据，区分可信度、证据、确定性、舆论和权威之间的不同；预制：试用已有的观点；情绪和自我：了解情绪进入思维的方式，识别自我的情绪；价值：了解价值进入思维和影响结果的方式，接受情境中所包含的价值；简化和澄清：了解如何简化某个情境，能够有效地抓住情境的本质。

6. 行动。这一部分是有关执行行动的计划或构想，是把前面所讲的训练内容进行概括和综合，融合成一套有效的思维步骤，并进行综合运用。主要包括目标——扩展——收缩和意图——输入——解决办法——选择——运用。①

波诺教授的横向思维训练方法，最早在委内瑞拉的 120 万小学学生中实施，取得了显著的效果，后来又扩展到美国、澳大利亚、西班牙等其他国家。

（二）工具性强化训练法

工具性强化训练法是由以色列心理学家符尔斯坦（R. Reuerstain）1980 年提出，后来由他和美国心理学家兰德、霍夫曼、米勒和詹森（Rand, Hoffman, Miller & Jensen）等加以推广。此项目主要用于矫正青少年认知功能的缺陷和提高青少年的认知能力。

工具性强化训练法有 6 个分目标：（1）矫正从认知行为中观察到的认知结构、态度和动机等功能的缺陷；（2）训练完成各种不同要求所需要的认知操作，如再认、辨别、分类、排序或逻辑运算等；（3）通过习惯的形成培养内在动机；（4）使学生了解自己不同认知过程的本质和效用；（5）激发学生对人物的兴趣；（6）使学生从被动接收信息变为主动产生信息。工具性强化训练法的工具有三种，分别是：（1）非语言个别实施的工具，包括点子组织、知觉分析和图解等；（2）由教师读题，师生之间进行语言交流的工具，包括空间定向、比较、家庭关系、数列和演绎推理；（3）由学生自己读题并理解的工具，包括归类、指导、时间关系分析、时间转换和表征图案设计。

工具性强化训练法的主要内容有 10 方面：（1）点的结构。要学生从给出的一组

---

① 莫雷. 教育心理学［M］. 广州：广东高等教育出版社，2005：322-333.

范例中找出其中的结构关系和规则，然后把它们投射到未曾组织的圆点上去，如图5-4所示。通过点的组合，构成规则图形，在其他图中组织各圆点，发现相似的规则，如图 5-4 所示。

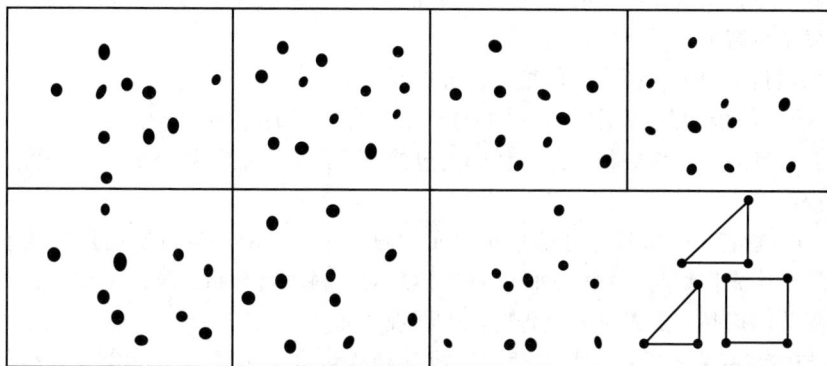

图 5-4　点的结构联系

该项目涉及的认知功能主要有本质关系的透射、式样和大小的辨别、有关信息的使用、策略的发展、回顾分析以及抑制冲动。（2）空间定向。该项目主要是让学生学会正确把握空间方位之间的关系。（3）比较。该项目主要是让学生看一幅画，然后再让他们看另外的几幅画，让他们比较后几幅与前一幅画有什么区别。（4）分类。让学生看一些画，给画中的物体命名，然后按它们的所属范畴来分类。（5）表征图案的设计。给学生一些广告图，让他们运用其中有颜色、形状或大小的图案在心理上重新构成一个图案。（6）家庭关系理解。将家庭的纵横和层次关系告诉学生，让他（她）将某个同时兼有几种身份的人，如同时是女儿、妻子、母亲、孙女的人，按家族中的地位和角色进行分类或再分类。（7）时间关系。该项目是向学生提供时间概念和参照系，让他们逐步理解时间既可以看成是间隙的连续，又可以看成是一个维度。最初提供的时间概念是可测的固定时间，而后这个概念逐渐扩展到未来、过去和现在的相对性，从一个时态到另一个时态的单方向、不可逆转的流逝。（8）数列。该项目是给个体一串数字，以及组成数字的规则，让他们延续数字。（9）关系转换。该项目是一种高级的"工具"，它是根据已知的元素之间关系进行推理，从而得出某些元素之间大于、等于或小于的关系。（10）三段论推理。该项目以抽象的符号代替词语，训练个体用高度严密的形式逻辑进行推理。

工具性强化训练法适用对象广泛，工具的实施不受年龄、性别、能力水平、社会经济地位的限制。此外，该训练除了能提高练习者在能力测验上的分数以及他们的学业成绩之外，还能提高练习者的内部动机、自尊心和自信心。目前，工具性强化训练法已成为当前国际上最为流行的智力开发方案之一。

（三）对智力的综合训练——项目学习

现代智力心理学家加德纳把智力看作是个体解决实际问题，产生或创造出具有社会价值的有效产品的能力。加德纳认为要培养学生解决问题和创造有效产品的能力，就必须使学生从传统的接受和训练学习变为以"解决问题或制造产品为特征"的"项目学习"。项目学习是指教师指导学生对真实世界的某一问题进行深入研究的活动，具体表现为构想、验证、完善、制作产品。① 在项目学习中，学生是根据自己的兴趣爱好、专长来选择适当的主题，并围绕这个主题来展开学习。因此，项目学习应成为开发学生智力的重要渠道之一。

根据项目学习的特征，一般把项目分成 5 类②：

1. 有结构的项目。要求学生制作的产品符合特定的标准。学生用一段时间来制作产品，并且展示完成好的作品。教师通过检查产品是否满足规格要求来评价学生的学习结果。

2. 与主题有关的项目。是学生对单元学习的拓展。由学生自发选择主题或由老师布置。学生先搜集与主题相关的资料，然后对资料进行分析、整理、综合，最后形成一个最终的产品。通过书面报告向他人展现产品。

3. 与体裁有关的项目。要求学生制成某种既包含关键要素又符合特定参量的产品。学生在制造产品时，可以运用某种参量作为指南。但教师可以鼓励他们在设计最终的产品时充分发挥创造力。例如，如果体裁是儿童文学，那么学生可以做一本有封面封底和标题页的图文并茂的书。为了处理这些关键要素，学生就要考虑"出版社"的标准。通过对这一项目的学习，学生就会逐渐掌握"与体裁有关的项目"中所包含的要素特征及其产品制作的要领。

4. 模板项目。模板项目就是要求学生按照已有的模式制作某一产品。例如，报纸必须遵循一个被普遍接受的结构，这种结构就是一个"模板"。报纸在编排上都有一定的模式，学生可以用这种"模板"来创办班级或学校的报纸。

5. 开发性项目。开发性项目指的是那些鼓励冒险、创造性、革新以及发散性思维的项目。学生在做这些项目时不必有指南或标准，可以以自身的方式来看待熟悉的物体，或通过对熟悉材料的调查发现新的应用等。教师和学生可以一起通过讨论来建立项目的指南，包括对信息的搜集、从头脑风暴中产生的想法、对产品的检验以及如何完成最终产品等，因而其项目学习的过程是开放的。学生通过这一项目的学习，可以了解开放性的项目学习从主题确立到搜集资料、形成最终产品的过程，学会如何从不同的角度认识事物和提出新的想法等，从而增强个人的创造性思维能力。

专栏 5-1

信息加工速度与智力的关系

第一种观点：智力与信息加工的速度密切相关。一些研究者建议用纯粹的信息加工速度来理解智力，并且他们排除其他变量的干扰，用他们所能设计出的最简单任务来测量纯粹心理速度。这些研究者认为，面对从两个或者多个按钮中进行选择的任务，

---

① 夏惠贤. 多元智力理论与个性化教学 [M]. 上海：上海科技教育出版社，2003：82-85.
② 全国十二所重点师范大学. 心理学基础 [M]. 北京：教育科学出版社，2002：224-225.

个体对给定刺激的反应时间可以作为他的智力水平的一个指标。根据这种观点，如果一个人完成简单任务的速度提高了，那么他们加工新信息的效率也会相应提高。斯腾伯格认为，速度对解决复杂的问题来说可能也是重要的。如类比问题：律师：当事人；医生（a 患者，b 医药）。在解决这个类比问题过程中会用到如下加工过程：将参与类比的几个基本项目进行编码（观察类比项目，并从长时记忆中提取相关概念），推理律师和患者的关系，并把这种关系用于医生。这个过程进行得越快、越精准，而且在整个过程中采取了有效策略的人就越聪明。

第二种观点：速度快不一定就更聪明，聪明的人速度也不一定总是很快。例如，冲动性的学生急于给出答案或完成工作，但他们的答案不一定正确，或者说他们在第一次不一定能做好。相反，沉思型的学生在行动之前会考虑问题或进行思考，他们更可能给出正确答案或者把工作做好。

斯腾伯格发现，在完成复杂的推理和学习任务时，聪明的学生在开始做之前会花更多的时间思考。聪明的学生利用前面的这段时间考虑怎样把整个任务完成好，斯腾伯格称之为整体计划（global planning）。而不太聪明的学生则相反，他们在局部计划（local planning）上花更多的时间，也就是说在完成任务的过程中不时地制定一些小计划。因此，不聪明的同学经常犯错误，而且有时候不得不重新开始。多年前 Bloom 和 Broder 在对好学生和差学生进行比较时就得出过相同的结论，Larkin，Mcdermott 和 Simon 在比较专家和新手解决物理问题的过程时也发现相似的情况。

因为每一天都有一些重要的任务——如决定学习哪门课，选择哪个工作——这些任务不一定要急着去完成，那些花许多时间来计划的人虽然看起来比较慢，但实际上可能会做得更好。

第三种观点：一种综合：好的信息加工不仅要求快，而且要求知道什么时候应该快。教师如果想帮助同学发展智力，不仅要帮助他们提高速度，而且要帮助他们提高做计划的能力。为了帮助学生更快地完成简单的加工过程，教师可以帮助他们学会对这类信息进行自动化的加工，比如阅读。教师还应当鼓励学生在开始行动之前用足够的时间来进行计划。有经验的教师一有机会就帮助学生构造整体的计划模型，他们和学生一起为任务和作业设计各种不同的解决办法。教师也可以通过告诉学生制定整体计划的价值，以及完成当前任务应该遵循的具体步骤来鼓励学生自己进行整体计划。比如教师可以告诉学生在开始干之前要进行全盘考虑，并收集成功解决该问题所需要的所有资料。教师还可以建议学生想出两种或两种以上的方法用于解决该问题，然后帮助他们从中选择出最好的一个。教师应当为学生提供足够的时间做整体计划。

[资料来源] [美] R.J.斯腾伯格. 教育心理学 [M]. 张厚粲，译. 北京：中国轻工业出版社，2003：115-116.

第二节　创造力的发展与培养

一、对创造、创造力的认识

什么是创造、创造力？创造力与思维有什么关系？什么样的人格特征最可能产生创造力？如何培养人的创造力？是本节要讨论的问题。

（一）创造、创造力的定义

正如人们对智力的认识一样，关于创造和创造力，心理学界也存在着争议。《辞海》是这样解释的：创造是指做出前所未有的事情。美国学者帕内斯（S. J. Parnes）给创造下的定义是，创造是产生具有独特性和价值性成功的行为。日本学者伊东峻太郎认为，创造就是解决新问题、进行新组合、发现新思想、发展新理论的活动。对于创造力，人们也从不同的侧面来解释。德雷夫达尔（T. Drevdar）从结果角度把创造力解释为：创造力是产生新颖、奇特的看法或者制作作品的能力。也有人从创造力产生的过程来解释：创造力是个体认识、行动和意志的充分展开。目前，人们主要从创造过程、创造主体和创造产物三个视角来定义创造力。大多数对创造力的定义是从创造力的结果入手，把创造力定义为人们根据一定的目的，运用已知的信息，产生出某种新颖、独特、有社会或个人价值的产物的能力。这里的"产物"是指以某种形式存在的思维成果。它可以是一种新技术、新工艺、新作品或新的物质产品，也可以是一种新观念、新设想、新理论。新颖性和价值性是创造力的两个重要特征。

创造性思维是创造力的核心和基础。其判断标准有二：一是产品必须新颖或独特，要么是前所未有，破旧立新（相对历史而言），要么是不同凡俗、别出心裁（相对他人而言）；二是产品要么具有社会价值，要么具有个人价值。同时，这一定义还表明创造力是能力的一种，是人类一种比较特殊的能力。

然而，关于创造力是某种单一成分的能力还是具有某种复杂结构的综合性能力的问题，人们还没有达到共识。当年吉尔福特强调"正是在发散思维中，我们看到了创造性思维的明显标志"，并以发散思维为指标编制了一套创造力测验，因此，后来许多学者便以为，创造力是发散思维的功能，是它决定了一个人创造力的高低，把创造力干脆等同于发散思维能力。但随着研究的不断进行，人们认识到这种有关创造力的单因素观点是不符合事实的。虽然发散性思维在创造性活动中具有极为重要的作用，但实际上创造力有着更为复杂的心理结构，是一种包含多种智慧品质的综合能力。从横向上看，创造性活动既需要发散思维，也需要聚合思维；既需要直觉思维，也需要分析思维，需要它们的共同协调。从纵向上看，高度的创造力是敏锐观察力、良好记忆力、生动想象力和独特思维能力等综合发展的结果。

还需说明的是，人类的创造力并非仅仅表现在科学、科技领域，也并非只是表现在学术领域，在文学、艺术、体育、政治、商务、管理、人际交往等形形色色的领域都有存在，创造力可以表现在人类生活的一切实践活动中。每个人都有创造的潜质。就个体而言，创造力是智力、年龄、创造动机、创造方法与有关知识的函数。用公式表示为：

$$创造力 = 智力 \times 年龄 \times 创造动机 \times 创造方法 \times 有关知识$$

该公式表明，创造力与许多因素有关系。

（二）创造力的结构和层次

对创造力结构和层次的探讨，有助于我们了解创造力的复杂性和内涵的丰富性，以便更客观地把握创造力的实质。

在创造心理学发展的早期，穆尼（Mooney，1963）就认为创造牵扯到三个 P：创造者（person）、创造过程（process）、创造产品（product）与环境（environment 或者 place）。创造者是指具有独立性和自我实现人格的人。创造产品是指最后成功的新产品，它取决于创造者的创造力和动机等其他因素。创造产品、创造者和创造过程三者相关却不相同。

美国心理学家艾曼贝尔（T. Amabile）认为，个体的创造力主要包括三个成分：（1）领域技能，包括实际的知识、专业技能和该领域的特殊天赋。他认为领域技能构成了个体可能进行创造的总方向，被看作是解决特定问题或从事某项特定工作的认知途径。（2）创造性技能，包括认知风格、工作风格，它决定了个体的成功或者反应能否超越该领域以前的成果或反应水平。（3）工作动机，包括工作态度、对工作的理解，是个体创造力发展的推动力量。

美国心理学家吉尔福特把创造力分解为六个主要成分，即：敏感性、流畅性、灵活性、独创性、再定义和洞察性。敏感性是指容易发现新事物，接受新问题；流畅性是指思维敏捷，反应迅速或者提出多种解决问题的方案；独创性是指产生新的非凡思想的能力；再定义是指重新发现特定事物的多种适应方法；洞察性是指能透过事物的表面现象，认清其内在含义和特性。

心理学家泰勒（I. Taylor，1975）还根据创造产品的性质与复杂程度把创造分了五个层次，分别是即兴式的创造、新型式的创造、革新的创造、发明的创造和深奥的创造。

英国心理学家沃拉斯（J. Wallas）根据对科学家、艺术家等关于创造性活动思维过程的自述，以及他们的日记、传记等资料的研究，提出了创造性思维过程的一般模式，动态地探讨了创造力的结构。他认为，创造过程包括准备期、孕育期、明朗期和验证期四个阶段。在创造活动的初期，创造者开始思考他的研究对象，熟悉问题，并从各方面初步探索；如果创造者经过长期准备和思考，并试遍传统的办法仍无法解决，那他就可能将问题搁置，不再有意识地去思考它而转向其他活动，这时从表面看问题被搁置了，但对问题的思考仍在无意识地进行，处在不断地酝酿之中；经过前面两个阶段之后，创造者已经抓住了问题的症结，可能某次受到偶然事件的启发便豁然开朗，得到问题的（可能）解决；最后，创造者根据已有的证据，对已有方案进行验证并修正，创造出最终产品。

二、创造力的发展及其影响因素

（一）创造力的发展特点

早在 20 世纪 30 年代，就有研究者对幼儿的创造性想象和思维发展进行了研究。安德鲁斯（E. G. Andrews，1930）等采用图画、不完全物体图片和墨迹图研究幼儿的创造性想象。结果发现，4 岁儿童创造性想象得分最高，5 岁后逐渐下降。托兰斯（E. P. Torrance，1960）研究了 15 000 多名儿童，发现 3—5 岁儿童的创造性随着年龄增长而升高，5 岁后有下降趋势。很多研究表明，幼儿就有创造性的萌芽。表现在幼儿的动作、言语、感知觉、想象、思维及个性特征等各方面的发展之中，尤其是幼儿的好奇心和创造性想象的发展，是他们创造力形成和发展的两个最重要的表现。

小学生已有明显的创造性表现。在小学阶段，学生的想象获得进一步发展，有意想象逐步占据主要地位，想象的目的性、概括性、逻辑性都有了发展；另一方面，想象的创造性也有了较大提高，不但再造想象更富有创造性，而且以独创性为特色的创造性想象也日益发展起来。我国学者林崇德教授（1984，1986）对小学数学学习中儿童创造力的培养和发展问题进行了研究，发现数学概念学习中的变换叙述方式、多向比较、利用表象联想、计算学习中的一题多解、简化环节、简便计算、计算过程形象化、发展估算能力，初级几何学习中的注意观察、动手操作、运用联想、多求变化、知识活用，应用题学习中的全面感知和直觉思维、发现条件和找出关键、运用比较和克服定势、补充练习、拼拆练习、扩缩练习、一题多变练习、自编应用题等，不仅对掌握数学知识、提高数学能力极为有利，而且也是小学生创造性的重要表现。

青少年期的初高中生处在从儿童期向成年期过渡的阶段，随着生理发育和知识、经验的不断积累，他们的创造力又有了进一步发展，跟早期发展相比，青少年时期学生的创造力发展有如下特点：[①]

（1）儿童的创造力更多带有幻想性的特点，而青少年的创造力更多地带有现实性，他们的创造想象和思维多是由现实中遇到的问题或困难情境激发，努力创造的目的也是为了解决这些现实问题。

（2）青少年的创造力带有更大的主动性和有意性，他们常常在解决问题的进程中，能主动和有意地提出新的问题，并进一步运用自己的创造力努力寻求新的解决办法；儿童则不同，在问题面前他们常希望一次就能解决，如遇困难便转而求助成人，或干脆放弃，远不如青少年的勇于克服困难和富于坚持的精神。

（3）随着经验和智力的不断增长，跟儿童期相比，青少年的创造性思维品质有了极大的提高：逐渐转变为以发散思维为主，聚合思维和发散思维协同发展；抽象逻辑思维逐渐成熟，辩证思维开始发展，抽象概括能力大大提高；独立意识增强，思维的深刻性和批判性有很大发展，已能独立地分析问题和解决问题，思维的独创性有了明显的提高。

美国学者莱曼（H. Leman）通过对几千名科学家、艺术家和文学家的年龄与成就关系的研究发现，25—40 岁是一个人成才的最佳年龄；另一学者对 711 名发明家进行研究后发现，在 25 岁之前就已有发明的占总数的 61%，而在 40 岁以后才有发明的只有 3.6%，他们首次发明的平均年龄是 21.3 岁。我国学者也通过研究得出了近似的结论。

（二）影响创造力发展的因素

心理学家斯腾伯格和洛巴特（T. Lubart）在总结他人和自己许多研究的基础上提出了具有代表性的"创造力的多因素理论"[②]。该理论认为，个体的创造力能否充分发挥，受六个方面因素的影响：1. 智力。它是创造力充分发挥的必要条件，影响个

---

① 吴凤岗. 青少年心理学［M］. 北京：北京师范大学出版社，1991：162-163.
② 叶一舵. 公共心理学教程［M］. 福州：福建师范大学出版社，2002：60.

体对问题情境的感知、表征以及选择解决问题的策略等过程，即影响信息的输入、转译、加工和输出过程。2. 知识。即有关的经验体验、知识结构，它给创造性思维提供加工的信息，帮助创造者了解其在某个领域中所处的位置。3. 认知风格。即认知活动过程的风格和倾向性。斯腾伯格和洛巴特认为认知风格有三种：立法式认知风格（即乐于建立自己的规则和善于解决非预制的问题）、执行式认知风格（偏向于用现成的规则解决具有形成结构的问题）和司法式认知风格（用判断、分析和批判倾向看待事物，他们乐于对规则和程序做出评价，对现有的结构做出判断，以此来检验自己和他人的行为）。创造型个体常常具有立法式认知风格。4. 人格特征。个体的人格特征对创造力的发挥有着重要影响，其中对模糊的容忍力、冒险性、毅力和坚持性以及成长的愿望和自尊至关重要。5. 动机。动机是驱使个体从事创造性活动的动力。6. 环境。环境可以激发一个人的创造力，也可以抑制创造力的发挥。斯腾伯格和洛巴特指出，上述六个因素对创造力的作用，不是孤立的，而是相互影响，以综合效果发挥作用的。创造力的充分发挥的关键是这些因素的投入和它们之间的凝聚方式，这六个因素须经有效聚合后才能产生出高创造力来。

（三）创造力与知识的关系

众多的研究和实践都表明，知识技能是创造的前提和基础。新颖、独特的产品和观念的产生，从内容上说均受制于人的知识与经验，知识是创造的原料，创造是知识的重新组合。如果没有对前人知识经验的继承，个体知识经验不广不深，创造就成了无本之木、无源之水。

但是，说知识技能是创造的基础，并不等于说，有了知识技能就一定有创造力。经验主义者和教条主义者的知识经验可能不少，但是他们头脑僵死、循规蹈矩，思维形成定势，不可能有创造力；而另外的一些人，知识结构不合理，虽然某一领域经验可能很丰富，但学习偏科，知识不能相互渗透，不能灵活应用，也不利于创造。因此，只有拥有丰富且结构合理的知识再加上一个灵活变通的头脑，才可能有高的创造力。

（四）创造力与智力的关系

创造力是一种较特殊的智力品质，是智力发展的结果，但创造力和智力之间的关系并不是人们想象的那样：智力越高，创造力越高。

推孟、吉尔福特、托兰斯等人分别做过大规模的研究，均得出了大致如图5-5所示的结果，即：（1）低智力者难以有创造性；（2）创造力高的人，智商多在100—130之间；（3）智力高的人未必都有高创造力。

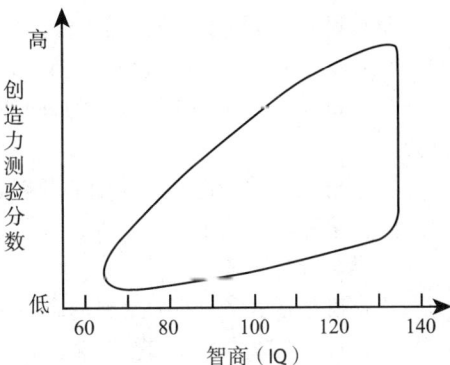

图 5-5　智力与创造力的关系

因此说，智力是创造的必要条件，但不是充分条件。所以在学校教育中，智力开发不等于创造力培养。我们除了要重视对学生智力的开发外，还须重视对学生创造力的培养。

（五）创造力与个性的关系

创造力不仅跟一个人的知识、智力有关，而且和人的个性品质也有着极为密切的关系，这正是常常用创造性人格测量代替创造力的测量的原因。真正有作为的创造者，多伴有许多良好的个性品质。具有高创造力的个体一般会表现出下列个性特征：

1. 好奇心强，兴趣广泛，思维灵活，喜欢钻研一些抽象问题；

2. 自信心强，看问题常有自己独到的见解，不满足于书本知识和教师讲解；

3. 独立性强，常独自从事活动，对自己的事有较大责任心；

4. 有较大的主动性和较少的禁止性，对新信息的接收较少防御；

5. 有较大的坚持性和恒心；

6. 对未来有较高的期望与抱负，希望能面对更复杂的工作，能摆脱传统和习俗，不怕风险和压力。

不利于创造力发展的最明显的人格特点为从众性、褊狭和刻板性。

（六）创造力与环境的关系

从教育角度来考察，环境因素中的家庭、学校和社会等因素对个体创造力的发展具有重要影响。

1. 家庭因素

家庭环境、父母对待孩子的态度和教养方式，可以促进也可以阻抑个体创造潜能的发展。对个体创造力的发展具有重大影响。大量的对有杰出创造成就的人物儿时家庭环境的追溯研究和对具有创造才能的儿童的家庭调查都为此提供了有力的证据。

概括说来，人们发现，有利于个体创造力发展的家庭因素有：

（1）家庭比较民主，父母对孩子不专制；

（2）家长对孩子好奇、探求的精神和行动给予积极鼓励和支持；

（3）父母信任孩子的能力，善于引导并为其提供独立锻炼的机会；

（4）孩子在家里与父母之间关系平等，无拘束，不怕犯错误，有安全感；

（5）父母具有独立性和创造性，并以此潜移默化地影响孩子。

而不利于个体创造力发展的家庭因素则为：

（1）父母专制，孩子凡事得经父母同意，养成听话顺从的习惯；

（2）家长对孩子过于溺爱，为孩子考虑太多，包办代替，剥夺了个体独立锻炼的机会；

（3）对儿童的好奇心、求知欲及探索行为不支持或简单粗暴处理；

（4）家庭缺乏民主自由气氛，孩子缺乏安全感。[①]

2. 学校教育因素

学校教育对学生创造力发展的影响主要表现在两个方面：

一方面，教师的个性和行为会影响学生创造力的发展。一般的，人们认为，开放和民主型的教师利于学生个体创造力的发展，这类教师教学态度民主，尊重学生意

① 查子秀. 超常儿童心理学 [M]. 北京：人民教育出版社，1993：125.

见，鼓励独立思考，注重维持融洽的师生关系；善于活跃课堂气氛，注意引发学生的好奇心，鼓励尝试探索；教学方法灵活多样，多采用启发法、发现法、类比法和集体讨论法进行教学，注意引导学生自己思考。而那些过分强调顺从和循规蹈矩、过分看重分数的教学环境则不利于学生创造力的发展。

另一方面，各种有关的创造力训练项目课和活动也能促进学生创造力的发展。国外的许多研究，我国周林、张景焕等人所做的多项研究均表明，各种发散性思维训练，均能有效地促进个体思维的流畅性、灵活性、独创性和精细性等品质的发展；20世纪70年代，帕内斯还曾把创造性解决问题的基本原则编成一套程序教材，共计28册，在多所初中进行教学实验，结果发现参加实验的学生在思维的独到性和灵活性方面有明显提高，就是那些没有受到教师指导、自学这套教材的学生的创造力成绩也比控制组的学生高。

3. 社会文化因素

社会、文化因素与个体创造力的发展也有着相当密切的关系。许多跨文化的研究都表明，在倡导独立性和创造精神、主张男女平等的民主开放的社会文化环境中，儿童的创造力普遍得到较好的发展，且男女差异也较小；而在强调专制、服从、男女地位悬殊的封闭式社会条件下，儿童的创造力则比较缺乏，男女差异也较大。同时，心理学家的研究还指出，创造性人才在某一历史时期辈出，而在某一历史时期枯竭与当时的社会需要密切相关，可见，社会的需要也是创造力发展的巨大推动力。

三、创造力的测量

创造力的测量就是要根据一定的理论和标准，采用一定的方法和手段，对个体创造能力进行鉴别和评价的过程。由于智力和创造力虽相关却存在一定的差距，所以仅用智力测验来鉴别人的创造力有失偏颇，因此，人们便探寻专门的鉴别创造力的方法和手段。

（一）传统的方法

在对创造力的测验达到客观化、标准化程度以前，研究者多采用比较主观的方法来测量人的创造力。常用的方法有提名法、作文法和专家评分法。

1. 提名法

提名法是参照一定的标准或者采用等级评分，由相关人员，例如老师、同事、同学、领导等提名来确定个体创造力高低的方法。采用提名法，先要确定标准。可以采用流畅性、应变性、新颖性和周全性等为指标来提名。例如：

谁的主意最多？（流畅性）

谁的花样最多，最不固执？（应变性）

谁的想法最为周到？（周全性）

谁的主意最新而最不寻常？（新颖性）

提名法一般在一个较为熟悉的范围内，大家彼此比较了解的情况下采用。提名法受主观因素影响较大，因此在采用时，最好与客观化的评判结合使用。

2. 作文法

作文法是评估创造力的一种简便易行的方法。早期的心理学研究常用这种方法研究人的想象力，后来被托兰斯等心理学家用来研究创造力。该方法是给被研究者作文题目，要求他在规定的时间内完成，再由评判人员评分。在给出题目时，为使被研究者尽可能发挥其创造力，研究者可以提示他们不必过分关注书写格式、书法笔画等，而是要在有限的时间内尽可能写出最新颖、最动人、最有趣的故事。作文法最主要也是最难解决的困难就是评分缺乏客观的标准。为了解决此问题，可以采取多人评分的方式。事先确定好评分标准，再选择 3—5 个专家按照等级评分，然后计算平均分。

3. 专家评分法

专家评分法就是由对创造力研究有一定造诣的专家通过一定考查方式而对个体创造力做出评价的方法。当然，受研究倾向、考查方式的制约，不同专家之间对同一个体创造力的评价结果会有一定差异。综合考虑不同专家的评价结果、扩大考查的内容，可以在一定程度上提高专家评分法在评价个体创造力方面的准确性。

（二）标准化测验

1. 托兰斯的创造性思维测验

该测验由明尼苏达大学的托兰斯（E. P. Torrance）于 1966 年编制并正式出版，是目前影响较大、应用广泛的创造力测验。全部测验包括三套共计 12 个分测验。

第一套是关于言语的创造性思维，包括七项活动。前三项是问与猜，呈现一张图片，要求被试猜测画中的情境和以后可能发生的事情；后四项分别是成品改进测验、非凡用途测验、非凡问题测验和推断测验。

第二套是关于图画的创造性思维，包括三项活动。第一项是要求被试把一个有鲜艳颜色的图形，贴在一张白纸的任何位置上，然后以此为出发点，画出一幅不平常的画并说出一段有趣的故事；第二项是完成图画，要求被试以几条简单的线条为开端完成一幅图画；第三项活动要求被试用成对的短的平行线或圆，尽可能多地画出不同的图。

第三套是关于听觉形象方面的测验，包括两项活动。第一项是音响想象，第二项为象声词想象，要求被试说出由某种声音所联想到的事物。

该测验适用于幼儿园儿童直到大学研究生，四年级以上可采用集体施测，主要从反应的流畅性、变通性、新异性和精致性（反应的详细和特殊性）四个方面分别计分。

2. 南加利福尼亚大学的发散思维测验

该测验是吉尔福特根据其著名的三维智力结构模型以及关于"创造性思维的核心是发散思维"的观点，和他的同事通过研究，于 20 世纪 50 年代编制的一套发散性思维测验。该测验包含了 14 个分测验，分为语言测验和非语言测验两部分。语言测验包括有词汇流畅（迅速写出包含一个指定字母的词）、联想流畅（迅速列举某个词的近义词）、表达流畅（写出每个字均以指定字母开头的四词句）和多项用途（列举一个物体各种非寻常的用途）等 10 个分测验；非言语测验包括作图问题、火柴问题等四个分测验。

该测验适用于初中以上水平，主要从思维的流畅性、变通性、新异性等方面分别评价。

3. 芝加哥大学的创造力测验

芝加哥大学心理学家盖泽尔斯和杰克逊（Getzels & Jackson）根据吉尔福特的思

想对个体的创造力进行了大量研究，于 20 世纪 60 年代初编制了该测验。

该测验包括 5 个分测验：

第一项，词汇联想测验。要求被试对"螺钉""口袋"之类的普通词汇，说出尽可能多和尽可能新颖的定义。根据定义的数目、类别和新颖性来评分。

第二项，物体用途测验。要求被试对"砖"之类的普通物品，说出尽可能多的用途。根据用途的种类和独创性评分。

第三项，隐蔽图形测验。给被试呈现一张印有各种隐蔽图形的卡片，要求被试找出卡片上的隐藏图形。根据找出图形的复杂性和隐蔽性评分。

第四项，寓言解释测验。给被试几个没有结尾的寓言，要求他对每个寓言都做出三种不同的结尾："道德的""诙谐的"和"悲伤的"。根据结尾的数目、恰当性和独创性评分。

第五项，组成问题测验。给被试几节短文，要求他用这些材料组成多种数学问题。根据问题的数目、恰当性、复杂性和独创性评分。

（三）创造性人格测验

很多富有创造力的人都具有独特的人格特征，所以心理学家也从人格测验的角度发掘具有创造力的人才。创造力人格的测量工具是基于对高创造性的个体的共同人格特点进行归纳总结而编制的。通过测量被试的人格特点，并与创造性人格特点相比较，从而发现创造性人才。

戴维斯（C. A. Davis，1992）在对有关创造性人格测量工具及其测验结果进行分析的基础上，概括了创造性人格特征：创造意识强、讲求新颖与独特、喜欢冒险、精力充沛、好奇、幽默、对新奇复杂的事物倾心、有艺术感、思维开阔、喜欢独处、具有高度感知力。

常用于创造性人格测验的工具有卡特尔 16 种人格量表，这一量表中的情绪稳定性、自断和专断、自制、狂狷、自我满足等因素都与创造性性格有关。马斯洛的安全感—无安全感量表、罗夏墨迹测验、主题统觉测验也常用于创造性人格的测测。

四、创造力的培养

（一）培养学生创造力的基本原则

1. 改善教学环境，营造创造氛围

创造力的发展受环境因素的影响比智力的发展受环境因素影响更大。创造力在后天教育环境中有更大的塑造空间。为培养儿童良好的创造力，我们应该努力营造一种民主、宽松的教学环境。要改变教师全能的传统观念，代之以尊重学生的观点、想法；要改变原有僵化的教学内容、模式和评定标准，代之以鼓励学生在宽松、民主和谐的氛围中进行创造性学习。

2. 培养好奇心，激发求知欲

好奇心、求知欲与创造性紧密相关。好奇心和求知欲是激励人们进行创造的内部动力。好奇心强的人，对新奇事物总是主动去探究；求知欲旺盛的人，对所面临的问题不满足于现成的答案或书本上的结论，而是积极地去思考去探索，试图发现新问

题，做出新解释。好奇心和求知欲的激发对培养和发展学生的创造力十分必要。为了培养学生的好奇心、求知欲，可以不断创设变化的、能激起新异感的学习环境，多创设适当的问题情境，或组织、引导学生去观察大自然、考察社会生活，启发他们自己发现问题和寻求答案。

3. 鼓励学生的独创行为

独创性是创造活动的最本质特征之一。为发展学生的创造力，必须注意培养他们的独创精神，允许学生按照自己的猜想去探索问题，鼓励他们用超出书本的知识去创造性解决问题，按照自己的设想去进行实验，以致他们在自己的思想认识和行动表现上与众不同时，不是感到不安，而是感到自豪。

4. 积极开展创造性活动

创造性课外活动和比赛可在科学、数学、文学、艺术、计算机等领域开展，比较容易实施，每个学校和班级都可随时随地进行。比如，由学生自己办报纸、画刊，出诗集，亲自动手设计和制造各种模型与产品，撰写科技小论文等，这些活动，均能有效地发展儿童青少年的创造才能。

5. 训练学生的发散思维

发散思维的训练应当有意识地从培养思维的独创性、灵活性和流畅性入手。在教学中应该尽量给学生提供开展发散思维的机会，丰富刺激环境，培养学生多方向、多角度认识事物和解决问题的习惯。如可以通过"一题多解"和"一题多变"的练习，培养学生思维的灵活性和变通性；可通过学生自编应用题，以发展思维的独特性和新颖性；也可以通过班级集体讨论的方式培养发散思维。

6. 培养创造性的个性

个体创造性的高低不仅跟智力因素有关，而且和一个人的个性等非智力因素也有关。独立、勤奋、自信、有恒、谦虚、细致、好进取、好探究均有利于创造性的发展，我们应着力去加以培养；而怠惰、怯懦、自卑、骄傲、粗心、安于现状、墨守成规等不良性格则不利于创造力的发展，要注意及时加以消除和矫正。

（二）善于培养学生创造性的教师的特征

教师是创造性教育的实施者。善于培养学生创造性的教师应该具备什么样的特征？托兰斯认为，鼓励创造性思维的教师应该是：

（1）尊重与众不同的疑问；

（2）尊重与众不同的观念；

（3）向学生证明他的观念是有价值的；

（4）给予不计其数的学习机会；

（5）使评价与前因后果结合起来。

美国创造教育权威史密斯认为教师应具备以下特征：

（1）准备好开发创造性的条件。包括对培养创造性所需的身体的、情绪的、社会的条件以及有利于智力开发的环境。

（2）教学生把学到的技术运用到创造过程中。

（3）不仅教给学生事实和真理，而且教给学生如何利用这些知识解决实际问题。

（4）在授课过程中，给学生提供丰富知识的同时，多提供创造性解决问题的方法。①

（三）培养学生创造力的方法

多数研究都表明，创造能力可以通过教学得以提高，特别是当这种教学直接以创造力的提高为目标，而教师和学生最大限度地参与其中时，提高的幅度最为明显。下面围绕创造力训练的一般技巧、具体方法和一些成形的训练方案做些介绍。

1. 创造力训练的一般技巧

（1）创设适宜的条件，激发创造需求

托兰斯曾总结近 30 项有关创造力的研究，提出了培养创造力的九点建议。

①为创造力提供大量机会：安排新颖的工作，提出只有运用创造性思维才能解决的问题，采用专门用以改善创造力的策略。

②重视独特的问题、想法和解决办法：创造性的学生会察觉教师所忽视的关系，教师应对他们的答案予以反应，而不是轻率地忽略。

③向学生证明他们的想法是有价值的：倾听、考虑、验证并实践学生的想法，鼓动学生相互交流看法。

④营造一种非评价的、安全的气氛：教师经常性的评价使得学生不敢表达自己的想法，从而阻碍了创造性的发挥。

⑤避免同伴的品头论足（评论性评价）：让学生提出其他的可能性，而不是其缺点，鼓励创造性或富于建设性的同伴评价。

⑥提供感受环境刺激的经验：让学生描述通过视、听、嗅和触摸获得的感觉经验。

⑦避免提供限制思维的例子或模式：给定的模型或例子常会使学生们形成难以打破的心理定势，以致模型是"正确"的作品，不敢再创新。

⑧偶尔根据能力分组：与能力水平混合的小组比，能力水平均一的小组表现出更少的混乱和更多的合作行为。

⑨允许实践和课程安排的灵活性：过分迷信在规定时间内完成规定的课程内容，将会妨碍教师采用学生们自然而然的想法。

（2）发散式提问模式，发展流畅性思维

通过发散式提问方式，教师可以为学生提供展示其创造性思维能力的机会。研究表明，在吉尔福特和托伦斯提出的发散性思维的四要素（流畅性、灵活性、独创性和精致性）中，概念形成的流畅性是创造性活动的一个主要因素，独创性与精致性都有赖于流畅性。发散式提问鼓励学生"讲出你所想到的全部方法"或"列出你所想到的全部事物"，允许大量的替换性回答的存在，从而为解决生活和科学活动中的难题提供更多的途径，最终促进创造力的培养。

（3）摆脱习惯性思维，发展应变思维

应变性是一种改变思维方向的能力，是一种对原意产生新解释的能力。由于先入

---

① 张大均. 教育心理学 ［M］. 重庆：西南师范大学出版社，1997：416-417.

为主的原因，人们经常无法把所熟知的物品用作他用，这种"功能固着"现象，影响人的创造性思维的发展。因此，我们可以进行一些摆脱习惯性思维的训练，这被称作"创造性思维的准备活动"和软化"头脑的智力柔软操"。经常采用的方法有重新界定法、信息修改法和类目变动法。重新界定法是对信息或者物品的原意重新予以界定。信息修改法是将现有的信息加以更改使之成为新的产品。常采用的方法有放大、缩小、简化、补充、变形。移动电话的变化充分说明了这一点。类目变动法是一种彻底改变原有用途的方法。例如用两支圆珠笔当筷子用，于是产生了五花八门的餐具。

这类训练的意义在于促使人们探索事物存在、运动、发展、联系的各种可能性，从而使思维摆脱单一性、僵硬性和习惯性，而具有多端性（流畅性）、柔软性（变通性、灵活性）和独创性（新颖性），不至于陷入某种固定不变的思维框架。

（4）调节认知行为，增进创造力

研究表明，梅钦鲍姆（D. Meichebaum）的认知行为调节方法能够引发学生积极的自我状态，从而提高其自我知觉和发散思维能力。

梅钦鲍姆的认知行为调节法的具体步骤是：

①让学生们观察教师对创造性任务的执行，教师大声报告出自己完成的方式，示范自我指导的状态。

②学生执行创造性任务，并大声报告自己完成的步骤，知晓自己。在这一过程中，开始教师要有适当的指导，慢慢教师就不再直接参与。

③学生执行创造性任务，显示小声的言语自我指导，然后是内部语言的自我指导。

④指导学生选择有利于创造的语言模式，这包括：问题界定，"我需要做什么？"；集中注意力，"我得专心"；应对状态，"如果我犯了错误，我可以重新开始"；自我强化，"太棒了！我成功了！"等等。

2. 创造力训练的具体方法和方案

（1）头脑风暴法（brainstorming）

头脑风暴法是奥斯本（Osborn，1963）提出的，原意是用暴风雨似的思潮以撞击问题（using the brain to storm a problem）。类似于我国的"集思广益"的做法。其具体做法是采用座谈会形式组织人们对特定的问题进行讨论，使他们互相启发，引起联想，产生尽可能多和价值尽可能大的设想和方案。为了使头脑风暴法取得最大的效果，必须遵守以下守则：第一，不批评他人的任何观点；第二，鼓励"百花齐放"，发言充分自由；第三，求量为先，以量生质；第四，寻求组合与改进。

（2）缺点列举法

对于某个事物存在的某个缺点产生不满，往往是创造发明的先导，只要把列举出来的缺点加以克服，那么就会有所发现、有所创新。通过缺点列举训练，可以逐步树立创新志向，甚至可以直接导致发明创造。

［例］请尽可能多地列举出玻璃杯的缺点。

［可能答案］容易翻倒；容易碎；活动时带在身边不方便；比较滑；盛开水后摸上去比较烫手；容易沾上脏物；有了小缺口会划破手；倒上热水后很容易凉；成套的

玻璃杯花色相同，喝水人稍不注意就分不清自己所用的杯子……

（3）希望点列举法

"希望点列举"是又一个重要的方案设计方法。人们对美好愿望的追求，往往会成为创造发明的强大动力。希望点列举就是把对某个事物的要求——"如果是这样就好了"之类的想法列举出来。

［例］怎样的电视机才理想？尽可能多地写出你的愿望。

［可能答案］可以通过遥控选择节目；能够看到全世界的节目；有香味的画面；看起来像立体的；具有每个人都可以分开看的镜框式装置；想看的频道节目会自动出现；拍摄的东西想看时就会在眼前出现；观看时可以调节画面的宽度；像磁带一样，想看可以随时重放……

（4）图形想象训练

让被试尽可能多地写出什么东西与某个图形的形状相像。

（5）联想训练

见到一事物形象、语词或动作而想起另一事物形象、语词或动作就叫联想。研究表明，在现有知识和经验的基础上训练活跃的联想能力，能够促进创造力的发展。

［例］在两端表示不同意义（概念）的词的中间，再写出两个与前后词意义（概念）有联系的词，如钢笔—（书桌）—（窗帘）—月亮。

［训练题］在"纸——土"，"鸟——书"，"铁——月饼"，"树——皮球"，"战争——火星"等两词中间分别写出两个与前后词有联系的词。

（6）展开性思维训练

展开性思维训练可从多个方面进行，材料、功能、结构、形态、组合、方法、因果、关系等各方面均可作为"展开点"，进行具有集中性的灵活、新颖的展开训练，培养创造性思维的能力。

譬如，材料展开训练，将某个物品作为"材料"，以其为展开点，设想它的多种用途。

［例］尽可能多地写出回形针的各种用途。

［可能答案］把纸或文件别在一起；做发夹用；当鱼钩；可用来代替西装领带上的别针；打开一端，烧红了可在软木塞上穿孔；打开一端，能在蜡版或泥地上画痕——画图、写字；穿上一条线当挂钩；装在窗帘上代替小金属圈……

［训练题］尽可能多地写出砖（玻璃杯、火柴盒、废旧牙膏管、玻璃瓶、塑料薄膜、旧罐头盒、书、报纸……）的各种用途。

又譬如，因果展开训练，以某个事物发展结果为展开点，推测造成该结果的各种原因；或以某个事物发展的起因为展开点，推测可能发生的各种结果。

［例］尽可能多地写出造成玻璃杯破碎的各种可能原因。

［可能答案］没抓稳，掉在地下碎了；被某种东西敲碎了；冬天冲开水时爆裂了；杯里水结冰后胀裂了；被猫碰到，掉在地上碎了；被火烧裂……

［训练题］a. 尽可能多地写出随便扔一块石头（随地吐痰、上课迟到、每户人家都装上电话、每个人都是近视眼等），可能造成的后果。b. 有一个一年级新生，在开

学上第一节课时不在教室里，请尽可能写出他不在教室里的各种原因……①

关于专门的创造力训练的方法有很多。这里仅仅介绍了几种。教师在教学过程中，可以利用以上方法对学生进行针对性的创造力训练，能够收到很好的教育效果。

【主要结论与应用】

关于智力和创造力的概念众说纷纭，目前对智力比较一致的看法是：(1) 智力是一种"能力"，而不是兴趣、爱好等其他非认知领域的心理特性。(2) 并非所有的认知能力都是智力，智力是指认知活动中最一般、最基本的能力。(3) 它与个体的抽象思维能力密切相关。对创造力比较一致的看法是人们根据一定的目的，运用已知的信息，产生出某种新颖、独特、有社会或个人价值的产物的能力。创造力的核心是创造性思维。

关于智力的理论有传统智力理论和现代智力理论之分。传统智力理论主要从智力测量的角度出发探讨智力的内在构成要素。主要有斯皮尔曼的二因素论、瑟斯顿的组因素论、卡特尔有关流体智力与晶体智力的理论以及吉尔福特的智力三维结构理论。基于传统智力理论的智力测验主要有比奈智力测验和韦氏智力测验以及可进行团体测验的瑞文标准推理测验。现代智力理论则把智力视为一个复杂的系统，从更广阔的视野去探求人类智力的实质和结构。有代表性的是加德纳的多元智力理论和斯腾伯格的三元智力理论。

关于创造力主要揭示了创造力的概念，创造力的结构层次，知识、智力、个性等与创造的关系以及影响创造力发展的环境因素。对创造力概念，主要从创造的过程或结果来定义，并公认创造性思维是其核心。关于创造力的结构层次主要有穆尼3P观点；艾曼贝尔三成分观点；吉尔福特的六成分观点；泰勒的五层次观点以及沃拉斯关于创造过程的四阶段观点。

智力和创造力的培养不仅可以通过教学来进行，而且还可以进行专门的智力和创造力的训练。

【学习评价】

1. 心理学家是如何定义智力和创造力的？

2. 常用的智力测验有哪些？个别测验和团体测验各自的优缺点是什么？

3. 传统智力理论与现代智力理论的分歧表现在哪些方面？

4. 智力可以培养吗？遗传和环境如何影响智力的发展？

5. 智力和创造可以通过哪些途径进行培养？

6. 从对不同的智力、创造力培养方案的分析中，你学到了些什么知识？能否思考你的训练方案？

【学术动态】

● 因素论进一步发展。随着认知心理学理论和实验的进步，原来传统智力理论及测验缺乏最新的可靠的科学研究的依据，传统的智力测验与新的认知科学研究成果存在着差距。因素论把智力的来源理解为因素，在统计学与测量学的方法发展的支撑

---

① 莫雷. 教育心理学. 广州：广东高等教育出版社，2002：322.

下，无论是采用探索性因素分析还是验证性因素分析均得到了进一步发展。特别是基于因素分析的 CHC 理论，直接影响了智力测验的内容。更新的智力测验是如 KAB-2（Kaufman Assessment Battery for Children, Second Edition）、斯坦福–比奈智力测验–5（Stanford-Binet Intelligence Scales, Fifth Edition）以及伍德科克–詹森心理–教育测验第三版（Woodcock-Johnson Psycho-Educational Battery, Third Edition），包括韦克斯勒智力测验第四版等都反映了 CHC 理论的成果。

● 智力的动态化、生态化研究日益受到重视。智力研究作为当前心理研究的主要内容，顺应当前心理学研究生态化趋势，日益重视社会文化对智力、智力发展及智力特征的制约性。从生态文化角度研究人的智力，一方面强调文化环境（包括个体的文明习惯、社会的文化传统）对个体智力形成的影响，表现为智力的跨文化研究；另一方面强调生物学因素（包括人的自然环境及环境中的生物属性，如遗传、亲缘等）对智力发展的影响，表现为智力的种族研究。

● 关注智力理论的研究与教育的密切关系。例如，Das 等人提出"必须把智力视为认知过程来重构智力概念"，并基于此建构了 PASS 智力理论，该理论将智力理解为动态的信息加工过程。他们认为智力及其评估的最终目的是要为儿童的教育服务。Das 等人根据 PASS 理论的四个认知过程（计划、注意、同时性加工和即时性加工）开发了 DN：CAS 评估工具，用于确定个体的能力与认知功能水平。诊断学习的优势和劣势、学习困难、注意障碍、智力迟滞等。并在其智力理论基础上，制订了针对各类障碍儿童的补救措施，如 PREP 增强方案，以改善发展性障碍儿童的不利处境。

【参考文献】

1. 莫雷. 教育心理学 [M]. 广州：广东高等教育出版社，2002.

2. [美] Dennis Coon. 心理学导论 [M]. 郑钢，等译. 北京：中国轻工业出版社，2004.

3. [美] R. J. 斯腾伯格. 教育心理学 [M]. 张厚粲，译. 北京：中国轻工业出版社，2003.

4. 皮连生. 智育心理学 [M]. 北京：人民教育出版社，1996.

5. 全国十二所重点师范大学. 心理学基础 [M]. 北京：教育科学出版社，2002.

6. 叶一舵. 公共心理学教程 [M]. 福州：福建师范大学出版社，2002.

7. 沈德立. 学习能力发展心理学 [M]. 合肥：安徽教育出版社，2004.

8. 查子秀. 超常儿童心理学 [M]. 北京：人民教育出版社，1993.

9. 郭有遹. 创造心理学 [M]. 北京：教育科学出版社，2002.

10. 张大均. 教育心理学 [M]. 北京：人民教育出版社，2004.

11. 白学军. 智力心理学的研究进展 [M]. 杭州：浙江人民出版社，1996.

12. 王晓辰. 汉语发展性阅读障碍与 PASS 认知加工 [M]. 北京：中国社会科学出版社，2016：58-60

13. Flanagan D. P., et al. *Contemporary Intellectual Assessment, Theories, Tests, and Issues* [M]. 2nd ed. New York：The Guilford Press, 2005.

第六章

动作技能的学习

【内容摘要】

　　动作技能的掌握不仅是学生学习的重要组成部分，而且动作技能的学习与知识的学习有着十分密切的关系。一般说来，掌握动作技能的水平较高，则对学生知识的学习和能力的培养都有积极的促进作用。因此，在掌握了知识学习的基本过程与规律后，就应该了解动作技能学习的基本过程与规律。本章的学习内容主要包括：动作技能的含义及其种类，动作技能的形成的阶段及其形成的标志，动作技能的保持与迁移，促进动作技能学习的条件。

【学习目标】

　　1. 举例说明动作技能的含义以及动作技能的构成成分。

　　2. 从动作的精确性、动作从开始到结束的连续性和环境的稳定性三个维度对动作技能的不同类型进行区分，并能举例说明。

　　3. 用自己的语言表述辛普森、克拉蒂和蔡斯关于动作技能的结构模式。

　　4. 根据动作技能形成的过程与理论观点，分析某一具体动作技能的形成过程。

　　5. 指出某一动作技能形成的标志。

　　6. 区分一般知识与动作技能的保持与迁移规律的异同，并能分析其中的原因。

　　7. 举例说明影响动作技能形成的各种内外部因素。

　　8. 根据某一动作技能的形成过程绘制练习曲线，并能分析其主要特征。

【关键词】

　　动作技能　　熟练操作　　练习曲线　　高原期现象

第一节 动作技能概述

一、动作技能的概念

关于动作技能的定义，心理学家们有不同的见解。克伦巴赫（J. Cronbach）认为，动作技能是习得的，能相当精确执行且对其组成的动作很少或不需要有意识地注意的一种操作。伍尔福克（A. E. Woolfork）把动作技能看成是完成动作（act）所需要的一系列身体运动（movement）知识和进行那些运动的能力。枚吉尔（R. A. Magill）认为动作技能是为获取某一目标所需要的随意的身体的和（或）肢、臂、手、脚等的行动（action）或任务。加涅（R. Gagné）认为，动作技能是协调运动的能力，或者与动作的选择有关，或者与动作的顺序有关。而我国传统的动作技能概念来自苏联，认为动作技能是依靠肌肉骨骼与相应的神经系统的活动实现的活动方式，把动作技能定义为"在练习的基础上形成的，按某种规则或程序顺利完成身体协调任务的能力"。

尽管心理学家对动作技能的定义不尽相同，但都认为动作技能的构成包括三种成分：(1) 动作或动作组。但动作并非动作技能，只有当人们用一组动作去完成一项具体任务，如用一组身体动作（舞蹈语言）去表现情感，这时才称为动作技能。像走路、穿衣、吃饭、摇头、打呵欠等不是动作技能。(2) 体能。主要包括耐力、力量、韧性、敏捷性等。(3) 认知能力。包括视觉、听觉、触觉、动觉等多种知觉能力，其中手脚协调、身体平衡对完成动作技能意义更大。因此我们认为动作技能是在练习基础上，由一系列实际动作以完善的、合理的程序构成的操作活动方式，如骑车、弹琴和打字等。动作技能本质上必须体现为按一定的关系组织起来的成套实际动作，是动作的连锁化。即动作一旦形成，只要动作刺激出现，就能自动地完成一系列的动作反应过程，表现出迅速、准确、协调、流畅、娴熟的特点。

近来，也有一些学者认为动作技能包括知觉、动作和练习，三个因素缺一不可[①]。他们把动作技能看成是一个立体的空间体系，知觉、动作和练习三个因素构成了这个立体空间的三维。动作技能的知觉维主要是指动作技能的活动要有知觉的参与，没有知觉参与的活动不能称之为动作技能的活动。如眨眼之类的不随意动作就不是动作技能。当然，动作技能学习的不同阶段，动作技能的熟练程度不同，知觉参与的程度是不一样的。动作技能的动作维是指动作技能首先是从学习动作开始的，并始终贯穿其中。张春兴认为：动作技能的学习涉及两个方面，一是学习技能中所包含的各种动作；二是学习技能，而技能中包含了各种各样的动作，在学习动作技能前，必须先具备动作技能中所包含的各种各样的动作。因此，离开了动作就谈不上动作技能。动作技能的练习维主要是指动作技能要靠后天的练习来获得。那些随着年龄的增长而自行习得的动作不能算是动作技能，只有那些经过后天的练习获得的动作才能算是动作技能。

---

① 苏坚贞，毛坚刚. 动作技能的三维分析 [J]. 体育科技，2000；21（4）：6-8.

二、动作技能的种类

对于动作技能的分类，一般从三个维度进行划分：动作的精确性（precision）、动作从开始到结束的连续性（continuity）和环境的稳定性（stability）。

（一）粗大动作技能和精细动作技能

根据动作的精确性可以把动作技能分成粗大动作技能（gross motor skill）和精细动作技能（fine motor skill）两种。

粗大的动作技能是指在较大空间范围内进行并要求做大幅度动作的技能，如跑步、游泳、打球等。其特点是需要整个躯体和大块肌肉群的运动才能完成活动。成功完成这种活动对动作精确性的要求相对较低，但是动作的流畅、协调则是必需的。

精细动作技能是指在狭小空间范围内进行并要求动作协调、精致、幅度小地展开的技能，如打字、刺绣和雕刻等。其特点是仅仅靠身体或四肢小肌肉群的运动来完成活动，通常涉及手眼的协调，对动作的精确性有较高要求。

上述跑步、游泳或打字、刺绣等这些动作技能是较容易区分的，但有些技能区分起来就比较困难，如骑自行车，它既涉及大块肌肉的运动，同时又对动作的精确性有较高要求。实际上，粗大与精细只是一个连续体的两个极端，它们的区分只是相对的，骑自行车就更多地靠近粗大动作技能的一端，因此，属于粗大动作技能。

这种划分动作技能的方法在特殊教育、适应性体育教育、治疗和儿童期动作技能的发展研究中得到了广泛的应用。

（二）连续性动作技能和非连续性动作技能

划分动作技能的第二种方法是根据如何定义动作技能的开始与结束进行划分，如果一种动作技能可以很清楚地定义开始点与结束点，那么，这种动作技能就是非连续性动作技能（discrete motor skill）；如果可以任意定义一个动作技能的开始点与结束点，那么，这种动作技能就是连续性动作技能（continuous motor skill）。

非连续性的动作技能只包含较短的序列，可以进行精确计数，并对一个特定的外部刺激做出一个特定的反应。它是由突然爆发的动作组成的。如射箭、举重、急停投篮、敲击计算机的键盘等。其特点是动作延续时间短，动作与动作间可以直接感觉到始点和终点，动作突然爆发等。

连续性的动作技能需要完成的动作序列较长，而且在完成活动任务的过程中需要根据复杂的内外刺激连续、不间断地调节和校正的动作技能。如骑车、弹琴等。其特点是动作的延续时间较长，动作与动作间没有明显可以直接感知的始点和终点，难以精确计数。

连续性的动作技能可通过"追踪任务"（tracking tasks）进行探讨，如通过一根操纵杆追踪电脑显示器上一个移动的指针。

（三）封闭性动作技能和开放性动作技能

英国心理学家剖尔顿（E. C. Poulton）1957年最早提出根据环境的稳定性来区分动作技能。如果一种动作技能面对的外界环境是稳定的、可预测的，那么，这种动作技能就是封闭性动作技能（closed motor skill）；如果一种动作技能面对的外界环境是不断变化的、不可预测的，那么，这种动作技能就是开放性动作技能（open motor skill）。

封闭性动作技能发生在固定的、环境不变的条件下，完全依赖肌肉的内部反馈信息来进行指导，如打保龄球、跳水、投掷铁饼等。在这些动作技能中，客观对象或环境都等着练习者施加某种作用。这种技能的特点是不需要外部环境因素作为参照，而且具有相当固定的动作模式。该种技能与预测性高的稳定环境因素有关。

开放性动作技能发生在时间和（或）空间不断变化的条件下，练习者必须根据外部刺激的变化而相应调节自己的动作，如驾车、踢球、击剑等。其特点是必须参照外部环境刺激来调节动作。该种技能与不稳定、预测性低的环境因素有关。

杰台尔（A. M. Gentile）和赫金斯（J. R. Higgins）等 1975 年对开放性动作技能与封闭性动作技能进行了进一步的分析，他们提出可以从环境条件与反应到反应的变化两个维度进行区分，环境条件维度分为固定的与动态的，反应到反应维度分为无变化与有变化，两两结合就构成四种类型，如图 6-1 所示。

		反应到反应维度	
		无变化	有变化
环境条件维度	固定的	第一类：反应的对象不变，从一个反应到下一个反应也不需要变化。	第三类：反应的对象是固定的，但从一个反应到下一个反应是变化的。
	动态的	第二类：反应的对象是动态的，但从一个反应到下一个反应不需要变化。	第四类：反应的对象是动态的，而且从一个反应到下一个反应是变化的。

图 6-1　开放性与封闭性动作技能的二维分类

对于动作技能的分类还有另外一些维度，如有人根据完成活动时是否需要凭借一定的工具，把动作技能分成工具性动作技能和非工具性动作技能两种。工具性动作技能是指需要操纵某种工具才能完成活动的技能，如写字、打字、雕刻等。其特点是需要操纵现成的工具。非工具性动作技能是指不需要操纵工具，只需要利用肌体一系列的骨骼、肌肉运动就能完成活动的技能，如跳舞、打太极拳、唱歌等。其特点是不需要操纵任何工具。

三、动作技能的结构模式

（一）辛普森的动作技能的七层次结构理论

辛普森（E. J. Simpson）于 1966 年提出了动作技能的七层次结构理论，其具体内容如下：

1. 第一个层次为知觉。这是个体完成某种动作的第一步。

2. 第二个层次为定势。这是指个体为某种特定的行动的进行做出预备性调整和准备的状态。

3. 第三个层次为指导下的反应。这是个体形成技能的最初一步。

4. 第四个层次为机制。这是指个体已成为习惯的习得性反应。

5. 第五个层次为复杂的外显反应。这是指个体已形成所需要的动作模式，能进行相当复杂的动作。

6. 第六个层次为适应。这是指个体改变动作活动以适应情境。

7. 第七个层次为创作。这是指个体根据已形成的能力和技能，创造新的动作行动和操作方式。

（二）克拉蒂的知觉—动作技能的三层次理论

克拉蒂（B. J. Cratty）于 1964 年提出知觉—动作技能的三层次理论，根据这个理论，动作技能的模式如下：

1. 第一个层次为动作技能的一般支柱。包括：抱负水平、毅力水平、唤起或动机水平、分析工作技巧的能力、各种知觉能力等。这些因素稳定程度较大，但仍可能受个体经验的影响或修正。

2. 第二个层次是能力品质。它包括力量、耐力、伸缩性、速度、平衡和协调。这是每个人都能发展的潜能，而且也影响其动作技能水平的品质。

3. 第三个层次是工作和情境所特有的各种因素。如工作所需的能量的要求，操作者赋予工作的价值，以往的经验和操作情境的社会特征。在生活实践中，实际可以观察到的动作技能是在这个层次上出现的。

（三）蔡斯的信息加工模式

蔡斯运用动作信息加工的观点分析了动作技能的结构，并提出动作技能的信息加工模式，如图 6-2 所示。该模式把动作技能看作是由感受器系统、中枢加工系统和效应器系统构成的一个完整的信息加工系统。

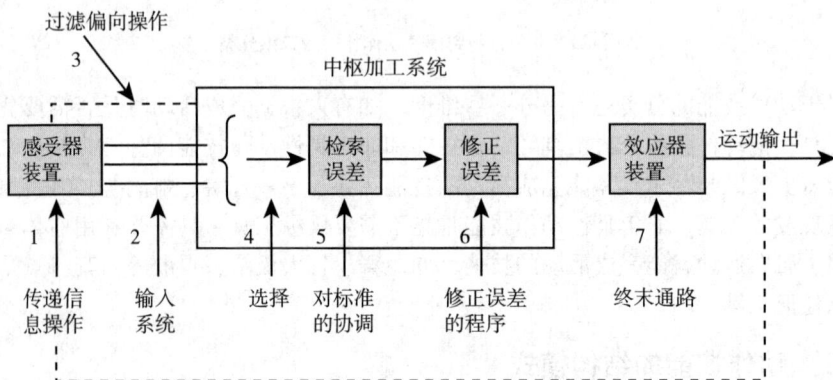

图 6-2　动作技能的信息加工模型

该模型强调了中枢加工机能的作用，其各部分的功能如下：

1. 感受器装置接收并做好传递外界信息的准备。

2. 信息通过视、听等感官通道输入。

3. 中枢信息加工系统接收感受器装置输入的信息，并以适当的信息进行反馈，把感受器内的信息引向一定的方向。

4. 选择特定的信息。

5. 输入的信息与内存标准做比较，并检验其误差。

6. 通过修正误差的程序修正误差。

7. 修正的信息经效应器装置转变成肌体运动的功率，这种功率通过运动输出对感受器装置进行反馈，并控制输入的信息。

第二节　动作技能的形成

一、动作技能形成的理论

关于动作技能的形成问题，心理学家提出了多种解释，其中最具有代表性的是行为派的理论解释和认知派的理论解释。

（一）行为派的动作技能理论

行为派的动作技能理论是建立在经典性条件反射基础上的。巴甫洛夫认为，动作技能是将先行动作通过条件反射所建立起的暂时神经联系变成后继动作的信号来实现的。行为主义心理学的核心概念是反应，因而他们用刺激—反应来解释人的行为，特别重视用强化概念来说明有机体的塑造、保持与矫正。他们认为，有机体的某种学习行为倾向完全取决于先前的这种学习行为与刺激因强化而建立的牢固联系，如果有机体的某些活动产生积极的后果，行为受到强化，那么有机体就会增加其反应，再次重复该行为，并逐渐巩固下来，成为它的全部行为储备中的一部分。同时，这些活动便获得了习惯强度。以后，只要出现适当的环境刺激，活动便会自动地出现。动作技能的学习本质上就是形成一套刺激—反应的联结系统。例如，儿童学习使用钥匙开门，就必须学会一个系列的肌肉反应动作：首先要用手拿钥匙对准锁孔，然后确认插入的位置是否准确，还要将钥匙完全插入并按正确方向旋转，最后推开门。如果最后环节上缺少强化物（打开了门），儿童使用钥匙开门的行为就会发生消退。

加涅提出的连锁反应理论实际上也是行为派的观点，他用刺激—反应的连锁反应系列来解释动作技能的形成。首先，刺激引起反应，然后，第一个动觉反馈调节着第二个动作，第二个动觉反馈又调节着第三个动作，依次继续，连续的动作就产生了。

（二）认知派的动作技能理论

20 世纪六七十年代以来，许多心理学家偏向于用认知的理论来解释动作技能的学习。他们强调动作技能的学习必须有感知、记忆、想象、思维等认知成分的参与。他们在动作技能的形成中，学习者必须理解与某动作技能有关的知识、性质、功用，回忆过去学习过的、与眼前任务相关的动作行为，预期与假设解决问题所需要的反应和动作范式，形成目标意象和日标期望，把自己的反应与示范者的标准反应进行比较分析，进行归因，找出误差，采取对策监控，调节自己的反应。动作水平越高，越是需要学习者有较高水平的认知。同时他们提出了一些认知理论模型说明动作技能的形成。例如，韦尔福特（Welford，1968）运用信息加工的观点解释动作技能的形成，提出了动作技能形成的认知模型，如图 6-3 所示。

该模型分为三个连续的阶段：

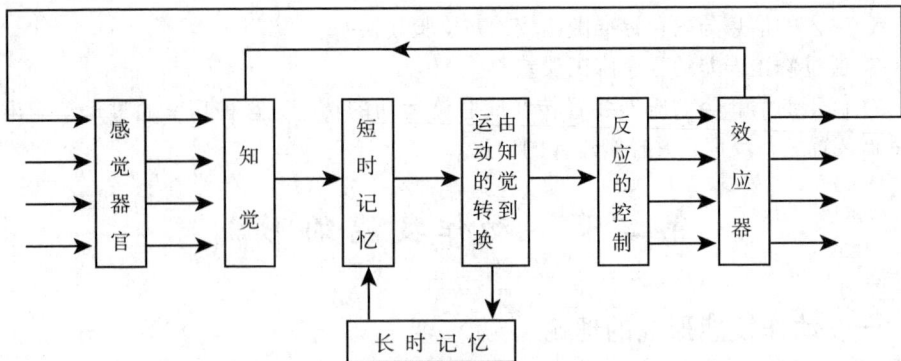

图 6-3　动作技能形成的认知模型

1. 感觉接受阶段。该阶段的学习者面临着一定时间内输入多少信息的问题。信息量超载，会造成学习者负担过重，无法处理超负荷；信息量贫乏，会削弱学习者的警觉，降低操作标准。因此，学习者必须通过知觉对信息加以选择性注意，才能把重要的信息储存于短时记忆中。

2. 由知觉到运动的转换阶段。这一阶段有双重意义：既对感觉的输入做出反应，又激起效应器的活动。在这个模式中，反应取决于信号的传递和主体"作出决定"。技能的学习就是通过学习、训练，使学习者已有动作之间及它们与新学习动作之间达到同化和融合，从而缩短其反应。而效应器的活动能够通过提供反馈进一步矫正或加强反应，最后把经过长期练习而形成的运动程序图式储存在长时记忆中。

3. 效应器阶段。指转换完成后，大脑发出神经冲动沿着运动神经纤维传到相应的效应器官，产生动作。同时，动作的进行受到反馈的调节，形成一个反应环路。

韦尔福特的模式虽然划分为三个阶段，但事实上它是一个统一的整体。

二、动作技能形成的阶段

动作技能的形成是指通过练习逐渐掌握某种外部动作方式并使之系统化的过程。在众多关于动作技能学习过程的阶段或步骤的观点中，费茨（T. M. Fitts）和波斯纳（M. I. Posner）1964 年提出的三阶段的观点最具有代表性，这三个阶段是：认知阶段（cognitive phase）、联系形成阶段（associative phase）和自动化阶段（autonomous phase）。亚当斯（J. A. Adams）1971 年提出了一个两阶段的观点①，即言语—运动阶段（verbal-motor phase）和运动阶段（motor phase）。实际上，言语—运动阶段就相当于认知与联系阶段，运动阶段相当于自动化阶段。另外，罗比（M. D. Robb）1972 年也提出了一个三阶段的观点②，即计划信息阶段（plan information phase）、练习阶段（practice phase）和自动执行阶段（automatic execution phase）。

（一）认知阶段

动作技能形成的认知阶段是指学习者通过指导者的言语讲解或观察他人示范的动

---

① Adams, J. A. *A closed-loop theory of motor learning* [J]. Journal of Motor Behavior. 1971（3）：111-150.

② Joseph B. Oxendine. *Psychology of motor learning* [M]. New Jersey：Prentice-Hall, Inc., 1986：22.

作模式，或自己按照操作说明或使用手册的要求，试图对所学技能的任务、性质、要点进行分析、了解和领会。换言之，认知阶段的任务是学习者了解要完成的任务。教师或指导者可以通过给学习者提供关于任务的基本信息帮助学习者完成对任务的了解。因此，这一阶段的重点是在知觉机制上，为学习者提供视觉的、听觉的和肌肉运动知觉的线索。在理解任务的初期，可以通过解释、说明、图片、图表、讨论以及初步的尝试进行。在此阶段，学习者必须小心谨慎，否则会忽略一些细微的线索。罗比指出，如果可能的话，就应加强这些细微的线索，如在练习打网球的初期，可以利用彩色的球以增强其可见性。

在认知阶段，学习者需要接受来自各种感觉通道的信息并试图将其内化。如一个小学生学习拍篮球，他首先需要观察他人是如何拍球的，然后自己尝试拍。在尝试的过程中，他不仅要通过观看示范接受视觉信息，而且也要在自己尝试过程中观察球的运动来接收信息，同时，还要在拍的过程中接受肌肉运动知觉的信息。

认知阶段的长短取决于动作技能的性质和复杂程度。如儿童初学毛笔字，首先必须仔细观察范例（字帖），以了解每一笔如何起笔、收笔，每一笔画的粗细、长短，用笔的力度等。在此阶段，指导者把图表、模型的运用与实际的操作和示范结合起来，使学习者辨明正确动作与错误动作的差异。这个阶段的主要任务是领会技能的基本要求、重点，掌握组成技能的局部动作。因此，学习者注意范围小，只集中于个别动作，不能控制动作的细节和局部，在学习中难以发现错误和缺点；常表现出全身肌肉紧张，动作忙乱、僵硬，动作速度缓慢、不协调、呆板，多余动作突显，动作连贯性差，需要较多的意识控制。

（二）联系形成阶段

联系形成阶段有时又称为定型（fixation）、练习（practice）阶段。联系形成阶段实质上就是学习者把局部动作综合成更大单位，从认知方面转向动作方面，最后形成一个连贯的初步动作系统的阶段，即学习者不断接受反馈、逐步消除错误、做出精确的调节以达到最大效率的过程。具体表现为学习者通过练习把已掌握的局部的、个别的动作联系起来，形成比较连贯的初级动作系统。在此阶段，重点是使客体刺激与动作反应形成适当联系。为此必须排除过去经验中习惯的干扰以及局部的动作之间的相互干扰。例如，初学蝶泳的人，手臂、脚、头、腹、换气的动作常常相互干扰，动作不协调，顾此失彼。手臂动作正确，却又忘了收腹；或有了收腹动作，脚部动作却又成了蹬水；或手臂、双脚、收腹动作协调了，却又忘了抬头换气，等等。在此阶段，局部动作虽然已经形成了联系，但动作之间的联系尚不够紧密、牢固，在实现动作转换时，常常出现短暂的停顿现象。在完成动作活动过程中，视觉控制作用逐渐减弱，而肌肉运动感觉的调节作用逐渐增强，并能运用来自外部情境的外部反馈信息和来自效应器官肌肉活动的内部反馈信息来调节主体自身的动作。同时，学习者注意的紧张度有所下降，动作之间的矛盾和干扰减少，多余动作逐渐消失，发现和矫正错误动作的能力增强，最后形成连续的初步动作系统。

一般来说，联系形成阶段比认知阶段持续的时间要长，在该阶段某任务的各个成分之间有了一定的协调性（smooth coordination），而认知阶段只是一个大体的调整（gross adjustment）。

（三）自动化阶段

这是动作的协调和技能的完善阶段，是动作技能形成的最后阶段。在此阶段，各个局部动作联合成为一个完整的自动化的动作系统，成为一个有机的整体固定下来，整套动作序列能依照准确的顺序以连锁反应的方式实现。例如，书法家在完成书法作品时，每一个字的起笔、运笔、收笔如行云流水，一气呵成，而且字的间架结构安排合理，笔画的粗细得当，用力轻重适中，书写高速、轻松、精确、连贯。在执行动作时，技能从由大脑高级中枢控制逐步向小脑较低级中枢控制转变，意识成分的参与减少，多余动作和紧张状态消失，注意范围扩大，并能根据情境变化灵活、准确、迅速地完成整套动作。整套动作如泉水自动涌现，而无须特殊的注意和纠正。

总之，动作技能的形成需要从领会动作要点和掌握局部动作开始，到建立动作之间的有机联系，最后达到整套动作序列的自动化的过程。

三、动作技能形成的标志

动作技能形成的标志是达到熟练操作。所谓熟练操作指动作已达到较高速度、准确、流畅、灵活自如，且对动作组成成分很少或不必有意识注意的状态。研究表明，熟练操作具有以下主要特征：

（一）**意识调控减弱，动作自动化**。在动作技能形成初期，各种动作都受意识支配调节。通过反复练习，一旦动作达到熟练程度，意识调控被自动化所取代，动作是无意识进行的。

（二）**能利用细微线索**。在初步掌握动作技能时，学习者只能对那些很明显的线索发生反应，不能觉察自己动作的全部情况和错误。而动作熟练后，学习者能觉察到自己动作的细微差别，仅凭细微的线索就能改进调整自己的动作，做出恰如其分的反应。

（三）**动觉反馈作用加强**。动作技能的反馈包括两类：一类是外部反馈，即对反馈结果的知悉；另一类为内部反馈，即是以肌肉活动本身的动觉刺激形式出现的。在初步掌握动作技能时，学习者主要依据外部的视觉反馈来调节自己的动作，而在动作技能的熟练期，学习者主要依据内部的动觉反馈来操作或调节自己的动作。

（四）**形成运动程序的记忆图式**。所谓运动程序的记忆图式，是指经过长期的练习而在长时记忆中形成的关于动作的有组织的系统性知识，它使完整的操作流畅地执行。拉斯罗（J. I. Laszla，1967）的研究表明，运动技能的熟练程度达到某一阶段时，人的头脑中就会产生运动的指导程序，并以此程序来控制运动。

（五）**在不利条件下能维持正常操作水平**。检验动作的熟练程度，更重要的是考察在不利条件下表现出来的操作水平。一般来说，越熟练的动作，越能在外界情况变化下或面临紧急情况时维持正常操作水平。如著名的球星在有对手贴身防守，甚至在对手犯规而使自己失去平衡时，仍然可以将篮球投入篮圈。紧急情况的突然出现，可能使不熟练者手足无措，但能使熟练者的技能发挥至高峰。

四、动作技能的保持与迁移

（一）动作技能的保持

动作技能一经形成，就不易遗忘。动作技能的保持比知识的保持更牢固。越是复杂的动作技能，保持的时间越长；越是简单的动作技能，保持的时间越短。

李维特和斯克拉斯贝格（H. J. Leavitt & H. Schlosberg，1944）进行的一项研究证明了这一点。他们让被试先学习 15 个无意义音节，然后学习一种追随回转轴（rotor）的操作技能，每种任务都练习 32 次。实验结果发现动作技能的保持效果优于言语材料的记忆。如图 6-4 所示①。

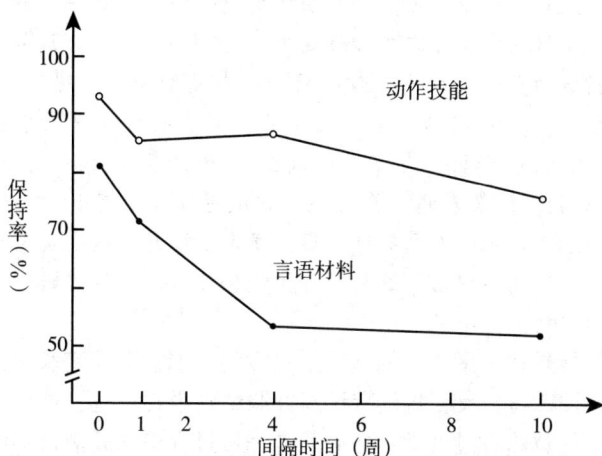

图 6-4　动作任务与 15 个无意义音节记忆任务的比较

许尚侠于 1986 年以大学生为被试研究了动作技能的遗忘进程，学习内容为一套新编的徒手操，10 分钟学习，1 分钟完成全套动作。结果发现动作技能的遗忘进程与艾宾浩斯的无意义音节的遗忘进程有很大的区别，见下图 6-5。

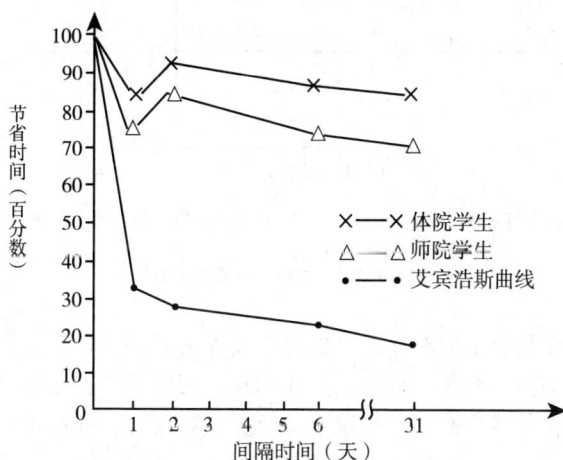

图 6-5　运动技能与无意义音节的遗忘曲线的比较

① Joseph B. Oxendine. *Psychology of motor learning* ［M］. New Jersey：Prentice-Hall, Inc.，1986：172.

为什么动作技能不易遗忘呢？弗雷西门（E. A. Fleishman）和派克（J. F. Parker）的实验可以部分回答这个问题。他们设计了一个类似驾驶飞机的任务。

在实验中，被试握一操纵杆，该操纵杆可以左、右、前、后移动，控制两维的运动。被试要用脚去控制方向舵，方向舵像一块跷跷板，可以围绕一个支点上下运动。被试需要使操纵杆在一个阴极射线管的中心保持一光点，若光点偏离中心，他必须及时调节操纵杆，使光点回到中心位置。在阴极射线管的上方有一伏特计，被试用脚踏方向舵，使伏特计指针同样保持在中心位置上。这一任务是颇为复杂的，被试既要观察光点和伏特计指针的移动，又要手脚并用进行不同的操作。练习50次，每次6分钟，达到了熟悉水平，历时17天。在训练完成以后，将被试平均分成3个级。其中1/3的被试在9个月后进行测试，1/3的被试在12个月后进行测验，最后1/3的被试在24个月后进行测验。结果表明，前两部分被试对技能没有遗忘。最后的那部分人对技能虽有少量遗忘，但经过6分钟练习后，便完全恢复。这也就是说，被试已经掌握了的动作技能。经过两年以后，这种动作技能仍然基本保持完好。

上述实验可以给我们如下的启示：

第一，动作技能是在大量练习的基础上获得的。如在上述实验中，被试用脚踏方向舵，经过300分钟练习，反复将伏特计指针调整到中心位置，这里有大量的过度学习。大量的练习往往意味着过度学习，而且在练习过程中常凭借外部和内部反馈信息来不断地校正动作，完善动作。因此经过过度学习的任务是不易遗忘的。研究表明，动作技能越复杂，练习量越多，遗忘发生得越少；动作技能越简单，练习量越少，遗忘也越明显。盖茨（Gates, 1923）用图6-6表示过度学习与遗忘的关系①。

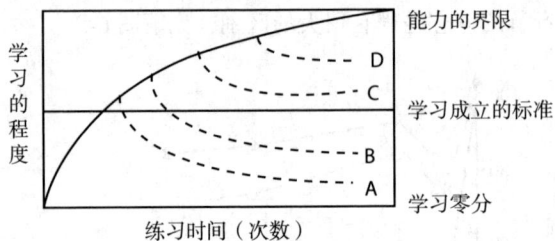

说明：实线为练习曲线；虚线A、B、C、D代表过度学习程度不同的遗忘曲线。

图6-6 过度学习与遗忘的关系

第二，许多动作技能是以有序连续的局部动作为基础的，有序连续的动作只要出现某一局部动作，动作的其他连锁就会相应出现，因此有序连续的动作序列构成的动作系统不易遗忘。在上述实验中，被试要追踪光点和指针，连续进行调节。连续的任务相对简单，故不易遗忘。如果动作技能是由许多完全不同的孤立的动作成分构成，其遗忘程度也会与言语材料的遗忘程度相差无几。加涅和福莱希曼（R. Gagné & E. A. Fleishman, 1959）在回顾了多项动作技能的研究文献后指出："这些研究结果似乎

---

① 皮连生. 学与教的心理学 [M]. 上海：华东师范大学出版社，1997：169.

表明，在人类各种活动中对遗忘最具有抵抗力的是那些被称为动作技能的那些活动，因为这些活动是连续的……"①

第三，动作技能不同于言语知识，它的保持高度依赖小脑的低级中枢，这些中枢可能比脑的其他部位有更大的保持动作痕迹的能量。

（二）动作技能的迁移

动作技能的学习与知识的学习一样，也存在着迁移现象，即一种技能的学习对另一种技能学习产生的影响。从迁移的性质及其作用来划分，动作技能的迁移有正迁移和负迁移；从迁移发生的方向来划分，有顺向迁移和逆向迁移。虽然学习迁移的一般规律也适用于技能的迁移，但动作技能的迁移又有其特殊性。从动作的特点及其关系来划分，可以把动作技能的迁移划分为以下几种迁移形式。

1. 双侧性迁移。双侧性迁移又称交叉迁移，是指在身体一侧器官形成的技能迁移到身体另一侧的器官。研究表明，双侧性迁移最明显的是人体对称部位，即左手——右手、左脚——右脚；其次是同侧部位，即左手——左脚、右手——右脚；最弱的是对角线部位，即左手——右脚，右手——左脚。双侧性迁移对于需要双手或四肢协调的动作技能的学习具有促进作用。

近来，研究者认为双侧迁移的研究结果似乎显示每一个动作都由一种相对抽象的"程序结构"所控制，且这种结构具有一个相对稳定的时间分配结构（timing structure）。在这种结构的控制下，一个活动可以由不大的肢体系统，或者由几个肢体同时进行，并且表现出基本相同的运动模式与时间分配模式。②

2. 语言—动作迁移。这是指在动作练习前的语言训练对掌握动作技能有影响作用。一般来说，只有当语言的反应不干扰被试的动作时（如语言就是对该动作的表征；或者语言的反应简单；或语言能提高知觉的辨别能力等），学习动作技能前的语言训练才能对动作技能产生正迁移。

3. 动作—动作迁移。这是指已形成的一种动作技能向另一种动作技能的迁移。但两种动作技能之间既可以产生正迁移也可以产生负迁移。当两种动作技能的学习存在相似的注意分配、反应速度、操作动作成分、操作方式时，则产生正迁移。如学会骑摩托车就较容易掌握驾驶汽车的技能。当两种动作技能的动作成分相似、操作动作的方式相反时，则容易产生负迁移。如习惯于从自行车左边上车的人很难掌握从自行车右边上车的技能。

第三节　动作技能学习的条件

动作技能的形成受到多种因素的影响，我们把它分为动作技能学习的个人内部条件与外界环境条件。

---

① Joseph B. Oxendine. *Psychology of motor learning* ［M］. New Jersey：Prentice-Hall, Inc., 1986：171.

② 王穗苹. 动作技能学习的迁移研究 ［J］. 华南师范大学学报, 1997（6）：65-70.

一、动作技能学习的个人内部条件

（一）学习动作技能的动机

学习动作技能的动机是促使学生积极学习动作技能的内在驱动力量，它是在学习者产生学习动作技能需要的基础上形成的，它对学习者持久学习动作技能起到积极的促进作用。对动作技能学习动机的关注应该说是从桑代克关于学习的准备律开始的，关于准备律的含义前面已经做了分析，这里不再赘述。

最近有研究者采用问卷调查的方法对大学生学习动作技能的动机进行了研究，结果发现大学生动作技能的学习主要有三类动机：（1）非名利层面的学习动机，这些学生对动作技能的学习态度消极，不思进取，不喜欢体育运动；（2）求名利层面的学习动机，这些学生学习动作技能是为了考试及格，为了成绩优异，不甘落后，消除精神疲劳，掌握防身本领，健身健美，提升自身气质；（3）超名利层面的学习动机，他们学习动作技能纯粹是喜欢体育运动，追求全面发展。①

（二）相应的生理成熟水平和丰富的知识经验

大量的研究与日常的观察表明，学习者掌握动作技能的能力随年龄和经验的增加而提高。生理成熟是学习动作技能的基础，知识经验是动作技能学习的重要条件，学习者生理成熟水平愈高，知识经验愈丰富，动作技能的学习效果愈好。一般来说，成熟与知识经验对动作技能学习的影响是相对的。对复杂的动作技能的学习，知识经验所引起的作用相对较大；而对简单的动作技能的学习，生理成熟所引起的作用相对较大。

（三）正常的智力水平

当学习者的智力处于正常水平时，与小肌肉活动有关的动作技能的学习与智力水平有较低的正相关，智力水平越高，动作技能学习成绩越好；与大肌肉活动有关的动作技能的学习与智力水平之间几乎没有什么相关。当学习者的智力处于常态以下时，小肌肉与大肌肉的动作技能的学习和智力之间存在明显的正相关，智力越低，动作技能的学习速度越慢，越难获得动作技能。

（四）良好的人格特征

人格特征与动作技能的学习关系密切。奥吉利夫（B. Ogilive）和塔特科（T. Tutko）在 1967 年的研究表明，与出色完成竞赛活动有关的人格特征有：（1）较高的成就动机；（2）忍耐力、坚持性；（3）抗干扰、承受打击和注意稳定的能力；（4）控制能力；（5）任劳任怨、富于吃苦精神；（6）自信、大胆、心胸开阔；（7）高于常态的智力水平。由此可见，良好的人格特征，对动作技能的学习和掌握起着促进作用。

人格类型也会影响动作技能的学习。外向性与内向性人格类型对动作技能的学习会造成不同的影响。外向性的人与内向性的人相比较，动机水平高，活动效率也较高；外向性的人比内向性的人较难形成条件反射；外向性的人易于形成粗大动作技能，内向性的人易于形成精细动作技能；外向性的人动作速度快，但欠准确，内向性

---

① 张丽红，张德胜. 心理因素调控与动作技能教学［J］. 哈尔滨体育学院学报，2004（2）：111-112.

的人动作速度慢，但准确性高；外向性的人动作的灵活性高，内向性的人动作的灵活性较低；外向性的人动作的稳定性较低，内向性的人动作的稳定性较高。

（五）适当的生理唤醒水平

生理唤醒水平一直被看成是影响动作技能学习与操作的一个十分重要的因素，这一观点得到了经验的和研究的证据的支持。所谓的生理唤醒包括紧张、焦虑、压抑以及一般的兴奋感等。关于生理唤醒与操作水平的关系有三种理论是值得关注的，即耶基斯—多德森定律、倒 U 形假设以及驱力理论。

耶基斯—多德森定律前面章节已做了分析，这里只分析倒 U 形假设和驱力理论。

倒 U 形假设是哈特金森（Hotkinson，1940）提出的。他发现当一个人的唤醒水平从睡意状态（drowsiness）转向警觉状态（alertness），动作操作的成绩就提高，但唤醒水平从警觉状态转向高度兴奋状态，操作成绩反而受损。因此，中等的唤醒水平，即一般的警觉水平是获得良好操作成绩的最理想水平。二者的关系见图 6-7①。

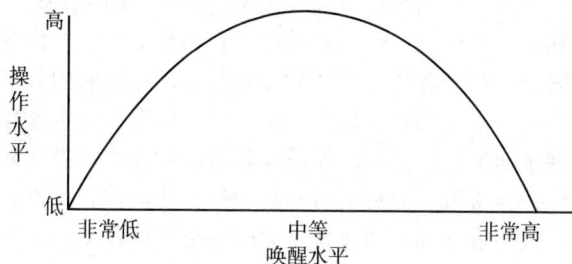

图 6-7　唤醒水平与操作成绩之间的倒 U 形曲线关系

驱力理论最初是由赫尔（Hull，1943）提出，后来斯彭斯和斯彭斯（Spence & Spence，1966）做了修正。该理论最初认为驱力与操作成绩之间是一种线性关系，即随着驱力的提高，操作成绩也随着提高。修改后的理论提出提高的驱力增加了主导反应（dominant response）再次出现的概率。根据该理论，当一个人被唤醒后，习惯反应是最有可能再次表现的，不管这些反应是对还是错的。因此，当一种新获得的技能成为习惯时，提高驱力，就可以提高操作成绩。

二、动作技能学习的外界环境条件

（一）科学的指导

在动作技能的学习中，有效的指导是不可缺少的。指导主要包括讲解和示范两种形式。结合动作技能的特点进行讲解和示范，对动作技能的学习起着积极的促进作用。

1. 讲解。讲解可以是口头形式进行，也可以借助于文字模型、草图等进行。讲解的内容包括：（1）学习动作技能的目的。如教师应明确告诉学习者要学习什么，并明确提出动作技能应达到什么目标，向他们提出适当的切实可行的期望，使学生明确

---

① Joseph B. Oxendine. *Psychology of motor learning* ［M］. New Jersey：Prentice-Hall, Inc., 1986：239.

"做什么"和"怎么做",形成对自己的正确评估,即能根据自己的能力与学习任务的目标而调控自己的练习过程。(2)动作技能的性质。如告诉学习者是连续性动作技能还是非连续性动作技能,是工具性动作技能还是非工具性动作技能。(3)学习程序与步骤。如告诉学习者有关动作技能的步骤、动作顺序、练习时间与分配方式等。(4)注意事项。如告诉学习者学习该动作技能的难点是什么,什么时候容易出现错误和危险,如何学得最快,保持得最牢固,运用得最灵活等。

2. 示范。讲解是教师讲学习者听,而示范则是教师做给学习者看的。教师直接以动作方式演示,学习者通过观察示范动作,也能获得相应的动作技能。示范主要有两种形式。

第一种是由教师做出示范。根据教师与学习者所处的相对位置,具体可以把示范分为三种:一是相向示范。在教室情境中,教师对学生进行面对面的示范。但该种方式易产生左右反向的不良影响。二是围观示范。教师居中,学习者围而观之,该方式易使学习者因观察角度不同,影响动作的准确性。三是同向示范。学习者在教师背后,且居高临下,该方式可以避免左右反向及观察角度不同造成的不良影响。

另一种是借助视听教学进行示范,如通过观看教学电影、幻灯等。这种方式可以提高学习者的学习兴趣,提高教师指导及学习者学习动作技能的效率。

无论是采取哪一种示范,都要求动作准确、规范,力求使包含在技能中的每一个具体动作都清楚地展现出来,而且在动作技能学习的初期,若采用教师直接示范,应尽可能使教师的动作慢速进行,充分展示分解动作,然后再合成完整的动作系统。若采用视听教学,则可以采取不同方式放映,先以慢镜头展示每一动作,再以正常速度放映。也可以采用幻灯先让学习者看每一个分解动作,再看完整的动作序列。这样可以避免短时间内因新信息量过多而超载。

在动作技能学习中,讲解与示范通常不是孤立进行的,而是结合起来进行的。研究表明,示范时结合讲解,或指出错误、进行现场评价,效果更好。梅(M. A. May)曾对不同示范方法做过比较研究。他把小学五年级学生按平均能力分为五个组,分别学习两种复杂程度不同的拼图技能。教师做示范动作,示范时或不做任何说明,或结合进行程度给予不同的说明,并要求各组被试在观看教师示范的同时作不同的反应,结果如表6-1所示。

表6-1	不同示范方式对动作技能学习的影响			
组别	规定学生的反应	教师示范与说明	示范后独立操作简单拼图所需时间（分）	示范后独立操作复杂拼图所需时间（分）
1.	边看示范边背诵与技能无关的数字	只有示范动作不做任何说明	5.7	25
2.	边看示范边说出教师正在做什么动作	只有示范动作不做任何说明	3.1	22
3.	只许观看不许发问	示范动作之外略做要点说明	3.5	16
4.	只许观看不许发问	示范动作之外另加详细说明	3.2	14
5.	边看示范边说出教师正在做什么动作	只纠正错误不做口语解释	2.2	12

由表中可以看出，不论是学习简单动作技能还是复杂动作技能，第 5 组学习效果都最佳。而且在学习复杂的操作技能时，第 3 组、第 4 组效果仅次于第 5 组。这个实验告诉我们：学习动作技能时，教师应让学习者注意观察并理解所演示的动作技能，而且教师应把讲解与示范结合起来，在示范时应及时对学习者的动作错误加以指正，这是促进动作技能学习的最有效的方式。

（二）练习

1. 练习与练习曲线

练习是指以掌握一定的技能为目标而进行反复操作的过程，或是刺激与反应的重复操作。它是动作技能赖以形成的基本条件。练习在动作技能学习中之所以如此重要，是因为"动作技能具有受刺激控制的性质"。也就是说，无论在什么样的动作技能学习中，都需要依赖刺激的提示来做出适当的操作，有些刺激提示来自学习者外部，有些则来自学习者内部，即来自肌肉的动觉感受。

练习的结果可以用"练习曲线"来表示，练习曲线是描述动作技能随练习时间或次数的变化而变化的图形。借助练习曲线，我们可以分析、考察动作技能随练习量的增加而改进的一般趋势。

2. 练习的一般趋势

各种动作技能形成的进程不尽相同，但它们之间又具有某些共同特点和规律，具有一般的发展趋势。

（1）总的趋势是练习成绩逐步提高，表现在速度和准确性提高上。速度加快的具体表现是单位时间内所完成的工作量有所增加（见图 6-8A），或是每次练习所需时间减少（见图 6-8B）；准确性的提高具体表现为每次练习的错误减少（见图 6-8C）。

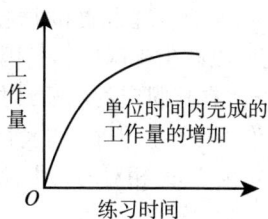

图 6-8A

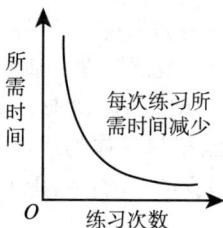

图 6-8B

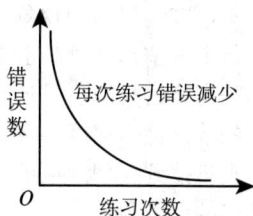

图 6-8C

练习成绩随练习进程而逐步提高的趋势具体表现为以下三种形式：

第一，练习进步的速度先快后慢。如跳高、射箭、跳远等，在多数情况下，技能在练习初期的成绩提高较快，以后逐渐变慢（见图 6-9A）。

第二，练习进步的速度先慢后快。如投铅球、投标枪、游泳等，在多数情况下，练习初期的进步比较缓慢，以后逐步加快（见图 6-9B）。

第三，练习进步的速度先后比较平均。在极少的情况下，练习的进步既没有明显的先快后慢现象，也没有明显的先慢后快现象，练习进步的速度比较均匀，在练习曲线图上表现为接近于直线（见图 6-9C）。

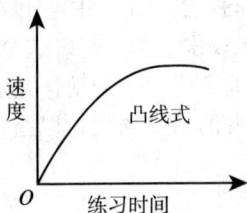

图 6-9A　练习进步的速度
先快后慢

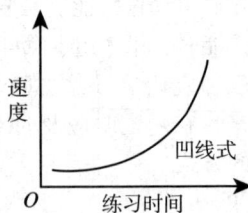

图 6-9B　练习进步的速度
先慢后快

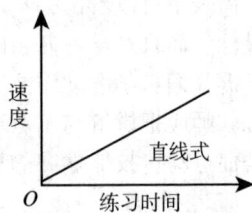

图 6-9C　练习进步的速度
先后比较一致

（2）高原期现象。这是指在结构比较复杂的动作技能形成过程中，练习到一定时期会出现练习成绩暂时停顿的现象。高原期现象一般在练习中期出现。这一现象在练习曲线上表现为出现一段接近水平的线段，此时曲线不但不上升，甚至还可能出现少许下降。但在高原期后，曲线又继续上升。

高原期现象产生的原因主要有：感觉机能和中枢机能对动作的控制和调节作用减弱；提高练习成绩的新的活动结构和方法尚未形成；练习方法不当；形成消极的思维定势；产生心理上和生理上的疲劳；动机强度减弱、兴趣降低甚至产生厌倦等消极情绪；意志品质不够顽强等。只有消除这些消极因素的干扰，才能避免高原期现象的发生。

（3）练习成绩的起伏现象。在练习成绩随着练习而提高的总的发展趋势下，练习成绩也会出现时而上升、时而下降、进步时快时慢的起伏现象。造成练习成绩起伏的原因主要有：第一，客观环境的变化，如练习条件、工具、训练方法的改变等；第二，学习者主观状态的变化，如健康状态欠佳，苦闷消极的情绪体验，注意涣散，缺乏兴趣和动机等。只有克服这些消极因素，暂时的停滞才会消除，练习成绩才会进一步上升。

（4）练习成绩相对稳定的现象。在动作技能发展的最后阶段，出现练习成绩相对稳定不再继续提高的现象，通常称为动作技能发展的极限。从人的生理素质和机能来看，每个人掌握某种技能都有一定的发展限度。动作技能之所以有生理限度，是因为动作是身体的机能，是通过骨骼、肌肉的运动来实现的。身体有其固定的物质结构，动作的准确性、速度、灵活性不能超越身体的物质结构的许可限度。但在实际生活中，真正达到生理限度的情况是极少的，动作技能发展的"极限"是相对的，因此提高技能的潜力很大。

比如我国著名的 110 米栏运动员刘翔，他在 2002 年 7 月瑞士国际田联大奖赛，跑出 13 秒 12 的成绩，打破了 13 秒 23 的世界青年纪录；2004 年在大阪田径大奖赛，他首次与美国名将阿兰·约翰逊的同场竞技中取胜并夺得冠军，同时还以 13 秒 06 的成绩再次刷新了室外 110 米栏亚洲纪录；2004 年雅典奥运会男子 110 米栏竞赛中，以 12 秒 91 平了由英国名将科林·杰克逊保持的世界纪录；2006 年 7 月 12 日，刘翔以 12 秒 88 的成绩获得瑞士洛桑田径超级大奖赛金牌，并打破由英国名将科林·杰克逊创造的沉睡 13 年之久的 12 秒 91 的世界纪录。

刘翔的例子说明只要不断地总结经验，改进操作工具和方法，就能促进技能的发展，超越运动技能的极限。

（5）练习曲线的个别差异。虽然各种动作技能的发展都遵循技能发展的总规律，但由于各种技能的复杂程度不同，学习者的知识经验、人格特征、练习态度、练习方法、主观努力、习惯、能力等存在差异，因此练习的进程也各不相同。这就要求教师在指导学习者进行练习时，既要考虑练习的一般规律，又要考虑学习者的个别差异。

3. 合理地组织好练习

影响练习效率的因素很多，要使学习者顺利获得动作技能，必须组织好练习。

（1）要明确练习的目的和要求。这是影响练习效率的最重要的因素。练习目的明确，要求具体，可以调动学习者的学习热情，提高练习的主动性和积极性，使练习常处于意识控制之下，排除干扰，克服困难。同时，具体明确的练习要求，难度适中的练习目标对提高练习效率有更大的促进作用。

（2）要合理分配练习时间。动作技能的学习需要充足的时间进行练习，因此要制定合理的时间分配表。根据时间分配上的不同，可以把练习分为集中练习和分散练习两种。集中练习是指长时间不间断地进行练习，直到掌握某种动作技能为止，中间不安排休息时间。分散练习指把练习分成若干阶段，在各阶段之间插入适当的休息时间。许多实验表明，分散学习优于集中学习。

金布尔（G. A. Kimble）与沙特尔（R. B. Shatel）训练大学生练习应用切割机裁纸，他们把学生分为四组，练习20次，每次1分钟。第一组每次练习后有45秒钟时间休息；第二组有30秒钟时间休息；第三组有5秒钟时间休息；第四组无休息，一直继续练习。结果如图6-10所示。

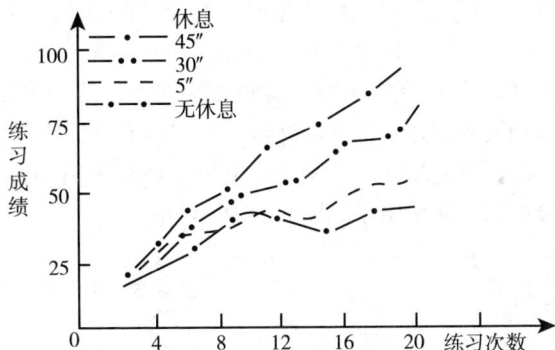

图6-10 集中与分布练习的比较

从图6-10中可以看出，休息时间越长，成绩越好；无休息组成绩最差。这表明分散练习效果优于集中练习的效果。

（3）要掌握正确的练习方法。获得动作技能的练习方法主要有整体练习和部分练习。所谓整体练习，是指把要学习的动作技能作为一个整体重复加以训练的练习形式。所谓部分练习，是指把一套完整的动作技能分解成同时或按先后次序出现的许多部分，每次分别进行其中一个部分的训练，最后获得完整的动作技能的练习形式。采用整体练习还是部分练习，应视动作技能的性质及复杂程度而定。一般认为，当动作技能的各部分的独立性较大，或动作技能较为复杂时，采取部分练习的效果较好；当动作技能较为简单，或动作技能的结构严谨、完整，需要细心整合时，则采用整体练习效果较佳。

（4）要及时反馈。所谓反馈，是指学习者了解自己练习的结果。学习者只有及时从自己的动作或动作结果中得到反馈信息，才能了解自己动作的正确与错误，通过练习把正确动作巩固下来，舍弃错误动作，以提高练习的效果，促进动作技能的学习。因此，简单机械的重复练习不可能改善动作技能的学习，只有在练习过程中及时把练习中的各种信息反馈给学习者，才是促进动作技能学习的最重要的外部条件之一。学习者一般是通过视觉、听觉、触觉、动觉和平衡觉来获得练习结果的反馈信息。通常情况下，在练习初期主要是通过外部反馈获取练习效果的信息，即学习者大多是通过视觉通道或听觉通道来获取反馈信息；在练习后期则主要通过运动感觉来获取反馈信息。

通过反馈，学生考验辨别动作的正误，知晓自己动作是否达到要求。反馈可分为内部和外部的，及时的与延迟的。采用何种反馈，应根据任务的性质、学习者的学习进程而定。埃尔林（A. L. Irion，1966）的研究表明：若是连续的任务，及时反馈是重要的；若是不连续的任务，则延迟反馈并不影响效果。

（5）进行心理练习（mental practice）。心理练习有时又称为概念化（conceptualization）、概念功能化（ideational functioning）、内省（introspection）、表象练习（imaginary practice）等。它是指在实际练习之前先在头脑中反复思考身体动作的进行过程。现已公认心理练习在最高水平的体育竞技中得到有效运用。美国圣何塞州立大学（San Jose）的心理学家塔克（Thomas Tutko）指出："在20世纪80年代全世界的竞技体育中，唯一重要的因素就是心理练习。"①

罗林斯（Lawlings，E.）等1972年利用追随一个回转轴（the pursuit rotor）的任务进行了一项关于心理练习效果的实验。实验分为三组：第一组每天进行实际的练习，第二组只进行心理复述不进行实际的练习，第三组不进行任何练习。整个实验持续10天。实验结果发现，10天后，实际练习组与心理练习组的操作成绩相差无几，而第三组的改进十分微弱。实验结果如图6-11所示②。

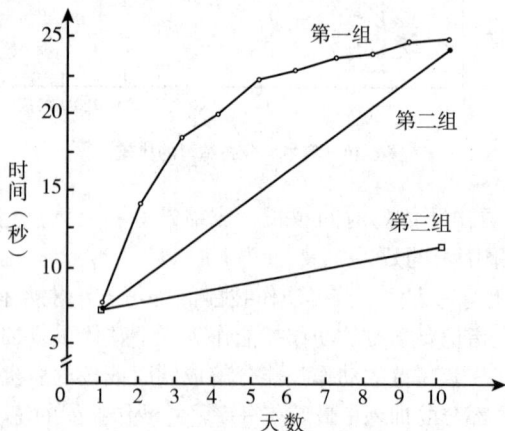

图 6-11　心理练习与实际练习效果的比较

---

①　Joseph B. Oxendine. *Psychology of motor learning*［M］. New Jersey：Prentice-Hall，Inc.，1986：281.
②　同①：288.

【主要结论与应用】

1. 动作技能是在练习基础上，由一系列实际动作以完善的、合理的程序构成的操作活动方式。动作技能的构成包括三种成分：（1）动作或动作组；（2）体能；（3）认知能力。可从动作技能的精确性、动作从开始到结束的连续性和环境的稳定性三个维度进行分类：根据动作的精确性，可以把动作技能分成粗大动作技能和精细动作技能两种；根据如何定义动作技能的开始与结束，可分为非连续性动作技能和连续性动作技能；根据环境的稳定性，可分为封闭性动作技能和开放性动作技能。

2. 动作技能形成的理论解释主要有行为派和认知派两种观点。行为派观点认为动作技能是先行动作通过条件反射建立起暂时神经联系而变成后继动作的信号来实现的。行为派的核心概念是反应，因而他们用刺激—反应来解释人的动作技能形成，特别重视用强化概念来说明有机体的塑造、保持与矫正。认知派的观点强调动作技能的学习必须有感知、记忆、想象、思维等认知成分的参与。一般认为，动作技能的形成分为三个阶段：认知阶段、联系形成阶段和自动化阶段。

3. 动作技能的保持与迁移规律不同于其他知识，动作技能的保持比知识的保持更牢固。越是复杂的动作技能，保持的时间越长；越是简单的动作技能，保持的时间越短。动作技能的迁移包括双侧性迁移、语言—动作迁移以及动作—动作迁移。

4. 动作技能的学习受到众多内外部因素的影响。内部因素包括动作技能学习动机、相应的生理成熟水平和丰富的知识经验、智力水平、人格特征和生理唤醒水平；外部因素包括科学的指导、练习等。能否掌握某种动作技能取决于学习者是否具备相应的内部条件以及如何充分利用外部条件。

【学习评价】

1. 结合动作技能的本质说明为什么心理学家对动作技能有不同的理解。

2. 不同类型的动作技能的学习过程相同吗？如果不同，请说明为什么。

3. 蔡斯关于动作技能的信息加工模式对动作技能的学习与教学有何指导意义？

4. 动作技能形成的行为派和认知派的理论解释对动作技能的学习有何现实意义？

5. 结合某一具体动作技能，分析其达到熟练操作的主要特征。

6. 比较动作技能学习与知识学习的保持规律的异同，并分析其原因。

7. 比较动作技能的迁移与一般知识迁移的异同，并阐述如何根据动作技能的迁移规律进行有效的教学指导。

8. 试分析人格特征对动作技能学习的促进与干扰作用，并举例说明。

9. 结合某动作技能的学习，分析如何进行有效的示范。

10. 根据某动作技能的学习过程，绘制相应的练习曲线，并分析练习曲线中表现出的一般特征。

11. 什么是心理练习？在动作技能学习过程中如何进行心理练习？

【学术动态】

● 可以通过观察实现动作学习吗？

在实验室中进行的动作学习通常是让被试抓住机械把手完成一些指定动作。在完成动作的过程中，机械把手会受实验程序的控制而产生少量的力，被试需要通过重复练习，从而学会对抗这种力量以完成指定动作。McGregor 等人在 Current Biology 上发表的文章指出，动作学习可以通过观察他人的动作学习来实现，这种学习在很大程度上依赖于大脑的躯体感觉系统（somatosensory system）。

● 视觉信号如何改变观察者大脑中的运动回路？

在 McGregor 等人的研究中，被试在观看他人运动学习视频的同时被施加电流刺激，以干扰其躯体感觉系统。结果发现，电流刺激了被试的动作学习，这表明躯体感觉系统在观察动作学习中发挥作用。研究者进一步测量了被试在观看动作学习视频前后的体感诱发电位（somatosensory evoked potentials；SEPs），以评估大脑初级躯体感觉皮层（primary somatosensory cortex；S1）的变化。结果发现，观察动作学习改变了 S1 的神经活动，个体的观察动作学习能力与 SEP 活动呈正相关。研究者提出，躯体感觉系统可以将观察他人动作学习的视觉信号与观察者大脑中的运动回路联系起来，从而使个体通过观察实现动作学习。

那么，观察究竟能为动作学习带来多大的帮助？为什么并不是所有篮球比赛的忠实观众都能成为 NBA 巨星？研究者们仍在尝试回答这些问题。

【参考文献】

1. 潘菽. 教育心理学 [M]. 北京：人民教育出版社，1980.

2. 莫雷. 教育心理学 [M]. 广州：广东高等教育出版社，2002.

3. 陈琦，刘儒德. 当代教育心理学 [M]. 北京：北京师范大学出版社，1998.

4. 冯忠良，等. 教育心理学 [M]. 北京：人民教育出版社，2000.

5. 张春兴. 教育心理学——三化取向的理论与实践 [M]. 杭州：浙江教育出版社，1998.

6. 王进. 解读"反胜为败"的现象：一个"Choking"过程理论 [J]. 心理学报，2004，36（5）：621-629.

7. Joseph B. Oxendine. *Psychology of motor learning* [M]. New Jersey：Prentice-Hall, Inc.，1986.

8. Ostry, D. J. & Gribble, P. L. *Sensory Plasticity in Human Motor Learning* [J]. Trends in Neurosciences. 2016, 39（2）：114-123.

9. McGregor, H. R., Cashaback J. G. A. & Gribble, P. L. *Functional plasticity in somatosensory cortex supports motor learning by observing* [J]. Current Biology. 2016（26）：921-927.

第 七 章

学习的迁移

【内容摘要】

学习迁移是完整的学习过程的重要环节。学习迁移是整个 20 世纪都让心理学家们持续感兴趣的一个主题，而对于迁移的研究是从验证和批评"形式训练说"开始的，由此形成了"相同要素说""概括化理论""关系转换说"等早期研究成果。研究者通过设计训练和实验两种情境进而考察两种学习之间有没有迁移发生，探求迁移发生的原因。但这种研究是具体的，或者说他们对迁移概念的理解是狭义的。

20 世纪六七十年代以后，随着"为迁移而教"口号的提出，心理学开始从知识、技能、策略以及问题解决过程的迁移等广泛意义上开始了对迁移的进一步研究，形成了认知结构迁移理论、迁移的产生式理论、策略迁移等众多的理论，迁移问题又一次成为关于学习研究的一个热点的、收获颇丰的领域。对学习迁移概念的理解也从过去狭义的层面推向一种广义的层面，认为有意义的学习过程本身就是一个迁移的过程，运用知识经验解决问题也是一个迁移的过程，知识的应用与迁移属于同一性质的问题。

本章首先解释了学习迁移的概念及其类型，介绍了关于迁移研究的多种理论，尤其是当代的理论，在此基础上对影响迁移的一些因素及其在教学中如何促进迁移问题也给予了讨论。

【学习目标】

1. 熟悉学习迁移的概念，结合教学和学习实际理解迁移现象及研究的意义。
2. 记住迁移的基本类型，了解在迁移类型研究上的新变化。
3. 理解早期的基本研究，思考早期研究的意义及其局限性。
4. 理解当代迁移研究的三个主要理论，了解迁移研究的变化及其发展趋势。
5. 结合实际分析影响迁移的因素，理解在教学中如何促进迁移。

【关键词】

学习迁移　迁移类型　迁移理论　促进迁移

学习迁移是教育心理学研究的一个既古老而又充满活力的领域。二百多年前官能心理学首先提出了迁移的概念及"形式训练说"的理论。20 世纪前几十年心理学家们开展了轰轰烈烈的实验研究，20 世纪后几十年，认知心理学对迁移问题进行了更广泛、更深入的研究，产生了众多的理论或观点。整个 20 世纪，学习迁移问题始终是教育心理学关注的热点。

教育心理学之所以一直关注和重视学习迁移问题，是因为迁移是将所学的知识、技能与行为方式应用于新的问题情境当中，是完整的知识学习的一个环节，即知识的应用环节。只不过教育心理学在讨论迁移时舍弃了知识的具体内容或学科内容，是从一般意义上或概括的意义上对应用问题进行了研究。因此，有人认为学习迁移与知识应用研究是"同质现象"。

今天对学习迁移的研究已不仅仅限于知识学习，而是把它看成与问题解决、策略应用等有关的、涉及范围非常广泛的教育心理学问题。

第一节　学习迁移概述

一、学习迁移的概念

学习迁移是指一种学习对另一种学习的影响，或习得的经验对完成其他活动的影响。迁移广泛存在于各种知识、技能与社会规范的学习中。由于学习活动总是建立在已有的知识经验之上的，这种利用已有的知识经验不断地获得新知识和技能的过程，可以认为是广义的学习迁移；而新知识技能的获得也不断地使已有的知识经验得到扩充和丰富，这就是我们常说的"举一反三""触类旁通"，这个过程也属于广义的学习迁移。教育心理学所研究的学习迁移是狭义的迁移，特指前一种学习对后一种学习的影响或者后一种学习对前一种学习的影响。20 世纪以来教育心理学家关于学习迁移的研究，就是通过设计两种学习情境，看一种学习对另一种学习的影响。

学习迁移在内容上是多种多样的，既包括在知识、技能方面的迁移，也包括在方法、态度方面的迁移。当今教育心理学研究认为，学习迁移不仅存在于陈述性知识、动作技能的学习中，智慧技能与认知策略的学习中同样存在着学习迁移。运用已有的知识经验解决问题也是一个迁移的过程。

二、学习迁移的类型

依据不同的角度，学习迁移可以划分为许多类型，这既反映了学习迁移的复杂多样性，也反映了教育心理学对学习迁移研究的变化发展性。

（一）根据学习迁移的性质和结果，学习迁移分为正迁移和负迁移

在学习的迁移中，一种学习可能对另一种学习起到促进、助长作用，这便称之为正迁移（positive transfer），也可简称为迁移。学习是利用过去的知识经验的过程，过去的知识经验对新的学习起着积极的促进作用，同时，新的学习也会进一步扩充已有的知识经验，学生的知识、技能正是在这种过程中不断地获得发展的。这种迁移可

以表现在两种具体的学习活动中。例如：学生掌握了圆锥体体积计算公式 $V = \frac{1}{3}Sh$，就有助于学习三棱锥、四棱锥的计算方法，因为三棱锥、四棱锥只是圆锥体的特例；学会了驾驶一种型号的汽车，有助于学习其他型号汽车的驾驶，因为汽车驾驶技能之间也会产生积极的促进作用。

正迁移是我们熟知的迁移类型，除了知识技能的迁移以外，实际上我们掌握的方法、形成的态度之间也会发生这种迁移。

负迁移（negative transfer）正好相反，是指一种学习对另一种学习产生了干扰或阻碍作用，对另一种学习产生了消极的影响。例如，学习了汉语拼音之后再学习英语的48个音标的发音，最初常常受到干扰，这是知识学习之间的负迁移现象；学习了英文打字后学习俄文打字也会受到干扰，这主要表现为技能学习的负迁移。负迁移是一种学习对另一种学习可能产生的消极影响，是我们在教育工作中应该注意消除和克服的。

两种学习也可能不发生影响，这种状态可称为零迁移（zero transfer）。这在迁移的实验研究中是一个有用的概念。

（二）根据学习迁移发生的方向，学习迁移分为顺向迁移和逆向迁移

在学习过程中，学习迁移可以是先进行的学习活动对后继学习的影响，称之为顺向迁移（forward transfer）。当学习者面临新的情境或问题时，他利用已有的知识经验去面对新情境，解决新问题，这就是顺向迁移。后进行的学习对先前学习也会发生影响，这便是逆向迁移（backward transfer）。逆向迁移主要表现为通过后面的学习对已经获得的知识技能予以扩充、改组或修正，从而进一步理解和丰富已有的知识经验。当然，顺向迁移和逆向迁移也可以用于研究具体的两种学习活动之间的相互影响问题（见图7-1）。

顺向迁移和逆向迁移主要是根据学习发生的时间先后进行的分类。根据知识所处的不同层次，也可把迁移划分为纵向迁移

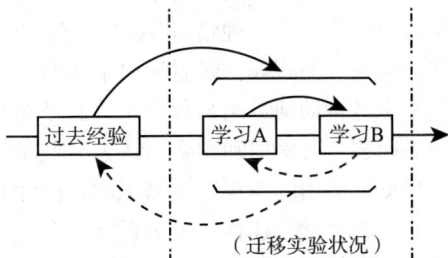

（迁移实验状况）

➡ 顺向迁移　- ➤ 逆向迁移

图7-1　顺向迁移与逆向迁移

（vertical transfer）和横向迁移（lateral transfer）。纵向迁移也称垂直迁移，是指概括与抽象程度不同的学习之间的相互影响，如学了"角"的概念后，再学习"直角""锐角"等概念。横向迁移也叫水平迁移，是指同一层面（概括与抽象程度相同）的学习间的相互影响，如直角、锐角、钝角、平角、周角等概念的学习，它们之间虽然没有包容关系，但有时会互相之间产生影响，这种迁移就是横向迁移。

（三）根据学习迁移的范围，学习迁移分为一般迁移和特殊迁移

这种划分首先来自布鲁纳。一般迁移（general transfer）是指一种学习中所习得的原理和态度对另一种学习的影响。这种迁移的范围大，可能由学习动机、注意等因素引起，但也可能由学习的其他准备活动和学习方法、学习策略引起。布鲁纳认为一般的技巧、策略和方法有着广泛迁移的可能性。这种迁移也称为非特殊迁移（nonspecial transfer）。特殊迁移（special transfer）是某一领域或课题的学习对学习另一领

域或课题所产生的影响。

（四）根据学习迁移的程度，学习迁移分为近迁移和远迁移

新近的研究认为，迁移还可以分为近迁移和远迁移。近迁移（near transfer）主要指已习得的知识或技能在与原先学习情境相似的情境中加以运用。例如在教学中学生学习写"记我熟悉的人"这类题材的作文时，教师先教学生写《记我的妈妈》，等掌握了规则后，可以把规则迁移到《记我的老师》《记我的同学》等作文的写作当中。这种迁移大量发生在学校教育当中。相反，远迁移（far transfer）是指已习得的知识或技能在新的不相似情境中的运用，例如，学生在数学中学习到的逻辑推理规则运用到物理或化学中来解决问题。远迁移从形成过程和心理机制上比起近迁移要复杂得多。舒克（D. H. Schunk，1996）认为，近迁移与基本的陈述性知识和基本技能的掌握有关，远迁移则与陈述性知识、程序性知识有关，并且也与条件性知识（conditional knowledge）有关。

（五）根据学习迁移的路径，学习迁移分为低路迁移和高路迁移

1989 年，美国心理学家所罗门（G. Salomen）和帕金斯（D. Perkins）提出了一种新的迁移分类方法。即根据迁移的路径，把迁移划分为低路迁移和高路迁移。低路迁移（low-road transfer）是指以一种自发的或自动的方式所形成的技能的迁移。这种迁移是通过在各种情境中的练习获得的，其发生几乎是不留意的，不需要或很少需要意识、思维的参与。高路迁移（high-road transfer）则是有意识地将某种情境中学到的抽象知识应用于另一种情境中的迁移。当学生在一种学习情境抽取出了一种规则、原理、范例、图式等，然后运用于新的情境，这便是高路迁移。它是有意识的，因为学生并不是自动地运用某种规则，而是先要对情境进行考察，而后才决定用什么策略去解决问题。所罗门和帕金斯认为，低路迁移基本上涉及陈述性知识，而高路迁移在更大程度上运用的是程序性知识和条件性知识。

随着对学习迁移研究的深入，教育心理学关于学习迁移类型的划分也日趋多样化，比如辛格利和安德森（M. K. Singly & R. Anderson，1989）依据陈述性知识和程序性知识学习的过程与阶段对学习迁移进行了分类，着重说明了两种知识的关系及其转化。对于这些分类我们将在随后的内容中进一步讨论。

三、学习迁移的实验设计与测量

学习迁移的测量主要是看两种学习之间有没有影响以及这种影响有多大，因此，学习迁移研究中经典的实验设计就是创设两种学习情境，或者是看先进行的学习对后继学习的影响，或者是看后进行的学习对先前学习的影响（见表7-1）。

表 7-1		迁移实验的基本类型		
迁移方向	分　组	先学	后学	测量
顺向计划	实验组	A	B	B
	控制组	—	B	B
逆向计划	实验组	A	B	A
	控制组	A	—	A

在实验中，一般要设立两个组，即实验组和控制组，经过实验后，通过测量与比较两组的学习结果，看两个组之间有没有迁移或迁移量的大小。其基本步骤主要有：1. 建立等组（或班）。通过取样和预测尽可能使两个组（实验组和控制组）在各方面保持相等，如人数、年龄、男女比例、智力和知识水平等。2. 进行教学处理，即实施计划。在顺向计划中，让实验组学生先学习 A，控制组不进行 A 的学习，休息或从事与此无关的活动，然后实验组和控制组的学生都进行 B 的学习；在逆向计划中，两组学生都学习 A，然后实验组学习 B，控制组不进行 B 的学习。3. 测量与比较两组的学习结果。在顺向计划中，两组均测量 B，在逆向计划中，两组均测量 A。然后将两组的学习结果，进行统计处理，并予以比较。4. 得出结论。说明迁移是否发生或迁移量的大小。研究的结论可能有三种情况：正迁移、负迁移和零迁移。

学习 A 和学习 B 之间的迁移，通常是以实验组和控制组的学习成绩比较来进行衡量的，常用的有默多克（D. D. Murdock）提出的测验公式：

$$迁移率（\%）=\frac{实验组成绩-控制组成绩}{实验组成绩+控制组成绩}\times100$$

衡量迁移量的大小除了可以通过成绩来计算以外，也可以用完成学习所需要的时间多少，或者以被试达到某一成绩标准所需的学习次数，以及学习中出现的错误次数为指标来进行计算，因此，以上公式可改为：

$$迁移率（\%）=\frac{控制组错误次数-实验组错误次数}{控制组错误次数+实验组错误次数}\times100$$

以上的实验和测量只是一种基本的、经典的有关学习迁移的实验设计和研究，随着迁移问题研究的不断深入，其研究的模式和测量也随之更加复杂，产生了许多变式。例如，在关于训练方法对迁移影响的实验设计中，研究者把实验组分为两个组分别进行考察和比较，实验组Ⅰ只进行必要的练习，实验组Ⅱ所用的时间与实验组Ⅰ相同，其中一半时间用于指导，另一半时间用于练习，控制组则只在实验开始和结束时进行测验，不进行任何练习（见表 7-2）。

表 7-2	训练方法对迁移影响的实验设计		
控制组	**前测**	——	**后测**
实验组Ⅰ	前测	一般训练	后测
实验组Ⅱ	前测	特殊的训练方法	后测

采用这种实验设计的目的在于探讨如何更为有效地提高迁移的水平，它不仅对实验组和控制组之间的变化进行对比，而且对实验中采用不同的方法之间的迁移效果也进行了比较。

四、研究学习迁移的意义与作用

学习迁移是教育心理学长期关注的一个核心领域，对于它的研究既具有理论价值，也具有重大的实践意义。

从理论角度看，对学习迁移的深入研究有助于完整地认识和理解学习的过程，揭示学习的本质与规律。正如辛格莱（M. K. Singley）和安德森（J. R. Anderson）所指出的，迁移研究是对所有综合性认知理论的一个严格而必要的检验。一方面，对其规律的研究能帮助我们了解学习是如何引起、学习过程是如何进行以及学习结果在今后的学习中能起何种作用；另一方面，学习迁移研究还有助于探索教育与心理发展的关系。在教育条件下，学习是教育影响与心理发展之间的中间环节，其中学生如何不断地获得知识并运用已获得的知识去解决问题，已掌握的知识经验如何转化为学生的才能，已接受的行为准则如何转化为学生的道德品质等，都和学习迁移的研究有关。因此，迁移研究不但在教育心理学，而且在个体认知过程、认知发展的研究中都占有重要的地位。

在实践上，学习迁移研究对教学质量和学习效率的提高具有重要作用。掌握迁移的规律有助于教材编写、教学方法的选择以及教学过程的组织，能促进教师把教学实践中积累的教学经验迁移到新的教学中。奥苏贝尔（D. P. Ausubel）指出，心理学关于迁移的研究是心理学对教育产生巨大影响的领域。使学生通过学习获得最大的迁移，这是教学的根本目的，正如美国心理学家比格（M. L. Bigge）所说的那样"学校的效率，大半依学生所学材料可能迁移的数量和质量而定。因而学习迁移是教育最后必须寄托的柱石，如果学生们在学校中学习的那些材料无助于他们进一步沿着学术的程序，不但目前，而且在以后生活中更为有效地应付各种情境，那么教育就是在浪费他们的时间"。从学习方面看，迁移与解决问题能力和创造性的培养密切相关。能力的形成需要学生将所学的知识与技能不断概括化和系统化，这种知识类化的过程其实质就是迁移。学习过程中正迁移的量越大，说明学生通过学习所产生的适应性学习技能和解决问题的能力越强。我们正处在知识经济时代，发展能力、知识更新、终生学习等都和学习迁移有着密切关系。

第二节 早期的学习迁移理论及其研究

学习迁移是人们很早就关心的一种现象，但是对这种现象进行系统的理论探讨和研究则开始于18世纪中叶以后。自此，许多心理学家从不同的心理学立场出发，或者通过精心的实验，或者结合教育、教学的实际，对学习迁移发生的原因、过程以及影响因素等方面进行研究和说明，形成了众多的关于学习迁移的理论或观点。早期的学习迁移理论正是构成这种研究的不可或缺、值得重视的一部分。

一、形式训练说

形式训练说（formal discipline theory）是最古老的关于迁移的理论，其心理学基础是官能心理学，代表人物主要有德国的沃尔夫（C. von Wolff, 1734）。官能心理学认为，人心是由若干官能组成的，比如注意、意志、记忆、知觉、推理、想象等，它们都是一个个独立的实体，各种官能就像人的肌肉一样，可以通过训练得到增强。

形式训练说认为训练和改进心的各种官能是教学的重要目标，教育的任务就是要改善学生的各种官能，而改善以后的官能就能够自动地迁移到其他的学习中去，一种官能的改进也能增强其他的官能。如学习拉丁语、希腊语等古典语言和数学具有训练记忆、推理和判断的心理官能，就应该在学校教育中受到重视。一旦新的官能通过学科学习得到训练，就可以迁移到其他学习中，使学生终生受用。学习的项目越困难，官能得到的训练越多，一种作业越深奥，其学习就越有效。学校开设学科和教材的选择不必重视其实用价值，关键看其对官能的训练价值。这种观点受到了当时许多教育家的重视，并成为课程编制的指导思想。

作为最早的关于学习迁移的理论，形式训练说对以后学习迁移的研究产生了深刻的影响，对教育也产生了重要影响。形式训练说中的一些观点对今天的教育和教育心理学研究仍然有着思考的价值，主要表现在两个方面：一是人的官能能否通过教学或训练得到提高，一定的学科学习或训练与人的特定官能提高有无关系；二是迁移过程是不是自动发生的，前期的学习与训练能否以自动的方式迁移到新的学习中去。

形式训练说在欧洲和北美盛行了近二百年，19 世纪末，美国机能主义心理学家詹姆斯（W. James）最先通过实验对形式训练说进行检验和批判。

1890 年，詹姆斯和他的助手进行了一项记忆的实验研究。实验中，他和自己的四个学生为被试，先记住一位作家诗歌的一部分（158 行），把所用的时间记录下来。再给另一作家著作中一些材料（诗歌），作为记忆的训练。每天诵读 20 分钟，一共训练 38 次。然后再记忆前一位作家诗歌的后半部，看看能够缩短多少记忆时间，看前期的训练对后面的记忆能力的改善有没有影响。结果发现，其中有三人记忆的成绩有了提高，而他和另一位学生的记忆成绩并没有提高（所用的时间没有减少）。

由此，詹姆斯认为记忆能力不受训练的影响，记忆的改善不在记忆能力的改进，而在于记忆方法的改善。

詹姆斯的研究虽然比较粗糙，但激起了以后教育心理学家对迁移问题的大量实验研究，由此形成的迁移理论对推动迁移研究起到积极的作用。

二、相同要素说

相同要素说（identical elements theory）是桑代克（E. L. Thorndike）在一系列实验的基础上提出的一种迁移理论。

1901 年，桑代克首先从知觉方面进行研究。他先让被试观察大小在 $10 \sim 100 \ cm^2$ 之间的多个长方形，让被试估计每个长方形的面积，直到能准确估计每一个长方形面积为止（前期训练），然后再呈现大小在 $150 \sim 300 \ cm^2$ 之间的多个长方形让被试估计和测试其准确的面积。

结果发现，小的长方形面积估计中训练的结果在大的长方形面积的估计中进步并不明显，即被试的估计能力并不因前面的训练所取得的进步而有所增进。后来桑代克在长度和重量方面也进行了类似的实验研究，得到了类似的结论。

桑代克又研究了选修不同学科对学生智商的影响，比较了选修不同科目后智商变化的情况，受试学生达 13 000 多人，涉及学科有几何、拉丁语、公民课、戏剧、化学、簿记和法语，学习时间长达一年。

结果仍然没有发现某些学科对改善学生的智力特别有效。桑代克认为，形式训练实际上对学生智力并无太大影响。

基于以上实验，桑代克认为，从一种学习情境到另一种学习情境的迁移，只是由于这两个情境中存在着相同的要素，"只有当两个心理机能之间有相同要素时，一种心理机能的改善才能引起另一种心理机能的改善"，两种情境中的刺激相似而且反应也相似时，迁移才会发生；一种情境与另一种情境中相同的要素越多，迁移的量也就越大。几乎与此同时，另一位美国心理学家武德沃斯（R. S. Woodworth）通过研究也得出了几乎与桑代克相同的结论，因此，把相同要素说改为共同成分说（common components）。

桑代克的理论对学习迁移的研究和实际教学起到了积极的作用，即便在今天对有些迁移的研究也有直接的启发作用，如迁移的产生式理论。但桑代克的理论只看到学习情境对学习迁移的影响，完全忽略了主体因素对学习迁移的影响，只从一种维度讨论学习之间的影响问题，并试图从中发现影响迁移的原因，把学习迁移引导到一种狭义的圈子里；并且在看到情境中相同要素的积极迁移的同时，忽略了也可能产生消极的作用，即一种学习也可能对另一种学习产生干扰作用。

三、概括化理论

概括化理论（generalization theory）也称为经验类化说（theory of experience generalization），是由美国心理学家贾德（C. H. Judd）提出来的。

1908 年，贾德进行了一个很著名的"水下击靶"实验。实验中，贾德把小学五、六年级的学生分为 A、B 两个组，练习向置于水中的靶子投掷标枪。A 组学生在练习投掷以前先深入学习光学"折射原理"，B 组学生不学折射原理直接进行投掷。当靶子置于水面上 3 cm 时，两组成绩没有太大区别，因为所有的学生首先必须学会运用标枪，所学理论还没有起作用。后来，当向离水面 10 cm 的靶子投掷时，两组的成绩有了明显的差别，掌握了"折射原理"的学生不论在投掷的速度还是准确程度上，都超过了 B 组的学生，B 组学生则表现出很大的混乱。

贾德认为，这是因为学过"折射原理"的学生已经把这种原理概括化并运用到不同的经验中去，从而能根据靶子的不同位置及时地做出适应和调整。"理论曾经把有关的全部经验——水外的、深水的和浅水的经验——组成一个整体的思想体系……。他们在理论知识的背景下，理解了实际情况以后，就能利用概括化了的经验去迅速地解决需要按实际情况做分析和调整的新问题。"[1]

贾德认为先期学习获得的东西之所以能迁移到后期的学习中，是因为在先期学习中获得了一般原理，这种原理可以部分地或全部地运用于两种学习当中。两种学习活动之间存在共同要素是知识产生迁移的必要条件，而迁移产生的关键是学习者在两种活动中通过概括形成了能够泛化的共同原理。只要一个人对他的经验进行了概括，就可以完成从一种情境到另一种情境的迁移。对原理了解、概括得越好，对新情境中学

---

[1]　陈琦，刘儒德. 当代教育心理学［M］. 北京：北京师范大学出版社，1999：110.

习的迁移也就越好。

以后，赫德里克森（G. Hendrickson & W. H. Schroeder，1941）等人在贾德的基础上进一步进行实验，把被试分为三个组，第一组不给予原理指导，只进行练习（控制组）；第二、三组为实验组，第二组被试学习物理学的折射原理；第三组除学习折射原理外，还给予进一步的指导。结果发现，实验组的成绩均优于第一组的成绩，而第三组的成绩又优于第二组。

这种研究不仅进一步证实了贾德有关迁移的理论，而且发现概括化不是一个自动的过程，它与教学方法有着密切的关系，如果在教学方法上注意引导学生概括，并引导学生把这种概括化的原理与实践相联系，对学生理论联系实际方面也给予指导，就可能取得更好的迁移效果。

概括化理论给学习迁移的研究注入了新的内容，阐明了影响迁移的主要因素是学习者对学习情境共同原理的概括，但由于对原理的概括除了与学会原理、原则有关以外，还与学习材料的性质以及学生的能力等因素有关，因此对原理的概括有着较大的年龄差异，年幼的学生要形成原理的概括就不容易。同时教学和对原理与实践的结合的指导也会影响到学习的迁移。

四、关系理论

关系理论（relationship theory）是由格式塔心理学家提出的一种迁移理论。和他们的学习理论一样，格式塔心理学强调行为和经验的整体性，认为每一行为和经验都自成一特殊的模式。所以，学到的迁移经验能否迁移到新的经验的获得中，关键不在于情境中有多少共同的因素，也不在于是否掌握了原理，而在于能否理解情境之间的关系，即情境中的所有要素是否组成了一种整体关系。在他们看来，迁移是由于学习者理解或顿悟了情境之间关系的结果。

格式塔心理学的重要代表人物苛勒（W. Köhler）于1929年做了著名的"小鸡觅食"的实验。实验中他给小鸡呈现两张不同颜色的纸，一张是浅灰色的，一张是深灰色的，食物总是放在颜色较深的纸上面。经过400到600次的训练，小鸡都学会了在深颜色纸上找到食物。然后用更深颜色的纸代替原来的浅灰色纸。实验表明，小鸡不是在原来的深色纸上去找食物，而更多的是从更深颜色的纸上寻找食物（正确反应率为70%）。苛勒用黑猩猩和一个三岁女孩做了同样的实验，观察到了同样的现象。而小孩前期训练所需的时间更少（约45次），正确反应率更高，即小女孩始终对更深颜色的纸进行反应。

实验表明，对情境中的关系的理解是导致迁移的主要原因，对关系的顿悟是获得一般训练的真正手段。

这一理论也称为关系转换说或转换理论（transposition theory）。它强调个体的作用，认为迁移的发生是由于学习者发现或理解了事件之间的关系，但要实现关系的转换往往还要受很多因素的影响，如原先课题的掌握程度、诱因大小以及练习量的多少等。研究表明，原先的课题掌握得好，诱因大，练习量增加，就容易实现关系转换。

关系理论是在对桑代克的相同要素说的批评过程中提出来的，和学习理论的研究一样，它主要是从认知的角度对迁移问题给予了说明，强调主体的理解或顿悟在迁移中的作用。但它并非与相同要素说以及其他迁移理论矛盾对立、毫不相容，只是从一种新的角度对迁移予以了阐释。

五、迁移的逆向曲面模型

奥斯古德（C. E. Osgood）于 1949 年提出的"迁移的逆向曲面模型"（transfer and retroaction surface）又称"三维迁移模式"。它是奥斯古德在总结了大量迁移实验资料尤其是有关配对联想的实验研究资料的基础上提出来的。该模型揭示了刺激或学习材料的相似程度和反应的相似程度与迁移之间的关系。

配对联想是早期心理学家在研究人类联想学习过程中经常采用的一种基本范型，其研究的基本形式是给被试呈现一系列配对材料，如"book—书""apple—苹果"或"KSU—悲哀""BSD—AVX"等。在研究中，一般把成对呈现的第一项称为刺激项，如 book，apple，KSU，BSD，把与之配对的另一项称为反应项，如书、苹果、悲哀和 AVX。根据研究的需要，配对联想的材料可以是有意义的（book—书），可以是无意义音节与有意义材料（KSU—悲哀），也可以是刺激项和反应项都是无意义音节（BSD—AVX）等。

在采用配对联想进行迁移的研究中，主要是通过改变配对材料的刺激项与反应项的相似程度，研究先后学习两套不同材料之间的迁移或干扰，以此观察两种学习（两种情境）的正迁移、零迁移、负迁移变化的情况。

奥斯古德的迁移逆向曲面模型描述了学习课题和迁移课题之间刺激和反应的变化，以及所产生的迁移的变化情况（见图 7-2）。

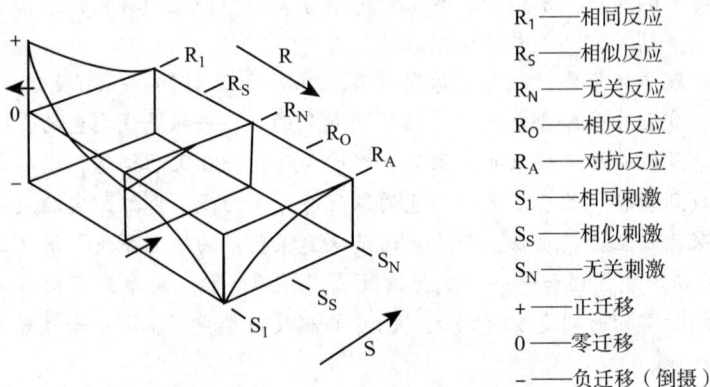

R_1 —— 相同反应	
R_S —— 相似反应	
R_N —— 无关反应	
R_O —— 相反反应	
R_A —— 对抗反应	
S_1 —— 相同刺激	
S_S —— 相似刺激	
S_N —— 无关刺激	
+ —— 正迁移	
0 —— 零迁移	
− —— 负迁移（倒摄）	

图 7-2　奥斯古德的迁移逆向曲面模型

图中 S 代表刺激系列，箭头表示刺激从完全相同到无关的相似程度的变化；R 代表反应系列，箭头表示从反应的完全相同到无关以至相反和对抗的变化；加号（+）到减号（−）反映了从正迁移到零迁移到负迁移的变化情况。以粗线勾画的面表示迁移发生的方向与数量，即迁移的逆向曲面。

由图可见，当两种学习材料刺激（S_1）相同而反应（R_1）也相同，则产生最大的正迁移；如果先后两个材料刺激（S_I）相同，反应却由相似（R_S）到不同（R_N）到对抗（R_A），迁移则由正到负，以至产生最大的负迁移；如果先后两个材料刺激不同，反应由相同到不同以至对抗，其迁移的效果都为零，即零迁移。

奥斯古德的逆向迁移曲面模型详细地研究和考察了在两种学习中刺激与反应的不同变化所导致的迁移的变化，对桑代克的相同要素说做了详尽的诠释，和桑代克的理论在基本观点上是一致的，但更多地说明了在机械学习中学习迁移情况，或者说把人类机械学习中迁移的研究推向了极致。

六、学习定势说

定势是指通过前面的活动对随后活动产生影响的一种心理准备状态，其中最著名的是卢钦斯（A. S. Luchins）关于思维定势的研究。学习定势说（learning set theory）主要是指哈洛（H. F. Harlow）关于迁移研究的一种学说。

1949 年，哈洛首先以猴子为被试进行实验研究，然后又以儿童为被试进行重复实验。实验中，哈洛在猴子面前呈现两个物体，一个是立方体，一个是三角锥。在立方体下面每次放有葡萄干作为强化物，经过几次辨别训练和尝试，猴子就会知道葡萄干藏在立方体下面而不在三角锥下面。解决这一问题之后，立即给它呈现一个类似的问题，两个物体均为立方体，但颜色不同，一个是白色的，另一个是黑色的，让它解决这一新的问题。这一问题解决后，又给它呈现新的辨别学习问题，如此进行多次。

结果发现，当猴子解决了一系列问题之后，解决新问题的速度就会越来越快，尝试的次数越来越少，也就是说，猴子学会了如何学习，"已经获得了解决问题的学习定势"。

以后在儿童身上所做的实验也证实了学习定势说。例如，在一个实验中，智力落后的儿童（实际年龄 10 岁，智力年龄只有 4 岁）在解决一个辨别问题时感到很困难，但是从较容易的问题开始进行训练，逐渐提高问题难度，最后转向较难的问题，学习的效果就会明显提高。

学习定势就是通过先前一系列活动所形成的方法、态度等倾向，它既反映在解决一类问题或学习一类课题时的一般方法的改进上，也反映在从事某种活动的暂时准备状态中，而形成的学习定势会对以后的学习、活动产生积极的或消极的影响。因此，在学习和教学中，既要善于利用已经形成的学习定势，因势利导，促进新的学习或问题解决，也要防止由学习定势所带来的对解决问题的干扰，注意课题灵活性方面的训练。

专栏 7-1

有意义的学习与机械学习的迁移之争

迁移的形式训练说和共同元素说只代表了迁移的一般与特殊之争的两个极端。在这两个极端的理论争论之间，还有有意义的学习与机械学习的迁移之争。

20 世纪初到 60 年代前，学习领域的研究一直以动物的学习和人类的言语联想学习为两大主题。学习的基本机制一直被认为是通过强化和反馈所形成的 S—R 联结。迁移理论是学习理论的延伸，有什么样的学习论就会有什么样的迁移理论。以桑代克为代表的共同元素说，实际是一种机械的迁移理论。在 20 世纪 30—40 年代，通过配对联想学习进行了大量的学习与迁移的研究，其主要成果由奥斯古德加以总结。这类研究能够严格控制先后进行的两项学习任务中的刺激和反应的相似程度，找出这种相似程度对迁移的正、负和大小的影响，从而能较准确地对迁移进行预测。可惜的是，配对联想学习是机械性质的，从中所得到的迁移规律也是机械的。

在学习迁移研究史上，最早起来反对机械迁移理论的是贾德。他于 1908 年做出了有名的水下击靶实验。贾德的实验表明，先后两次学习有共同元素并不一定能保证迁移发生。迁移出现的重要条件是理解两项任务之间的共同原理。以后格式塔心理学家进一步强调理解在迁移中的作用。

到 20 世纪 60—70 年代，奥苏贝尔强烈批评了机械主义者对迁移的悲观主义理论，认为有意义的学习过程就是学习者认知结构中原有知识同化新知识的过程。他认为，凡是存在利用原有知识同化新知识的过程，就有迁移发生。

从贾德到格式塔心理学家，一直到奥苏贝尔，他们似乎都赞成普遍的迁移。但是这些理论家所强调迁移产生的原因是对具有概括性的原理和解题方法的理解。由此引申出来一个问题：教学策略对迁移将产生重大影响。

[资料来源] 皮连生. 智育心理学 [M]. 北京：人民教育出版社，1996：216.

第三节　学习迁移的当代理论

进入 20 世纪六七十年代以来，随着对学习问题研究的深入和学习理论研究的进展，和学习有着密切关系的迁移研究也取得了很大进步，不但形成了一些很有价值的理论，而且各种新的研究取向和观点也层出不穷，显示了教育心理学对迁移问题的再一次的重视。

一、认知结构迁移理论

认知结构迁移理论是奥苏贝尔在他的同化论基础上所提出的关于学习迁移的理论。和过去的研究不同，奥苏贝尔把迁移问题放在了一个更为广阔的层面进行考察，认为一切有意义学习都是在原有的学习基础上展开的，这一过程本身就是一个迁移的过程，一切有意义学习必然包含有迁移，并把迁移与认知结构及其特征联系了起来。

（一）认知结构的概念

认知结构是认知心理学中使用频率很高的概念，从皮亚杰、布鲁纳到奥苏贝尔莫不使用该概念。尽管他们对认知结构的解释不尽相同，但他们都看到了认知结构在新知识的获得过程中的重要作用，而把认知结构同学习的迁移联系起来则是奥苏贝尔的贡献。

所谓认知结构，简单地说就是学生头脑中的知识结构。从广义上讲，认知结构是学生已有观念的全部内容及其组织；从狭义上讲，认知结构是指学生在某一学科的特殊知识领域内的观念的全部内容及其组织。所以，认知结构主要是由两部分构成的：一是指人在以前学习和经验的过程中所形成的知识经验本身，它是以观念的形式存在于人的头脑当中；二是指对这些知识经验的组织，即在组织方面所具有的特点。

学习不是简单的刺激—反应之间的联结形成，不是简单的一种情境与另一情境的相互影响，而是一个利用认知结构中的适当观念不断获得新知识的过程，所以学生原有的认知结构就是实现学习迁移的"最关键的因素"。奥苏贝尔认为，如果把全部的教育心理学还原为一条原理的话，那么就是：影响学习的最重要因素是学生已经知道了什么，然后根据学生原有的知识状况进行教学。原有的学习对新的学习的影响，就是已有的认知结构对新的学习的影响，这也就是教育心理学上所说的迁移。

（二）认知结构的特征与迁移

原有的认知结构如何影响有意义学习或迁移，奥苏贝尔主要从认知结构的三个特征或变量对这种影响进行了阐述。

1. 原有认知结构中已有观念的可利用性变量

奥苏贝尔认为，在有意义学习中，如果学生原有认知结构中具有能够同化新知识的原有观念（包括概念、命题或具体例子等），学生就能够获得新知识，因此也就能产生迁移；反之，如果面对一种新知识的学习，学生原有认知结构中缺少相应的知识，就不可能实现有意义学习。奥苏贝尔进一步认为，学生已有的观念在概括程度、包容性上越高，就越有利于新知识的获得和组织，因为知识是通过累计获得的，是按一定的层次组织的。知识在同化和进一步同化过程中的表现是下位观念向上位观念还原，不稳定、不巩固的新知识向巩固的知识还原。例如学习锐角三角形、钝角三角形等概念，这种新的知识就会向学生已有的有关三角形的概念进行还原。以后，奥苏贝尔结合教学通过先行组织者对此进行了进一步的研究。

奥苏贝尔认为，认知结构中是否有适当的起固定作用的观念可以利用，是影响新的学习和迁移的最重要的因素或变量。

2. 认知结构中原有的观念和新知识的可辨别性变量

可辨别性变量是指认知结构中原有的观念和新的学习任务的可区别程度，或者说新旧知识之间的异同。它是认知结构影响迁移的另一个重要变量。当新知识与认知结构中原有的知识相似而不相同时，原有的知识倾向于先入为主，新知识容易被旧知识所取代，因此，在同化的初期新获得的意义的可分离强度就要受到损害，容易产生遗忘，这尤其对长期记忆的影响较大，不利于新知识的掌握。原有观念与新知识的可辨别性也是引起负迁移的一个原因，可辨别性是建立在原有知识的巩固性基础上的。小学生在学习汉语拼音的同时学习英语字母，当汉语拼音还没牢固掌握时，汉语拼音常常容易干扰英语字母的学习就是一个很好的例子。在教学中为了促进学生更好地掌握新知识，除了提高原有知识的巩固性以外，引导学生意识到新旧知识的异同也是一种很好的方法。有些人设计比较性组织者就是一种很好的教学策略。

3. 认知结构中原有的知识的巩固性变量

认知结构原有的知识越稳定、越清晰，越有利于新知识的掌握。巩固性是影响迁移的第三个变量。在学习和教学中，促进学生知识巩固的方法很多，如复习、过度学习、利用反馈、及时纠正等。

（三）关于先行组织者的研究

奥苏贝尔认为，设计适当的先行组织者不仅是一种研究学习迁移的策略，也是一种重要的教学策略。这种先呈现的引导性材料要比新的学习任务有更高的抽象、概括和包容水平，它既与学生认知结构中已有的观念有关，又要和新的学习任务相关联。

自奥苏贝尔提出先行组织者的概念及研究之后，有许多人结合教学对此进行了研究，认为组织者既可以是先行的，也可以放在学习材料之后（总结性的）；既可以是在抽象、概括程度上高于新的学习材料，也可以是具体的概念，在抽象、概括程度上低于学习材料。依据组织者的内容及作用，可以把组织分为两类：一类是陈述性（expository）组织者，它的作用是与新的学习产生一种上位关系，为新的学习提供最适当的类属者，以促进知识在内容上的组织；另一类是比较性（comparative）组织者，帮助学生认识认知结构中原有的观念与新的学习任务之间的相同点、不同点，尤其当已有的观念与新的学习既相似又有矛盾时，设计比较性组织者能较好地增强新旧知识之间的可辨别性。

设计组织者的目的是为学生知识的掌握和迁移提供有力的组织，为新的学习任务提供观念上的固定点，增加原有知识的可利用性、可辨别性和稳定性、清晰性。组织者的类型不同，它在改变认知结构变量中所起的作用是不一样的。如果学习者原有的认知结构中缺乏可以用来同化新知识的适当上位观念时，可以设计一个陈述性组织者，即在学习新材料之前，先给学生呈现一个抽象、概括程度和包容性比较高的上位知识，用它来同化具体的、下位的学习材料；当新学习是一个抽象、概括程度较高的材料，教师也可以先呈现一些具体的材料帮助学生去理解。如果面对一种新的学习任务，学生对新旧任务分辨不清或比较模糊时，则可以设计一个比较性组织者，它除了可以促进知识的辨别外，还可以促进知识的巩固。

1961年，奥苏贝尔和他的合作者研究了原有知识的巩固性对新学习的影响。研究中让被试先学习基督教知识，经过测验将被试成绩分为中上和中下水平。然后将被试分为三个等组：第一组在学习佛教材料以前，先学习一个比较性组织者（它指出了佛教与基督教的异同）；第二组在学习佛教材料前，先学习一个陈述性组织者（它仅介绍一些佛教观念，其抽象水平与要学的材料相同）；第三组在学习佛教材料前，先学习一个有关佛教历史和传记的材料。在实验后的3天和10天进行了有关佛教材料的保持性测验。

结果表明，不论哪一组，凡原先的基督教知识掌握较好的被试，在学习佛教知识后的第3天和第10天的保持成绩都比较好，如表7-3所示。

表7-3		起固定作用的观念的巩固性和清晰性对后继学习和保持的影响		
成绩　　　　组别 测验项目	原先的基督教 知识掌握水平	第一组 比较性组织者	第二组 陈述性组织者	第三组 历史材料
第3天的	中上	23.59	20.50	23.42
保持分数	中下	20.50	17.32	16.52
第10天的	中上	21.79	22.27	20.87
保持分数	中下	19.21	17.02	14.40

二、迁移的产生式理论

(一) 迁移的产生式理论及研究

迁移的产生式理论主要是由信息加工论心理学家安德森 (J. R. Anderson) 等人提出来的。安德森认为，迁移涉及记忆网络中知识的激活，它要求信息跨越书本及命题在记忆中被联结。同样的过程也涉及程序性知识和产生式的迁移，当知识和产生式在长时记忆中以不同的内容被联结在一起时，迁移就发生了 (Anderson, 1990)。所以，学习和问题解决迁移的发生，主要是由于先前学习和源于问题解决中个体所产生的产生式规则与目标问题所需要的产生式规则有一定的重叠，这种重叠的量越大，迁移的量也就越大。

一个产生式就是一个条件—行动规则，即 C—A 规则。C 代表行动产生的条件 (condition)，它不是外部刺激，而是学习者工作记忆中的认知内容；A 代表行动 (action)，它不仅是外部的反应，也包括学习者头脑内部的心理运算。

从产生式形成过程看，首先必须经由一个陈述性的阶段，即首先必须使规则以陈述性知识形式编入学习者原有的命题知识网络。其次必需经过一系列的知识的应用，在知识应用过程中使得陈述性知识向程序性知识进行转化，变成个体的产生式、产生式系统。知识应用本身就是一个练习的过程。例如，学习者拥有一个 "skimming" (略读) 课文的产生式，它就可能在记忆中与其他的阅读程序相联结，也可能与已经储存的各种用法相联结。在长时记忆中，学习者可能储存着许多与 "skimming" 有关的用法，由此便能产生更好的迁移，而知识应用也是一个迁移的过程，并能帮助知识本身的储存 (Schunk, 2000)。

安德森认为，迁移的产生式理论是桑代克相同要素说的现代化，而用产生式和产生式系统表征人的技能，比起桑代克用 S—R 联结来表征技能，更能抓住迁移的实质。安德森等人设计了许多实验来验证这一迁移理论，重点研究了新手对技能的表征情况，通过追踪个体多次尝试的过程来研究被试的迁移表现，并用计算机模拟的方法在精细水平上进行分析。在大量研究和精细分析的基础上，安德森等人就迁移问题得出了两个重要的结论：

第一，迁移量的多少 (大量、中等、少量或负迁移)，取决于实验情境及两种材料之间的相关。从一种技能到另一种技能的迁移量依赖于两个任务的共有成分量。而这种共有成分量不是以 S—R 来衡量，而是以产生式及产生式系统来考察。如果两种情境有共同的产生式，或两情境有产生式的交叉、重叠，就可以产生迁移。

第二，知识编辑对产生式的获得与迁移有直接影响。知识编辑是将陈述性知识转化为程序性知识的一个重要学习阶段。在知识编辑前，知识处于陈述性阶段，经过编辑后，许多小的产生式被一个或几个高级的产生式所替代。这种在知识编辑前后的问题解决的特点在人的学习中是普遍存在的。安德森等人进一步认为，这正是新手与专家解决问题的差异所在，新手是以陈述性知识去解决问题的，而专家则是以程序性知识去解决问题的。

(二) 关于迁移的产生式的类型

根据知识的陈述性阶段和程序性阶段的划分，辛格莱 (M. K. Singley) 和安德森提出了一种新的迁移分类（图7-3）。

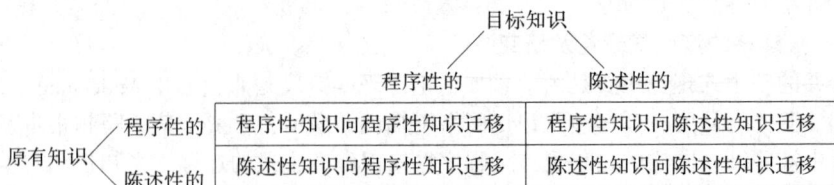

目标知识

	程序性的	陈述性的
程序性的	程序性知识向程序性知识迁移	程序性知识向陈述性知识迁移
陈述性的	陈述性知识向程序性知识迁移	陈述性知识向陈述性知识迁移

原有知识

图7-3 迁移的分类

图中原有的知识是先前训练阶段习得的知识；目标知识是迁移阶段学习的知识。由图7-3可见，陈述性知识和程序性知识都可以作为先前习得的原有知识，也都可以作为将要在迁移任务中习得的目标知识，由此迁移可以分为四种类型：

1. 程序性知识向程序性知识迁移。当一个产生式在训练阶段习得而且直接应用于迁移任务时，这种迁移便是程序性知识向程序性知识的迁移。其先决条件是在训练阶段要有充分的练习，以便能形成适当的产生式。而当迁移任务被学习者以允许产生式运用的方式予以表征时，这类迁移就会自动发生。安德森认为，由于产生式具有抽象性和一般性，所以同一产生式可以支配显著不同的行为。

2. 陈述性知识向程序性知识迁移。当在训练任务中习得的陈述性知识结构有助于迁移任务中的产生式的习得时，就会出现陈述性知识向程序性知识的迁移。任何技能的学习总是分两个阶段，先是获得陈述性知识，后才转化为程序性知识，所以每种技能的学习都反映陈述性知识向程序性知识的迁移。此外，陈述性知识也有助于技能的学习。相同的陈述性知识结构可以构成许多技能的基础。

3. 陈述性知识向陈述性知识迁移。当原有的陈述性知识结构有助于或干扰新的陈述性知识的习得时，就会出现陈述性知识向陈述性知识的迁移，起促进作用的是正迁移，起干扰作用的是负迁移。前面所介绍的大多数理论，包括奥苏贝尔的认知结构迁移理论，主要研究的都是这种迁移。

4. 程序性知识向陈述性知识迁移。已经具有的认知技能促进了陈述性知识的学习，这种迁移便是程序性知识向陈述性知识的迁移。如已经掌握的读、写、算等技能，对以后的各科学习会起到积极的促进作用；学会了记笔记、读书划线、查阅资料等，都会有助于陈述性知识的学习，都可以看作是这种迁移。

辛格莱和安德森的迁移分类比较全面地概括了迁移发生的各种情况，对于我们深入了解迁移的类型与过程是有帮助的，对我们进一步思考知识之间的关系及陈述性知识与程序性知识的转化也是具有启发意义的。但是如何把这种理论与教学和学习紧密联系起来，还有许多问题需要进一步研究与探讨。

三、策略迁移理论

（一）策略迁移的早期研究

迁移是对知识技能的运用，也是对策略的运用。学生掌握了策略能否跨情境使用，能否对以后的学习产生迁移作用，是始于20世纪六七十年代心理学研究中关于迁移研究的一种新的取向。但早期的研究却发现学生能够学会策略，并能有效地使用，但是使用不能长时间保持，或者说不能跨情境对策略进行概括，许多因素妨碍着策略的迁移（Borkowski & Cavanaugh，1979），包括学生不理解一种策略是不是适合不同的情境，针对不同的学习内容如何改变策略的运用，不相信策略的运用能像其他因素（如时间因素）一样有效地提高学习的效率等。

1977年，贝尔蒙特（J. M. Belmont）等人系统分析了100项有关的研究，其中涉及多种策略和许多被试。结果发现，没有一项策略训练在迁移上获得成功。贝尔蒙特分析发现，这100项研究无一项要求学生对他们的策略运用成功与否进行反思。

（二）自我评价与策略迁移

进入20世纪80年代以后，心理学家开始运用其他的方法，考虑其他一些因素对策略迁移进行研究，并且获得了成功。如贝尔蒙特等人在1982年对7项策略研究资料进行了评述，这7项研究都要求学生对策略的运用成功与否进行反思，结果有6项获得了迁移。

加泰勒（E. S. Ghatala）等人1985年就自我评价对策略迁移的影响进行了研究。他们以小学二年级学生为被试，教给他们精加工策略。正式实验前，把学生分为三个组分别进行三种不同的自我评价训练。第一组为策略—用途组，主要接受策略有效性评价的训练，就是让学生反思自己运用或未运用某一策略是怎样影响回忆结果的；第二组为策略—情感组，让他们评价运用某一策略是否感到"开心"；第三组为控制组，不接受任何评价训练。实验分三阶段进行。

第一阶段：不教任何记忆策略，让三个组的儿童记忆配对名词，并进行测验。

第二阶段：一组学生学习精加工策略，另一组采用数名词中的字母数策略帮助记忆。前一种记忆效果好，后一种记忆效果差。

第三阶段：所有儿童接受相同的指导语，可以选择自己希望采用的任何方法来记忆呈现的材料。学完以后要求回忆学过的材料。

为了测验在第三阶段儿童是不是坚持运用了先前习得的策略，研究者给学生提一些问题，并把前两次学习的配对词再次呈现给学生，问他们什么时候记得多，为什么会记得多，进一步确定学生对策略作用的意识程度。

表7-4	在实验第三阶段儿童说出选择不同策略理由的人数百分比		
训练条件	理 由		
	记 忆	开 心	容 易
精加工策略：策略—用途组	100	0.0	0.0
策略—情感组	0.0	90.5	9.5
控制组	0.0	74.1	28.5
数字母策略：策略—用途组	76.2	0.0	23.8
策略—情感组	4.8	52.4	42.8
控制组	4.8	28.6	66.7

研究结果表明①，在实验的第二阶段，学习了精加工策略的儿童，记忆成绩显著高于采用数字母策略的儿童。到第三阶段，虽然没有要求应用精加工策略，但接受了精加工策略训练的学生继续运用这一策略，记忆成绩仍然很高。但接受数字母策略训练的儿童在第三阶段放弃了这一策略，由于没有学习精加工策略，所以记忆成绩普遍较低。

在三个阶段的研究结束以后，为了考察儿童对策略—用途进行评价是否会产生长远的影响，研究者又进行了跟踪，儿童对为什么选择某一策略的回答中，策略—用途评价训练组的儿童更倾向解释是为了提高记忆效率。以后，研究者又进行了两次延后测验，结果显示，策略—用途组的儿童的记忆成绩明显优于策略—情感组。

这一研究表明，经过策略有效性的自我评价训练，儿童就能长期运用经过训练的策略，并能把这种策略迁移到类似的情境中。因此，如何训练就成了在策略迁移研究中的一种重要问题。

（三）促进策略迁移的模式

菲尔（Phye）等人在20世纪90年代通过大量的研究提出了一种促进策略迁移的有用模式，他们把策略迁移训练分为三个阶段：策略获得的初期阶段，通过教学使学习者理解策略，包括策略的用法、对策略用法的元认知意识及评价、练习等；保持阶段，包括对训练材料的进一步练习和回忆测量；迁移阶段，让学生解决具有不同特征的新问题，但要求学生使用在训练当中练习过的、同样的解决问题策略。菲尔强调在迁移过程中，学生保持的动机和解决问题的规则是能否实现迁移的关键。

在这一模式中，菲尔把运用已经掌握的策略（规则）去解决问题的过程就看作为迁移。在策略迁移训练中，除了使学生具有获得策略和保持策略的动机之外，迁移之所以发生的另一个关键就是学生能否将以获得和保持的策略运用于新的问题情景当中。当然，策略迁移还会受到许多因素的影响，舒克（Schunk，2000）认为，解决问题的策略迁移需要策略知识加策略的条件性知识（conditional knowledge）。在练习过程中，教师给学生提供明确的策略有用性的反馈，能够有效地促进策略的运用，改进学生问题解决的行为，并能提高学生的自我效能感。

四、当代学习迁移研究的进展与特点

学习迁移是教育心理学研究的一个传统领域，也是持续受到许多教育心理学家重视的一个课题。20世纪以来，关于学习迁移的研究大致经历了以下几个时期：19世纪末到20世纪50年代末，是学习迁移的实验研究的繁荣时期。从詹姆斯首先开始对迁移进行实验研究开始，许多心理学家围绕着迁移发生的原因进行了大量的研究，这对于改变形式训练说对迁移研究造成的不良的影响产生积极的作用，推动了对迁移的科学研究和早期的繁荣。但这个时期心理学家们主要着眼于从狭义的角度对具体的学习情境（实验情境）之间的迁移的研究。20世纪50年代后期，美国心理学家布鲁纳把学习迁移与教学联系起来，进一步丰富了学习迁移概念的内涵，其后又经过奥苏贝

---

① 皮连生.教育心理学［M］.上海：上海教育出版社，2004：228.

尔等人的研究和发展，到 70 年代已经形成了对学习迁移的广义的理解，并形成了"为迁移而教"的重要思想，学习迁移研究受到了广泛的重视。但这一时期的研究还主要集中于关于知识（或陈述性知识）学习迁移的范围。进入 20 世纪 80 年代以后，随着安德森等人产生式迁移理论的提出，关于基本技能迁移问题受到了人们的重视，并由此把有关迁移的研究推向更为广泛的领域，除了前面已经提到的理论之外，迁移的结构匹配学说、迁移的图式理论、关于样例迁移与样例三位模式的研究以及反省认知的迁移理论等（莫雷，2002）研究也是值得重视的，众多的研究或者在早期研究的基础上形成了新的解释或观点，或者拓展了迁移研究的新的课题或内容，形成了关于学习迁移研究的多重取向和新的繁荣。

当代学习迁移研究呈现出以下特点。

（一）学习迁移分类的多维性及与实际的联系

尽管迁移的多种形式、各种类型在某些方面是有区别的，但在实际学习中又是经常交互在一起的。所以在分类上，既要考虑各类型之间的区别，也要考虑它们的联系。这是自 20 世纪 80 年代以来关于迁移分类的一个显著特点。如所罗门和帕金斯在把迁移分为低路迁移和高路迁移的同时，又进一步把高路迁移分为顺向到达迁移和逆向到达迁移，并认为在实际学习中迁移的各种类型是密不可分的。例如，在学生写一篇短文时，从组织考虑，他可能运用高路迁移，同时通过对刺激情境以及过去他如何组织文章的反思，运用逆向到达迁移。但是在写的时候，他必须遣词造句、拼写单词，这些都是自动发生的，是低路迁移。在写的时候，他也可能想到这些信息能够用到其他课的学习上。

在辛格莱和安德森的分类中，他们依据陈述性知识与程序性知识之间的关系以及学生知识学习的实际，以多维的视角对迁移进行了分类，很好地揭示了知识之间的相互交融、相互联系、相互转化，对于准确地理解迁移，促进学习和教学都具有启发意义。

（二）关于学习迁移的自动化问题

在早期的迁移研究中，普遍强调迁移的过程是自动的。形式训练说认为只要对官能进行训练，提高以后的官能就会迁移到新的情境中，相同要素说认为只要两种情境具有相同要素迁移就会产生，甚至 20 世纪六七十年代对于策略迁移也持同样的观点。进入八九十年代，这种观点发生了明显的变化。所罗门和帕金斯曾举过这样一个例子：一个会下棋的人，从他多年下棋的经验中积累了有关下棋的全部技能，面对不同的对手，尽管他用其中一部分就能完成下棋，这一部分应该是自动化的。但是，他仍然需要头脑内部的类推和操作，离不开思维的活动。因此，迁移从其过程来讲，也不完全是自动化的，思维、意识仍然起着重要的作用。

策略迁移的研究也同样揭示经由训练掌握的策略能否运用到新的情境，和个人的反思、自我评价，甚至动机、对情境的认知等密切相关。因此，策略训练中的正确反馈、自我评价等都是应该重视的因素。

（三）对学习迁移过程主体因素的研究不断深化

从贾德开始，心理学家就注意到了影响迁移的主体因素，20 世纪六七十年代以后，许多心理学家在继续研究影响迁移的客观因素的同时，更加注重对学习者内部因素的考察。奥苏贝尔把迁移的发生主要归于学习者已经形成的认知结构及其变量，认为前次学习所获得的知识经验，并非直接同后继学习内容发生相互作用，而是影响原有认知结构，间接地影响新的学习。安德森在研究产生式及不同知识之间迁移的过程中，看到了知识编辑在技能学习和迁移中的重要作用，这也正是新手和专家解决问题的差异所在。关于策略迁移的研究在强调对学习者进行训练的同时，更强调主体要掌握策略用法、练习及动机的作用等。

（四）一般迁移与特殊迁移的争论仍然存在

20世纪80年代初，信息技术开始迅速地应用于教育领域，信息技术教学及其在教育上的应用对学生的学习乃至智力有何影响成为教育工作者和研究人员关注的问题，并引发了一场关于一般迁移与特殊迁移的新争论。

影响较大的是佩珀特（S. Papert，1980）在他的著作《智力风暴》中所提出来的观点。他根据皮亚杰理论开发出了一种LOGO语言，他认为儿童通过学习LOGO语言，可以"改变他们学习任何别的东西的方式"，LOGO语言的教学"除了可以教学生基本的数学、物理和语言学概念的有效方法外，还可以提高儿童思维和发展解决问题技能的一种强有力的手段"。他的观点一发表便在国际上引起了巨大的反响，人们纷纷将学习LOGO语言当作培养思维技能、解决问题能力以及发展创造性的重要途径，并进行了多方面的实验研究。

经过多年对程序设计语言教学的综合研究，以林教授（M. Linn，1983）与皮教授（R. Pea，1983）为代表的一些研究者对佩珀特的论断提出了质疑。他们认为，多年的研究表明，从表面上看，程序设计课的特点能改进学生解决问题的能力，但这些能力是否为一般能力，能否迁移到其他领域的学习是值得怀疑的。研究者还认为，强调程序设计对一般解决问题能力的迁移，犹如21世纪初的官能心理学的翻版，试图通过对某一门学科的学习而去发展某种高级的心理机能，只是一种空想。然而，这些研究者并没有全部否认程序设计语言学习对认知能力可能产生的影响，例如Linn认为，程序设计语言学习可以培养的认知成果可能是一个链，这种认知链有不同的等级。程序设计课所达到的目标可以是链上的不同部位。仅仅通过一门几十个小时的课的学习是不能达到链的高级部位——问题解决的一般技能的。它只是一个开端，经过一个漫长的过程才能培养解决问题的能力。

随着科学技术的迅速增长，知识激增，学习的普遍迁移问题受到了许多心理学家和教育家的重视。当前争论的焦点是能不能离开具体学科对一般解决问题的策略和方法进行训练。对此，有两种观点。支持的观点认为，强有力的一般解决问题的方法的确是存在的，而且是可以教会的。例如，在美国等一些国家许多大学都开设有一般解决问题方法的训练课。持反对意见的人认为，还没有得到一般思维方法训练在跨学科情境中普遍迁移的证据。

之所以形成这种分歧，安德森的解释是，其一是源自历史上对形式训练说批判的一系列的经典研究，而近期又有否定一般解决问题的技能在跨学科情境迁移的实验研究。其二是当前认知心理学的研究强调专门知识在解决问题中的作用。由专门领域的知识所构成的针对具体学科问题的方法被称为强方法（strong method），它能保证问题迅速有效地解决。而非针对具体学科问题的方法称为一般的启发式方法（general heuristic method）。这种方法与强方法相对，也称弱方法（weak method）。后者由于脱离了具体应用条件的知识，难以保证问题迅速而有效地解决。其三，弱方法必须经过长期反复的实践才能产生效用。

（五）建构主义迁移观

20 世纪 80 年代末 90 年代初兴起的建构主义心理学及其学习论，在强调知识的主观性、情境性等特点的同时，对迁移问题也形成了一些新的看法。例如有些人认为，所有的知识都只是对完成任务的特定情境才有用，因此一般的知识是不能迁移到现实世界的情境中的。人面对现实问题时，不可能仅靠提取已有的知识就能解决好问题，而是需要针对具体情境中的具体问题对已有的知识进行改组、重组，甚至创造，才能更好地解决问题。莱夫（J. Lave，1988）举例说，某家庭主妇对超级市场的畅销品的价格可以算得非常好，但是解决学校里用纸笔计算的数学问题时就差得多。反之，有些学生在学校里可以算得很好，却不能在实际购物时做出正确的计算。这种新的迁移观既反映了心理学正在发生的一种变化，也说明还存在许多问题需要进一步研究。

第四节　促进学习迁移的条件与教学

一、影响学习迁移的因素

学习迁移是学习过程中普遍存在的一种现象，学习过程中许多因素都会直接或间接地影响学习的迁移，如果要对这些因素进行归纳的话，可以分为客观因素和主观因素。由于这些因素很难穷尽，下面仅依据学习迁移的部分理论对其中一些因素加以强调或说明。

（一）学习材料的特点

学习材料作为学生学习的对象和知识的主要来源，对学习迁移有着重要的影响。从早期桑代克的相同要素说，到产生式迁移理论，都从不同角度看到了学习材料对迁移的影响。不同的学习材料迁移的过程甚至结果都是不一样的。桑代克认为，学习对象之间的相同要素越多，迁移的量也就越大，迁移是由于两种学习情境之间存在着共同的要素。产生式迁移理论在阐明技能迁移的原因是两项技能之间产生式的重叠的同时，还认为迁移量的多少取决于实验情境和材料之间的相关。不同的学习材料（陈述性的、程序性的），其迁移的类型和过程也是不同的。在学习中，意识到学习材料之间的相同点和不同点，对它们进行辨别，是促进迁移的重要条件。这样，既有助于正迁移的发生，也能克服由于学习材料的相似可能带来的负迁移。

（二）经验的概括程度

根据概括化理论，产生学习迁移的关键因素是学习者概括出了学习中的共同原理，或者掌握了概括化原理，这种经过概括的原理就能有效地迁移到新的学习中去，从而有效地指导实践。奥苏贝尔在关于先行组织者的研究中也认为，抽象、概括程度较高的材料更能促进学生对新知识的掌握。加强对自己的知识经验的概括，或者通过学习、教学不断掌握基本概念和原理是学生概括化原理获得的两条重要渠道。学生对学得的知识经验进行概括，就能反映同类事物、问题的共同特点和规律性的联系，因而，对具体事物、问题的联系就越普遍。概括的程度越高，就越有利于学习迁移的发生。要实现对知识经验的概括就是要加强学习中理解的作用，只有理解才能实现对知识经验的概括，理解得越深入，概括的程度就越高，就越有利于新知识的掌握、问题的解决和知识的运用。

心理学家奥弗曼（Overman）曾对小学二年级学生进行实验。他把学生分为四个组，每组112人，采用四种不同的方法训练他们学习两个两位数相加、三个两位数连加，以及两个两位数与一个一位数相加。

第一组：不概括，教师只告诉学生怎样写、怎样加；

第二组：要求概括，教师不但告诉学生怎样写、怎样加，并帮助学生概括出"写数字要使右行对齐"的规则；

第三组：只说理，即只告诉学生个位数只能与个位数相加，十位数只能与十位数相加的原理，不告诉"写数字要使右行对齐"的原则；

第四组：兼用第一、二组的方法。

训练15天后，用未教过的题目进行测试，结果第二组和第四组产生了较大的正迁移，第三组和第一组没有很大的差异。可见，学生对经验的概括以及概括的程度与水平直接影响着学习的迁移。当然，教师的指导和教学对学生概括的水平和概括能力的提高起着重要的作用。

（三）对学习情境的理解

不论是早期的格式塔心理学，还是今天的建构主义心理学，都强调情境在迁移中的重要作用。任何知识经验的获得和应用都和一定的情境有着密切的关系。环境学习论者认为："学习既是个体性建构意义的心理过程，也是社会性的，工具中介的知识合作建构过程。有意义的学习是有意图的、复杂的，是处于它所发生的情境脉络之中的。"① 因此，要特别注意学校情境下的学习要达到的特定学习目标和特定的内容，重点研究真实学习活动中的情境化内容，其中心问题就是以学习者为中心，创建实习场，在这个实习场中学生遇到的问题和进行的实践与今后校外所遇到的问题是一致的。从学习迁移角度讲，知识经验获得的情境与知识应用的情境在许多方面都密切相关，如情境中事物之间的关系、问题呈现的方式与空间位置、两种情境的类似情况等。注意对情境中各种关系的理解，创设对知识应用有利的情境，引导学生运用所学的知识原理去解决各式各样的问题等，在促进迁移过程中应该受到重视。在关于策略迁移的研究中也发现，经过训练学生掌握的策略、方法之所以往往不能有效地运用于随后所遇到的问题，除了训练本身的问题之外，问题及问题情境的变化也是影响学生不能成功应用的一个重要原因。

---

① ［美］戴维·H. 乔纳森. 学习环境的理论基础［M］. 郑太年，等译. 上海：华东师范大学出版社，2002：10.

（四）学习的心理准备状态

心理准备状态是在过去学习或活动过程中形成的，又对未来的学习或活动会产生影响，这种影响既可能是积极的，也可能是消极的。心理准备状态在关于迁移的研究中讨论比较多的是学习定势。哈洛的研究发现，当以由易到难的次序安排学习任务时，被试就能较容易解决这些问题，即更容易形成有利于问题解决的学习定势，学会学习，并且学生经过训练所形成的这种学习定势能迁移到其他情境中去。有人（C. P. Duncan，1960）通过实验还发现，学习定势对学习慢的学生比学习快（或学习较优秀）的学生更有促进作用。卢钦斯的"量杯取水"实验除了证明定势的存在之外，还主要说明了已经形成的定势对随后解决问题的消极影响。以后，奈特（K. J. Knight，1963）设计了类似的实验，对产生僵化行为的原因进行了分析。研究发现，被试在较难的问题中用惯了一个公式，他们以后就有坚持运用这一公式的倾向且很难改变。若被试在较易的问题解决中用惯了一个公式，则在解决新问题时能较灵活地适应。就是说，在学习时对某一法则或方法付出的代价愈大，则定势导致的僵化行为愈难改变。

学习的心理准备状态还应包括学习的心向和态度。按照奥苏贝尔的观点，面对一种具有逻辑意义的材料，能否产生有意义学习首先取决于学习者有没有有意义学习的心向，具有利用已有知识去学习新知识的心理准备状态更有利于已有知识对新的学习的迁移。

态度是一种习得的、决定个人行为选择的内部状态。布鲁纳认为，过去学习所形成的态度和概念、原理及方法一样也是可以迁移的。

（五）认知结构的特点

认知结构是人们过去对外界事物进行感知、概括的一般方式或经验所构成的观念结构，其质量，如知识经验的准确性，知识经验的丰富性，知识经验间联系的组织特点等都会影响学生对新知识的学习，影响解决问题时提取已有知识经验的速度和准确性，影响学习的迁移。奥苏贝尔主要从认知结构的可利用性、辨别性和巩固性三个特征出发，较为详细地讨论了已经形成的认知结构对迁移的影响，并结合教学通过设计先行组织者，论述了通过教学促进学生对新知识的学习和迁移问题，关于这一点将在下面进一步讨论。

（六）学习策略的水平

学习策略和方法对学习迁移的影响尽管在教育心理学里很早就有研究，而真正受到重视则是在 20 世纪 80 年代以后。学习策略对迁移的影响是相当广泛的，其主要表现为认知策略与元认知策略对迁移的影响上。从当前来看，儿童学习策略主要是通过自发的形式获得的，根据研究①大体可分为三个时期，学前期的儿童尚不能自发地掌握学习策略，即使自发地运用了某种策略，常常也是无意识的。小学期的儿童已能自发地掌握许多策略，但常常仅限于比较简单的策略，且不能有效地运用这些策略来提高学习效率，如果教师能在策略运用上给予学生清晰指导，则有助于他们对策略的运

---

① 刘电芝. 学习策略研究 ［M］. 北京：人民教育出版社，1999：285.

用。初、高中时期的学生，在自己熟悉的知识领域，可以自发地形成策略，自觉地运用适当策略改进自己的学习，并能根据任务需要来调整策略。

因此，不同时期学生策略发展的水平不可避免地会影响知识学习、问题解决和迁移。策略对迁移的影响主要表现在发展水平、策略的丰富程度以及依据情境的变化灵活地运用等方面。因此，许多心理学家和教育家都主张应该通过训练和教学来提高学生的策略水平，只是在如何训练和教学上还存在争议。

二、教学过程促进学习迁移的方法

迁移贯穿在人一生中各种形式的学习中，因此"为迁移而教"已成为今天教育心理学家的共识。如何通过教学促进学习迁移成为心理学家、教育家和教师们共同关心的课题，而这一课题所包含的范围是非常广泛的，下面围绕教学从几个方面予以简要叙述。

（一）注意教学材料和内容的编排

在教材的编排和教学内容的安排上，必须兼顾科学知识本身的性质、特点、逻辑结构和学生的知识经验水平、智力状况、年龄特征等，还要考虑教学时间和教法上的要求，力求将最佳的教材结构展示给学生。奥苏贝尔认为，学生的认知结构是从教材的知识结构转化而来的，好的教材结构能够简化知识，促进知识的良好组织，促进更好的迁移。

（二）改进教材呈现方式

奥苏贝尔认为，"不断分化"和"综合贯通"是认知组织的基本原则，这两条原则在教材的组织和呈现方面同样是适用的。

人们关于某一学科的知识在头脑中是按层次组织的一种网络结构，最具包容性的观念处于这个层次结构的顶端，下面依次是包容范围较小的、越来越分化的观念。因此，在教材的呈现上也应该遵循由整体到细节的顺序，使学生的知识在组织过程中纳入这一层次结构当中。除了从纵的方面遵循由一般到具体不断分化的原则以外，教材呈现还要从横的方面加强概念、原理乃至各章节之间的联系，使知识融会贯通。

（三）加强教学方法的选择，促进学生学习方式的转变

在教学内容确定之后，以什么方法进行教学就成为教师在教学尤其是课堂教学中重点要考虑的问题。面对不同的教学内容、不同的学生，教学方法也应该是灵活多样的，要采用不同的方法把不同的内容教给学生，这不仅对学生的知识学习是重要的，而且有助于学生学习能力和迁移能力的发展。要改变简单地将讲授法作为教学的主要方法的做法，建构主义的研究在这方面对我们有较大的启发。

教师教学方法运用得如何会直接影响到学生的学习方式，要落实"以学生为中心"的思想，首先要改变学生被动学习的状况，要让学生通过各种方式的学习，学会学习。学会了如何学习就可以实现最普遍的迁移。

（四）改进对学生的评价

在应试教育的条件下，我们对学生的评价主要依据的是学习成绩，这对学生来说是不公平的。教学条件下的评价作为教学活动的组成部分，同样应该具有教育性，有

效地运用评价手段对学生形成积极的学习态度，对学习迁移都具有积极的作用。布朗（Brown & Palincsar，1982）等人在一个阅读理解实验中，用矫正性反馈训练法教给学生元认知策略，结果不仅使学生对阅读理解问题的正确反应的百分数明显提高，而且使其学到的元认知策略迁移到了常规课堂的其他学习中。提供反馈，进一步促进学习是教学评价的重要目标之一。

"为迁移而教"对教学来说其内涵是十分丰富的，除了上面提到的方法以外，还有许多方法，如要加强策略性知识的教学，要注意对学生知识应用过程的指导，加强课堂所学知识与实践的联系等等。

总之，教师要在充分理解迁移发生规律及其影响因素的基础上，在每一项教学活动中，在与学生每一次正规与非正规的接触中，都注意创设和利用有利于积极迁移的条件和教育契机，把"为迁移而教"的思想渗透到每一项教育活动中去。

【主要结论与应用】

1. 学习迁移是指一种学习对另一种学习的影响，或习得的经验对完成其他活动的影响。学习迁移是学习过程的重要组成部分，在对迁移的理解上有狭义和广义的不同，这既反映了不同时期心理学对迁移的认识不同，也反映了迁移研究的变化。今天我们一般把迁移看作是影响陈述性知识学习、程序性知识学习、运用知识解决问题等的重要心理现象。

2. 迁移的类型是多种多样的，角度不同，其分类的结果就是不一样的。20世纪80年代的分类更多地表现为综合的、多维的，试图解释不同的学习以及知识在应用过程中的迁移问题，把迁移的分类与实际的学习和问题解决过程联系了起来。

3. 早期的研究对迁移概念理解是狭义的，对迁移发生的原因的解释是单维的，实验更多的是以动物为被试，具有机械性、动物化的局限性，但对于推动学习迁移的研究起到了重要的作用，并且对今天理解迁移现象仍然具有重要的启发意义。

4. 20世纪六七十年代以后，除了对迁移概念的理解有了明显的变化以外，在理论和实践的研究上也有了巨大进展。这些新的理论或研究不仅对理解迁移这种现象是重要的，而且对理解学生的实际学习和更好的教学也是非常有帮助的。

5. 影响学习迁移的因素是多方面的，而在促进迁移方面教学起着重要的作用，把"为迁移而教"落到实处，仍然是教学要重点考虑的。

【学习评价】

1. 如何理解学习迁移的概念？你认为学习迁移研究具有什么意义？

2. 设计一个学习迁移的实验，根据实验结果分析影响迁移的原因。

3. 举例说明：正迁移、负迁移、顺向迁移、逆向迁移、近迁移、远迁移、低路迁移、高路迁移。

4. 早期迁移研究的主要理论有哪些？早期研究的积极意义和局限性表现在哪些方面？

5. 20世纪六七十年代以后迁移研究有哪些变化？形成的主要理论有哪些？

6. 结合所学理论解释影响迁移的因素，并结合自己的学习实际进行思考或讨论。

7. 如何"为迁移而教"？结合自己未来的教学谈如何促进学习迁移。

【学术动态】

● 20世纪是学习迁移研究的繁荣时期。早期的研究主要集中在具体学习活动的相互影响方面。20世纪60年代随着认知心理学的兴起，开始注意学习迁移与认知结构之间的关系，其中以奥苏伯尔为代表。进入80年代，学习迁移的研究在概念的理解、类型划分、研究取向等方面都发生了巨大变化，甚至在教育心理学中的地位也发生了很大变化，许多教育心理学教材或著作中学习迁移已不单独列章，而是把学习迁移融入学习的整个过程进行研究。

● 信息加工与学习迁移。迁移涉及记忆网络的激活，通过激活的知识与已有知识的相互作用，知识又会回到这个网络中。知识获得是迁移，知识的理解需要迁移，知识的保持同样也需要迁移。迁移贯穿于学习的整个过程。

● 问题解决与学习迁移。迁移也表现在运用所获得的知识（概念、规则、原理等）去解决各种问题，解决问题就是迁移过程，属于知识应用的范畴。这种研究取向既可以结合解决问题过程展开，实际考察面对问题时如何提取和运用已有的知识经验（实际就是迁移）以及知识经验运用的情况，例如关于专家和新手解决问题过程的比较研究。心理学不仅考察专家和新手在解决问题上的特点与差异，也对他们对技能的表征进行研究，并开展了许多训练研究和实践研究。另一种研究取向是从问题空间出发来考察解决问题过程中的迁移问题。Moean 等人认为，通过精确评估不同任务可以对迁移进行预测。

● 学习方法、学习策略与迁移。方法和策略的学习和掌握，对知识、技能的学习以及问题解决都会产生迁移作用，不论是一般的学习方法、策略，还是特殊的方法、策略都会发生迁移作用。但在如何通过学习和训练促进学生掌握方法、策略，如何让已掌握的方法、策略对新学习产生很好的迁移作用的研究上还有很大难度。由此有人把迁移看作一种能力、一种才能。

● 品德形成与学习迁移。品德形成是一个复杂的过程。道德知识的掌握、道德信念的确立、道德情感的体验、道德行为的形成，均需要迁移，面对具体的情景能否产生道德行为也是一个迁移的问题。因此道德学习的迁移也成了重要的研究领域。

【参考文献】

1. 莫雷. 教育心理学 [M]. 广州：广东高等教育出版社，2002.

2. 陈琦，刘儒德. 当代教育心理学 [M]. 北京：北京师范大学出版社，1997.

3. 皮连生. 智育心理学 [M]. 北京：人民教育出版社，1996.

4. 刘电芝. 学习策略研究 [M]. 北京：人民教育出版社，1999.

5. 施良方. 学习论 [M]. 北京：人民教育出版社，1992.

6. ［美］戴维·H. 乔纳森. 学习环境的理论基础 [M]. 郑太年，等译. 上海：华东师范大学出版社，2002.

7. D. H. Schunk. *Upper saddle river, learning theories* [M]. 3th ed. New York：Merrill/Prentice_Hall，2000.

8. Robert E. Slavin. *Educational psychology：Theory and practice* [M]. 4th ed. Boston：Allyn and Bacon，1997.

第八章

品德的形成

【内容摘要】

品德形成过程是社会规范的学习过程。这是一种以情感学习为核心的包含知、情、意、行多种成分的整合性学习，实质是个体内化社会道德价值和规范、确立道德信念的过程。社会规范的学习与认知学习、运动技能学习并列为学生学习的三大领域，除了服从于学习的一般规律外，还有不同于认知领域学习、运动技能领域学习的一些特殊规律。本章内容分为三个部分：第一部分分析品德及其结构，品德与一些相关概念间的关系；第二部分介绍西方心理学主要理论派别关于品德形成的理论观点、研究事实及其教育意义；第三部分阐明儿童与青少年品德形成与发展的过程与内外条件。

【学习目标】

1. 解释品德与道德之间的区别与联系。

2. 说明品德与社会性、性格、人格的关系。

3. 了解品德结构包括的心理成分，理解各成分在品德中的地位。

4. 理解他律道德与自律道德的主要特征。

5. 理解并记住科尔伯格关于道德认知发展的三个水平、六个阶段及个体道德推理的主要特征。

6. 了解吉利干对科尔伯格理论进行批评的要点。

7. 简述弗洛伊德关于儿童内疚感与良心起源的基本观点。

8. 了解观察学习的基本过程与条件。

9. 了解社会学习理论对强化概念的发展。

10. 运用关于品德形成的各派理论中的合理观点，对改进德育工作提出建议。

11. 理解品德形成的实质和一般条件。

12. 结合实际，解释道德认识转化为道德信念的基本条件。

13. 了解道德认识、道德情感、道德意志、道德行为培养的措施。

【关键词】

道德　品德　品德形成　品德形成的理论　品德的培养

第一节　品德及其结构

一、道德与社会规范

品德是社会道德在个人身上的体现，所以要了解品德，必须首先了解道德。

道德是由社会舆论和内心驱使来支持的、反映一定群体共同价值的社会行为规范的总和。人是群性生物，为了满足个人需要，求得自身生存，必须结成一定的关系。这是因为人的需要，无论是社会性需要还是自然性需要的满足，都必须依靠群体内成员之间，或各个群体之间的合作才能得以实现。另外，由于社会一定发展阶段上资源的有限性，在共同生活中的各个个体的需要及其满足方式，既有协调一致的一面，也有冲突和对立的一面。为了维护群体成员间正常的人际关系，促成成员间的互助合作，协调成员间的利益，解决成员间的冲突和纠纷，维护社会秩序的稳定，社会组织会通过约定俗成的方式，制定出要求其全体成员必须遵守的行为规范，这就是道德规范的产生过程。

道德是含义更为宽泛的"社会规范"的一个子类。社会规范是社会组织根据自身需要而提出的、用以调节其成员的社会行为的标准或准则，是社会对于他的成员应该做什么、不应该做什么，应该怎么做、不应该怎么做的一种规定。法律、道德、习俗、风尚、团体规约、组织章程、学习纪律、操作规范、游戏规则、家庭生活规范等，都是社会规范的不同形式。这些社会规范可以按其涉及的价值标准、使用范围广狭、适用的活动领域、对个体行为约束力的大小、维持规范实施的手段等方面的不同，分为许多类别。例如大群体规范与小群体规范；强制性规范与非强制性规范；成文的规范与不成文的规范；禁止性规范与倡导性规范等。伊利奥特·图莱尔把儿童在生活中遇到的社会规范分为道德规则和社会常规。①

按规范的内容来说，政治规范、法律规范、道德规范是几类重要的社会规范。道德作为一种社会规范，有自身的一些特点。

首先，同所有社会规范一样，道德具有社会性。卢梭在论述道德的起源时说："没有交换，任何社会都不能存在；没有共同的尺度，任何交换都不能进行；没有平等，就不能使用共同的尺度。所以整个社会的第一个法则就是：在人和人或物和物之间要有某种协定的平等。"② 正是人与人之间协定的平等导致了道德、法律的产生。可见，道德总是社会的道德。道德作为上层建筑的一部分，其内容是由一定社会政治经济发展的性质和水平决定的，具有鲜明的社会制约性。道德的功能是协调社会中人与人之间的关系，维持社会秩序的稳定。

其次，道德规范随着社会历史条件的变化而变化，具有相对性。不但不同的社会、不同的时代有着不同的道德准则，就是在同一个社会中，不同的社会群体可能认

---

① 冯忠良，等. 教育心理学 [M]. 北京：人民教育出版社，2000：459-461.

② [法] 卢梭. 爱弥儿 [M]. 李平讴，译. 北京：人民教育出版社，1985：240.

同不同的道德规范。在阶级社会中，道德从总体上说具有阶级性。随着社会变迁、社会制度的变革，道德规范不可避免地会发生相应的改变。

再次，道德作为一种社会行为准则，是道德价值观的体现。道德不是一堆互不相关的行为规定，而是诸如公平、平等、权利、责任、诚信、尊重、仁慈、关怀、宽恕等价值观的具体体现。对道德规范遵守与否，通常会给他人或群体或整个社会带来利益或伤害，这使得我们能对当事人的社会行为或行为意向做出"善"或"恶"的评价。这是道德规范与习俗、风尚（例如服饰、发型的选择）等一些社会常规的不同之处，后者虽常可被判断为"适当""不适当"，但一般不具有可以被判断为"善""恶"的属性。

最后，道德主要依靠舆论监督、社会反馈和个人内部自律、良心驱使来加以维持。遵守了道德规范会受到他人或群体的肯定或褒奖，个人会体验到道德上的满足；违背了道德规范会受到舆论的批评或谴责，个人会感到内疚与良心的责备。这与法律规范须由正式组织采用强制手段予以贯彻的情况是不相同的。

二、品德与道德

（一）品德

品德，即道德品质，也称德行或品性，是个体依据一定的道德行为准则行动时所表现出来的稳固的倾向与特征。品德就其实质来说，是道德价值和道德规范在个体身上内化的产物。从其对个体的功能来说，如同智力是个体智慧行为的内部调节机制一样，品德则是个体社会行为的内部调节机制。

按照国内某些学者分析，品德结构包含两个组成部分：一是动机部分，二是行为部分。前者体现的是个体规范行为的需要，是个体用于社会行为取向选择的机制；后者体现的是对规范行为的执行情况，即与需要相符合的行为方式。品德的这种结构和机能，实际上体现了个体对待事物的态度与方式。而这与"性格是人对客观现实的态度与习惯了的行为方式"是一致的，故品德可以被视为性格的一个方面，是性格中具有道德评价意义的核心部分。由此我们可以进一步认定品德也是人格（即个性）的组成部分。正是价值或态度内化的结果部分地形成了一个人的人格，其中与社会行为准则有关的价值或态度的内化结果就形成了他的品德。苏联心理学家包若维奇就是以其将品德作为个性（人格）的组成部分进行研究而受到关注的。

此外，社会性也是一个与品德有关的概念。二者虽然都是在群体生活、人际交往过程中产生的个体特性，但含义还是有差别的。一是社会性包含的内容比品德更为广泛，诸如依恋类型、社会认知、社会技能、性别角色、社会适应性、自我概念、自我控制力、道德性等都可为社会性所涵盖。二是品德是一种稳定的个性特征，而社会性中的一些成分，如社会技能，就并不总是如同品德那样稳定。品德是社会性中比较稳定的、可以做道德评价的部分。

品德有以下一些特点：

一是稳定性。品德不是指某个人一时一地的道德行为表现。只有当一个人在不同的时期、在不同的场合下都一贯地表现出良好的道德行为，我们才说他具有优秀的道德品质。例如，一个具有热心待人、乐于助人的良好道德品质的人，不但能帮助与其有特殊亲近关系的人，而且对与其仅有普通关系的人甚至素不相识的人也能伸出援助之手；不但在他人请求帮助时乐于助人，而且能够敏感于他人的需要并主动地关心他人；不但在物质上经常为人解难，而且在思想上、精神上给人以支持和鼓励。

二是个别性。品德是个人的道德面貌，具有个别差异。虽然同一个社会群体中的人，遵循着大体相同的道德准则，但他们的品德表现则可能是千差万别的。例如同样是具有勤奋、敬业的道德品质的人，仅仅由于其气质类型不同，他们的道德面貌可能各有特点：多血质的人表现出极大的工作热情；黏液质的人表现出非凡的韧性；胆汁质的人表现出说干就干的冲劲；抑郁质的人表现出认真细致、一丝不苟的作风。

三是自觉性。道德品质是道德动机与道德行为的有机统一。真正的道德行为是在道德观念、道德信念的指导下所做的合乎道德规范的自觉行为。一个人在外界压力下做出的顺从行为，或者是在趋利避害动机下做出的社会行为，尽管符合道德规范，也不能视其为优秀品德的体现。而精神病患者的行为即使不符合道德规范，也不能称作不道德行为。

（二）品德与道德的关系

从上面介绍中，可以看到品德与道德是两个有区别的概念。首先，道德是社会现象，其发生、发展服从于社会发展规律；而品德的内容虽然具有社会性，但因其是一种个人的心理特征，其形成与发展除了受社会发展规律的制约外，还要受个体生理、心理发展规律的制约。例如儿童道德判断、道德推理的发展就与其思维能力和社会认知的发展状况有关，因而表现出一定的年龄特征。其次，道德是社会学、伦理学研究的对象；品德则是心理学、教育学研究的对象。道德作为社会意识的一种形式，反映的是社会对其成员的道德要求；品德作为个体意识的一种形式，反映的是个体道德需要与社会道德要求之间的关系。

品德与道德又有着密切的联系。品德是社会道德规范和道德价值在个人身上的体现。个人品德是在社会道德舆论、道德教育等影响下发展起来的。反过来，正是众多社会成员的道德品质及其行为表现才体现了社会道德的内容，也正是他们的道德生活实践及不断发展的道德需要为社会道德规范的调整和完善提供了依据和动力。

三、品德的心理结构

品德的心理结构涉及品德所包含的心理成分及其相互联系和制约的模式。探讨品德的心理结构不但可以深化对品德本质的认识，更重要的是为自觉地对儿童、青少年的品德进行培养提供依据。目前对这一问题的研究有两种思路：一是探讨品德的因素结构，侧重查明品德是由哪几种相互联系的因素或成分构成的；二是探讨品德的功能结构，侧重查明品德的各种成分是如何生成以及如何在各种内外条件的作用下完成道德决策和行为的。

（一）品德的因素结构

关于品德结构包含哪几种心理成分，历来有二因素说、三因素说、四因素说等多种观点，其间虽然有些差别，但并未构成真正的对立，因而实际上是可以相容的。

二因素说认为品德由知和行（道德认识和道德行为）构成，或认为由道德动机和道德行为构成。

三因素说认为品德包含道德认识、道德情感和道德行为三种成分，或认为包括认知、情感和行为倾向三种成分。

目前影响比较普遍的是四因素说。按照四因素说，品德包含道德认识、道德情感、道德意志和道德行为，即知、情、意、行四种成分。道德认识在道德行为中起定向作用。道德情感是道德行为的推动力之一，当道德认识和道德情感结合在一起成为推动个人产生道德行为的内部动力时，就成了道德动机。道德动机是道德行为的内部依据，道德行为是实现道德动机的外部手段。二者之间的沟通有赖于道德意志。

道德认识。道德认识指对社会道德规范及其执行意义这两方面的认识。道德观念、道德判断和推理、道德评价都是道德认识的表现形式。古今中外思想家都非常强调道德认识对于人的德行的重要性。古希腊时期，苏格拉底就提出了"美德即知识"的命题。我国古代荀子在《劝学篇》中也说过"君子博学而日参省乎己，则知明而行无过矣"。只有"知明"，才能做到"行无过"，这是强调道德认识对于道德行为的指导作用。人的社会行为、道德行为不同于动物的本能行为的是，它的实现往往要求个人放弃得之于自然的许多便利，限制自己的本能欲求，而这只有在理性的指导下才能完成。因而人的道德行为总体上说是一种理性行为，总要涉及"理由"或"意向"。在道德心理结构中，道德认识是道德情感产生的基础，是道德意志产生的依据，对道德行为具有定向作用。

道德认识的结果是形成道德观念。由于道德认识是对道德行为准则及其执行意义这两方面的认识，而执行道德准则的意义涉及道德价值。因此，作为道德认识结果的道德观念实际是一种道德价值观念。形成道德价值观念，就是认识到涉及他人和群体利益的一些社会行为的价值高于另一些社会行为的价值，并且接受、承认这些价值，实际是要发展与其有关的道德需要。

道德情感。道德情感是人的道德需要是否得到满足而引起的一种内心体验。具体表现为人们根据道德观念评价他人与自己行为时产生的内心体验；也表现为人们在道德观念支配下采取行动的过程中所产生的内心体验。

道德情感是产生和维持道德行为的重要动力之一。我国古代思想家孔子提出的重要道德范畴是"仁"，"仁"的一个重要内涵是"仁者爱人"，强调的是道德情感在品德中的核心地位；他还注重诗歌、音乐在陶冶学生道德情感中的作用。苏联教育家苏霍姆林斯基也说过："道德情感——这是道德信念、原则性、精神力量的血肉和心脏。没有情感的道德就变成干枯、苍白的语句，这语句只能培养出伪君子。"

道德情感从内容上可分为公正感、责任感、义务感、自尊心、羞耻感、友谊感、同情心、荣誉感、爱国主义情感等。从形式上可分为直觉的道德感、形象的道德感和理论的道德感（安东诺夫，Д. Б. Андонов）。

道德意志。道德意志是个人在道德情境中，自觉地调节行为，克服内外困难，实现道德目的的心理过程。道德意志是道德意识的能动作用，帮助我们把道德动机贯彻于道德行动之中。具体表现在：①使道德动机战胜不道德动机、利他动机战胜利己动机；②排除困难，将道德行为进行到底。道德意志尤其突出地表现在抗拒不良环境的诱惑、抑制不道德行为的过程中。

道德行为。道德行为指在道德意向支配下表现出来的符合社会道德规范的行为。涉及道德行为方式和道德行为习惯。道德行为是实现道德动机、达成道德目标的手段，也是评价一个人品德的客观标志。这里的"道德意向支配"很重要，如果没有道德意向，没有利他的动机，只是单纯符合社会准则的行为，是不能视为道德行为的。另外，"道德行为"一语有时候在两种意义上使用，一是作为中性的概念，既包括符合道德要求的积极行为，也包括违背道德规范的消极行为；二是专指符合道德规范的良好的行为。为了区分，后者有时也被称为"道德的行为"。

应该注意的是，品德并不是道德认识、道德情感、道德意志、道德行为四种心理成分的叠加，而是在社会道德环境影响下，在个人的道德实践中，四种成分相互联系、相互制约而形成的复杂的、稳定的心理结构。其中道德认识、道德情感以及由它们结合而构成的道德动机通常居于核心地位。品德结构中的任何一种成分既不能代替另一种成分，也不能决定另一种成分。因此，良好品德的培养，需要道德认识、道德情感、道德意志和道德行为等协调培养，忽略任何成分都会给学生的品德形成造成不利的影响。

（二）品德的功能结构

章志光依据动力系统的观点，提出了包含生成结构、执行结构和定型结构的品德心理结构的设想。①

所谓"生成结构"是指个体从非道德状态过渡到开始出现道德行为或初步形成道德性时的心理结构。这一结构的形成过程，是儿童在外界他人的评价、奖惩或自然后果强化的条件下，获得道德规范的行为经验、产生是非感、形成道德行为的定势或习惯的过程。这里所说的"道德性"是一个比品德更为广泛的概念，它包括稳定的道德品质尚未形成之前的个体道德状况，而品德则是道德性发展高级阶段的表现。

所谓"执行结构"是指个人在道德性生成结构基础上发展起来的更有意识地对待道德情境，经历内部冲突、主动定向、考虑决策和调节行为等环节的一种复杂的心理结构。它是道德性向品德过渡的一种形式。这一结构的第一部分是"道德认知—感情系统区"，它包括道德观念、道德体验以及由此而生的道德信念、道德理想、价值观乃至道德需要—动机等。这一"系统区"就其功能来说，既是道德知识的"信息库"，又是对当前道德情境进行区分与筛选的"过滤器"，判断事件的性质、确定个人的责任与态度及行动方向的"定向器"，同时还是克服利己性需要动机的干扰、抉择行为方式并进行发动和制动的"调节器"。总之，这一部分是个人在道德情境中表现出高度自觉性与自律性的关键机制。执行结构的第二部分是在道德情境中个人从接收信息到产生道德行为的一个连续的心理过程，包括：①对道德情境或事件的注意与知觉；②移情；③做出道德判断，包括辨认事件的是非、善恶及卷入的必要性和紧迫性；④形成责任意识与明确态度，其间可能发生动机冲突、代价和报偿的权衡；⑤行为方

---

① 章志光. 学生品德形成初探 ［M］. 北京：北京师范大学出版社，1993：445-462.

式的抉择；⑥意动的产生和道德行为的实现。这一过程的完成是否顺利，取决于上述"道德认知—感情系统区"的质量与功能水平。执行结构的第三部分是反馈回路。做出的道德行为会引起他人或社会的反响，行动者因此获得外部强化，也会通过自我强化和归因分析，取得新认识、新体验，从而巩固、扩展或修改原有的"道德认知—感情系统区"，或导致执行过程的自动化。如图 8-1 所示。

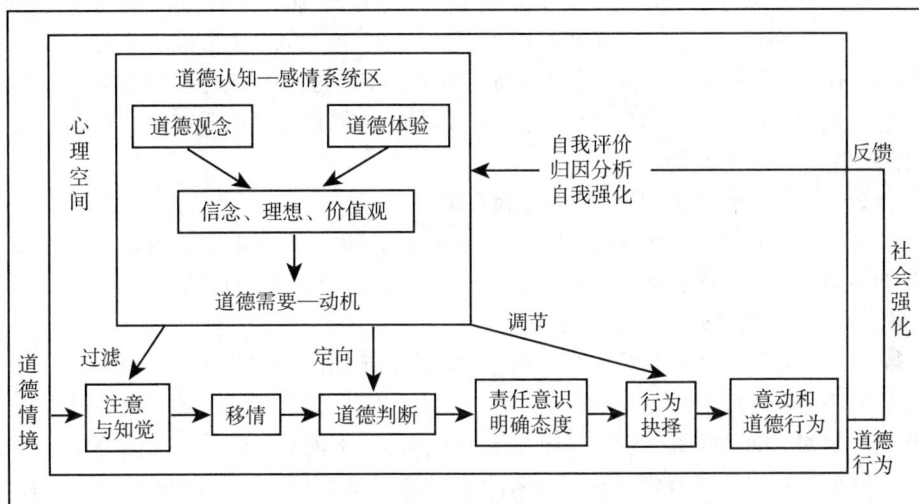

图 8-1　品德的执行结构

所谓"定型结构"指个体所具有的品德的比较稳定的心理结构。它是在执行结构基础上形成的，但具有更高的激活性、阶段简缩性和自动化功能。其实质是占优势的道德信念或道德动机，与作为其实现手段的一些习得的行为方式经过反复实践和强化，形成了稳固的联系。

关于品德心理结构的这一构想的特点在于，它是从品德形成的动态观点，探讨品德结构的内部心理成分如何在道德情境和社会反馈的作用下发生、发展的过程，及其在互相制约的关系中实现其对人的社会行为的调节功能的。

第二节　品德的认知发展
理论及其教育启示

品德形成的心理学研究，自 20 世纪 30 年代皮亚杰对儿童道德判断的研究、梅（M. A. May）和哈特肖恩（H. Hartshorne）的"诚实测验"研究开始，至今已有 70 多年的历史，出现了几种品德心理学理论。其中认知派的道德认知发展理论侧重道德认知、道德判断方面的研究，强调道德判断和推理在道德品质形成中的作用；行为派的社会学习论侧重道德行为方面的研究，重视榜样、强化在促进学生道德行为发展中的作用；精神分析派则关注内疚、焦虑、良心等情感因素在品德中的作用。尽管这些理论各自关注品德结构的一些成分而对另一些成分有所忽略，但他们在个体道德规范的学习和道德品质的形成上都提出了一些很有价值的观点，其中许多观点还得到了实证研究的支持，对于增进人们对品德的了解及改善学校道德教育提供了许多有益的启示。

一、皮亚杰的道德认知发展论

皮亚杰对儿童道德认知发展的研究成果主要集中在他于 1932 年出版的《儿童的道德判断》一书中。他把儿童关于社会关系的认识、道德认知和判断看作是道德品质的核心。他认为儿童道德认知发展不是来自生物成熟，也不是从环境中直接将知识内化，而是儿童通过与环境相互作用，将新知识与已有知识经验联系起来，对其所理解的经验不断建构来实现的。

（一）儿童道德认知发展：从他律到自律

皮亚杰是从儿童对规则的态度、对行为责任的判断、儿童的公正观念以及对惩罚公正性的判断几个方面，来对儿童道德认知发展过程进行研究的。①

1. 从单纯的规则到真正意义的准则

皮亚杰对儿童道德判断的研究是从考察儿童对规则的态度开始的。他不是研究儿童对从成人那儿接收来的道德准则的态度，而是研究儿童在玩弹子游戏时对游戏规则的态度。他和他的合作者分别同日内瓦 5—13 岁的孩子们玩弹子游戏，向儿童提出这样一些问题，如"这些规则是从哪里来的？""这些规则每个人都必须遵守吗？"以此来考察儿童的规则意识和对规则的执行情况。观察发现，年幼儿童虽然都说自己是按规则进行游戏的，而实际上却是各自按照自己的想象去执行规则，玩着"自己"的游戏，而不理会规则的规定。年长一些的儿童由于产生了真正的社会交往和社会合作，逐渐意识到有义务去遵从这些规则，只有在此时，单纯的规则才变成了行动的准则，规则才成为对儿童行动具有约束力的东西。

2. 从客观责任到主观责任

皮亚杰采用对偶故事法，研究儿童在面临一定的道德情境时，是如何对行为责任进行判断的，是从行为意向去判断，还是从行为结果去判断？对偶故事涉及过失行为和说谎行为。下面是两个对偶故事的实例。

［对偶故事一］

A. 一个叫约翰的小男孩正在他的房间里玩，妈妈叫他去吃饭。他走进餐厅时，门后有一把椅子，椅子上有一个盘子，盘子上有 15 个杯子。约翰推门时无意间碰到了盘子，打碎了 15 个杯子。

B. 有个叫亨利的小男孩。一天，妈妈出去的时候，他想偷吃饭橱里的果酱。他爬到椅子上去拿果酱，但是够不着。他使劲够，结果碰掉了 1 个杯子，打碎了。

［对偶故事二］

A. 有一个小孩叫朱利安，他的父亲出去了，朱利安觉得玩他爸爸的墨水瓶很有意思，于是就玩起来。后来，他把桌布弄上了一小块墨水渍。

---

① 李伯黍. 教育心理学［M］. 上海：华东师范大学出版社，1993：27-34.

B. 一个叫奥古斯塔斯的小男孩发现他爸爸的墨水瓶空了。在他的爸爸外出的那一天，他想帮爸爸把墨水瓶灌满，这样他爸爸回来时就能用了。但在打开即将空了的墨水瓶时，奥古斯塔斯把桌布弄上了一大块墨水渍。

针对以上对偶故事，要求儿童回答：这些孩子的过失是否相同？这两个孩子中哪一个更不好，为什么？

结果发现，年幼儿童往往根据行为造成的客观损失后果的大小来判断行为的严重程度，即注重行为的客观责任；年长儿童则能够根据行为者的意向来判断行为，即注重行为的主观责任。这两种道德判断形式有部分重叠的现象，随着年龄的增长，主观责任感逐渐取代客观责任感而取得支配的地位。这一过程正是道德法则内化的过程。

3. 从服从的公正到平等和公道的公正

皮亚杰利用教师和家长偏爱顺从他的学生和孩子的日常事例，编制一些故事，要不同年龄的儿童对这种偏爱行为是否公平做出判断。结果发现，7岁、10岁、13岁是儿童公正观念发展的几个主要时期。这三个阶段的儿童在进行公正判断时，分别以服从、平等、公道为标准。7岁前的孩子认为听话的行为就是好的行为，按自己意愿行事就是坏的行为。分不清服从和公正的区别。10岁左右的孩子认为平等（公平）的行为就是公正的。13岁左右的孩子已能用公道不公道作为道德判断的标准。这意味着他们已不是根据单纯的、僵化的规则来判断，而是考虑到他人的具体情况，出于同情和关心来做出道德判断。公道是一种高级的平等，是公正的高级形式。

公正观念的发展与儿童的社会交往和社会合作的发展有关。儿童的公正观念不能在成人的约束和强制的条件下得到发展，它的发展恰恰要以成人放弃约束和强制为代价。

4. 从抵罪性惩罚到报应性惩罚

皮亚杰以儿童日常生活中常犯的过错行为为内容，设计了一些惩罚的故事，每个故事后都提出了2—3种惩罚方式供儿童选择，以便了解：在儿童心目中什么样的惩罚最公正？什么样的惩罚最有效？结果表明：年幼儿童认为犯了过错，遭到成人惩罚是理所当然的。所犯错误的内容与惩罚的性质可以无关，惩罚就是为了抵罪，最严厉的惩罚是最有效的。年长儿童认识到，犯错无须从外部施加强制性惩罚，因为过错行为本身就为社会或群体不容，会被同伴嫌弃。犯过的内容与惩罚的性质有着密切的关系。有效的惩罚应该是报应性惩罚。例如，损坏了别人东西，应该用赔偿来惩罚。

从儿童在以上几个方面的道德判断的发展线索中可以做出这样的概括：儿童的道德判断发展趋向是从他律道德走向自律道德。年幼儿童道德判断属于他律道德，他们的道德判断具有强烈的尊重准则的倾向。在他们眼中，这些准则都是权威人物制定的，是不可改变的，如同自然法则，这是一种"道德实在论"。10岁左右儿童的道德判断进入了自律道德阶段。此时儿童认识到社会准则是共同约定的，并不是绝对的，这是一种道德相对论。

皮亚杰认为儿童道德认知由他律水平逐渐发展到自律水平，取决于两个条件：一是认知的成熟，逻辑思维能力的发展，自我中心主义倾向的削弱；二是获得社会经验，在同伴间建立起真正的社会交往和社会合作关系，意识到彼此间的平等地位。

（二）儿童道德认知的发展阶段

皮亚杰根据研究事实，在他的《儿童的道德判断》一书中，将儿童道德认知发展划分为四个阶段，这四个阶段的渐进更替，体现了从他律到自律的发展脉络。

1. 自我中心阶段。5—6 岁以前的孩子，基本上处于无规则阶段，他们虽然已能接受外界的规则，但往往按自己的想象去执行规则，规则对于他的行动还不具有约束力，他还没有义务意识，在游戏中没有真正的合作。

2. 权威阶段。6—8 岁的孩子绝对地顺从权威，认为独立于自身之外的规则是必须遵守的，遵从权威的行为就是正确的行为。他们把规则看作是固定的、神圣的、不可改变的，因而处于他律道德水平。

3. 可逆性阶段。9—10 岁的儿童开始认识到规则是大家共同约定的，只要大家同意，规则也可以修改。儿童开始意识到自己与他人间可以发展互相尊重的平等关系，规则不再是权威人物的单方面要求，而是具有保证人们相互行动的、互惠的可逆特征，这意味着儿童开始进入自律道德水平。

4. 公正阶段。11—12 岁以后进入形式运算阶段的儿童开始倾向于以公道、公正作为判断是非的标准。这也意味着他们能够根据他人的具体情况，基于同情、关心来对道德情境中的事件做判断了。

二、科尔伯格的道德发展阶段论

（一）个体道德推理的发展阶段

科尔伯格（L. Kohlberg）的道德发展阶段论是对皮亚杰的道德认知发展论的修正和完善。他改进了皮亚杰的理论和方法，经过多年研究，在 20 世纪 60 年代提出了他的道德发展阶段论。

科尔伯格采用道德两难故事法，考察儿童和青少年对一系列结构化的道德情境中的事实进行判断和推理的情况。道德两难故事指道德价值上具有矛盾冲突的故事，要求调查对象依据故事中的情节，在下述两者中进行选择：一是遵守规则、法律和尊重权威人物；二是为了满足人的需要，采取某些与这些规则和命令相冲突的行动。以下是一个道德两难故事的实例。

在欧洲，有一个妇女罹患癌症，生命危在旦夕。住在同一个镇上的一位药剂师最近发明的一种药品有可能挽救她的生命。药剂师要价 2 000 美元，十倍于它的成本。病人的丈夫海因茨四处求告亲友，筹借钱款，但最后也只借到 1 000 美元。他恳求药剂师能否把药卖得便宜一些，或者允许以后归还余款。药剂师回答说："不，我发明这种药就是用它来赚钱。"海因茨在绝望中，于夜里破窗潜入药房，偷走了药。

你认为海因茨该不该偷药？为什么？法官该不该判他的罪？为什么？

科尔伯格用道德两难故事测试了十几个国家 6、7 岁到 21

科尔伯格使用在道德发展选择上有模棱两可困难的道德两难问题，评定了他所认为的儿童道德发展的三个水平和六个阶段。他认为，儿童所持的理由就表明了儿童潜在的道德推理或者道德观的思考过程。

岁的被试。根据调查资料，通过研究，将儿童、青少年道德认知发展分为三个水平六个阶段，每个水平包含两个阶段。

水平一：前习俗水平（preconventional level）

着眼于行为的具体后果和自身利害关系来判断是非，儿童无内在的道德标准。判断一种行为是否适当，主要是看其能否使自己免于受罚，或让自己感到满意。

阶段1：惩罚和服从取向阶段

以免去体罚与服从权力为道德判断的依据。凡是造成较大损害、受到较严厉惩罚的行为都是坏的行为。反之，一种行为即使是出于恶意，但如果未被觉察或未受惩罚那就不是错误的。因此本阶段儿童尚缺乏真正的是非观念。

阶段2：相对功利取向阶段

以是否符合自己的需要和偶尔考虑到互利为道德判断的依据。尽管也会考虑到他人的利益，但多是出于利益交换原则，总希望得到的比付出的多，道德判断有较强的自我中心性质。

水平二：习俗水平（conventional level）

以满足社会舆论期望、遵循现行的社会准则和习俗、受到赞扬为道德判断的依据。本阶段的个体已经能够从社会成员的角度来思考道德问题。

阶段3：寻求认可取向阶段

在处于本阶段的个人看来，一种行为是否正确，要看其是否被别人喜爱，取悦于人。个人愿意按照大家对自己的期望去行动，希望通过"做好人"来寻求认可。

阶段4：遵守法规取向阶段

在本阶段，社会规范和法律代替了同伴群体的规范。对社会赞许的需求不再是道德判断的根据，更重要的是要遵守法规、尊重权威，尽个人责任和本分，维护社会秩序。

水平三：后习俗水平（postconventional level）

能够依据自己选定并遵循的伦理原则和价值观进行道德判断，认为不违背多数人的意愿、不损害多数人的幸福、不违背普遍的道德原则的行为就是最好的行为。处于后习俗水平的个人，已经超越现实道德规范的约束，达到完全自律的境界。

阶段5：社会契约取向阶段

在处于本阶段的个人眼中，法律与道德规范是大家共同约定的，也是可以改变的。人人都有遵守法律的义务，但如果法律以牺牲人类权利和尊严为代价，则应该予以修改完善。

阶段6：普遍伦理取向阶段

处于本阶段的个人，能够依据自己选定的基本伦理原则、个人良心办事。这些原则如公正、平等、人的价值等，都是抽象的，而不是具体的道德律令。法律条文如果与这些基本原则相冲突，就不应遵守，因为"公正高于法律"。

一项测查表明：大多数10岁以下儿童的道德推理处于第1、2阶段水平，10岁以后开始进入习俗水平；但仍有少数青少年以及青少年与成人罪犯停留在前习俗水平推理阶段；青少年和成人大都使用第3、4阶段的道德推理；只有大约35%的人在

16—25岁之后才达到后习俗道德水平。

（二）对科尔伯格理论的批评

科尔伯格理论提出后，一些后续的研究支持科尔伯格的理论观点，也有一些研究对这一理论提出了质疑和批评。批评的意见主要涉及：①道德判断的发展阶段并不像科尔伯格所说的那样有普遍性。②科尔伯格的理论不具有跨文化的一致性。这个理论最初只在少数白人身上得到验证，其最高阶段反映了西方社会关于公正的理想，对置身于集体主义文化中的人们是不恰当的。③科尔伯格的理论存在着性别偏见。④科尔伯格的研究中使用的道德两难推理只涉及禁令取向的推理，而忽略了亲社会取向的道德两难情境的推理。⑤年幼儿童对道德情境进行推理时所采用的方式往往比科尔伯格的阶段理论所描述的方式更成熟。⑥科尔伯格的理论不够完整，过分注重道德推理而忽视道德情感和道德行为，而道德推理与道德行为之间的联系是相当弱的，至多只有中等水平的相关。⑦有人指出科尔伯格理论对于阶段6的理论建构，由于缺乏经验资料，因而是含糊可疑的，这一阶段的道德取向只是一种假想的观念，不具有文化普遍性。在这些批评意见中较有影响的是吉利干（C. Gilligan）对科尔伯格研究因仅仅关注公正道德的发展而存在性别偏见的局限性的批评。

吉利干是科尔伯格的研究助理。她对科尔伯格理论的批评，主要是基于两个方面考虑。首先，科尔伯格的研究主要以男性为被试，在被试取样上有一定局限性。其次，在科尔伯格的研究中，大学女生和成年女性在阶段3（道德判断注重人际关系）的得分比男性高，而男性在阶段4（道德判断注重维持规则、权威和社会秩序）的得分则比女性高。这就产生了一个问题：男性基于个人权利与规则所做的道德判断，比女性基于对人类关系的关怀所做的道德判断，是否处于更高的发展阶段。

吉利干与其助手在一项名为"权利和责任"的研究中，选取了144名被试，男女各半，包括儿童、青少年和成人几个年龄层次。研究使用了四个道德两难故事，分别为"海因茨"、"凯西"、"萨拉"和"真实生活"。其中，"海因茨"是科尔伯格使用过的经典研究材料；"凯西"是关于主人公是否要堕胎的故事；"萨拉"是对"凯西"所做的改编，改编目的是使其与"海因茨"更加一致，便于比较；"真实生活"是在研究后期要求被试说出自己在生活中面临的真实的道德两难故事，以探讨被试自发表露出的道德取向。

在研究基础上，吉利干提出了女性关怀道德发展理论。首先，存在着两种取向的道德观：一种是公正取向的道德观，另一种是关怀取向的道德观。例如吉利干用海因茨偷药故事进行测试时，发现有的被试在陈述不应该偷药的理由时说："因为如果他侥幸成功地偷到药，也未必能救活妻子；若被抓住，我想他妻子更没有希望用上这种药；这两种选择，都无助于海因茨的妻子。"该被试在进行道德判断时，考虑的是海因茨的选择是否能够解除妻子的痛苦，这是一种"关怀"取向的道德判断。其次，道德取向存在着显著的性别差异。在道德标准上，男性更注重公正、权利，女性更注重关怀、同情；在道德推理上男性更关注个人的利益，女性更关注对他人所负的责任，更倾向于利他主义和自我牺牲；男性考虑的是抽象的道德原则，女性在人际交往中更容易移情，更敏感于他人的想法和情绪。再次，根据向29位妇女提出的关于是否堕胎问题的研究，吉利干确定了关怀道德发展的阶段：第一阶段是自我生存定向阶段，以利己主义为基本原则，自我是关心的唯一目标，类似于科尔伯格的前习俗阶段；第二阶段为自我牺牲阶段，出现了对他人的责任感，类似于科尔伯格的习俗阶段；第三阶段为非暴力道德阶段，个体利用非暴力原则来解决自私和对他人责任之间的冲突。类似于科尔伯格的后习俗阶段。

科尔伯格后来吸收了吉利干的这些研究结果，对自己的理论进行了修正。但是，大部分研究并未证实道德成熟方面具有性别差异。实际上，男性和女性一样，在道德判断上也会考虑到"关心"这一因素，也没有令人信服的证据表明女性比男性更富有爱心、更加合作或更乐于助人。

三、道德认知发展理论对德育的启示

皮亚杰和科尔伯格的道德认知发展理论对于学校德育工作，无论是观点上还是方法上都具有多方面的启示。

（一）皮亚杰的道德认知发展论对德育的启示

第一，个人品德发展过程并不是其固有本性的自然展现过程，也不是外部道德灌输和奖惩直接内化的结果，而是在与人交往和合作过程中，通过积极的思维，对其道德经验进行建构的结果。这对于学校中常见的企图单纯依靠灌输、说教和奖惩而忽视儿童的活动、道德推理作用的道德教育具有一定的警示作用。

第二，道德发展是一个渐进的过程，不可能一蹴而就，这与儿童逻辑思维能力的发展、社会经验的获取有关。故应从认知和社会关系两个方面促进儿童道德发展。

第三，由于儿童道德发展是从他律走向自律，故在低龄儿童的道德教育中，可以先让他们遵守既定的行为规范，表现适当的行为；随着认知的发展成熟，逐步引导其加深对道德含义的认识。

第四，成人权威的强制性的教育不利于儿童由他律道德向自律道德的转化；相反，自我管理、同伴合作、同伴间冲突问题的解决，以及成人同儿童沟通中的非权威态度，有利于发挥儿童的自主性，减少对权威的依赖，发展相互尊重的平等关系。

第五，鼓励学生参加道德问题的讨论，倾听他人意见，有利于他们摆脱自我中心主义思考，打破原有认知平衡，导致其认知重组。

第六，处于他律道德向自律道德发展阶段的儿童，其惩罚观念也正处于从赎罪性惩罚向报应性惩罚过渡的过程中。故在对其错误行为进行惩罚时，应注意实施报应性的惩罚，例如对于毁坏他人东西的学生，应让其赔偿；对于打骂同伴的学生，可以暂时中断同伴与其来往。

（二）科尔伯格的道德发展阶段论对德育的启示

第一，由于儿童道德判断和推理的发展是有阶段性的，对于处于不同阶段的儿童道德教育的内容和方法应有所不同。对于处于惩罚和服从取向阶段的学生，讲解遵守法规问题多半是没有好效果的。又如，为了培养学生遵守班级制度规章，对于前习俗水平的学生，可以向他们解释不遵守班级制度时将要受到的惩罚，或遵守制度有什么好处；对于习俗水平的学生，应使其认识到遵守班级制度既是同学认可的行为，又是

自己应负的责任；对于后习俗水平的学生，可以让其根据社会普遍存在的原则，参与班级制度的制定。

第二，开展道德两难故事讨论，用矛盾的观点看待道德情境，有利于儿童道德推理能力的发展。利用假想的或真实的道德两难情境，进行道德推理训练，可以使儿童学会综合考虑当事人的行为动机和行为结果，个人利益与社会责任，以及道德情境条件，经过权衡，做出适当的道德选择。也可以采用角色扮演的方法，让学生分别扮演海因茨和药剂师，对道德两难情境做出判断。

第三，按照"加一原则"提升儿童道德推理水平。科尔伯格从理论上提出，在引导儿童发展其道德认知能力时，一次只提升一个阶段。儿童与比自己高一个阶段，至多高两个阶段的人相互作用，可以有效地提高其道德推理水平。

第三节　情感取向的品德研究及其教育启示

一、精神分析派关于道德情感的论述

与认知派的代表人物强调道德判断和推理的情况不同，精神分析派代表人物有关个体道德发展的论述，更多地涉及道德情感的作用。

精神分析的创始人弗洛伊德（S. Freud）并不关心伦理学，也不关心儿童整个道德面貌的发展，他对个体道德形成和发展的论述，主要是渗透在他的个案研究和对心理过程的具体分析中，而且常与性行为及其导致的精神失调问题纠缠在一起。所以，在道德内容上，弗洛伊德只关心与性有关的道德问题。

良心概念是弗洛伊德道德发展观的核心。他在许多场合，详细分析了产生于童年期的良心和内疚感问题。他认为儿童之所以产生良心不安和内疚感，是因为他们从一出生就表现出原始的性欲。[①]

我们知道，当个人做了一件他意识到是"很坏的"事情时，他就感到犯了罪。而有时候，即使是只有点"想干坏事"的念头也会使人产生罪恶感。这是为什么？其实，邪恶往往根本不会损伤自我；相反，邪恶行为有时也可以是某种他所期望的、能给他带来快乐的东西。人在做了坏事或有了做坏事的念头时会产生罪恶感，这一定是有一个强有力的人物在影响着他。人这时候之所以放弃做"邪恶"的事情，原来是出于一种害怕失去爱的动机。假如一个人失去了他所依赖的人的爱，他将要冒被那个强有力的人惩罚的危险。弗洛伊德称这种害怕失去爱而不干坏事的良心为"坏良心"，它属于良心发展的第一阶段。在小孩子身上，表现为害怕父母和成人的惩罚；在成年人身上，表现为害怕人类群体和社会舆论的指责。具有"坏良心"的人其实是允许自己做坏事以获得想得到的东西，只要不被别人知道，不遭受惩罚就行，所以这种人的焦虑只和害怕被发现有关。

---

① 陈会昌. 道德发展心理学［M］. 合肥：安徽教育出版社，2004：74-76.

只有当人们形成了超我，并且由超我把那些外界的权威人物内化之后，真正的良心才能出现，这是良心发展的第二阶段。超我是儿童通过自居作用、自我惩罚等将父母的指责和社会批评内化而成。到了良心发展的第二阶段，实际干坏事，和希望干坏事之间的差别已经消失了。因为实际干坏事，能被发现；干坏事的念头，也会被发现，没有什么东西能够隐瞒超我。此时，内心的超我取代了外界的强有力的人物，如父母、老师，来对自我实施内心的惩罚。

因此，内疚感有两个根源，一个是对权威的恐惧，另一个是对超我的恐惧。起初，对本能冲动的克制是由于害怕某个外部权威。儿童只要克制了本能冲动，就可以不失去成人的爱。因为此时他只要脱离了来自外界权威惩罚的威胁，内心就没有了内疚感。但是对超我的恐惧就不同了。仅仅克制本能是不够的，因为即使克制了本能，愿望还保留着，这些"做坏事"的愿望无法瞒着超我，所以个人还能体验到内疚感，体验到内疚感导致的内心世界的永久性紧张。这就是说，为了达到人类社会的文明和进步，人们付出了巨大的代价：每个人都增强了内疚感而丧失了幸福感。

弗洛伊德认为道德的形成导致了儿童内在的双重性：一方是超我的力量，另一方是本能需要。本能需要带有个体性，超我、良心带有集体性。遵从超我需要，儿童就要把遵守社会规范当作一种义务；而这样一来，对本能冲动的克服又会导致深层次的、无意识的心理冲突。

新精神分析派代表人物埃里克森完全排除了儿童性欲，试图用心理—社会性发展理论来取代它：用信任不信任代替弗洛伊德所说的口欲期的心理发展；用自主性与羞愧、怀疑代替肛欲期的发展；用主动性与内疚感代替性器期的心理发展；用勤奋与自卑来描述潜伏期的心理发展；用亲密与孤独来描述生殖期的心理发展。

二、威尔逊、凯根对道德情感的研究

詹姆斯·威尔逊（J. Q. Wilson）认为，道德起源于自然的情感，而道德推理和判断并不重要。在适当的家庭环境中，早期经验可以促进这种作为构成道德元素的自然的情感的产生。进化已经为依恋或依附行为做了精心安排。除了为获得生殖功能而进行的自然选择及自私倾向外，人还存在着具有生物学基础的依恋倾向，其表现为社会能力。这种内在的社会能力是构成道德生活的四种关键"情感"的主导成分。这四种情感是：同情、公正、自我控制、义务或良心。道德行为主要是由情感和习惯所决定的。道德的第一元素是本能地和反射地引导行为的道德情感，第二元素是反映人的特质或倾向的行为习惯。这两个元素的形成使人表现出道德敏感性，具有这种道德敏感性的人就比较容易养成社会责任感。

凯根（J. Kagan）也认为不同历史时代和文化中的普通人主要是通过情感来判断是非的。情感虽是稳定的，但它可以通过历史环境和文化来改变道德内容，从而造成道德的形式和内容的区别。例如，启蒙运动后西方文化中建立在自由基础上的道德被看作一种"根本的善"。这意味着个人享有以下一些自由：与他人签订契约，拥有私有财产，言论自由及维护个人利益。但在此前的历史时期，或在当代社会其他文化中，个人自由并不是道德的一部分，自由并不比关心他人或群体合作的义务更为重要。在凯根看来，道德的不同成分和五种具有进化基础的情感同时存在。这五种情感多是不愉快的，即①焦虑（过度害怕受到惩罚、社会的否定评价和失败），②移情，③责任和内疚，④"疲乏"或厌倦，⑤困惑或不确定感。避免不愉快，得到愉快，是最主要的道德动机。而由违背社会规范所带来的情感反应的强度，决定了该社会规范的性质。如果违背某种社会规范造成了强烈的情感反应，可能导致肉体上的痛苦，则该规范就会保持道德标准的性质；另一些规范因为相对不太重要而且可以改变，违背了也只会带来较弱的情感反应，如应该穿什么衣服，应该如何拿筷子等，只能被视作社会常规。①

三、移情与道德行为关系的研究

20 世纪七八十年代，关于道德情感的理论出现了一个大转折，依恋、依附、同情、移情开始受到普遍关注。

移情（empathy）指设想自己处在他人位置，了解他人想法，体验他人情绪情感的一种心理反应。

霍夫曼（M. L. Hoffman）是从动机角度界定道德行为的。他认为道德行为是"为了另一个人的利益而行动的倾向"，这里的"倾向"指推动行为的情感反应。道德动机的主要来源是移情。他认为移情是一种生物学倾向，是自然选择的产物，但其发展仍然要经历四个阶段：①早期移情阶段，其特点是婴儿感到"全身心的焦虑"，其中混杂了自己的感情和另一个人的感情。例如一个 11 个月大的女孩看到一个小孩摔倒和哭叫，她自己就好像要哭。②"自我中心"移情阶段。此时儿童虽能意识到他人和自己身体是不同的，但不能区分他人和自己的内部状态。他们已能关心处于痛苦中的另一个人。例如一个 18 个月大的孩子要他的妈妈去安慰一个哭泣的孩子，虽然那个孩子的妈妈也在场。③"对另一个人感情的移情"阶段。两三岁时出现的角色采择技能使儿童能把自己的感情和他人的感情区分开来，儿童已能对有关另一个人的情感线索进行反应，对痛苦之外的各种情感发生移情。④"对另一个人生活状况的移情"阶段。儿童开始意识到自我和他人都能以各自独立的经历和身份生活。不但能在自己熟悉的情境中体验到移情，而且能在自己不熟悉的个人和群体生活的环境中产生移情。

一些研究表明，移情是亲社会行为的动机基础，是亲社会行为的内部中介。表现出亲社会行为的孩子，无论男女，都比未表现出亲社会行为的孩子，具有更高的移情分数。

移情还对侵犯行为具有抑制作用。

研究者（Mehrabian & Epstein）曾以 88 名大学生为被试，首先对他们进行一次移情反应测验，据此将他们分为高移情被试和低移情被试。一周后让他们参加另一项研究。实验者把每一名被试与一名实验者同伙配对，并指定实验者同伙为"学生"，被试为"教师"。当"学生"阅读一篇材料后，要接受测验。同时，给"教师"一份

测验答案，让其在"学生"答题出错时予以惩罚，即由"教师"选择 7 个强度电压之一来对"学生"实施"电击"。实际上"学生"并未真正受到电击，"学生"受到电击后发出的痛苦声音是由仪器模仿出来的、与电击强度相应的声音。实验有两种条件：在直接的条件下，"学生"与"教师"彼此可以看见；在非直接条件下，双方避开视线，但可清楚地听到对方的声音。研究结果显示，低移情被试在两种条件下侵犯行为数量（电击数量、电击强度水平）相同；高移情被试在直接条件下比在非直接条件下的侵犯行为数量要少，且所选择的电击强度水平也比低移情被试要少得多。①

四、情感取向的品德研究对德育的启示

第一，必须高度重视道德情感在道德行为产生中的动力作用和中介作用。精神分析学派强调良心、内疚感、羞耻、焦虑等对于人的社会行为的监督功能、对"邪恶"行动意图的抑制功能。苏霍姆林斯基也说过：羞耻心是对卑劣、丑恶东西的强有力的抗毒剂。这启示我们，在道德教育中，重要的不是道德知识教学，而是道德需要以及与其有关的道德情感的培养。

第二，儿童品德形成是父母价值观与社会行为标准内化的过程。但"内化"并不是社会要求和外部权威人物命令向个体内心的直接移植，而是妥善解决个体与社会、本能需要与道德标准之间矛盾和紧张的动态过程。在儿童本能需要向超我、向道德行为的自我调节机制转化的过程中，对父母的积极的爱与依恋感是一种重要的促进因素。因为儿童受本能冲动驱使做了错事，之所以会产生焦虑和内疚，是起源于对失去父母之爱的担忧。精神分析学派强调早期经验中亲子关系的质量对于个体道德发展的影响的观点至今仍有启示作用。

第三，移情在道德教育中可以从两方面分析。一方面，教育者的移情，可以增进对学生观点和情感的客观的理解，优化师生关系，提高德育工作成效。另一方面，学生在社会交往中的移情能力又是其亲社会行为的内部中介。采用适当程序，对学生移情能力进行训练，是提高青少年亲社会行为水平的重要途径。

第四节　品德的社会学习
理论及其教育启示

社会学习理论研究人的社会行为包括道德行为是如何习得的。早期的社会学习理论是在行为主义学习理论基础上发展起来的。认为人的社会性行为是在直接经验学习过程中，因受到与文化规范有关的价值判断（好坏、对错）的强化而不断重复的过程中形成起来的。其代表人物是 J. 多拉德、N. 米勒。

班杜拉（A. Bandura）的现代社会学习理论是 20 世纪 60 年代的产物。他虽然也承认直接经验学习的作用，但却认为人的社会性行为主要是通过观察学习形成和改变的。与传统行为主义片面强调环境和强化作用的观点不同，班杜拉的社会学习理论力

---

① 寇彧，张文新. 思想品德教学心理学［M］. 北京：北京教育出版社，2000：138.

图在人、环境、行为交互作用的理论框架下分析社会性学习，重视认知的中介作用，强调人的替代经验、运用符号能力、自我调节能力对社会行为形成的影响。这一理论后来发展为一种全面的人格理论，并于 20 世纪 80 年代中期更名为"社会认知理论"。

一、观察学习与亲历学习

班杜拉区分了两种学习，一种是通过做出社会性行为并直接获得奖惩结果的学习，即"通过反应结果进行的学习"；另一种是"通过观察他人行为示范的学习"。前者称为"亲历学习"，后者称为"观察学习"。

（一）观察学习

观察学习（observation learning）也叫"替代学习"，指通过观察环境中他人的行为及其后果而发生的学习。班杜拉认为，在社会情境中，人的大多数行为是通过对示范过程的观察学会的。技能、语言、道德行为、生活风格、文化习俗等都可以通过观察学习获得。在这种学习中，学习者不一定要做出反应，也不必亲自体验直接强化，故班杜拉将其称之为"无尝试学习"。以下是两个研究实例。

模仿行为的赏罚控制研究。

班杜拉在一项经典实验研究中，让 3—6 岁儿童观看一部短片：一个成年男子对一个像成人那样大小的充气娃娃大喊大叫，拳打脚踢。然后，随机把这些儿童分成三组：让第一组儿童看到这个男子受到另一个成年人的表扬和奖励（果汁和糖果）；让第二组儿童看到这个男子受到另一个成年人的责打（打耳光）和训斥（斥之为暴徒）；让第三组儿童则只看到男子对充气娃娃施加的侵犯行为。接着把这三组儿童一个个单独领到一个房间去。房间里放着各种玩具，包括洋娃娃。在 10 分钟之内记录他们的行为。

结果表明，在自由玩洋娃娃时，在第一组儿童中，原型受到奖赏提高了儿童模仿倾向，儿童侵犯行为非常严重；而在第二组中，原型受到惩罚降低了儿童的模仿倾向，第二组比第三组儿童侵犯行为显著减少。

此项研究说明，儿童可能因观察到榜样行为受到强化而在自己身上引起类似行为的可能性增大，也可能因观察到榜样行为受到惩罚而在自己身上引起类似行为的减少。

抗拒诱惑力实验研究。

在沃尔特斯（Walters，1963）的一项研究中，把一些儿童分别带到一间放有玩具和大字典的大房间，告诉他们可以翻字典，但不能动玩具。然后把儿童分成三组：第一组是榜样＋强化组，先让这一组儿童观看一部短影片，影片中有一男孩玩那些不许玩的玩具，他的妈妈进来后夸奖了他并和他一起玩。第二组是榜样＋惩罚组，在这组儿童看的影片中，妈妈训斥了男孩，男孩显得很害怕。第三组是对照组，儿童没看影片。看完影片，让每个儿童在房间中单独待 15 分钟。以儿童克制自己不动玩具的时间为抗拒诱惑力的指标。

结果显示：第一组儿童克制行动的平均时间为 80 秒。第二组儿童克制行动的平均时间为 7 分钟，有的儿童始终未动玩具。对照组儿童克制行动的时间为 5 分钟。

此项研究说明，儿童抗拒诱惑的能力，可以通过观察学习来增强，也可以通过观察学习来减弱。具体情况取决于榜样行为受到的奖惩后果。

通过实验研究，班杜拉认为观察学习具有五种功能：

①习得功能。通过观察学习可以获得新的行为模式。人的道德行为主要是通过观察学习获得的。观察学习在社会经验传承中具有独特作用。例如语言、习俗、生活风格的社会传递，在无示范的情况下进行将是不可想象的。有些社会经验虽然可以通过直接体验的方式学习，但凭借观察学习往往会简化学习过程，或可以避免直接经验学习带来的浪费和危险。

②抑制与去抑制功能。当观察者看到某种行为受到社会谴责时，就会抑制他已经获得的同种行为，这就是观察学习的抑制功能。当观察者看到他人的预期会受到惩处的不良行为居然没有受到社会惩处时，其原本受到抑制的同样的不良行为，会重新表现出来，这就是观察学习的去抑制功能。

③反应促进功能。观察学习可以促进新的学习，也能加强过去已经习得的行为及其表现。

④刺激指向功能。指通过观察榜样行为，学习者会将自己的注意指向特定的刺激。

⑤情绪唤醒功能。指看到原型在某一情境中产生某种情绪反应时，也会在观察者身上触发类似的情绪。如果此时观察者将观察的结果个人化（想象本人处在类似情境中），会比想象原型有何感受来，能够触发更强烈的情绪。①

（二）亲历学习

学习者通过自己反应后果引起的学习叫亲历学习。人在日常生活中做出各种反应，其中一些反应因带来奖赏性的后果而被选择和保存下来，另一些不适当的反应因带来惩罚性的后果而被淘汰。

在斯金纳的理论框架下，这种学习被说成是一种机械的过程，反应后果自动地、无意识地加强了反应，而无须学习者觉察反应与结果之间的关系。而班杜拉则认为在亲历学习中，反应后果也是以学习者的认知为中介发挥作用的。

二、观察学习的基本过程与条件

班杜拉认为观察学习无疑是认知性的，它由四个部分组成，每一部分都有一些特定的条件。

（一）注意过程

注意是观察学习发生的前提条件。这一过程决定学习者从显示给他的大量范例中选择什么信息来进行观察，从而从示范原型（榜样）中把那些东西抽取出来。

影响注意过程的条件包括示范行为的特征和观察者的特征。如原型的人际吸引力，示范行为的显著性、复杂性、流行性，都能影响人们对其注意的程度。反面人物

---

① ［美］A. 班杜拉. 思想和行动的社会基础——社会学习论［M］. 林颖，等译. 上海：华东师范大学出版社，2001：65.

动作的夸张，动画片人物特征的突出，电视的诱人的欣赏功能，都能吸引儿童的注意。观察者的信息加工能力、知觉定势、情绪触发水平，都会影响他们从示范行为中抽取什么信息和如何对所见所闻做出解释。

（二）保持过程

保持过程指学习者将观察到的信息以符号的形式保存在记忆里以便以后在适当的时机将其表现出来。正是这种符号化的高级能力使得人能够从观察中学会很多东西。

对信息的保持通常借助两种表征系统来完成，即表象系统和言语系统。例如一个人观看他人示范打太极拳，既可以将打太极拳的动作系列以表象的形式保持在头脑中，也可以用"金鸡独立""海底探月"等词语形式将其保持在头脑中。又如小学生对从家里到学校的路线多是以表象形式保持的；而观察一个旅游者原型的旅行路线，可以用一系列左右转弯的词语代码，如"左右左左右"来将其记住。当儿童处于发展早期阶段，尚缺乏言语技能，难以用言语描述示范行为时，视觉表象编码就显得特别重要。班杜拉还指出，对于示范的反应模式的保持来说，真实演练或心理演练可以成为重要的记忆支柱。对于某些行为模式，由于缺少机会，不能用外观的、真实的手段形成时，利用符号进行心理练习就具有特别的意义了。

（三）生成过程

这一过程指将保持在头脑中的符号转换成合适的行动，主要是一个"观念—行动的匹配过程"。这一过程可以进一步细分为反应的认知组织、反应的发起、反应的监测、在信息反馈基础上的精炼。

影响示范行为复现的条件有：观察者是否具有所示范的复杂行为中所包含的更基本的从属技能（附属反应的有效性）；观察者能否对自己的反应做全面观察（再现的自我观察）；外部是否提供正确的反馈。

（四）动机过程

这一过程作用是认识示范行为的价值，形成动机、意向，在生活中表现出与示范行为相匹配的行动的过程。班杜拉区分了"习得"与"表现"。习得的行为方式可能表现为操作，也可能不表现，这是由动机变量控制的。人们通常只表现出他们认为是有价值的、可以受到奖赏的行为。如果反应成功得到奖励，失败得到批评，则在大多数学习者身上可以引起匹配反应。

影响动机过程的主要条件一是学习者对自己行为所产生的评价反应，他们总是表现那些自我满意的行为，拒绝那些感到厌恶的行为；二是各种强化，包括直接强化、替代强化和自我强化。

从以上分析中可知，观察者未能复现一个原型的示范行为，应从四个方面找原因：一是学习者没有注意观察有关活动；二是对示范行为编码不当，不能在头脑中保持所学的东西；三是没有能力去操作；四是没有足够的动因去表现所习得的行为。

三、社会行为学习中的强化

行为主义心理学家斯金纳将强化定义为提高一个新的行为发生概率的程序。他所说的强化主要是外部强化。班杜拉的社会学习论在对强化概念及其作用的认识上提出了许多新的见解。

首先，班杜拉认为强化是通过认知过程的中介发生作用的。其次，强化对于新行为的形成只是一个促进条件，而不是必要条件。例如，人们在欣赏悦耳的歌声、观看迷人的表演时，即使没有强化也会引起模仿。再次，提出了几种重要的强化方式：直接强化、替代强化和自我强化。

（一）直接强化

直接强化指学习者做出反应并体验自己反应后果而受到的强化。例如一个有弄不懂的数学问题而不敢向老师请教的学生，在辅导老师的鼓励下，大胆地向数学老师求教，得到老师的耐心帮助和肯定，以后向老师求助的行为就会增加。

（二）替代强化

在观察学习中，观察者通常不在榜样示范的场合做出反应，因而没有受到直接强化的机会，那么此时为什么观察者仍然学到了榜样所示范的行为方式呢？为了解释这种习得过程，班杜拉提出了替代强化的概念。所谓替代强化是指学习者因观察到榜样的行为受到强化而使自己间接地受到强化。例如一个学生看到同学关心集体的行为受到表扬和奖励，就会增强自己以同样的方式行事（如主动打扫教室、向班级提合理化建议、在公益活动中发挥作用）的倾向。相反，看到某同学考试作弊的行为受到学校严厉批评和惩罚，就会减弱自己的作弊行为。这后一种情形称为替代惩罚。

在观察学习中，个人对榜样所示范的行为的习得，主要用替代强化来解释。奖赏性的示范，通常比单纯的示范更有效。这里有两点要注意：第一，在观察学习中，强化是作为居先的而不是后继的条件发挥作用的。当观察者知道榜样的某一行为将会产生有价值的结果后，就会增强对榜样行为的注意和保持，从而促进学习。第二，班杜拉区分了习得与表现，社会行为的习得不一定需要直接强化；直接强化作用主要是为习得的行为的表现提供动机。

（三）自我强化

自我强化指人为自己确定标准，用自己控制的奖赏物促进和维持自己行为的过程。如一个中学生可以给自己做出规定：在克服了某项个人缺点后，允许自己外出旅游3天。这实际是个人的社会行为的自我调节过程。自我调节过程包括操作（完成预期的行为）、判断（判断行为是否达到个人标准，应否给予奖惩）、自我反应（自我满足或自我谴责）几个环节。

四、社会学习理论对德育工作的启示

社会学习理论对于学校德育提供了许多有益的启示：

第一，班杜拉的研究显示，道德评价、道德行为、抗拒诱惑的能力都可以通过观察学习形成和改变，这为学校道德教育中的榜样教育提供了理论支持。因为道德教育的关键不是仅仅使学生掌握道德知识和社会行为技能，而是要使其形成正确的道德价值和道德信念。而观察学习同亲历学习一样，可以使个人或通过观察榜样的行为及其后果，或在自己道德实践中体验行动的后果，了解到哪些行为是有价值的、有意义的。在这一点上它们都优于单纯的说理教育。

第二，班杜拉对观察学习的过程和条件的论述，为审视现有榜样教育中存在的问题，提高榜样教育的成效提供了思考框架。

第三，重新认识教师言行一致的教育作用。学校提供的榜样主要来自教材、同伴和教师。教师因其知识优势被学生仰慕、身居高位、有奖惩学生的权利，不能不成为学生观察和仿效的榜样。当教师言行一致时，其示范行为能对学生产生更有效的影响；而当教师言行不一时，学生会根据教师行为表现去做，而不是根据教师言语教导去做。

第四，警惕体罚带来的负面效应。父母或教师对子女或学生的错误行为实行体罚，一方面有可能暂时抑制子女或学生的错误行为表现；另一方面又为他们提供了侵犯行为的榜样。

第五，注意大众传媒对儿童道德行为的影响。班杜拉把模仿的榜样分为两类，一类是学生直接接触的人和事；另一类是符号化的人和事。大众传媒及计算机网络传播的内容属于后一类。电视和计算机网络由于其娱乐性、便捷性、信息量大等特点，所提供的大量示范行为对于儿童青少年和成人的道德面貌的转变产生着重大的影响。如何防止大众传媒和网络中的不健康的、暴力的、淫秽的内容对儿童青少年道德行为和道德价值观的腐蚀性影响，应成为我们时刻关注的问题。

第六，注意学生自我调节能力在道德教育中的地位。班杜拉非常重视认知因素、自我强化、自我调节能力在社会行为调控中的作用。他说："如果行动仅仅由外部奖赏和惩罚来决定，那么人们就会像气象风标那样不断地改变自己的行动方向以顺从施于其身的一时的影响。"① 但是，人可以通过自我反应、自我评价、自我强化来使自己的行动达到自己确定的标准。如何确定合适的自我评价标准，培养学生自我调控能力，是道德自我教育和自我修养中必须深入研究的一个问题。

第五节　品德的形成与培养

一、品德形成的实质和过程

（一）品德形成的实质

人类个体品德的形成过程即品德学习的过程，亦即社会规范学习的过程，其实质是个人在社会生活实践过程中，在家庭教育、学校教育以及社会道德舆论的影响下，内化社会道德规范和道德价值，形成个人社会行为的心理调节机制的过程。

品德形成虽然是内化社会道德规范与道德价值的过程，但不应把"内化"理解成对社会道德规范的直接接受。内化是在人际交往过程中，对个人道德经验进行积极建构的过程。

品德学习与知识技能学习有许多不同。首先，认知领域的问题通常都有唯一正确

---

① ［美］A. 班杜拉. 思想和行动的社会基础——社会认知论［M］. 林颖，等译. 上海：华东师范大学出版社，2001：473.

的答案，某种认识的正确性通常比较容易检验；而道德规范是社会或组织约定俗成的产物，在同一社会中往往有多种道德规范并存的现象，人们对同一道德问题会有不同的态度和判断，个人的道德品质经常表现在对两难或多难道德情境所做的选择之中。其次，道德行为的利他性有时与个人的直接需要相冲突，往往会遭遇到个人直接需要的抵抗，这就可能造成个人的道德认识与道德行为的不一致。再次，在社会变革时期，一些社会规范发生改变，人们必须更新已有的道德观念，这必然会引起内心冲突和社会适应困难。所有这些都使品德学习过程具有更复杂的性质。

由于品德结构的复杂性，品德学习，社会规范的学习，就其性质来说是以情感学习为核心的知、情、意、行的整合学习过程。片面培养品德结构的任何一个方面，或孤立地培养品德的各个方面，都不能很好地达到目的。由于品德和态度都由包括情感在内的多种心理成分组成，故品德学习在布卢姆学习目标分类中属于情感领域的学习，在加涅学习结果分类中相当于态度的学习。

品德的培养涉及道德认识、道德情感、道德意志、道德行为多种心理成分。从逻辑上说，培养似乎应遵循知、情、意、行的顺序进行，但是由于儿童道德发展受到多种内外因素的影响，道德教育就应从最适合其阶段特征、最有效的方面入手，故道德教育可以有多端性。可以从提高道德认识着手，可以从激发道德情感入手，也可以从道德行为的训练开始。例如对于处于他律阶段的儿童，可以让其遵守现成的道德规范，养成良好的道德行为习惯，以后随着其认知能力和社会经验的增加，再引导其加深对道德规范和价值的认识。

（二）品德形成的过程

国内有学者提出①，品德的形成过程就是内化社会道德规范、道德价值，确立社会规范的遵从态度的过程。这一过程是逐步完成的，按内化水平不同，分为三个层次或阶段：对社会规范的依从、对社会规范的认同和对社会规范的信奉。这些阶段的实现依赖于不同的条件。

对社会规范的依从指对行为要求的依据或必要性尚缺乏认识，甚至有抵触的认识和情绪时，既不违背，也不反抗，仍然遵照执行。依从有从众和服从两种表现，是内化的初级阶段。依从行为具有盲目性（只是将依从行为作为获取安全需要的工具）、被动性（符合规范的社会行为是依靠外力推动而产生的，而不是依靠内在需要驱动的）、工具性（依从行为只是取得安全——避免因违背权威而可能带来的危险的一种工具）和情境性（依从行为只在某种压力情境下发生）。

对社会规范的认同指学习者在认识、情感和行为上与规范趋于一致，自愿对规范遵从的现象。认同分偶像认同与价值认同。偶像认同指因对某人或某团体的崇拜、仰慕等趋同心理而产生的遵从现象。价值认同指出于对规范本身的意义和必要性的认识而发生的对规范的遵从现象。认同的特点是遵从行为具有自觉性（符合规范的行为是出于自愿，有其认知和情感依据）、主动性（行为是内在驱动的、主动发起的）和稳定性（行为具有一定程度的跨越情境的一致性）。认同是对社会规范的接受及品德形

---

① 冯忠良. 教育心理学［M］. 北京：人民教育出版社，2000：481.

成的一个关键阶段。

对社会规范的信奉是品德形成的高级阶段。此时，规范行为的动机是以社会规范的价值信念为基础的，形成了指导自己行为的价值复合体。信奉水平的特点是，规范行为具有高度自觉性、高度主动性和坚定性。

二、品德形成的一般条件

在品德形成的不同阶段有着不同的制约条件；对于品德心理结构的不同成分的形成，有着不同的影响因素。这里我们先讨论影响个人品德发展的一般的条件，包括主观条件和社会环境条件。内部主观条件有认知能力、交往的需要与合作经验、已有的信念等，外部的环境条件有社会环境的影响、社会反馈与强化等。

（一）一般认知能力

认知心理学家认为，儿童逻辑推理能力是其道德判断能力发展的基础。儿童从单方面服从权威的他律道德转向双方互相尊重的自律道德，与其思维的去中心化能力发展有关。个人道德成熟要达到依据公正、平等、人的价值等抽象的道德原则，而不是依据具体的道德律令进行道德判断的水平，显然要以其抽象逻辑思维的发展为基础。

（二）交往需要与合作经验

交往需要、归属需要是人的基本社会性需要。个人交往要获得成功，得到他人的认可和团体的接纳，就必须学习和遵循道德规范。在与成人、同伴的合作中，儿童了解他人的观点和感受，减少了自我中心倾向，提高了角色采择能力；同时也有机会获得自己行动的反馈，增强自己对道德准则的意义的理解。与成人交往相比，同伴互动更有可能促进儿童道德发展。

（三）个人原有的信念

就像认知领域的学习需要一定的知识基础一样，品德学习也需要已有的信念为基础。已有信念决定一个人在道德情境中选择什么信息，如何解释道德事件。已有信念与个人过去生活经历、替代经验、社会评价的一致性等有关。

（四）社会道德环境

社会道德环境、社会风气、日常生活中发生的道德事件以及舆论对它的评价，都对个体品德形成和发展产生直接的影响。其中榜样人物的行为及后果，对儿童青少年的道德发展有着重要影响。作为榜样的人物首先是父母、教师、同伴，此外，社会精英人物、社会公众人物、文艺作品的主人翁、社会传媒所宣传的人物等，他们的言行都会对青少年潜移默化地产生示范作用。其中有些人及其积极的或消极的行为，并非是有意作为榜样呈现的，但同样可能被观察者当作示范来仿效。榜样示范作用的大小，一是取决于榜样及其示范行为的特点，如榜样人物的地位、人格吸引力、与观察者主客观条件的相似性，以及示范行为的鲜明性、可行性、可信性等；二是榜样行为的后果，即示范行为是否受到奖励、是否受到集体或全社会的推崇。

（五）强化与惩罚

班杜拉谈到社会行为的直接强化、替代强化和自我强化。无论是亲历学习，还是观察学习，强化与惩罚都会对人的社会规范学习及其行为表现产生影响。

三、道德认识的形成与培养

道德认识的形成包括道德知识的掌握、道德评价的发展。道德认识的结果是形成有关的道德观念。道德认识就其内容来说，包括对道德规范的内容和执行道德规范意义这两方面的认识。其中后一个方面认识涉及价值问题。所以，形成道德观念实际上是形成道德价值观念。道德评价是运用一定的道德标准对自己和他人的社会行为做出善恶、是非判断的过程。但这种判断就其性质来说，也主要不是事实判断，而是价值判断。而一种社会行为有无价值、是否重要、是否适当、是否"应该"、是善是恶，实际是作为客体的社会行为是否满足主体的道德需要的问题。故品德形成的关键就是道德需要的形成。这就决定了道德观念的形成与科学概念的形成既有相同之处，也有不同之处。形成一种道德观念，不仅意味着掌握一套关于行为规范的知识，更重要的是对道德规范的认可和接受，承认按照道德规范去行动是值得的、高尚的、有价值的。

为了促进学生道德观念的形成，在德育过程中应注意：将抽象道理与具体事例相结合；在列举道德实例时要运用变式，使学生更好地理解道德观念的实质；通过提供榜样，提高学生的道德判断和推理水平；运用强化手段促进道德认识的发展；运用假想的，或真实的道德两难情境，或组织学生针对社会上发生的道德事件进行讨论和辩论，提高道德推理水平。

当社会道德规范内化为个人行动的指南时，就成为个人的道德信念。道德信念的确立是道德品质形成的心理实质。道德信念的特点是其原则性、动力性、坚定性和情绪色彩。有了道德信念的人，对道德规范及其意义具有概括的认识，赋予社会道德规范以价值，坚信其正确性，并愿意在行动上加以贯彻，甚至当社会反馈（奖励与惩罚）与其道德信念不一致时，仍能按照道德信念行事。

道德认识转化成道德信念有赖于多种条件。

第一，教育者的言行一致。教育者的行为就是其向学生讲解道德规范的意义的最好例证。教育者言行一致，使学生认识到，按照道德规范去行动是值得的，是正当的；反之，教育者言行不一致，就会使学生对道德规范产生怀疑。

第二，在道德实践中获得与道德规范要求相符合的道德经验。学生在道德实践中可以加深对道德规范及其意义的认识；亲眼看到自己的道德行为带来有益于他人或集体的积极后果，不仅能获得生动的道德情感体验，而且因道德知识一再被道德实践所证实，从而更加相信道德规范的正确性，这就为道德信念的建立打下了经验基础。

第三，培养学生道德判断能力，引导学生对自己和他人的行为做出道德评价。结合具体的道德情境，对照道德准则的要求，对自己和他人的行为做出评价和反思，有利于道德经验得到概括和整合，从而增强道德观念对自己今后行为的支配力。

第四，获得社会反馈。学生在集体中的行为经常会受到舆论的褒贬和教育者的奖惩，这种社会反馈一方面激发了学生按道德准则行动的动机；另一方面又不断向学生传递了关于道德行为价值的信息。当学生看到自己因做出利他行为而赢得全班的尊重时，他就会对执行道德规范的必要性深信不疑。为了形成道德信念，社会反馈的一致性非常重要。如果对待学生的同一行为，社会反馈信息不一致，诸如学校的看法与家长的看法不一致，教师的观点与某些学生的观点不一致，就会给学生对道德知识的确证带来困难。

四、道德情感的形成与培养

道德情感不但是维持道德行为的重要动力之一，而且对道德行为也有直接的定向作用。例如，我们有时仅仅依靠突然产生的羞愧感就能抑制自己的某种不道德动机。由于道德情感是人的道德需要是否得到满足而产生的内心体验，故道德情感的形成实质是道德需要的形成和发展问题。

在道德教育中可以采取多种措施来丰富学生道德情感。

第一，将学生道德观念与一定的情绪体验结合起来。这就要求教师在讲解道德知识时，要注意运用具体、典型的实例，以生动的、带有情绪色彩的言语表述，使学生在领会道德要求的同时，产生情绪体验。

第二，引导学生将道德认识付诸行动，从事道德实践。如帮助社区的孤寡老人解决生活困难，与贫困地区学校学生开展心连心协作活动，从中获得直接的道德情感体验。

第三，利用优秀文艺作品，包括故事、小说、戏剧、影视作品，引起学生情感的共鸣。

第四，引导学生对道德情境做出正确评价。现代情绪心理学研究表明，人的情绪是通过对刺激因素、认知因素和生理因素三方面的信息的整合而产生的。故在道德教育中，提供有关的背景信息，帮助学生对道德情境、人物、事件做出解释和评价，可以影响其道德情绪体验。

第五，重视教师的情绪感化作用。教师对学生的爱是学生获得积极情感体验的源泉。如果一个教师对一名后进生的错误行为进行严厉批评的同时，能在生活上关心学生，在学习上给予切实的帮助，对他所表现出的微小进步感到由衷的喜悦。当学生认识到老师的善良愿望后，就会产生温暖、感激、信任等积极情感体验。

第六，开展移情训练，增强道德敏感性。李辽针对初二和高一学生，实施移情训练，所采取的"移情训练系列法"包括情绪追忆、情感换位、作品深化和作品评析四个方法。结果表明该项训练能明显提高青少年学生的移情能力；青少年移情能力与其亲社会行为呈显著的正相关。[①]

专栏8-1

移情训练程序

费希巴赫（Feshbach）等人以小学三、四年级学生为被试，针对儿童的移情能力进行了为期10周的训练。接受训练的儿童6人一组，分批训练。每周3次，每次1小时。训练从三方面入手：

---

① 章志光. 学生品德形成初探［M］. 北京：北京师范大学出版社，1993：240.

（1）呈现图片以提供假想的情境，让学生想象在这种情境中，他人是如何进行情境知觉的。如图 8-2 所示。

图 8-2 移情训练程序的例图：妈妈的生日

小刚想给妈妈买件生日礼物，他左思右想，最后决定买一架他最喜欢的玩具飞机。你认为小刚忘记了什么？

（2）让学生说出他们知觉这种情境的原因，帮助他们识别情绪线索，训练他们表达情绪情感的准确度。

（3）用语言暗示手法，通过表情动作和言语导向，提醒他们对情境线索中的情绪反应给予注意，以提高学生对他人的情绪情感的敏感性。

研究结果显示，通过训练，在教师给予的评价上和行为测量上，学生亲社会行为有了显著增加，侵犯行为显著减少。

[**资料来源**] 陈琦，刘儒德. 教育心理学 [M]. 北京：高等教育出版社，2005：352.

五、道德意志和道德行为的形成和培养

道德行为的形成涉及特定情境中行为动机的产生、道德行为方式的掌握、道德习惯的养成等多方面内容。

个人所具有的稳定的道德价值观念，并不随时都处于激活状态而成为当前活动的主要动机。按照社会学习理论的看法，个体在一定社会情境中能否表现出符合社会规范的行为，取决于人的内在特征、行为和环境之间的交互作用。这里涉及的因素有：个体有无道德推理能力，情境事件的性质，个人如何解释情境事件，如何判断自己的责任，有无做出道德行动的能力，以及自己如何评估自己的能力，有无社会监督，有无榜样示范等。社会心理学家拉塔奈（B. Latane，1981）曾就人在紧急情况下决定是否干预的问题，提出了一个五阶段的助人行为模式。包括：①注意发生的事件；②解释事件是否为紧急状况；③确定采取行动是否为个人责任；④选择所要给予的援助方式；⑤履行助人行为。其中关键是形成采取助人行动的意图。

道德行为方式即完成道德行为所需要的社会技能，是实现道德动机的手段。未掌握适宜的道德行为方式的学生，常常会好心办坏事，或由于不当的行为方式造成不良后果，给自己带来负面的反馈信息，反过来会削弱道德动机。指导学生掌握道德行为方式可以考虑：讲解道德行为的基本要求；通过阅读课内外读物，分析在某种道德情

境中典范人物的行为方式的合理性；组织学生讨论完成某项道德行动的步骤；指导学生概括出不同情境下采取不同的合理行为的一般依据；引导学生对正确的和不当的行为方式进行对比；创设多样化社会情境，给学生提供行动练习机会。

道德行为如果无须思考和特别努力就能够按照惯常的方式自然而然地完成，就成了道德行为习惯。道德行为习惯一旦养成，行为受阻反而会引起消极体验。故习惯的形成实际上强化了道德需要，增强了道德动机。培养道德行为习惯应注意：深化学生对道德行为的后果及其社会意义的认识，形成自觉练习的愿望；提供反复练习的情境；运用格言警句督促学生坚持练习；注意克服不良行为习惯；借用行为矫正方法，消除不良行为等。

道德行为在各种有利的、不利的情境中坚定地实行，有赖于道德意志。促进学生道德意志锻炼的措施有：培养坚定的道德信念，为道德意志锻炼提供观念上的支持；鼓励学生将历史上、现实中、文艺作品中的优秀人物，作为自己道德意志的榜样，形成意志锻炼的意向；创造适中的困难情境，让学生在克服困难的实践活动中，磨炼道德意志；指导学生通过自我教育，用自我保证、自我监督、自我强化的办法进行意志锻炼。

【主要结论与应用】

1. 道德是由社会舆论和内心驱使来支持的、反映一定群体共同价值的社会行为规范的总和。品德是个体依据一定的道德行为准则行动时所表现出来的稳固的倾向与特征，是个体社会行为的内部调节机制。

2. 品德包含道德认识、道德情感、道德意志和道德行为四种成分。道德认识在道德行为中起定向作用；道德情感是道德行为的推动力之一；道德行为是实现道德动机、达成道德目标的手段，也是评价一个人品德的客观标志；道德行为的执行有赖于道德意志。

3. 道德认知发展理论侧重道德认知方面的研究，坚持儿童道德发展的"阶段论"，认为儿童道德判断的发展存在着一个有序的、逻辑的模式。皮亚杰的研究确认儿童道德判断发展的线索是从他律道德走向自律道德。影响发展的条件主要是认知的成熟和社会经验的获得。科尔伯格的研究是对皮亚杰的研究和理论的修正和扩展，其研究结果表明，个人道德判断的发展要经历前习俗水平、习俗水平和后习俗水平，每个水平又包含两个阶段。

4. 精神分析派关注内疚、焦虑、良心等情感因素在品德中的作用。社会学习理论则侧重道德行为方面学习的研究，但在研究中比较重视认知的中介作用。认为人的社会性行为主要是通过观察学习形成和改变的，观察学习具有新行为获得、抑制与去抑制、反应促进、刺激指向和情绪唤醒五种功能。观察学习包含注意、保持、生成和动机四个子过程。班杜拉发展了行为主义的强化概念，提出了直接强化、替代强化和自我强化三种强化形式。

5. 个体品德形成过程即是品德学习的过程，其实质是内化社会道德规范与道德价值，形成个人社会行为的心理调节机制的过程。内化是通过对社会规范的依从、对社会规范的认同、对社会规范的信奉三个阶段逐步完成的。制约这一过程的条件有个体的一般认知能力、交往需要与合作经验、个人原有的信念、社会道德环境，包括强化与惩罚在内的各种形式的教育影响。

6. 品德的培养是配合各种内外条件，促进儿童、青少年道德认识、道德情感、道德意志、道德行为协调发展，使社会道德规范和价值内化为个人的道德需要、道德信念的过程。提高德育效果的措施有优化师生关系，利用道德两难情境开展道德推理练习或进行道德辩论，引导学生参加道德实践，提供社会反馈，开展移情训练，借用行为矫正方法，鼓励学生进行自我教育等。

【学习评价】

1. 什么是品德？品德有什么特点？
2. 简述品德与道德的区别与联系。
3. 品德结构中包含哪些心理成分？这些成分之间的关系如何？
4. 简述皮亚杰的道德认知发展理论的主要观点。
5. 科尔伯格的道德认知发展理论中前习俗水平、习俗水平、后习俗水平的道德推理各有什么特点？
6. 比较皮亚杰和科尔伯格的道德认知发展理论的异同。
7. 吉利干对科尔伯格的理论和研究有哪些批评和扩展？
8. 弗洛伊德是怎样论述个体的良心和内疚感的产生的？
9. 举例说明观察学习的五种效应。
10. 简述直接强化、替代强化和自我强化的概念。
11. 试述观察学习的过程和条件。
12. 道德认知发展理论对学校德育工作有何启示？
13. 社会学习理论对于学校德育工作有何启示？
14. 试述移情及移情训练在学校德育中的运用。
15. 结合实际说明道德认识向道德信念转化的条件。
16. 分析学生在道德上言行脱节的原因。

【学术动态】

●哈佛大学的莱文等人发现"普遍化"逻辑可以指导道德判断（Levine et al., 2020）。当人们在新的环境下做出判断时，他们会采用那些如果得以普遍实施将会导致更好结果的道德原则。成年人和儿童都有类似的判断模式，说明普遍化逻辑在我们的品德评价和道德判断中占有重要地位。

●伊利诺伊大学芝加哥分校的斯克卡等人发现态度道德化所涉及的过程依赖于初始态度的领域（Skitka et al., 2020）。当初始态度被视为一种偏好时，道德化的过程需要依次经过道德认知的初始阶段和道德放大阶段。而当初始态度已被视为惯例或一种薄弱的道德信念时，道德化将不再需要首先经历道德认知，而将主要由导致道德放大的过程来塑造。

●对品德的形成、发展及干预研究越来越强调在脑与神经层面探究高级的道德加工机制。例如北京大学周晓林和北京师范大学的刘超等人研究发现，道德的认知和情绪的产生与情绪脑网络、自我加工脑网络和执行控制脑网络的活动都有关（Yu et al.，2014，2018；Zhu et al.，2019）。道德相关事件出现时，不同的道德情绪会迅速产生差异化的脑电信号（Zhu et al.，2017）。

【参考文献】

1. ［美］A. 班杜拉. 社会学习理论 ［M］. 陈欣银，李伯黍，译. 沈阳：辽宁人民出版社，1989.

2. 李伯黍. 教育心理学 ［M］. 上海：华东师范大学出版社，1993.

3. 章志光. 学生品德形成初探 ［M］. 北京：北京师范大学出版社，1993.

4. 岑国桢，顾海根，李伯黍. 品德心理研究新进展 ［M］. 上海：学林出版社，1999.

5. 冯忠良，等. 教育心理学 ［M］. 北京：人民教育出版社，2000.

6. 寇彧，张文新.《思想品德教学心理学》［M］. 北京：北京教育出版社，2000.

7. ［美］A. 班杜拉. 思想和行动的社会基础——社会学习论 ［M］. 林颖，等译. 上海：华东师范大学出版社，2001.

8. 陈会昌. 道德发展心理学 ［M］. 安徽：安徽教育出版社，2004.

9. 陈琦，刘儒德. 教育心理学 ［M］. 北京：高等教育出版社，2005.

10. ［美］罗伯特·斯莱文. 教育心理学：理论与实践（第7版）［M］. 姚梅林，等译. 北京：人民邮电出版社，2004.

11. Л. И. Божович. Проблема развития мотивационной сферы ребёнка. -В сборник：Изучение мотивации поведения детей и подростков. Под ред. Л. И. Божович и Л. В. Благнадежной. М.，Педагогика，1972.

12. Santrock，J. W. *Educational Psychology* ［M］. 2nd ed. . New York：McGraw-Hill，2004.

13. Levine，S.，Kleiman-Weiner，M.，Schulz，L.，Tenenbaum，J.，& Cushman，F. *The logic of universalization guides moral judgment* ［J］. Proceedings of the National Academy of Sciences，117（42）：26158-26169.

14. Yu，H.，Hu，J.，Hu，L.，& Zhou，X. *The voice of conscience：neural bases of interpersonal guilt and compensation* ［J］. Social Cognitive and Affective Neuroscience，2014（9）：1150-1158.

15. Yu，H.，Gao，X.，Zhou，Y.，& Zhou，X. *Decomposing Gratitude：Representation and Integration of Cognitive Antecedents of Gratitude in the Brain* ［J］. The Journal of Neuroscience，2018（38）：4886-4898.

16. Zhu，R.，Wu，H.，Xu，Z.，Tang，H.，Shen，X.，Mai，X.，& Liu，C. *Early distinction between shame and guilt processing in an interpersonal context* ［J］. Social Neuroscience，2017，1-14.

17. Zhu，R.，Feng，C.，Zhang，S.，Mai，X.，& Liu，C. *Differentiating guilt and shame in an interpersonal context with univariate activation and multivariate pattern analyses* ［J］. NeuroImage，2019（186）：476-486.

18. Skitka，L. J.，Hanson，B. E.，Scott Morgan，G.，& Wisneski，D. C. *The psychology of moral conviction* ［J］. Annual Review of Psychology，2020，72.

第三篇

影响学习的因素

第 九 章

影响学习的动机因素

【内容摘要】

本章阐述了影响学习的重要因素——学习动机的相关概念、学习动机理论、学习动机的培养等方面的问题，目的是帮助读者理解学生学习动机的基本特点及其影响学业的规律，掌握培养和激发学习动机的方法。本章首先介绍了动机的一些基本概念，以及和动机相关的概念，包括需要、驱力、好奇、习惯、态度、兴趣、意志、价值观、刺激和诱因等；接下来介绍了动机的分类和学习动机的分类。之后，从基本观点和在教育上的意义的角度，阐述了行为主义的学习动机理论、人本主义的学习动机理论、学习动机的成就动机论、归因论、自我效能论、自我价值论等学习动机理论。最后，通过分析教育环境的现实、有利于学习动机的理想条件等，提出了培养学习动机的基本原则和具体措施。

【学习目标】

1. 记住学习动机的基本概念及其与学习的关系。
2. 能够举例说明行为主义的学习动机理论在教学中的影响。
3. 根据需要层次理论，分析学生的需要与其学习动机之间的关系。
4. 以成就动机理论为依据，举例分析学生的学习行为与其学习动机的联系。
5. 从归因的角度，分析学生的学习行为与归因的关系，掌握归因训练的基本思路。
6. 举例分析自我效能感在学生学习中的作用。
7. 从自我价值论的角度分析为什么有的学生不愿意学习。
8. 记住内部学习动机和外部学习动机的区别与联系。
9. 掌握培养学生内部学习动机的方法。
10. 掌握培养学生外部学习动机的方法。

【关键词】

学习动机　学习动机理论　学习动机培养

在实际教学活动过程中，教师除了在客观上必须了解学习原理并熟悉方法之外，还要了解学生本身的两个主观条件——学习能力和学习动机。从学习动机方面来看，教师教学的成败决定于学生的学习，在其他条件相似的情况下，学生学习成绩的高低将取决于他是否努力；而努力是学习动机的表现，因此，培养学生的学习动机也应该是教学目的之一。

第一节 学习动机概述

一、动机的性质及相关概念

（一）动机的性质

动机是指引起个体活动、维持已引起的活动，并指引该活动朝向某一目标的心理倾向。这里所谓的活动，是指行为。维持着活动并朝向某一目标，是指个体行为表现的方式。指引该活动朝向某一目标，是指由动机引起的行为活动是有目标的；如目标不能实现，动机不能满足，该行为活动必将持续进行。

（二）动机的相关概念

如前所述，动机是外显行为的内在动力（或动因）。不过，在心理学中还有其他的很多术语，其含义与动机一词的概念有很多相似之处，甚至完全相同。这些术语也经常被用来说明行为的内在原因。

1. 需要与驱力

需要与驱力（或内驱力）（drive）两词，在心理学上的用法，有广狭两种含义。从广义上看，需要、驱力与动机三者含义基本相同，都是用来表达个体行为的内在原因或内在动力。从狭义来看，需要、驱力、动机三者的概念稍有不同。驱力多用来表明属于原始性的或生理的动机（如饥饿、性等）；至于需要的含义则不太确定，有时用来表示形成驱力的原因（比如，由渴而产生的驱力），有时用来表示各种不同的动机（比如生理需要、成就需要、亲和需要等）。

2. 好奇与习惯

好奇是指促使个体对新奇的事物去观察、探索、摆弄、询问，从而获得对环境中各种事物的了解的一种原始性的内在行动。好奇一般被看成是人类（动物也好奇）求知欲最原始的内在动力，而且是与生俱来的，不需要学习。因此，好奇不但具有动机的意义，而且还与学习动机具有密切关系。

至于习惯，则有两种含义：其一是指习得性的行为反应，它们是在生活中经长期练习而养成的。个体一旦养成习惯，在类似情境下，就会不自觉地出现类似的习惯反应。习惯反应不仅包括动作，而且还包括语言、思想、情绪表达等各方面。其二是指习得性的动机。个体一旦形成习得性动机，在类似情境下，就会出现某种行为活动，去追求满足，以消除内在的驱力所引起的不安。诸如吸烟、酗酒、吸食药物等达到成瘾的地步。这些不良习惯，既是外显行为，也是内在动机。

3. 态度与兴趣

态度是指个体对人、对事、对周围世界所持有的一种具有一致性与持久性的倾向。态度除了包含行为成分外，还包括情感与认知。正因为态度中含有认知与情感两种成分，所以对人对事的态度表现上，也就有积极态度（他认为是对的，他喜欢，故而他支持）与消极态度（他认为是错的，他不喜欢，故而不支持）的区别。

至于兴趣，含义有两种：其一指个体力求认识、探究某种事物的心理倾向。兴趣也可由外显行为去推测；当有多种事物呈现在个体面前时，某事物特别引起个体的注意，就推知他对此感兴趣。其二是兴趣与动机大同小异；两者的相同之处，是两者都可被视为引起个体行为的内在原因。比如，可以说学生因有求知兴趣而读书，因缺乏求知兴趣而逃学，这都是把学习兴趣与学习动机视为相同意义。两者不同的地方是，兴趣可看成是动机的定向；而动机之所以定向，是由于行为后果获得动机满足。所以，培养读书兴趣的最有效方法是读书，读书而有心得，自然就会有读书兴趣。

4. 意志与价值观

意志是人自觉地确定目的，并根据目的调节支配自身的行动，克服困难，去实现预定目标的心理过程。意志具有引发行为的动机作用，只是意志比动机更具有选择性与坚持性。意志可看成是人类独有的高层次动机。

至于价值观，是指个人自认（或社会公认）正当，并据以为判断是非善恶的标准；符合某种标准就判为有价值，不合标准则判为无价值。个人的价值观可用于对人和事物等各方面的判断。用在学校教育上，如某一学生对求学读书一事认为没有价值，那就很难希望他具有很强烈的学习动机。不过，个人价值观并非一成不变，而是可以通过学习来改变的。

5. 刺激与诱因

诱因是指诱发个体行为的外在原因，外在原因所指的就是刺激。不过，并非任何刺激都可引起行为反应，只有个体曾经有过对该刺激反应的经验，因经验而产生了刺激与反应联结式的学习，以后该刺激再出现时，就可能引起个体的行为反应。这种因经验过、而后能引起反应的刺激，就称为诱因。按刺激性质的不同，诱因可分为两类：凡是使个体趋向或接近的刺激，并能由接近而获得满足的诱因，就称为正诱因，诸如食物、玩具、金钱、考试分数等；凡是使个体逃离或躲避的刺激，并能由逃避而获得满足的诱因，就称为负诱因；如电击、苦药、罚单等。显然，正负诱因的概念正相当于学校教育上经常采用的奖励与惩罚。

（三）动机的类别

行为的表现有多种形式，每种行为的背后均各有其动机。最普通的一种动机分类方式，就是把所有不同性质的动机归为两大类：其一是生理性动机，指因个体身体上的生理变化而产生内在需要，从而引起行为的动机，如饥饿、渴、性等。生理性动机与教育的关系较少。其二是心理性动机，指引起个体各种行为的内在心理原因。生理性动机多半与生俱来，不需学习；而心理性动机则主要经过学习而获得。由此可以想到，求学、谋职、创业、社交、求名、求利等行为，其背后各有心理性动机。

二、学习动机及其分类

学习动机是指引起学生学习活动、维持学习活动，并指引学习活动趋向教师所设定的目标的心理倾向。

（一）根据学习动机的社会意义，可以把学习动机分为正确的或高尚的学习动机和错误的或低下的学习动机

判断学习动机正误或高尚与低下的标准是看它是否有利于社会和集体。如把学习看成是对社会多做贡献和应尽的义务，则是正确、高尚的学习动机；而把学习看成是猎取个人名利的手段，则是错误、低下的学习动机。但这种划分有时难以正确地掌握标准，因此，需持谨慎态度。对许多低年级的学生来说，他们可能并不理解什么是高尚的动机，他们可能就是为了一个好的分数或为获得父母的奖赏而学习的。因此，这种划分有简单化之嫌。

（二）根据学习动机起作用时间的长短，可以把学习动机分为直接的近景性学习动机和间接的远景性学习动机

直接的近景性学习动机是指由活动的直接结果所引起的对活动的动机，如学习是为了应付老师的测验或为博得老师的好评等。这种动机很具体，效果比较明显，但不够稳定，易随环境的变化而变化。间接的远景性学习动机是指由于了解活动的社会意义、活动结果的社会价值而引起的对某种活动的动机，如学习是为了实现个人对社会做贡献的远大理想而努力学习。这种学习动机既具有一定的社会性和理智色彩，又与个人的志向、理想、世界观相联系，因此，具有较强的稳定性和持久性，能在相当长的时间内起作用。

（三）根据学习动机的范围，可以把学习动机划分为普遍型学习动机和偏重型学习动机

具有普遍型学习动机的学生对所有学习活动都有学习动机；不但对所有知识性的学科都认真学习，就是对技能性学科甚至课外活动，也从不懈怠。而具有偏重型学习动机的学生只对某门（或某几门）学科有学习动机，对其他学科则不予注意。

学生的普遍型学习动机，未必是当时该班任课教师在短时间内教导出来的，而可能在他以往求学过程中，一直都是如此。我们老师都会注意到，有些学生小学六年一直都是班上品学兼优的好学生，这一类学生的求知读书的动机、兴趣、习惯、态度甚至意志与价值观等心理因素，都连成一致性的系统，形成了他的一种独特性格。即使遇到不认真负责教学的教师，他也仍然认真学习。

至于偏重型学习动机，则主要是受学生学习过程中的学业成败或师生关系的影响而逐渐养成的。如果多门功课失败而只有一门成功，这种学生就可能只保留对该一科目的学习动机。如果在师生关系中只获得某一位教师的关心爱护，这种学生很可能只对该位教师任教的科目有学习动机。

（四）根据学习动机产生的诱因来源，可以把学习动机分为内部学习动机和外部学习动机

内部学习动机是指诱因来自学习者本身的内在因素，即学生因对活动本身发生兴趣而产生的动机。具有内部动机的学生，活动本身就能使其得到满足，无须外力的作用，不必施以外部的报酬和奖赏而使之产生某种荣誉感。如，孩子们从生活经验中知道木头和纸片等可以浮在水面上，而小石子和钉子等会沉在水底，而轮船那么大却可以浮在水面上，这些疑问推动他们去了解物体浮沉的奥秘，这就是内部动机。与此相反，外部学习动机是指诱因来自学习者外部的某种因素，即在学习活动以外的、由外部的诱因而激发出来的学习动机。如，学习是为了得到教师的表扬、父母的嘉奖，或学习是为了避免因学习失败而受到惩罚等。

三、学习动机对学习的影响

学习动机一旦产生，它就要发挥作用。学习动机的作用表现在两方面：一是对学习过程的影响；二是对学习结果的影响。

（一）学习动机对学习过程的影响

1. 对学习行为的启动作用

当学生因解决某种课题而缺乏有关知识或方法时，就会出现焦虑不安的内心紧张状态。为克服这种状态，就会驱使学生采取某种学习行为的原动力即学习动机，正是它使学生产生了学习新知识的行为。也就是说，对学生的学习来说，当学生有了学习需要，形成了学习动机后，就会在学习前做好准备，集中精力在某些内容的学习上，从而较易启动其学习行为。

2. 对学习行为的维持作用

由某种学习动机激起的学习行为出现后，学习动机就像指南针一样指引着学生的学习行为，使已被激起的行为始终朝着既定的学习目标进行。动机的这种指向作用还可以表现为它可以增强学生对学习内容的注意，使学生朝向特定的学习任务，从而有助于学习效率的提高。学习动机是以学习目标为出发点的，它是推动学生为达到一定的学习目标而努力学习的动力。只有让学生懂得为什么学，学到什么程度，才会产生学习的力量。

3. 对学习过程的监控作用

在实际教学情境中，学生的学习动机和由之而激起的学习行为可能经常要受到来自学生自身和外部各种因素的影响，如学习目标的改变、学习兴趣的转移、外界要求的变化、诱因价值的变化等都会影响已出现的学习行为，影响学生学习的专注程度，影响其注意的分配，影响其付出努力的程度等。如果学生具有正确的、水平适合的学习动机，那么，由之而引起的学习行为的各个环节就会受到它有意或无意的调节和监控，排除来自内外因素的干扰，朝着既定的学习目标做出不懈的努力，直到实现目标。

（二）学习动机对学习结果的影响

由于学习动机对学习过程有着广泛的影响，这种影响最终会在学习结果上表现出来。学习动机对学习效果的影响可分为两个方面：一方面是总体上整个动机水平对整个学习活动的影响；另一个方面是具体的学习活动中学习动机对学习效果的影响。

首先，总体而言，学习动机越强，有机体对学习活动的积极性就越高，从而学习效果越佳。学习动机作为一种非智力因素，它对学习效果的影响并不是直接发生的，它必须通过学习者的学习行为这一中间环节才能作用于学习结果。学习行为除了受学习动机影响外，还受到一系列主客观因素的影响。因此，学习动机只是影响学习结果的因素之一，而不是充分条件。影响学习的因素，除了学习动机之外，还有学生的智力、知识基础、学习方法、人格特征、身体及情绪状况等。总的来看，学习动机作为一种非智力因素，会对学习起促进作用。

不过，不能认为学习动机与学习结果是一种单向的影响关系，学习动机并非绝对是学习的先决条件，它与学习之间存在着显而易见的互为因果关系。成功学习的结果一方面是知识、技能的获得与掌握，另一方面是求知欲、自信心等心理品质的发展和提高。这些都可以大大满足人们的各种社会需要，如求知、自尊、获得他人赞扬等，并促使人们把通过进一步的学习以获得更高程度的满足当作一种新的、迫切的需要，从而产生强烈的学习动机。因此，当学生尚未表现出对学习有适当的兴趣或动机之前，教师没有必要推迟学习活动。对于那些尚无学习动机的，尤其是年龄较小的学生，教学的最好方法是，把重点放在学习的认知方面而不是动机方面，致力于有效地教他们掌握有关知识，让他们获得成功的体验。学生尝到了学习乐趣，就有可能产生要学习的动机。

专栏 9-1

减少学生的焦虑

尽管帮助学生减少学习过程中的焦虑很困难，但是采取一些方法以减少学生的过度焦虑并不是不可能的。可以考虑以下几项措施：

1. 提供一个安全的环境，使学生免于身体或心理的"攻击"。
1) 不要使学生感到困窘；
2) 慎用竞赛；
3) 不要进行排除失败者的公众展览。
2. 帮助学生设定切实可行的目标。
3. 思考不断变化的指导和评价程序。
1) 通过教会学生时间管理策略而减少学生完成作业的时间压力；
2) 区分不同难度水平的作业，使学生的技能与任务难度更加匹配；
3) 提供清晰的作业指导。

[资料来源] Parsons, R., Hinson, S. & Sardo-Brown, D. *Educational psychology*[M]. Belmont: Wadsworth. 2001：287.

其次，对一项具体的学习活动而言，学习动机对学习效果的影响并不是那么简单。有时随着学习动机的增强，学习效果反而下降。例如，有些学生想上大学的动机过强，注意力和知觉的范围过分狭窄，记忆和思维也都受到影响，结果是一进考场便因情绪紧张而产生"怯场"现象，平时非常熟悉的问题这时也答不出来了。当然，一个人对学习抱无所谓的态度，缺乏一定的学习动机也肯定是学不好的。因此，在具体的学习活动中，为使学习最有成效，就要避免过高或过低的动机。只有当学习动机的强度处于最佳水平时，才能产生最好的学习效果。已有的研究表明，在各种学习活动中存在着一个最佳的动机水平。但最佳的动机水平并不是固定不变的，它随着课题性质的不同而不同。在比较容易的任务中，学习效果有随着学习动机的提高而上升的趋势。中

等偏高的动机水平时，学习效果最好；在比较困难的任务中，学习效果反而会由于学习动机强度的增加而下降，中等偏低的动机水平时，学习效果最好；在中等难度的任务中，学习动机水平为中等时，学习效果最好。随着任务难度的不断增大，动机的最佳水平有随之下降的趋势，这一现象是由心理学家耶基斯和多德森（Yerkes & Dodson）于1908 年通过动物实验发现的，心理学上称之为耶基斯—多德森定律，见图 9-1。

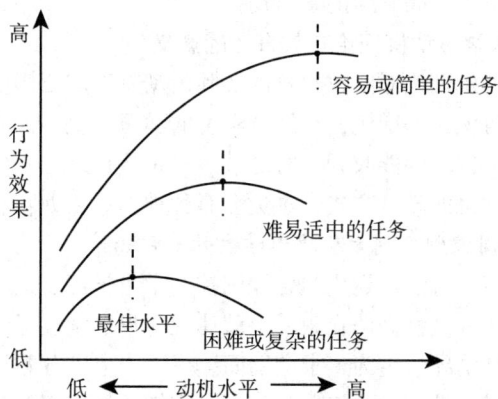

图 9-1 耶基斯—多德森定律

耶基斯—多德森定律找出了不同的任务难度水平上的最佳的动机水平，这对我们有较大的启发意义，但这一结论是动物实验的结果，它未能考察学习者的能力水平在其中的作用，因此，对此结论应持谨慎态度。如对同样困难的任务，对低能力水平的学习者来说，其最佳动机水平是在中等偏低处，但对高能力水平的学习者而言，其最佳动机水平则可能在中等偏高处。

第二节 学习动机理论

一、行为主义的学习动机理论

（一）行为主义学习动机理论的基本观点

行为主义心理学一直把学习的产生看成是外在因素控制的，对学习者本身心理上的自主性不够重视，因此对学习动机的概念并未提出系统性的理论解释。其对学习动机的基本看法是，行为是由驱力所推动的，而驱力则由生理上的需要而产生。如果我们在个体行为表现时给予需要上的满足，他就会得到强化以保留该行为。不过，行为主义心理学的学习动机理论，在性质上是外控的，属于外在动机一类。行为主义心理学所提出的正强化与负强化概念，也与前面讲到的正诱因与负诱因的含义相同。在教育上广为流行的程序教学与计算机辅助教学，其教学的心理基础，就是通过强化原则来维持学生的学习动机。此外，学校中经常采用奖励（赞许、奖品、给予权利、高分数等）与惩罚（训斥、剥夺权利、低分数等）的办法以督促学生学习，其目的就是通过外在诱因来维持学生的学习动机。

另一方面，属于行为主义的班杜拉的社会学习理论，也论及了学习动机。这种理论认为，在班级教学的情境下，其他学生的优异表现，或教师的教学风范，都可能引起学生的观察学习。因为学生在心理上会观察和模仿学习榜样（其他学生或教师）的行为，要求自己上进，希望自己也能有像榜样一样的优良表现，从而增强自己的自尊。学校教育要求教师在行为上以身作则，对学生的优良行为公开表扬，目的就在于引起学生的模仿学习，以提高学生的学习动机。

（二）行为主义的学习动机理论在教育上的意义

行为主义的学习动机理论对学校教育的实际活动有着广泛影响，主要表现为采用强化原则，通过奖励与惩罚的措施，来维持学生的学习动机。而且，这种以奖惩方式控制学生学习的措施，也的确能收到一时之效。只是从长远看，像这种只重外在学习动机而忽视内在学习动机的教学方式，难免会有种种不足之处：

1. 只重视外部诱因控制，则无从培养学生的学习热情

行为主义心理学家一直强调运用强化原则控制学生学习。这是一种只重外在动机而不顾内在动机的做法。这种做法在教学上就体现为根据学生考试分数实施奖励与惩罚。如此一来，很容易诱导学生为追求奖励而读书，为追求分数而学习；结果只能使得学生被动地读书应付考试，无法培养学生主动求知的读书兴趣。

2. 寻求奖励、逃避惩罚的想法对全体学生都不利

学校采用奖励与惩罚的方式控制学生学习，学生们将因此而形成趋奖避罚的心态。但这对全体学生都不利。因为，追求奖励而能真正获得奖励（考到高分或获教师及家长表扬）的，只是少数学生，并且这些学生也往往因为一味追求高分而限制了兴趣的发展。另一方面，多数学生只能是希望不要因为失败而受惩罚，他们的学习生活就谈不上什么乐趣了。

3. 手段目的化的结果不利于学生个性的发展

学校的奖惩和考试评分制度，本来是作为教育的手段，以激励学生用功、维持学习动机，从而实现教书育人为目的的。但是，由于升学以考试成绩为标准，学习以分数定成败，学生们将争取考试分数作为读书的唯一目的。这样一来，手段变成了目的，学生不是将上课读书及课后作业看成是工作负担，就是把上学考试过关看成是尽了义务，学校教育也就无法培养学生的个性。

4. 短暂的功利取向不易产生学习迁移

学校教育如果演变成上述的分数主义或升学主义，那很自然地就变为只求时效的功利主义。结果，学生读书只为应付考试；老师要考的部分就看，老师不考的部分就不管，升学要考的科目就读，升学不考的科目放弃。那么，学习之后不仅不易长期记忆保存，而且更难贮存于个人的认知结构中，等以后在面对新的学习情境时，将难以形成学习迁移。

二、人本主义的学习动机理论

（一）人本主义学习动机理论的基本观点

人本主义心理学家一直把教育看成是开发人类内在潜力的过程，把动机看成是

人性成长发展的基本内在原动力。所以，它关于学习动机的基本观点是，所有学生都有学习动机；只是老师必须注意，学生的学习动机未必专注在他所教的科目上。因此，如何使所有学生的学习动机，专注于学校的功课上，就是教学成败的关键所在。

人本主义心理学主要研究的是人类的内在动机，在教育上，它认为教师要先教学生认识自己。因为，人本主义心理学家认为，读书学习的教育作用是帮助学生心理成长，而这一作用能否发挥，则取决于学生能否把他对自己的知觉和对学校教学（指要他学习的知识）的知觉连在一起，从而发现所学知识与自我成长之间有无密切关系。因此，教师在教学生学习任何内容前，必须设身处地从学生的角度，提出并尝试回答这样的问题："我们为什么要学习这些东西？"只有学生们认为，学习是有意义和有价值的，所学内容正符合他们成长的需要；而且学生也觉得自己有能力学习，有能力学到教师对他期望的程度。这样，学生们自然会努力学习，不用什么外力的控制，他就会自动维持强烈的学习动机。

因此，人本主义心理学家指出，维持良好的师生关系和培养和谐的教室气氛，是维持学生学习动机的两个基本条件。有了良好的师生关系，学生在心理上感到教师的关心爱护和支持，因而增加信心，不需外力奖惩的控制，他就会自愿读书求知；有了和谐的教室气氛，学生在心理上感到安全，就不会有因失败而受惩罚的恐惧，他在面对功课时，才不致退缩而敢于尝试学习。

（二）马斯洛的需要层次理论

人本主义心理学家马斯洛（A. H. Maslow）对于学习与教学的看法，是人本主义学习动机理论的典型代表。马斯洛认为，学生本身先天具有发自内心的成长潜力，教师的任务不只是教学生知识，更重要的是为学生设置良好学习环境，让学生自行学习。马斯洛的需要层次理论正好解释他的这种观点。

1. 需要层次中含有学习动机

按马斯洛的需要层次论，人类的多种需要，可按其性质由低到高分为七个层次：（1）生理需要（physiological needs），指维持生存及延续种族的需要；比如吃、喝、睡眠、性欲等。（2）安全需要（safety needs），指希求受保护与免遭威胁从而获得安全感的需要；比如有困难时求人帮助、有危险时求人保护、有病痛希望得到医治等。（3）归属与爱的需要（belongingness and love needs），指被人或群体接纳、爱护、关注、鼓励及支持的需要。（4）尊重的需要（esteem needs），指寻求被人认可、赞许、关心爱护等的需要。（5）求知的需要（need to know），指个体希望了解自己、他人以及各种事物变化的需要；比如探索、摆弄、试验、阅读、询问等。显然，在含义上求知的需要就属于学习动机。（6）审美的需要（aesthetic needs），指对美好事物欣赏的需要；比如希望事物有秩序、有结构、顺自然、循真理等。（7）自我实现的需要（self-actualization need），指个人渴望自己的所有理想全部实现的需要。

2. 两大类需要的交互作用

按马斯洛的解释，各层需要之间不但有高低之分，而且有前后顺序之别；只有低一层需要获得满足之后，高一层的需要才会产生。同时，这七层需要又可以分为两大类；较低的前四层称之为基本需要（basic needs），较高的后三层称之为成长需要（growth needs）（图9-2）。

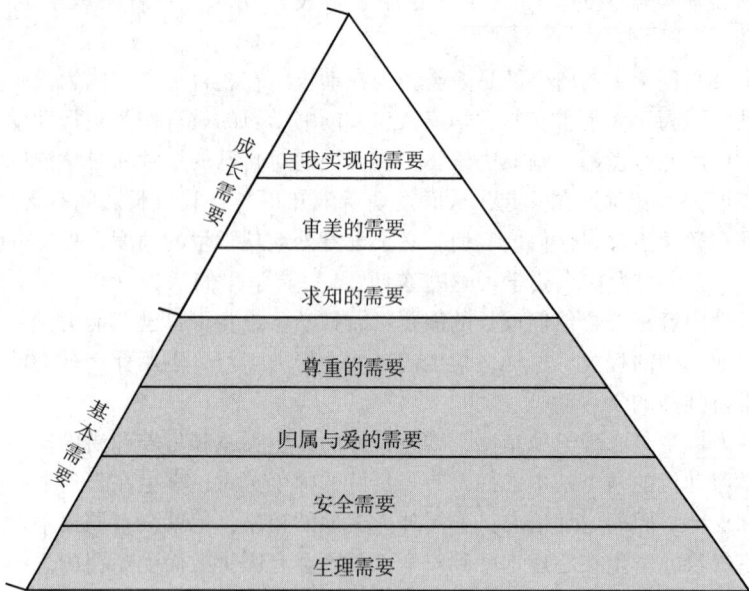

图 9-2 马斯洛的需要层次论

基本需要都是个体在生活中因身体上或心理上有所缺失而产生的，因此又可称之为缺失需要（deficiency needs）；这是一般人维持生活所必需的、共有的。其特征是，一旦获得满足，需要强度就会减降。但是，属于较高层次的成长需要则不同。成长需要一般与基本需要有交互作用：一方面，基本需要是成长需要的基础；各种基本需要未能获得满足（或部分满足）之前，成长需要不会产生。另一方面，成长需要对基本需要具有引导作用；处于顶层的自我实现的需要，对以下各层需要均具有潜在的影响力，个体生存的目的，就是为了追求自我实现。不过，成长需要的特征是，需要的强度不但不随其满足而减弱，反将因获得满足而增强。也就是说，在成长需要支配下，个体所追求的目的物是无限的。无论是求知或审美，都是永无止境的。而学习动机就属于成长需要中的求知需要。

3. 自我实现中的高峰体验

所谓高峰体验（peak experience），是指个人自我追寻中自我实现之前的一种喜悦感觉。马斯洛认为，自我实现也是高峰体验的结果。自我实现是多种需要连续满足后出现的心理需要，它是以低层需要为基础的。而且，自我实现需要在各个不同层次的需要中是最重要的；因为决定个体行为的，就是自我实现需要。只是个体自己未必清楚地自觉而已。按马斯洛的解释，自我实现需要是形成个体对环境知觉的基础，而个体对环境的知觉，则是决定个体行为的重要因素。只有在个人不满足于成为一个平庸者而要求超越时，他才肯努力去追求超越。在追求过程中所感觉到的满足程度，就可以使个人体会到自我实现的意义。

（三）马斯洛的需要层次理论在教育上的意义

1. 马斯洛将人的各种需要分为缺失需要与成长需要两大类，前者是后者的基础。从缺失需要的性质看，它的满足要靠别人；对于中小学生来说，生理与安全需要的满足要靠成人，归属与爱以及尊重两种需要，也只有靠成人设置的良好环境，才有可能获得满足。在教育上，只有先给中小学生良好的教育环境，使其各种缺失性需要均获得满足之后，大多数学生才会自发性地继续成长。

2. 由上可见，教育过程中的因果关系表现为：教育环境使个体获得缺失性需要的满足是原因，个体自行负责并自由选择地从成长需要中追求自我实现是结果。所以，教师与学生家长所承担的教育角色任务是非常重要的。只有学生家长与学校教师良好配合，使学生不愁吃、不愁穿，老师接纳、同学尊重，学生才能产生强烈的学习动机。

3. 对学生而言，最重要的缺失需要是爱和尊重的需要。没有感受到被人关爱，或者觉得自己无能，这样的学生不可能有强烈的动机去实现较高水平的成长目标，不可能自主地去探索和理解新知识，也不可能像自我实现的个体那样对新观念抱以创造性和开放性态度。那些不能确定自己是否被爱、对自己的能力没有信心的学生，会做出一些相对安全的选择：随大流，对学习没有兴趣，为考试而学习等。

4. 当然，有些学生即使家庭环境优越，父母关心爱护备至，也不好好学习。对此，按马斯洛的说法，学生本身具有两股潜力，其一使他进取向上，另一使他退缩逃避；究竟如何发展，教师无法强制学生选择，只有通过建立良好的师生关系，来影响学生的选择。同时，还须考虑学生的个别差异。

三、成就动机理论

学习动机的成就动机论、归因论、自我效能论以及"学习动机的自我价值论"，均可以认为是学习动机的认知论。以认知论观点解释学习动机的心理学家，也将学习动机看成是内在动机，认为学习动机是介于环境（刺激）与个人行为（反应）之间的一个中间过程。也就是说，学习动机是学习者个人对学习的一种看法；个人因为这样的看法才产生求知的需要。

（一）成就动机理论的基本观点

成就动机的概念是在默瑞（H. A. Murray，1938）于20世纪30年代提出的"成就需要"的基础上发展起来的。默瑞认为，人格的中心由一系列需要构成，其中之一即成就需要，这一需要使人追求较高的目标，完成困难的任务，竞争并超过别人。20世纪四五十年代，麦克兰德（D. C. McClelland）和阿特金森（J. W. Atkinson）接受默瑞的思想，他们对成就动机进行了系统的研究，提出了在当今动机领域中最重要的理论——成就动机理论。其中阿特金森从微观的角度着重探讨成就动机的实质、发生和发展，成就行为的认知和归因等问题。阿特金森的成就动机理论对学生的学习动机提供了一种很好的解释。

所谓成就动机是指人们在完成任务中力求获得成功的内部动因，亦即个体对自己认为重要的、有价值的事情乐意去做，并努力达到完美地步的一种内部推动力量。它具有以下特征：（1）对中等难度的任务有挑战性，并全力以赴地获取成功；（2）对达到的目标明确，并抱有成功的期望； （3） 精力充沛，探新求异，具有开拓精神；
（4） 选择工作伙伴以高能力为条件，而不是以交往的亲疏关系为前提。

阿特金森将个体的动机、成功的诱因以及成功的可能性设想为行为的决定因素。
阿特金森认为成就动机是由追求成功的倾向和回避失败的倾向组成，前者表现为趋向
目标的行动，后者表现为设法逃避成就活动或情境，避免预料到的失败结果。一个人
面临一种任务时，这两种倾向通常是同时起作用的，两种力量势均力敌时，个体就会
体验到心理冲突的痛苦。如果力求成功的倾向强于回避失败的倾向，会促使人奋发上
进；反之，会导致人迟疑退缩。因此，在阿特金森看来，每个人的成就行为都受到这
两种倾向相互制衡和消长的影响。

在阿特金森的理论中，追求成功的倾向 （Tendency of success，简称 Ts） 是成就需
要 （Ms）、获得成功的可能性 （Ps） 和成功的诱因值 （Is） 三者乘积的函数。用公式
表示为：

$$Ts = Ms \times Ps \times Is \tag{1}$$

Ms 表示长期的、稳定的追求成功的需要。Ps 表示认知的目标期望、对导向目标
手段的预料，或影响学习者实现任务和获得成功信心的任何信息、刺激。Is 是成功的
诱因价值。他认为 Is 和 Ps 是一种相反关系，即 $Is = 1-Ps$，成功的可能性降低，诱因
值就增大。如，在容易学的科目上得高分，并不感到自豪，但在难学的科目上得高分，
就会体验到自豪和胜任感。阿特金森的理论因特别强调期望和诱因价值的作用，所以，
他的理论又被称为期望—价值理论。与力求成功的倾向一样，回避失败的倾向也是在成
就活动中引发的。阿特金森认为，回避失败的倾向 （Ta_f） 是回避失败的动机 （Ma_f）、
失败的可能性 （P_f） 和失败诱因值 （I_f） 三者乘积的函数。用公式表示为：

$$Ta_f = Ma_f \times P_f \times I_f \tag{2}$$

根据阿特金森的设想，$Ps + P_f = 1$，因此，$P_f = 1-Ps$。与追求成功倾向中的 $Is = 1-$
Ps 相结合，可得 $Is = P_f$。由此可以得出，个体成就动机的合成倾向等于追求成功的倾
向减去回避失败的倾向，用公式表示为：

$$Ta = Ts - Ta_f \tag{3}$$

Ta 表示成就动机的合成倾向，Ts 表示追求成功的倾向，Ta_f 表示回避失败的倾
向。由公式 （1） （2） 可知：

$$Ta = (Ms \times Ps \times Is) - (Ma_f \times P_f \times I_f) \tag{4}$$

因 $Is = 1-Ps$，$P_f = 1-Ps$，$I_f = Ps$，所以，

$$Ta = (Ms - Ma_f)\left[Ps \times (1-Ps)\right] \tag{5}$$

由公式 （5） 可知，当人的 $Ms > Ma_f$ 时，Ta 是正值，合成成就动机高，表现趋向
成就活动；当 $Ma_f > Ms$ 时，Ta 就是负值，合成成就动机就低，表现为逃避成就活动。
后来，阿特金森又提出了成就行为为多种决定因素的公式：

$$成就行为 = Ta + 外部的动机力量 \tag{6}$$

公式 （6） 表明，成就行为除了取决于合成成就动机倾向的强度外，还有环境中
引发的外部动机力量的作用，它们与成就需要无关。

在阿特金森的理论中，任务的选择是判断成就动机的主要内容，对 $Ms > M_f$ 的人

来说，$Ps = 0.5$，任务处于中等难度水平时，成就动机值最大，Ps 增大或减小时，动机值对称性地降低。换言之，最大的动机强度既不是最高的动机诱因值，也不是最高的成功期望值造成的，而是在 Ps 和 Is 都等于 0.5 时出现的。对 $Ms < Ma_f$ 的人来说，当 Ps 处于中等难度水平时，动机的阻碍最大，随着 Ps 在 0.5 水平上增大或减小时，动机值相应的提高，即个体在受回避失败的动机占优势时，最回避中等难度的任务，他们倾向于选择非常容易或非常难的任务。当 $Ms = M_f$ 时，合成的成就倾向等于零，他们不受任务难度的影响。

（二）成就动机理论在教育上的意义

成就动机理论在教育上的一个最主要的意义就是：给学生的任务既不应太难，也不应太易。如果学生认为不管自己做什么，都能够得到好成绩，那么他们的动机就不会得到最大限度的激发。同样，如果一些学生以为，不管自己如何努力，最后的结果都是失败，那么他们的动机就会很弱。

所以，在评价标准的设置时必须做出这样的考虑：获得成功是困难的，并非轻而易举的，但对绝大多数学生来说又是可能的；遭到失败也是很可能的，不努力的学生就有可能得到低分数。也就是说，成功必须在学生能力可及的范围内，是可望而可即的，但又不是那么容易达到的。

专栏9-2

影响学生的成就动机

1. 布置力所能及的任务：布置学生完成作业时，最初要通过学生个人的参与去关注"力所能及"的作业，这样的成功经验会促成更高的成就动机。

2. 提供中等难度的任务：提供"力所能及"的任务并不意味着提供简单的任务或简单的目标。简单的目标只能提供非常小的满足感或胜利感，而困难目标可能使学生感觉完成的希望很渺茫。Atkinson 认为推动学生学习的动机受他们对于任务难度感知的影响。成绩定向的学生更喜欢他们认为中等难度的任务。因此，围绕中等困难的任务，帮助学生形成更切实的目标和预想是很重要的。

3. 提供具体的帮助：根据 McClelland 和他的同事们的研究，要提供给学生具体的观念，告诉他们如何实现增强他们成就动机的目标，而抽象的建议（如"就要不断尝试"）或陈腐的指示（你会成功的，勤能补拙）并没有用处。

4. 减少失败的恐惧：研究显示随着教育的进展，学生们似乎形成了越来越强烈的避免失败的需要……

教师需要通过提供支持和表扬来尽量减少他们的失败感。

[资料来源] Parsons，R.，Hinson，S. & Sardo-Brown，D. *Educational Psychology*［M］. Belmont：Wadsworth. 2001：295.

四、学习动机的归因理论

（一）韦纳归因理论的基本观点

韦纳（B. Weiner）根据实证研究的结果，发现一般人通常把自己经历过的事情的成败归结为以下六种原因：（1）能力，个人评估自己对该项工作是否胜任；（2）努力程度，个人反省在工作过程中是否已经尽力；（3）工作难度，凭个人经验判断该项工作的困难程度；（4）运气，个人自认此次工作成败是否与运气有关；（5）身体状况，工作过程中个人当时身体及情绪状况是否影响工作；（6）其他，个人自认为这次成败因素中，除上述五种原因外，还有没有其他影响因素（如别人帮助或评分不公等）。韦纳所发现的六项成败因素，后来被证实可以代表一般人的归因反应。只是学生们对考试成败的归因，主要是前四项（能力、努力程度、工作难度、运气）。对中国学生来说，后两项因素（尤其第六项）可能也相当重要。因为在中国传统文化中，一向重视人己关系，人们获得成功时，往往不是将个人成功归因于父母教师，就是将成功归因于上司主管（或称为贵人扶持）。

进一步，韦纳把上述六项因素按各自的性质，分别归入三个维度：（1）因素来源，指当事人自认为影响其成败因素的来源，是由于个人条件（内控），还是来自外在环境（外控）。在此维度上，能力、努力程度及身心状况三项属于内控，其他各项则属于外控。（2）稳定性，指当事人自认为影响其成败的因素，在性质上是否稳定，是否在类似情境下具有一致性。在此维度上，能力与工作难度两项是不易随情境改变的，是比较稳定的。其他各项则都不稳定。（3）可控制性，指当事人自认为影响其成败的因素，在性质上能否由个人意愿决定。在此维度上，只有努力程度一项是可以凭个人意愿控制的，其他各项都是个人无能为力的。综合起来，韦纳的成败归因理论可由表9-1表示。

表9-1	韦纳成败归因理论中的六因素与三维度					
特 点　　维 度 因　素	成败归因维度					
	稳定性		因素来源		可控制性	
	稳定	不稳定	内在	外在	可控制	不可控制
能力	√		√			√
努力程度		√	√		√	
工作难度	√			√		√
运气		√		√		√
身心状况		√	√			√
其他		√		√		√

（二）韦纳的归因理论在教育上的意义

1. 根据学生的自我归因可预测此后的学习动机

根据韦纳的三维度归因方式，我们既可以了解每个学生对自己学习结果成败的归因倾向，也可以预测他以后对此学科的学习动机。比如，两个同样在考试中获得好分数的学生，如果前者把自己的成功归因于能力，而后者归因于运气；我们可以想象，前者将有较强的学习动机。因为，他把成功的原因归于能力，能力虽属不能控制的因素，但它是内在的、稳定的因素，因此，能力能使成功者保持信心。后者将成功归于运气，运气是不稳定的、外在的与不能控制的因素，个人对之无能为力，因此，认为凭运气成功的学生，会把成功看成偶然的而不是必然的，这种情形下的成功不会增强学生的自信。这名学生很可能心存幻想，希望下次考试运气也不错。再比如，两个同样在考试中失败的学生，如果前者把自己的失败归因于努力不够，后者归因于试题太难，那么前者以后的学习动机极可能强于后者。因为努力不努力自己可以掌控，而试题难度是个人无法掌控的。

2. 学生自我归因虽未必正确，但却是重要的

由于一般学生对自己能力与周围环境并不十分了解，难免在成败归因时，受主观因素影响，做出不正确的归因（如低估自己的能力等）。从学生心理辅导的观点看，无论学生自我归因正确与否，都是重要的。因为促使学生在从了解自己到认识别人的过程中，建立起明确的自我概念，促进学生的成长，本来就是教育目的之一。而如果学生有不正确的归因，则更表明他们需要教师的辅导与帮助。

3. 长期消极归因不利于学生个性成长

从表9-1可以看到，学生的自我归因倾向有积极与消极之分。凡是将成败视为自己的责任的学生（如努力程度），是较为积极的。凡是将失败归因于自己能力不足或者其他外在因素的，则是较为消极的。教育心理学家把积极归因的学生称为求成型学生（success-oriented student），把消极归因的学生称为避败型学生（failure-avoiding student）。求成型学生相信自己能够应付学业的挑战，即使失败，他们也不把自己的能力视为失败的原因，而是认为成败的关键在于努力程度。避败型学生对应付困难缺乏信心，把失败归因为能力不足，把成功则归因于运气或工作容易。这样，避败型学生的归因倾向如果成为应付学业的一种习惯，那就可能演变至"习得无助"（learned helplessness）的严重地步。也就是说，他们在面对挑战时是一种绝望心态，即使轻易成功的机会摆在面前，也鼓不起尝试的勇气，这势必对他的个性的成长极为不利。

4. 教师的反馈是影响学生归因的重要因素

韦纳发现，在师生交互作用的教学过程中，学生对自己成败的归因，并非完全以其考试分数的高低为基础，而是受到教师对他的成绩表现所作反馈的影响。可以想见的是，对某些缺乏信心、个性较依赖的学生来说，要想维持他的学习动机，教师在反馈中给予他鼓励和支持，很可能比其他方法更为有效。

五、自我效能感理论

（一）自我效能感理论的基本观点

自我效能感理论是社会学习理论的创始人班杜拉提出的，班杜拉运用自我效能来解释人类行为的启动和改变。自我效能感（self-efficacy）是指人们对自己能否成功地进行某一行为的主观判断。班杜拉认为人类的行为不仅受行为结果的影响，而且受通过人的认知因素形成的对结果的期望这一先行因素的影响。因此，他认为行为出现的概率是强化的函数这一传统观点是不确切的，行为的出现不是由随后的强化决定的，而是由人认知了行为与强化之间的依随关系后对下一步强化的期望决定的。班杜拉指出，传统的期望概念只是结果期望，此外，还存在着一种期望，即人对自己能够进行某一行为的实施能力的推测或判断，这就是效能期望，即人对自己行为努

力的主观推测。人们在获得了相应的知识、技能后，自我效能感就成了行为的决定因素。

班杜拉通过大量的研究指出，个体自我效能感的形成有四个来源：

（1）个体自身行为的成败经验。因为它基于个人的直接经验，所以，对自我效能感形成的影响最大。一般来说，成功经验会增强自我效能感，反复的失败会降低自我效能感。但事实并非这么简单，成败经验对自我效能感的影响还要受到个体归因方式的左右。

（2）替代性经验。人类许多的效能期望来自观察他人所获得的替代性经验，能否成功获得这种经验，一个关键因素是观察者能否与榜样一致。

（3）言语劝说。在影响自我效能感的各种因素中，言语劝说因其简便有效而得到广泛的应用，但由于它缺乏经验基础，所形成的自我效能感不是十分牢固。

（4）情绪唤醒。班杜拉在"去敏感性"（desensitization）的研究中发现情绪唤醒也是影响自我效能感形成的一个重要因素。高水平的唤醒使成绩降低而影响自我效能感，只有当人们不为厌恶刺激所困扰时，更可能期望成功。

上述四种影响源对自我效能感的影响取决于它们是如何被认知评价的，人们必须对与能力有关的因素和非能力因素对成功和失败的作用加以权衡。通过成功的经验人们可能逐步认识到自我效能感的程度取决于任务难度、付出的努力程度、接受外界帮助的多少、成绩取得的情境条件以及成功和失败的暂时模式等。

自我效能感形成后，对人的行为将产生极为深刻的影响，主要表现在：

（1）决定人们对活动的选择，以及对活动的坚持性。自我效能感水平高者倾向于选择富有挑战性的任务，在困难面前能坚持自己的行为；而自我效能感水平低者就相反。

（2）影响人们在困难面前的态度。自我效能感水平高者敢于面对困难，富有自信心，相信通过坚持不懈的努力可以克服困难；而自我效能感水平低者在困难面前则缺乏自信，畏首畏尾，不敢尝试。

（3）自我效能感不仅影响新行为的习得，而且，影响已习得行为的表现。

（4）自我效能感还会影响活动时的情绪。自我效能感高者活动时信心十足，情绪饱满，而自我效能感低者则充满恐惧和焦虑。

（二）自我效能感理论在教育上的意义

具有高自我效能感的学生相信，自己能够成功地完成实现目标所需要的行为，相信这种行为会带来所期望的结果。而自我效能感低的学生则可能表现出认为自己无法完成任务（比如，学习、发表演说、记住某项作业），或者是认为自己虽然能够完成所需要的活动，但是其他因素会导致这一活动无法带来所期望的结果。

在学校里具有良好的自我效能感可以促使学生付出更多努力，并坚持完成任务，从而促进他们的学习。当学生看到自己的学业进步时，他们最初的自我效能感就会得到进一步的充实，继而起到维持学习动机的作用。自我效能感能够使学生勇敢地面对问题，并有信心去解决问题。进一步地，这样的自我效能感能够培养学生专注于当前任务的能力；与之相反的是，低自我效能感则可能导致学生满脑子充斥着无能感。所以，对老师而言，培养学生的自我效能感是非常有意义、有价值的，它能够帮助学生设定合理的、能够实现的目标。

教师在帮助学生设定目标时，应该注意使他们感受到自己确实有进步，相信自己能够成功地完成实现目标所需要的行为，学生对自己的目标做出某种承诺、并努力去实现这些目标，那他们就会改善自己的学业。同时，所设定的目标应该是比较具体的，有比较清晰的标准可以评估；具有一定程度的挑战性的目标是最好的；只要付出一定的时间和努力，这些目标应该是可以实现的；比较长远的目标应该分割为比较小的、更容易实现的目标；帮助学生在自己付出努力之后体验到成功，重点是要强调他们付出了很大的努力。此外，教师还需要向学生强调坚持性的重要意义。

六、学习动机的自我价值论

学习动机的自我价值论（self-worth theory），是美国教育心理学家科文顿（M. Covington）提出的。科文顿的自我价值论主要从学习动机的负面影响着眼，企图探讨"有些学生为什么不肯努力学习"的问题。

（一）学习动机的自我价值论的基本观点

1. 自我价值感是个人追求成功的内在动力

社会上从来都是肯定成功的人；儿童从小就知道，成功后使人感到满足，使人自尊心提高，使人产生自我价值感。因为成功的经验都是在克服困难之后才获得的，而克服困难需要相当的能力。因此，能力、成功、自我价值感三者之间就形成了前因后果的连锁关系；有能力的人容易成功，成功的经验会带给人自我价值感。

2. 个人把成功看作是能力的展现，而不是努力的结果

成功的学生一般将成功的原因解释为自己能力的展现，而不是将成功归因于自己的努力。因为将成功归因于能力而不是努力，会使人感到更大的自我价值。努力人人都可以做到，能力唯我所有。但是，在面对失败时，失败的痛苦伴随着个人，如果再把失败归因于能力，那么其自我价值就更难以维持了。

3. 成功难以追求，则以逃避失败来维持自我价值

在今天竞争相当激烈的学习中，学生们从考试结果中所得到的成败经验，永远是成功者少，失败者多。在长期追求成功而得不到成功机会的情形下，学生们在学习上既要维持自我价值，又想逃避失败后的痛苦，于是就在心理上形成了一种应付学校考试后成败压力的对策。他们不承认自己能力薄弱，但也不认可努力就能成功，以此来达到既维护自我价值、又足以逃避失败的目的。这是科文顿学习动机自我价值论的中心要点，可用以解释"学生有能力，但不用功读书"的老问题。

4. 学生对能力与努力的归因随年级而转移

我们在学校中可能都注意到，自小学一年级起，学生的学习动机强度一般随年级的升高而降低。科文顿研究发现：（1）小学低年级学生一般相信努力。（2）低年级学生相信，凡是努力的都是好学生，而且相信努力也可使人更聪明（提高能力）。（3）低年级学生相信，教师喜欢努力的学生，因此都向"努力才是好学生"的标准去认同。（4）低年级学生虽然将能力与努力看得同样重要，但考试失败后并不感到羞

愧。（5）小学高年级的学生有过多次竞争的成败经历，所以对能力与努力两个因素与成败的关系，有了新的看法。他们不再像低年级那样把努力和能力看得同样重要，而是改变态度：认为努力才有好成绩的学生，能力低；能力低的人才努力。高年级学生认同能力而不是努力的态度，显然是他们学习动机降低的原因。

专栏9-3

期望和自我价值的管理

1. 增加努力归因：

1）要把努力作为一个个人特征来表扬，而不是为了努力本身而表扬。例如，这样表述更有益："你是一个勤奋的学生"，而不是这样："这次，你在那个任务上很努力。"这样可以鼓励学生把他们的努力看作是稳定的。

2）巧妙利用课堂环境强调学生努力的重要性，将任务难度与学生能力相匹配，忽略运气对学生成绩的影响。

3）当鼓励学生时，强调过去的努力和实际成绩的关系，要比单纯鼓励学生更用功地学习效果更好。Andrews 和 Debus 研究报告证明：学生可以被教会进行努力归因，并且这样的训练可以提高成绩。

2. 形成支持性的环境：

1）使用非竞争的学习建构（例如，熟练学习），在这样的建构里每个人都被期望能够完成，尽管这样的建构对表现设定了高且恒定的标准，但是达到这些标准的时间总量是有弹性的。

2）创造建构，增加"起源"感。让学生在与环境相互作用中成为一个积极的管理者，通过这样的方式把他的知识或习惯导向希望的结果。

3）将成功设立为一个项目并增加努力通向成功的可能性。

3. 提高学生的能力：

1）教会学生如何设定目标并掌握问题解决策略来实现这些目标。

2）帮助学生形成自我价值的认同，而不仅仅是能力的获得或在一个任务上的成功。

3）对于低分者，弱化竞争并强调个人性的目标设定。

［资料来源］ Parsons, R., Hinson, S. & Sardo-Brown, D. *Educational Psychology* ［M］. Belmont：Wadsworth. 2001：306.

（二）学习动机的自我价值论在教育上的意义

1. 学习动机问题反映了教育的反效果

科文顿根据实际研究结果所提出的理论解释表明，学校教育上显然存在着两个颇为严重的问题，这是我们应该特别注意的：一是能力（智力）高的学生未必有强烈的学习动机；有能力的学生不肯努力读书，岂不是违背了学校教育的本意！二是学生的学习动机随年级的升高而降低；学生们接受教育的时间越久，读书的机会越多，反而越不喜欢读书，岂不是否定了学校教育的效果！

2. 应切实根据现实问题思考教育目标

在传统上，学校教育的目标都是根据崇高而遥远的理想制定的。其长远目标是使学生在德、智、体、美各方面得到全面发展，其近期目标是使学生学好每一门功课。如果近期目标不能达到，就无从达到长远目标。这正是现在学校教育存在的问题。学生们所面对的是现实问题，是在功课上如何通过学习获得成功免于失败的问题。假如学生对学习任何科目均毫无目的，他将会毫不在意学习的成功与失败。因为无目的学习行为的背后，缺乏学习动机。因此，学习动机自我价值论在教育上所表明的重要意义是，帮助学生认识学习目标，从而培养其学习动机，应该是教育的最近期也是最重要的目的。

3. 有些学生并不为获得好成绩而付出必要的努力，这可能是出于保护自己的个人价值的目的

对这些看似缺乏学习动机的学生而言，他们实际上有着很强的动机，只不过驱动其行为的动机是通过回避成功活动来保护他们的自我价值感，而不是通过获得成功来证明其价值的动机。所以，在面对这样的学生的时候，教师的任务不是吸引他们对成功或失败的注意，而应该想办法减少他们思想中"对自我价值的威胁"的警惕。

第三节　学习动机的培养

一、学校教育环境的现实

学校教育的对象是学生，教育的实施是为了学生的全面发展，除了教学生知识外，当然还包括培养学生的学习动机。但是，从教育心理学的角度来看，现在学校的教育方式至少有以下三点是不利于学习动机培养的。

1. 重知识的教学活动

多年来中小学的教学，因受"升学主义"影响，只是重视升学科目的知识教学。结果剥夺了学生心智多方面发展的机会，而且由于偏重对少数科目知识的背诵式学习，致使学生知识面狭窄、兴趣单一。在这种教学环境下，学生的学习动机自然难以培养。

2. 齐一化的学习进程

在我们的学校里，教学进程一直采取齐一化策略；学校不仅严格规定哪天开学、哪天考试、哪天毕业，就是教材内容、教学进度以及考试评分方式等等，也都齐一化。这种做法没有考虑到，对能力经验不尽相同的学生来说，齐一化的学习进程，因不能满足学生的不同心理需要，自然就难以激起他们的学习动机。

3. 升学率与分数主义

现在学校教育的一大特点是以"升学率"评判学校办学成绩；而升学率的高低则决定于单一标准（升学考试）下考试的分数。这样一来，在学校教学上无形中就产生了"分数主义"。结果可能使学生形成两种心态：一是读书只求得高分，二是读书但求及格过关。无论是哪种心态，对培养学习动机而言，都是不利的。

二、有利于培养学习动机的理想条件

有利于培养学习动机的条件很多，包括学校教育环境中的客观条件（如学校设备

与课程教材），以及教师与学生心理的主观条件。在此，我们仅论及主观条件，如果教师在师生交互作用中能时时注意到以下几方面，则一定会有助于形成学生的学习动机。

1. 从外在动机转化为内在动机

学习动机的形成有外在与内在两种原因，前者指学习动机由外在诱因所引起，而后者则是出于个体自己内在的需要。从学校中一般学科的教学来看，多数知识性学科的学习动机，是要靠学科本身所具有的正诱因特征来引发的。因此，在教学之初，教师如何设计教材教法以及教学活动，使之具有正诱因的特征，从而引导学生喜欢学习，自然是培养学习动机的首要条件。外在学习动机获得适度满足之后，就有可能转化为内在学习动机。所以，培养学生的外在学习动机，可以看成是培养学生内在学习动机的手段。

2. 从基本需要提升到成长需要

根据人本主义心理学家马斯洛的需要层次论，求知的需要位于第五层，只有其下四层的基本需要获得满足之后，求知的需要才会产生。以学校学科教学的观点来判断，求知的需要是指内在学习动机。因此，要培养学生的内在学习动机，就必须设法先满足学生的基本需要；否则，学生的求知需要就不会成为他成长的动力。

3. 从需要满足发展到价值追求

教育的根本目的是从了解人性中去改变人性。从教育心理学的观点来看，了解人性与改变人性的构想落实在学校教育上，就是配合并选择学生心理上的需要，给予适度满足，从而使其产生价值感，进而自发地去追求。从需要满足到引导学生趋向价值的追寻，是教学上的最大成功。

专栏9-4

重视需要和动机

1. 理解这样的概念是很重要的，即学生有多重水平的需要，并且有些需要可能会妨碍学习和完成任务的动机。

2. 学生满足"身体"需要的时间（如，去卫生间的需要，伸懒腰或活动的需要，放松的需要以及就餐饮水的需要）应该被编入课堂制度中去，特别是对于那些低年级的学生，延迟这些满足"身体"需要的时间更加困难。对中学生来说，他们正经历如此之多的生理变化和成长高峰，设置甜点时间可能也是必要的。

3. 根据"同伴制度"，新学生与同伴形成搭档，由搭档带着他们参观学校，并且帮助他们适应他们的伙伴们，这是一种满足归属需要的好办法。

4. 对于课堂上可能威胁学生安全感（身体的或心理的）的程序要敏感。研究支持了这样的观点，即一个有教养的、安全的和有序的学习环境对于学习和成功是必需的。

5. 使用能给你的学生提供归属需要的策略（如"合作学习"）。

6. 在课堂上成为尊重和重视所有学生的表率。

［资料来源］Parsons, R., Hinson, S. & Sardo-Brown, D. *Educational psychology* [M]. Belmont: Wadsworth. 2001：294.

4. 从成败经历中学到合理的归因

如前所述，学生自己对其学业成败的原因的主观解释，是影响其以后学习动机强弱的重要因素。对学习成就而言，成功与失败的经历无法避免，而且也不应该逃避。因为学习失败的经历并非不具有积极的意义。对某些人来说，"失败为失败之源"，但对另外一些人来说，"失败是成功之母"。这种差异，除客观因素（如不可抗拒的因素）外，个人对其成败的归因解释，也是影响其以后成败的重要原因。所以，教师应该注意培养学生对自己的成败经历做合理的反省与归因解释。

三、培养学习动机的原则

培养学生的学习动机应该是教师教学任务的一部分，教师可以综合自己的专业修养、专科知识以及教学经验，在教学情境中注意灵活运用以下建议。

1. 在教学活动中培养学习动机

如前所述，学习动机有普遍性与特殊性之分。从任课教师的角度来看，他所关心的是班上学生对他教的科目有无学习动机。可以确定的是，学生对某一学科的热爱，都是先经过学会而后才喜欢的。这说明学习动机只能在教学活动中培养，离开教学活动，学习动机是无从产生的。

2. 先求满足学生的缺失性动机

学生之间的个别差异不仅表现在智能的高低，而在生理、安全、归属与爱以及尊重等各方面的需要，也同样存在着很大的个别差异。如果这些缺失性动机得不到满足，就难以培养出以求知需要为基础的学习动机。因此，先求满足学生的缺失性动机是必要的。

3. 让学生确切了解学习的性质

教学活动是以学生为主体的，只有让学生确切了解学习活动的性质，他才会按教师设定的教学目标去用心学习。因此，在每一单元教学之初，教师必须让学生了解以下几方面的问题：（1）要他学的是什么，是知识还是技能？（2）用什么方法去学习？（3）怎样考试？学生了解这些问题之后，由于对自己的学习有了目标与方向，在心理上就会比较乐于学习。

4. 使每个学生都获得成功的体验

学习动机在性质上是追求成功的内在动力。假如追求成功的努力屡遭失败，学习动机自然不能维持。因此，教师必须针对学生的个别差异，设法使每个学生都各自获得成功的体验，以使他在努力之后获得满足，从而肯定自己的价值。因此，教师在对学生的作业进行评定时，不宜只按团体标准，而应重视个人的进步，以进步作为成功的指标。

5. 善于利用反馈激发学生士气

如前所述，教师对学生学习行为的反馈，对学生以后的学习动机有很大的影响。无论教师的反馈是正面的（赞许或鼓励），还是负面的（批评或训斥），都会成为学生对自己学习成败归因的根据。根据教师的反馈进行归因之后，学生就可能对自己以后的行为形成一种预期：如果预期自己会成功，他就会努力去追求成功；如果预期自己会失败，他就会稍遇困难立即退缩放弃。于是，个人对自己未来的预期与以后的成败之间，无形中变成了因果关系。这是我们教师应该注意的。

专栏 9-5

形成能够激发学习动机的氛围

1. 减少教师预期的消极影响：

①注意你与学生口头的和非口头的交流。检查你的语调、身体语言、身体距离和词语选择是否因学生不同而有明显的变化。

②特别注意你与同事讨论过的学生。在你的课堂上你是否不一视同仁地对待学生？

2. 使用不同的材料以确保所有学生受到激励、参与任务和觉得与个人有关联：

①注意例子的使用，确保它们可以提供足够的性别表征和足够宽广的人种群体范围。

②提供具有挑战性，同时对所有成就水平的学生都有成功机会的材料和任务。

3. 注意你的照顾和帮助行为，特别是对那些成绩落后的学生：

①对低分自愿回答问题的学生的提问，要和高分成绩的学生一样多。

②邀请低分学生进行"有权力的"和"有威望的"的工作（如跑腿儿，发或收作业等等）。

③给低分学生以提醒或暗示，以引导他们去发现正确的回答。

④允许低分学生有充裕的时间作答。

4. 建设性地使用竞争目标建构：

①谨慎地设立竞争目标，而且要使用所有学生都掌握了的材料。

②通过创造性地安排活动，使所有学生都和他们自己之前的成绩相比较，以此确立竞争的兴奋性和活力，形成没有焦虑的竞争。

5. 在课堂上强调合作性的目标建构。

[资料来源] Parsons, R., Hinson, S. & Sardo-Brown, D. *Educational psychology* [M]. Belmont：Wadsworth. 2001：309.

四、内部学习动机的培养与激发

1. 激发兴趣，维持好奇心

兴趣和好奇心是内部动机最为核心的成分，它们是培养和激发学生内部学习动机的基础。教师应该让学生坚信所学内容的重要性和趣味性。在可能的情况下，要向学生证明所学内容的用处。

创设问题情境是激发学生的求知欲和好奇心的一种十分有效的方法。创设问题情境指提供能使学生产生疑问、渴望从事活动、探究问题的答案，经过一定的努力能成功地解决问题的学习材料、条件和实践。教学有效进行的关键在于形成一种使学生似懂非懂、一知半解、不确定的问题情境，由此产生的矛盾、疑惑、惊讶最能引起求知欲和学习兴趣，从而产生学习的愿望和意向。成功的教学应不断创设问题情境，来激发学生的好奇心、求知欲，激发学生的内部学习动机。此外，向学生提出他们现有知识无法解答的问题，挑战他们现有的理解能力，也能够激发学生的好奇心，由此产生学习的内部动机。

2. 设置合适的目标

有一个重要的动机规律是，当目标是由个体自己设定，而不是由他人设定时，个体通常会付出更多的努力。比如，让学生预期在下次考试中起码要得到多少分。在设定一个目标时，教师可以与学生讨论过去设定的目标实现的情况，是成功了，还是失败了，然后为下一个阶段设定一个新的目标。在讨论中，教师要帮助学生设定一个既具有挑战性，但是又现实的目标，并表扬学生对目标的设定及其实现。这种目标确立策略能够提高学生的学习成绩和自我效能感。

3. 培养恰当的自我效能感

在个体拥有了相应的知识技能后，自我效能感就成为个体行为的决定性因素。许多学生尤其是学业成绩不良的学生，由于对自己的学习能力持怀疑态度，表现出很低的自我效能感水平，在学习中放弃尝试和应有的努力，进而影响学习成绩。首先教师可以通过为他们选择难易合适的任务，让他们不断地获得成功体验，进而提高自我效能感水平。其次，让他们观看和想象那些与自己差不多的学生的成功操作，通过获得替代性经验和强化来提高他们的自我效能感，使他们确信自己也有能力完成相应的学习行为，从而推动学习的进行。最后，教师还可以通过归因训练改变学生对自己学习能力的错误判断，形成正确的自我效能感判断。

4. 训练归因

改变学生不正确的归因、提高学习动机可以从两方面入手：一是"努力归因"，无论成功或失败都归因于努力与否的结果。因为学生将自己的成败归因于努力与否会提高学生学习的积极性，当学习困难或成绩不佳时，一般不会因一时的失败而降低将来会取得成功的期望。二是"现实归因"，针对一些具体问题引导学生进行现实归因，以帮助学生分析除努力这个因素外，影响学习成绩的因素还有哪些，是智力、学习方法，还是家庭环境、教师等因素？这些因素在多大程度上影响其学习成绩，并尽力指出解决这些问题的方法，以提高学生克服困难的勇气，增强自信心。这种归因训练的好处在于，在学生做"努力归因"时又联系现实，在做"现实归因"时又强调努力。

五、外部学习动机的培养与激发

1. 表达明确的期望

学生需要清楚地了解自己应该做什么，如何被评价，以及成功之后会有什么收获。学生在某个任务上的失败通常是由于不知道自己到底要做什么。教师把期望明确地传达给学生就很重要了。比如，要求学生写作文时，应该明确告诉学生要写什么内容，篇幅多长，作文的评价标准是怎样的，以及这篇作文的重要性等。

2. 提供明确的、及时的、经常性的反馈

"反馈"在此指的是提供给学生的关于其成绩的信息。反馈可作为一种诱因，在很多情况下，可作为对个体行为的适当的强化。通过反馈，使学生及时了解自己学习的结果，包括运用所学知识解决问题的成效、作业的正误、考试成绩的优劣等。知道自己的学习结果，会产生相当大的激励作用。看到自己的成功、进步，会增强信心，提高学习兴趣；知道自己的缺点和错误，可以及时改正，并加倍努力，力求获得成功。

运用反馈时，要注意的是反馈必须明确、具体，这一点很重要，特别是对年幼的学生，更是如此。教师如果给某学生提供一个抽象的、不具体的反馈（"你做得很好"），不做任何解释，学生就难以从反馈中知道他下一步应做什么，也不会做出最具有动机效应的努力归因。具体的反馈具有信息性和激发性，可以告诉学生对在哪里，并帮助他们对成功形成努力归因。

及时的反馈也是很重要的，必须使反馈紧随个体的学习结果。如果学生出现了错误而未得到及时反馈，他们就可能延续类似的错误，而及时反馈可以改变这种状况。如果反馈与作业结果相隔的时间太长，学生难以将二者联系起来，反馈就会因此失去其动机和信息价值。

此外，必须提供经常性的反馈，使学生能付出最大的努力。不管外界的奖赏具有多大的价值，如果只是偶尔得到的，那么，它的动机价值还不如小的但能经常得到的奖励。频繁地给予小的奖励比偶尔地给予大的奖励更能够促进学生的学习。

专栏9-6

减少外部学习动机的消极影响

1. 当学生表露出他们在刚才所做的活动中不能体验到兴趣或快乐的情绪时，要使用外部奖励。

2. 把外部奖励的使用限定在那些对大多数人来说只具有低价值的任务上。例如，执行一个重复操作。

3. 将外部奖励纳入学生的控制和自我决定感中去。也就是说，让学生在进行选择前知道特定选择的代价。

4. 尝试使用这个场景下最"自然的"外部奖励。就是说，如果在那个环境中，通常使用的是表扬和微笑而不是糖果或礼物，那么就使用表扬和微笑。

5. 当使用"实质性的"奖励时，比如棒棒糖、糖果或玩具时，配合这一实质性奖励使用一些表扬的语言，指出学生的成功是他努力的结果。

6. 鼓励学生使用自我表扬，再次指出在她的成功中努力的价值。具体说就是让学生跟着你重复："我真的努力学习了，而且这种努力获得了回报！"

[资料来源] Parsons, R., Hinson, S. & Sardo-Brown, D. *Educational psychology* [M]. Belmont：Wadsworth. 2001：288.

---

3. 合理运用外部奖赏

外部奖赏在此是指物质上的奖励。学生的课堂学习动机既有认知的内驱力，又有自我提高的内驱力和附属的内驱力，仅仅依靠认知的内驱力是不足以激发和维持学生学习动机的。对学生的学习行为和学习结果给以外部的物质奖励能有效地促进其学习。但外部奖励运用不当，也很可能会引起意想不到的负面效果。

个体在行为过程中，常常要对行为的原因加以探究，或者产生自我决定感，或者产生他人决定感。对某一行为，如果多次受到外部奖励，个体就会产生他人决定感，或从自我决定感变为他人决定感。结果，在没有外部奖励的条件下，就会表现出行为动机的丧失。因此，教师在运用外部奖励时，应持谨慎的态度。对那些已有内部动机的活动最好不要轻易运用物质奖励；只有对那些缺乏内部动机的活动予以物质奖励，才可能产生积极的激励作用。

4. 有效地运用表扬

表扬在课堂教学中的作用主要是强化学生适当的行为，对他们所表现出的期望行为提供反馈。教师对学生的肯定评价具有积极的强化作用，能鼓励学生产生再接再厉、积极向上的力量。对学生的评价、赞扬、表扬、奖励一般比责备、批评、惩罚更具有激励作用。特别是对年龄小的学生和学业成绩不良的学生更是如此。

赫洛克（E. B. Hurlock）的实验对此提供了有力的证据。实验对象是 106 名小学四、五年级的学生，实验任务是练习加法，共 5 天，每天 15 分钟。赫洛克把被试分为四个等组。其中，一组为控制组，只练习，主试不给予任何评价，而其他三组为实验组。实验组中，第一组每次练习后，都由主试宣布受表扬的儿童的名字；第二组为受训斥组，主试宣布表现不好的学生的名字，并严加斥责；第三组为受忽视组，只是听其他两组同学受表扬和训斥。结果，四组同学在实验结束后的测试中成绩大不一样：受表扬组从 11.5 分上升到 20 分；受训斥组由 11.5 分上升到 13.5 分；受忽视组仍然保持在 11.5 分上；控制组成绩则下降。

表扬的方式比表扬的次数更重要。当表扬是针对某一行为结果，并且具体可信时，表扬就是一种有效的激励因素。同时，表扬应该是针对优于常规水平的行为，也就是说，如果学生平常就做得比较好，那么就不宜对他达到常规水平的行为进行表扬。而对那些平时表现不佳，但是有所进步的学生，教师就应该给予表扬。

表扬的有效性取决于它的具体性、可靠性以及与行为结果的依随性，教师在运用表扬与批评时，要根据学生的年龄特征与个别差异，做到客观、公正、全面、恰到好处，既要赏罚分明，又要以理服人，这样才能收到预期的教学效果。

【主要结论与应用】

1. 学习动机是指引起学生学习活动、维持学习活动，并指引学习活动趋向教师所设定的目标的心理倾向。它与需要、驱力、好奇、习惯、态度、兴趣、意志、价值观、刺激和诱因等有着密切的关系。根据动机产生的诱因来源，可以把学习动机分为内部学习动机和外部学习动机。学习动机一旦产生，它就要发挥作用。学习动机的作用表现在两方面，一是对学习过程的影响，一是对学习结果的影响。

2. 行为主义的学习动机理论对学校教育的实际活动有着广泛影响，主要表现为采用强化原则，通过奖励与惩罚的措施，来维持学生的学习动机。

3. 人本主义心理学家指出，维持良好的师生关系和培养和谐的教室气氛，是维持学生学习动机的两个基本条件。有了良好的师生关系，学生在心理上感到教师的关心爱护和支持，因而增加信心，不需外力奖惩的控制，他就会自愿读书求知；有了和谐的教室气氛，学生在心理上感到安全，就不会有因失败而受到惩罚的恐惧，他在面对功课时，才不致退缩而敢于尝试学习。

4. 成就动机理论在教育上的一个最重要的意义就是：给学生的任务既不应太难，也不应太易。也就是说，成功必须在学生能力可及的范围内，是可望而可即的，但又不是那么容易达到的。

5. 根据归因理论，可以了解每个学生对自己学习后成败的归因倾向，也可以预测他以后对此学科的学习动机。并且，长期消极归因不利于学生个性成长。

6. 依据自我效能感理论，教师在帮助学生设定目标时，应该注意使他们感受到自己确实有进步，相信自己能够成功地完成实现目标所需要的行为，学生对自己的目标做出某种承诺，并努力去实现这些目标，那他们就会改善自己的学业。

7. 关于学习动机的自我价值论认为，自我价值感是个人追求成功的内在动力，但是一些学生会把成功看作是能力的展现，而不是努力的结果。既然成功难以追求，他们就会以逃避失败来维持自我价值。

8. 对学习动机的培养，应该注意：在教学活动中培养学习动机，先求满足学生的缺失性动机，让学生确切了解学习的性质，使每个学生都获得成功的体验，善于利用反馈激发学生士气。

9. 培养与激发学生的学习动机可以从内部动机和外部动机两方面入手。在内部学习动机的培养与激发方面要注意：激发兴趣，维持好奇心；设置合适的目标；培养恰当的自我效能感；训练归因。在外部学习动机的培养与激发方面要注意：表达明确的期望；提供明确的、及时的、经常性的反馈；合理运用外部奖赏；有效地运用表扬。

【学习评价】

1. 什么是学习动机？它对学习结果有何影响？

2. 内部学习动机和外部学习动机的区别与联系是怎样的？

3. 从行为主义的学习动机理论来看，诱因和强化在学生的学习中起着什么作用？

4. 根据需要层次理论，学生的学习动机来自什么需要？这种需要是如何产生的？

5. 学生追求成功的倾向由哪些因素决定？

6. 学生对于自己在学习中的成败进行归因时，做出的不同归因对其未来的学习行为有何影响？

7. 从学生的学习行为与归因的关系入手，归因训练的基本思路是什么？

8. 学生的自我效能感对其学习行为有何影响？如何通过目标的设定来提高学生的自我效能感？

9. 现实中我们可以看到，有些学生虽然聪明，但是不爱学习；从自我价值论的角度应该如何解释？

10. 培养学生的学习动机应该遵循什么样的原则？

11. 通过什么样的方法可以培养学生的内部学习动机？

12. 通过什么样的方法可以培养学生的外部学习动机？

【学术动态】

● 美国怀俄明大学的本杰明（Benjamin et al. 2019）等人对英语母语者常用的目标相关词汇进行了细致的研究。在分析之后，他们认为人类追求的目标可以分为四类：一是"卓越"（prominence），主要反映人们对社会地位的追求——通过成就来赢得他人的尊重、钦佩和顺从，也涵盖人们从追求权力、金钱到追求完美、荣耀的所有目标；二是"包容"（inclusiveness），涵盖人们想要开放心胸，接纳各色各类人的心愿；三是"避害"（negativity prevention），涵盖人们希望避免各类负面结果的目标，如避免冲突、不一致、孤立、社会分歧等；四是"传统"（tradition），包括人们想要维护自身文化体系的愿望，如维护宗教、家庭、国家或其他群体价值。

● 我国学者王伟、雷雳（2018）对青少年移动社交媒介使用动机进行的研究发现，青少年移动社交媒介使用动机共包括四个方面：一是"自我表现"，指青少年使用移动社交媒介展示自己的生活，从而达到建立自己形象、引起好友关注和提升自己地位的目的；二是"自我放松"，指青少年使用移动社交媒介是为了缓解学习压力，放松心情，排解无聊时光；三是"能力提升"，指青少年使用移动社交媒介是为了获得信息，学到新的技术和知识，从而达到提升自己的目的；四是"关系建立"，指青少年使用移动社交媒介是为了与好友交流思想、感情，与好友保持联系，对好友动态持续关注和了解。

● 美国斯坦福大学的德威克（Dweck，2017）提出了三个在生命早期就影响人们幸福与健康的基本需要：接纳、可预测性、能力。首先，接纳需要指的是个体追求积极的社会互动，渴望被他人认可与接受。发展心理学研究关于婴儿对于母亲面孔偏好的实验提供了坚实的证据。其次，可预测性需要指的是个体希望了解生活中事物之间的关系，从而能够预测事件的发生。可预测性需要在于人们对于事物关系的理解。再次，能力需要则在于人们想知道情境中如何行动。基本需要在婴儿出生或者生命早期就存在，随着婴儿成长逐渐建立整合基本需要的心理模型时，就产生了复合需要，包括信任、控制、自尊、自我一致性。

● 以色列希伯来大学的塔米尔（Tamir，2016）提出了一套系统的情绪调节的动机模型，情绪调节的动机并不是简单的"趋乐避苦"。根据人们期望情绪调节能带来的收益，她将其分为了两类：享乐性动机和工具性动机。首先，享乐性动机是指增加快乐、减少痛苦的动机，具体包括正享乐动机和负享乐动机。正享乐动机即我们通常所说的享乐动机，而负享乐动机则是指个体会有意地增加自己的负性情绪、减少正性情绪的调节动机。其次，工具性动机更强调潜在的情绪受益，即情绪带来的结果。在这种动机驱使下，情绪会产生所需的工具性结果，人们会被激发进行情绪调节来获得这种结果。根据不同的目标内容，工具性动机又分为表现动机、认知动机、社会动机和实现动机。

【参考文献】

1. 郭德俊，雷雳. 教育心理学概论［M］. 北京：警官教育出版社，1998.

2. 莫雷. 教育心理学［M］. 广州：广东高等教育出版社，2002.

3. ［美］罗伯特·斯莱文. 教育心理学：理论与实践（第 7 版）［M］. 姚梅林，等译. 北京：人民邮电出版社，2004.

4. 张春兴. 教育心理学［M］. 台北：东华书局，1996.

5. Atkinson, J. W. *An introduction to motivation*［M］. Princeton, New York：Van Nostrand, 1964.

6. Bandura, A. *Self-efficacy：The exercise of control*［M］. New York：Freeman, 1997.

7. Bandura, A. *Social foundations of thought and action：A social-cognitive theory*［M］. Englewood Cliffs, New York：Prentice-Hall, 1986.

8. Brophy, J. *Toward a model of the value aspects of motivation in education：Developing appreciation for particular learning domains and activities*［M］. Educational Psychologist, 1999. 34（2）：75–78.

9. Covington, M. *Caring about learning：The nature and nurturing of subject-matter appreciation*［M］. Educational Psychologist, 1999. 34（2），127–136.

10. Maslow, A. H. *Motivation and personality*［M］. New York：Harper & Row, 1954.

11. Parsons, R., Hinson, S. & Sardo-Brown, D. *Educational psychology*［M］. Belmont：Wadsworth, 2001.

12. Schunk, D. H. & Zimmerman, B. J. *Social origins of self-regulatory competence*［J］. Educational Psychologist, 1997. 32（4），195–208.

13. Shih, S. & Alexander, J. *Interacting effects of goal setting and self-or other-referenced feedback on children's development of self-efficacy and cognitive skill within the Taiwanese classroom*［J］. Journal of Educational Psychology, 2000. 92（3），536–543.

14. Skinner, B. F. *Science and human behavior*［M］. New York：Macmillan, 1953.

15. Weiner, B. *Intrapersonal and interpersonal theories of motivation from an attributional perspective*［J］. Educational Psychology Review, 2000. 12（1），1–14.

16. Wielkiewicz, R. M. *Behavior management in the school：Principles and procedures*, 2nd ed［M］. Boston：Allyn & Bacon, 1995.

17. Wigfield, A. & Eccles, J. *Expectancy-value theory of achievement motivation*［J］. Contemporary Educational Psychology, 2000. 25（1），68–81.

18. Zimmerman, B. J. *Achieving academic excellence：The role of perceived efficacy and self-regulatory skill*［C］. Paper presented at the annual meeting of the American Educational Research Association, San Diego, 1998.

第 十 章

影响学习的认知与人格因素

【内容摘要】

　　学习不仅受学习者动机的影响，还受到个体认知发展、智力水平以及其他人格特征的影响。本章主要介绍个体在认知发展阶段、智力的水平和类型、学习风格、自我概念、归因方式、控制点与焦虑等方面的差异，阐明其各自对学习的影响，并在此基础上提出有关教育建议。

【学习目标】

1. 识记皮亚杰认知发展阶段论中关于儿童各阶段的基本心理特征的论述。
2. 能够用自己的话说出认知发展对学习的影响。
3. 列举智力差异的类型。
4. 说出斯腾伯格智力三元理论和加德纳多元智力理论的基本内容。
5. 解释同质分组的利与弊。
6. 列举学习风格的基本要素与类型。
7. 解释匹配教育策略和有意失配策略的基本含义。
8. 叙述同时匹（失）配模式和继时匹（失）配模式的教学过程。
9. 用自己的话说出自我概念的含义及其与学习的关系。
10. 解释维纳归因理论的基本内容。
11. 列举内在控制者与外在控制者不同的特征。
12. 用自己的话说说焦虑对学习的影响，并列举控制焦虑的有效措施。

【关键词】

认知发展　　智力　　学习风格　　自我概念　　归因　　焦虑

第一节 认知发展与学习

认知发展与学习有着十分密切的联系，一定的认知发展水平是学习的基本前提，而学习的最终目标之一就是促进个体认知的发展。认知发展水平是影响个体学习的重要心理因素。只有掌握学生认知发展的特点和规律，才能有效地指导学生的学习活动。

一、认知发展的含义

（一）认知发展的概念

认知是个体认识客观世界的信息加工活动，包括感觉、知觉、记忆、思维、想象、言语等方面。个体在与环境相互作用的过程中，认知功能及其系统不断得到发展，并趋于完善。认知发展即指个体的认知功能系统不断完善的变化过程，主要表现在两个方面：构成认知功能系统的各种不同心理成分由低级到高级、由简单到复杂、由不完善到完善；构成认知功能系统的各种心理成分相互促进、相互协调。

（二）认知发展的条件

个体的认知发展既受遗传素质和生理成熟的影响，又受环境和教育的制约。

遗传素质是个体通过遗传获得的与前辈相似的生物特征，主要是指那些与生俱来的解剖生理特征，如机体的构造、形态等。遗传素质是个体认知发展的必要的生物前提（如一个天生的聋儿就永远不会辨别声音），遗传素质奠定了个体认知发展差异的先天基础。

李其维（1980）等对67对同卵双生子和34对异卵双生子的智力相关性进行了研究。结果发现，同卵双生子之间的智力相关为0.76，而异卵双生子之间的相关为0.38。

林崇德（1981、1982）对24对同卵双生子和24对异卵双生子在智力、学习能力等方面的遗传效应做了研究，结果表明遗传对智力、学习能力等方面确实存在显著的影响。

生理成熟是指机体生长发育的过程，特别是指神经系统和内分泌系统的生长发育过程。生理成熟主要依赖于机体的遗传基础。个体的认知发展与生理成熟直接相关，并以生理成熟为基础。生理成熟具有一定的程序性，这种程序性制约着个体认知的发展。

专栏10-1

格塞尔有关双生子爬楼梯的经典研究[①]

1929年，美国心理学家格塞尔（A. Gesell）首先对一对双生子T和C进行了行为基线的观察，确认他们的发展水平相当。在双生子出生第48周后，对T进行爬楼梯、搭积木、肌肉协调和运用词汇等训练，而对C则不做训练。训练持续了6周，其间T比C更早地显示出某些技能。到第53周当C达到爬楼梯的成熟水平时，对他开始集中训练，发现只要少量训练，C就赶上了T的熟练水平。进一步的观察发现，55周时T和C的能力没有差别。据此，格塞尔断言，儿童的学习取决于生理上的成熟，成熟之前的学习与训练难有显著的效果。

---

① 全国十二所重点师范大学. 心理学基础 [M]. 北京：教育科学出版社，2002：201-202.

遗传素质和生理成熟只是认知发展的必要条件，它们只能提供发展的可能性，但不能决定发展的现实性。对个体认知发展起决定作用的是个体所处的环境与教育。例如，从小在动物的环境中长大的人类个体，虽然具有正常人的遗传素质和生理成熟水平，但其认知发展水平却远远低于正常的人类个体。教育是有目的、有计划、有系统地对儿童实施影响的活动，在人的认知发展过程中起主导作用。

专栏10-2

印 度 狼 孩

1920年9月19日，在印度加尔各答西面约1000千米的丛林中，发现了两个由狼哺育的女孩。年长的约8岁，年幼的一岁半。她们都是在出生后半年左右被狼叼去的。两人回到人类世界后，都被养育在孤儿院里，分别取名为卡玛拉与阿玛拉。她们的言语、动作姿势、情绪反应等方面都表现出很明显的狼的特征。

她们不会说话，发音独特，不是人的声音。她们不会用手，也不会直立行走，只能依靠两手、两脚或两手、两膝爬行。她们惧怕人，但特别喜欢亲近猫狗。一到夜间，她们到处乱窜，像狼那样嚎叫，几乎没有人的行为和习惯。

阿玛拉到孤儿院的第2个月，可以发出"波、波"的音，到第11个月。就死去了。卡玛拉在孤儿院生活两年后，才会发两个单词（"波、波"和叫牧师夫人"妈"）。4年后掌握了6个单词，第7年学会45个单词。她动作姿势的变化也很缓慢。1年4个月时，只会使用两膝爬行。1年7个月后，可以靠支撑两脚站起来。不用支撑地站立，是在2年7个月后才能做到的，到学会两脚步行，竟花费了5年的时间，但快跑时又要用四肢。经过5年，她能照料孤儿院幼小儿童，会为跑腿受到赞扬而高兴，为自己想做的事情（例如解纽扣儿）做不好而哭泣。这些行为表明，卡玛拉正在改变狼孩的习性。初步具备了人的感情，渴望进步。卡玛拉一直活到17岁。但直到死时她还没真正学会说话，智力只相当于三四岁的孩子。中国也有类似狼孩、猪孩的报道，其结果和印度狼孩大致相似。

在大脑结构上，狼孩和同龄人没有多大差别。一个10岁儿童的大脑在重量和容量上已达到成人的95%，脑细胞间的神经纤维发育也接近完成。只是因为狼孩长期脱离人类社会，大脑的功能得不到开发，智力才相对低下。

从狼孩的故事可以看出，一个人的智力高低，并不完全取决于大脑的生理状态，其更多的是受到后天成长环境的影响。

当然，外部环境和教育只是个体认知发展的外因，他们向个体提出的要求所引起的新的学习需要与个体已有的认知水平之间的矛盾，成为个体认知发展的内因。外因与内因的共同作用，促进个体的认知发展。

（三）认知发展的基本特点

个体的认知发展表现出连续性与阶段性的统一。一方面，个体的认知发展是一个连续的、渐进的过程，是量的积累过程。另一方面，个体的认知发展又表现出一定的阶段性，不同年龄的个体的认知水平存在显著的差异。个体的认知发展是由量变到质变，再由质变到量变的过程。个体认知发展的连续性与阶段性的统一具体表现为个体认知发展的年龄特征。认知发展的年龄特征，就是在一定社会和教育条件下，个体认知发展的各个不同年龄阶段所形成的一般的、典型的、本质的心理特征。

同时，个体间的认知发展又表现出共同性与差异性的统一。由于人类个体在脑的发育、生理机能的发育以及认知活动等方面都具有共同的过程和阶段，因而在一定的社会和教育条件下，认知发展年龄特征具有较普遍的稳定性，表现为不同个体间认知发展各阶段顺序的一致性以及各阶段变化过程与发展速度的相似性。但是，由于个体的遗传素质、生理特性和所受的社会环境与教育影响不尽相同，不同个体在认知发展的过程和速度上彼此又存在一定的差异性。因此，教育工作者既要把握儿童认知发展的共同性进行统一教学，又要善于发现每个个体发展的差异性，有的放矢地进行个别化教学。

二、认知发展的阶段

（一）皮亚杰的认知发展阶段论

瑞士儿童心理学家皮亚杰（J. Piaget，1896—1980）认为，儿童从出生到成人的认知发展，不仅仅是一个数量不断累加的过程，而且形成几个按不变的顺序相继出现的阶段。皮亚杰将逻辑学中的"运算"概念引入了心理学，指一个人在心里进行的内化的动作，即心理运算，并以此作为划分认知发展阶段的基本依据。经过长期的研究，他将人的认知发展划分为感知运动、前运算、具体运算和形式运算四个阶段，每个阶段对应不同的年龄阶段，并表现出各不相同的特征。这四个发展阶段的年龄分布及其基本特征详见第二章。

（二）布鲁纳的认知发展阶段论

与皮亚杰强调"遗传图式"和机体成熟在心理发展中的作用不尽相同，美国心理学家布鲁纳（J. S. Bruner）更重视文化与教育在其中所起的作用。布鲁纳强调指出：心理发展在很大程度上依靠外部文化的推动力量，而学校教育正是文化上特别重要的工具，借助学校教育，个体的智力技能得到扩展。因此，在他的理论中并不强调发展阶段与年龄的绝对对应。布鲁纳根据儿童表征世界的方式，将儿童认知发展划分为动作式、映象式和符号式三个阶段。

（1）动作表征阶段。大约5岁以前的儿童主要通过动作来认识、再现外界事物的特征，他们"从动作中认知"，"从做中学"，很少有反省认知的参与。

（2）映象表征阶段。儿童无须经历具体动作，能够通过具体事物和动作在脑中的表象，包括视觉图像或其他感觉表象对世界进行表征。

（3）符号表征阶段。儿童能够借助语言或符号系统贮存或提取大量信息，借助语言进行推理、提出假设，使用比喻及条件性命题（如果——那么）并解决问题。

上述三个阶段，就其心理发展的内容与特征而言，与皮亚杰所述的后三个阶段基本对应（见表10-1），但各阶段的年龄跨度与皮亚杰所说的并不完全一致，它们可因文化教育的不同而提前或滞后。

表 10-1	皮亚杰与布鲁纳相对应的认知发展阶段
皮亚杰	布鲁纳
前运算阶段	动作表征阶段
具体运算阶段	映象表征阶段
形式运算阶段	符号表征阶段

三、认知发展对学习的影响

认知发展与学习的关系十分密切，一定的认知发展水平是进行学习活动的必要前提，它对学习的影响主要表现在以下几个方面。

1. 认知发展水平制约着个体学习的内容

例如，学前儿童和小学低年级儿童一般只能掌握初级概念，小学中、高年级的儿童开始能掌握部分二级概念。这是由于学前儿童和小学低年级儿童是以具体形象思维为思维的主要形式，而小学中、高年级的儿童开始出现抽象逻辑思维。在记忆的内容上，入学以前儿童主要记忆具体形象性的内容，入学以后，对抽象材料的记忆能力迅速发展，其发展速度快于对具体形象的记忆。但在整个小学阶段，儿童仍善于记忆具体形象的事物，不善于记忆公式、定理、法则等抽象材料。到了初中、高中阶段，抽象性内容的记忆逐渐增加，并开始超过具体形象性内容。由于想象现实性的发展，中学生对童话故事的兴趣远低于幼儿和小学生，他们更喜欢描写现实生活的作品。因此，在课程与教材内容的编制时，必须充分把握不同年龄阶段儿童的心理发展水平，确定与其相适应的学习内容，既要避免内容低于儿童的心理发展水平，使儿童失去学习的兴趣，以致阻碍他们的发展；又要避免内容不切实际地超越儿童的心理发展水平，使儿童望而却步。

2. 认知发展水平决定着个体学习的方式

小学低年级学生由于知识经验的相对贫乏，思维以具体形象思维为主，他们往往只善于记忆事物的外部特征，掌握知识之间的外部联系。这样的心理发展水平决定了这个时期的儿童在学习活动中，机械记忆仍占主导地位，他们更倾向于通过老师讲自己听的接受学习的方式进行学习，而且带有明显的机械成分，较多知其然而较少知其所以然。随着儿童年龄的增长，理解记忆逐步发展，初中阶段是由机械记忆向理解记忆过渡的阶段；到了高中阶段，理解记忆已成为学生记忆的主要方法，他们善于理解记忆对象的内部本质，让记忆对象与已有知识建立联系。因此，高中生的课堂学习主要采用有意义的接受学习。伴随着学生学习主动性、探究性的不断提高，他们开始更多地采用发现学习。发现学习指学生在学习情境中通过自己的探究活动获得知识的一种学习方式。在发现学习中，学生要独立思考，主动地改组材料，以发现事物的意义，从而认识客观规律或掌握知识。

3. 认知发展水平影响学生学习的品质

认知发展水平越高，越有助于独立性与批判性的学习品质的形成。随着学生认知水平的提高，他们对学习的目的、意义会有越来越深刻的认识，表现为学习自觉性、主动性的增强，能有效地调节自己的学习活动，其自我监控和元认知水平有了明显的提高。初中生学习的自我监控能力开始发展，能够根据学习活动的结果，对简单的学习活动进行一定的调节。到了高中阶段，随着高中生对学习方法和相应逻辑规则的掌握，他们对学习的自我监控能力有了明显的提高，不仅能根据学习活动的结果反思、调节自己的学习行为，而且能够在学习的过程中对学习活动进行监控，以确保学习活动的顺利进行。而元认知的发展更增强了学生学习策略的应用水平，提高了学生学习的针对性和有效性。

4. 认知发展水平影响学习的成效

由于认知发展水平对学习内容、学习方式、学习品质有重要影响，因而必然对个体学习成效的提高发挥作用。关于认知发展促进学习成效机制的解释，"新皮亚杰主义"的代表人物凯斯（R. Case）认为，儿童神经结构的不断完善以及知识经验的不断增长，导致儿童工作记忆中的操作空间和储存空间的容量不断扩大。操作空间的扩大，使信息加工更加顺畅，而储存空间的不断扩大，使信息的检索与储存更加自如，从而提高其认知和学习效率。

个体的认知发展水平影响学习，反过来，学习也会促进个体认知水平的发展。个体认知功能的提高和完善是在学习活动中实现的。首先，个体的学习从本质上看，就是一种综合的认知活动。在任何学习活动中，个体都离不开感觉、知觉、记忆、思维、想象等认知活动，因此，通过学习可以使个体的认知功能得到训练。其次，认知发展是以个体所掌握的知识技能为中介的，离开了必要的知识和技能，个体就不能进行认知活动，更谈不上发展个体的认知功能。所以，认知发展与学习是相互影响、相互促进的。

第二节　智力差异与学习

有关智力、智力理论以及智力测量在第五章已经详细阐述，在此主要讨论智力差异对学习和学校教学实践的影响。

一、智力的水平与类型差异对学习的影响

（一）智力的水平差异

心理学研究表明，人类的智力分布近似常态分布。有些人智力发展水平较高，有些人智力发展水平较低，而大部分的人智力属于中等水平。根据智力测验的有关资料，按照智商高低可进一步将人的智力划分为不同的等级（表10-2）。从表10-2可以看到，智力超常和低常的约各占 2.2%～2.3%，近一半的人智力属于中等。

表 10-2	智力等级的分布	
IQ	智力等级	百分比（%）
130 以上	智力超常	2.3
120～129	优秀	7.4
110～119	中上（聪明）	16.5

IQ	智力等级	百分比（%）
90~109	中等	49.4
80~89	中下（迟钝）	16.2
70~79	临界	6.0
69 以下	智力低常	2.2

注：表中 IQ 值为韦氏智力测验分数

（二）智力的类型差异

根据个体在知觉、记忆、表象、思维和言语等活动中的特点和品质，可以将智力划分出不同的类型。

1. 分析型、综合型与分析—综合型

这是根据人们知觉、思维的方式和特点划分的类型。分析型的人，在知觉过程中，对细节感知清晰，但概括性和整体性不够；综合型的人具有概括性和整体性，但缺乏分析性，不大注意细节；分析—综合型的人，集以上两种类型的优点于一身，既具有较强的分析性，又具有较强的综合性。

2. 视觉型、听觉型、动觉型与混合型

这是根据人们在记忆进程中某一种感觉系统记忆效果较好而划分的类型。视觉型的人视觉记忆效果最好；听觉型的人听觉记忆效果最佳；动觉型的人有运动觉参加时记忆效果最理想；混合型的人用多种感觉通道识记时效果最显著。

3. 艺术型、思维型与中间型

这是根据人的高级神经活动中两种信号系统谁占相对优势而划分的类型。艺术型的人，第一信号系统（除语词以外的各种刺激物）在高级神经活动中占相对优势，在感知方面具有印象鲜明的特点，易于记忆图形、颜色、声音等直观材料，思维富于形象性，想象丰富，而且具有高度的情绪易感性。这种人，比较容易发展艺术方面的能力。思维型的人则第二信号系统（语词）占相对优势，在感知方面注重对事物的分析、概括，善于记忆词义、数字和概念等材料，思维倾向于抽象、分析、系统化、逻辑构思和推理论证等。这种人，学习和研究数学、哲学、物理、语言学等学科有较强优势。中间型的人，两种信号系统比较均衡，在感知、记忆、思维、想象等方面表现出的差异不明显。

上述几方面智力类型，主要是从智力活动的不同方式及其机能的角度所做的划分。人的智力差异不仅表现在活动的方式及其机能上，更表现在不同的领域中。目前所测到的人的智商之所以与不同的学科呈现不同程度的相关，如与阅读、作文、数学等学科的相关高，而与图画、手工和体育等学科的相关低，这与我们对智力内涵的理解以及智力测验所测定的内容局限性有关，因为现有的智力测验量表主要测试一个人的言语能力、数学运算能力和逻辑推理能力，而没有顾及一个人在社会生活中所必需的其他各种能力。正是针对这一情况，美国哈佛大学心理学家加德纳教授提出了多元智力理论。

加德纳认为，人的智力是多元的，除了言语智力、逻辑—数学智力两种基本智力以外，还有其他几种重要的智力，它们是视觉—空间关系智力、音乐—节奏智力、肢体—动觉智力、人际交往智力、内省智力、关于自然的智力等。不同的人在这八种智力上会表现出不同的水平，在某些方面水平较高，而另一些方面则相对较低，这反映出人与人之间存在的智力类型的差异。

（三）智力差异对学习的影响

反映一个人智力水平高低的智商，常常被看作预测学生学习成绩的一个重要变量。对此，许多心理学家就智商与学习成绩之间的相关进行了研究。

美国心理学家普鲁克特和推孟收集了初中一年级学生学习成绩与智商的有关数据（见表10-3）。结果表明，就总体而言，智商高的学生成绩也好。

也有心理学家研究发现，智商与学业成绩只有中等程度的相关，且这种相关程度会随不同的智力测验量表、学科性质、学生年级等因素而有所不同。就智力测验量表而言，在几个常用的量表中，斯坦福—比奈智力量表和韦克斯勒智力量表所测得的智商与学业成绩的相关最高；就学科而言，阅读、作文等学科与智商的相关最高（中学阶段达到0.6~0.7左右），数学和自然科学等学科次之（大约在0.4~0.5），而写字、图画、手工和体育等学科与智商的相关最低（0.2左右）。

表 10-3	学业成绩与平均智商的人数统计	
学业成绩	平均智商	学生人数
50~59	84	2
60~69	100	16
70~79	107	56
80~89	110	24
90~99	123	4

智商与学习成绩之间的相关还表现为随学生年级升高而降低的趋势，小学阶段约为0.6~0.7，中学阶段约为0.5~0.6，大学阶段约为0.3~0.5。导致这种教育层次越高，智商与学业成绩相关越低的原因可能是，当今的教育是一种淘汰式教育，随着教育层次的提高，智力较差者逐渐被淘汰，学生之间的智力差距越来越小，智力因素对学习的影响也相对减弱，而其他因素，如非智力因素对学习的影响却逐渐增强。

智力对学习的影响还表现为个体通过不同的智力活动方式影响学习过程及其成效。视觉型、听觉型、动觉型等不同类型的人，分别擅长通过视觉、听觉、动觉等方式接受、储存、加工信息，当所从事的学习活动或任务的要求与其智力活动方式相一致时，就表现出较好的学习成效。擅长分析的人在解决诸如理工学科的具体问题时成效显著；而综合型的人更能胜任人文社会科学等宏观领域的学习。因此，不同的智力类型对学习的影响，还表现为在不同领域取得不同成效。如艺术型的人在艺术方面发展较好；而思维型的人则可能在数学、哲学、物理、语言学等学科的学习成绩更为出色。

二、智力差异与学校教学实践

为了适应学生的智力差异，在教育实践中常常采用几种教学组织形式，如同质分组、留级和跳级以及开设特长班和课外兴趣班等。

（一）同质分组

同质分组是最早用来解决同一年级学生智力和知识程度差距悬殊的方法之一。所谓同质分组，就是按照学生的智力或知识程度分校、分班或分组。重点学校和非重点学校、同一年级的快慢班之分，性质上都是同质分组。同质分组缩小了班内学生之间的差距，便于进行教学管理，教师可以用统一的进度和方法对相同水平的学生进行教学，而对不同水平的班级又可采用不同的进度和方法进行因材施教，这在一定程度上可以提高教学质量。

但是，由于我国中小学受中考、高考指挥棒的影响很大，一些学校往往将优质教育资源集中分配在快班学生身上，从而表现出教育资源分配的不公平，因此，我国教育行政部门明令禁止分快慢班。当然，同质分组本身也存在一些局限性。首先，很难找到一种理想的分组标准。由于智力和知识发展不完全同步，智商相同的学生，知识水平仍可能有较大的差距。若以知识程度分组，由于各学科成绩参差不齐，又很难对各学科成绩进行综合的评价。其次，同质分组客观上给学生贴上了不同的标签，容易使水平高的学生骄傲自满，水平低的学生感到羞辱和受挫，不利于学生健康成长。

然而，水平参差不齐的学生在同一班级中接受统一的教学，教师的确难以顾及班级中"吃不饱"和"吃不了"的两端学生，难以达到促进每位学生最大限度发展的目标。于是，教育实践界提出了分层教学的设想并做了有效的尝试。

所谓"分层教学"，就是根据各学科课程标准和教材要求，在一个年级内针对不同学生的接受能力和实际学习水平，设计不同层次教学目标，提出不同层次的学习要求，给予不同层次的辅导，进行不同层次的检测，使各类学生分别在各自的起点上选择不同的学习速度，获取数量、层次不同的知识信息。由于学生的学习能力和各科学习成绩的不同，所以，同一行政班内的学生可能需要到不同的教室接受不同层次的教学，以满足各自的学习需要。

（二）留级和跳级

除了同质分组以外，留级和跳级也是缩小班内学生能力差距的方法。留级的目的是让学习成绩差的学生有第二次学习的机会，去掌握以前尚未掌握的知识，弥补知识掌握中的漏洞。但是，在教育实践中，留级的效果往往不够理想，只有部分学生通过重读成绩有显著进步，有些学生留级后成绩仍无多大进步。究其原因，可能有两个重要方面：一是留级生往往会遭到家长、教师和同学不该有的蔑视，他们因此失去学习的信心而自暴自弃；二是教师未能掌握留级生的心理特点和学习过程中存在的问题，未能改进教学方法进行有针对性的教学。为了达到留级预期的教育目标，教师除了要做好留级学生的思想工作外，还必须做好家长和学生的思想工作，让留级学生得到更多的温暖和关怀，重新树立学习的自信心。同时，教师必须充分把握留级生的心理特点，改进自己的教学策略，以增强教育的针对性和有效性。

随着我国教育事业的发展，1996年3月国家教育委员会颁布的《小学管理规程》明确要求："做好学习困难学生的辅导工作，积极创造条件逐步取消留级制度。"鉴于教育实践中采用留级的形式并不能带来预期的效果以及教育部的明令取消，留级这种教学组织形式只具有理论研究的价值，而不再有实际应用的价值。

当教师所教、学生所学的内容大大低于学生的智力发展水平而缺乏智力刺激时，学生也会对学习失去兴趣，从而阻碍其智力发展。因此，让智力高、成绩好的学生跳级，不仅能缩小班内学生的差距，更有利于跳级学生的认知发展。但需要警惕的是，跳级可能会导致认知发展与其情感和社会性发展不同步，以致人格结构的发展不够和谐。因此，对于跳级的学生，除了在认知领域给予特别的辅导外，教师更应设法促进他们情感和社会性等方面的同步发展。

（三）开设特长班和课外兴趣班

加德纳多元智力理论表明，人的智力由多种元素或方面构成，每个学生在各元素上的表现各不相同。无视学生的能力差异而进行的常规教学，难以满足学生各不相同的学习需要，不能使每个人的潜能得到个性化的发展。于是，有些学校根据学生的不同智力类型，开设了诸如体育、音乐、美术等专业的特长班或课外兴趣班，这也是促进学生个性化发展的有效举措。

第三节　学习风格与学习

一、学习风格的含义

（一）学习风格的概念

哈伯特·塞伦（Herbert Thelen）于1954年首次提出"学习风格"（learning style）这个概念之后，有关学习风格的理论和模式不断涌现。并从20世纪80年代初开始，有关学习风格的研究从理论走向教学实践。但对于什么是学习风格却有着许多不同的理解。托马斯·贝勒说："学习风格的定义差不多与这一课题的研究者一样多。"

邓恩（R. Dunn）等认为，学习风格是学生集中注意并试图掌握和记住新的或困难的知识和技能时所表现出的方式，这种方式受周围环境、自身情感特征、社会性需要、生理特征和心理倾向性的影响。亨特（D. Hunt）用反映学习者学习独立性程度的理性水平定义学习风格。凯夫（Keefe）认为学习风格即学习者特有的认知、情感和生理行为，是学习者知觉与学习环境相互作用并对之做出反应的相对稳定的指标。金色拉（Kinsella）认为，学习风格是指学习者个体在接收信息和加工信息的过程中所偏爱的方式，这些偏爱方式具有一定的持久性。每个人都有其独特的学习风格，就像各自的签名一样与众不同，它既反映个体独特的生理特征，又反映个体受环境影响的痕迹。

国内学者一般认为，学习风格是指学习者持续一贯的带有个性特征的学习方式和学习倾向。学习方式指学习者为完成学习任务而采用的方法、技术，而学习倾向则指学习者对学习活动的情绪、态度、动机、坚持性，以及对学习环境、学习内容的不同偏爱。有些学习方式和学习倾向可能随学习情境、学习内容的变化而变化，表现为不同的学习策略；而有些则反映出持续一贯的稳定性和学习者的独特性，体现出各自的学习风格。

（二）学习风格的特点

1. 独特性。学习风格是以学习者的神经组织结构和机能为基础，在特定的家庭、教育和社会文化的影响下，通过个体自身长期的学习活动而形成，具有鲜明的个性特征。

2. 稳定性。学习风格是在长期的学习过程中逐步形成的。它一经形成，便具有持久稳定性。尽管有些研究表明，随着年龄的增长，大多数个体会变得更善于分析、深思熟虑、内向慎重，但个体学习风格的特点在同龄人中所保持的相对地位却具有较强的稳定性。当然，学习风格的稳定性并不表明它一点都不可改变，实际上，它仍有一定的可塑性。每一种学习风格既有其优势长处，又有其劣势不足。对学习风格的研究，一方面是要顺应它，另一方面是改进它，扬其所长，补其所短。

3. 兼有活动和个性两重功能。具有鲜明个性特征的学习风格与其他个性特征的不同之处在于，它直接参与学习活动。能力、气质、性格等个性因素对学习的影响都是间接的，它们都必须通过学习风格这一中介才能发挥作用。学习风格以其活动的功能直接参与学习过程，又以其个性的功能直接影响学习过程及其成效，这两种功能总是同步发挥作用的。

（三）学习风格的要素

有关学习风格的构成要素，不同的研究者有不同的分类。国内学者一般把学习风格的要素分为三大类：

1. 学习风格的生理要素。学习风格的生理因素包括个体对外界环境刺激（如声音、光线、温度等）、对一天内时间节律的偏爱，以及在接受外界信息时对视觉、听觉、动触觉等不同感觉通道的偏爱。

2. 学习风格的心理要素。心理要素中包括认知的、情感的和意志行动的三个方面。认知要素包括场依存性与场独立性、对信息的同时性加工与继时性加工、分析与综合、记忆的趋同与趋异（leveling-sharpening）、沉思与冲动等；情感要素包括理性水平（学习者对学习的意识和自觉程度）、学习兴趣和好奇心、成就动机、抱负水平、焦虑水平；意志行动要素包括学习坚持性、冒险与谨慎。

3. 学习风格的社会性要素。学习风格的社会性要素体现在个体对独立学习与结伴学习、竞争与合作学习等方面的偏爱。

（四）学习风格的类型

1. 左脑型、右脑型、左右脑协同型与左右脑混合型

脑科学研究表明，大脑左右两个半球具有不完全相同的功能，如左半球主管分析，对信息进行线性的序列加工，右半球主管综合，对信息进行平行的整体加工。在大多数情况下，学习活动依赖两个半球的共同参与。然而，不同的学习者对左右两个半球有不同的偏爱，于是就表现出不同的学习风格类型。

（1）左脑型。这种类型的学生在大多数情况下较多地使用左脑，其基本特征是爱用言语的、逻辑的方式处理问题，很少使用右半球的"直觉"，他们对细节问题特别敏感，做事计划性、条理性强。

（2）右脑型。这种类型的学生在大多数情况下较多地使用右脑，其基本特征是容易接受新东西，空间概念较强，喜欢以直觉的方式处理信息，很少使用左半球的"逻辑"，善于把握整体进行综合；喜欢灵活的规则和活动。

（3）左右脑协同型与左右脑混合型。有的学生对大脑左右两半球没有偏爱，这种人的学习风格称为左右脑协同型；另有一些学习者对左右脑的使用视学习内容的性质而发生变化，有时较多地使用左脑，有时较多地使用右脑，有时两脑使用的程度相当，这种人的学习风格称为左右脑混合型。

2. 理智型、情感型与操作型

学习活动包含认知、情感和意志行动三种成分。不同的学习者在其学习活动中，三种成分所占的比重有所不同，也就是说各个学习者对上述三种成分有不同的偏爱。因此，在学习中就表现为三种不同的学习风格类型：理智型、情感型和操作型。

（1）理智型。理智型学习风格的学习者以抽象认知（理智）的方式进行学习，表现为喜欢理论性、学术性强的学科，如代数、化学、理论物理等；善于发现事物的细节及相互间的差别；擅长听觉记忆，喜欢言语讲授教学法，擅长抽象的理论思维，常常会问"为什么"；新思想、新观念的获得在很大程度上依赖于演绎推理；解决问题时先考虑种种可能的途径，然后从中找出最佳方案；习惯于在安静的环境里独立学习，严肃认真，意志坚强。理智型的学习者能进行精确的知觉分析，倾向于反复沉思，所以精确程度较高，但不善于把握宏观和整体；做事计划性、条理性较强，注意力集中，一件事情做完了再去做另一件事情；情绪较稳定，善于克制自己，很少表现出冲动行为。

（2）情感型。情感型的学习者以直觉体验的方式进行学习，表现为喜欢情感色彩浓、艺术性强的学科，如人文学科、艺术等；善于把握事物的整体框架，并发现事物间的相同点；长于视觉形象记忆；喜欢借助视觉性材料进行学习；学习过程中情感的投入较多，以个人经验为中心；倾向于整体性、直觉性思维，结论的得出常常凭预感、直觉，难以回答"为什么"之类的问题；新观念、新思想的产生往往基于类比推理；在解决问题时，倾向于创造性地找出多种可能的途径；喜欢结伴学习和集体讨论；反应灵活但欠谨慎。这种类型的学习者，往往对外界刺激有深刻的情绪体验，行为举止容易受情绪的影响，常常表现出缺乏理智的情感冲动。有时欢乐愉快，有时抑郁低沉；有时安详宁静，有时烦躁不安。

（3）操作型。操作型学习者擅长以实证操作的方式进行学习，表现为喜欢需要动手操作的学科，如物理、生物等；长于动觉记忆；喜欢实验和需要自己动手操作的教学活动和方式；喜欢按部就班的实际分析和操作思维，结论、观点的得出常常是基于事实和数据以及由此而进行的归纳推理；通过尝试错误找到解决问题的正确方法。

三种学习风格类型的基本特征见表10-4。

表10-4	理智型、情感型和操作型三种学习风格的特征		
表现方面 特征 学习风格	理智型	情感型	操作型
认知系统 兴趣	代数、化学、理论物理	人文科学、艺术	物理、生物等
认知系统 知觉	着重细节差别	着重整体和相同点	细节或整体
认知系统 记忆	听觉	视觉	运动觉
认知系统 思维	理论思维，分析思维，抽象概括	直觉思维，整体思维，发散思维	分析思维，具体操作思维
认知系统 推理	演绎	类比	归纳
情感系统	冷静沉默，忍耐性强，主动性高，意志坚定，处事沉稳	善于表达，自发性强，易动感情，冲动外向	沉思保守，机智圆滑，内向慎重
行为系统 对他人	沉默冷静，尊敬他人，态度稳健，循规行事	亲密友善，容易合作，随和，助人	寻求接纳，以求得人际关系的协调，谦让通融
行为系统 对时间	以过去和未来为中心	以现在和未来为中心	以现在为中心
行为系统 对学习	讲究逻辑、结构、稳定，寻求最佳学习途径	学习中感情投入较多，易发挥创造性	以学习目标和结果为定向，对学习过程感兴趣
行为系统 解决问题	强调理论方法的指导，讲究策略与技术	直觉顿悟，灵活创新	注重资料信息的分析，重常识，重实证
行为系统 学习形式	喜欢独立学习	喜欢结伴学习	独立学习或结伴学习

二、学习风格对学习的影响

个体稳定的带有个性特征的学习风格，对学习有着明显的影响。这种影响主要体现在三个方面。

（一）不同学习风格的个体对学习环境有不同的偏爱，当学习中的环境刺激与其学习风格的偏爱相一致时，则促进其学习

学习者对学习环境中背景声音的偏爱或对噪音的承受能力是不同的，有些学习者学习时需要绝对的安静，而有些学习者学习时则需要伴随背景声音（如音乐、广播）才能集中注意。

皮泽（Pizzo，1981）曾对这两类学习者在不同的声音背景下进行阅读理解测验，结果发现在相对安静的环境中，前者的阅读理解能力优于后者，而在有噪音背景的情况下，后者优于前者。

克列姆斯基（Krimsky，1982）的研究表明，当照明水平与学习者对光线的偏爱相一致时，阅读速度和准确性都非常高；相反，当照明水平与其学习风格不一致时，阅读速度和准确性均较差。

莫雷恩（Murrain，1983）以初一年级学生为被试，研究了他们的温度偏爱与高

温状态和低温状态下学习成绩之间的关系，所有被试均在高温（华氏80度）和低温（华氏60度）条件下接受词汇再认测验。发现：当学习环境温度与其对温度的偏爱相一致时，测验成绩较好。

凯路塞思（Carruthers）和杨（Young）1979年特别研究了学习者对学习时间的偏爱与学习成绩的关系。结果发现，偏爱下午学习的初二年级学生，数学成绩普遍较差，因为数学课一般安排在上午。而当数学课安排在下午后，这部分学生的学习动机得到激发，学习成绩相应提高。弗罗斯特克（Virostko，1983）曾对286名4-6年级的学生一天中的时间节律进行测试，接着花了两年时间研究阅读和数学这两门学科的学习效率。结果发现，如果学生对时间的偏爱与作息制度相匹配，则他们在数学和阅读方面的成绩会大大提高。林奇（Lynch，1981）有关学习时间偏爱与上学出勤率关系的研究表明，时间偏爱与作息制度的不一致是中学生旷课或逃学的关键原因。

温世推恩（Weinstein，1979）研究发现，课堂设计的不同形态和桌椅设备的安排对学生的学习影响较大。希（Shea）1983年提出假设，学生若允许以自身偏爱的学习姿势进行学习，则效果较佳。他以初三年级学生为被试进行实验，结果发现，以其偏爱的坐姿阅读并接受阅读理解测验的学生，其成绩明显优于控制组。豪杰斯（Hodges，1985）以初一年级学生为被试，以数学技能的掌握为实验材料，得到了与希相同的结论。

（二）不同学习风格的个体对学习内容有不同的偏爱，通过不同的学习态度影响学习成效

研究表明，场独立性学习者一般偏爱自然科学、数学，且成绩较好，两者之间呈显著的正相关。他们的学习较为主动，学习动机以内部动机为主，较少依赖外部的监控与反馈，偏爱较为宽松的教学结构及相应的教学方法；而场依存性学习者一般偏爱人文社会科学，且成绩较好。他们的学习较多地依赖教师、家长等的外部监控与反馈，学习动机以外部动机为主，需要严密的教学结构，希望得到教师明确具体的讲解和指导。场独立性与场依存性学习者在学习上的不同特点如表10-5所示。

表 10-5	场独立性与场依存性学习者的学习特点	
学习风格 学习特点方面	场独立性学习者	场依存性学习者
学科偏爱	自然科学	社会科学
学习成绩	自然科学成绩好，社会科学成绩差	社会科学成绩好，自然科学成绩差
学习态度	独立自觉，内在动机支配	易受暗示、欠主动，外在动机支配
教学偏好	偏爱结构松散的教学	偏爱结构严密的教学

当初入学的大学生所选的专业与自己的学习风格相符合时，学生在该专业学习的成绩较好，有的考入与该专业方向一致的研究生院；当学生所学专业与自己学习风格不符合时，他们在该专业学习的成绩相对较差，且倾向转入与自己学习风格相一致的专业。

（三）不同学习风格的学习者，运用各自偏爱的或擅长的学习方式进行学习，从而取得较好的学习成效

邓恩（Dunn，1986）等的研究发现，大约 20% ~ 30% 的学龄儿童喜欢通过听觉、40% 喜欢通过视觉接受并储存信息，另有一些学习者通过具体操作活动较为有效地获取知识，还有一些人则属于两种或三种感觉结合型。我国传统的课堂教学，较多地采用言语讲授配以板书的教学方法。这种教学方法对擅长通过听觉和视觉接收信息的学生较为有利，他们的学习成绩相对较好；而对擅长通过动觉接收信息的学生不利，他们在学校里往往是失利者，考试成绩不理想，甚至屡屡不及格。因此，学校教育应该为后一种学习者创造条件，满足他们学习方式的要求，从而促进他们的学习。

我国学者张素兰研究了场依存性与场独立性对集中识字与分散识字效果的影响。结果发现，场独立性的被试采用集中识字方式学习效果更好，而场依存性被试采用分散识字的方式学习更为有利。

沉思与冲动的学习风格对学习的影响主要反映在个体信息加工、假设形成和问题解决的不同速度和准确性上。沉思型学习者面对问题，往往能考虑到各种条件和因素，深思熟虑，找到并比较各种解决问题的方法，从中选择最佳方案；沉思型学生与冲动型学生相比，能够更多地提出不同假设，表现出具有更成熟的解决问题策略；沉思型学生能够较好地约束自己的行为，忍受延迟性满足，与冲动型学生相比，更能抗拒诱惑；沉思型学生阅读成绩好，再认测验及推理测验成绩也好于冲动型学生，而且在创造性设计中成绩优秀。而冲动型学生更倾向于根据问题的部分信息或尚未对问题做透彻分析就提出假设，仓促决定，虽然反应速度较快，但容易发生错误；冲动型学生很难自发地或在外界的要求下对自己的解答做出解释，即使在外界要求必须做出解释时，他们的回答也往往是不周全、不合逻辑的；在学习方面，冲动型学生往往出现阅读困难，较多表现出学习能力缺失，学习成绩常不及格。

为了帮助冲动型学生克服他们的缺点，心理学家开始创造一些训练方法，对他们的不良认知方式进行纠正。教他们具体分析、比较材料的构成成分，注意并分析视觉刺激，这些对克服他们的冲动型认知行为较为有效。也有人让冲动型学生大声说出自己解决问题的进程，进行自我监控与自我指导，当连续获得成功以后，由大声自我指导变成轻声低语，而后变成默默自语。这样训练的目的是使冲动而又粗心的学生有条不紊地、细心地进行学习和解决问题。研究表明，这种具体训练效果较为显著。

研究和教学实践表明，尊重学习风格并以此进行教学，学生学习就更为有效（表现为学得多、学得快），学业成就得到提高；学生对学校、学习、教师及自身的态度好转；课堂违纪、逃学、辍学和青少年过失行为明显下降。

综上所述，学习风格是影响学习的一个重要的因素，它直接参与并监控着学习的整个进程，为教师全面地分析学生特点、激发学习动机、帮助学生学习提供了强有力的杠杆，因而学习风格成为"现代教育的真正基础"。

三、学习风格与个别化教学指导

（一）个别化教学指导策略

全面深入了解学生学习风格各方面的特点是有的放矢地进行教学设计的基本前

提。教师可以通过观察、谈话、测量、作业分析等多种方法了解学生学习风格的一般特点，也可以运用诊断学习风格的量表，从不同角度对学生的学习风格类型及其特征加以测定。多渠道、多侧面地把握学习者的学习风格及其特征，为教学方法、教学策略的选择与运用提供基本依据。

每一种学习风格既有其优势、长处，也有其劣势与不足；既有有利于学习的一面，也有妨碍学习的一面。教育的目的是要充分发挥个人的长处，弥补其不足。顺应个体学习风格的个别化教学指导策略包括两个方面：

1. 匹配教育策略：教师设计并采用与学生学习风格中的长处或偏爱的、擅长的学习方式相一致的教学策略。这种匹配策略有利于学生对知识的获得，可使学生学得更快更好，并充分发挥学生学习风格中的长处，但无法弥补学生学习方式或学习机能上的不足。因此，还需要设计有意失配策略以发挥其独特的功效。

2. 有意失配策略：教师针对学生学习风格中的短处所采取的有意识的弥补策略，由于这种策略与学生擅长的学习方式不一致，故称为有意失配策略。有意失配策略一开始可能会在一定程度上影响学生对知识的获得，表现为学习速度慢、学的数量少，但坚持使用能弥补学生学习方式或学习机能上的不足，使学生的心理机能得到全面发展，并促进后续的学习。另外，学习目标、学习任务、学习情境、学习内容各不相同，有时也需要学习者利用自己相对薄弱的学习方式或学习机能进行学习，因此，对学习风格中的短处加以弥补是十分必要的。

（二）个别化教学指导模式

在集体教学中，针对学生的不同学习风格，教师可设计两种个别化教学指导模式：同时匹（失）配模式和继时匹（失）配模式。

1. 同时匹（失）配模式，即在同一时间内匹配或失配不同类型的学习者，其基本程序是：先进行大班统一教学，教师向全班学生提出学习目标与学习要求，用统一的方法讲授最基本的知识；接着进行分类匹配教学，以各类学生偏爱的方式进行自学，教师巡视指导；待各组学生基本完成学习任务后，教师集中全体学生进行归纳小结，并请各组分别介绍自己的学习方法，从中相互启发，并布置下一阶段的学习任务；然后再分类失配，令各组以非偏爱的方式学习新任务；最后集中大班归纳总结，指出运用各种学习方式进行学习时必须注意的问题。在这种模式中，不管学生的学习风格属于何种类型，它们均能在同一时间里得到匹配和失配，故称为同时匹（失）配模式（见图10-1）。

2. 继时匹（失）配模式，即在不同时间内交替匹配或失配不同类型的学习者，如表10-6所示（表中"+"表示匹配，"-"表示失配）。在教学的第一阶段，教师所采用的教学方式与第一种学习风格的学生相匹配，而与第二、第三类学生相失配；到教学的第二阶段，教师所采用的教学方式与第二

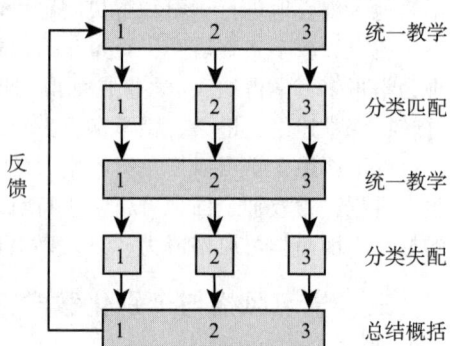

图10-1 同时匹（失）配模式图

种学习风格的学生相匹配，自然地与第一、第三类学生相失配；教学的第三阶段，教师所采用的教学方式与第三种学习风格的学生相匹配，自然地与第一、第二类学生相失配。不同风格类型的学生，在这种教学模式中得到匹配和失配的机会是均等的。

表 10-6	继时匹（失）配模式		
匹（失）配模式 学习风格 教学阶段	第一种学习风格的学生	第二种学习风格的学生	第三种学习风格的学生
第一阶段	+	−	−
第二阶段	+	+	−
第三阶段	−	−	+

匹配教学策略的功能是扬学生学习风格之所长，失配教学策略的功能是补学生学习风格之所短，在同时匹（失）配和继时匹（失）配模式中，两种策略同时或交叉使用，使不同学生的学习风格得到不断改进与完善，学习机能得到更加全面的发展。

第四节　非智力因素与学习

学习除了受学习者的认知因素、智力差异、学习风格等因素的影响外，还受到其非智力因素的影响。近年来，随着非智力因素研究的深入和心理健康教育的进一步开展，非智力人格因素，如自我概念、归因与控制点、焦虑等在学习中的作用受到了教育心理学研究者越来越多的关注。

一、自我概念与学习

（一）自我概念的含义

自我概念（self-concept）最基本的含义是个人主体自我对客体自我的看法，是个人对自己的印象，包括对自己身体、能力、性格、态度、思想等方面的认识与评价。

人本主义心理学家罗杰斯（C. Rogers）认为，自我概念是个人对自己多方面的综合看法，包括个人对自己能力、性格以及与人、事、物之间的关系的看法，也包括个人从目标与理想的追求中所获得的成败经验，以及对自己所做的正负评价。可见，个人的自我概念不仅包括对自己身体特征、心理特征的看法，而且也包括对自己行为表现的积极或消极的评价。一个人对自己的评价如果是积极的、恰当的，即表现为自我接纳，体现出个体的自尊；如果个人自我评价是消极的，不能接纳甚至否定自己，即表现为自卑。

罗杰斯对自我概念的界定，是针对一般人的。我国台湾心理学家张春兴教授，基于学生的特点，将学生自我概念界定为：学生在身心成长及学校生活经验中，对其身心特征、学业成就以及社会人际关系等各方面所特有的综合性知觉与评价。

（二）自我概念的结构

西方最早系统地研究自我概念的心理学家詹姆斯（W. James）认为，自我概念可以分为身体和物质的自我概念、社会的自我概念、精神的自我概念和纯粹自我概念四个成分，自我概念各成分的总和构成了总体自我概念。

罗森伯格（Rosenberg）认为，自我概念是个体对自我客体的思想和情感的总和，包括个体对自己的生理和身体、能力与潜能、兴趣与态度、个性与思想、情感与态度以及与社会的关系等许多方面的看法。他认为各成分要素在自我概念中分别处于不同的位置，并且非常重视自我概念中各成分要素之间的关系。同时他认为自我概念是有层次的，包括一般水平和具体成分水平的不同的层面。

哈特（Harter）将自我概念区分为能力自我概念和一般自我价值信念，认为要评价儿童的自我概念水平必须考虑其心理发展的年龄特征；不同年龄阶段儿童的自我概念的成分要素是不同的，随着年龄的增长，自我概念的要素成分在不断增加。据此，哈特（Hater，1984，1985，1986）先后提出了不同年龄阶段个体的自我概念的不同成分要素，并编制出 5 种不同的测验，见表 10-7。

表 10-7	哈特有关不同年龄阶段自我概念的结构及测验维度			
测量工具 名称	学龄前儿童 自我知觉测验	学龄儿童 自我知觉测验	青春期学生 自我知觉测验	大学生 自我知觉测验	成人 自我知觉测验
认知能力	学术能力	学术能力	学术能力	学术能力
身体状况	艺术能力	艺术能力	智 力	幽默感
同伴认同	同伴认同	社会认同	创造能力	工作能力
行为成果	行为成果	行为成果	工作能力	道 德
	身体状况	身体状况	艺术能力	艺术能力
	一般自我价值	朋友关系	身体状况	身体状况
		魅 力	同伴认同	社会认同
		工作能力	朋友关系	亲密关系
		一般自我价值	亲子关系	抚养关系
			幽默感	供给者适当性
			道 德	家务管理
			一般自我价值	一般自我价值
年龄(岁) 4-7	8-12	13-18	19-24	25-55

沙夫尔森（Shavelson，1976）等提出了一个多层次、多侧面的自我概念结构模型。在这个模型中，位于最顶层的一般自我概念，区分为学业自我概念和非学业自我概念。学业自我概念又可细分为具体学科的自我概念，如数学自我概念、英语自我概念；非学业自我概念又可细分为社会的、情绪的、身体的自我概念等。如图 10-2所示。

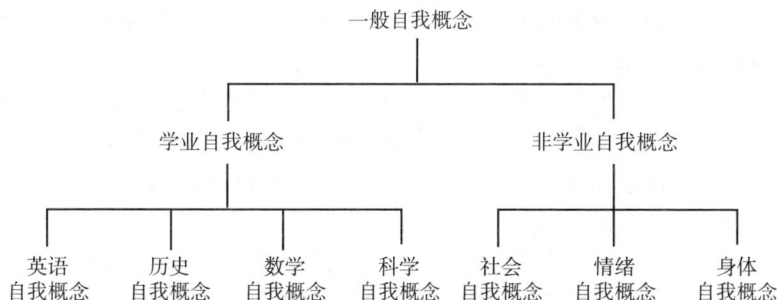

图 10-2　沙夫尔森等人自我概念多维度层次模型

（资料来源：Shavelson，Hubner & Stanton，1976）

（三）自我概念与学习的关系

教育心理学研究认为，学生的自我概念与其学业成绩之间呈正相关，但相关程度随自我概念的成分不同而有所不同。

贝讷（Byrne，1984）的研究认为，学业成就与特定的自我概念之间密切相关；马什（Marsh，1983）等发现，数学成绩与数学自我概念之间的相关系数为 0.55，与其他自我概念的相关则小得多（如与阅读自我概念的相关值为 0.21），而与非学业自我概念则几乎无关；同时他们还发现数学与语言自我概念基本没有相关。

国内学者宋剑辉、郭德俊等（1997）的研究发现，语文成绩与语文自我概念呈高相关，数学成绩与数学自我概念呈高相关，而语文成绩与数学自我概念是负相关，数学成绩与语文自我概念是负相关。另外，两者的相关还受到性别、年龄、学校等因素的影响。

研究还表明，自我概念与学业成绩之间可能互为因果，即学业成绩可能影响自我概念，自我概念也可能影响学业成绩。

马什等人（Marsh，Kit-Tai Hua，2004）对 26 个国家的跨文化研究表明：（1）数学成绩对数学自我概念有积极的影响，对语言自我概念有消极的影响；（2）语文成绩对语言自我概念有积极影响，但对数学自我概念有消极的影响。

国内学者姚计海等（2001）研究发现，学业成绩与自我概念有显著正相关，而且通过学业成绩可以对自我概念的状况做出较为准确的预测；何先友（1998）的研究发现数学自我概念对小学生的数学成绩有显著的影响，数学成绩优秀生和后进生在自我概念上有显著差异。

（四）对学校教育教学的建议

既然自我概念与学业成绩之间互为因果，那么，一方面，教育工作者可以通过培养学生正确的自我概念提高学生的学业成绩；另一方面，又可以通过提高学生的学业成绩使学生形成正确的自我概念。

正确自我概念的形成，需要学生个人确切认识其现实我，并适度调整其理想我，使两者接近，以利于自我评价后产生自我接纳，进而形成自尊感或自尊心。教育心理学家库珀·史密斯（1976）在《自尊心的养成》一书中提出培养自尊心的三个先决条件是：（1）重要感，指个人觉得自己的存在是重要的和有意义的。学生的重要感主要来自与他人交往过程中形成的各种社会关系，在家庭中得到父母关爱和在学校中得到教师与同学接纳者，就会产生重要感。（2）成就感，指个人能胜任具有挑战性的任务，而且能达到预期目的。学生在学业上的成就感，是形成他正确自我概念的关键。（3）有力感，指个人感觉到自己有处理事务的能力。对学生而言，指能应对学校考试的压力，无须别人监督即可独立完成课后作业等。自尊感和正确的自我概念形成后，将对学业成绩提高起促进作用。

同时，教师也可先给学生获得学业成功的机会，提高学生的学业成绩，并给予赞赏和鼓励，使学生建立起积极的自我概念，进而实现自我概念与学业成绩之间的良性循环。

二、归因、控制点与学习

（一）归因与学习

1. 归因的概念

归因（attribution），从字面上看即"归属原因"，是指将行为和事件的结果归属于某种原因，或寻求结果的原因。在心理学中，通常将归因理解为一个人通过知觉、思维、推理等内部心理过程，确认导致他人或自己行为或结果的原因的认知活动。由于实际生活经历、对现实的认知等方面的差异，各个人表现出不同的归因方式或归因风格，从而反映出人们在归因上的个别差异。

2. 归因理论

在心理学中，归因起源于社会心理学关于"人际知觉"的研究。1958年海德（F. Heider）出版《人际关系心理学》一书，标志着归因理论产生。海德认为，一个人的行为必有其原因，或者由外界环境决定，或者由主观条件决定。如果将行为的根本原因判定为来自外在环境，如与个体相互作用的其他人对个体行为的强制作用、外在奖赏或惩罚、运气、任务的难易等，则称为情境倾向归因；如果判定行为的原因来自个体本身的特点，如人格、品质、动机、情绪、心态、能力、努力等，则称为个人倾向归因。尽管个体的任何行为既有外部原因也有内部原因，是内外两个方面原因共同作用的结果，但针对每一特定行为，总有其中某一原因起主要作用。海德归因理论认为，只有首先搞清楚行为的根本原因是内在的还是外在的，然后才能有效地控制个体的行为。

维纳（B. Weiner）在海德理论的基础上，结合学生学习的具体情况，对行为结果的归因做了系统而深入的探讨（详见第九章）。

3. 归因与学习动机

个体对先前活动结果原因的稳定性的知觉首先影响了他对活动结果的预期，而后影响了他从事进一步活动的动机。假如一个学生在一次某科考试中失败了，若将其归因于自己的学习能力不足这一稳定的因素，会预期自己以后在该科考试中还将失败，这会削弱他继续从事该科学习的动机；相反，如果他将失败归因于努力不够这样的不稳定因素，他将保持一种对未来较乐观的期望，有助于维持继续从事该科学习的动机。另外，归因还通过影响人的情绪情感如自豪或内疚等作用于人的学习动机。归因理论研究认为，归因对成就动机的影响有如下规律：将失败归因于稳定的、内部的、不可控的原因（如个人能力不足），将会弱化进一步活动的动机，而将失败被归因于不稳定的、外部的、可控的原因（如教师辅导不够），则不会弱化甚至还会强化进一步活动的动机；将成功归因于稳定的、内部的、可控制的原因（如持续一贯的努力），将会强化进一步活动的动机，而将成功归因于不稳定的、外部的、不可控制的原因（如运气较好）则无助于强化甚至还会弱化进一步活动的动机。

归因理论及相关研究发现，能力和努力是两个最为主要的因素。将成功归于能力，有助于增强个体的自我效能感，进而有利于以后的学习；如果将失败归于努力不够，会有利于维持学生的自信心，并能激发他投入到以后的学习中去，以改变其目前境况；而如果将失败归因于能力，就会使学生容易放弃努力，久而久之，则会产生习得性无助感，变得无助、冷漠，自尊心下降，听之任之，"破罐子破摔"。因此，在教育中，要引导学生进行积极归因，改变其消极归因。

（二）控制点与学习

1. 控制点的概念

控制点（Locus of Control），也叫控制源，指个体认识到的控制其行为结果的力量源泉，如果这种力量源泉来自学习者的外部，称为外部控制点（源）；如果来自学习者自身内部，称为内部控制点（源）。具有外部控制特征的学习者认为自己的行为结果是受机会、运气、命运、权威人士等外部力量控制，自己则无能为力，缺乏自我信念；具有内部控制特征的学习者，有强烈的自我信念，并认为自己所从事的活动及其结果是由自身的内部因素决定的，自己的能力和所做的努力能控制事态的发展。在全体人群中，极端的外控者和内控者只是少数，大多数介于两者之间。

研究表明：个体在发展过程中之所以具有不同的控制点，主要与家庭、环境和学校教育有关。如果教育是民主型的，孩子较多是内控者；相反，偏于专制型的教育，会造就更多的外控者。

2. 控制点对学习的影响

学习者不同的控制点（源）主要是通过学生的成就动机、精力投入、学习态度、行为方式、对奖惩的敏感性、学习责任心等变量影响学生的学习。

一般认为，具有外部控制特征的学生，倾向于从外部找原因，把学习的成功认为是运气较好，而学习的失败则认为是运气不好、教师教得不好、学习任务太难。这是对学习成功和失败的消极态度，这种学生的成就动机比较弱，对学习无兴趣，逃避有关的学习活动。在被迫选择任务时，不是怀着侥幸心理选择太难的任务，就是从保险的角度选择太容易的任务。他们在失败的情境中，显得无能为力，并且会中止自己的学习。因为，他们把失败的原因看成是缺乏能力，自己是无法改变这种状况的。

内控者由于倾向于把学习上的成功归结为自己的能力和勤奋，而把学习上的失败归结为自己的努力不够，因而在事后分析原因时，把失败作为需要付出更大努力的标志。这样无论是学习上的成功还是失败，都能够促进他们更加勤奋、更加努力，因此这些学生的成就动机就比较高，学业成功的可能性也比较大。与外部控制的学生相反，内部控制的学生对自己的行动有责任心，能够控制自己的成功和失败，因而能积极地适应中等的、适度的课堂挑战，选择现实的学习任务。这些学生对自己能力充满自信，即使处于失败的情境中，也能坚持学习。在他们看来，失败或成功是受他们自己控制的，失败不过是需要付出更多努力的标志。

当然，内控水平并非越高越好，正确的做法是帮助学生建立平衡的控制结构。为达到这一目标，教师应经常对学生进行归因训练，鼓励学生进行适当的归因，对正确的归因加以强化，对那些实事求是、承担责任的学生给予表扬，帮助学生建立起内外平衡的控制点结构。

（三）对学校教育教学的建议

归因研究表明，对以前行为结果归因的改变可以促成后继行为的改变，即通过一定的归因训练程序采取适当的干预措施，可以使学生掌握某种归因技能，纠正或改变原来不适当的归因方式，形成积极的归因倾向，从而改变主体今后的行为。这对于学校教育工作是有实际意义的。

维纳的归因理论启示我们，在学生完成某一学习任务后，教师应指导学生进行成败归因。首先，教师要引导学生找出成功或失败的真正原因。在此基础上，教师应根据学生过去一贯的成绩表现，从有利于今后学习的角度出发引导学生进行归因，哪怕这种归因并不真实。通常，无论对后进生还是优等生，归因于主观努力较为有利。对后进生，尽量引导学生把失败归因于努力不够或学习方法不当等不稳定和可控的因素，减少他们对失败的稳定归因和不可控归因（如能力差），使后进生不至于太自卑，而对在今后的学习活动中改变失败的状况充满希望，增强对未来学业成功的期望和实现目标的信心，并促进其成就行为。对优等生的成功做出努力归因，可使他们不至于过分骄傲自满，继续努力争取今后更大的成功。

三、焦虑与学习

（一）焦虑概述

焦虑是个体对当前或预计到的对自尊心有潜在威胁的情境而产生的一种担忧的反应倾向。它是由于个体受到不能达到目标或不能克服障碍的威胁，致使自尊心与自信心受挫，或失败感与内疚感增加，从而形成的一种紧张情绪状态。

焦虑包括三种基本成分：（1）认知成分，它是由消极的自我评估所构成的意识体验；（2）生理成分，这是一种与植物神经系统活动增强相联系的特定的情绪反应，表现为血压升高、心率增强、皮肤出汗、面色苍白，呼吸加深加快，胃肠不适，头痛失眠等；（3）行为成分，如烦躁不安、多余动作增加等。

根据焦虑的性质，焦虑可分为正常焦虑和神经过敏性焦虑。正常焦虑是客观情境对个体自尊心可能构成威胁而引起的焦虑。如学生面临重要考试而又把握不大时产生的考试焦虑；个人做了错事感到有可能损害自己形象时产生的焦虑等。但正常焦虑并不是指正常（或适当）水平的焦虑，它同样可能出现过高或过低的水平。神经过敏性焦虑不是由客观情境对自尊心构成威胁而引起，而是由已经遭到伤害的自尊心本身引起的。自尊心受伤害程度越高，神经过敏性焦虑水平越高。某些儿童由于在成长过程中没有得到外界的认可和积极评价，从而导致自尊心受伤害和价值感的缺乏，极易引发神经过敏性焦虑。

（二）焦虑对学习的影响

关于焦虑对学习的影响，研究一般认为：完成容易的任务，高焦虑比低焦虑做得更好；而完成困难任务，高焦虑比低焦虑做得差。这种影响具体表现为以下几个方面。

1. 不同程度焦虑对学习的影响

焦虑会促使个体调整自己目前的唤醒状态，动员体内更多的能量，以谋求目标的实现。从这个意义上讲，无论是正常焦虑还是神经过敏性焦虑，只要程度适当，对知识学习是有促进作用的。焦虑过低，使个体处于较低的唤醒状态，注意集中程度也较低，对知识学习不利；焦虑过高，会缩小个体的感知范围，降低感知的精确性，最终抑制个体的知识学习。在知识学习中，教师可以通过对学习情境的控制使学生处于一种适度的焦虑水平，从而达到有效学习之目的。对于神经过敏性焦虑，教师在日常教学中应设法让学生避免挫折和失败，增强其自尊心，降低或防止神经过敏性焦虑。

2. 不同持续时间焦虑对学习的影响

短期焦虑对学习影响不十分明显，而长期的焦虑不仅会影响个体的身心健康水平，而且还会对学习产生消极影响。

3. 焦虑对不同难度学习的影响

心理学研究发现，对于容易的和机械的学习，焦虑具有促进作用；而对于比较复杂的学习，如对于非常生疏知识的学习或需要随机应变的学习，高度焦虑则有抑制作用。

4. 焦虑对不同学习能力学生的影响

焦虑对知识学习的影响还受学生学习能力的制约。对于能力水平一般的学生来说，中等程度的焦虑对学习有促进作用，而过强的或过弱的焦虑则会降低学习效率；对于少数学习能力强的学生来说，焦虑的程度与学习效率呈正相关：焦虑程度高，学习成绩反而会上升；而对于能力较低的学生来说，则应适当降低焦虑水平，才能对其学习起促进作用。

5. 焦虑对不同年龄学生的影响

随着学生年龄的增长，焦虑的消极影响逐步减少，而积极影响则逐步增大。一般到了初中，焦虑的积极影响超过了消极影响，具体表现为焦虑水平与学习成绩之间出现了正相关。一些心理学家甚至还发现，在学习上能充分发挥潜力的大学生，往往比一般人表现出更多的焦虑。这说明，对于年长的学生来说，较大强度的焦虑是激发其智力潜能的因素。

（三）对学校教育教学的建议

适度的焦虑有利于学生的学习，而过低或过高的焦虑对学习不利。就我国中小学生而言，主要表现为学习焦虑过度。对此，可通过以下方法加以调节。

1. 教师和家长对待学生要宽严适度

教师、家长态度和蔼、要求宽松，则学生的焦虑水平较低；反之，学生的焦虑水平就高。因此，教师和家长对待学生要宽严适度，将学生的学习焦虑调整到一个适度的水平。

2. 教师和家长对学生的期望要适当

许多学生之所以学习焦虑水平过高，原因之一是教师和家长对学生的期望值过高，儿童一旦认同了这种过高的期望，往往会患得患失，担心失败，怕在竞争中失利，从而导致过高的焦虑。因此，只有教师和家长对学生的期望适当，才有可能使学生的学习焦虑适度。

3. 帮助学生正确评价自我，建立自信

学习焦虑产生的另一个原因可能是学生低估自己，缺乏自信，有自卑心理。研究表明，当一位应试者满心担忧时，便会在大脑皮层产生保护性抑制，妨碍正常的认知活动。因此，要帮助学生客观正确地评价自己，充分肯定自己，并进行自信训练。所谓自信训练，就是利用交互抑制原理，通过使考试焦虑患者自我表达正常的情感和自信心，抑制消极的自我意识。削弱或消除考试焦虑的一种自我训练方法的基本步骤是：

（1）觉察个人消极的自我意识。考试焦虑者用清晰的语言把潜意识中的消极的自我意识表达出来或写在纸上，将朦胧的潜意识转化为清晰的意识状态，从而使个体清楚地意识到自己消极的自我意识究竟有哪些。

（2）向消极的自我意识挑战。当逐条记述个人消极的自我意识之后，下一步就是要训练自己向消极的自我意识挑战，指出这些消极的自我意识的不现实性、不合理性、不必要性以及对个人所造成的危害，并明确今后应采取的态度和措施。

4. 学习活动张弛相兼、劳逸结合

在紧张的学习之余，应安排适当的调节性活动，如课间操、课间休息、第二课堂等，并允许学生支配学习之余的时间，做到劳逸结合。

【主要结论与应用】

1. 认知发展是个体认知功能系统不断完善的变化过程，表现出连续性与阶段性的统一，共同性与差异性的统一。认知发展既受遗传素质和生理成熟的影响，又受环境和教育的制约。不同年龄阶段的儿童表现出不同的认知发展阶段和心理特征；认知发展制约着个体学习的内容、学习的方式、学习的品质和学习的成效。

2. 认为智力是各种认识能力的综合，主要由言语和数理逻辑能力两者构成的传统智力观，在近一二十年中遭到挑战，众多心理学家从不同的角度探讨了智力的结构，认为智力由多种元素构成。每一个体的智力发展水平和类型都存在差异，它们通过不同的方式和机制影响学习过程及其成效。为了适应学生的智力差异，在教育实践中可以采用同质分组、留级和跳级、开设特长班和课外兴趣班等多种教学组织形式，促进每位学生最大限度地发展。

3. 学习风格是学习者持续一贯的带有个性特征的学习方式和学习倾向。不同的学习者，对学习环境刺激、学习内容有不同的偏爱，进而形成不同的学习态度，并通过不同的学习方式影响学习的成效。匹配教育策略可以充分发挥学习风格中的优势与长处，而有意失配策略可以弥补学生学习风格中的劣势与不足。在集体教学中，教师可设计同时匹（失）配和继时匹（失）配两种个别化教学指导模式，同时或交替使用匹配教育策略与有意失配策略，扬学习风格之所长，补学习风格之所短，促进所有学生的和谐发展。

4. 学习者的自我概念、归因方式、控制点和焦虑等非智力人格因素对学习也有重要的影响。教育者应引导学生建立积极的自我概念、掌握正确的归因方式、形成合理的控制点结构，控制适当的焦虑水平，以促进学生学习成效的提高。

【学习评价】

1. 简述布鲁纳认知发展阶段论所确定的儿童认知发展的三个阶段的心理特征。

2. 认知发展水平是怎样影响学习的？

3. 运用本章所学的心理学知识，试分析自己的智力类型。

4. 加德纳的多元智力理论对当今素质教育有何借鉴意义？

5. 结合教育实践，分析分层教学的利与弊。

6. 根据某一分类依据划分学习风格类型，并运用同时匹（失）配模式和继时匹（失）配模式分别设计两种不同的教学过程。

7. 简述维纳归因理论的基本内容。

8. 内在控制者与外在控制者分别具有哪些特征？

9. 焦虑对学习的影响表现在哪些方面？

10. 运用调控焦虑的措施进行一定时期的教育干预，并评价这些措施的有效性。

【学术动态】

● "小学三年级现象"

有些在小学一二年级成绩优秀的学生，到了三年级成绩却突然下滑。其中原因之一是"超前教育"的恶果。由于孩子在学前期"抢跑"，超前接受小学教育，到一二年级时成绩暂时领先于其他同学，但因没有养成良好的心理品质和学习习惯，到了三年级随着学习内容的难度加大，就难以适应导致成绩下滑，并出现自我效能感降低的情况。因此，应坚决杜绝幼儿教育"小学化"倾向。

● 成长型思维

美国著名心理学家卡罗尔·德韦克（Carol Dweck）在《终生成长》（*Mindset*）一书中提出"固定型思维"和"成长型思维"两个概念。固定型思维模式者，认为能力是一成不变的，他们禁锢自己的思想，给自己设限，冻结成长动力，逃避挑战，且极力掩饰自己的不足，最后变成不爱学习的人；学习过程中只关注答案的对错，而不注重实际能力的提升和学习方法的改进，从而阻碍自身的成长。成长型思维模式者，则相信能力可以培养，他们以开放的心态不断吸纳新知，提升自己的现有水平；他们能明确目标，不断优化学习方法，并乐于向同伴学习，这将促进他们提升学习成绩和各种能力。教育应尽力引导学生从固定型思维模式向成长型思维模式转化。

● 学习焦虑调节

孩子学习的焦虑，部分来自父母。父母将自己的焦虑转嫁给了孩子。父母自己的心理需求得不到满足或自己的目标没有达成，就容易把由此带来的心理压力或期望转嫁给孩子，导致孩子产生过高的学习焦虑。因此，降低孩子的学习焦虑需要配合家庭治疗。另外，有部分学生平时学习不紧张、不焦虑，可面临重要的考试却又过于焦虑。对此，需要对学生进行心理素质训练：把平时的学习作业当作真正的考试对待——"举轻若重"，训练有素后，应对真正的考试，就能"举重若轻"，焦虑水平自然就降低了。

● **"适合的教育"**

2010 年以来，我国颁布实施的一系列重要教育政策，倡导要为每个学生全面而有个性的发展提供"适合的教育"。《国家中长期教育改革和发展规划纲要（2010—2020 年）》强调要为每个学生提供适合的教育，促进每个学生主动地、生动活泼地发展；《中学教师专业标准（试行）》与《小学教师专业标准（试行）》也明确要求，中小学要努力"提供适合的教育，促进中小学生生动活泼学习、健康快乐成长"；《义务教育学校校长专业标准（试行）》也指出，为每个学生提供适合的教育已成为今后学校一切工作的出发点和落脚点。

● **"为了每位学生的发展"**

学生的个体差异，是教育心理学理论与实践关注的热点问题。我国基础教育课程改革的主旨之一是：为了每位学生的发展。《基础教育课程改革纲要》第 10 条明确指出："教师在教学过程中应与学生积极互动、共同发展，要处理好传授知识与培养能力的关系，注重培养学生的独立性和自主性，引导学生质疑、调查、探究，在实践中学习，促进学生在教师指导下主动地、富有个性地学习。教师应尊重学生的人格，关注个体差异，满足不同学生的学习需要，创设能引导学生主动参与的教育环境，激发学生的学习积极性，培养学生掌握和运用知识的态度和能力，使每个学生都能得到充分的发展。"

【参考文献】

1. 莫雷. 教育心理学 [M]. 广州：广东高等教育出版社，2002.

2. [美] R. J. 斯腾伯格. 教育心理学 [M]. 张厚粲，译. 北京：中国轻工业出版社，2003.

3. 郭本禹. 当代心理学的新进展 [M]. 济南：山东教育出版社，2003.

4. 邵瑞珍. 教育心理学 [M]. 上海：上海教育出版社，1997.

5. 李伯黍. 教育心理学 [M]. 上海：华东师范大学出版社，1993.

6. 谭顶良. 学习风格论 [M]. 南京：江苏教育出版社，1995.

7. 全国十二所重点师范大学. 心理学基础 [M]. 北京：教育科学出版社，2002.

8. [美] Linda Campbell. 多元智能教与学的策略 [M]. 王成全，译. 北京：中国轻工业出版社，2001.

9. Rita Dunn and Kenneth Dunn. *Teaching students to read through their individual learning styles* [M]. New Jersey：Prentice-Hall，Inc. 1986.

第四篇

教学心理

第十一章

教学设计

【内容摘要】

本章内容的学习，对于学生未来从事教育、教学工作具有重要的指导意义。从教材的结构上看，本章与"课堂管理"和"教师心理"两章共同构成教学心理的主要内容，并与前面学习心理的内容相互衔接，旨在使学生在了解学习心理的基本规律的基础上，进一步掌握教学设计的基本规律。教学设计主要包括教学目标设计、教学方法和策略设计、教学评价设计三个环节。这三个环节在教学设计过程中要依次进行，在内容上又相互联系，密不可分，形成一个完整的教学设计系统。

【学习目标】

1. 能够举例说明教学设计的含义及其基本环节。
2. 能够列举出布卢姆与加涅在教学目标分类上的相同点与不同点。
3. 能够运用所学的目标陈述技术设计某一节课的教学目标。
4. 能够根据实际需要选择并运用适当的教学方法或教学策略。
5. 能够举例说明有关教学策略的具体心理学研究。
6. 能够用自己的话解释教学评价的含义、类型和作用。
7. 能够举例说明量化的教学评价的具体方法与技术。
8. 能够举例说明质化的教学评价的具体方法与技术。

【关键词】

教学设计　教学目标　行为目标　教学方法与策略　教学评价

教学是指教师根据学生学习的一般过程，系统地为学生提供学习的外部条件，指导和促进学生学习的过程。教学的一般过程可以分为四个阶段：决定教学目标、了解学生的学习准备水平、选择适当的教学方法进行教学活动、实施教学评价（R. Glaser，1962）。

教学设计是指在实施教学之前由教师对教学目标、教学方法、教学评价等进行规划和组织并形成设计方案的过程。教学设计既是每位教师都要完成的一项教学的基本环节，又是教学心理学研究的基本内容之一。教学论、心理学和教育技术等许多学科都将教学设计作为研究的对象，但各学科研究的侧重点不同。教学心理侧重研究教学设计的心理学理论与技术。

美国行为主义心理学家马杰（R. Mager）认为，教学设计由三个基本问题组成：首先是"我要去哪里？"即教学目标的制定；其次是"我如何去那里？"，包括学习者起始状态的分析、教学内容的确定、教学方法与教学媒介的选择等；再次是"我怎么判断我已达到了那里？"即教学评价与监控。本章主要围绕教学设计中这三个方面的问题展开分析。

第一节　教学目标设计

一、教学目标及其分类

（一）教学目标的含义和作用

教学目标是关于教学将使学生发生何种变化的明确表述，是指在教学活动中所期待得到的学生的学习结果。

在教学过程中，教学目标起着十分重要的作用。教学活动以教学目标为导向，且始终围绕实现教学目标而进行。教学目标在教学过程中的作用主要体现在三个方面：第一，教学目标是选择教学方法的依据。一旦教学目标确立了，教师就可以根据教学目标选择适当的教学方法。第二，教学目标是进行教学评价的依据。第三，教学目标具有指引学生学习的作用。教学伊始，教师将教学目标明确地告诉学生，有助于指引学生的学习，激发学生的学习动机并把学生的注意力集中在要达到的学习目标上。

（二）教学目标的分类

教学目标应包括多个水平、多个层次。西方心理学家在教学目标分类上的研究值得我们借鉴。

1. 布卢姆的教学目标分类

以美国教育心理学家和教育学家布卢姆（F. S. Bloom，1956）为首的一个委员会，从20世纪50年代起用分类学的方法分析学生在课堂中发生的各种学习。在此基础上，布卢姆等将教学目标分为认知、情感和动作技能三个领域，每一领域的目标又从低级到高级分成若干层次。

（1）认知领域的目标分类

布卢姆在《教育目标分类学，第一分册：认知领域的目标》中将认知领域的教学目标从低到高分为六级。

①知识：指对先前学习过的材料的记忆，包括具体事实、方法、过程、理论等的回忆。所要求的心理过程主要是记忆。这是最低水平的认知学习结果。

②领会：指能把握材料的意义。可借助于三种形式来表明：一是转换，即用自己的话或用与原先的表达方式所不同的方式表达自己的思想；二是解释，即对一项信息加以说明或概述；三是推断，即估计将来的趋势。领会超越了单纯的记忆，代表最低水平的理解。

③运用：指能将习得的材料应用于新的具体情境，包括概念、规则、方法、规律和理论的应用。运用代表高水平的理解。

④分析：指能将整体材料分解成它的构成成分并理解组织结构。代表比运用更高的智能水平，因为它不仅要理解材料的内容，还要理解其结构。分析又包括三种形式：一是要素分析，如区分事实与假说，结论与证据等；二是关系分析，如确定事实与假说之间的关系，结论与证据之间的关系；三是组织原理的分析，如识别文学作品的形式和模式等。

⑤综合：指能将部分组成新的整体。包括发表一篇内容独特的演说或文章，拟定一项操作计划或概括出一套抽象关系。它强调创造能力，需要产生新的模式和结构。

⑥评价：指对材料（论点、小说、诗歌、研究报告等）作价值判断的能力。这是最高水平的认知学习结果。评价不仅是认知领域的目标的最高层次，而且它也是联系情感领域的目标的一个重要环节。评价包括两种形式：一是根据内在证据来评价，如根据陈述、文献资料、证据的确切性，评估研究报告的真实性；二是依据外部准则来评价，如采用记叙文记事六要素即时间、地点、人物、原因、经过、结果，对学生写的记叙文的完整性进行评价。

（2）情感领域的目标分类

由于对情感领域的目标的研究比较困难以及学校对此领域目标的轻视，直至1964年由克拉斯沃尔（D. R. Krathwohl）负责完成的《教育目标分类学，第二分册：情感领域的目标》才公之于世。情感行为的中心是价值（态度）、兴趣、爱好、欣赏。根据价值内化（指将外在的学习转化为个人内在的兴趣、态度、价值等心理特质）的程度，情感领域的目标由低到高分为五级。

①接受（注意）：指学生愿意注意特殊的现象或刺激（如课堂活动、教科书、文体活动等）。从教师方面来看，其任务是指引和维持学生的注意，学习的结果包括从意识到某一事物存在的简单注意到选择性注意。接受是低级的价值内化水平。

②反应：指学生主动参与。学习的结果包括默认（如阅读规定的材料）、愿意反应（如自愿读规定范围之外的材料）及反应的满足（如以愉快的心情阅读）。与教师所说的"兴趣"类似，强调对特殊活动的选择与满足。

③价值化：指学生将特殊的对象、现象或行为与一定的价值标准相联系。包括接受某种价值标准、偏爱某种价值标准和为某种价值标准做奉献（如为发挥集体的有效作用而承担义务）。与教师所说的"态度"类似。

④组织：指将许多不同的价值标准组合在一起，克服它们之间的矛盾、冲突，并

开始建立内在一致的价值体系。这是与人生哲学有关的教学目标。

⑤价值与价值体系的性格化：指学习者通过对价值观体系的组织，逐渐形成个人的品性。各种价值被置于一个内在和谐的构架之中，并形成一定的体系。个人言行受到该价值体系的支配；观念、信仰和态度等融为一体，最终的表现是个人世界观的形成。达到这一阶段以后，个体的行为是一致的和可以预测的。

情感领域的目标分类的影响远不及认知领域的目标分类。

（3）动作技能领域的目标分类

动作技能领域的目标分类出现更晚，而且出现了好几种分类法。这里介绍辛普森（E. J. Simpson）等1972年的分类。该分类有七级。

①知觉：指运用感官获得信息以指导动作。

②定向（定势）：指对稳定的活动的准备。

③有指导的反应：指复杂动作技能学习的早期阶段，包括模仿和尝试错误。

④机械动作：指学习者的反应已形成习惯，能熟练地、自信地完成动作。此阶段的动作模式并不复杂。

⑤复杂的外显反应：指包含复杂动作模式的熟练动作操作。操作的熟练性以迅速、连贯、精确和轻松为指标。

⑥适应：指技能的高度发展水平。学生能调整自己的动作模式以适应特殊装置或满足具体情境的需要。

⑦创新：指创造新的动作模式以适合具体情境。

动作技能既包括体育技能，也包括书写技能、实验操作技能、演奏技能、绘画技能等。

布卢姆的教学目标分类学并非尽善尽美，但有助于我们从多角度、多水平、多层次去考虑学校的教育、教学目标问题。它提醒每一位教师，使学生获取知识或者能简单回忆我们所教内容远不是教学所要达到的最终目标，我们必须努力帮助学生达到更高水平的认知目标。教师不仅要考虑认知领域目标的实现，还要考虑情感领域和动作技能领域目标的实现。有效的教学要促进学生态度和情感的发展，使学生能够以积极、肯定的态度参与各科学习。除了发展学生的认知和情感，教师还要发展学生的各种身体运动技能以使其拥有健康的体魄。

2. 加涅的教学目标分类

美国心理学家加涅（R. M. Gagné, 1977）在其所著的《学习的条件》一书中，将教学可能产生的结果即学生的学习结果或教学目标分为五类：言语信息、智力技能、认知策略、动作技能和态度。

（1）言语信息（verbal information）

言语信息是指凭借口头或书面言语所表达的知识。按学习方式的由简到繁，学生在学校必须学习以下三类言语信息：

①字与词的基础知识。学生最初学习的是一些个别的单字或由单字组合而成的词。学习方式包括配对联想学习（如华盛顿——美国首都）和概念学习。

②简单的陈述性知识。用言语所表达的简单陈述性知识可分为两类，一类是说明

状态的知识，如"香蕉的颜色是黄的"，常常用来表达几个概念之间的关系；另一类是用来说明规则的知识，如"水在零度以下会结冰"，用来表达各概念之间具有条件性的关系（"零度"是"结冰"的条件）。

③有组织的复杂知识。由言语信息所表达的历史事件或科学原理，都属于有组织的复杂知识。这类知识是在字与词的基础知识及简单的陈述性知识的基础上形成的，并成为学校各科教材的主要部分。

（2）智力技能（intellectual skill）

智力技能是指学生掌握概念、规则并将其运用于新情境中的能力。加涅认为，学生智力技能的学习包括辨别、概念、规则和问题解决四个层次。

①辨别。辨别是指学生能够对不同的刺激给予不同的反应，或者是从众多刺激中辨识出相同的刺激。辨别能力的培养，是小学低年级教学的主要任务之一，包括对物体形状、颜色、大小、轻重、文字与符号等的辨别。

②概念。概念是指对具有共同属性的事物的概括性认识。加涅将概念分为两类，一类为具体概念，一类为定义性概念。具体概念是指事物的共同属性可以具体显现的概念，如形状（三角形）、颜色（红色）等等；定义性概念是指不能用指认的方式来学习的抽象概念，如民主、秩序、快乐、痛苦等，其共同属性不能具体显现，只能用下定义的方式以语言含义来表示。

③规则。规则是指数个概念合在一起所表达的完整的意义。比如，"圆的面积等于圆周率与圆的半径的平方之乘积"是一条规则。它是由圆的面积、圆周率、圆的半径等各个概念之间的关系构成的。

④问题解决。问题解决是指运用各种习得的规则去解决问题的心理过程。问题解决常常需要多个规则的相互配合，而不再是单一规则的运用，因此，经过问题解决所学到的解决问题的复杂规则被称为"高级规则"。

（3）认知策略（cognitive strategy）

认知策略是指学习者自主调节和控制其内部的心理活动从而获得知识的一切方法。学习者运用认知策略指引自己的注意、记忆和思维等活动，因此，它是一种内部定向技能。古人说："授人以鱼，不如授人以渔。"同样，教学生学习认知策略，使学生学会学习，比教学生获取知识本身更重要。因为学生学会了适当的认识策略，就可以自行获取新知识。

加涅认为，在认知教学中，应该教学生学习以下三种认知策略：

①记忆的策略；

②组织的策略；

③元认知策略。

（4）动作技能（motor skill）

动作技能是指通过人的一般活动而习得的一套熟练的动作系统，这种能力的掌握会使操作变得精细、流畅、及时。动作技能可分为体育运动型（如体操、滑冰等）技能和职业型（如木匠手艺、汽车修理等）技能。

（5）态度（attitude）

加涅所说的态度是指影响个人对其行动进行选择的内在心理状态。例如，一个对学习形成积极态度的学生，在放学后能够拒绝与同学一起去玩电子游戏，而执意回家做功课。加涅将态度作为学生习得的能力，主要强调它的行为方面，因为在他看来，态度影响了人的行为。加涅把态度分为三类：一是儿童所获得的促进他与社会交往的态度；二是对某类活动的积极偏爱；三是有关一般公民身份的态度。

加涅的教学目标分类被认为具有处方性，这是因为他的教学目标分类不只是条目的说明，而且还进一步告诉教师怎样设置情境（学习的外在条件），去达成预定的教学目标。加涅还特别强调了与实现学生的学习结果密切相关的学习的内在条件。

二、教学目标的明确化

教学目标明确化需要做到以下两点：

第一，教学目标要用可观察的行为来陈述，以使教学目标具有可操作性；

第二，教学目标的陈述要反映学生行为的变化，要陈述学生的学习结果。

目前，在教学目标确立方面存在的一个弊端是目标陈述上的含糊性。比如，语文课常见以下关于教学目标的陈述："培养学生分析能力"，"提高学生的阅读理解能力"，"体会劳动人民纯朴、善良、乐于助人的高尚情操"等等。这些目标中所提到的"分析能力""阅读理解能力""体会"等都与学生内部的心理状态有关。然而，所谓的"分析能力""阅读理解能力""体会"的具体含义是指什么呢？教师在教学中怎样去帮助学生培养这些"能力"呢？我们怎样才能知道，经过教师的教学后，学生已经形成了这些"能力"或加深"体会"了呢？可见，这样陈述的目标是含糊不清的，无法观察，无法测量，更无法在教学中加以具体操作。

教学目标确立方面存在的另一个弊端是以"教学要求"代替教学目标。我国学者皮连生（1996）指出，我国大量公开出版的各类教学参考书往往以"教学要求"代替教学目标。教学要求陈述的是教师的行为，比如"继续对学生进行有感情地朗读课文的训练"，"教学生10以内的加法"等是对教师行为的描述，是要求教师做什么，而不是学生学习后要达到的学习结果，即学生学习后的行为变化。因此，许多教师在写教案时，虽然也有"教学目标"一栏，但常常是把教学参考书中有关"教学要求"或"教学目的"的内容照搬过来。如果仅仅以"教师应该做什么"来陈述教学目标，那么，教师这样做了，他的目标就达到了，至于学生的知识、能力是否发生了变化，能不能经得起测量、评价的检验，教师则不需要操心。显然，这样做是与教学目标的内涵相偏离的。因而，这样陈述的教学目标也是不明确的。

下面我们将通过分析西方心理学家在教学目标陈述上的有关研究，进一步理解如何实现教学目标的明确化问题。

三、教学目标的陈述和设计方法

（一）行为目标陈述法

行为目标，也称操作目标，是指用可以观察和可以测量的学生行为来陈述的目标，是用预期学生学习之后将产生的行为变化来陈述的目标。

行为目标的概念由美国俄亥俄州立大学的泰勒（R. Tyler，1934）教授最先提出。泰勒（1950）认为最有用的目标陈述形式就是行为目标，即用可观察的学生行为来陈述某一特殊的学习结果。在泰勒的影响下，美国行为派心理学家马杰（R. Mager，1962）出版了他的《准备教学目标》一书，系统地提出了用行为术语陈述教学目标的理论与技术。在他那本简短而可读性极强的书中，马杰认为教学目标应该陈述"学生能做什么以证明他的成绩以及教师怎样知道学生能做什么"。

马杰提出行为目标有以下三个要素：

1. 可观察的行为

行为目标要用可以观察的行为来表述教学目标。在目标表述时要避免使用描述内部心理过程的动词，如"知道""理解""欣赏""记住"等等，而应该使用行为动词，如"背诵""解释""选择""写出"等。使用行为动词，可以使我们很容易观察到目标行为是否实现以及何时实现。

2. 行为发生的条件

行为目标中的条件要素说明了对学习者的学习结果所进行的评价是在什么条件下进行的。行为发生的条件通常包括下列因素：

①环境因素：空间、光线、温度、气候、室内、室外、安静或噪音等。

②人的因素：独立进行，小组集体进行，在教师指导下进行等。

③设备因素：工具、仪器、图纸、说明书、计算器等。

④信息因素：资料、教科书、笔记、图表、词典等。

⑤时间因素：速度、时间限制等。

⑥问题明确性因素：指提供什么刺激来引起行为的发生。

3. 可接受的行为标准

行为标准是用来衡量学习结果的行为的最低要求。通过对行为标准做出具体描述，可以使行为目标具有可测量的特点。标准的表述一般与"好到什么程度""精确度如何""完整性怎样""要多少时间""质量要求如何"等问题有关。

根据马杰的行为目标的要求设计教学目标，可以改变传统教学目标陈述上的含糊不清，使之变得更加明确、可操作。

例如，语文课的一个传统的教学目标表述为"通过教学培养学生的分析能力"，显然，这是一个十分含糊的目标。改用行为目标陈述法则可以表述为：

"提供报纸上的一篇文章，学生能将文章中陈述事实的句子与发表议论的句子区分开来，至少85%的句子分类正确"。

（二）内部过程与外显行为相结合的目标陈述法

行为目标基于行为主义的刺激—反应模式，强调行为结果而未注意内在的心理过程。尽管它有助于教学目标的明确化，但很可能导致教学局限于某种具体的行为训练而忽视学生学习的心理过程。另外，在教学过程中，确有一些心理过程无法用行为目标来表示。

为了弥补行为目标的不足，格伦兰（N. E. Gronlund，1978）在《课堂教学目标的表述》中，提出了用内部过程与外显行为相结合的方式来表述教学目标的观点。即先陈述内部心理过程的目标，然后列出表明这种内部心理变化的可观察的行为样例，使目标具体化。例如，语文课的一个教学目标可以这样表述：

理解议论文写作中的类比法。（内部心理过程）

1. 用自己的话说明运用类比法的条件。（行为样例）

2. 在课文中找出运用类比法阐明论点的句子。（行为样例）

3. 在所提供的含有类比法和喻证法的课文中，指出包含类比法的句子。（行为样例）

这样陈述的教学目标首先强调的是"理解"，而不仅仅是某种外在的行为变化，然后又用一些具体的、可操作的行为样例表明怎样才算是理解。

格伦兰将内部心理过程与外部行为变化相结合的目标陈述法，既克服了严格的行为目标只顾具体行为变化而忽视内在心理过程变化的缺点，同时也克服了用传统方法陈述的教学目标的含糊不清和不可操作的弊端，因此，受到普遍的认可和采纳。

第二节 教学方法与策略设计

在确定教学目标和了解学生的学习准备水平之后，接下来就要选择适当的教学方法和策略进行教学，进而实现教学目标。实际上，可供我们选择的教学方法和策略是多种多样的，在这里我们首先介绍课堂教学的一般方法，然后介绍一些可供教师选择的教学策略。

一、课堂教学的一般方法

课堂教学的一般方法主要包括讲演法、提问法和讨论法等。这些方法是教师在教学中最常用的基本的教学形式。

（一）讲演法

课堂讲演包括讲授法和演示法两种形式。讲授法是指教师主要通过语言向学生讲述概念、原理、事实，或描绘事物的现象及其发展过程和规律，或推导公式的由来。演示法是指教师主要通过展示各种直观教具、实物或进行示范实验，使学生获得有关概念或原理的感性认识。在实际教学中，这两种方法常常结合起来使用，并被人们合称为讲演法。

讲演法的优点是能在较短的时间之内向学生传递大量的信息材料，因此，它适合低水平的认知和情感目标，如知识，领会，运用，接受，反应和形成价值观念等；讲演法的缺点是置学生于被动地位，不利于学生提问和思考问题，也不能照顾到学生领会步调的个别差异。

教师在运用讲演法时，必须做好课前准备工作，定好课程计划，根据课程的需要选择并组织所要呈现的材料。在教学过程中，首先要通过复习有关内容、呈现先行组织者、创设问题情境、具体演示等方法唤起学生的兴趣；然后通过组织、界定、比较和举例等方法进行有效的讲解，还可以借助于一些现代化教学手段，如幻灯、电视、录像、计算机等呈现教学材料；在讲解和演示的过程中还要维持学生良好的注意状态；最后，在一堂课结束时，要进行适当的归纳和小结。

（二）**提问法**

提问法是教师根据学生已有的知识或经验，提问学生，并引导学生经过思考，得出结论，从而获得知识、发展智力的教学方法。

与讲演法相比，提问法的显著特点是有问有答，能够激发学生思考，实现师生间信息的双向交流。

虽然教师在课堂教学中经常运用提问法，但不同教师的提问效果却差异很大。要想使课堂提问行之有效，教师必须付出艰苦的努力并进行大量的实践。研究结果表明，有效的提问要具备如下特征：

1. 把握问题的难度水平

问题的难度水平是根据学生是否能够回答问题确定的。不论问题本身是考查学生对知识的记忆还是理解，如果多数学生都不能回答，则该问题难度偏大。另外，如果多数学生都能立即举手回答，该问题则过于容易；如果多数学生不是立即举手而是经过思考才能回答，则该问题的难度才可能是适当的。

2. 提出不同认知水平或类型的问题

许多研究者运用布卢姆（1956）教学目标分类中认知领域的六级目标对问题的认知水平进行划分，如认为知识方面的问题是较低认知水平的问题；理解和运用方面的问题是中等认知水平的问题；分析、综合和评价方面的问题是较高认知水平的问题。是不是低水平的问题（如知识性的、事实性的）就一定不如高水平的问题（如综合性的、思维的）好呢？答案并非如此简单。有关的研究结果表明，提出低水平的问题（如布卢姆目标分类学中的知识方面的问题）与提出较高水平的问题（如应用或综合的问题）都与学生的学习成绩呈正相关（T. L. Good & J. E. Brophy，1994）。可见，教师首先应该关心要完成的教学目标是什么，然后再根据教学目标的要求提出相应水平的问题。

3. 提问要面向全体学生

当教师提问时，要记住问题是面向全班学生的，而不仅仅针对几个学生。然而，在实际教学中，一些教师提出问题后，总是由班上的几个同学回答，其他同学则很少回答，结果导致教师可能习惯于对少数学习好的、爱发言的同学提出问题。这种做法是不适当的。教师应该尽可能为每一个学生创造平等的回答问题的机会。一方面，教师可以随机地或轮换地，而不是固定地提问学生；另一方面，对于有多种选择答案的问题，教师可以通过举手表决的方式让学生来回答。一个可以让所有学生对问题做出反应的方法是，教师在提出问题后，让每一个学生将自己的答案写在一张纸上，然后随机抽查提问。

4. 控制等待时间

学生需要足够的时间去思考教师提出的问题。然而，研究表明，一些教师在提出问题后等待不到 1 秒就让学生回答，学生被叫到后，通常等待其说出答案的时间也仅仅是 1 秒，如果 1 秒后，学生还未说出自己的答案，那么教师就要叫其他学生回答或者自己提供答案线索（M. Rowe，1974）。

专栏 11-1

训练教师增加提问等待时间的研究

尤威（M. Rowe，1974）曾训练一些教师，将其等待时间从不到 1 秒增加到 3—5 秒。令人惊讶的是，多数教师发现这很难做到，其中一些人从未成功过。然而，在那些成功地增加了等待时间的教师们的课堂上，可以看到如下一些可喜的变化：

(1) 学生回答问题的平均长度增加了；

(2) 不需要教师诱导，学生自发的回答增加了；

(3) 回答失败的情况减少了；

(4) 深思熟虑的回答增加了；

(5) 学生之间在回答问题时的相互比较和借鉴增加了；

(6) 从证据推导出结论的回答增加了；

(7) 学生自己提出的问题增加了；

(8) 学生在回答问题时的贡献增加了。

一些后继研究证明，增加等待时间使学生做出了更长和更高质量的回答，而且参与回答问题的人数也增加了（M. Rowe，1986；P. R. Swift，1988）。研究同时也发现，许多教师对增加等待时间感到困难。即使经过训练，教师们的平均等待时间也不会超过 1.8 秒（L. R. DeTure，1979）。原因在于教师有来自维持课堂教学进度和保持学生注意力方面的压力。教师担心等待时间太长，会影响教学进度或者失去对学生注意力的控制。

[**资料来源**] Good, T. L. & Brophy. J. *Contemporary educational psychology*, 5th ed [M]. Harlow: Longman, 1995.

等待时间长短对学生的成绩有何影响？有研究表明：对于低水平的问题，等待时间的增加会导致成绩下降，而对于高水平的问题，等待时间的增加可以促使成绩提高（J. P. Riley，1980）。

根据上述研究，我们认为，等待时间的长短应该与所提出的问题相适应，并最终与问题所要达到的目标相一致。如果在复习课上，目标是让学生从记忆中检索有关的信息，所设计的问题都是有关知识记忆的，较快的进度和较短的等待时间或许是适当的；如果问题设计的目的是刺激学生积极思维并创造性地回答问题，那么，就应该给学生足够的等待时间从而产生期待的结果。

5. 对学生的回答给予适当反馈

学生回答问题后，教师应给予适当反馈。通过反馈，一方面可以激发学生的学习动机，另一方面，学生可以从反馈信息中获得新的知识。反馈的上述作用是显而易见的，然而，很多实际情况却是：学生的回答不够全面或不够正确时，教师在学生回答后并没有给任何反馈。

教师的反馈最好根据学生的回答是否全部正确、部分正确或全部错误而区别对待。如果学生回答正确而且迅速，就给以肯定的反馈，告诉学生"对"以确认他的答案；如果学生回答正确但有些犹犹豫豫，那么，首先肯定他的答案正确并向学生解释他的答案为什么是正确的；如果学生的回答部分正确，要肯定他回答正确的部分，并通过提示鼓励学生改正另外一部分答案；如果学生的回答全部错误，教师可以给学生提供回答问题的线索、简化问题并鼓励学生重新回答或者提供正确答案。

6. 鼓励学生大胆质疑

教师提出问题后，有时学生会对问题本身不理解而存有疑问；学生或教师对问题做出回答后，一些学生仍会对答案本身存在疑问。学生自己有了疑问并想解决疑问，恰是实施教学的最佳时机。因此，教师应鼓励学生大胆质疑，提出自己想问的问题，并对学生的问题给予回答或引导学生自己回答。教师不要只顾自己提问题，而忽略了让学生提问题。对于学生提出的问题，无论听起来是多么幼稚可笑，教师都不要讽刺挖苦或不予理睬，要充分保护学生的自尊心，更重要的是鼓励和培养学生主动质疑的勇气、精神和能力。

（三）讨论法

讨论法是在教师指导和监督下，以学生集体为中心，学生间相互启发、相互学习与交流的一种教学形式。

讨论法是一种以学生自己的活动为中心的教学方法。在讨论中，每个学生都有自由表达自己见解的机会，而且要提出事实和论据，有效地说服他人。因此，学生在活动中处于主动的地位，有利于激发学生学习的主动性和积极性，有利于学生灵活地运用知识解决问题，有利于激发学生的独立思考和创造精神。

有效的组织讨论要注意以下几点：

1. 讨论的议题要明确

2. 讨论前让学生做好充分的准备，布置学生阅读有关的教材和必要的参考资料

3. 充分发挥教师在讨论中的作用

教师在讨论中的作用主要是引导学生围绕议题中心进行发言并促进学生之间的相互作用。在讨论中，教师是一个引导者、组织者、调节者和参与者。与讲授法相比，教师在讨论中应扮演一个相对次要的角色，教师不再以权威的身份提供信息，不要对学生的回答作权威的正误判断，也不一定非得将讨论引向一个预先确定的结论。在讨论中，教师经常要做的事情是鼓励，邀请学生大胆发言，参加讨论，将学生的发言要点记录在黑板上（但不评论），要求学生进一步论证或澄清自己的观点，指出学生发言的相同点以及不同点，总结已经取得的进步。

4. 讨论结束后要适当小结

当学生的讨论结束后，教师要做一个小结。对讨论中的疑难问题，教师要阐明自己的看法；要总结讨论中的优缺点。对于某些有争议的问题，学生一时想不通，要允许学生保留自己的看法，不能强求学生接受。

二、可供选择的教学策略

教学有法，教无定法。除课堂教学的一般方法以外，心理学家在有关的学习理论的基础上又发展出许多新的教学方法，包括发现学习、掌握学习、程序教学及合作学习等。这些方法为广大教师在教学实践中改革传统的教学方法，选择和探索新的教学方法提供了理论依据。

（一）发现学习

1. 发现学习及其理论背景

发现学习的首倡者为美国当代认知派心理学家布鲁纳（J. Bruner，1966）。发现学习（discovery learning）是指给学生提供有关的学习材料，让学生通过探索、操作和思考，自行发现知识，理解概念和原理的教学方法。

发现学习是否比其他方法更好呢？自发现学习提出后，研究者已进行了大量的实证研究。这些研究的结果并不完全一致，有些甚至相互矛盾。尽管如此，关于发现学习的一些普遍性结论可以归纳如下（J. E. Ormrod et al，1995）：（1）从总体学习效果来看，发现学习并不比传统的教学方法（如讲授法）更好或更坏。（2）从高水平的思维技能来看，发现学习通常更有助于培养学生解决问题的能力，创造性和独立性。（3）从情感领域的学习来看，发现学习比传统教学更有助于培养学生对教师和学校的积极态度。

许多研究表明，发现学习受到如下一些条件的制约：（1）学生的先备知识。当学生具备适当的相关背景知识时，他们更可能从发现学习中受益（J. Bruner，1966）。（2）学生的智力水平。哈特用小学生进行研究表明，发现学习更适合智力水平较高的儿童。（3）学习材料的性质。发现学习最适合的教材，必须具备多方面的诱导假说，有明确阐述原理的内容，一般理科教材比较适合。（4）教师的指导。发现学习离不开教师的指导，尤其是当学习材料比较复杂、内容较难时，就更需要教师的指导。研究表明，没有教师指导的"纯"发现学习通常是无效的。在无指导的发现学习中学生经常产生错误的概念（A. L. Brown & J. C. Compione，1994）。（5）教学时间。发现学习通常比讲授法花费较多的教学时间。

我国目前正在进行的基础教育新课程改革的重点之一就是如何促进学生学习方式的变革，即倡导自主学习、合作学习、探究学习的学习方式。《基础教育课程改革纲要（试行）》（2001）指出："改变课程实施过于强调接受学习、死记硬背、机械训练的现状，倡导学生主动参与、乐于探究、勤于动手，培养学生搜集处理信息的能力、获取新知识的能力、分析和解决问题的能力以及交流与合作的能力。"可见，新课程改革所强调的探究学习方式与布鲁纳所倡导的发现学习具有十分明显的一致性。研究并运用发现学习有助于深化我国的新课程改革，然而，采用发现学习要受到学生的先备知识和智力水平、学科特点、教师的指导能力以及教学时间等诸多因素的制约，这启示我们在课程改革中学习方式的转变和教学方法的更新都是有条件的，任何一种学习方式都不是万能的，而是要根据学生和学科的特点加以选择和灵活运用。正因为如此，课程改革对教师的素质提出了更高的要求和新的挑战。

2. 有指导的发现学习及其教学实例

发现学习可以按有无教师的指导，分为无指导的发现学习和有指导的发现学习。无指导的发现学习是一种无结构的发现学习（unstructured discovery）或"纯发现学习"，是指学习者在一个自然状态中依靠自己获得领悟，比如，科学家在研究计划中做出的独一无二的发现。有指导的发现学习（guided discovery）是一种结构化的发现学习，由教师提出问题的情境，提供有关的材料信息，引导学生去达到一个既定的目标。

研究表明，无指导的发现学习常常是无效的，而有指导的发现学习因教师的指导作用得以发挥，而效果较好。下面是一个有指导的发现学习的课堂教学实例。

张老师在上地理课前为"经度线和纬度线"一课准备了一个大海滩球、一个网球、一张地图、一个地球仪和一些小绳。上课一开始，她就让学生们在地图上指出他们所居住的位置。然后，她说："假如你在暑假旅行中结识了一些外国朋友，你想向你的外国朋友准确地描述你住在什么地方。你该怎么做？"当学生们提出了一些建议后，她问这些建议是否足够准确地指出他们所居住的确切位置呢？学生们经进一步讨论后得出的结论是：不能。

教师说："让我们一起看看能否通过画图解决这个问题。"她拿出海滩球和地球仪，让学生观察和比较。待学生们在海滩球上确定了东、西、南、北诸方位后，张老师围绕海滩球的中心画了一个圆圈作为赤道。她让学生在网球上也画上同样的线。老师继续在海滩球上的赤道两侧画圆圈，然后说："现在，请大家比较一下这些线有什么共同点。""它们都是平行的。"一名学生自告奋勇地回答。"还有别的共同点吗？"老师问。学生们又指出"这些线都是东西方向的"；"当它们远离赤道时逐渐变短"。老师将这些共同点都写在黑板上后指出这些线叫作纬度线。老师继续用笔在海滩球上画上各条经度线，使海滩球布满了纵横交错的经纬线。然后，老师问："经度线与纬度线有何共同点？"一个学生回答说："它们都是绕着球画的。"另一个学生说："它们的长度都一样。"老师问："我们怎样才能知道这些线的长度是否一样呢？"学生说："我们可以测量这些线，比如用绳或别的什么东西。"

于是老师将准备好的绳子拿出来让学生分组测量球上各条经度线和纬度线的长度，测量后让学生们比较并总结他们的发现。学生们得出如下结论：（1）纬度线逐渐远离赤道；同一条纬度线各点与赤道的距离都一样。（2）经度线的长度相同；纬度线在赤道以北和赤道以南逐渐变短。（3）经度线在极地彼此交叉；经度线和纬度线在全球各处相互交叉。（4）居住位置可以用经度线与纬度线的交叉点来精确地标定。

在这个有指导的发现学习教学案例中，我们可以看到如下一些特点：由教师创设良好的问题情境，学生是学习过程的中心，在理解经度线和纬度线的过程中，师生之间、学生之间有着广泛的相互作用，学生通过动手操作促进理解，通过小组合作发现有关结论。有指导的发现学习及其上述特点与我们通常所说的启发式教学有着密切关系。

3. 启发式教学与发现学习

启发式教学的思想源远流长。孔子在《论语·述而》提出："不愤不启，不悱不发，举一隅不以三隅反，则不复也。"这是对启发式教学的经典论述。这里的"愤"是指苦苦思索而想不明白，"悱"是指想要用言语表达却说不清楚。"愤悱"表明了疑问和认知上的矛盾。愤悱状态即是一种问题情境，这恰是对学生进行"启发"的前提和教学的逻辑起点。只有这时，通过启发，才能有效地培养学习者"举一反三"、触类旁通的问题解决能力和学习迁移能力。

现代认知派心理学家布鲁纳的发现学习为启发式教学奠定了现代认知学习和教学理论的基础，为古老的启发式教学注入了生机和活力。可以说，有指导的发现学习，就是现代意义上的启发式教学，二者在本质上是一致的。

（二）合作学习

1. 合作学习及其模式

合作学习（cooperative learning）是一种让学生在小组中互相帮助进行学习的教学方法（R. E. Slavin, 1983, 1990; D. W. Johnson et al, 1987）。例如，生理学教师上课时说："今天我们开始学习人的消化系统并在周末进行测验。我要求你们四人组成一组，互相帮助，进行学习。如果每一组的四个成员均能在周末的测验中得到 90 分或 90 分以上，那么该学习小组成员将得到一场流行音乐会的免费门票。"显然，该教师是在运用合作学习的教学方法。

合作学习的研究者提出了各种不同的合作学习模式。有的模式适合大多数的学科和年级，属于一般性的模式；有的模式是专为数学学科或语文学科而设计的，属于特殊模式。斯拉文（R. E. Slavin）等人提出了如下三种模式。

（1）学生小组成绩分组（STAD, Student Team—Achievement Divisions），是一种适合大多数学科和年级的模式（R. E. Slavin, 1991）。学生被分成四人一组，每组中包含着不同学习成绩、不同性别和不同种族的学生。教师呈现课程内容，小组成员共同学习，相互帮助，以确保所有学生都能掌握课程内容。最后，每个学生在没有小组其他成员的帮助下，参加个别考试，老师根据每个学生取得的进步对其成绩进行评定。如果小组中的每位成员的成绩达到或超过某一规定的标准，小组即可获得奖赏。小组之间并无竞争，只要做得好，每个小组均可得到奖赏。

（2）小组辅助教学（TAI, Team Assisted Instruction），最初是为数学学习而设计的（R. E. Slavin, 1985）。TAI 将合作学习与个别化教学相结合。学生被分成 4—5 人一组的学习小组，共同学习 8 周左右，然后重新分组。每个小组可以按不同的速度学习不同的单元。教学单元被分成学生个别学习和小组学习两个时期。在小组学习阶段，小组成员互相帮助完成学习任务和相应的纸笔测验并相互检查测验结果。当一个学生 80% 的测验项目正确时，可参加最后的测验。如果学生平时测验达不到 80% 正确率，那么，教师就得为其做个别指导。每周对小组成员的最后测验得分进行统计，做得好的小组将得到奖励。该模式用于小学 3—6 年级学生。结果证明，参与小组辅导教学模式学习的学生，数学成绩高于传统教学模式下的学生。

（3）合作性综合阅读和作文（CIRC, Cooperative Integrated Reading and Composition），该程序是为阅读和作文教学设计的（R. J. Stevens, R. E. Slavin, et al, 1987）。学生两两合作完成阅读、故事结构分析、写作、故事复述、掌握单词、拼写、定义等活动并相互评价对方在有关测验中的进步。

2. 有效的合作学习特征

根据国外的有关研究（J. E. Ormrod, 1995），成功的合作学习具有如下典型特征：

（1）异质小组。将学生划分成 4—6 人一组，每组里既有男生，又有女生，既有成绩好的，也有成绩差的。

（2）明确的目标。给合作小组提供明确、具体的学习目标。

（3）小组成员相互依赖。给小组中每一成员一个不同的角色或任务。比如，在有关支持或反对保护热带雨林的课堂讨论中，教师给每个成员安排一些独特的任务；一个学生朗读关于热带雨林的材料，另一个学生记录小组成员表达的论点，第三个学生检查对于每个论点，小组成员是否一致同意等等。

（4）教师作为监督者和信息源。教师负责监督小组成员的相互作用并提供学生必需的信息。比如，一位初中社会研究课教师让学生们为无家可归者找到住所提供建议。教师对每个小组的活动进行观察以确保他们的相互作用是建设性的和适当的。当他发现一个学生侮辱另一个与他持有不同意见的学生时，他提醒大家只评论观点而不要攻击人。

（5）个人责任。使每个学生对他们自己的成绩负责。即教师给每个学生做个别测验并评价学生的掌握水平。

（6）奖励小组的成功。只有全组成员均达到或超过某一测验分数时，教师才给以奖励。

（7）自我评价。让学生自己评价小组活动的效率。当一个小组完成任务后，教师可以让小组回答以下问题："是否每一个成员都积极参与了？"、"有不明白的地方，是否主动提出问题？"、"是否只讨论观点而不攻击人？"

（8）变化合作期限。根据要完成的任务不同而变化合作小组的合作期限。比如，一位高中健康课教师在九月份开学时把全班学生分成若干基础小组，这些小组将在一个学期里进行长期合作，相互支持，相互帮助。在一个学期里，教师偶尔也会组成一些不同类型的短期的合作小组去完成一些特殊的任务。比如，一个小组找出滥用酒精的危险，另一个小组策划一顿包含有四种食物的便宜的午餐等等。

3. 合作学习的效果

大量的研究（R. E. Slavin，1983，1990；J. Eccles，1989）表明，合作学习在许多方面都卓有成效：（1）各种能力水平的学生都表现出较高的学习成绩，女生及后进生成绩的提高尤为突出；（2）学生对学校科目更感兴趣、更多地参加课堂活动，更经常地在学习上互相鼓励、相互支持，在课堂上较少表现不良行为；（3）学生之间能相互理解、相互接受、相互友好、建立友谊。

此外，合作学习也有助于发展复杂的认知技能，如有效的问题解决技能、元认知意识及学习策略等（N. Noddings，1985；S. G. Paris et al，1990）。

（三）**程序教学**

1. 程序教学及其理论背景

程序教学（progromed instruction）是一种个别化的教学形式，它将要学习的大问题分解为一系列小问题，并将其按一定的程序编排呈现给学生，要求学生学习并回答问题，学生回答问题后能及时得到反馈信息。

程序教学的思想来源于普莱西（S. L. Preesey，1924）发明的教学机器，但程序教学的真正首创者却是美国行为主义心理学家斯金纳（B. F. Skinner，1954）。

如本书第二章所述，斯金纳（1938）通过大量的动物学习实验提出了操作性条件反射的强化理论。他认为人和动物的学习主要是操作性条件反射的形成过程，通过操作性条件反射进行的学习称为操作学习。操作学习的基本规律是：如果一个操作发生后，接着呈现一个强化刺激，则这个操作的强度（反应再次发生的概率）就增加。比如，儿童因说出礼貌用语而得到父母的表扬或奖励（强化），那么，该儿童倾向于再次说出礼貌用语；一个学生因努力学习而得到好成绩和老师的表扬（强化），则该学生倾向于继续付出努力去学习。斯金纳认为，学习和行为的变化是强化的结果。控制强化就能塑造行为。教育就是塑造行为的过程，只要安排好强化程序就可以随意地塑造人的行为。

1954年，斯金纳在《学习科学与教学的艺术》一文中，根据他的强化理论，对传统教学进行了批评，竭力主张改变传统的班级教学，实行程序教学和机器教学。根据操作性条件反射原理把学习的内容编制成"程序"安装在机器上，学生通过机器上的程序显示进行学习。后来还发展了不用教学机器，只使用程序教材的程序学习。

程序学习的过程是将要学习的大问题分解成若干小问题，按一定顺序呈现给学生，要求学生一一回答，然后学生可以得到反馈信息。学生对问题的回答相当于"反应"，反馈信息相当于"强化"。

2. 程序教学的类型

程序教学可以按程序教材的编排方式分为直线式程序和分支式程序两种。

斯金纳的程序教学通常被称为直线式程序。在直线式程序中，所有的学生都以同样的顺序学习同样的内容。学习内容以框面的形式依次呈现，每一个框面只有少量信息，然后是一个相关的问题，学生回答问题后，在下一个框面得到反馈信息，并继续进行下一框面的学习。分支式程序是由克劳德（N. Crowder, 1961）等人对斯金纳的程序修正后而得出的。分支式程序比直线式程序的步子更大，每一个框面里呈现更多的新信息。结果，问题更难回答，学生更可能出错。每当学生对一个问题做出错误的反应时，他将在继续学习新信息之前，先进入一个或多个补救教学的框面，使错误得到澄清说明或进行相应练习。当学生完成补救教学的框面后，重新被引导到主程序上，继续进行下面的学习。

当前，分支式程序经常可以在计算机辅助教学（Computer Assisted Instruction：CAI）中见到。CAI是以计算机为呈现手段的程序教学。当计算机用于程序教学时，它可以根据每一个学生的特殊反应自动呈现相应的框面。计算机辅助教学的关键是教学软件的编制。随着软硬件技术的发展，计算机辅助教学及多媒体技术必将在学校教学中发挥巨大作用。

3. 程序教学的编程原理

程序学习的关键是编制出好的程序。为此，斯金纳提出了编制程序的五条基本原理（原则）：

（1）小步子原则。把学习的整体内容分解成由许多片段知识所构成的教材，把这些知识按难度逐渐增加的顺序排成序列，使学生循序渐进地学习。

（2）积极反应原则。要使学生对所学内容做出积极的反应。每一个小的学习内容后面都紧跟着问题，学生通过填空、选择等做出积极的反应。

（3）及时强化（反馈）原则。对学生的反应要及时强化，使其获得反馈信息，即回答问题后立刻可以看到答案，知道对错。

（4）自定步调原则。学生根据自己的速度和能力进行学习，自己确定学习的进度，以适应学习者的个别差异。

（5）低错误率原则。使学生尽可能每次都做出正确的反应，使错误率降到最低限度。因此，教材的排列应由易到难，由简到繁。

4. 程序教学的效果

程序教学及计算机辅助教学的效果如何？大多数研究（J. F. Feldhusen，1963；P. C. Lange，1972）表明：非计算机化的程序教学与传统的教学方法的效果一样。计算机辅助教学却经常显示出比传统教学的优越之处：首先，通过 CAI 进行学习的学生有更好的学习成绩并对学校学习有更积极的态度（J. A. Kulik et al，1980；M. R. Lepper et al，1989；M. D. Roblyer et al，1988）。其次，运用 CAI 学习的学生对他们自己的学习增强了控制感，学习动机更强，更渴望学习（K. Swan et al，1990）。

5. 自学辅导教学与程序教学

1960 年初，中国科学院心理所研究员卢仲衡在斯金纳程序教学思想的影响下，开始研究程序教学。1965 年，卢仲衡领导一个研究小组吸取了程序教学的经验，结合我国中小学课堂教学的实际，开始在初中数学学科中进行"自学辅导教学"的实验。研究发现，自学辅导教学的效果优于程序教学和传统教学。

在教材编写上，自学辅导教学借鉴程序教学的编程原理并吸取优秀教师的教学经验，提出了九条编制教材的原则。编写的数学教材包括三个本子，即课本、练习本和测验本。

卢仲衡
（1923—2002）

自学辅导教学的课堂模式可概括为启、读、练、知、结，即启发、阅读、练习、反馈、小结五个环节。其教学过程如图 11-1 所示。

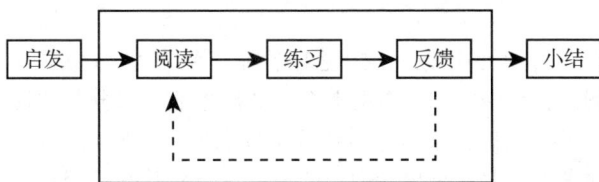

图 11-1 自学辅导教学的课堂模式

启发和小结是由教师在开始上课和即将下课时向全班学生进行的，共占 10—15 分钟；阅读、练习、反馈由学生自己进行，共占 30—35 分钟。

启发是从旧知识中引出新问题，激发学生去自学，所以启发不是讲课。例如，在讲有理数乘法时，教师只提出以下问题：

①你会乘法吗？

②3×2＝?

③（-3）×（-2）＝?

前两个问题学生能够回答，第三个问题却回答不出来，教师接着布置这节课所学的内容（具体页），由学生自学。

学生在自学时，先阅读教材，然后按教材的要求做练习，做完练习以后核对答案（即反馈），这三个环节交替进行。即读懂教材做练习，做完练习对答案，然后再读教材、再做练习、再对答案，如此交替地进行自学。这段时间里，教师可以给学生答疑，但教师不向全班提问题和讲解。

最后，由教师进行小结，概括所学内容，纠正错误，使知识系统化。例如，对有理数乘法进行小结时，教师提出以下问题：

①（-3）×（-2）= ？

②为什么上题的结果是正数？

③有理数乘法的法则是什么？

通过有控制的对比实验表明：采用自学辅导教学的实验班在学习成绩、自学能力和迁移能力方面超过控制班，而且自学辅导教学促进了学生心理品质的提高（卢仲衡，1998）。

（四）掌握学习

1. 掌握学习的概念

掌握学习（mastery learning）是由美国心理学家布卢姆（B. S. Bloom，1968）提出来的一种适应学习者个别差异的教学方法，该方法将学习内容分成小的单元，学生每次学习一个小的单元并参加单元考试，直到学生以 80%～100% 的掌握水平通过考试为止，然后才能进入下一个单元的学习。

掌握学习代表着一种非常乐观的教学方法，它假设只要给予足够的学习时间和相应的教学，大多数学生都能够学会学校里的科目。

2. 掌握学习的组成成分

掌握学习通常包括下列组成成分：

（1）小的、分离的单元。教学内容被划分成一系列单元，每一单元包含有较少量的学习材料。

（2）逻辑序列。各单元排成一定的逻辑序列，首先学习一些基本概念，随后学习较复杂的概念。例如，首先学习分数的概念，然后才能学习分数的加法。

（3）在每一单元结束时，通过考试检验掌握水平。在学生学完一个单元，进入下一个单元前，必须参加有关这个单元内容的考试，以检验其是否掌握了该单元的学习内容。

（4）每一单元要有一个具体的、可观察的掌握标准。每一单元都规定了明确的、具体的、可观察、可测量的单元，学生必须正确回答 80% 以上的单元测验项目。

（5）为需要额外帮助或练习的学生提供"补救"措施，以使他们达到掌握水平。学生并非总是能够一次就通过测验，达到掌握水平。对那些需要帮助的学生，教师要提供更有针对性的教学方法、不同的学习材料、参考书及个别指导等。

按掌握学习的方式进行学习，学生通常以他们自己的速度通过各个单元，因此，在某一时间里，不同的学生可能正在学习不同的单元。但一些研究（J. H. Block，1980；Guskey，1985）认为，全班学生在同一时间进入同一单元的学习也是可能的，那些较早掌握单元内容的学生可以参加一些更丰富的学习活动或者给那些尚未通过该单元的同学提供指导。

3. 掌握学习的效果和适用范围

（1）掌握学习的效果

有关掌握学习的研究（J. H. Block et al, 1976；J. A. Kulik et al, 1990）指出，该方法与非掌握学习法相比有一定优点，特别表现在学生的如下变化上：学得更多并在课堂测验上表现得更好；保持良好的学习习惯，学习更有规律；更喜欢上课和教师；对学科更感兴趣；对学科学习能力更有信心。

（2）掌握学习的适用范围

当我们运用掌握学习的方法进行教学时，也要考虑掌握学习的适用范围。

首先，掌握学习更适合基础知识和基本技能的教学。当一些概念或技能是学生必须熟练掌握的（或许应达到自动化的水平），特别是这些概念和技能能为进一步学习奠定基础时，掌握学习就是最合适的方法。比如，当教学目标是掌握阅读中的词汇、数学中的加法和减法、各科的基本概念、语法规则等时，设计掌握学习的教学是适当的。而一些长期的教学目标，如培养数学问题解决、科学推理、创造性写作等方面的能力，则需要日积月累地不断提高，而不是立刻就能达到掌握水平的。因此，这时运用掌握学习是不合适的。

其次，掌握学习更适合学习能力较低的学生以及有各种特殊需要的学生（D. H. DuNann et al, 1976；G. Leinhardt et al, 1982）。相比之下，对于那些学习能力较强，学习速度较快的学生，掌握学习可能会阻止他们的进步，因此，对于这些学生用掌握学习也是不合适的。（M. Arlin, 1984；J. C. Nunnally, 1976）。

第三节 教学评价设计

一、教学评价概述

（一）教学评价的含义

教学评价（instructional evaluation）是指根据教学目标，对学习者在教学活动中所发生的变化进行观察与测量，收集有关资料并作出价值判断的过程。

首先，教学评价的依据是教学目标。教学目标是在教学活动中所期待的学生的学习结果，它规定了学习者应达到的终点行为。教学之后，学习者在认知、情感和动作技能等方面是否产生了如教学目标所期望的变化？这是要通过教学评价来回答的。因此，教学评价依据的标准是教学目标。离开了明确具体的教学目标就无法进行教学评价。如果教学评价的标准和教学目标不一致，那么，教学目标将会失去它自身的作用，由另外的评价标准取而代之。比如，实际存在的以升学考试的结果为教学评价的标准，用考试标准代替教学目标，使教学在考试指挥棒的控制和摆布下进行，结果造成了教学评价标准的混乱，尤其不利于素质教育目标的实现。

其次，教学评价常常通过观察与测量来收集资料，但测量不等于评价，评价是对测量结果做价值判断的过程。测量是指以各种各样的测验或考试对学生在学习和教学过程中所发生的变化加以数量化，给学生的学习结果赋以数值的过程。测量是评价的前提和重要手段，但并不等于评价。另外，虽然测量是评价的重要手段，但并不是唯一的手段。教师还可以通过一些非测量的方法如观察、谈话、收集学生的学习作品等收集有关资料，以便做出更全面的教学评价。

（二）教学评价的作用

教学评价在学习和教学过程中发挥着重要作用。教学评价的一般作用可以概括为以下三方面：第一，教学评价的结果为教师检验与改进教学提供依据；第二，教学评价的结果为学生在学习上的进步提供反馈；第三，教学评价的结果为学生家长了解子女在校学习情况提供参考。

教学评价的作用还体现在各种不同类型的教学评价中，每一种类型的教学评价均有其特殊的作用。

（三）教学评价的类型

教学评价工作是十分复杂的。根据不同的划分标准，可以将教学评价分为不同的类型。

1. 准备性评价、形成性评价和总结性评价

根据实施教学评价的时机不同，可以将教学评价分为准备性评价、形成性评价和总结性评价。

准备性评价（preparative evaluation）是指在教学之前，为了解学生对学习新知识应具备的基本条件的掌握情况而进行的评价。准备性评价通常运用所谓的"摸底测验"的方式来进行。通过准备性评价，教师可以了解学生是否具备学习某种新科目所需要的基本知识或技能，也可以了解在新科目的教学目标中，有哪些知识与技能是学生已经掌握的。因准备性评价具有诊断功能，因此又称为诊断性评价。

形成性评价（formative evaluation）是指在教学过程中为了解学生的学习情况，及时发现教和学中的问题而进行的评价。形成性评价常采用非正式考试或单元测验的形式来进行。测验的编制必须考虑单元教学中所有重要目标。通过形成性评价，教师可以随时了解学生在学习上的进展情况，获得教学过程中的连续反馈，为教师随时调整教学计划、改进教学方法提供参考。

总结性评价（summative evaluation）是指在教学结束后为全面了解教学目标的实现情况所进行的评价。总结性评价常用期末考试的方式进行。通过总结性评价，教师可以检验本学期教学目标的实现程度，从而判断教学效果的好坏，是否需要对教学做进一步的改进，以及为制定新的教学目标提供参考。通过总结性评价，可以对学生一个学期的学业成就做一个综合的评定，并将评定的结果反馈给学生家长。

2. 常模参照评价与标准参照评价

根据对教学评价资料的不同处理方式，可以将教学评价分为常模参照评价和标准参照评价。

常模参照评价（norm-referenced evaluation）是以学生团体测验的平均成绩即常模为参照点，从而比较分析某一学生的学业成绩在团体中的相对位置。常模参照评价

对学生学习成就的解释采用了相对的观点，着重于学生之间的比较，主要用于选拔（如升学考试）或编组、编班。

标准参照评价（criterion-referenced evaluation）是以教学目标所确定的作业标准为依据，根据学生在试卷上答对题目的多少来评定学生的学业成就。标准参照评价对学生学习成就的解释采用的是绝对标准，即学生是否达到了教学目标所规定的学习标准，以及达标的程度如何，而不是比较学生个人之间的差异。具体实施时，就是以考试分数为标准，100分代表着学生的学习已完全符合教学目标的要求，而60分代表着及格，是对学习的最低要求。在学校教学评价中，一般都采用标准参照评价。

3. 标准化学业测验和教师自编测验

根据评价时使用的测验的来源不同，可以将测验分为标准化学业测验和教师自编测验。

标准化学业测验（standardized achievement tests）是指由学科专家和测验编制专家按照一定标准和程序编制的测验。该测验的目的是评价经某种教学或训练后学生的实际表现，具有客观性和可比性的突出优点，被视为评价学生学业成绩的重要工具之一。这种测验在国外得到普遍使用。比如，美国教育测验中心举办的托福考试（TOEFL），考核非英语国家学生的英语水平，决定是否录取留学和授予奖学金。

教师自编测验（teacher-made test）是指导教师根据教学需要自行设计与编制的、作为考查学生学习进步情况的测验。教师自编测验是在学校教学评价中应用最多，也是教师最愿意用的测验。这是因为，教师自编测验操作容易，教师可根据学科特点和教学检查的需要随时编制，并在本年级或本班小范围内施测，颇为灵活方便。虽然教师自编测验未经过标准化，但其编制也需遵循一定的方法和原则。

4. 量化的教学评价与质化的教学评价

量化的教学评价是指在评价过程中采用测验的方式去收集和某一教学有关的学生实际表现或所取得进步的资料，并在对所获得的资料进行数量化分析后，对教学效果做出评价。运用常模参照评价与标准参照评价以及标准化学业测验和教师自编测验所进行的评价，均属于量化的教学评价。这种评价方式更多地用于对教师的教学和学生的学习结果而不是过程进行评价，在传统教学中使用较多。

质化的教学评价是指评价过程中采用观察记录、建立档案等非测验的方式去收集和某一教学有关的学生实际表现或所取得进步的资料，并在对所获得的资料进行定性分析后，对教学效果做出评价。这种评价方式更多地用于对教师的教学和学生的学习过程进行评价，在当前学校教育、教学改革中使用较多。

二、量化的教学评价的方法与技术

学校教学评价中使用最多的是教师自编测验。教师自编测验属于量化的教学评价方式。为了保证教师自编测验的信度和效度，在课堂测验的编制、准备、实施及分数解释等方面必须遵循一定的方法和原则。下面就与量化的教学评价有关方法和技术做具体分析。

（一）课堂测验的问题类型与编制技术

传统的课堂测验通常采用纸笔考试的形式来测量学生对课程内容的掌握情况。典型的纸笔测验题包括论文式问题、多重选择题、匹配题、是非题和填空题。

1. 论文式问题

论文式问题（essay question）是指要求学生用文字论述方式回答的题目，其目的在于评价学生的表达能力、组织能力以及对各种不同领域的知识的综合能力。

论文式问题的优点是：第一，提出问题很容易而且很迅速，不像客观测验题需要很长时间去考虑和设计；第二，可以使教师将评价的重点放在学生对所学知识的组织和分析、综合、评价等较高级的认知能力上，而不仅仅是对知识的简单记忆上。

然而，论文式问题也有许多缺点：第一，评分困难，费时太多；第二，主观性较强，信度较差；第三，取样范围较窄，只能涵盖教学内容中较小的百分比。

为了克服论文式问题的不足之处，必须在命题技术上加以改进。下面是教育心理学家们对如何编制论文式问题的建议：

（1）论文题的用语必须简单、清楚、明确。

（2）论文题的设计要尽量涵盖相对多的知识点。

（3）标出每一问题的分值和限定回答的时间。

（4）事先拟出每题的答案要点和评分标准。

（5）对同一试题的评分一次性集中完成。

（6）评分时不看学生的姓名。

2. 多重选择题

多重选择题（multiple-choice item）是指针对某一问题，让学生从多个可能的答案中选择一个正确答案作为回答的试题形式。

选择题由题干和选项两个部分组成。题干是要求学生回答的问题，通常用一般疑问句或不完整陈述句来表达；选项包括一个正确答案和几个干扰项（错误答案）。干扰项一般为3—5个。干扰项越多，学生猜测出正确答案的概率越小。一般认为多重选择题只能让学生完成一些较低水平的认知任务，问题通常要求学生再认在课堂上或书本中学过的概念或定义。例如，下面的这个多重选择题要求学生再认本节中学过的一个定义。

［例题］

个体的操作成绩要与其他人的操作成绩相比较的评价是（　　　）。

A. 常模参照评价

B. 标准参照评价

C. 形成性评价

D. 总结性评价

（答案为：A）

多重选择题的优点是：第一，评分客观、可靠；第二，试题取样范围广，能够涵盖课程的主要内容，保证测验的有效性；第三，答题和阅卷均较方便、高效。

然而，多重选择题也有其缺点：第一，编写困难、费时；第二，难以排除学生猜测的成分；第三，由于选择题的答案是固定的，因而不易测量学生的创造力、组织和综合能力。

如何编写出既容易理解又实用的多重选择题呢？下面是一些心理学家提出的建议：

（1）语言的运用要尽可能简单、明确。选项要简短，将选项中相同的用词置于题干中。

（2）避免在题干中出现否定性陈述。如果不可避免，对于题干中的否定部分要用加黑的字体或下面画线等方式醒目地标示出，以引起学生的注意。

（3）使干扰项看起来似乎是正确的。有效的干扰项常常是人们经常出现的错误或误解。

（4）不用或少用"以上几项都不是"作为选择项。

（5）确保各选项与题干在语法关系上是正确的。

（6）使各选项尽可能相似，长度大体相同。

（7）选项中正确答案的位置应随机安排，避免使答题者找到规律。

（8）确保每一个问题都是独立的，一次只能陈述单一问题，避免出现歧义。

（9）避免一个问题包含着另一个问题的答案。

3. 匹配题

匹配题（matching item）是选择题的一种变式，让学生将一栏前提项（通常是左侧的一栏单词或短语）与一栏反应项（右侧的一栏单词或短语）相互匹配。匹配题是评价某种类型的事实性知识（例如，人物与他们的业绩、日期和历史事件、范畴和实例等）的一种可靠的、客观的、有效的方式。

［例题］从右栏中找出左栏所列作者的作品，并把相应的字母填在括号中。

（1）吴承恩（　　　）　　　　　　A.《窦娥冤》

（2）蒲松龄（　　　）　　　　　　B.《三国演义》

（3）关汉卿（　　　）　　　　　　C.《红楼梦》

（4）曹雪芹（　　　）　　　　　　D.《梦溪笔谈》

（5）罗贯中（　　　）　　　　　　E.《水浒传》

（6）施耐庵（　　　）　　　　　　F.《聊斋志异》

　　　　　　　　　　　　　　　　G.《西游记》

匹配题的优点是：第一，容易编制；第二，可以在短时间内测量大量相关联的材料，覆盖面较广。

匹配题的缺点是：第一，它一般只能测量简单记忆的事实材料或概念关系，并且要求编制的选项必须是同质的；第二，答题需要的时间比较长；第三，学生可能猜测答案。

编制匹配题时，既要注意减少学生寻找的时间，提高答题效率，又要注意降低学生猜测的可能性，因此要运用适当的命题技术。编制匹配题的技术要点如下：

（1）在前提项与反应项中均需采用同类资料，如用人名时都用人名，用书名时都用书名。

（2）在项目的数目上，提供的反应项目要多于前提项目。

（3）题干必须清楚明确，并对匹配的方法做出适当的说明。

（4）要讲清每一选项可用一次还是可用多次。

（5）前提项或反应项的数量一般不应超过 10 个或 12 个。

（6）题干与前提项和反应项的文字必须出现在同一页上。

4. 是非题

是非题（true/false items）是要求学生对一则陈述的命题给予是非（正误）判断的一种试题形式，也叫正误题或判断题。

［例题］请判断下列各项陈述是否正确，并将"√"或"×"写在后面的括号中。

（1）植物没有神经系统。（　　　　）

（2）各种植物的生长都离不开光合作用。（　　　）

是非题的优点是：第一，编写相当容易；第二，回答和评分都很方便；第三，取样范围较广，可以有效地测量学生对一些知识点的掌握情况。

是非题的缺点是：第一，是非题测量的常常是一些较低水平的细节性的知识点，而不易测量一般原理或对知识的应用、分析、综合、评价等；第二，是非题猜测正确的概率是 50%，因此，它的可靠性较差。有时教师要求学生将判断为错误的题改正过来，但这样做使是非题答起来更加困难而且评分也更费时间。

如何更好地编写是非题呢？心理学家（W. A. Mehrens & I. J. Lehmann，1991；P. O. Eggen et al，1992；J. C. Ory et al，1993）提出了如下一些具体建议：

（1）语言陈述要简单、明确。

（2）每一个问题中只包含一个论点，避免由两个以上的论点在同一题中出现，而造成题目本身出现歧义或似是而非。

（3）在题目数量上，使属于"非"的题目稍多于属于"是"的题目，因为学生猜测时倾向于选"是"的机会较多。

（4）尽量采用正面的肯定的陈述，避免采用否定性陈述。

（5）使属于"是"的题目与属于"非"的题目随机排列。

（6）题目的文字避免直接抄录教材内容，因为抄录教材上的原话，学生可能会出现再认正确但不理解其含义的情况。

（7）避免使用一些具有暗示性的特殊用词，如"总是""从不""每一个""全部""所有"等。

5. 填空题

填空题（fill-in-the-blank items）是要求学生在一个留有空白的未完成句子中填上适当的词或短语以构成一个完整的句子的答题形式。

［例题］在下面的句子中填上适当的词。

植物体内用来进行光合作用的重要物质是＿＿＿＿＿＿。

填空题的优点是：第一，比选择题容易编写；第二，凭猜测作答的机会也较少；第三，答案规范、简短，使得评分可靠而容易。

填空题的不足之处：与是非题一样，测量的是较低水平的对知识的记忆，而不易测量较高水平的认知能力。

编写填空题时要注意以下几点：

（1）填空题让学生填的应该是一些关键字句，并与上下文有密切的关系。

（2）在一个题内不要留有过多的空白，否则会失去意义上的连贯性，使学生无法理解题意。一般留有一个或两个空白为宜。

（3）各题留出的空白的长度应相符，而不要有长有短，以免空白的长度对正确答案的字数产生暗示作用。

（4）避免直接引用教科书中的原句。

（5）为每题准备一个正确答案和可接受的变式标准，并具体规定是否答案部分正确也可适当给分。

（二）测验的编制与实施

教师自编测验用于教学评价是一个复杂的过程。从测验的准备到测验的实施要经历一系列的阶段或步骤。

1. 确定测验目的

测验准备的第一个阶段就是确定测验的目的。教师要考虑测验的内容是什么？测验要评价学生的何种操作？测验与教学目标的关系密切程度如何？是形成性测验还是总结性测验？是常模参照测验还是标准参照测验？

2. 测验题的选择和准备

用何种类型的测验题来测量所期望的知识与技能呢？双向细目表（two-way specification table）为测验题的选择与准备提供了一个范式。

双向细目表以一种简明的方式表达了教学内容、期望学生达到的认知能力类型以及能体现这种认知能力的测验题的类型和数目。例如，表 11-1 就是一个双向细目表，左边一栏列出的是课程的内容，上面一行列出的是布卢姆教学目标分类中的认知领域的六级目标。表中测验题的类型和数目，用来反映所要测量的课程内容与教学目标的权重或重要性。教师应该将双向细目表与学生分享，以便使学生了解他们的学习目标，从而更有效地指导他们的学习。

表 11-1	"测验编制技术"的双向细目表						
课程内容	知 识	领 会	运 用	分 析	综 合	评 价	合计题数
项目分析技术	1个是非题	2个选择题			1个论文式问题	1个论文式问题	5
论文式问题的特点	1个是非题		2个选择题	1个论文式问题			4
多重选择题的特点	1个是非题		2个选择题	1个论文式问题			4
匹配题的特点	1个是非题	1个选择题	1个选择题				3
是非题的特点	1个是非题	1个选择题	1个选择题				3
填空题的特点	1个是非题	1个选择题	1个选择题				3
合计题数	6	5	7	2	1	1	22

为了保证测验的信度，需要设计足够的题数，但题目的总数又不能太多，否则学生在限定的时间内答不完。另外，测验题的安排一般应从容易回答的题目开始，将内容相近的题目放在一起，将同一类型的内容放在一起，将费时较多的题目（如论文式问题）放在最后。

3. 测验的实施

将设计好的题目印成试卷后就进入测验的实施阶段了。在测验实施过程中，要排除可能会对学生答题造成干扰的因素。比如，在考场的门外挂一块警示牌，上面写着"正在考试，闲人勿扰"。确保学生了解测验的要求，包括每题的分数、答题的时间、记录答案的方式、猜错是否扣分、是否可以用字典或计算器等等。测验实施中的另一项工作是减少作弊的可能性和机会。要宣布考试纪律，让学生清楚地知道作弊的后果，并严格执行考试纪律。

4. 考卷的评分

考试结束后，教师对所有的试卷进行评分。在评分时，教师一定要努力做到客观（公正而无偏见）和可信（前后一致）。对于客观测验题，做到这一点比较容易；但对于论文式测验题，要做到评分客观和可信，必须遵循我们前面提供的一些评分建议。

5. 结果的反馈

评分后，要将结果反馈给学生。对于常模参照测验，要让学生了解自己的分数在班级分布的位置。对于标准参照测验，要让学生知道合格或优秀的标准以及自己的成绩在多大程度上符合这个标准。对于学生未答对的题目，要进行讨论和讲解，引起学生重视，加强复习，使考试成为学习的一个环节。

6. 测试题的修正

每次测验实施后都要对测试题进行修正。测试题修正的主要方法是项目分析，另外也可以参考学生的评论意见。

（三）对测验分数的解释与报告

1. 相对评分与绝对评分

通过测验所获得的结果必须按照某种评分标准予以解释和处理。一般来讲，学校教育中对学生学业成就的评分标准包括相对评分和绝对评分两种。

相对评分（relative grading）就是以其他学生的成绩为依据，相当于我们平常所说的"等第制"，并与常模参照评价的原则相对应。相对评分是按照统计学上的常态分布的原理，将学生分数的高低，按比例分配为五个等级。各等级所占的百分比分别是：优 7%、良 24%、中 38%、及格 24%、不及格 7%。

相对评分的优点是可以让每个学生从自己所得的等第看出在其班上的相对位置。相对评分的缺点是：班上学生的分数未必是常态分布，硬性规定学生中只能有 7% 的人得优秀，而且必须有 7% 的人不及格，显然很不合理。

另一种常见的变通的相对评分法是将学生卷面上的分数按从高到低直接排序（所谓的排榜法）。这种方法不受常态分布原理的制约，只注重学生之间在分数上的比较和相对位置，在激发学生学习的外在动机的同时，也给学生带来很大的竞争压力。

绝对评分（absolute grading）是以学生所学的课程内容为依据，学生的分数与其他同学的分数没有关系，相当于我们平常所说的"百分制"，并与标准参照评价相对应。绝对评分是以100分作为学生达到掌握程度的标准，对每份试卷给予一个分数。在百分制中，一般规定60分为及格，代表着应达到的教学目标中的最低学业标准。在实际使用绝对评分法时，学生的学业成就可直接用卷面分数来表示。

绝对评分的优点是简单易懂，只要测验的命题确实能够与教学目标相符，就可以根据学生的分数来评价他对教材的掌握程度。绝对评分的缺点是不易了解某个学生在班级中的相对位置，尤其是当试题过难（学生得分都很低）或过易（学生得分都很高）时，难免因试题缺乏鉴别力或区分度而失去评价意义。

2. 学习结果的报告

经过测验并评定分数后，要将学生的学习结果以某种方式报告给学生本人及学生家长。报告学习结果的最常见的方式是成绩报告单。将成绩报告单给学生本人及学生家长的目的，在于使学生及其家长获得学生在校学习情况的反馈信息，以便对今后的学习进行调整和改进。

为了使成绩报告单能起到激发学生的学习动机、促进学生努力学习的积极作用，教师在向学生及其家长报告测验成绩时要注意以下几点：

（1）分数报告力求准确、全面。不仅要报告学生期末考试的成绩，而且也要报告学生在经常性的小测验、单元测验中的成绩。

（2）要对评分的标准或分数的含义做出适当的解释。仅仅报告一个分数（如90分）或等第（如优秀），而不对评分标准做适当的解释说明，常常不能使学生及家长理解该分数或等第的实际含义。

（3）要使学生和家长认识到分数或等第通常不具有绝对的价值，只代表一种相对的意义。

（4）鼓励学生本人参与对测验分数的解释，并用非测验因素如测验时的个人情绪状态、平时的学习动机与学习态度、学习方法、学习环境等对取得的学习成绩加以补充说明或归因，从而提高学生对成绩的自我认知水平和自我接受程度，增强改变不良成绩的动力。

（5）从保护学生及家长的自尊心的角度，成绩的报告单不要采取公开的形式，而应采用一对一的形式。尽量不要让其他人知道某个学生成绩的好坏，以免给一些学生造成不必要的精神压力。

三、质化教学评价的方法与技术

除了传统的量化教学评价方式，质化教学评价方式也日益受到重视。质化教学评价方式同样要遵循科学的方法和步骤。下面就质化教学评价的有关方法和技术做具体分析。

（一）观察评价

观察评价是指教师在教学过程中对学生的学习表现和学习行为进行自然观察，并对所观察到的现象做客观和详细的记录，然后根据这些观察和记录对教学效果做出评价。观察评价常采用行为检查单和轶事记录等方式进行。

行为检查单是指教师根据教学目标和对学生日常的学习、劳动和纪律等方面的行为要求而设计的，对学生的行为进行观察并随时加以记录。下面是一份学生的纪律行为检查单（见表 11-2）。

表 11-2	学生一周纪律行为检查单				
姓名：	时间： 第 周				
行为表现	周一	周二	周三	周四	周五
上学迟到					
上课随便讲话					
上课时做与学习无关的小动作					
上课趴在桌子上睡觉					
课间休息时与同学打闹					
自习课上大声喧哗					

轶事记录是指教师客观地观察和记录在学校和课堂中所发生的一些与学习和教学有关事件的详细地记录经过和结果，但在记录过程中不做评论，尽可能不掺杂个人意见和观点。

（二）档案评价

1. 档案评价的含义及其特点

档案评价，又称文件夹评价或成长记录袋评价，最初兴起于 20 世纪 80 年代后期的美国，是为了取代传统的标准化考试评价，以体现学生实际学习水平的评价方法。

档案评价是依据档案袋收集的信息对评价对象进行的客观的、综合的评价。档案袋是档案评价的重要依据。

档案袋或成长记录袋是收集有关学习信息的工具，它能够为档案评价提供信息源。因此，要想客观、准确地评价学生，作为评价工具的档案袋，应该具备如下特点：第一，档案袋的基本构成成分是学生的作品，另外还包括了解学生情况的家长、教师、伙伴等的信息；第二，学生的作品数量众多且形式多样，包括诸如作文、绘画、录音、摄影等各种形式的信息；第三，这些信息是在一个学期的学习过程中逐渐积累起来的。

档案评价作为一种综合的、质化的评价方式，与传统的以分数为手段的标准化考试具有明显的差别。第一，档案评价是促进学生成长的手段，它与教师的指导和学生的学习是一体化的过程，不像传统的考试仅仅将评价作为教学过程的一个环节；第二，档案评价不仅重视作为学习结果的完成品，而且更重视对日常学习过程的记录和积累，更多地体现了对学习过程的评价，而不是像传统评价方式那样只重视对学习结果的评价；第三，档案评价是一种民主参与、协商和交往的过程，重视学生、家长和社区人员的共同参与，体现了评价主体的多元性和综合性，而不像传统的量化评价只重视教师这一单一性的评价主体。

2. 档案评价的实施过程

档案评价的实施过程分为组织计划、资料收集和成果展示三个阶段。

组织计划阶段：是档案评价的最初阶段，也是最重要的阶段。在这个阶段，教师需做周密的准备，为此需要做好如下工作：一是明确教学目标，目标能够为学生有效收集信息资料提供方向，为此，教师要明确教学目标是什么、学生要学习哪些内容和形成哪些技能等；二是要确定评价的具体对象，包括年级和学科以及学生的人数（全体学生或是部分学生）；三是确定要收集的信息形式与内容；四是信息收集的次数与频率；五是要向学生进行必要的解释包括向学生解释档案评价的内涵、档案评价对个人学习过程中的重要作用等，以便使学生在心理上认同自己的成长，在档案袋中展示自己学习的实际状况。

资料收集阶段：是根据前一个阶段所确定的计划和方案在学习和教学过程中具体收集学生的有关信息和作品的阶段。

成果展示阶段：是档案评价的最后阶段。在该阶段学生把自己的学习成果——作业、日记、小论文、手工制品、解决问题的方案等，以板报、橱窗、家长汇报会等形式展示出来，教师根据学生的展示，给学生以学期性的、总结性的评价。

3. 档案评价的实施策略

（1）评价标准的制定。档案评价最重要的价值取向是要体现学生的自主性原则。对评价标准，教师应向学生做充分的解释，或和学生一起制定评价的标准，学生只有认可这个标准，才能积极主动地进行评价。

（2）评价的反馈。档案评价是一个连续性的过程，在评价过程中，教师必须给学生以及时的反馈，使学生能获得有效的信息，对前期的评价能进行及时的总结。同时，使学生产生继续进行评价活动的期望和信心。及时反馈也影响到学生自评和小组评价的准确性。

（3）评价制度的确立。档案评价是随着学习的进行逐步展开的。因此，档案评价也应和学习过程的开展一样，建立相应的评价制度。针对各个细节做出相应的规定，如小组评价的时间、次数以及评价结果的呈现方式等，使评价有据可依。

（4）学生评价技能的训练。单纯地给学生提供自我评价的机会是远远不够的，档案评价的意义不止在于评价学生的学习状况与结果，更重要的是要促进学生的成长与发展，使学生养成反思的习惯。因此，在档案评价的实施过程中，教师要注意对学生评价技能的训练，从教师引发头脑激荡到使学生自觉反思，以及在小组评价过程中，都需要教师给予有效的指导，使学生克服不良的心理影响，给伙伴以客观恰当的评价。

（5）教师对评价的参与程度。实施档案评价对教师提出了更高的要求，教师在给学生以指导的同时，又不能过分参与指导与评价。比如在小组评价阶段，教师可以参与但要把握参与的"度"。在教师面前，学生可能难以给同伴以正确的评价。因此，教师在参与的过程中，也要和其他同学一样遵守规则，只有轮到教师发言时方可发言。而且，自己的发言只是作为学生的参考建议，不能强迫学生接受。

【主要结论与应用】

1. 教学设计是指在实施教学之前由教师对教学目标、教学方法、教学评价等进行规划和组织并形成设计方案的过程。教学设计主要包括教学目标设计、教学方法和策略设计、教学评价设计三个环节。这三个环节在教学设计过程中既要依次进行，又要在内容上相互联系，形成一个完整的教学设计系统。

2. 教学目标是关于教学将使学生发生何种变化的明确表述，指在教学活动中所期待得到的学生的学习结果。布卢姆将教学目标分为认知、情感和动作技能三个领域，每一领域的目标又由低到高分成若干层次。加涅将教学目标或学生的学习结果分为言语信息、智力技能、认知策略、动作技能和态度五类。教学目标的明确化是要克服传统的教学目标陈述上的含糊不清和不可操作的缺陷，用可观察的学生的行为变化来陈述教学目标。马杰的行为目标陈述法和格伦兰提出的用内部过程与外显行为相结合的目标陈述法是使教学目标明确化的两种主要技术。

3. 讲演、提问和组织讨论是教师在课堂教学中采用的最一般的方法。运用提供先行组织者、提供充分的讲解、提供总结等教学策略以提高讲演法的教学效果。教师在提问时，要把握问题的难度水平，提出不同认知水平或类型的问题，要面向全体学生，要学会控制等待时间，要对学生的回答给予适当反馈，要鼓励学生大胆质疑。有效地组织讨论的技巧是：讨论的议题要明确，讨论前让学生做好充分的准备，充分发挥教师在讨论中的作用，讨论结束后要适当小结。发现学习、合作学习、程序教学及掌握学习是在有关的学习理论的基础上发展起来的，可供教师选择运用的新的教学方法。

4. 教学评价是指根据教学目标，对学习者在教学活动中所发生的变化进行观察与测量，收集有关资料并作出价值判断的过程。学校教学评价中使用最多的是教师自编测验。教师自编测验属于量化的教学评价方式。为了保证教师自编测验的信度和效度，在课堂测验的编制、准备、实施及分数解释等方面必须遵循一定的方法和原则。除了传统的量化教学评价方式，观察评价和档案评价等质化的教学评价方式也日益受到重视。

【学习评价】

1. 教学目标为什么不能陈述教师在教学中该做什么？

2. 布卢姆和加涅对教学目标分类的研究对教师有何启示意义？

3. 请你试着运用马杰的行为目标三要素和格伦兰的目标陈述法改写本书中某一章的各项教学目标。

4. 讲授法是否等同于机械的注入式教学法或填鸭式教学法？为什么？

5. 记录某教师在一堂课上提问的内容和方式，并根据提问的特征对该教师的提问进行分析。

6. 你的老师在教学中是否运用讨论法？效果怎样？你当时参加课堂讨论的感受如何？

7. 对你的教师目前采用的教学方法进行分析并提出改进建议。

8. 什么是教学评价？教学评价是否等同于测量或考试？教学评价是否只在一个学期末进行？为什么？

9. 常模参照评价与标准参照评价有何不同？试举例说明之。

10. 教师在自编考试题时应注意什么？考试后应该向学生和家长报告什么？

11. 档案评价有什么意义？如何有效地实施档案评价？

【学术动态】

● 加涅的教学设计理论。《学习的条件和教学论》以及《教学设计原理》是美国心理学家加涅在教学设计领域的代表作，介绍了基于学习分类理论、采用教学任务分析技术进行教学设计的方法，是当代心理科学与学校教育结合的典范。

● 布卢姆的教育目标分类理论。《布卢姆教育目标分类学——分类学视野下的学与教及其测评（修订版）》把教学目标中的知识维度分为事实性知识、概念性知识、程序性知识、元认知知识四种类型；又把教学目标中的认知过程维度分为记忆、理解、应用、分析、评价、创造六个类别。由这两个维度组成的 24 个目标单元可以对教学目标、教学过程中的教学活动和教学评估进行分类。该分类体系对教学设计具有重要的指导价值，是科学心理学与教学相结合进入新阶段的标志性成果之一。

● 在线学习的教学设计。在信息化时代，学习方式和教学方式发生了许多新的变化。在诸如游戏教学、网络教学、在线课堂、翻转课堂等新教学环境中如何进行教学设计，成为当前教学设计领域研究和关注的热点之一。

● 基于建构主义学习理论的教学设计。以建构主义学习理论为基础的教学设计，主张以促进学生的知识建构为主要的教学目标，采用情境性教学、随机通达教学、支架式教学等教学方法，运用多元评价方式来评价教学目标的达成度。

● 基于核心素养目标的教学设计。在当前课程改革进一步深化、关注学生核心素养培养的背景下，教学设计需要以核心素养为指引和依据来选择学习内容；需要设计保证核心素养目标得到落实的教学过程和教学方法；需要设计与核心素养培育的教学目标和方式相适应的评价标准和评价方法。

【参考文献】

1. 潘菽. 教育心理学［M］. 北京：人民教育出版社，1980.

2. 莫雷. 教育心理学［M］. 广州：广东高等教育出版社，2002.

3. 张大均. 教学心理学［M］. 重庆：西南师范大学出版社，1997.

4. 张大均. 教学心理学研究［M］. 重庆：西南师范大学出版社，1998.

5. 皮连生. 智育心理学［M］. 北京：人民教育出版社，1996.

6. 卢仲衡. 自学辅导教学论［M］. 沈阳：辽宁人民出版社，1998.

7. 周国韬. 教育心理学专论［M］. 北京：中国审计出版社，1997.

8. 黄希庭. 心理学［M］. 上海：上海教育出版社，1997.

9. 路海东. 教育心理学［M］. 长春：东北师范大学出版社，2002.

10. 路海东. 学校教育心理学［M］. 长春：东北师范大学出版社，2000.

11. ［美］R. M. 加涅. 学习的条件和教学论［M］. 皮连生，王映学，郑威，等译. 上海：华东师范大学出版社，1999.

12. ［美］R. M. 加涅. 教学设计原理［M］. 皮连生，庞维国，等译. 上海：华东师范大学出版社，1999.

13. Eggen, P. & Kauchak, D. *Educational psychology*：*Windows on classrooms*, 3rd ed［M］. New Jersey：Merrill/Prentice hall, Inc, 1997.

第十二章

课堂管理

【内容摘要】

本章分四个部分讨论课堂管理问题。第一部分对课堂管理做一概述，主要讨论课堂管理的概念、功能、目标以及课堂管理的基本模式；第二部分着重介绍课堂中的人际关系及其管理问题，涉及的内容主要包括师生关系、同伴关系、班级群体以及相应的管理和创设策略；第三部分从课堂物理环境、课堂社会心理环境两个方面探讨积极课堂环境的营造问题；第四部分主要介绍课堂纪律管理问题，包括课堂纪律的概念、类型、发展、维持策略以及对课堂问题行为的应对方法等内容。

【学习目标】

1. 能够用自己的话解释什么是课堂管理。

2. 能够陈述课堂管理的功能和目标。

3. 能够结合课堂管理的模式，分析某位教师的课堂管理风格。

4. 能够分析师生关系、同伴关系的类型，提出建立良好的师生关系、同伴关系的建议。

5. 能够设计有利于课堂教学的课堂物理环境。

6. 能够区分课堂气氛和课堂目标结构的类型，对建立积极的课堂社会心理环境提出自己的建议。

7. 能陈述什么是课堂纪律、纪律的发展阶段。

8. 能够提出维持良好纪律和应对问题行为的策略。

【关键词】

课堂管理　人际关系　课堂环境　课堂纪律　问题行为

在课堂教学中，教师除了"教"的任务外，还有一个"管"的任务，也就是协调、控制课堂中各种教学因素及其关系，使之形成一个有序的整体，以保证教学活动的顺利进行。这一活动过程即为通常所说的课堂管理。

课堂管理作为一种活动过程，直接影响到课堂教学的效果；能否有效地管理课堂，也往往被作为衡量教师教学能力的一个重要标准。因此，长期以来，教育心理学一直把课堂管理作为一个重要的研究领域。本章首先对课堂管理做一概述，然后分别讨论课堂中的人际关系、课堂环境、课堂纪律等问题。

第一节　课堂管理概述

什么是课堂管理？它的功能和目标是什么？良好的课堂管理是什么样的？课堂管理受哪些因素的影响？具有哪些基本模式？这是我们探讨课堂管理首先要了解的问题。

一、课堂管理的概念

尽管课堂管理一直是教育心理学的一个重要研究领域，但对于什么是课堂管理，不同的研究者所持的看法却不尽相同。例如，美国全国教育研究会在 1979 的年鉴中所下的定义是："创设和维持一种教学和学习能够发生的环境所必需的措施和程序。"著名的课堂管理专家多伊勒（W. Doyle, 1986）给出的定义是："教师用于解决课堂秩序问题所采取的行动和策略。"我国台湾教育心理学家张春兴（1998）认为："课堂管理是指在师生互动的教学活动中，教师对学生学习行为的一切处理方式，包括消极地避免学生违规行为的发生与积极地培养学生遵守团体规范的习惯，借此形成良好的教学环境。"

近年来，越来越多的研究者对课堂管理采用一种宽泛的定义，把创设和维持课堂秩序、设计有效的教学、建立学生团体、应对学生个体的需要、建立课堂纪律和处理学生的不良行为都纳入课堂管理的范畴。例如，琼斯（V. F. Jones, 1996）强调通过识别下述 5 个主要特征来把握课堂管理的实质：

（1）理解当前关于课堂管理和学生的心理、学习需要的理论和研究；

（2）创设积极的师生、同伴关系；

（3）根据个别学生和学生团体的学习需要，运用能够促进最佳学习效果的教学方法；

（4）利用组织和团体管理方法，最大限度地使学生把注意集中在学习任务上；

（5）利用各种咨询和行为手段，帮助那些存在长期或严重的行为问题的学生。

显然，这种理解已经把教学纳入课堂管理的范畴，属于对课堂管理的广义的看法。为了把课堂管理与课堂教学相区分，我们在这里从狭义角度来理解课堂管理，亦即把课堂管理看成"为了创建和维持一种有利于学生学习和取得成就的课堂环境而进行的管理活动"（J. E. Ormrod, 1995）。

课堂管理是一项十分复杂的活动，这是由课堂教学的特性决定的。多伊勒

（W. Doyle，1986）指出，课堂教学具有如下特性：

(1) 多维性，涉及各种事件和人；

(2) 同时性，在课堂教学中许多事情是同时发生的；

(3) 直接性，事件的发生比较迅速，更迭比较快，限制了人们对事件的反思；

(4) 不可预见性，对于课堂上发生的事件及其结果，教师通常难以预料；

(5) 公开性，所发生的事件往往被许多学生乃至所有学生直接看到；

(6) 历史性，所出现的事件和行为具有过去和未来，前因与后果。

课堂管理的内容也比较复杂。一般认为，课堂管理包括课堂人际关系管理、课堂环境管理、课堂纪律管理等方面。课堂人际关系管理指的是对课堂中的师生关系、同伴关系的管理，包括建立良好的师生关系、确立群体规范、营造和谐的同伴关系等；课堂环境管理是指对课堂中的教学环境的管理，包括物理环境安排、社会心理环境的营造等；课堂纪律管理指的是课堂行为规范、准则的制订与实施，应对学生的问题行为等活动。

二、课堂管理的功能

课堂管理在课堂教学中具有不可替代性。概括起来，我们可以把课堂管理的功能分为如下三个方面。

（一）维持功能

所谓维持功能，是指课堂管理能够在课堂教学中，持久地维持良好的学习环境，有效地排除各种干扰因素，使学生充分地参与到学习活动中。课堂教学是一个动态的过程，在教学过程中难免会遇到各种与课堂教学目标相违背的因素的干扰，如在课堂上学生不注意听讲、说话、打闹等。为了保证教学目标的实现，教师必须有意识地排除这些消极因素的影响，使教学得以顺利进行。维持功能是课堂管理的基本功能。

（二）促进功能

课堂管理的促进功能是指良好的课堂管理能够增强、提升课堂教学的效果，促进学生的学习。在课堂教学中，教师可以主动地创设能促进教学的课堂环境，促进师生互动、学生之间的合作，满足学生合理的需要，调动学生积极性，最大限度地发挥学生潜能。这一系列管理活动，都有助于提高课堂教学的质量，促进学生的学习。

（三）发展功能

近年来，越来越多的研究者把课堂管理视为教学的一部分，认为课堂管理本身可以教给学生一些行为准则，促进学生从他律走向自律，帮助学生获得自我管理能力，使学生逐步走向成熟。课堂管理本身所具有的这种教育作用，就是课堂管理的发展功能。

三、课堂管理的目标

课堂管理的根本目的是创设良好的学习环境和条件，促进学生有效地学习。美国教育心理学家沃尔福克（A. Woolfork，1993）指出，要达到上述目的，需要把课堂管理分解成以下三个具体的目标。

第一，增加学生的学业学习时间。

魏因斯坦和米格纳诺（C. S. Weinstein & A. J. Mignano，1993）把为学生规定的学习时间分为五个层次：一是规定的总的学习时间，即分配给学生的学习时间；二是在校时间，它指学生在学校里生活和学习的时间；三是实际的学业时间，它指学生在学校中实际可用于学习的时间；四是参与学习的时间，它指学生投入在学习任务上的时间；五是学业学习时间，它指学生真正用于完成学习任务，真正学习和理解相关内容所用的时间（如图 12-1 所示）。

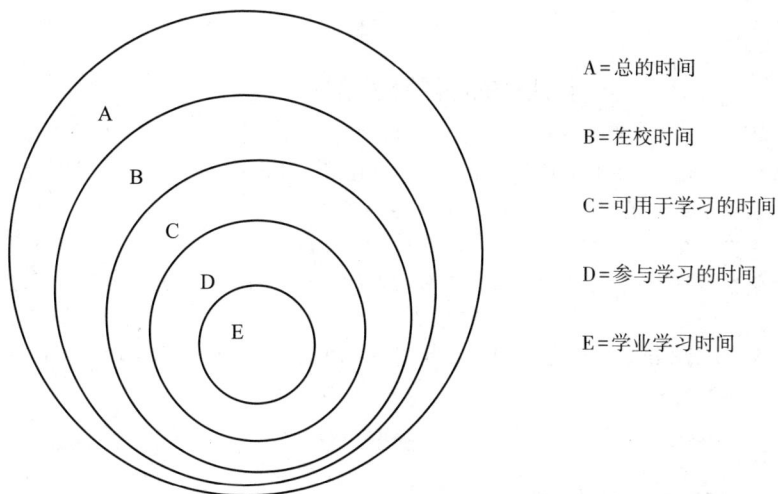

图 12-1　学习时间的层次分布

研究发现，在当今课堂教学中，由于教师在这方面的注意不够，致使无谓浪费时间的情况比较突出。魏因斯坦和米格纳诺（C. S. Weinstein & A. J. Mignano，1993）的调查表明，在美国大多数州的学校中，学生用于学业学习的时间，只占规定的学习时间的 1/3。此外也有人指出，某些教育者每年浪费的教学时间多达 50—60 天（K. D. Moore，1995）。教师对教学时间的浪费表现在如下几个方面：①开始上课时经常用 5—10 分钟维持课堂纪律、安排座位、发放学习材料；②在教学过程中停下来处理个别学生的纪律问题；③采用多媒体教具时，浪费一些时间；④过多的考试、测验；⑤提前下课；⑥安排学生从事一些与教学无关的活动。为此，研究者主张把学生学习时间的安排作为课堂管理的一个重要任务。

第二，增加学生参与学习活动的机会。

成功的学习需要学生在课堂上积极参与学习活动，加强与教师和同伴的交流。但是每一种学习活动都有其参与结构（Participation Structures），亦即关于谁可以发言、讲什么、何时讲、对谁讲、讲多长时间的限定规则。课堂管理的目标之一就是优化课堂学习活动的参与结构，尽可能多地给予每个学生参与学习的机会。

第三，帮助学生形成自我管理的能力。

近年来，越来越多的研究者主张把培养学生的自我管理能力作为课堂管理的一个重要目标。因为"当中小学的教师具有极为有效的课堂管理体制，但是忽视把学生的自我管理作为一项重要的目标时，他们的学生经常发现，当自己从这种'管理良好'的课堂中毕业后，独立地进行工作有困难"（A. Woolfork，1993）。当然，鼓励和引导学生形成自我管理能力需要一定的时间和精力，但是这种努力是值得的，因为"我们相信，当教师学会与学生分享课堂控制、尊重学生，并且把学生看作是自我指导的学习者的时候，他就能够成功地培养出更加负责任、自治和独立的学生"（D. S. Ridley & B. Walther，1995）。

专栏 12-1

新课程的课堂管理目标

我国新课程改革中的课堂管理目标包括远景目标、基本目标和核心目标三个方面。其中远景目标是促进学生的健康全面发展；基本目标是营造愉悦和谐的课堂教学气氛；核心目标是实现课堂教育教学的最优化。课堂管理中的三个目标是彼此相互联系的，在教学过程中交织在一起，相互作用，共同促进学生健康全面发展。为了实现这一目标，在新课程中，教师要采取有效的课堂管理行为和策略，构建"以人为本"的课堂管理模式。

[资料来源] 孙智. 新课程中课堂管理的目标与建构 [J]. 文教资料，2006（10）：124-125.

四、课堂管理的基本模式

20 世纪 50 年代以来，随着课堂管理问题日益受到重视，心理学家逐渐提出了各种课堂管理模式。概括起来，我们可以把它们归为三种取向：行为主义取向、人本主义取向、教师效能取向。

（一）行为主义取向的课堂管理模式

课堂管理中的行为主义模式是以教师为核心来实施的。这种模式的基本理念是，学生的成长和发展是由外部环境决定的，他们在课堂中所表现出来的不良行为，或者是通过学习获得的，或者是因为没有学会正确的行为。在课堂管理中，教师的责任是强化适宜的行为并根除不适宜的行为。典型的行为主义取向的课堂管理模式有斯金纳模式和坎特模式。

1. 斯金纳模式

斯金纳模式又称行为矫正模式。1971 年，斯金纳在其出版的《超越自由和尊重》一书中系统地表达了利用行为矫正模式管理课堂的思想。

斯金纳认为，人类的所有行为本质上都是对环境刺激做出的反应。行为能否得以维持，取决于其后果。如果行为之后伴随的是积极后果，那么这一后果就会强化该行为；如果行为得不到强化，就会减弱，这种情况叫作消退；如果行为的后果是得到惩罚，那么该行为也会减弱。

在课堂管理中，教师要想使学生在课堂中表现出适宜的行为，就必须奖励和强化适宜的行为，忽视学生的不良行为。为了维持良好的课堂环境，教师必须做好以下三个方面的工作：

第一，清楚地讲明规则。事先讲明课堂行为规则，让学生明确什么行为是人们所期望的，什么行为是不当的。这样可以帮助学生确立好的行为准则，预防一些问题行为的出现。

第二，忽视不良行为。忽视某种行为，等于使这种行为失去强化，而失去强化的行为会逐步消退。学生在课堂上做出某些捣乱行为有时是为了吸引别人的注意，如果教师给予注意和批评，恰恰达到了学生的目的，因此难以有效制止这种行为；反之，如果教师不给予注意，学生反而因为达不到目的而自行减少这种行为。

第三，对遵守规则的行为给予奖励。奖励作为一种正强化通常可以使学生的良好行为表现得以维持和加强。教师对学生的奖励可以采用多种方式，如口头表扬、物质奖赏、安排自由活动的时间、给予某种权利等。

2. 坎特模式

20世纪70年代，坎特（L. Canter）及其同事基于对课堂上教师的几千小时的观察，提出了自己的课堂管理模式，该模式被称为果断纪律模式。果断纪律（assertive discipline）模式也是行为主义指导下的课堂管理模式，但与强调行为强化的行为主义模式的侧重点不同，它希望借助有效制定和实施课堂秩序来进行课堂纪律的管理。

坎特认为，教师作为教育者具有如下几项基本权利：（1）维持一种最佳学习环境；（2）期望适宜的行为；（3）从学校的管理者和学生的家长那里获得帮助。这些权利和责任非常重要，它们为教师建立课堂环境提供了一个蓝本；同时，它们也和学生的权利密切相关。而学生作为学习者具有如下权利：（1）要求教师通过限制自我破坏和不当行为获得发展的权利；（2）从教师那里获得形成良好行为的适当支持的权利；（3）根据自己对结果的认识来做出反应的权利。

坎特指出，许多教师相信强力控制是沉闷的、残忍的，实际上这种认识是错误的。仁慈的强力控制实际上是对学生负责任的行为，也是行之有效的。教师应该使用果断的纪律来管理课堂，维持良好的课堂纪律，促进学生的发展。果断纪律包括：事先陈述和解释要求、期望；坚持自己的期望和要求，如"我要求你……"，"我喜欢这种做法"，但是不要伤害学生的自尊；运用明确、冷静、坚定的口气和目光；用非言语性的姿势来支持言语要求；不要用威胁和斥责来影响学生的行为；时时重复自己的要求，不要升格为训斥。

坎特还根据教师对问题行为反应的方式把教师分为三种类型：软弱型、敌对型和果断型。软弱型教师感到对学生施加要求是错误的，他们不能为学生设置清晰的行为标准，即使设置了这样的标准，也难以用适当的行动来支持行为标准，他们是被动的。敌对型教师通常使用呵斥、威胁、讽刺挖苦等令人厌恶的方式来应对纪律问题。这两种类型的教师都损害了学生的权利，其反应方式实际上是不妥当的。果断型教师让学生、家长、管理者清楚地知晓自己的期望和要求，他们冷静地坚持学生要遵守这些要求，并且用适当的行动来支持自己的要求。他们冷静、坚定、清晰地告诉学生自己不赞许哪些行为，并且告诉学生应该做什么。当学生遵循了教师的要求后，会得到积极的结果；如果以一种不能接受的方式来行事，将得到不良的行为后果。在坎特看来，教师的敌意和无力会导致学生的心理创伤和混乱，通过运用果断纪律，就能营造一种积极、关怀和富有效率的课堂气氛。

专栏12-2

三种不同的反应方式的例子

软弱型："请不要再打架了。"

敌对型："你又做出了令人厌恶的野蛮行为。"

果断型："我们不能打架。请坐下来保持冷静。"（然后，如果合适，讨论打架的后果。）

（二）人本主义取向的课堂管理模式

与行为主义不同，人本主义取向的课堂管理者认为，学生有自己的决策能力，他们可以对控制自己的行为负主要责任。在课堂管理中，教师不应该要求学生百依百顺，而是应该关注学生的需要、情感和主动精神，向学生提供最好的机会去发掘归属感、成就感和积极的自我认同，以此来维持一种积极的课堂环境；出现问题行为时，教师应更多地运用沟通技能，引导学生分析问题的性质和后果，自己把问题解决。典型的人本主义取向的课堂管理模式有格拉塞模式和基诺特模式。

1. 格拉塞模式

格拉塞（W. Glasser）在《没有失败的学校》（1969）一书中也提出了自己的课堂管理模式。该模式被称为现实疗法或控制疗法。

格拉塞认为，人有两种基本需要，即爱和被爱的需要、期望自己的价值得到自己和他人认可的需要，这些需要若得不到满足，就会感到焦虑、自责、愤怒，就会变得逃避和不负责任，从而导致行为问题；学生都是有理性的，他们能够控制自己的行为；他们产生行为问题实际上是不负责任的表现，因此必须由学生自己承担任何消极的行为后果，教师不要接受学生的不良行为的借口。好的行为来自好的选择，既然如此，教师就应该帮助学生学习做出好的选择。

格拉塞强调建立和强化课堂行为准则的重要性。他主张课堂规则和学生行为的处理应通过一种特殊的过程——班会来建立。在班会过程中，教师是讨论的民主促进者，而不是权威。所有的决定都通过多数原则来确立。当规则需要调整或遇到特殊情况时，要通过再次召开班会来讨论修订。

格拉塞提出了现实疗法的基本程序：

（1）联系学生。同学生建立起良好的人际关系，对学生表现出兴趣、关心和尊重，尤其表现出乐于帮助学生解决其行为问题。

（2）正确对待学生面临的行为问题。描述学生所面临的行为，正确对待行为问题，而不是对学生给予评价。例如，提问："你做出了什么选择"，"为什么做出这样的选择"这样的问题有助于清楚了解学生面临的行为问题。

（3）形成判断。帮助学生对其问题行为做出有价值的判断。可以提出类似于"你喜欢这样的结果吗"，"你从中学到了什么"等问题，但不宜对学生做出道德判断。

（4）制订计划。学生（而非教师）必须以负责任的方式制定一个满足其需要，并有可能实现的计划。

（5）作出承诺。要承诺表示愿意在现实中把计划予以实施和完成。学生如能承诺将实施计划，就会产生一种责任感并获得自我价值感。

（6）不接受借口。学生做出承诺后，教师不接受学生未履行承诺的借口。如果学生实施了计划，就应给予肯定和积极强化。应让学生认识到，无论在何种情境下，他们都应控制其行为。

（7）承受自然后果。允许学生承受问题行为的自然后果，但不宜施以惩罚。同时，帮助学生重新制定更好的计划和做出新的承诺。在这一过程中，要表明教师只是处理学生的行为，而不是学生本人。还要表明行为改变的责任应由学生自己承担，而不是由教师承担。

2. 吉诺特模式

吉诺特（H. Ginott，1972）模式又称明智信息（Sane Message）模式，这种课堂管理的核心理念是强调教师用明智的方式与学生进行和谐的沟通。

吉诺特认为，纪律是一点点地逐步形成的。在纪律形成过程中，教师应该以身作则，做到自我约束，向学生示范希望出现的适当行为。与学生进行交流时，教师所发出的信息要与学生对情境和对自己的感受相一致。他相信，只要教师许可，学生就能够控制他们自己的行为；教师可以通过允许学生选择他们所希望的能够改变自己行为的方式和管理班级的方式，来鼓励他们达到自我控制。教师与学生之间的和谐沟通，需要注意做到如下几点：①

（1）表达"明智的"信息。明智的信息告诉学生，他们的行为是不受欢迎的，但是这些信息是以一种不责备、不训斥、不说教、不控诉、不命令、不威胁以及不羞辱的方式表达出来的。明智的信息描述哪些必须做，而不是责备曾做了什么。"罗瑟林，我们都应该在上课铃响前坐在座位上"，而不是说，"你总是在门口聊天，上课迟到"。

（2）接受感情宣泄而不是否决。教师应接受学生关于其个体环境的感觉，而不是同他们争辩。如果一位学生抱怨"我没有朋友"，教师应该接受这位学生的孤独感，并且认同这位学生，比如这样说"那么，你觉得你不属于任何一个小组"，而不是试图使学生相信是他错误地感受了社会环境。

（3）避免贴标签。当和学生谈论他们干得好或坏时，教师应避免使用诸如"懒惰"、"马虎"以及"态度不好"等词，同时也避免用"敬业的"、"勤奋的"或"完美的"之类的词语。相反，教师应该用纯粹的行为术语来描述他们所喜欢和不喜欢的

---

① ［美］加里·D. 鲍里奇. 有效教学方法［M］. 易东平，译. 南京：江苏教育出版社，2002：327-328.

学生的行为。如用"你的家庭作业上有许多涂改、错乱",而不是"你的家庭作业很马虎"。

(4)谨慎使用表扬。吉诺特认为,表扬可能是危险的。许多教师过分地运用表扬来左右学生行为,表扬那些很少犯规的学生,这实际上毫无意义。表扬可以使用,但是应该表扬学生的行为而不是学生本身,例如"那篇文章显示出大量的原创性的思想和研究"。表扬时不要激起同伴对这名学生的反对。

(5)引导合作。吉诺特鼓励教师为学生提供解决问题的一些途径,而不是凭借权威强制性地要求他们去干什么。"合作,不要约束"恰恰说明了这一点。

(6)表达愤怒。吉诺特认为,教师应该表达自己的愤怒情绪,但是要用理智的方式。如"你做的事让我生气,我需要你……"。教师通过表达自己的愤怒情绪,可以让学生知道自己行为的不当之处,并明确正确的做法。

(三)教师效能取向的课堂管理模式

与行为主义和人本主义取向的课堂管理观不同,教师效能取向的课堂管理模式关注的是教师课堂管理技能的提高。持这一取向的研究者认为,课堂管理得好与不好,主要取决于教师的管理技能;通过培训,提高教师的课堂管理技能,可以达到改善课堂管理质量的效果。典型的教师效能取向的课堂管理模式有戈登模式和库宁模式。

1. 戈登模式

戈登模式又称教师效能训练模式(Teacher Effectiveness Training,简称 TET),是由美国心理学家戈登(T. Gordon)提出的。这一模式深受人本主义哲学的影响,关注学习者的个体性和学生个人的权利,强调学生观点的重要作用。

在其1974年出版的《教师效能训练》一书中,戈登阐述了如下基本观点:

首先,行为只要不干预他人满足自己的需要,都是可以接受的。每个人都有自己的问题,学生必须自己找到问题的解决办法。

其次,教师作为课堂管理者,应该与学生合作,帮助学生满足自己的需要,而不要施加自己的观点。教师应该具有七个方面的熟练技能,包括行为观察、识别问题的责任人、显示理解别人、能被别人理解、表示赏识、面对面的交流技能、双赢的问题解决策略。

再次,教师在改进师生关系时,要区分影响师生关系的三类问题状态:教师自身问题、学生自身问题和师生共有问题,然后根据各类问题对师生关系的影响程度,采取相应的改善策略。

最后,除了需要不能得到满足外,其他的都不是问题。如果他人是需要不能得到满足的原因,就可以使用 I 信息(I 即主格的我),这是冲突解决的第一步;接下来,那些存在冲突的人需要找到尽可能多的问题解决方法,分析它们,从中选出一个;然后,分别采用自己的解决办法,比较对问题的解决效果;此时,不要寻求外部的支持和帮助。这是要求人们发挥主体性,自己分析问题,寻找问题的解决办法。

专栏12-3

Ⅰ信息应用实例

Ⅰ信息举例

"当你做这样一件事，并且这样一件事……"（用一种非责备性的口气描述行为）

"这一事情对我（当前或以后）的影响是……"

"这让我感到……"（说出自己的情绪感受）

情境：王哲，一名小学三年级学生，总是在教师提问前抢答问题，并且正确地说出答案。这一行为的影响是其他同学没有回答问题的机会，教师不能确定其他学生是否掌握了相应的学习内容。

Ⅰ信息："王哲，当你抢先说出答案后，我没有机会提问其他同学了。我就不能知道全班同学是否都已掌握了这一学习内容。老师不能掌握全班同学的学习情况，作为一名老师，我就不合格了。"

2. 库宁模式

库宁（J. Kounin）在其1970年出版的《课堂中的纪律和团体管理》一书中提出了用来防止和应对不良行为的管理策略。

库宁认为，课堂管理本质上是一种团体管理。在这种团体管理中，存在着一种涟漪效应：当你纠正一个学生的行为时，也会改变其他学生的行为。当教师使学生处于警醒状态、使其自身对学习负责的时候，学习才能取得最佳效果，这时的课堂秩序也是最好的。对于学生的不良课堂行为，最好采取预防的办法。对一个教师而言，预防不良行为的发生比纠正错误行为更为重要。

库宁用洞悉全局（withitness）一词描述教师对学生的不良行为做出及时而适当的反应。他强调，在课堂里同时出现几件事时，教师需要具备洞察全局的能力，随时掌握教室的每个角落里发生的事情。同时，教师还应该具备同时处理几件事的能力。

库宁认为，活动之间的平缓过渡和好势头的维持，是有效地进行团体管理的关键；控制教学进度、因势利导和处理好活动之间的过渡，是教师维持课堂秩序所必须把握的基本技能；通过变化教学形式、课堂环境以及学生对进步的意识，学习厌倦问题是可以避免的。

库宁还专门提到了两个可能导致课堂纪律问题的不当做法。其一是突兀，即不能流利地、有逻辑地从一种活动（使学生感到唐突，没有准备）过渡到另一活动（某种活动尚未完全结束时就突然做另外的事，这往往会造成学生的不良行为）。其二是慢慢腾腾，即由于过度详尽的叙述或分析而出现了拖拖拉拉和浪费时间的现象。由于不良行为带来的连锁反应或过度停留于某个主题，而可能出现其他的不良行为。

前面介绍了三种取向的课堂管理模式。行为主义取向的课堂管理模式强调对学生的外部控制，强调借助各种约束来抑制学生的不良行为；人本主义取向的课堂管理模式强调对学生的尊重，强调采用引导的方式来帮助学生形成自律，克服行为问题；教师效能取向的课堂管理模式强调教师掌握一些有效的课堂管理技能，尽可能调控好课堂，避免问题行为的出现。上述课堂管理模式究竟孰优孰劣，目前专家们很难形成一致意见。例如，教师效能训练模式的创立者戈登强烈反对坎特的果断纪律模式，但实践表明坎特的果断纪律模式也很有效。事实上，不同的管理模式适用的条件不同，针对不同的学生，它们各自发挥的作用也不同。因此教师在教育实践中，不能把这三种取向的课堂管理模式对立起来，而应注意发挥它们的各自优势，相互补充，结合运用。

第二节 课堂中的人际关系

有效的课堂教学以积极的课堂互动为前提，而积极的课堂互动又以师生、学生之间的良好人际关系为前提。课堂管理的一项重要任务，就是促进师生之间、学生之间形成良好的人际关系，为有效地开展教学创造社会性条件。本节从师生关系、学生的同伴关系和班集体三个方面来讨论课堂中的人际关系及其管理问题。

一、师生关系

师生关系是课堂教学中最重要的人际关系，是师生之间以情感、认知和行为交往为主要表现形式的心理关系。师生关系的好坏对课堂教学活动有着十分显著的影响。良好的师生关系为教学提供了一个和谐、融洽的环境，是教学成功的重要保证；不良的师生关系，则对教学产生极为消极的影响。

（一）师生关系的类型

根据林格伦（N. E. Gronlund）的观点，课堂中的师生关系主要有如下四种类型（如图 12-2 所示）①：

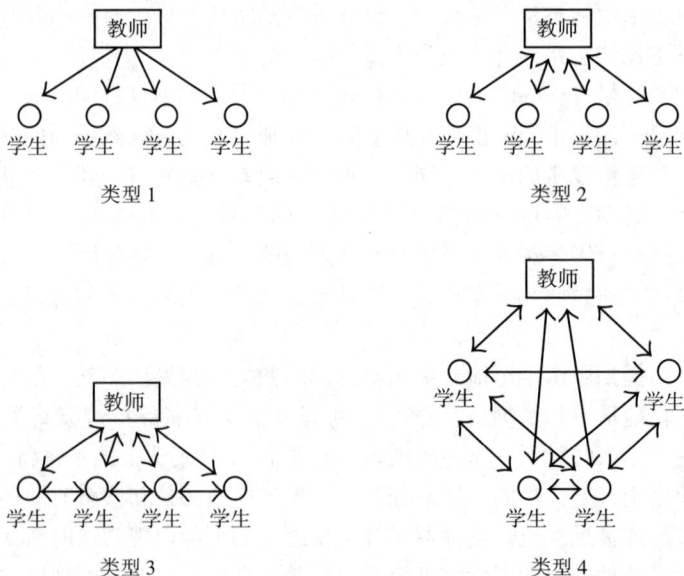

图 12-2　课堂中的四种师生关系

---

① ［美］林格伦. 课堂教育心理学［M］. 章志光，等译. 昆明：云南人民出版社，1983：363.

　　林格伦指出，在类型1中，教师跟全班学生保持单向交往，教师对学生是一种支配关系，师生之间的互动最差；在类型2中，师生之间尽管存在互动，但是师生之间的关系并不平等，学生之间没有互动；与类型2相比，类型3又多出了学生之间的互动，但是师生之间的交往地位并不平等；只有在类型4中，师生之间、学生之间才是一种真正平等的相互交往关系，这样的人际交往效果是最好的。

　　显然，林格伦所推崇的课堂师生关系（类型4）与当今流行的建构主义观点是一致的。建构主义认为，在课堂教学中，教师应该从传统的知识传授者的权威角色，转变为学生学习的辅导者、帮助者、促进者，成为学生学习的高级合作者；在师生关系上，教师与学生应该是平等的。只有建立起这样的师生关系，学生才能够成为学习的主体，才能够更好地进行自主、合作探究式的学习；在管理良好的课堂中，教师的领导方式是民主型的，他们对学生表示出接受、尊重和关爱，努力创设一种和谐的、合作的气氛，让学生具有一定的自我控制感。这提示我们，为了促进学生的学习，教师应该注意转变自己在课堂管理中所扮演的传统角色，应该把自己置于一种与学生平等的地位，融入学生集体中，并帮助班级建立起一种合作互助的关系。

（二）良好师生关系的建立

　　良好的师生关系的建立需要师生共同努力，应该做到以下几个方面。

1. 师生之间的相互理解

　　在师生关系建立的过程中，教师必须从深层次上了解每个学生，准确全面地掌握学生的个人信息。这既有利于调节学生的态度和行为，又会使学生体会到教师的爱心与责任心，感受到教师的重视和关怀。尤其是对学习成绩差、存在行为问题的学生，教师更要透过表象深入了解他们，寻求原因，把握特性。教师对他们的深入了解，不仅有利于教师客观公正地对待他们，找到恰当的教育引导方法，而且也会让学生感受到老师对自己的充分关注，进而产生对教师的积极感情。

　　教师对学生要了解，学生对教师也要了解。一般说来，由于年龄、经验、社会认知水平等方面的差异，学生对教师的了解多是外在的、肤浅的，有时甚至会产生误解。这就要求教师要善于向学生敞开心扉，表达自己真实的想法和情感；同时，教师也要及时充分地向学生说明自己的动机和行为，使学生了解和接纳自己。

2. 师生之间的密切交往

　　交往是师生关系得以形成的基本条件和途径。师生交往的时间越长、次数越多、范围越广，越有利于师生之间相互的交流、沟通和了解，也就越有利于良好师生关系的建立。在学校环境中，师生之间有正式时空的交往和非正式时空的交往。正式时空的交往，是指师生在课堂或课外组织活动中所进行的交往。非正式时空的交往，是指师生在"私人时空"所进行的交往。这种交往是大量的、直接的和具体的，它所受限制较少，师生可以自然随意，表现真实的"自我"，这便于心理上的深入交流和沟通。正式时空的交往和非正式时空的交往，对建立良好师生关系都是不可缺少的，忽视任何一方面，都会对师生关系产生消极影响。

3. 师生之间的尊重与关怀

　　融洽的师生关系必须以师生之间的相互尊重和关怀为前提。人本主义心理学家认为，人都有希望得到他人尊重和关怀的需要。教师表现出对学生的信任、理解、关心和无条件的关注，尊重学生的情感，欣赏学生的优点，满足了学生受尊重和关怀的需要，学生因此才会对老师产生"接近感"，进而敬慕、接纳、接近老师。同样，学生对老师的尊重和关怀，也可以使教师感受到学生对自己的敬慕，感受到自己的价值，进而拉近教师与学生的距离，建立起更为密切的师生关系。

4. 师生之间的真诚对话

良好的师生关系的建立依赖于师生之间的真诚对话。对于教师来讲，真诚的对话意味着对学生的信任，意味着对学生的关怀和帮助；教师的真诚对话要求言行一致，尽情地表露自己的真实态度和情感。对于学生来说，真诚的对话意味着触及"真实生活问题"，要开诚布公地与老师交流自己所面临的危机和挫折。师生之间的真诚对话应该是开放的、直率的；对话的结果不能预设，而应顺其自然，水到渠成；对话所关注的中心是相互理解、共同决策，找出解决当前所面临的问题的办法。

师生之间的对话需要真诚，也需要讲求策略。教师在与学生对话的过程中，可以采用两种技术。一是由弗里兹·里德尔（Fritz Redl, 1959）所开发的生活空间面谈技术（life space interviewing）。它旨在通过帮助学生自我反思来应对他们所面临的问题和遭受的挫折。这一技术采用对话的方式，与学生一起探讨他们面临的问题和挫折背景中的情境和事件，成人帮助学生分析自己的情绪和感受，但不是采用领导或控制的方式。他们要求学生解释自己所感知的某个情境或事件，帮助学生把自己的情绪、行动与情境结果联系起来。二是戈登（T. Gordon, 1974）所开发的积极聆听和自我启示技术。这种技术是运用师生之间的对话，以一种坦诚的方式来交流问题情境。积极聆听和自我提示的中心目的，是理解学生的心理和处境。一旦学生看到老师是很投入地理解自己的感受，而不是采用指责和评判的方式来交流，那么在探讨自己当前的情绪和行为问题时就会感到安全，教师就可以比较顺利地帮助学生来解决当前的问题。

二、同伴关系

同伴关系是在同学之间进行交往和相互作用的基础上建立起来的心理关系，它是除教师之外的班级成员间关系的总和，包括学生个体之间的关系、班级内的学生群体之间的关系以及学生群体与个体之间的关系。学生间的相互作用以及由此形成的同伴关系是课堂教学和管理的前提和背景之一，也是影响学生学习的重要因素。

（一）同伴关系的类型

按照同学之间是相互吸引还是相互排斥，可将同伴关系分为友好型、对立型与疏远型。

1. 友好型

友好型关系是指同学之间在心理上彼此相容，相互接近、相互吸引的关系，表现为融洽、信任、亲密、友好。友好关系本身又有性质与程度上的区别：有健康、积极的友好关系，也有不健康、消极的友好关系；有感情深厚的友好关系，也有感情一般的友好关系。

2. 对立型

对立型关系是指同学之间在心理上彼此不相容、相互排斥的关系，表现为摩擦、反感、冲突等。对立型关系也有性质与程度上的不同：既有原则性的对立，也有非原则性的对立；既有公开的、剧烈的冲突，也有非公开的、一般性的排斥。

3. 疏远型

疏远型关系是指同学之间在心理上相互忽视，他们之间的关系若有若无，表现为同学之间情感淡漠、相互之间很少交往，几乎不进行非正式的交往。如果一个班级中疏远型的同伴关系太多，那么这个班级势必缺乏凝聚力。

（二）同伴关系发展的总体特征

我国学者（陈仙梅，1993）对8 000多名小学生、中学生和大学生人际交往的研究表明，从总体上看，学生在课余时间游乐、倾诉和乐趣分享的对象均将同伴放在首要的位置。从年龄特点来看，个体在生活各个领域选择同伴作为交往对象的比例随年龄增大而呈现递增趋势，而对父母、老师的选择则呈递减趋势；他们与同伴的交往越来越不受到成人的监控；儿童期同伴互动中存在"性别对立"现象，青少年开始将更多的活动指向异性同伴，异性之间的接触有了显著的增加。

（三）促进同伴关系发展的策略

大量的研究表明，同伴关系不仅关系到学生的学习质量，而且对于学生的社会性发展、心理健康水平都有重要的影响作用。因此在实际的教学和管理活动中，教师应该把促进学生同伴关系的发展置于十分重要的地位。

1. 开设相关课程，开展交往技能教育

许多学生的同伴关系不良是因为交往技能缺乏。例如，由于缺乏"换位思考"的能力，往往导致不能正确地把握他人的观点和感受，在交往中出现遭人拒绝和反驳的情况，甚至产生冲突。通过引导学生了解、分析人际冲突的内在因素，使学生掌握非报复性冲突化解的原理与方法，培养学生对冲突事件自我反省的态度，提高学生以公正的、非暴力的方式解决纷争的能力，帮助学生建立良好的同伴关系。

2. 丰富课堂教学交往结构

学生的交往能力主要是在学校的多种交往活动中，特别是在课堂教学中形成和发展起来的，因为学生在课堂中的时间占了在校时间的很大比例。面对传统课堂比较单一的交往结构，教师必须摒弃"交往只是向学生传递信息"的错误观念，注意为学生创造更多的课堂交往机会。例如，课堂教学中更多地采用小组学习、合作学习的方式，引导学生就某一问题展开班级谈论，都可以大大增加学生的课堂交往，进而发展他们的同伴关系。

3. 组织丰富多彩的交往实践活动

为了促进学生的同伴交往，教师除了课堂内的支持、引导外，还要从交往教育的角度设计、组织各种课外交往实践活动，如集会演讲、生日庆祝、假日郊游、社会调查、研究性学习等活动。让他们在各种真实情境中体验、学习各种交往技能，满足其内在的人际交往需要，逐步树立起正确的交往观念，拓展同伴交往的深度与广度，提升交往的层次与品质，并借助交往行为的自然后果提高独立解决人际冲突的能力，最终实现在实践中学会交往。

4. 培养学生的亲社会行为

所谓的亲社会行为，是指一切有利于他人和社会的行为，如助人、分享、谦让、合作、自我牺牲等。研究表明，亲社会行为与同伴接纳之间存在密切相关，一个人做出的亲社会行为越多，他的同伴接纳程度就越高，就越能发展良好的同伴关系。因

此，我们可以通过培养学生的亲社会行为来促进同伴关系的发展。实践证明，教师通过大力宣传各种道德行为、为学生树立行为榜样、增强学生的道德体验、营造相互关怀的氛围等方式，都可以较好地培养学生的亲社会行为。

（四）同伴关系的评估

为了了解学生之间的同伴关系、有效地进行课堂管理，教师有时需要对学生的同伴关系进行评估。这里介绍几种评估方法。

1. 同伴评估法

这种方法是让同伴群体中的每个成员对其他所有成员进行评估。评估时要求根据某些标准，回答出符合这些标准的程度。例如，"你在多大程度上喜欢这名同学?"或"你在多大程度上喜欢与这名同学一起玩?"每名学生所得到的同伴对其评定的平均分数，可以作为描述他/她被同伴接纳或受欢迎程度的指标。

这种评估方法的另外一种变式是让学生根据一些行为特征描述而对同伴进行提名。例如，"你们班里谁是好领导?"、"谁喜欢打架?"、"谁喜欢单独玩耍?"。将这些提名汇总，就可以知道学生在群体中的典型社会行为及其声望如何。

2. 同伴提名法

这种方法是让学生根据一些肯定或否定的具体标准对班级中的同伴进行提名，一般在每个标准上提名 3-5 名学生。比如"列出你喜欢的三名同学"，或者"列出你不愿意跟他/她玩的三名同学"。

根据提名情况可以对学生的同伴交往水平进行分类：（1）受欢迎的同学，得到较多的正面提名而较少的负面提名；（2）一般的同学，得到正面提名与负面提名次数处于平均水平，他们在同伴提名中没有得到极端的分数（最喜欢或最不喜欢）；（3）被忽视的同学，只得到很少的正面提名和负面提名；（4）受拒绝的同学，得到较少的正面提名，却有较多的负面提名；（5）有争议的同学，对其正面和负面的提名都较多。

3. 行为观察法

行为观察法是指教师在自然情境中观察、记录学生的各种社会行为，进而对其同伴关系进行分析的方法。例如，在班级的自由活动情境下，教师可以通过观察，把学生有同伴和无同伴时的行为记录在一个含有行为分类的清单上；然后通过统计其单独活动、群体活动的数量，分析其活动的性质，进而确定他们的同伴交往水平。

三、班级群体

在课堂人际关系管理中，还有一项重要的管理任务，那就是对班级群体的管理。班级群体是由学生按照特定的目标和规范建立起来的集体，它无论对学生的学习还是社会性发展都有极为重要的影响。班级群体有正式群体和非正式群体之分，下面分别介绍两类群体的特征及对其管理问题。

（一）班级中的正式群体

所谓正式群体，是指在校行政部门、班主任或社会团体的领导下，按一定章程组成的学生群体。它通常包括班委会、团支部和少先队组织等，负责组织开展全班性的活动。这一类群体是班主任的"左膀右臂"，在班级管理中起着十分重要的作用，一个班级的好与坏在很大程度上取决于正式群体。

1. 正式群体的特点

正式群体具有以下几个特点：

（1）组织的法定性。即正式群体是基于班级管理的需要而设立的，是由同学选举或班主任任命的，其存在是名正言顺的。

（2）约束的全体性。即正式群体对班级全体成员均具有约束力，这与非正式群体只对群体内部具有约束力是有本质区别的。

（3）正式群体是班主任相对信任的群体，是与班主任联系较为密切的群体，正式成员要经常向班主任汇报班级的工作，是班主任联系学生的纽带。

这些正式群体的目标与任务明确，成员稳定，有一定的组织纪律和工作计划，群体活动开展得丰富多彩，对增强集体凝聚力、全面发展个性起到非常重要的作用。正式群体活动中的成员不是被动、消极的参加者，而是具有独立性、主动性的主人翁，他们积极参与活动的设计、准备和组织工作等。这样，学生的兴趣、爱好、能力能得到充分的表现，个性也能得到充分的发展。

2. 对正式群体的管理

（1）选好正式群体中的领导。领导在正式群体中居于核心地位，其能力和声誉往往直接决定了群体的工作能力和影响力。教师在选择正式群体中的领导时，要注意选择那些学习成绩优良、组织能力、目标意识和责任心强的学生，这样的学生既有威信，又可以较好地带领组织开展班级管理工作。在选择正式群体的领导时，应尽可能采用民主选举或竞选的办法，这样可以把学生信赖的领导推选出来，使他们一开始就有良好的群众基础。

（2）注意引导支持。班级中的正式群体通常要代表教师行使班级管理的某些权利。在班级管理的过程中，如果方法不当也会给班级建设带来某些消极影响。因此，教师对他们也要注意引导帮助。例如，对于班委会可以提出如下要求：①严格要求自己，起模范带头作用；②大胆负责，努力学习和开展工作；③团结同学，做他们的知心朋友；④明确分工，团结协作。此外，教师还要注意定期召开班委会，听取他们关于班级管理情况的反馈信息，必要时可以为他们出谋划策，提出班级管理的某些具体建议。

（3）适当授权，鼓励学生的自主管理。当教师学会与学生分享课堂控制、尊重学生，并且把学生看作自我指导的学习者的时候，教师就能成功地培养出更加负责任、自治和独立的学生（Ridley & Walther，1995）。正式群体中的许多成员都具有较强的管理和组织能力，他们渴望自治和独立，他们也想拥有更多的班级管理权利。既然如此，教师就应该给予他们更多的参与管理的机会，让他们共享制定课堂纪律规范的权利。当学生参与到课堂规范的制定后，他们往往更愿意遵守这些规范。

（二）班级中的非正式群体

在同伴交往过程中，一些学生自由结合、自发形成的小群体，被称为非正式群体，它是同伴关系的一种重要形式。很多研究都发现，大多数班集体都有一些小群体，而大多数学生又都在某个小群体中充当一定的角色，这就构成了班集体中的非正式群体。

非正式群体可以分成不同的类型，根据成员间需要的性质，可将非正式群体划分成情绪型、爱好型和利益型三种类型。在情绪型的非正式群体之中，成员之间享有共同的情感，彼此能友好相处、相互支持。在爱好型的非正式群体中，成员在某些方面具有共同的兴趣爱好，经常在一起活动。利益型的非正式群体成员间有共同的利害关系，结合在一起则能够趋利避害。

1. 非正式群体的特点

一般而言，班级中的非正式群体具有如下特点：

（1）成员之间相互满足心理需要。非正式群体多是由于心理需要而自愿结合在一起的，成员之间或是有共同的观点，或是受过类似的挫折，或是兴趣爱好相投，或是有着共同的利害关系，或是由于性格互补。因此，非正式群体的成员之间情投意合，交往频繁，传递信息迅速，相互认可、相互支持。

（2）具有较强的凝聚力，但有可能存在排他性。非正式群体的成员之间具有强烈的情感联系，相互之间都以感情为重，对自然产生的领导言听计从，每个成员对非正式群体都有一定程度的归属感，但有的小群体或其某些成员对其他小群体有排斥的倾向与行为。

（3）行为上具有一致性。非正式群体具有共同的行为规范，这些规范是约定俗成的，而且成员往往具有共同的行动目标，并为实现共同目标而力求行动协调一致。

（4）成员的角色和数量不固定。虽然非正式群体中有领导者或中心人物，但不固定，随着情境的变化，会涌现出由成员认可的新领导者。非正式群体没有固定的数量，成员的流动性也很大，自由参加，自由退出。

2. 对非正式群体的管理

班级中的非正式群体有积极和消极之分。积极的非正式群体的目标、价值取向和行为规范与班集体的要求相一致，它对班集体的活动有促进作用。例如，学生自发组织起来的学习小组和兴趣小组，往往对班级教学和他们的学习有促进作用。消极的非正式群体的目标、价值取向和行为规范与班级的要求不一致，它往往对班级管理和学生的发展产生干扰作用。例如，由一些纪律差的学生构成的小群体，有时会做一些阻碍班集体正常活动的事情，如打架斗殴、欺侮同学等。

对于班级中的非正式群体的管理，要注意如下几点：

（1）摸清非正式群体的性质。评判非正式群体是积极的还是消极的，主要的依据是看他们的目标、价值取向和行为规范是否与班集体的目标、价值取向和行为规范相一致。在具体的评判过程中，教师可以采用观察、访谈或个别谈话的方式，具体探明群体中的成员"为什么在一起""在一起都干了些什么"等问题。

（2）对积极的非正式群体给予鼓励和帮助。教师应积极为他们创设有利条件，充分发挥其影响，使之成为实现班级目标的积极力量。例如，对生物兴趣小组，教师可以单独为其提供方便，允许他们在课外时间到生物实验室做一些实验，也可以带他们到野外进行生态方面的考察。

（3）对消极的非正式群体给予适当的引导和干预。具体的措施包括：对群体中出现的不良行为，要给予严肃批评和坚决制止；通过调整座位、减少他们的课外联系等方式，使群体的集体活动减少；采用分别谈话、各个击破的方式，使群体中的成员逐步减少，最终使群体解散。消极的非正式群体也并非一无是处。群体中的领导者往往具有较高的威信和一定的组织能力，教师对他们进行适当的教育后，他们可以在班级管理中发挥较好的作用，有的甚至可以较好地胜任班干部。这类群体的成员之间的信息沟通渠道比较畅通，教师也可以借助他们来了解学生的思想动态和对班集体的一些意见。

第三节　课堂环境管理

教学是教师、学生、情境三者交互作用的活动过程。作为一种情境因素，课堂环境对教学效果的影响极为重要。因此长期以来，人们一直把课堂环境管理作为课堂管理的一个重要方面。课堂环境可以分为"硬环境"和"软环境"两个方面，前者主要是指课堂中的物理环境，如座位、光照、活动区域等；后者主要指课堂中的社会心理环境，如课堂气氛、学习目标定向等。本节分别从上述两个方面来讨论课堂环境的管理问题。

一、课堂物理环境

课堂物理环境是指课堂内的温度、色彩、空间大小、座位编排方式等时空环境和物质环境。近年来，课堂中的物理环境对学生的影响越来越受到心理学家的重视。研究发现，如果物理环境设置与教学目标和教学活动相匹配，则有利于教学目标的完成；反之，则可能阻碍教学目标的完成。

（一）座位安置及其影响

1. 座位安置的基本形式

目前，教师对学生的座位安置主要有四种方式：剧院式、分组式、半圆式、矩形式（见图12-3）。

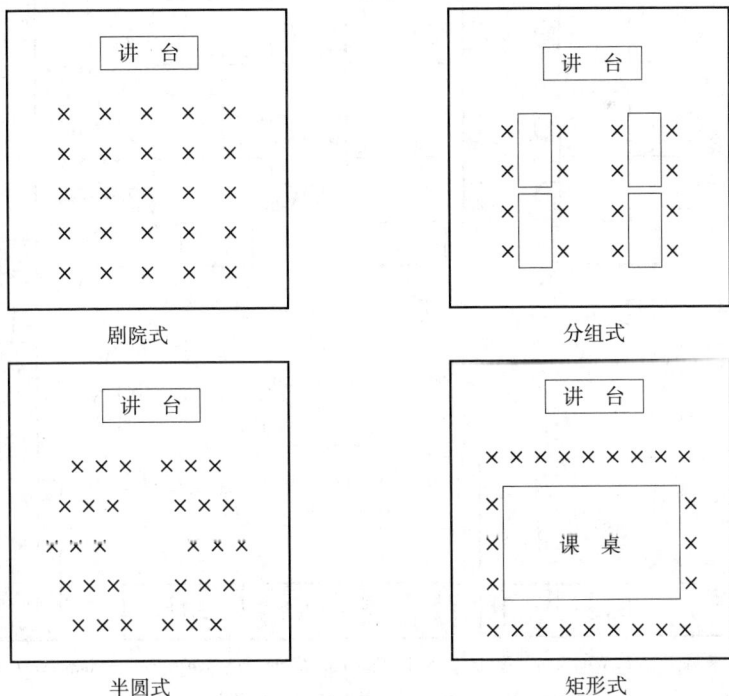

图 12-3　学生座位的四种安排方式

剧院式又称秧田式，它是指把学生们纵横排列在教室里、学生单独或成对占据一张课桌的座位安置方式，这是座位安置最为常用的一种方式；分组式是指把学生分为几个学习小组，每个组的学生坐在一起的座位安置方式，它在当前的小班教学中最为常用；半圆式是指把学生按照两个半圆形状纵排在教室里的座位安置方式（有时也可以按一个半圆的方式横排在教室里），这种安排可以使学生彼此不会遮挡，有利于观看教师的板演，也有利于分成两组进行学习辩论；矩形式则是所有学生把课桌集中在一起，环坐在教室里的方式，它在班级座谈中最为常用。

专栏 12-4

多功能课室设计方案

[美] 四年级的教师设计了一个可以供教师做示范和演示，可以开展小组活动、电脑互动、数学操作活动、日常阅读、艺术和其他活动的课室，在进行这些活动的时候都可以不用重新摆放桌椅。

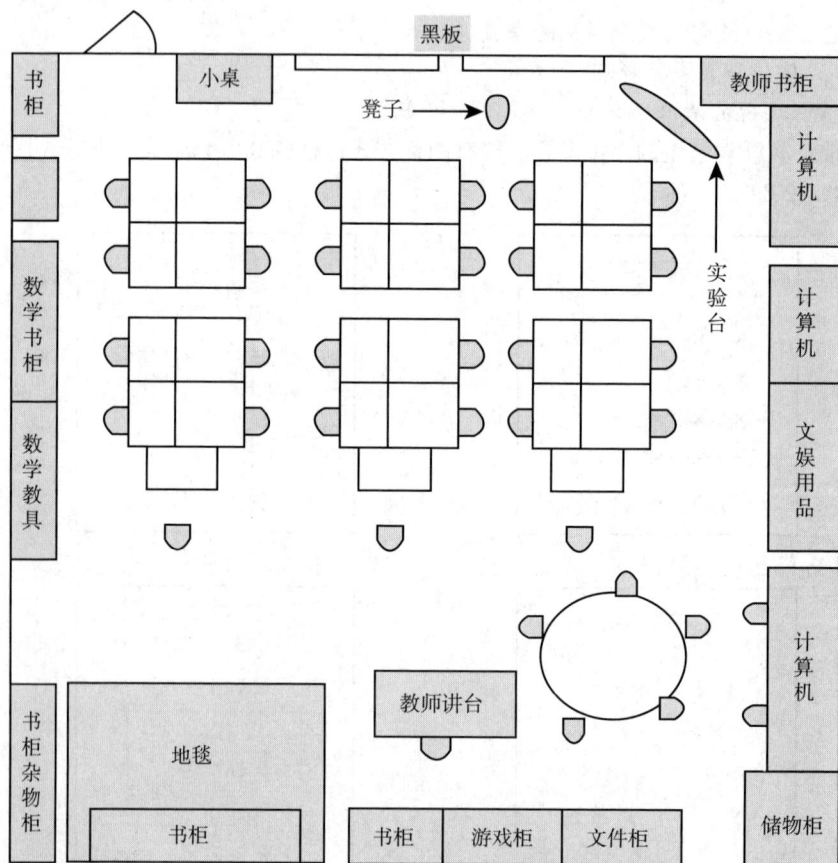

[**资料来源**] C. S. Weinsten, & Jr., A. J. Mignano. *Elementary classroom management：Lessons from research and practice*, 3rd ed [M]. New York：McGraw-Hill, 2003.

2. 座位安置对学生的影响

教室中，座位的安排会影响课堂教学和学生学习吗？20 世纪 70 年代以来，国外许多研究者考察了各种座位安置方式与学生学习的关系。结果发现，课堂座位编排方式对学生的课堂行为、学习成绩、学习态度、人际关系以及整个教学活动都有直接或间接的影响。

贝克尔等人（Becker et al., 1973）在一项对大学生的课堂座位研究中发现，坐在教室前排和中间的学生的成绩要好于两边的成绩。这与许多教师的直观体验也是一致的。课堂中，最受注意的学生常常是坐在前排和中线上的学生，如果让学生自己选择座位，那些最感兴趣的学生往往坐在前排，那些想尽早离开座位的学生尽可能靠门而坐。亚当斯等人（R. S. Adams & B. J. Biddle, 1970）认为，在传统的课堂座位安排中，存在一个"活动区"（action zone），即在教学活动中，教室座位的前排和中间是言语交流集中的区域，教师也常常在教室正中的一条线上活动，而这个区域，也正是最积极的学习者集中的位置。

我国也有研究者对座位与学生课堂学习的关系进行了调查①，结果发现：在学习成绩方面，座位与学生学习成绩的分布存在一定的相关。在小学阶段，前排成绩优异者少于成绩不良者；到初中阶段，前排优差生数量基本接近，并逐渐出现优生多于差生的发展趋势。在前中后排座位中，总体而言，小学优生中排最多，后排次之，前排最少；初中优生中排最多，前排次之，后排最少；大学优生中排最多，前后排大体相当。座位与学生学习态度的关联也存在着显著的年级差异。小学低年级学生的学习兴趣、态度与座位无关；而初二学生的学习态度与座位存在显著的相关，其中中排学生的学习态度最为积极，前排次之，后排最差。

3. 座位安置的基本原则

由于不同的座位安置对教学和学生的学习有不同的影响，教师在座位安置方面应该有适当的考虑。为了发挥座位安置的积极作用，在座位安置时应遵循如下基本原则。

（1）服务于教学原则

这四种座位安置方式分别具有不同的优点。研究表明，剧院式有利于减少学生之间的学习干扰，比较适合在高年级所采用的讲授式教学；分组式有利于学生之间的互动，比较适合开展合作学习式的教学；半圆式的安排使教室中间的空间增大，有利于教师走下讲台及时处理个别学生的纪律问题，也有利于给予学生个别化的指导；矩形式则比较适合学生的集体讨论和教师的教学演示。这就要求，教师在安置学生的座位时，应综合考虑学生的特点、教学的方式和班级纪律等多方面的因素，要把座位安置与自己的教学结合起来，以发挥座位安置对教学的促进作用。

（2）定期变换原则

研究表明，在通常情况下，教室中坐在前排和中间地带的学生，与教师交往的次数明显比坐在后排的学生多。这是因为，处在前排到中间地带的学生与教师距离近，在教师的有效控制之下，教师可以经常注意学生，学生也表现出积极的交往行为；而后排学生与教师距离远，受到教师的关注少，与教师交往的机会和次数比较少。本着"机会均等"的原则，教师应该定期调换学生的座位，使每个学生都有均等的与教师

---

① 宋秋前，丁佩君. 座位与学生课堂学习的调查研究 [J]. 教育科学，1999（4）.

交往的机会，都有享受"好位置"的机会。此外，定期调整座位也有助于促进不同学生之间的交往，增加他们结识"新朋友"的机会，有利于他们的同伴关系的发展。

（3）减少干扰原则

座位安置还要考虑的另外一个重要方面，是尽可能减少课堂中的学习干扰。在通常情况下，每个班级都或多或少地有一些容易违反纪律、干扰课堂秩序的学生。这些学生如果集中坐在一起，往往会出现不良行为的相互助长现象，这对课堂教学的消极影响很大。为了避免出现这类情况，教师在安置座位时应尽可能考虑把他们分开，将他们分别安排在教室的不同角落，以减少他们对课堂的干扰。对于个别管不住自己的学生，教师还可以考虑把他们安排在教室的第一排座位上，以便随时监督和制止其违反纪律的行为。

（二）其他物理环境因素及其影响

在课堂教学中，还有一些物理环境因素也会对学生的学习产生影响，比较突出的因素包括教室空间的大小、温度、光照、噪音等。

教室空间大小对课堂教学的影响表现为两方面，一方面狭窄的教室空间会让学生产生压抑感，影响学生学习时的情绪，也不利于教师在课堂上巡视、了解学生对教学内容的掌握情况。

美国心理学家爱波斯坦（Y. M. Epstein）等人于 1981 年做过一项实验，让被试在 3 周内 3 次处于拥挤之中，发现被试普遍感到紧张不安、心情烦躁、易于发怒。

另一方面，教室空间过大、过于空旷，不利于学生集中注意力，也会影响课堂教学的效果。

教室一旦确定，教师就不能左右其绝对空间的大小，但是有经验的教师善于营造其相对空间。比如，对于空间较小的教室，他们尽可能把座位集中安置，留出适当的活动空间，便于学生的走动和教师的课堂巡视；对于比较空旷的教室，他们通常要进行设计，比如开辟一些活动角落，摆放一些学生的作品、学习用具或者做出某些装饰等。

不合适的温度、光照和噪音也往往会使学生产生消极的情绪反应，不能把自己的注意力充分集中在学习任务上，自我控制能力下降。

美国心理学家在洛杉矶的一些小学里进行过一项关于噪音对小学生的影响的长期研究。对位于机场附近的四所小学的学生和位于安静区的三所小学的学生，进行了各种心理和生理测验。结果发现，长期受噪音影响的机场附近四所小学的学生，都比安静区学校学生的血压平均指数高，放弃困难作业的人数多，而且易受背景噪音的影响而分心。

有些研究还表明，教室温度甚至会影响学生的学习自我效能感。例如，考试时如果教室的室温过高，学生容易出汗，而学生误认为是自己情绪紧张所致，进而对自己的应考能力产生怀疑。

因此，教师不能忽视教室里的温度、光照和噪音等因素，在条件允许的情况下，应尽可能使教室的温度适中、光照适度，把噪音降低到最低程度，使学生产生一种愉悦的感觉和积极的情绪，从而减少不良的课堂行为。

二、课堂中的社会心理环境

与物理环境相比，课堂中的社会心理环境对课堂教学的影响更大。其中，课堂气氛和课堂目标结构是最为突出的两个影响因素。

（一）课堂气氛

课堂气氛通常是指在课堂上占优势地位的态度和情感的综合状态，它是学习的重要社会心理环境。

课堂气氛是学生课堂学习赖以发生的心理背景。在不同的课堂气氛中，学生的学习积极性、学习兴趣、学习情感体验、学习注意力存在很大差异。良好的课堂心理气氛，往往有助于提高学生的学习效率；不良的课堂气氛，则会降低学生学习的质量。

课堂气氛既反映了师生关系，又影响师生关系。在良好的课堂气氛中，师生关系和谐，师生互动活跃；而在不良的课堂气氛中，师生关系紧张，师生互动减少。

课堂气氛会形成群体压力，而群体压力可以导致学生的从众行为，即个体的观念与行为由于群体的引导或压力而向与多数人相一致的方向变化的现象。每个班级都有共同的行为目标、统一的行为规范，学生的从众行为可以使班级的目标、规范得以遵守，使同学之间保持良好的交往，使课堂教学得以正常运行，因此它对班级管理往往有积极的推动作用。当然，如果课堂气氛不良，学生对多数学生的不当行为的盲从，反而会给班级管理带来消极影响。

1. 课堂气氛的类型

不同的班级有不同的课堂气氛。如在一个班级里，课堂气氛紧张，师生、学生之间的交流小心谨慎；在另一个班级，课堂气氛热烈，这种交流则是自发和自由的。即使在同一个班级，课堂气氛也并非完全一致。如一位教师上课时气氛融洽、活跃，另一位教师上课时气氛却是躁动或漠然。课堂气氛又有相对的稳定性，一旦形成了某种课堂气氛，往往能保持相当一段时间，甚至不同的课堂活动有可能被同样的气氛所笼罩。

我国心理学工作者（黄秀兰，1986）根据师生在课堂上表现出来的注意状态、情感状态、意志状态、定势状态以及思维状态，将课堂心理气氛划分为积极的、消极的和对抗的三种类型（如表12-1）[①]。

表12-1	课堂气氛的类型		
师生的心理状态 ＼ 课堂气氛类型 ／ 表现	积极的	消极的	对抗的
注意状态	师生对教学过程表现出注意的稳定和集中，全神贯注甚至入迷	呆若木鸡，打瞌睡（在教师要求较严厉的情况下）；分心，做小动作（在教师管理课堂能力较差的情况下）	1. 学生注意指向与课程内容无关的对象，而且常常是故意的 2. 教师为了维持课堂纪律而被迫中断教学过程

[①] 黄秀兰. 试论课堂心理气氛与教学效果［J］. 应用心理学，1986（2）.

续表

表现 \ 课堂气氛类型 \ 师生的心理状态	积极的	消极的	对抗的
情感状态	积极愉快 情绪饱满 师生感情融洽	压抑的、不愉快的（在教师要求较严厉的情况下）；无精打采、无动于衷（在教师管理能力较差的情况下）	1. 激情，学生有意捣乱，敌视教师，讨厌上课 2. 教师不耐烦，乃至发脾气
意志状态	坚持，努力克服困难	害怕困难，叫苦连天；设法逃避	冲动
定势状态	学生确信教师讲课内容的真理性	对教师讲的东西持怀疑态度	不信任教师
思维状态	学生智力活跃，开动脑筋，从而迸发出创造性；教师的语言生动、有趣、逻辑性强，学生理解和解答问题迅速准确	思维出现惰性，反应迟钝	不动脑筋

积极的课堂气氛是恬静与活跃、热烈与深沉、宽松与严谨的有机统一。在这样的课堂气氛下，学生思维活跃，课堂发言踊跃，课堂纪律良好，时刻注意听取教师的讲授或同学的发言，并紧张而积极地思考。师生之间、学生之间关系和谐融洽，师生双方都有饱满的热情，配合默契。课堂里听不到教师的呵斥，看不到僵局和苦恼的阴影，有的是教师适时地提醒、恰当地点拨、积极地引导，学生产生了满意、愉快、羡慕、互谅、互助等积极的态度和体验，课堂心理气氛宽松而不涣散，严谨而不紧张。

消极的课堂心理气氛通常以学生的紧张拘谨、心不在焉、反应迟钝为基本特征。在这样的课堂气氛下，学生注意力分散、情绪压抑、无精打采、小动作多，有的甚至打瞌睡。对教师的要求，学生一般采取应付的态度，很少主动发言。有时学生害怕上课或上课时紧张焦虑。师生关系不融洽，学生之间不友好，学生产生了不满意、压抑、烦闷、厌恶、恐惧、紧张、高焦虑等消极的态度和体验。

对抗的课堂心理气氛则是一种失控的课堂气氛。在课堂教学活动中，学生过度兴奋、各行其是、随便插嘴、故意捣乱；教师则失去了对课堂的驾驭和控制能力。因此，教师有时不得不中止讲课而维持秩序。

2. 积极的课堂气氛的营造

积极的课堂气氛的营造是一项系统工程，需要教师的精心组织和主动创设。为了营造积极的课堂气氛，教师通常需要做好如下几个方面的工作：

第一，建立和谐的课堂人际关系。这是创设积极课堂气氛的基础。师生关系融洽，教师热爱、信任学生，学生尊重、敬仰教师，可以使课堂气氛愉快、活跃，学生思维积极，发言踊跃。同学之间团结友爱，容易使课堂形成互相尊重、体谅、友好的学习风气。反之，师生之间、学生之间的关系紧张，则会使课堂气氛压抑、沉闷乃至走向失控的局面。

第二，运用灵活多样的教学方式。灵活多样的教学方式可以较好地吸引学生的注意力，不断激发学生的学习兴趣和探究动机，进而营造出一种积极、活跃的课堂氛围。例如，教师注意变化教学的导入方式，可以使学生每次上课都有一种新颖感，学习的动机、学习时的积极情绪得以增强；每堂课上，教师注意采用提问、讨论、直观演示、讲解相结合的教学方法，可以使学生一直维持较高的学习参与水平，避免课堂气氛单调、沉闷。

第三，采用民主的领导方式。教师的领导方式可分为专制式、民主式和放任式三种。在专制的领导方式下，课堂里的一切由教师做决定，学生没有自由，只是听从教师的命令，教师完全控制学生的行为。在民主的领导方式下，教师在课堂中重视学生集体的作用，教学计划和决策由全体成员共同讨论、共同分享，教师力图使自己成为一个帮手和促进者，对学生进行帮助和指导，鼓励个人和集体的责任心和参与精神，对学生的表现给予客观的表扬和批评。在放任的领导方式下，教师在课堂中既不严格管理，也不给予强烈支持，而是采取一种不介入的、被动的姿态，没有清楚的目标，没有建议或批评，教师仅给学生提供各种材料，给学生充分的自由，学生处于放任状态，允许学生在没有指导和忠告的情况下随便做什么。显然，为了营造积极的课堂气氛，教师应该更多地采用民主的领导方式。

第四，给予学生合理的期望。罗森塔尔和雅克布森（R. Rosenthal & L. Jacobson, 1968）的研究表明，教师的期望存在"自我实现的预言"效应。也就是说，教师的期望或明或暗地传递给学生后，学生会按照教师的期望方式去塑造自己的行为。一般说来，对学生的高期望会使学生向好的方向发展，教师对学生的低期望则会使学生越来越差。教师在课堂教学中往往会通过一些特定的行为来向学生传达他们的期望信息，如果教师在传达期望信息时，能够采取恰当的方式，对学生形成适度的高期望，也可以调动学生学习的积极性，促进积极的课堂气氛的形成。

专栏12-5

自我实现的预言

1968年，罗森塔尔和雅克布森做了这样一项实验：随机从班级中抽取少数学生，告诉他们的老师说这些是最有发展潜力的学生，要求教师对他们注意观察，但不要告诉学生本人。八个月后发现，这些学生比其他学生的进步明显。显然，由实验者提供的假信息所引起的教师对学生的期望，对学生的行为产生了积极影响。这就是"自我实现的预言"效应。罗森塔尔借用古希腊神话中的典故，把教师期望的"自我实现预言"的作用称为"皮格马利翁效应"，后来人们也称作"罗森塔尔效应"。

（二）课堂目标结构

课堂目标结构是指一个班级中由奖赏机制决定的占主导地位的学习目标取向。根据学生之间的互动情况，课堂目标结构可以分为竞争、合作和个人主义三类。

在竞争性目标结构中，学生认识到他们的奖赏取决于与他人的比较，只有他人失败时自己才能取得成功。在这样的课堂中，学生的目标是尽可能做得比他人好。在合作的目标结构中，学生认识到他们必须与他人合作才能获得奖赏。在这样的课堂中，一个学生的成功依赖于其他同学的成功，学生的一个重要目标是鼓励和促使其他学生的成功。在个人主义的目标结构中，学生们认识到奖赏取决于自己的努力，不需要关心他人是否取得成功，他们的目标是达到自己或者教师提出的学习标准和要求。

一般而言，竞争、合作、个人主义都是开展班级群体学习的手段，它们适用于不同的学习情境，并没有绝对的优劣之分。在我国的课堂教学中，教师所营造的多为竞争和合作的课堂目标结构，对于这两种目标结构的积极和消极作用，教师必须清楚地予以把握。

1. 竞争的利与弊

课堂中竞争性目标结构的好处在于：（1）可以活跃课堂气氛，避免学生按部就班地学习所产生的单调感，增加了他们学习的乐趣；（2）能激发个人的成就动机，提高个人的成就标准和抱负，发掘学生的学习潜能，提高学习效率；（3）能使学生在与他人比较中，较好地发现自己的优势和不足，对自己的能力做出更符合实际的评判。

竞争性目标结构也有不利的一面，具体体现在：（1）从学生个体角度看，对那些学习成绩一贯优异，不需要太多努力就能成功的学生，竞争缺乏激励作用；对那些学习成绩一般，但又想在群体中获得好名次的学生，竞争会产生过分的心理压力；对于那些学习能力较差的学生，竞争会使他们遭受更多的失败，使其丧失学习的自信心。（2）从学生群体角度看，频繁的竞争会使学生间产生对立、失去信任，使班级出现紧张、不安、不团结等消极的气氛。（3）经常不断的竞争还会降低学生学习的内在动机，使学生的注意力过多地集中在赢得他人的赞许方面，从而忽视学习活动本身所带来的认知乐趣。

为了弥补竞争性目标结构的不足，教师应该注意对学生进行分类管理：对学习成绩优异者，教师要注重激发其内部动机，启发他们从求知的角度，以自己为竞争对象，不断进步；对学习成绩中等的学生，教师要引导其进行正确归因，调整过高的动机水平，对学习付出更多的努力，以取得理想的成绩；对学习能力较差的学生，教师要给他们提供额外的帮助，如补习基础知识，安排更多的时间学习，对取得的进步及时强化，帮助他们树立信心。

2. 合作的利与弊

合作对学生学习的积极作用在于：（1）能促进集体的学习成功，增强集体凝聚力，建立起一种友爱、协作的人际关系；（2）有利于学习中的集思广益、优势互补，进而提高学生的学业成绩；（3）有利于学生习得团体规范，发展形成社会交往技能；（4）有助于个体学生减少失败体验，改善他们的自尊和学习的自我效能感，增强学习积极性。

但是合作的课堂目标结构也有不足之处，这表现在：（1）为了帮助学得慢的学生，学得快的学生可能在一定程度上放慢学习进度，从而影响自身的发展；（2）能力强的学生或活泼好动的学生有可能支配能力差或沉默寡言的学生，由此造成沉默寡言的学生更加退缩；（3）教师相对难以把握学生的个体差异，因为在合作学习中，能力较中等和较差的学生的学习状况很容易被集体的学习成功所掩盖。

学生之间的合作与竞争是对立统一的。在课堂的集体活动中，有时可能同时发生合作与竞争，有时可能交替出现。教师不能片面强调合作，也不能片面强调竞争。有效的课堂管理应该协调合作与竞争的关系，使两者相辅相成，成为促进课堂管理功能和调动学生积极性的有益手段。

第四节　课堂纪律管理

课堂纪律管理是课堂管理的重要组成部分。在课堂教学中，难免出现各种课堂问题行为，干扰教学活动的正常进行。有效的课堂纪律可以通过营造良好的课堂秩序、减少学生的不当行为来促进学生的学习。

一、课堂纪律的含义

课堂纪律是指为了保障或促进学生的学习而为他们设置的行为标准和施加的控制。课堂纪律有助于维持课堂秩序，减少学习干扰，也有助于学生获得情绪上的安全感。在纪律良好的课堂中，学生能够专注于教师为他们设置的学习任务和课堂活动，很少有干扰这些任务和活动的行为（W. Doyle, 1990）。

根据形成途径，课堂纪律一般可分为以下四类。

（一）教师促成的纪律

所谓教师促成的纪律，主要指在教师的帮助指导下形成的班级行为规范。这类纪律在不同年龄阶段的学生中所发挥的作用有所不同。刚入学的儿童由于不知道如何在一个大的团体中学习和游戏，需要较多的监督和指导，其课堂纪律主要是由教师制定的。随着年龄的增长和自我意识的增强，学生开始反对教师的过多限制，对教师促成的纪律的要求降低，但是它始终是课堂纪律中的一个重要类型。

（二）集体促成的纪律

所谓集体促成的纪律，主要指在集体舆论和集体压力的作用下形成的群体行为规范。从儿童入学开始，同辈人的集体在使儿童社会化方面就开始发挥越来越重要的作用。随着学生年龄的增长，同伴群体对学生个体的影响会越来越大，他们开始以同辈群体的集体要求和价值判断作为自己的行为准则，以"别人也都这么干"为理由而从事某件事情。班集体的纪律、少先队的纪律、兴趣小组的纪律等，都属于这类纪律的范畴。

（三）自我促成的纪律

所谓自我促成的纪律，简单说就是自律，它是在个体自觉努力下由外部纪律内化而成的个体内部约束力。自我促成的纪律是课堂纪律管理的最终目标。当一个学生能够自律并客观评价他自己的和集体的行为标准时，便意味着能够为新的更好的集体标准的发展做出贡献，同时也标志着学生的成熟水平向前迈进了一步。

（四）任务促成的纪律

所谓任务促成的纪律，主要指某一具体任务对学生行为提出的具体要求。这类纪律在学生的学习过程中占有重要地位。在日常学习过程中，每项学习任务都有它特定的要求，或者说特定的纪律，例如课堂讨论、野外观察、制作标本等任务都有各自的纪律要求。任务促成的纪律是以学生对任务的充分理解为前提的，学生对任务的意义理解越深刻，就越能自觉遵守任务的纪律要求，即使遇到困难挫折也不会轻易退却。所以，学生完成任务的过程，就是接受纪律约束的过程。

二、课堂纪律的发展

课堂纪律的形成不是一蹴而就的，它往往要经历一个发展过程。国外学者（B. Churchward，2003）参照科尔伯格道德发展的阶段理论，对不同年龄阶段儿童的纪律发展水平划分为如下几个阶段。

阶段1：反抗行为阶段

4—5岁之前的儿童，多处于这一阶段。这一阶段的儿童，他们的行为中经常表现出对抗性，拒绝遵循指示、要求，需要给予大量的注意；他们很少具有自己的规则，但是畏于斥责，可能遵循他人的要求。在学校教育阶段，也有一些学生处于这一水平。表现为当教师盯住他们时，他们会表现得中规中矩，但是稍微不注意，他们就会失去控制。

在这一阶段，对于维持纪律所能发挥作用的是儿童和权威人物之间的权利不平衡。当教师或父母向儿童展示出强力的控制时，儿童的不良行为可以很有效地得到约束；反之，他们就可能不断表现出不良行为。

阶段2：自我服务行为阶段

5—7岁的儿童，多处于这一阶段。这一阶段的学生是以自我为中心的，但是在课堂上比较容易管理，因为他们所关心的是行为后果"对我意味着什么"，是奖励还是惩罚。从道德发展来讲，他们处于奖励和惩罚阶段。这些学生做出某些行为，要么是因为他们想得到某些奖励，如糖果、休息时间等；要么是因为不喜欢违反纪律带来的后果。

处于这一阶段的学生很少具有自我纪律感。他们可能在这节课上表现很好，而在另一节课上失去自我控制。与处于阶段1的儿童一样，为了避免出现纪律问题，教师需要对他们进行不断的监督。

阶段3：人际纪律阶段

大多数中学生处于这一阶段。处于这一阶段的学生，其行为取向是要建立一种相互的人际关系，他们做出的行为往往与"我怎样才能取悦你"联系在一起，他们这样做是因为你要求他这样做；他们关心自己在别人心目中的形象，希望别人喜欢自己。

这一阶段的学生形成了一种纪律感，你让他们安静下来，他们就会安静下来；他们基本上不借助强力的纪律来约束自己，但是需要轻微的提示。

阶段4：自我约束阶段

处于这一阶段的学生很少陷入什么麻烦，因为他们能够明辨是非，理解遵守纪律的意义，也能够做到自我约束。教师可以离开教室 20—30 分钟，回来后发现他们依然很安静地在学习。他们这样做，是因为他们知道这样做是对的，就应该这样做。尽管许多中学生能够达到这一水平，但是只有一部分能够稳定地保持在这一水平上。

处于这一阶段的学生并不赞赏武断纪律。在课堂上，如果某些同学逼迫教师花很多时间处理纪律问题，会使他们感到厌烦。

上述纪律发展阶段理论对教师维持课堂纪律具有重要的参照价值：既然不同年龄阶段的学生出现纪律问题的原因不同，教师就应该采用不同的引导和干预措施；既然纪律水平是不断发展的，教师在看到学生的违纪行为时，也应该注意分析这种行为是否是"发展性"的，看到了学生的进步，你就可以引导帮助学生进入更高阶段的纪律水平。

三、维持课堂纪律的策略

课堂纪律管理是一项日常而又复杂的工作。为了维持良好的课堂纪律，教师应注意采用如下一些策略。

（一）建立积极、有效的课堂规则

课堂规则是课堂成员应该遵守的课堂基本行为规范和要求，它所传递的是教师对学生的期望，所代表的是每个学生的课堂行为准则，具有规范、指导和约束课堂行为的效力。要管理好课堂纪律，教师必须注意建立制度化的课堂规则，明确规范学生在课堂中的行为。

制定课堂规则有以下原则和要求：

1. 课堂规则应由教师和学生充分讨论，共同制定。由学生参与讨论而制定的课堂规则，会在很大程度上满足学生的需要和愿望，容易被学生接受和内化，从而自觉遵守。

2. 课堂规则应少而精，内容表述以正面引导为主。由于课堂规则是所有学生均应共同遵守的课堂行为规范与要求，因此它应该最简明、最基本、具有普遍适用性的特点，不宜太多、过于具体，一般以 5—10 条为宜。所制定的课堂规则主要陈述的是应该怎么做，而不要与违规惩罚措施结合在一起。研究表明，惩罚定向的规则常常会引导学生关注消极方面，反而淡化学生的积极动机与态度，无助于培养学生高水平的、具有社会价值的道德。

3. 课堂规则应及时制定、引导与调整。教师应抓住学年开始的机会制定课堂规则，向学生提出自己的期望，并引导学生掌握如何遵守课堂规则。在此后的课堂管理实践中，如果发现既定的课堂规则不够完善，教师还要注意与学生一起讨论修改、补充该规则。

（二）合理组织课堂教学，维持学生的注意和学习兴趣

维持学生的注意和学习兴趣，既是课堂纪律管理的重要目标之一，又是课堂纪律管理的有效策略之一。教师合理地组织课堂教学结构，维持好学生的学习兴趣，把学生的注意力始终维持在学习活动中，就使学生失去违纪的机会，从而使课堂纪律大大改善。

为了维持学生在课堂学习中的注意和兴趣，教师可以从如下几个方面着手：

1. 增加学生的课堂参与。这要求教师的教学内容符合学生的需要，生动有趣；教学方法灵活多变，能激发学生的好奇心和参与热情。例如，教师采用设置悬念、精心提问和小组讨论的方法，不断变换刺激角度，就可以收到这样的效果。

2. 保持动量。保持动量是指课堂教学要有紧凑的教学节奏，避免被打断或放慢，使得学生总有学业任务。它要求教师课前做好充分准备，如确定教学目标、精心设计教案、有效选择教学策略、认真备好教具等；课堂上要合理安排教学进度和节奏，选择适宜的课堂密度、课堂强度、课堂难度和课堂速度。

3. 保持教学的流畅性。教学的流畅性是指教学活动之间过渡平缓、自然，具有很好的信息连续性。教师要保持教学的流畅性，必须注意处理好教学的过渡问题。过渡是课堂管理的"缝隙"，也是课堂秩序最容易出问题的时候。在教学过渡中，教师应该首先考虑采用自然过渡的方法，这要求在教学内容上要保持高度的逻辑性，使学生的思维能够因循逻辑转移过来。如果前后两个教学活动之间难以采用自然过渡的方法，如讲解之后让学生做练习，教师可以采用明确提示的方法，直接告诉学生下一项学习任务是什么，然后督促学生立即转入学习活动中。

（三）注意做好课堂监控

为了维持良好的课堂纪律，教师还必须注意加强对课堂的实时监控。库宁（J. Kounin）指出，良好的课堂纪律在很大程度上依赖于教师对纪律问题的预防，而预防的最好方法就是对课堂情况做好监控，做到明察秋毫，让学生知道自己随时关注课堂中发生的每一件事情。

一旦课堂上出现一些纪律问题的苗头，教师可以采用提示的方法加以控制。提示可以采用非言语的形式，如目光接触、手势、身体靠近和触摸等；也可以采用言语提示的方式，如"请注意听讲""老师板演时请不要讲话"。需要注意的是，采用言语提示时，教师应该做正面提示，直接告诉学生应该怎么做，而不要纠缠于对学生的不良行为的评判，因为正面提示表达了对学生未来课堂行为更积极的期望。例如，说"请注意认真听讲"就要比说"别做小动作"要好一些。表 12-2 列举了积极性与消极性引导语言的区别。

表 12-2	积极性的引导语言与消极性的引导语言
积极性的引导语言	消极性的引导语言
关门要轻一点。	不要"砰"的一声关门！
如果能回答问题就举手。	怎么不举手？
应该自己把这些题目做出来。	别看其他同学的作业！
答题时应该仔细检查。	怎么这么粗心！
身子要坐正。	不要瘫坐在凳子上！

（四）培养学生的自律品质

自律是学生纪律性发展的最高阶段，也是课堂学习纪律管理的最终目的。促进学生形成和发展自律品质，是维持课堂纪律的最佳策略之一。

学生自律是在他律的基础上形成的，是外部行为规范内化成为自己的行为准则的结果。学生把外部规范内化成自己的行为标准，首先必须知道这些规范有哪些，有什么意义。在自律品质的培养过程中，教师首先要对学生遵守课堂纪律提出明确要求，加强课堂纪律的目的性教育。其次，自律是个体有意识地对自己的行为进行自我监控和调节的活动。因此，要形成和发展学生的自律品质，必须发展学生的自我调控能力。教师应引导学生对学习纪律持有正确、积极的态度，让学生产生积极的纪律情感体验，培养学生自觉遵守纪律的良好习惯和意志力，引导学生进行自我分析、自我检查、自我反思、自我评价、自我监督、自我锻炼，并通过自我鼓励、自我奖赏、自我誓言、自我命令、自我禁止等自我强化手段，维持合理的课堂学习行为，消除课堂学习纪律问题，以实现自我监控，从而形成和发展自律品质。最后，学生的自律是在课堂环境中，通过与其所属集体成员的互动而形成的。因此，集体舆论和集体规范是学生自律品质形成和发展的有效手段。教师应充分利用集体舆论、集体规范的行为动力效应、助长效应、从众效应，来引导、规范和约束学生的课堂学习行为，以发展学生的自律品质。

专栏12-6

有效的课堂管理者

课堂程序和规则的计划细致而具体；

系统教授学生做事的步骤，告知教师期望的行为；

密切监控学生的学习和行为；

快速而一致地处理学生的不当行为；

组织好教学以便学生最大限度地参与学习任务并取得成功；

清晰地与学生交流自己的要求和期望。

四、课堂问题行为及其应对策略

在课堂教学中，学生难免会出现各种问题行为，干扰教学活动的正常进行。课堂纪律管理的一项重要任务是澄清并有效地应付这些问题行为。

（一）课堂中的问题行为

课堂问题行为是指学生在课堂中发生的，违反课堂规则，妨碍及干扰课堂教学活动正常进行的行为。课堂问题行为具有普遍性，是教师经常遇到而又非常敏感的问题，处理不好，就会损害师生关系和破坏课堂气氛，影响教学效率（陈时见，1998）。

1. 问题行为的类型

学生的问题行为一般可分为两类：一类是品行方面的问题行为；另一类是人格方面的问题行为。

品行方面的问题行为，是指那些直接指向环境和他人的不良行为，如攻击性行为、破坏性行为、不服从行为等。人格方面的问题行为，是与学生的个性关联在一起的不良行为，如孤僻退缩、焦虑抑郁等。品行方面的问题行为较为外显，容易被教师发现，容易引起教师的关注；而人格方面的问题行为则较为内隐，不易觉察、辨认和确定。

品行方面的问题行为，既影响行为者自身学习，又妨碍教师和同学，有时还会违背社会道德规范。人格方面的问题行为，不仅影响行为者自身的学习，而且会导致他们不能形成良好的同学关系和师生关系，从而使教学活动的效果受到极大的损害。

2. 课堂问题行为的原因

导致学生在课堂上出现问题行为的原因比较复杂，概括起来，可以分为三个方面。

（1）学生方面的原因

大量的课堂问题行为是由学生自身的原因引起的。这些原因主要是：

①挫折。在日常学习生活中，学业成绩不良、人际关系不和谐、对教师教学要求的不适应等，都会使学生产生挫折感，并引发紧张、焦虑、惧怕甚至愤怒等情绪反应，在一定条件下这种情绪反应就可能演变为课堂问题行为。

②寻求注意。研究发现，一些自尊感较强但因为成绩较差或因其他原因得不到集体和教师承认的学生，往往故意在课堂上制造一些麻烦以引起教师和同学的注意。一般说来，小学生做出一些不当行为主要是为了引起老师的注意；而中学生则更多地为了引起同学的注意。

③人格因素。学生的课堂行为问题在一定程度上与其个性心理特征如能力、性格、气质等有关。例如，内向型的人格，常表现出抑制退缩行为，不愿与人交往，自我意识强，易受暗示；而外向型的人格，则喜欢交际，迎合热闹，胆子较大，善于接受新事物，自制能力较弱，违反纪律的情况相对较多。

④生理因素。身体上的疾病、发育期的紧张、疲劳和营养不良等，都会影响学生的行为。另外，还有些学生的过度活动是由于脑功能轻微失调造成的。

（2）教师方面的原因

课堂里发生的问题行为，看上去是学生的问题，实际上也与教师有关，有些问题行为就是教师方面的原因造成的。对课堂问题行为产生影响的教师方面的因素主要有：

①教学不当。教师备课不充分、缺乏教学组织能力或表达能力差而造成的教学失误，也会引起课堂问题行为。常见的教学不当有教学要求不当，例如对学生要求过高或过低；教学组织不当，例如教学从一个活动转到下一个活动时缺乏合适的"过渡"，使学生无法自然地完成注意转移；讲解不当，如教师对某个问题反复讲不清楚，长时间困死在一个问题上，那么学生就有可能置功课于脑后而捣乱起来。

②管理不当。教师主观武断，不尊重学生，态度生硬，方法简单、粗暴，体罚学生，激起学生反感，产生对立情绪，会直接诱发课堂中的问题行为。教师对学生要求不严，放任自流，也会导致学生无视课堂纪律而出现问题行为。教师对学生的问题行为反应过激，滥用惩罚手段，导致矛盾激化，反而会助长问题行为。

③丧失威信。在学生心目中失去威信的教师是很难管好课堂的，丧失威信也是多方面因素造成的，前面提到的教学不当、管理不当也会造成教师威信下降。一般说来，具有以下特点的教师容易在学生心目中丧失威信：业务水平低，教学方法不佳；对教学不认真负责，上课懒懒散散；对学生的要求不一致，说了以后不检查；向学生承诺，但总是不兑现；不关心学生，待人冷漠；缺乏自我批评精神，明知错了，还强词夺理；带有偏见，处事不公。

（3）环境方面的原因

校内外环境中的许多因素，都会对学生的行为产生一定影响。例如，大众传播媒介、家庭环境、课堂座位编排方式、教学环境的温度和色彩等环境因素，对学生的课堂行为都会产生十分明显的影响。研究发现，在父母不和、经常打闹的家庭中生活的孩子，在课堂上经常表现得孤僻退缩，烦躁不安，甚至挑衅滋事。教学环境的各种因素对学生行为的影响已在有关章节中详细阐述过，此处不再展开。

专栏12-7

创建积极的课堂环境

综合国内外有关研究成果，创建积极课堂环境，满足学生需求，在实践中应特别注意以下几点：（1）切实理解学生个体的心理和学习需要。（2）建立良好的师生关系，构建相互协助、支持的教学集体和课堂环境。（3）建立积极的课堂环境，满足学生的情绪安全的需要。（4）帮助学生树立学习自信心，满足学生的自信需要。教师所说的每一句话、做的每一件事、表现出来的每一种态度都应对学生产生积极的影响，帮助学生形成良好的自我印象，不能打击学生的自信心。（5）接纳学生，努力满足学生的归属需要。归属感是一个强大的动力因素，而接纳是最有效的激发方式之一，它能有效提高学生的自尊、适应能力及其他的健康品质。（6）培养学生选择和履行职责的能力，满足学生有关权利和自由的需要。许多学生都渴望承担责任，渴望自治和独立，同时也想拥有参与、选择积极的课堂活动以及与老师共同管理课堂的权利。因此，教师要通过为学生提供选择的机会、与学生一起制定课堂规范、让学生进行自我评价等方法满足学生有关权利和自由的需要。

[资料来源] 宋秋前. 当代课堂管理的变革与走向 [J]. 教育发展研究，2005（9）：44-47.

（二）课堂问题行为的应对策略

课堂问题行为的恰当处理，取决于教师采用有效的应对策略。当学生在课堂中出现问题行为时，教师可以采用如下应对方法。

1. 运用积极的言语和非言语手段调控

一般说来，教师发现学生出现问题行为时，不要指名道姓地批评，而要尽量用非言语行为控制。如教师用目光、面部表情、手势、动作、走近学生等非言语手段，提示学生注意控制自己的不良行为。

教师还可以采用口头表扬来调控学生的问题行为。采用表扬来调控学生的问题行为时，教师可以分别采用两种方式：其一，表扬出现问题行为的学生的良好行为。譬如学生上课爱搞小动作，教师就在这个学生认真学习时表扬他；如果学生常擅自离开座位，教师就要在他们坐在座位上认真听讲时表扬他们。其二，表扬其他学生的良好行为。一般是选择他邻座的同学或他最要好的同学加以表扬，这样可使行为不当的学生意识到，教师已经知道了他的行为表现，他应控制不当行为。表扬良好行为不仅可以中止学生的问题行为，而且也可以使他们知道应该做出哪些合适的行为，因此是一种比较好的问题行为调控策略。

2. 合理运用惩罚

诸多研究均显示，少量的、方式适当的惩罚可有效地减少课堂问题行为。奥·勒利等人（K. D. O'Learg & S. G. O'leary，1972）提出使用惩罚的七条原则：

（1）偶尔使用惩罚；

（2）使学生明白为什么他要受惩罚；

（3）给学生提供一个可选的方法以获得某种积极的强化；

（4）强化学生与问题行为相反的行为，亦即当实施惩罚后，如发现学生有积极的表现，应停止惩罚；

（5）避免使用体罚；

（6）避免在教师非常愤怒或情绪不好时使用惩罚；

（7）在某一行为开始而不是结束时使用惩罚。

此外，教师在运用惩罚时要坚持对事不对人的原则，执行惩罚时既要公平一贯，又要灵活体现出差异，譬如学生第十次捣乱和第一次捣乱所受的惩罚就应有差异。教师在对学生惩罚后，要给予学生积极的帮助，使学生受惩罚后，不仅不再犯错，而且在同样情境下，学会以适当行为代替不良行为。

3. 引导学生参与学习活动，不留给学生违纪的时间

学生在课堂上出现问题行为，有时是因为他们感到"空闲"，无所事事。针对这一点，教师可以安排他们从事某些学习活动，使他们没有产生问题行为的空闲，从而中止问题行为。但是需要注意，过多地给他们安排学习活动、学习任务，会导致其疲劳、烦躁，进而引发问题行为。因此，引导学生参与学习活动也要有一个度的问题。

4. 进行心理辅导

前述三种方法只能有效地中止课堂中的问题行为，而不能从根本上解决学生的问题行为。学生的问题行为都有其心理根源，因此要想从根本上解决他们的课堂行为问题，教师还应该注意对他们进行心理辅导。对问题行为学生的心理辅导应该注意如下几点：第一，给予倾听、接受、移情性的理解，而不要给予批评、指示、约束、强制的教育；第二，通过引导，帮助学生找到产生问题行为的原因，分析问题行为带来的消极后果；第三，帮助学生制定新的适应性课堂行为目标；第四，给予情感发泄机会，疏导学生内心积压的忧郁、愤怒、冲动、不满、攻击、不安等不良情绪，从而消除问题行为背后的情感根源。

专栏12-8

如何采取惩罚措施

● 推迟对这件事的讨论，直到教师和相关学生都平静下来，可以客观面对为止。

例子

1. 平静地对学生说："坐下来，想想所发生的事情。稍后我会再和你谈。"或"我不喜欢我刚才看到的一切。在今天的自由活动时间来和我谈谈。"

2. 可以这样说："我对刚才发生的事情感到生气。每个人都拿出日记本，让我们把这件事写下来。"然后全班讨论这件事。

● 不公开采取惩罚措施。

例子

1. 私下对学生做出惩罚，坚定并强制性地要求学生执行惩罚。

2. 压住要对已经违反规则的学生公开进行提醒的冲动。

3. 走到学生身边，轻轻告诉他遵守纪律，提醒的声音只有违规学生才能听见。

● 在对学生做出惩罚后，及时与学生建立积极的关系。

例子

1. 给学生一个任务或者请他（她）帮忙。

2. 赞扬学生的作业或当学生的行为值得表扬时，真心实意地或象征性地拍拍学生肩膀。

3. 教师应重视建立积极师生关系的机会。

● 建立不同等级的惩罚，这样可以适用于各种情况。

例子

没交家庭作业：（1）发出提醒；（2）发出警告；（3）在放学前交作业；（4）放学后留下来补做作业；（5）参加"教师—学生—家长"会议，制定一个行动计划。

● 在学生接受惩罚的同时交给学生问题解决的策略，以保证学生再次碰到类似的情况时知道如何积极应对（Elias & Schwab, 2006）。

例子

1. 要求学生在问题日志中记录自己的感受，问题的本质以及个人的目标。并反思其他可以解决问题、达成目标的办法。

2. 尝试保持冷静的 5－2－5 策略：当学生最开始出现愤怒征兆的时候就对自己说："停！冷静！"然后进行几次深呼吸——从 1 数到 5 吸气，然后从 5 数到 2 屏住呼吸，再从 1 数到 5 呼气。

［资料来源］http://www.stopbullyingnow.com; http://www.cfchildren.org

【主要结论与应用】

1. 课堂管理的根本目的是创设良好的学习环境和条件，促进学生有效地学习。行为主义取向的课堂管理模式强调教师在课堂管理中的责任是选取和强化适宜的行为并根除不适宜的行为；人本主义取向的课堂管理模式强调教师关注学生的需要、情感和主动精神，培养学生的归属感、成就感和积极的自我认同；教师效能取向的课堂管理模式主张通过培训、提高教师的课堂管理技能来改善课堂管理质量。

2. 课堂中的人际关系包括师生关系、同伴关系等。师生关系是课堂教学中最重要的人际关系，建立良好的师生关系有赖于师生之间的相互理解、师生之间的密切交往、师生之间的尊重与关怀和师生之间的真诚对话四个因素。同伴关系分为友好型、对立型与疏远型三种类型。通过开设相关课程并开展交往技能教育、丰富课堂教学交往结构、组织丰富多彩的交往实践活动并让学生在交往中学会交往、培养学生的亲社会行为等途径，可以促进同伴关系的发展。目前常用的评估同伴关系的方法有同伴评估法、同伴提名法、行为观察法等。班级群体有正式群体和非正式群体。对正式群体的管理要注意选好正式群体中的领导、注重引导支持、适当授权并鼓励学生的自主管理等因素。对非正式群体的管理策略包括摸清非正式群体的性质、对积极的非正式群体要给予鼓励和帮助、对消极的非正式群体要给予适当的引导和干预等。

3. 课堂环境包括课堂中的物理环境和社会心理环境。课堂物理环境是指课堂内的温度、色彩、空间大小、座位编排方式等时空环境和物质环境。课堂座位编排方式对学生的课堂行为、学习成绩、学习态度、人际关系以及整个教学活动都有直接或间接的影响。课堂气氛是课堂中的最为重要的社会心理环境。营造积极的课堂气氛，要求教师建立和谐的课堂人际关系，运用灵活多样的教学方式，采用民主的领导方式，给予学生合理的期望。竞争、合作和个人主义的课堂目标结构，对课堂管理也有不同的影响。

4. 课堂纪律是指为了保障或促进学生的学习而为他们设置的行为标准和施加的控制。根据形成途径，可以把课堂纪律分为教师促成的纪律、集体促成的纪律、自我促成的纪律、任务促成的纪律四类。课堂纪律的形成经历反抗行为阶段、自我服务行为阶段、人际纪律阶段和自我约束四个阶段。维持课堂纪律的有效策略包括：建立积极、有效的课堂规则；合理组织课堂教学，维持学生的注意和学习兴趣；注意做好课堂监控；培养学生的自律品质。

学生在课堂上出现问题行为，既有学生自身的原因，也有教师和环境方面的原因。当学生在课堂中出现问题行为时，教师可以通过积极的言语和非言语手段调控、合理运用惩罚、引导学生参与学习活动、进行心理辅导等方法加以应对。

【学习评价】

1. 什么是课堂管理？
2. 列举课堂管理的三个功能。
3. 结合课堂管理的模式，分析自己的某位老师的课堂管理风格。
4. 陈述座位安置对课堂教学的影响。
5. 试分析合作、竞争、个人主义的课堂目标结构对学生学习的影响。
6. 试分析纪律的发展阶段对课堂管理的启示。
7. 列举维持良好纪律和应对问题行为的策略。
8. 学生不喜欢哪位任课教师，就往往难以在这门课上取得比较优异的成绩。为什么？
9. 有些教师告诉同事说："在情感上不要太接近学生，否则你可能会受到伤害，你在课堂上的权威会受到削弱。""如果学生把你看成是朋友或同伙，你就不会得到他们的尊重。"这种观点的不当之处在哪里？

【学术动态】

● 在课堂管理理念上，与传统"教师中心"的课堂管理理念不同，当代教育改革逐渐确立了以学生为本的课堂管理理念。具体包括以学生发展为本的课堂管理目的观；人性化、无痕式的管理方式观；追求有序、自由、快乐、高效和创造的课堂纪律观；课堂生态管理观；促进性的课堂管理目标观。课堂管理的理论除了行为主义取向、人本主义取向、教师效能取向外，新近还兴起了建构主义取向。

● 在课堂控制方式上，内在控制、自我调节支持已经成为当代世界课堂管理改革的一个发展趋势，也是当代课堂管理的一次革命性变革。

● 20世纪80年代以来，各种课堂管理理论不断交汇融合，课堂管理策略发生了由注重行为控制向注重满足学生需要的方向变化，共同显示了对通过创设积极课堂环境满足学生个人和学习需要的关注。

● 近年来随着课堂管理研究的深入，课堂管理在内容上已由原来注重纪律管理向注重改进教学策略发展。

● 20世纪90年代以后，概括性的课堂管理理论研究呈下降趋势，越来越多的研究者开始注重从具体活动（如合作纪律）、学科教学、文化响应等角度探讨有效的课堂管理策略。

● 随着多媒体教学、网络教学的日益普及，网络教学条件下的课堂管理问题成为当今课堂管理研究的重要主题之一。

【参考文献】

1. 黄秀兰. 试论课堂心理气氛与教学效果 [J]. 应用心理学, 1986 (2).

2. [美] 加里·D. 鲍里奇. 有效教学方法 [M]. 易东平, 译. 南京：江苏教育出版社, 2002.

3. 李叔湘, 陈会昌, 陈英和. 6-15岁儿童对友谊特性的认知研究 [J]. 心理学报, 1997 (3).

4. [美] 林格伦. 课堂教育心理学 [M]. 章志光, 等译. 昆明：云南人民出版社, 1983.

5. 宋秋前, 丁佩君. 座位与学生课堂学习的调查研究 [J]. 教育科学, 1999 (4).

6. 张春兴. 教育心理学 [M]. 杭州：浙江教育出版社, 1998.

7. 陈振华. 美国学校的三种课堂管理风格述要 [J]. 教育评论, 2000 (4).

8. 顾援. 课堂管理刍议 [J]. 教育理论与实践, 2000 (12).

9. 李瑾瑜. 论良好师生关系建构的实践策略 [J]. 西北师大学报 (社会科学版), 2000 (6).

10. Becker, F. R., Sommer, J. B, & Oxley, B. *College classroom ecology* [J]. Sociometry, 1973, 36 (4): 514-525.

11. Canter, L. & Canter, M. *Assertive discipline positive behavior* [M]. Santa Monica, CA: Lee Canter & Associates, 1997.

12. Doyle, W. *Classroom organization and management.* In M. Wittrock, *Handbook of research on teaching*, 3rd ed [M]. New York: Macmillan. 1986.

13. Epstein, Y. *Crowding stress and human behavior* [J]. Journal of Social Issues. 1981, 37 (1): 126-144.

14. Ginott, H. Teacher and child: *A book for parents and teachers* [M]. New York: Colliers, 1972.

15. Glasser, W. *Schools without failure* [M]. New York: Harper & Row, 1969.

16. Jones, V. F. *Classroom management*. In J. Sikula, T. J. Buttery, & E. Guyton, *Handbook of research on teacher education* [M]. New York: Macmillan, 1996.

17. Kounin, J. *Discipline and group management in classrooms* [M]. New York: R. E. Krieger, 1977.

18. Redl, F. *The Life space interview: Strategy and techniques of the life space interview* [J]. American Journal of Orthopsychiatry, 1959 (19): 1-44.

19. Ridley, D. S., & Walther, B. *Creating responsible learners: The role of a positive classroom environment* [M]. Washington, DC: American Psychological Association. 1995.

20. Weinstein, C., & Mignano, A. *Elementary classroom management: Lessons from research and practice*, 2nd. ed [M]. New York: McGraw-Hill, 1993.

21. Woolfolk, A. E. *Educational psychology*, 5th. ed [M]. Boston: Allyn and Bacon, 1993.

第十三章

教师心理

【内容摘要】

　　学与教的心理是教育心理学的核心问题，教师心理特征与成长心理因而成为教学心理研究的重要内容。本章学习内容有助于提高学习者对优秀教师心理素质的理解，进而影响其在今后教育实践中的成长理念。在明确了教师的职业角色心理定位及其形成的心理的基础上，分析了影响教师成长的两个关键心理因素：一是反应在认知、人格和行为上的职业心理特征；二是从专长发展的角度研究了从新手到专家型教师的职业成长心理。最后，从职业压力与应对和职业倦怠与干预两个方面阐述了教师职业心理健康的维护与促进。

【学习目标】

1. 能说出对教师角色期待的理解。
2. 谈谈应怎样努力才能更快地形成教师角色。
3. 结合具体事例，分析教师威信的形成与发展。
4. 了解教师应形成的知识结构和教学能力。
5. 利用教师人格特征的角度，说明你喜欢的老师的特点。
6. 通过分析，理解教师良好的行为特征。
7. 记住斯腾伯格提出的专家型教师的共同特点。
8. 通过比较，了解熟手型教师的心理特点。
9. 促进教师成长的途径。
10. 能举例说明教师职业压力的来源与应对措施。
11. 能举例说明教师职业倦怠的特征与干预方法。

【关键词】

角色与角色期待　教师职业心理特征　教师职业成长心理　教师心理健康

第一节　教师的职业角色心理

"师者，所以传道、授业、解惑也"；"教师是人类灵魂的工程师、教书匠、一桶水、春蚕、蜡烛、园丁、人梯、铺路石……"；"教师是学生学习的合作者、促进者……"。古今中外，不同时期，人们对教师所应扮演的角色有着不同的期待，不同的期待形成了不同时代教师的教育观念，奠定了教师的职业角色心理基础。

一、现代教师角色观

社会的进步和教育的变革对教师提出了许多新的要求，教师持有怎样的教育观念，在很大程度上是由教师的角色观决定的。

（一）角色与角色期待

角色作为心理学概念，是指个体在社会群体中的特定身份和与之相联系的行为模式。教师作为一种社会角色，意味着社会赋予其相应的身份和职责，因而教师的职业活动是以其扮演的社会角色为基础的，这种扮演的最直观表现即"教书育人"。

（二）对教师的角色期待

社会对每一种社会角色所规定的行为规范和要求，称为角色期待。教师作为一种社会角色，其职业特征决定了社会对教师的角色期待，符合角色期待的个体行为会受到社会的认可与赞许，例如我们经常会说："他是一位真正的好教师"。角色期待的内容会随着社会的变化而变化。在历史上，社会对教师的角色期待就经历了从长者为师到有文化知识者为师，再到教师即"传道、授业、解惑"者的演变历程。在今天，科技和社会的进步促使教育在各方面都发生了巨大的变化，这种变化使得人们对教师的角色期待增添了新的内容。

1. 学习的引导者和促进者

教师一直被认为是知识的传授者，但现代教育心理学的研究表明，学生的学习是一个积极主动的知识建构过程，教师所应充当的是学生学习的引导者和促进者的角色，教师是"催生理解的接生婆"，而不是"知识传送的机器"。因此，一方面教师应引导学生积极主动地掌握基础知识和基本技能，引导学生在获得科学知识的同时学会如何学习并发展各种能力；另一方面，教师应善于运用心理学和教育学的知识与原理促进学生的学习，有效地调动学生学习的积极性，激励学生自主探究，让教学成为一种双向的、互动的、充满乐趣的过程。

2. 行为规范的示范者

学高为师，身正为范，"其身正，不令而行；其身不正，虽令不从。"在学生道德品质和健康人格的培养过程中，教师的示范是至关重要的。班杜拉（A. Bandura, 1963）的社会学习理论表明，模仿学习是一种重要的学习方式，"榜样的力量是无穷的"。教师对于学生来说就是一个重要的榜样，尤其是对于正处在成长过程中的中小学生来说，模仿学习是他们的一种重要的学习形式。而且，学生对教师有一种特殊的信任感，他们把自己尊敬与爱戴的教师视为效法的楷模，有人把这种现象称之为"向师性"，并认为这是学生的一种心理特征。身教重于言教，教师要担当起学生楷模的角色，就应当不断反思自己的思想品德、行为作风、处世态度，充分意识到自己的榜样作用，使自己的言行成为学生学习的表率。

3. 班集体的管理者

教师作为班集体的管理者，对班级的各项活动担负着领导者的责任。首先，要通过管理为学生创设一个良好的学习环境，使学生养成自觉遵守纪律的习惯。其次，要通过管理营造良好的集体气氛和舆论，使班集体成为一个人际和谐的群体。再次，要通过管理建立民主的师生关系，使师生关系成为一种教育力量。

4. 心理健康的维护者

学生正处于身心发展的重要阶段，难免会出现一些心理问题和心理障碍。若不及时消除这些心理问题或障碍，轻者会影响学生的学习和生活，重者会导致心理疾病，严重影响学生的身心健康。因此，维护学生的心理健康，促进学生的人格健全是现代教师的重要职责。一方面，教师要掌握心理健康的基本知识和技能，以帮助学生防止各种心理问题的产生，或当学生出现心理失常和心理障碍时能给予及时的帮助；另一方面教师要帮助和促进学生的社会适应和人格成长，促进学生人格的完善。

5. 学生成长的合作者

苏霍姆林斯基曾说过："一个好教师意味着什么呢？首先意味着他热爱孩子，感到跟孩子交往是一种乐趣，相信每个孩子都能成为一个好人，善于跟他们交朋友，关心孩子的快乐和悲伤，了解孩子的心灵，时刻都不忘记自己也曾是个孩子。"[1] 现代教师要从权威者的角色转变为与学生平等合作的伙伴，教师要确立师生平等、民主的理念，要尊重学生，重视学生独立人格的养成，重视对学生问题意识、思维品质的培养。认真虚心地听取学生的意见和建议，并能理解和认可学生的不同意见，以真诚的态度与学生友好相处。

6. 教学的研究者

现代教师要从"教书匠"向具有科研意识的"研究者"转变，教师要以研究者的眼光关注学生的发展，以研究者的素养探讨并解决具体的教学问题。教师必须具有探讨教学问题的意识，注意收集资料，勤于动脑思考和反思，善于总结自己的教学经验，不断地反思自己的教育观念、教育行为和教育效果，以改进和调整自己的教学实践，提高自己的专业水平。教师还要掌握基本的教育科研方法，并注重运用所掌握的方法来解决自己在教育实践中遇到的问题。

二、教师职业角色的形成

教师职业角色的形成是一个连续的过程。通过教学实践，一位新手型的教师逐渐成长为一名胜任教学工作的熟手型教师，其职业角色的形成主要经历以下三个阶段：

1. 教师角色的认知

角色认知是指角色扮演者对某一角色行为规范的认识和了解，知道哪些行为是合

---

① ［苏］瓦·阿·苏霍姆林斯基. 帕夫雷什中学［M］. 赵玮，等译. 北京：教育科学出版社，1983：21.

适的，哪些行为是不合适的。角色认知是角色扮演的先决条件，个人能否成功扮演某种角色，首先取决于他对这一角色的认知程度。教师主要通过学习、观摩、职业训练、社会交往等了解自身的责任和义务，并与社会上其他职业角色区分开来。一般来说，从教 1-2 年的新手型教师就能够形成较完整的教师角色认知。

2. 教师角色的认同

教师角色的认同指个体亲身体验并接受教师角色所承担的社会职责，用以控制和衡量自己的行为。对教师角色的认同不仅表现为在认识上了解到了教师角色的社会职责，更重要的在于从中获得了情感体验，对教育事业表现出了积极的职业情感。当教师的行为符合角色要求并得到积极的评价，教师才能产生积极的情感体验并在教学实践活动中去强化这种情感体验。对教师角色的认同，是成熟地扮演教师角色的情感基础，在新手型教师向熟手型教师转化过程中可体验到这种情感。

3. 教师角色的信念

教师角色的信念是指教师在角色扮演中，将职业角色的社会要求转化为个体需要，坚信自己对教师职业的正确认识，并将其作为规范自己行为的指南，形成职业的自尊心和自豪感。正如我国特级教师李吉林所言："我是一个普通的小学教师，但我并不妄自菲薄，教师的待遇虽然不高，但在精神上是富有的，因为我们拥有学生。"就是这种教师意识，教师特有的情感，使他们自觉地为教育事业奉献出毕生的精力，真正是"捧着一颗心来，不带半根草去"。信念坚定并努力实践之，正是专家型教师的显著特点。

三、教师的威信

教师的威信是教师成功扮演社会赋予的角色的结果的体现，而形成的威信又有利于教师角色期待的实现。"亲其师"才能"信其道"，赫尔巴特（J. F. Herbat）也曾说过，"绝对必要的是教师要有极大的威信，除了这种威信外，学生不再重视任何其他的意见。"[①]

（一）教师威信的内涵及其作用

威信是一种社会心理现象，它是指个人、社会群体或社会组织对于其他人的一种影响力。教师的威信是教师的人格、能力、学识及教育艺术在学生心理上引起的信服而又崇拜的态度反映。教师威信的高低是以他们在学生心目中的地位、他们的教育活动对学生心理产生的影响来衡量；受到学生的尊敬和信赖的教师才是有威信的教师。

教师威信是教师成功地扮演教育者角色、顺利完成教育使命的重要条件。教师威信的作用主要表现在他实现了社会对他的角色期待，具体表现在三个方面：第一，有利于教师作为学习的引导者和促进者角色的实现。教师的威信是学生接受其教诲的前提，学生一旦确信有威信的教师的指导是真实而又正确的，就不仅能表现出掌握知识和遵从指导的主动性，而且还能增强在学习和培养自己优良品质上的积极性。第二，有利于教师作为班集体管理者角色的实现。有威信的教师的表扬和批评能唤起学生更多的情感体验。他们的表扬能引起学生愉快、自豪等积极的情感体验，产生要学得更好的愿

---

① 王丕. 学校教育心理学 ［M］. 开封：河南大学出版社，1988：376.

望；他们的批评能引起学生悔悟、自责、内疚等消极的情感体验，产生自觉改正错误的愿望。第三，有利于教师作为行为规范的示范者角色的实现。有威信的老师被学生视为心目中的榜样，学生更愿意模仿其言行举止，教师的示范因而可以发挥更大的教育作用。

（二）影响教师威信形成的因素

我国学者官前均等调查了高中生心目中有威信教师所具备的条件，结果发现教师威信表现在这几个方面。①思想品质：思想好，对自己要求严格，有道德修养，讲文明，生活正派，言行一致，以身作则，为人师表；②知识水平：有真才实学，知识丰富，不仅对所教的学科有较广博的知识，而且对其他学科也有较多的了解，一专多长；③教学能力：教学方法好，口齿清楚，表达力强，讲课生动、富于启发性，教学效果好；④教育热情：热爱教育事业，关心学生，爱护学生，与学生同甘共苦，师生关系融洽；⑤工作态度：尽教师职责，工作认真，要求学生严格，勤勤恳恳，任劳任怨，治学严谨，诲人不倦；⑥教育作风：对人和蔼，平易近人，不体罚学生，不粗暴对待学生，不偏爱某类学生，处事公正，作风民主，能听取学生的意见，常参与学生活动。

许多研究表明在教师威信的形成过程中，以下几方面的教师个人主观因素起着极为重要的作用：

1. 教师高尚的思想道德品质、渊博的知识和高超的教育教学艺术是获取威信的基本条件

马卡连柯说过："假如你的工作、学问和成绩都非常出色，那你尽管放心，他们全会站在你这一边，决不会背弃你……相反的，不论你是多么亲切，你的话说得多么动听，态度多么和蔼；不论你在日常生活中和休息的时候是多么可爱，但是假如你的工作总是一事无成，总是失败，假如处处都可以看出你不通业务，假如你作出来的成绩都是废品和'一场空'，——那么除了蔑视之外，你永远不配得到什么。"① 这段论述深刻揭示了教学业绩与教师威信之间的正比关系，即要想建立威信，一定要把课讲好。

2. 教师的仪表、作风和习惯，是教师获得威信的必要条件

教师的仪表指教师的仪容、教态、表情举止，它是教师精神面貌的体现。教师的仪表对学生的心理有一定影响，特别对幼儿、中小学生影响较大。利用"微格教学"，通过录像、录音等，让教师看到自己上课时的言语、教态、仪容、表情等，可以有效地纠正教师的某些缺点和不良习惯。

3. 师生平等交往是教师获得威信的重要条件

教师的威信是在长期与学生平等交往的过程中形成的。在平等交往过程中，一方面学生容易产生近师、亲师、信师的心理效应；另一方面，教师主动关心、爱护、体谅学生，满足学生理解和求知的需要，师生感情就会融洽，教师就能迅速在学生中建立威信。

另外，在师生交往过程中，教师给学生的第一印象对教师获得威信有较大影响。教师和学生第一次见面，特别是开始儿节课会给学生留下深刻的印象，产生首因效应。因此，每个教师都要注意留给学生一个良好的第一印象。

教师威信的建立在不同年龄、不同发展水平的学生中是不同的。一般来说，在小

---

① 华中师范学院教育系. 教育学 [M]. 北京：人民教育出版社，1982：321-322.

学低年级学生中，教师较容易迅速建立威信；小学高年级学生由于思维水平和判断能力的发展，具备了初步评价教师的能力，希望教师尊重他们；初、高中学生逐步地发展了对教师思想觉悟、知识水平和教学水平的评价能力，他们对教师的评价较多地偏向于理智方面，德、识、才、学四者兼备的教师，才会在他们中获得较高或持久的威信。

（三）教师威信的维护和发展

教师的威信建立后，具有一定的稳定性，但不是一成不变的。因此，教师在建立威信后，维护和发展已形成的威信也是十分重要的。

1. 教师要有坦荡的胸怀、实事求是的态度

有威信的教师并不是说必须是没有一点错误、缺点的完人。教师存在这样那样的问题是难免的，关键在于是否有坦荡的胸怀，是否敢于实事求是地承认并及时纠正自己的缺点错误。教师勇于承认自己的缺点错误，不但不会降低自己的威信，反而会提高自己在学生心目中的威信。

2. 教师要正确认识和合理运用自己的威信

教师要维护和提高自己的威信，很重要的一点是必须对威信有正确的认识，把威信和威严严格区分开来。只有这样，教师才能正确维护自己的威信，否则，就可能出现教师为了维护自己的威信而不恰当地运用威信，损害学生的自尊心，挫伤学生的积极性和对教师的亲近感，从而削弱学生对教师的信赖感和尊崇心理，最终导致教师威信的降低。

3. 教师要有不断进取的敬业精神

教师的职责是向年轻一代传授知识技能，培养他们的创新精神和良好品格，这就要求教师要根据社会要求和教育对象的变化，不断更新自己的知识、观点，提高自己的科学文化素质，满足学生不断发展变化的需要，使他们顺利成长。教师不断进取的敬业精神能激起学生的敬佩之情，提高其在学生心目中的地位和威信。

4. 教师要言行一致，做学生的楷模

一般来说，在学生的心目中，教师是有丰富知识的人，是守纪律、讲文明、懂礼貌、有道德的典范。如果一个教师的言行举止与学生心目中的"教师形象"不相符，他在学生中的威信就会降低；反之，如果与学生希望的教师形象一致，则不仅会增强教师对学生教育的感染力，而且会增强教师在学生心目中的典范性，提高学生对教师的信赖和崇敬感。[1]

第二节　教师的职业心理特征

教师是一种职业，教育环境和教学活动影响并塑造着教师的职业心理。积极的职业心理、良好的职业心理特征是优秀教师所具有的共同特点。

一、教师的认知特征

教师是在知识含量高的教育领域从事职业活动的人，职业的成功有赖于教师良好的知识结构和教学能力。

---

① 张大均. 教育心理学［M］. 北京：人民教育出版社，1999：338-339.

（一）教师的知识结构

教学是一种认知活动，要求教师必须具备良好的知识结构。在众多的关于教师知识结构的研究成果中，舒尔曼（L. S. Shuliman，1990）所建构的教师知识结构影响最大；斯腾伯格对专家型教师的专业知识进行了分析，提出了一个较有代表性的教师知识结构；申继亮和辛涛等人把教师的知识结构视为教师认知活动的基础，提出了一个具有中国特色的教师知识结构。详见表 13-1。①

表 13-1	教师的专业知识结构
研究者	教师知识分类
舒尔曼	①学科内容知识 ②一般教学法知识 ③课程知识 ④学科教学法知识 ⑤有关学生的知识 ⑥有关教育情境的知识 ⑦其他课程知识
斯腾伯格	①内容知识 ②教学法知识（具体的，非具体的）③实践知识（外显的、缄默的）
申继亮、辛涛	①本体性知识（教师所具有的特定的学科知识）②实践性知识（教师在面临实现目的的行为中所具有的课程情境知识和与之相关的知识）③条件性知识（教师所具有的教育学和心理学知识）

（二）教师的教学能力

一般认为，教师的教学能力应包括：组织和运用教材的能力；言语表达能力；组织教学的能力；对学生学习困难的诊治能力；教学媒体的使用能力；教育机智等。申继亮等人则采用内隐理论的研究范式，对教师的教学能力进行了系列研究，把教师的教学能力分成以下几个方面。

1. 教学认知能力

教学认知能力是指教师对所教学科的定理法则和概念等的概括化程度，以及对所教学生的心理特点和自己所使用的教学策略的理解程度，它包括四个方面：（1）概念，指揭示出概念的本质特征。（2）类同，指概括出两者的共同特征。（3）运算，指关系转化和推理。（4）理解，指对学生的动机水平、年龄特点、个体差异以及教学策略的理解。

2. 教学操作能力

教学操作能力是指教师在教学中使用策略的水平，其水平高低主要看他们是如何引导学生掌握知识、积极思考、运用多种策略解决问题的，它是教师课堂教学能力的集中体现。它主要包括以下几个方面的教学策略：（1）制定教学目标的策略。重点是具备制定课堂教学目标的能力，即能制定各教学单元的具体目标，并且生成一堂课的教学目标。（2）编制教学计划的策略。教师编制一个课程、教学单元以及各堂课的教学计划，都要有一定的策略。（3）教学方法的选择及运用。在教学中要安排各种具体的活动，各种教学活动都要求教师有一定的方法和策略。（4）教学材料和教学技术的选择设计。教师要能够正确地对所教的教材做分析评价，看到其内容序列和结构等方面的优劣，并帮助学生选择合适的辅导材料。（5）课堂管理策略。不管教师控制学生

---

① 教育部师范教育司. 教师专业化的理论与实践［M］. 北京：人民教育出版社，2001：35-36.

的能力如何，他总是要在课堂教学中对学生进行一定的管理，激发学生的学习兴趣，组织学习小组，调控教学进程以及学生的合作讨论等活动，并处理课堂中的偶发事件。(6) 对学习和教学进行测试和评价的策略。教师要根据教学目标、教学内容，选择或编制一定的测验，并恰当选择测验的各种形式，在测验的基础上，对学生的学习给予恰当的反馈评价。

教师综合运用各种策略解决各种问题和冲突的能力常常表现为教育机智，这是教师面临复杂的教育情境时所表现出来的机敏、迅速而准确地做出判断和反应的能力，它源于教师敏锐的观察、灵活的思维和果敢的意志，也源于他的教育经验和知识的积累以及对学生的了解和关爱。

3. 教学监控能力

教学监控能力是指教师为了保证教学达到预期的目的而在教学的全过程中，将教学活动本身作为意识对象，不断对其进行积极主动的计划、检查、评价、反馈、控制和调节的能力。这种能力主要可分为三个方面：一是教师对自己的教学活动的事先计划和安排；二是对自己实际教学活动进行有意识的监察、评价和反馈；三是对自己的教学活动进行调节、校正和有意识的自我控制。

在这个教学能力结构中，教学认知能力是基础，教学操作能力是教学能力的集中体现，而教学监控能力是关键。

二、教师的人格特征

教师具备了一定的知识和能力，其人格特征就成为影响教学的重要因素，教师优良的人格特征对学生健康人格的塑造有重要影响。

（一）职业信念

教师的职业信念是指教师对成为一个成熟的教育教学专业工作者的向往和追求，它为教师提供了奋斗的目标，是推动教师成长的巨大动力。有关职业信念的心理研究主要集中于以下两方面。

1. 教学效能感

教学效能感一般指教师对自己影响学生行为和学习结果的能力的一种主观判断。这种判断会影响教师对学生的期待、对学生的指导，从而影响教师的工作效率。阿什顿（Asliton，1986）在班杜拉的理论基础上，把教师的教学效能感分为两个部分：一般教学效能感和个人教学效能感。前者指教师对教与学的关系，教育在学生身心发展中的作用等问题的一般看法和判断，后者指教师认为自己能够有效地影响学生，相信自己具有教好学生的能力。

阿什顿等人的研究表明，教学效能感高的教师对学生寄予较高的期望，认为自己对学生的成长负有责任并相信自己能教好学生。在课堂教学中，效能感高的教师注意对全班学生的指导，不断探索新的教学方法；在对学生进行指导时，比较民主，更多地鼓励学生自主探索解决问题的方法，而不是以表扬、批评等外部强化来控制学生；当学生失败时，效能感高的教师表现得很有耐心，他们会通过重复问题、给予提示等方法去促进学生对问题的理解。

2. 教学归因

教学归因是指教师对学生学习结果的原因的解释和推测，这种解释和推测所获得的观念必然会影响其自身的教学行为。例如，倾向于将原因归于外部因素的教师，他们往往会更多地将学生的学习结果归结于学生的能力、教学条件、学生的家庭等因素，因而，面对挫折时，他们比较倾向于采取职业逃避策略，做出怨天尤人或者听之任之的消极反应；倾向于将原因归于自身因素的教师，他们更愿意对学生的学业成败承担责任，因而，能比较主动地调节自己的教学行为，积极地影响学生的学习活动。

（二）职业性格

关于优秀教师的职业性格的研究已积累了大量的资料，在这些研究的基础上，盖兹达（Gazda，1987）等人将这方面众多的研究加以综合考察，认为优秀教师性格品质的基本内核是"促进"。所谓"促进"指的是，一个人对别人的行为有所帮助，包括：提高别人的学习能力，增强他们的自尊心和自信心，缓和他们的焦虑感，提高他们的果断性，以及形成并巩固他们待人处世的积极态度，等等。"促进"包括以下三个方面。

1. 理解学生

有效的教学，依赖于教师对学生的理解，教师要真正理解学生，就应心胸豁达，具有敏感性、移情作用和客观性的品质。

（1）心胸豁达。心胸豁达能使教师摆脱先入之见，因此，能够容纳与自己不同的看法与见解、思想与情感，以及价值观念，能够对身体、智力、感知、运动、社交及情绪上存在差异的学生表示关切，并同他们和睦相处。他会通过倾听、接受、传递和调整来了解学生在学习中的感受和困难，使自己的教学能适合学生的实际需要。

（2）敏感性。敏感性是指一个人对其人际关系即社交关系中出现的变化能够及时做出情绪反应的能力。具有敏感性的教师才有可能在学生产生某种需要、情感、冲突以及困难时，做出迅速、深入、自然的反应。

（3）移情作用。敏感性的特殊表现，通常被称为移情作用或移情理解，它是一种能够深入别人内心，并"同情"他们的情绪反应。移情作用反映了教师对工作的投入，是有效的沟通，它将两个人（教师与学生）的目的、看法和情感联结起来，使学生感受到教师的认可和支持。

（4）客观性。人要保持客观，意指能够退后一步，并以一种中性、无强加的参照系来看待所发生的事件。客观性是心胸豁达、敏感性和移情作用的保证。教师只有较好地控制对发生之事的情绪参与，避免主观随意性的诱惑，才有可能通过交往更好地理解学生。

2. 与学生相处

由于教学是一个人际交往的过程，教师在这个过程中要传递情感、知觉、技能、观念以及处理各种问题，所以，有效的教学取决于有效的交往。能否进行有效的交往，取决于下面几点。

（1）真诚。真诚指开诚布公，行事不伪饰，不以个人的权威或职业地位作掩护。有的教师时常以个人的职业地位或权威掩饰自己的弱点，这样做无疑会脱离学生。

（2）非权势。非权势的教师不持居高临下、盛气凌人的态度，而是允许学生犯错误、认识错误，允许学生跌倒了再爬起来，让学生通过自身的努力去获得发展。

（3）积极相待。积极相待基于这样一种设想，如果帮助者对要帮助的人持积极、认可的态度，那么发展和变化最有可能发生。教师对学生的积极态度，主要表现为认可和亲切。

（4）善于交往的技能。在日常生活中，某些人善于在合适的场合向合适的人讲最合适的事。这种人不仅在准确地交流思想，而且还在传达个人的观点。接收者一经接受，不但获悉所告知的内容，还会感觉愉快，觉得这个内容正合自己的心意，是自己需要的。教师只有善于与学生进行交往，同时使学生感受到教师的热情、爱心和期望，学生才会把老师看成是自己生命中重要的人。

3. 了解自己

了解自己主要指的是教师能感受到与他人相处时产生的情感或心境。教师对自己执教时产生的心理状态的了解和控制，是教师保持健康心理和有效施教的一个重要问题。在了解自己方面，教师应关注以下两种情感或心境。

（1）安全感和自信。教师在执教中的极其自然的情绪乃是害怕：害怕个人准备不足，害怕遇到意外的对抗而不知所措，害怕在学生面前丢面子，害怕在众多学生面前举止不得体。如果教师很直率、很真诚地将他的忧虑告诉学生，那么教师往往能取得学生的谅解和合作，提高安全感和自信，从而与学生建立起和谐的关系。

（2）教师的需要。爱的需要、自尊的需要是人的两个基本的心理需要。教师要得到学生的爱，首先必须重视学生的爱，乐于接受学生的爱；必须认为学生是值得尊重的人，学生的感情是重要的、宝贵的。而教师如果能始终关心学生，有效地教学，学生总会做出积极的反应。这样，教师才能从中感受到自身的价值，获得职业的自尊和自豪感。

三、教师的行为特征

（一）教师的教学行为

林崇德认为[1]，教师的教学行为可以从以下六个方面来衡量：一是教学行为的明确性，即教师的教学行为是否明确；二是多样性，即教师的教学方法是否灵活、多样，调动学生学习积极性的手段是否有效；三是任务取向，即教师在课堂上的所有活动是否是围绕教学任务而进行的；四是富有启发性，即教师的课堂教学对学生能否启而得法；五是参与性，即在课堂教学中，班上的学生是否都积极地参与到教学活动中去；六是及时评估教学效果，即教师能否及时掌握学生的学习状况和课堂中出现的问题，并据此调整自己的教学节奏和教学行为。如果一个教师能做到以上六个方面，那么他的教学行为应是非常恰当的，教学效果必然会很好。

林崇德认为[2]，教学是教师有目的、有计划、有组织地对学生传道、授业、解惑的行为，教学行为是在教师自我监控下的一种有选择的技术。也就是说，它是依据在教学实践中积累起来的有关教学的经验、知识而形成的一整套操作技巧。一位优秀的

---

[1][2]　林崇德. 教育的智慧［M］. 北京：开明出版社，1999：50-51.

教师，肯定善于教学设计，善于研究教材，能够选择合理的教法，灵活地运用讲解、提问、练习、复习、谈话和编制试卷等技术，能够运用现代化教育技术，熟悉教育评价手段等。而且，这种高水平的教学技术与行为的发展相结合，便会产生一种富于创造性的教学方式和方法，其教学必然达到准确、鲜明、生动的境界。

（二）教师的期望行为

教师通过行为表达出来的对学生的期望，是影响学生发展的一种教学行为，这种影响称为教师期望效应，也称为罗森塔尔效应，或皮格马利翁效应。参见第十二章相关内容。

罗森塔尔在研究的基础上，明确指出了传达教师期望的四个相关因素：气氛、反馈、输入和输出。气氛，是指教师给学生创造特别温暖的社会情感关系，主要表现为一些非语言的交流；反馈是教师提供给学生更多的情感信息和认知信息。输入是指教师提供给学生更多的材料；输出是指教师通过言语或非言语的行为给学生更多机会做出反应和提出问题。如果教师能做到这四点，就会对学生的发展起促进作用。

布朗（Braun，1976）详细分析了教师期望效应所产生的原因和过程，构建了教师期望效应的模型。该模型概括了教师期望产生的原因、过程和具体表现，如图13-1所示。

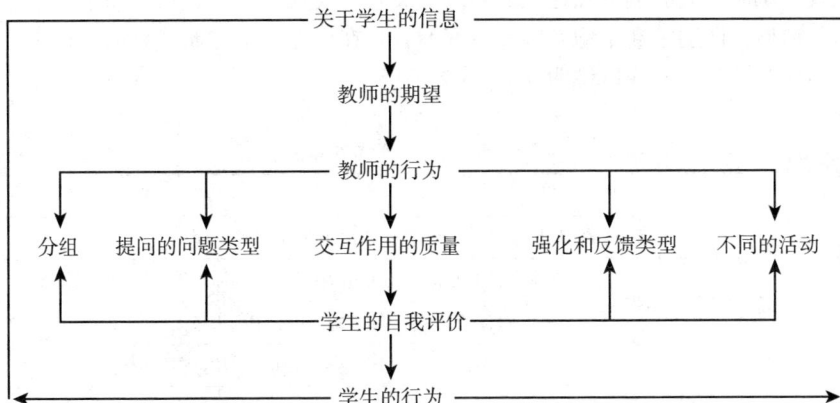

图13-1 教师期望效应的模型

第三节 教师的职业成长心理

教师是一种专门化的职业，我国《教师法》第三条明确规定："教师是履行教育教学职责的专业人员。"教师的专业发展是教师职业成长的核心问题。20世纪90年代以来，关于教师职业成长心理的研究逐渐成为教师心理研究的一个重要课题，研究者们从专长发展的角度，采用新手—专家的范式对教师的专业发展进行了深入研究，目的在于发现从新手型教师成长为专家型教师的规律和途径，以促进新手型教师尽快成长为专家型教师。

一、新手型教师—专家型教师的比较

斯腾伯格认为，与新手型教师（novice teacher）相比，专家型教师（expert

teacher）就是具有某种教学专长的人，他们在以下三个方面具有共同的特点。

1. 丰富的和组织化的专门知识

专家型教师不但知识丰富，更具有一个组织良好且易于提取的知识实体，拥有更多的从教学过程中获取的知识，这保证了他们能更好地理解和解决问题。例如在解决物理问题时，专家型教师和新手型教师对物理问题进行分类的方式是不同的。专家型教师对物理问题的深层结构敏感，往往根据与问题解决途径有关的物理原理对问题进行分类；新手型教师则对物理问题的表层结构更敏感，常常根据问题陈述中的实体对问题归类。

2. 解决教学问题的高效率

专家型教师比新手型教师能够更快更有效地解决问题，这是因为他们对基本的教学问题的处理已经自动化了。由于自动化，专家型教师可以将有限的心理资源用于教学领域更复杂问题的解决上，表现出高水平的教学行为。同时，专家型教师善于对教学进行自我监控、自我评价和自我调整，他们不断地监控正在进行的尝试，主动对自己的教学行为做出评价，并随时做出相应的调整。

3. 对教学问题的洞察力强

专家型教师在教学中能够有效地鉴别出有助于问题解决的信息，并对信息进行组织和比较，从而更能够创造性地、恰当地解决教学问题。

斯腾伯格在区别了新手型教师和专家型教师在以上三个方面差异的基础上，提供了相应的课堂教学实例加以说明（表13-2）。

表13-2			专家型教师的教学原型①
	特　征		例　子
知识（数量和组织）	内容知识		知道坐标几何的原理
	教学法知识	具体内容的知识	知道教授坐标几何原理的课程计划和日程表
		非具体内容的知识	知道用最短的中断来布置和收回家庭作业的常规
	实践知识	外显的	知道学区为特殊教育服务的标准
		缄默的	知道怎么为一个不符合成绩标准的学生申请获得特殊教育的服务
效率	自动化		一边提前思考课程计划，一边思考布置和回收家庭作业
	自我调节	计划	预想到在执行课程计划时的困难
		监控	在执行课程计划时发觉学生不能理解或缺乏兴趣
		评价	根据所遇到的困难，修正课程计划以便将来使用
	认知资源的再投入		利用布置和回收家庭作业的机会观察并评价某个特殊学生的举动

① ［美］斯腾伯格，霍瓦斯. 专家型教师教学的原型观［J］. 高民，张春莉，译. 华东师范大学学报（教育科学版），1997（1）.

续表

	特　征	例　子
洞察力	选择性编码	注意到学生在坐标的右上象限的外面绘点有些困难
	选择性联合	将在右上象限的外面绘点的困难和计算内点距离的困难综合在一起，反映了学生没有掌握负数的概念
	选择性比较	将负数和欠债进行类比，以便消除学生的错误概念

二、新手型教师—熟手型教师—专家型教师的比较

连榕等人在系列研究的基础上认为，教师是具有教学专长的专业人员，同其他领域的专家专长发展一样，教师的教学专长的形成也是一个从新手到专家的长期发展的结果。在新手到专家的转变过程中，有一个重要的发展阶段，即熟手型教师。

熟手型教师（proficient teacher）是指能按常规熟练地处理教学问题但教学创新水平不高的教师。熟手肯定是昨天的新手，但不一定是明天的专家，许多专业人员的专长发展往往停滞在这一阶段，习惯于熟手的角色，直至职业生涯结束也未成为专家。因此，熟手型教师是从新手型教师成长为专家型教师的关键阶段。

新手型教师经过了3—5年的教学实践，在获取了必需的教学经验后，一般都可以顺利地成长为熟手型教师。熟手型教师再经过10年左右的教学专业实践后有可能成长为专家型教师，能否成为专家型教师其关键在于教学专长能否在熟练的水平上得到新的成长。与新手型教师和专家型教师相比，熟手型教师有以下几个特点：

（1）认知：课堂中的教学策略水平较高，已熟练掌握基本的教学操作程序，对课堂教学的调节和控制的水平比新手高，胜任常规的教学，但对教学全过程的监控能力不如专家型教师。因而，熟手型教师的教学创新水平不高。

（2）人格特征：具有随和、关心他人、乐群、宽容的人格特点，但情绪的稳定性和自我调节能力不如专家型教师。因而，熟手型教师的专长发展的自主性不强。

（3）工作动机：成就目标已从新手的以绩效目标为主转化为以任务目标为主，对教学问题的理解比新手更深入，但与专家型教师强烈而稳定的内部动机相比，熟手型教师的内部动机还不强，教师的角色信念还可能动摇，从教学工作中获得的乐趣与满足不如专家型教师。新手型教师虽然以绩效目标为主要工作动机，但由于外部动机强烈，反而在教学行为上比熟手型教师表现得更加有热情。因而，熟手型教师的工作满意度不高。

（4）职业心理：熟手型教师在职业承诺上低于专家型教师，在职业倦怠水平上却高于专家型教师。主要表现为情感投入程度不如专家型教师，教师职业的责任感、荣誉感、义务感和成就感不如专家型教师。因而，熟手型教师的教师职业信念还未牢固确立。

（5）学校情境心理：熟手型教师的心理契约（指教师所感知到的学校与教师的相互责任和期望）低于专家型教师，比专家型教师更少感受到学校领导、同事群体和相关物质条件的支持，比新手型教师和专家型教师都更多地产生苦恼、烦闷、抑郁、无助、疲倦、焦虑等消极情绪。因而，熟手型教师是心理问题较多的一个教师群体（表13-3）。

表 13-3	新手型—熟手型—专家型教师成长心理的比较①		
	新手型教师	熟手型教师	专家型教师
教学策略	以课前准备为中心	课中教学操作熟练	以课前的计划、课中的灵活、课后的反思为核心
人格特征	活泼、热情、外向	随和、关心他人、乐群、宽容	情绪稳定、善于自我调节、理智、重实际、自信、批判性强
工作动机	以绩效目标为主	开始以任务目标为主	内部动机强烈且稳定
职业承诺与职业倦怠	承诺低而倦怠较高	承诺低而倦怠较高	职业的情感投入程度高，师生互动好，职业的义务感、责任感、成就感强
情境心理	能感受到支持，有满意感，心理契约和主观幸福感较高	支持感和满意感不高，心理契约和主观幸福感较低	支持感和满意感强，心理契约和主观幸福感高

三、促进从新手型教师到专家型教师的成长

新手型教师和专家型教师的比较研究，目的就在于了解他们之间的差异，从而找准促进新手型教师尽快成长为专家型教师的"目标靶"，为培养更多的专家型教师服务。

（一）成长的历程

1. 富勒的关注论

富勒（Fuller）等人根据教师所关注的焦点问题，把教师的成长分为三个阶段：

（1）关注生存阶段。新教师非常关注自己的生存适应性问题，关注对课堂的控制是否被学生喜欢，关注领导和同事对自己的评价。例如，"学生喜欢我吗？""同事们怎么看我？""领导是否觉得我干得不错？"。由于这种生存忧虑，有些教师可能会把大量的时间都花在如何与学生搞好个人关系上，想方设法控制学生；而不是更多考虑如何让他们获得学习上的进步。

（2）关注情境阶段。教师关注的是教学和在这种情境中如何完成任务。当教师感到自己完全能够生存时，他们越来越关注学生的成绩，从而把精力放在如何教好每一堂课上。例如，"内容是否充分得当？""如何呈现教学信息？"以及"如何掌握教学

---

① 连榕. 新手—熟手—专家型教师心理特征的比较［J］. 心理学报，2004（1）；心理科学［J］. 2003（1）；心理发展与教育［J］. 2004（6）；应用心理学［J］. 2003（3）.

时间？"。

（3）关注学生阶段。教师关注的是根据学生的差异而采取适当的教学，促进学生的发展。教师认识到学生们的先前知识和学习能力是不同的，同样一种材料、同样一种教学方法，不一定适合所有学生，于是教师针对不同的学生确定不同的学习目标、选择不同学习内容、采用不同的教学方法。事实上，有些教师从来没有进入到这一阶段。

2. 费斯勒的职业生涯周期阶段论

费斯勒（Fessler）等人在个案研究、深入访谈和追踪研究的基础上，建构了一个教师职业生涯周期模型。该模型将教师的职业生涯分为八个阶段：

（1）职前教育期：是教师专业角色的准备阶段，一般指在高等学校里进行的初始培训阶段。

（2）职初期：是任教的头几年，是教师在学校系统中的社会化时期。

（3）能力建构期：是教师努力提高教学技能和能力的时期。

（4）热情与成长期：这时教师的工作能力已经达到较高水平，但专业能力有待继续进步。

（5）职业挫折期：此阶段通常在职业生涯中期，其特征是教师的挫折和幻灭，开始出现职业倦怠。

（6）职业稳定期：这时达到职业生涯的高原期。

（7）职业消退期：这是教师开始准备离开教育岗位的低潮期。

（8）职业离岗期：是指教师离开教学工作后的一段时间。

费斯勒认为，在整个职业生涯中，教师的生涯不是纯粹生命周期的翻版，而是在个人环境和组织环境双重的影响下充满变化的历程。因此，教师的专业发展并非完全按照模型的八个阶段的先后顺序依次进行的。在职业生涯的任何时期，教师的专业发展都可能经历高潮或低谷，并在各阶段来回转换。

（二）成长的促进

连榕等人在对新手型教师—熟手型教师—专家型教师研究的基础上认为，应构建促进教师成长的两段式教师教育模式。

1. 构建初级教师教育模式，促进从新手型教师向熟手型教师转变

研究表明，课堂中基本教学技能（课中策略）的熟练掌握是新手型教师转变为熟手型教师的关键，而影响这种转变最重要的心理因素是任务目标定向成为重要的工作动机，以及良好的精神质（随和、关心他人、乐群、宽容）人格特点的形成。因此，在教师教育中，应帮助新手型教师将注意力集中于教学的内在价值的认同上，尽快树立现代教师角色观；应充分发挥新手型教师重视课前准备策略的优势，使之能与课中策略有机地结合起来，促使他们尽快地获得调节课堂教学行为的程序性知识。

2. 构建高级教师教育模式，促进从熟手型教师向专家型教师转变

研究表明，高水平的课后评估和反思能力的获得是熟手型教师转变为专家型教师的关键变量，而影响这种转变最重要的心理因素是良好的神经质（情绪稳定、善于自我调节、理智、重实际、自信、批判性强）人格特点的形成、对教师职业高水平的情

感承诺和规范承诺，具有强烈的职业义务感、责任感和成就感。因此，在教师教育中，应重视提高熟手型教师调控自己情绪的能力，加深他们对教师职业的情感认同，形成职业的自尊和自信，使之不断获得成功的体验；重视他们的教师职业角色的自我完善，使熟手型教师尽快走出停滞期而获得新的发展。

（三）成长的途径

1. 基于学习与研究中的专业发展

教师即学习者，通过学习所教学科的知识、教育理论知识、教育实践的基本技术和方法知识、现代教育技术的知识和教育科研知识等来丰富自己的知识底蕴。教师即研究者，主要是以通过对实践性问题的研究来提升对教学的理解。

2. 基于教学实践的专业发展

教师即实践者，实践性知识对教师的日常教学行为起着实际的指导作用，对促进教师的成长具有重要的意义。教师即行动者，通过积极开展"为了行动而研究，对行动进行研究，在行动中研究"来改进自己的教学。

3. 基于教学反思的专业发展

教师即反思者，教师自觉地把自己的教学实践作为认识对象，进行全面而深入的思考和总结，从而不断改善自己的教学行为，提高自己的教学水平，这是教师成长的重要途径。

4. 基于自我发展的专业发展

教师即自主成长者，自我发展倡导的是以师为本的发展理念。它会激励教师在教学实践中通过学习与研究主动地建构自己的知识体系，以获得新的发展。

5. 基于信息化环境的专业发展

教师即信息技术的使用者，教师信息技术素养的提高，会激励自己的教学中自觉地使用信息技术，从而促进教学内容、教学方式和学生学习方式的变革。

第四节　教师的职业心理健康

健康的心理和健全的人格是教师职业成长心理的重要内容。教师的职业活动对象是人，其自身的心理健康水平直接影响着对学生心理健康的维护和促进。由于教师职业的特殊性，专业化进程的加快，教师的压力越来越大，教师的心理健康问题越来越受到广泛的关注。许多调查研究的结果都表明，教师在身心适应、职业观念和职业行为、人际关系和人格等方面出现了不少问题，其中职业压力和职业倦怠已成为维护与促进教师的心理健康所必须解决的重要问题。

一、职业压力与应对

教师是高压力的职业。目前，教师专业活动的自主性水平还不高，因此，教师的教学控制力还不强。在这种情况下，职业压力往往容易引起心理问题。帮助教师采用积极的应对方式，对维护和促进教师的心理健康有着重要的意义。

（一）压力的含义

压力是个体面对刺激时心理上感受到威胁而产生的一种紧张、压迫和焦虑的情绪状态。压力是一种复杂的身心过程，包括以下三个阶段：

（1）任何情境或刺激具有危害或威胁个人的潜在因素，就是"压力源"，如家庭经济恶化、考试、与同事的冲突等。

（2）当个体意识到来自情境的威胁时，外力刺激就构成了压力，如对考试失败的恐惧就形成了相应的考试压力。

（3）压力引起"紧张、压迫、焦虑"等消极情绪，这些情绪损害了个人的身心健康。

（二）教师的职业压力

教师的职业压力是因为工作而引起的压力，是教师对来自教学情境的刺激而产生的消极情绪反应。职业压力对教师的消极影响主要表现在生理、心理和行为上。在生理上，可能导致教师身体疾病增多，如头疼、头晕、疲劳、炎症等；在心理上，表现为焦虑、紧张、压迫、无助、受挫、忧郁、缺乏自信等消极情绪；在行为上表现为易冲动、暴躁、行为失控、工作效率低、缺勤等不良行为。长期的职业压力最终会造成教师的职业倦怠，给教师的身心健康带来更严重的不良影响。因此，了解教师职业压力的来源，帮助教师有效地应对，是维护和促进教师的心理健康的重要问题。

一般而言，几乎任何生活中的改变都有可能成为压力的来源，而这些压力的来源，都可以说是压力事件。国内外的研究者通过调查发现教师的职业压力来源是多方面的，这些压力事件包括：工作负担加重、班级规模扩大、教学条件不足、学生的不当行为、管理任务、工作时间、人际关系、教学改革、经济收入、职业形象、专业发展等。面对这些压力事件，教师如果感受到无法应对，就成了职业压力。

奇瑞亚克（Kyriacou）和苏特立夫（Sutliffe）首先提出由各种压力事件形成的教师职业压力的理论模型①，如图 13-2 所示。在他们的模型中，潜在压力源（即教师工作的客观方面）被看作是职业压力产生的原因，他们区分了物理压力源（如班级学生

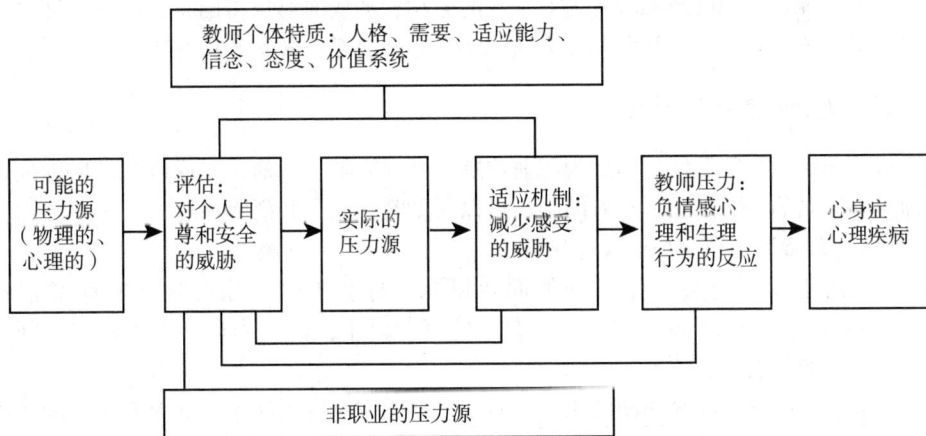

图 13-2　苏特立夫的教师职业压力的理论模型

① 郭瞻予. 教师心理健康与自我调查［M］. 西安：陕西师范大学出版社，2005：58-59.

过多）和心理压力源（如不良的同事关系）。潜在压力源通过个体的此压力对自己是否构成威胁的评价转化为实际压力源，实际压力源是真正给个体带来压力感受的因素，是教师主观上感受到的。实际压力源对教师产生生理、心理、行为上的影响，又需要通过教师的适应机制来应对。教师的适应机制能帮助教师处理压力环境，减少对压力情境的威胁感知。如果适应机制不恰当，教师职业压力就产生了，表现为生理、心理以及行为上的消极反应。在这个模型中，体现了教师个人特质（人格、需要、适应能力、信念、态度、价值系统）在职业压力形成过程中所起的作用。

在奇瑞亚克和苏特立夫的模型的基础上，伍尔若（Worral）和梅（May）强调了与教师压力有关的情感和社会组织观点。伍尔若和梅认为教师的情绪状态影响着他们对工作要求的认知判断。他们还将教师职业压力按性质的不同分为五类：第一，中心压力——较小的压力及日常的麻烦（例如，某次课的幻灯片丢了）；第二，外围的压力——教师经历的重大生活事件或压力情节（例如，换到一所新的学校或长期的人际关系冲突）；第三，预期性压力——教师预先考虑到的令人不愉快的事件（例如，与校长将要进行一次谈话）；第四，情境压力——教师现在的心境；第五，回顾压力——教师对自己过去的压力事件及相关经历进行的评价。

（三）教师职业压力的应对

应对是指教师面对职业压力所采用的认知和行为方式的改变以及情绪的调整。应对的策略包括以下两大类：

（1）直接行动法，包括积极地处理压力源的所有策略：①找出并监视职业压力的来源，减少过多过重的职业压力；②调整个人的期望水平，制定合适的工作目标；③改变易增加压力的行为方式，处理好工作与休闲的关系；④扩展应对资源，善于寻求和利用社会支持。

（2）缓解方法，即努力减轻由职业压力引起的消极情绪体验，包括：①积极认知，理智、客观、积极地看待压力对自身的影响，形成面对压力的良好心态；②主动应对，提高抗压能力；③掌握调控方法，学会心理放松，缓解不良情绪。

二、职业倦怠与干预

教师职业的特殊性使教师成为职业倦怠的高发人群。当前，职业倦怠已成为损害教师身心健康的首要问题，有效的干预可以帮助教师减少和消除倦怠。

（一）教师职业倦怠的含义与来源

长期的职业压力会导致教师的职业倦怠，自从美国临床心理学家弗登伯格（Freudenberger，1990）提出"职业倦怠"的概念以来，职业倦怠已成为研究教师心理健康问题的热点话题。

职业倦怠是指个体在长期的职业压力下，缺乏应对资源和应对能力而产生的身心耗竭状态。职业倦怠易产生于助人职业（如医护人员、警察、社会工作者、教师等），而教师又是其中的高发人群。职业倦怠所产生的生理、情绪、认知和行为等方面的问题，会导致教师产生严重的身心疾病。美国教育协会（NEA）主席麦克古瑞（Mcguire）认为："职业倦怠的感受正打击着无数具有爱心和理想并且乐于奉献的教师，使他们逐渐放弃自己的专业工作，这个重大的疾病正在折磨着教育职业，如果不能及时有效地纠正，那么就会达到流行的程度。"①

1. 职业倦怠的特征

玛勒斯等人（Maslach，1997）认为职业倦怠主要表现在以下三个方面：

（1）情绪耗竭（emotional exhaustion）

情绪耗竭是倦怠的个体压力维度，主要表现在生理耗竭和心理耗竭两个方面。生理耗竭是职业耗竭的临床指标，表现为极度的慢性疲劳、力不从心、疲乏虚弱、睡眠障碍（失眠/嗜睡）、头痛、食欲异常（厌食/贪食）等；心理耗竭是职业倦怠的核心维度，也是最明显的症状表现，特指丧失工作热情、情绪波动大，容易迁怒他人，感到自己的感情处于极度疲劳状态。

（2）去人性化（depersonalization）

去人性化是职业倦怠的人际关系维度。指刻意在自身和工作对象间保持距离，对工作对象和环境采取冷漠和忽视的态度。去人性化的教师表现为以一种消极的、否定的、麻木不仁的态度和情感对待学生，对待有些学生像对待没有生命的物体一样。

（3）个人成就感低（lack of personal accomplishment）

个人成就感低是职业倦怠的自我评价维度，表现为消极地评价自己，自我效能感下降，贬低自己工作的意义和价值，工作变得机械化且效率低下，缺乏适应性。

2. 教师职业倦怠的成因

教师的职业倦怠是在长期的工作压力和自身的心理素质的互动下形成的。玛勒斯（Maslach）等人的研究发现，教师对工作的期望值高而成功的可能性低、低努力、低自信、外控、使用逃避的应对策略等都可能导致职业倦怠的产生。教师工作的长期性、复杂性、重复性和负荷大等特征是产生教师职业倦怠的重要原因。因此，教师职业倦怠不仅是个人的特征，更是职业特征在个体心理上的一种反应。教师被社会赋予高期望，人们对教师有很多很高的要求，而在实际职业活动中，教师的需求又经常受到忽视；教师往往是终生从事的职业，知识的不断更新、学生问题行为的日益严重、教学改革和教研要求的提高等，这些都易使教师身心疲惫，易对职业感到厌倦。

（二）教师职业倦怠的干预

合理地预防、积极地应对以减少和消除职业倦怠，个体干预与组织干预是达到这一目标的两种重要途径。

1. 个体的自我干预

个体干预的目的是通过改变个体自身的某些特点来增强适应工作环境的能力。个体干预的主要方法有：放松训练、认知压力管理、时间管理、社交训练、压力管理和态度改变等。以下是个体干预职业倦怠的几种有效建议：

（1）观念的改变。弗登伯格（Fudenberg，1990）认为，职业倦怠主要源自对自己的付出与回报的不一致感。当个体认为自己的付出没有回报时，就会产生职业倦怠。

---

① W. McGuire. *Teacher burnout statement*. National Educational Associations，117th Annual Meeting，Detroit，Michigan，1979.

因此，教师要学会正确看待自己的工作，就像詹森（Jensen）指出的那样"教学远不是解释知识和等待下课的铃声，它远远超过这些。它是发现、是分享、是兴奋和爱。它不是负担而是欢乐。它像强烈的、能给你带来温暖的阳光和激情迸发的篝火。"①

（2）积极的应对策略和归因方式。努力使自己成为更加内控的人，把原因归结为个体可以控制的因素，如努力。当自己有职业倦怠的症状时，要勇于面对现实，反思自己的压力来源，主动寻求专业人士的帮助。

（3）合理的饮食和锻炼。教师要进行合理的饮食和锻炼，尤其是锻炼，它是一种精神娱乐法，可以分散教师的注意力，从而让教师放松紧张的情感和身体。

2. 组织的有效干预

组织干预的思路是通过削减过度的工作时间、降低工作负荷、明确工作任务、积极沟通与反馈、建立有效的社会支持系统来防止和缓解职业倦怠。

玛勒斯（Maslach，1997）等人提出了职业倦怠的工作匹配理论，他们认为员工与工作的六个方面越不匹配，就越容易出现职业倦怠：（1）工作负荷，指工作过量；（2）控制，指个体对工作中所需的资源没有足够的控制，或者指个体对使用他们认为有效的工作方式没有足够的权威，它与职业倦怠中的无力感有关；（3）报酬，可以指经济报酬，更多的指生活报酬；（4）社交，指和工作场所中的其他人没有积极的联系，有可能由于工作把个体隔离或者没有社会联系，或者是与他人的冲突；（5）公平，由工作量与报酬的不一致所引起，即认为付出得不到回报；（6）价值，指价值观的冲突。因此，玛勒斯等人提倡对职业倦怠的干预训练项目应该放在对工作不匹配的转变上。

【主要结论与应用】

1. 教师作为一种社会职业，其职业特征决定了社会对其的角色期待。现代教师应该是：学习的引导者和促进者、行为规范的示范者、班集体的管理者、心理健康的维护者、学生成长的合作者和教学的研究者。教师职业角色的形成主要经历了三个阶段：角色的认知、角色的认同和角色的信念。教师威信的形成、维护和发展都受一定的影响因素的制约。

2. 教师的职业心理特征包括：（1）教师的认知特征。对教师知识结构的分析主要有舒尔曼、斯腾伯格和申继亮等人的观点。教师的教学能力主要由教学认知能力、教学操作能力和教学监控能力组成。（2）教师的人格特征。教师的职业信念主要涉及教学效能感和教学归因问题。"促进"是优秀教师职业性格的基本内核。（3）教师的行为特征。林崇德提出可以从明确性、多样性、任务取向、启发性、参与性和及时评估教学效果六个方面衡量教师的教学行为。教师通过行为表达出来的对学生的期望，是影响学生发展的一种教学行为，这称为罗森塔尔效应。

3. 斯腾伯格认为专家型教师就是具有某种教学专长的人，他们具有三个共同的

---

① ［美］Lynda Fielstein，Patricia Phelps. 教师新概念——教师教育的理论与实践 ［M］. 王建平，译. 北京：中国轻工业出版社，2002：324.

特点：（1）丰富的和组织化的专门知识；（2）解决教学问题的高效率；（3）对教学问题的洞察力强。连榕等人在比较了新手—熟手—专家型教师的差异的基础上，描述了熟手型教师在认知、人格特征、工作动机、职业心理和学校情境心理上的特点。富勒根据教师的关注焦点问题，提出了著名的教师成长三阶段论；费斯勒提出了教师职业生涯周期的八阶段论。教师具有多样化的成长途径。

4. 维护和促进教师的职业心理健康主要涉及两个问题：（1）职业压力与应对。教师的职业压力是教师对来自教学情境的刺激而产生的消极反应，应对的措施有直接行动法和缓解方法。（2）职业倦怠与干预。职业倦怠是指个体在长期的职业压力下，缺乏应付资源和应付能力而产生的身心耗竭状态。玛勒斯认为情绪耗竭、去人性化和个人成就感低是倦怠的三个维度，干预措施有个体的，也有组织的。

【学习评价】

一、名词解释

1. 角色期待

2. 教学监控能力

3. 教学效能感

4. 罗森塔尔效应

5. 职业倦怠

二、思考题

1. 应怎样理解对教师的角色期待？

2. 教师角色的形成经历了哪些阶段？

3. 如何理解教师的威信？怎样维护和发展教师的威信？

4. 试比较几种教师的知识结构观的异同。

5. 教师的教学能力包括哪些？

6. 教师"促进"的性格品质包括哪些方面？

7. 为什么说教学是技术，更是艺术？

8. 教师期望是怎样影响学生发展的？

9. 专家型教师有何共同特点？

10. 熟手型教师有何特点？

11. 关注理论认为教师的成长可分为哪些阶段？

12. 分析促进教师成长的不同途径的作用。

13. 教师职业压力的来源是什么？如何应对？

14. 教师职业倦怠的特征和成因是什么？

15. 如何对教师的职业倦怠进行干预？

三、应用题

1. 我国基础教育的课程改革，要求教师尽快成为新课程的有效执行者和积极建设者，请从教师职业角色心理的角度分析教师应实现哪些角色转变才能适应改革的新要求。

2. 特级教师就是具有我国特色的专家型教师，请寻找一位特级教师成长经历的材料来阅读，结合专家型教师特征的研究成果对其进行对照分析。

3. 请寻找一份有关教师心理健康的调查量表，对本地教师心理健康状况进行研究，提出你的建议，形成研究报告。

【学术动态】

● 教师教育理念的提升和现代信息技术对教师的心理成长产生了重要影响。我国2012年发布的中小幼教师专业标准、2018年中共中央国务院"关于全面深化新时代教师队伍建设改革的意见"以及教育部提出的"新时代教师职业行为十项准则"等，对培养教师良好的心理素质提出了新要求。在现代信息技术的支撑下出现的智能教室、教育机器人、虚拟教室等正在改变着传统的教师教育教学形式，影响着教师心理特征的形成与发展。

● 理论基础的变革与研究方法的多样性。教师心理研究的理论基础经历了从行为观到认知观，再到情境观的发展，强调教师对他们的工作情境和学生学习情境反思的重要性。研究方法上，在坚持实验研究客观性的同时，近些年出现了重视质性研究、强调自然观察法、采用纵向研究的新特点。

● 从职业心理发展的角度分析教师的职业心理特征，以提高教师工作的职业胜任力。在对教师的职业承诺、职业能力、职业高原、职业生涯等问题研究的基础上，注重研究教师职业的角色适应、教师的信念、教师期望效应、教师的人际互动、教师的组织心理和教师群体文化心理等问题。

【参考文献】

1. 林崇德. 教育的智慧［M］. 北京：开明出版社，1999.

2. 莫雷. 教育心理学［M］. 广州：广东高等教育出版社，2005.

3. 陈琦，刘儒德. 教育心理学［M］. 北京：高等教育出版社，2005.

4. 吴庆麟. 教育心理学——献给教师的书［M］. 上海：华东师范大学出版社，2003.

5. 邵瑞珍. 教育心理学［M］. 上海：上海教育出版社，1997.

6. 张大均，江琦. 教师心理素质与专业性发展［M］. 北京：人民教育出版社，2005.

7. 教育部师范教育司. 教师专业化的理论与实践［M］. 北京：人民教育出版社，2001.

8. 郭瞻予. 教师心理健康与自我调适［M］. 西安：陕西师范大学出版社，2005.

9. ［美］R. J. 斯腾伯格. 教育心理学［M］. 张厚粲，译. 北京：中国轻工业出版社，2003.

10. Eggen, P. & Kauchak, D. *Educational psychology*：*Window on classrooms*, 3rd ed［M］. New Jersey：Prentice-hall, Inc. , 1997.

11. Reilly, R. R & Lewiz E L. *Educational psychology*, 1st ed［M］. New York：Macmillan Publishing Co., Inc. London：Collier Macmillan Publishers, 1983.